मुक्तिबोध

विमर्श और पुनःपाठ

मुक्तिबोध

विमर्श और पुनःपाठ

सम्पादक

सन्तोष कुमार चतुर्वेदी

प्राचार्य, महामति प्राणनाथ महाविद्यालय
मऊ, चित्रकूट, उत्तर प्रदेश

लोकभारती प्रकाशन

लोकभारती प्रकाशन
पहली मंजिल, दरबारी बिल्डिंग, महात्मा गांधी मार्ग,
प्रयागराज-211 001
शाखाएँ : 1-बी, नेताजी सुभाष मार्ग, दरियागंज,
नई दिल्ली-110 002
अशोक राजपथ, साइंस कॉलेज के सामने,
पटना-800 006
वेबसाइट : www.lokbhartiprakashan.com
ई-मेल : info@lokbhartiprakashan.com

प्रथम संस्करण : 2022

मूल्य : ₹895

बी.के. ऑफसेट
नवीन शाहदरा, दिल्ली-110 032
द्वारा मुद्रित

MUKTIBODH
Vimarsh Aur Punah Path
Edited by Santosh Kumar Chaturvedi

ISBN : 978-93-90625-74-1

अनुक्रम

अपनी बात

मानवीय अनुभूतियों और संवेदनाओं को साहित्य जिस बेबाकी से अभिव्यक्त करता है वह इसे अन्य विषयों से अलहदा और विशिष्ट बनाता है। साहित्य रचने वाला व्यक्ति अक्सर उस स्रष्टा की भूमिका निभाता है जो एक अभिभावक की तरह समूचे समाज के सुख और सुन्दरता की चिन्ता करता दिखायी पड़ता है। दो बेहतर पंक्तियाँ रच लेने का सुख वह कवि ही महसूस कर सकता है जो अनुभूतियों को शब्दों में पिरोने और उसे कागज़ पर जस का तस उतारने का हुनर जानता हो। 'मैं भी भूखा न रहूँ साध न भूखा जाय' के मर्म को वे क्या जान समझ सकेंगे जो पूरी दुनिया की दौलत अपनी मुट्ठी में कर लेने के हर-सम्भव प्रयत्नों में हमेशा लगे रहते हैं। यह एक रचनाकार की ही सोच हो सकती है कि 'अपनी मुक्ति के रास्ते अकेले में नहीं मिलते।' अपनी इन पंक्तियों के जरिये मुक्तिबोध उस सार्वजनीनता की बात करते हैं जिसके दम पर 'मनुष्य आज दुनिया का सबसे समझदार और ताकतवर प्राणी है।'

साहित्य को लफ्फाजी कहने-समझने वाले लोग नहीं जान पाते कि यही वह नीव है जिस पर आज के समय की मानवता की भव्य और अधुनातन इमारत खड़ी है। कल्पनाओं की उड़ान भरते हुए साहित्यकारों ने जो चित्र खींचा उसे ही दर्शन और विज्ञान ने अपने रंगों से भर कर खुशनुमा और यथार्थपरक बना दिया। यही नहीं हर समय के साहित्य के ऊपर एक और महत्त्वपूर्ण जिम्मेदारी होती है कि वह समाज के सुविधाभोगी और सत्ता-प्रतिष्ठान से जुड़े लोगों के समक्ष निरन्तर ऐसे असुविधाजनक और असहज प्रश्न उठाए जो समय के जन-सरोकारों से जुड़े हुए हों। 'सवाल उठाना' आसान नहीं होता और साहित्य को यह जोखिम भी निरन्तर उठाना पड़ता है। यहाँ मुक्तिबोध की पंक्तियाँ अनायास ही याद आती हैं—'अब अभिव्यक्ति के सारे खतरे/ उठाने ही होंगे/ तोड़ने ही होंगे मठ और गढ़ सब'। यही इस साहित्य की ताकत भी है जिसमें एक (अदना समझा जाने वाला) साहित्यकार दिल की सच्चाई। से अपनी बात बिना किसी हिचक के कह डालता है। यह एक सार्वभौम सत्य है कि दुनिया के किसी भी कोने में कोई भी व्यक्ति जब साहित्य की दुर्गम राह पर चलने का फैसला करता है तो वह ऐसा खुद के अन्तर्मन की आवाज पर करता है। वह राह, जिस पर

काँटे ही काँटे होते हैं और कभी-कभी तो इस राह पर चलने का खामियाजा जान दे कर भी चुकाना पड़ता है। इस सन्दर्भ में रिल्के की वे पंक्तियाँ याद आतीं हैं जो एक युवा लेखक को सम्बोधित करते हुए उन्होंने इस तरह लिखी थी—'अगर कला भीतर नहीं उपजती है तो उसे छोड़ने के लिए तैयार हो जाओ। इसका आकलन अपने भीतर स्वयं जा कर करो। किसी अन्य की आलोचना से प्रभावित मत होओ और दूसरों को प्रभावित करने के लिए लेखन मत करो।' वैसे भी रचनाकार स्वयं से संवाद के क्रम में ही लेखन की इस दुर्गम राह पर अग्रसर होता है। एक अन्य रचनाकार एडम जगायेव्स्की का कथन याद आ रहा है 'प्रेम हमें स्वतन्त्र करता है। समय हमारी हत्या।' इस कथन में 'प्रेम' की जगह अगर 'साहित्य' रखने की अनुमति दी जाए तो मेरी बात मुकम्मल हो जाती है।

मुक्तिबोध हिन्दी साहित्य के ही नहीं अपितु विश्व-साहित्य के कुछ उन बिरले रचनाकारों में से एक हैं जो अपनी रचनाओं के बूते आज ही नहीं भविष्य में भी प्रासंगिक बने रहेंगे। यह प्रासंगिकता ही वह फैक्टर है जो किसी भी रचनाकार को कालजयी बनाती है। अपने समय में एक अरसा पहले मुक्तिबोध ने जो प्रश्न उठाये थे वे आज भी हमारे समय में मुँह बाए खड़े हैं। समाज से शिद्दत से जुड़े मुक्तिबोध की यह पंक्तियाँ क्या बिल्कुल आज की पंक्तियाँ नहीं लगती 'समस्या एक/ मेरे सभ्य, नगरों और ग्रामों के सभी प्राणी/ सुखी सुन्दर और/ शोषणमुक्त कब होंगे?' समाज में आज भी व्यापक तौर पर गैर बराबरी है। आबादी का एक बड़ा हिस्सा आज भी गरीबी स्तर के नीचे का जीवन बसर कर रहा है। 'सुख', 'सुन्दर' और 'शोषणमुक्त' जैसे आज भी सपना बना हुआ है। कहने के लिए हम लोकतान्त्रिक देश के नागरिक हैं लेकिन वस्तुस्थिति कुछ अलग ही है। नौकरशाह, नेताओं, ठेकेदारों और दलालों का चतुष्कोणीय गठबन्धन हमारे समाज में कुछ इस तरह हावी है कि आम आदमी हर जगह स्वयं को ठगा महसूस करता है। राजनीति का उद्देश्य भी तो यही है लेकिन उसकी कथनी-करनी में फर्क बहुत होता है। दूसरी तरफ साहित्य की अगुवाई करने वाले मुक्तिबोध अपनी डायरी में सिद्धान्त और व्यवहार में एका की वकालत करते हुए लिखते हैं—'...जो कवि कला में एकदम भेरी या ढोल के निनाद सरीखी ऊर्जस्वल क्रान्तिकारी वाणी गुँजाता रहता है, वही कवि ठीक व्यावहारिक जीवन में (और आन्तरिक जीवन भी), सामान्य जनों की जो नैतिक मानवीय इयत्ताएँ हैं उससे भी गिरा हुआ बहुत बार पाया जाता है। क्रान्ति वाणी गुंजाने वाले अन्य कवियों में इतना साहस भी नहीं होता कि वह ऐसे कवि को स्थान च्युत करे राजनैतिक क्षेत्र के ही हिसाब से देखें तो यह पाया जायेगा कि ऐसे बहुत कम क्रान्तिकारी कवि हैं, जिनके जीवन में वे राजनीतिक सिद्धान्त बरते जाते हों। पूछा जाएगा कि यह तो व्यक्तिगत बात हुई, और साहित्य में इसकी कोई जरूरत नहीं। लेकिन असल बात यह है कि काव्य और व्यक्तित्त्व का सम्बन्ध आपको कहीं न कहीं

जोड़ना होगा। यह नहीं हो सकता कि आप एक ओर सामान्य मानवीयता का त्याग करते चलें और दूसरी ओर काव्य में मानवीय बनें।'

मुक्तिबोध ऐसे कवि हैं जिनके बिना हिन्दी कविता की बात पूरी ही नहीं हो सकती। उनकी कविता को कठिन, दुर्गम कहा जा सकता है लेकिन एक बार उसे पढ़ने के बाद उसके सहज आकर्षण से बचा नहीं जा सकता। हम सब यह जानते हैं कि वे मूलतः मराठीभाषी थे, बावजूद इसके उन्होंने हिन्दी में कविता लिखना शुरू किया और महज लिखा ही नहीं, यह साबित कर दिया कि हिन्दी कविता उनके बिना अधूरी-अधूरी-सी दिखेगी। अपनी कुशलता से उन्होंने कठिन-से-कठिन गद्य को भी कविता की भाषा बना दिया। हालांकि एक लय उनकी कविताओं में लगातार बरकरार रहता है। उनकी कविता को पढ़ कर किंचित भी ऐसा नहीं लगता कि ये कविताएँ आज से लगभग साठ साल पहले लिखी गयी थीं। आज भी जैसे हमारे इस त्रासद समय की पड़ताल करती ये कविताएँ मन को जैसे उद्वेलित कर देती हैं। मुक्तिबोध को किस तरह के उद्वेलन से गुजरना पड़ा होगा, हम इसकी कल्पना ही कर सकते हैं।

अपनी कविता चम्बल की घाटी में मुक्तिबोध लिखते हैं—

'दस्यु-पराक्रम
शोषण-पाप का परम्परा-क्रम
वक्षाशीन है,
जिसके होने में गहन अंशदान
स्वयं तुम्हारा!!
इसलिए जब तक उसकी स्थिति है,
मुक्ति न तुमको।
याद रखो,
कभी अकेले में मुक्ति नहीं मिलती,
यदि वो है तो सबके साथ है।'

'शोषण-पाप का परम्परा-क्रम' अबाध चला आ रहा है। मनुष्यता इससे लहूलुहान होती रही है। आज भी शोषण का यह क्रम जारी है। एक प्रबुद्ध नागरिक होने के नाते हम खुद भी इस स्थिति के लिए जिम्मेदार हैं। मुक्तिबोध बेबाकी से लिखते हैं 'जिसके होने में गहन अंशदान'।/ स्वयं तुम्हारा!!' निष्क्रियता की चादर ओढ़ कर जो भाग्य भरोसे बैठे हुए हैं वे भी इस अपराध में शामिल हैं। दिनकर भी लिखते हैं 'जो तटस्थ है समय लिखेगा उनका भी अपराध'। इसीलिए मुक्तिबोध बेबाकी से पूछते हैं 'तुम्हारी पॉलिटिक्स क्या है पार्टनर?' जिसकी कोई पक्षधरता नहीं होती, वे बहुत खतरनाक होते हैं। मुक्तिबोध लिखते हैं 'कभी अकेले में मुक्ति नहीं मिलती,/यदि वो है तो सबके

साथ है।' यह मुक्तिबोध का दर्शन है। यह दर्शन उस भारतीयता के दर्शन का विस्तार है जिसमें बन्धुत्व की भावना है। मुक्ति किसी एक की नहीं बल्कि वह सबके लिये है। सबके साथ है। यह मुक्तिबोध के 'सार्वजनिनता में विश्वास' को दर्शाता है। यहीं पर एक साहित्यकार सबसे अलग खड़ा दिखायी पड़ता है। वहाँ दिखने-दिखाने का छद्‌म नहीं बल्कि बेबाकी से कहने का साहस है।

सतही तौर पर यह कहना सुनना आम है कि ऐसी कल्पना यूटोपिया मात्र है। लेकिन ऐसा नहीं है। इसकी परिकल्पना कार्ल मार्क्स अपने कल्पित साम्यवादी समाज में करते हैं। मार्क्स लिखते हैं : 'साम्यवाद निजी सम्पत्ति का सकारात्मक निषेध है जो मनुष्य की आत्म-विच्छिन्नता का साकार रूप होती है और इसीलिए मनुष्य द्वारा, मनुष्य के लिए मानव सार की वास्तविक प्राप्ति है। इस तरह साम्यवाद सामाजिक (अर्थात् मानवीय) प्राणी के रूप में मनुष्य की अपने आप में पूर्ण वापसी है। यह लक्ष्य सचेतन रूप से हासिल किया जाता है और पूर्ववर्ती विकास की सम्पूर्ण समृद्धि को आत्मसात करके किया जाता है। यह साम्यवाद, जो पूर्ण विकसित भौतिकवाद है, प्रकृतिवाद के समान है। यह मनुष्य और प्रकृति तथा मनुष्य और मनुष्य के बीच टकराव का वास्तविक समाधन है। यह सत्ता (अस्तित्व) और सार (मनुष्य प्रजाति) के बीच, वस्तुकरण और आत्मपुष्टि के बीच, स्वतन्त्रता और अनिवार्यता के बीच, व्यक्ति और प्रजाति के बीच संघर्ष का सच्चा समाधान है। साम्यवाद इतिहास की गुत्थी का हल है और यह अपने आप को इस हल के रूप में जानता है।' (इकोनामिक एण्ड फिलोसाफिकल मैनुस्क्रिप्ट- 1844-48)

प्रस्तुत पुस्तक में मुक्तिबोध को वर्तमान के आलोक में देखने परखने की एक कोशिश की गयी है। इसी क्रम में पुस्तक में मुक्तिबोध के लेखन के विविध पक्षों पर आलेख शामिल किये गये हैं। हर रचनाकार अपनी रचना में अपने समय और उसकी विडम्बनाओं को उकेरने की कोशिश करता है। इसका आशय यह भी होता है कि इन विडम्बनाओं को दूर किया जाना चाहिए। एक समय का सच आखिरकार 'अतीत का वह सच' बन जाता है जिसको वर्तमान ख़ारिज कर चुका होता है। काश रचनाकार की रचनाएँ भी 'अतीत का सच' बन पातीं। सही अर्थों में यह किसी भी रचनाकार का असल मन्तव्य भी होता है। मुक्तिबोध आजीवन संघर्ष के साक्षी रहे। इसीलिए संघर्ष उनकी रचनाओं का प्रत्यक्ष है। काश 'सामूहिक मुक्ति' का मुक्तिबोध का सपना साकार हो पाता। यह पुस्तक एक तरह से उन सपनों की पड़ताल है।

प्रयागराज

सन्तोष कुमार चतुर्वेदी

मकर संक्रान्ति

15 जनवरी 2021

मुक्तिबोध का मुक्तिकामी स्वप्नद्रष्टा

('अँधेरे में' कविता का कथा-पाठ)

रमेश उपाध्याय

Though man is a unique individual—and it is just his particularity which makes him an individual—he is equally the *whole,* the ideal whole, the subjective existence of society as thought and experienced. He exists in reality as the representation and the real mind of social existence, and as the sum of human manifestations of life.

—*Karl Marx*

वह रहस्यमय व्यक्ति
अब तक न पायी गयी मेरी अभिव्यक्ति है
पूर्ण अवस्था वह
निज-सम्भावनाओं, निहित प्रभावों, प्रतिभावों की
मेरे परिपूर्ण का आविर्भाव

—*गजानन माधव मुक्तिबोध*

अन्र्स्ट फिशर ने, जिनकी पुस्तक The Necessity of Art का अनुवाद मैंने 'कला की जरूरत' के नाम से किया है, Marx in His Own Words नामक पुस्तक भी लिखी है, जिसके पहले अध्याय में उन्होंने दिखाया है कि मार्क्स अपनी युवावस्था से लेकर अन्तिम समय तक पूर्ण मनुष्य अथवा परिपूर्ण मनुष्यता का स्वप्न देखते रहे और उसी स्वप्न को साकार करने के प्रयत्न में लगे रहे। मुक्तिबोध भी अपनी 'अँधेरे में' कविता में यही स्वप्न देखते-दिखाते नजर आते हैं। अतः मुझे लगता है कि इस कविता का शीर्षक भी वही हो सकता है, जो फिशर की इस पुस्तक के पहले अध्याय का शीर्षक है— The Dream of the Whole man!

'अँधेरे में' एक स्वप्न-कथा है। मुक्तिबोध ने 'एक स्वप्न-कथा' शीर्षक से भी कविता लिखी है (जिस पर हिन्दी आलोचना में काफी बवाल मचा है), लेकिन उसे भी कविता के रूप में ही पढ़ा गया है, जबकि मेरे विचार से 'अँधेरे में' और 'एक स्वप्न-

कथा' दोनों को कहानी के रूप में पढ़ा जाये, तो शायद दोनों को बेहतर ढंग से समझा जा सकता है।

'अँधेरे में' लिखी बेशक कविता के रूप में गयी है, पर है यह कहानी ही। 'मैं' शैली में लिखी गयी कहानी होने के कारण इसके 'मैं' पात्र को प्रायः मुक्तिबोध मान लिया जाता है और इसे मुक्तिबोध की आत्म-कथा के रूप में पढ़ने का प्रयत्न किया जाता है। लेकिन जरूरी नहीं कि कहानी का 'मैं' पात्र कहानी का लेखक ही हो। अगर उसकी कुछ चीजें कहानी के लेखक से मिलती-जुलती हों, तो भी उसे लेखक से भिन्न कहानी का एक चरित्र ही मानकर चलना उचित होता है, क्योंकि अन्यथा हम उसकी हर चीज का मिलान लेखक की हर चीज से करने लगते हैं और नहीं कर पाते, तो हमें लगता है कि कुछ गलत है, कुछ गड़बड़ है, लेखक कुछ छिपा रहा है, या उसने जो कहा है, हमारी समझ में नहीं आ रहा है। इसलिए मैंने 'मैं' पात्र को मुक्तिबोध से भिन्न उनके द्वारा रचित या सर्जित कथा-पात्र या चरित्र के रूप में ही देखा है और उसकी चारित्रिक विशेषताओं को ध्यान में रखते हुए उसका नामकरण किया है—मुक्तिबोध का मुक्तिकामी स्वप्नद्रष्टा। वह दो अर्थों में स्वप्नद्रष्टा हैः सीमित अर्थ में वह एक रात एक सुदीर्घ स्वप्न देखनेवाला व्यक्ति है, व्यापक अर्थ में वह पूर्ण मनुष्य अथवा परिपूर्ण मनुष्यता का भविष्य-स्वप्न देखनेवाला स्वप्नद्रष्टा है।

तो आइये, 'अँधेरे में' कविता को कहानी की तरह पढ़ते हैं। आशा है, इस अति प्रसिद्ध कविता का यह नया पाठ इस पर कुछ नये ढंग से विचार करने के लिए प्रेरित करेगा।

अँधेरे में : पूर्ण मनुष्य अथवा परिपूर्ण मनुष्यता का स्वप्न

जिन्दगी जैसे एक बड़ा मकान थी और उसके अँधेरे कमरों में कोई एक अकेला लगातार चक्कर लगा रहा था। या वह मकान नहीं, शायद कोई तिलिस्मी खोह थी, जिसमें वह बन्द था और उसके अन्दर अकेला चक्कर लगा रहा था। मकान हो या खोह, उसकी एक दीवार मेरे कमरे की भी दीवार थी। यानी दीवार के इस पार मैं था, उस पार वह। मुझे उसके पैरों की आवाज बार-बार और लगातार सुनायी दे रही थी, लेकिन वह मुझे दिख नहीं रहा था। दीवार के पार से किन्तु बहुत निकट से उसके चलने की आवाज आ रही थी, जो किसी गहन रहस्यमय अँधेरे की आवाज मालूम होती थी। वह कौन था, पता नहीं, पर वह आवाज उसके अस्तित्व का, उसके अनिवार्य रूप से वहाँ होने का बोध मुझे करा रही थी। सहसा मुझे लगा कि जैसे उसने कहा हो, "सुनो, मैं यहाँ हूँ!" मेरा दिल धक-धक करने लगा। मेरे दिल की धड़कन मुझसे पूछने लगी, "वह कौन है, जो सुनायी तो दे रहा है, पर दिखायी नहीं दे रहा?"

याद नहीं कि मैं स्वप्न देखते-देखते घबराकर जाग उठा था और अपने सामने की दीवार को देख रहा था, या अभी स्वप्न में ही था और देख रहा था कि जिन्दगी के

उस बड़े मकान की या उस बन्द तिलिस्मी खोह की दीवार हिल रही है। अचानक उस दीवार में से फूले हुए पलस्तर गिरने लगे, चूने-भरी रेत गिरने लगी, सफेदी की पपड़ियाँ इस तरह खिसकने लगीं कि दीवार पर खुद-ब-खुद एक बड़ा चेहरा बन गया—नुकीली नाक, भव्य ललाट, दृढ़ हनु। मैंने उसे पहचानने का प्रयत्न किया, किन्तु वह आकृति अनजानी और अनपहचानी ही रही। मैं उसे देख रहा था, पर जान नहीं पा रहा था। लेकिन इसमें कोई शक नहीं कि वह एक मनुष्य का चेहरा था। अचानक मुझे उसमें कुछ परिचित-सा लगा और मैंने स्वयं से पूछा, "कौन मनु?"

आगे बढ़ने से पहले यहाँ मैं आपको संक्षेप में अपना परिचय दे दूँ। मैं मुक्तिबोध की कविता 'अँधेरे में' का एक पात्र या चरित्र हूँ। अपने सर्जक की भाँति मैं भी कवि हूँ और मैं भी पूर्ण मनुष्य अथवा परिपूर्ण मनुष्यता का भविष्य-स्वप्न देखता हूँ। उस स्वप्न को साकार करने के लिए मैं पूँजीवाद की वैश्विक व्यवस्था को बदलकर साम्यवादी वैश्विक व्यवस्था में अपनी मुक्ति चाहता हूँ। लेकिन मेरी कई सीमाएँ हैं। यद्यपि मैं यथार्थवादी हूँ, भारतीय साम्यवादी आन्दोलन से भी मेरा कुछ जुड़ाव है, फिर भी मैं एक मध्यवर्गीय व्यक्ति हूँ, जो मुक्तिचेता तो है, मुक्तिकामी भी है, किन्तु घर-परिवार और नौकरी-चाकरी के बन्धनों में बँधा एक मामूली आदमी है। हाँ, मेरे सर्जक ने मुझे ऐसे संवेदनात्मक ज्ञान और ज्ञानात्मक संवेदनों से भर दिया है कि मेरी जीवन-दृष्टि बहुत विशद और विश्व-दृष्टि बहुत व्यापक हो गयी है। मैं वर्तमान यथार्थ की भयावहताओं को देखता हूँ, किन्तु साथ-साथ उसी यथार्थ में निहित मुक्ति की सम्भावनाओं को भी देखता हूँ। मगर मेरी दिक्कत यह है कि जिस भविष्य का स्वप्न मैं देखता हूँ, वह अभी 'अँधेरे में' है। अतः उसको साकार करने के लिए फिलहाल मैं कल्पनाओं और फन्तासियों का सहारा लेता हूँ।

अब आप देखें कि सुषुप्ति या जागृति में दीवार पर अकस्मात् अपने-आप ही उभर आयी आकृति को देखकर जब मैंने पूछा, "कौन मनु?", तो क्या मेरा प्रश्न उस मनु के बारे में रहा होगा, जो सत्ययुग-त्रेता-द्वापर-कलियुग के कल्पान्त के बाद नया होकर आता है और पुनः वैसी ही कल्प-सृष्टि करता है, जो प्रलय पर जाकर समाप्त होती है और पुनः एक नया मन्वन्तर होता है? या और भी सीमित सन्दर्भ में कहूँ, तो क्या वह 'मनु स्मृति' वाला मनु रहा हो सकता है? जी, नहीं। मेरा वह मनु कोई और ही है। मेरी विश्व-दृष्टि के अनुसार वह मनुष्य अथवा समस्त मानवता को मुक्त करनेवाली क्रान्तिकारी जन-शक्ति है, जो वर्तमान विश्व-व्यवस्था की खोह में बन्दी है और स्वयं अपनी भी मुक्ति के लिए छटपटा रही है। उसकी नुकीली नाक, भव्य ललाट और दृढ़ हनु से आपको उसकी शक्ति का बोध नहीं होता?

स्वप्न में दृश्य बदला। मैंने देखा कि शहर के बाहर, पहाड़ी के उस पार, एक तालाब है। सब तरफ अँधेरा है और तालाब का तम-श्याम जल प्रशान्त है। आपको मेरे सर्जक

की कविता 'एक स्वप्न-कथा' याद है? उसका सियाह समुन्दर याद है? इतिहास है वह। यह तालाब भी वही है। उसके भीतर से सहसा एक मानवीय श्वेत आकृति उभरती है। यह दुनिया को बेहतर और मनुष्य को पूर्णतर बनाने का क्रान्तिकारी विचार है। उसका बड़ा-सा कुहरीला चेहरा फैलकर मुस्कराता है और अपनी पहचान बताता है, लेकिन मैं हतप्रभ हूँ, उसे समझ नहीं पाता हूँ।

मैं जानता हूँ कि दुनिया बदलनी चाहिए और वह बदल सकती है, पर सोचता हूँ, "उसे कौन बदलेगा?" शायद मेरे मन के इस प्रश्न के उत्तर में ही वह श्वेत आकृति एक प्रकाश में बदल गयी और मैंने देखा कि अचानक तालाब के आसपास अँधेरे में खड़े जंगली पेड़ अपने हरे रंगों के साथ चमक उठे हैं। उनके सिरों पर बिजलियाँ नाचने लगी हैं। उनकी शाखाएँ और डालियाँ हिलने लगी हैं। शोर मचाने लगी हैं। मानो झूम रही हों, झपट रही हों, चीख रही हों और एक-दूसरे पर सिर पटक रही हों। मैं समझ गया कि यह वर्तमान वैश्विक यथार्थ है, जिसमें विभिन्न अन्तर्विरोधी शक्तियाँ सक्रिय हैं।

उन पेड़ों के अँधेरे में छिपी हुई एक तिलिस्मी खोह थी, जिसका दरवाजा एक शिला से बन्द था। अचानक मैंने देखा कि उस तिलिस्मी खोह का वह शिला-द्वार धड़ से खुल गया है और उसमें अजीब-सी एक लाल मशाल घुसकर अन्दर जा रही है। लाल मशाल के प्रकाश में खोह के अन्दर का अँधेरा लाल कोहरे-सा हो गया है और उसमें साक्षात् रहस्य जैसा एक रक्तालोक-स्नात पुरुष खड़ा है। आप मेरे सर्जक को जानते हैं, तो लाल रंग का मतलब तो जानते ही होंगे। लाल मशाल थी साम्यवादी विश्व-दृष्टि, जो लाल रोशनी में नहायी क्रान्तिकारी जन-शक्ति का दर्शन मुझे करा रही थी। मुझे लगा, यह खोह है भविष्य, जिसके गर्भ में दुनिया को बेहतर और मनुष्य को पूर्णतर बनानेवाली क्रान्तिकारी जन-शक्ति अभी बन्द है। लेकिन उसके द्वारा की जानेवाली क्रान्ति की आहट सुनायी दे रही है। आपको मेरे स्वप्न का आरम्भ याद आया? वह तिलिस्मी खोह, जिसमें कोई अकेला चक्कर लगा रहा था? मेरी दीवार पर उभरा वह नुकीली नाक, भव्य ललाट और दृढ़ हनुवाला बड़ा चेहरा याद आया? वह मानवीय चेहरा शायद मुझे यह बता रहा था कि वह क्रान्ति मनुष्य ही करेगा और उससे एक नयी मानवीय दुनिया बनेगी।

लेकिन मेरे मन में तो क्रान्ति की कोई और ही छवि बनी हुई थी। मैंने इतिहास में देवोपम शूरवीरों के किस्से पढ़े थे, जिनके आधार पर मैं सोचता था कि क्रान्ति कोई देवोपम महानायक करेगा। इसलिए मैंने अपने मन में बनी-बनायी काल्पनिक छवि को सामने दिखते यथार्थ पर प्रक्षेपित किया और लाल रोशनी में नहाया हुआ वह पुरुष मुझे हिन्दुओं के किसी बड़े देवता या भगवान् जैसा नज़र आया। साक्षात् रहस्य! उसका तेजोप्रभावमय ललाट देखकर मैंने अपने अंग-अंग में एक थरथराहट महसूस की। लेकिन उसका गौरवर्ण, दीप्त-दृग, सौम्य-मुख और सम्भावित स्नेह-सा प्रिय रूप देखकर मुझे एक विलक्षण शंका हुईः क्रान्ति यह देवता या भगवान् करेगा? और यह जो लाल रोशनी में नहाया पुरुष दिखायी दे रहा है, यह तो आजानुभुज भी है! आजानुबाहु तो मनुष्य नहीं, देवता ही होते हैं। यानी

यह साक्षात् कोई देवता है? लेकिन मैं भी तो लाल रोशनी में ही उसे देख रहा था, इसलिए मेरे मन में गहन सन्देह उत्पन्न हुआ।

सन्देह इसलिए कि वह रहस्यमय व्यक्ति मुझे अपने पूर्ण मनुष्यत्व की अभिव्यक्ति जैसा लगा। आप क्षमा करें, मैं भी कवि हूँ, पर यह काव्याभिव्यक्तिवाला मामला नहीं है और न इसका सम्बन्ध मेरे सर्जक मुक्तिबोध की अस्मिता और उसकी खोज से है। मैं पूर्ण मनुष्य अथवा परिपूर्ण मनुष्यता की अवस्था की बात कर रहा हूँ, जो अभी आयी नहीं है, लेकिन मेरी विश्व-दृष्टि मुझे उसके आने की निश्चित सम्भावना बताती है। वह बताती है कि वर्तमान व्यवस्था जन-क्रान्ति द्वारा बदली जायेगी और क्रान्ति के बाद बननेवाली विश्व-व्यवस्था में मनुष्य की अपनी समस्त सम्भावनाओं, निहित प्रभाओं और प्रतिभाओं का परिपूर्ण आविर्भाव होगा। अपनी इसी दृष्टि के अनुसार मैं सामने दिखते उस रहस्यमय व्यक्ति को देख रहा था। वह मेरे हृदय में रिस रहे ज्ञान के तनाव का मूर्त रूप था। वह मेरी ही आत्मा की प्रतिमा था। मुक्तिकामी स्वप्नद्रष्टा, किन्तु केवल स्वप्नद्रष्टा नहीं, वास्तविक क्रान्तिकारी!

तब मैंने उसे ध्यान से देखा और मैं चौंक गया। अरे, वह देवोपम मनुष्य फटे हुए वस्त्र क्यों पहने है? उसका स्वर्ण-वर्ण मुख मैला क्यों है? उसके वक्ष पर इतना बड़ा घाव कैसे हो गया? उसने कारावास का दुख क्यों झेला? उसकी स्थिति इतनी भयानक क्यों है? यहाँ इस बन्द खोह में उसे रोटी कौन पहुँचाता है? पानी कौन देता है? यानी ऐसी स्थिति में भी वह जीवित कैसे रहता है? इतना ही नहीं, ऐसी दशा में भी वह मुस्करा क्यों रहा है? कमजोर या दीन-हीन नहीं, बल्कि प्रचण्ड शक्तिमान् क्यों दिखायी देता है?

मेरे प्रश्न गम्भीर थे, पर शायद खतरनाक भी थे। वर्तमान व्यवस्था क्रान्तिकारियों का ही नहीं, क्रान्तिकारी विचारों का भी, क्रान्ति सम्बन्धी जिज्ञासाओं का भी दमन करती है। मेरे साथ यही हुआ। मैं उस लाल मशाल की रोशनी में अपने प्रश्नों के उत्तर खोज रहा था, लेकिन वर्तमान व्यवस्था के गुंजान जंगलों से आती हुई हवा ने फूँक मारकर मशाल ही बुझा दी। मगर मुझ जैसे मुक्ति के स्वप्नद्रष्टा के लिए तो उस मशाल को बुझा देना मौत की सजा देने के समान था। मुझे ऐसा लगा, मानो मेरी आँखों पर काली पट्टी बाँधकर मुझे सूली पर टाँग दिया गया हो या किसी सुनसान अँधियारे खड्डे में गिरा दिया गया हो। या मानो सचेतन स्थिति से हटाकर मुझे अचेतन स्थिति में पहुँचा दिया गया हो!

(2)

स्वप्न में मुझे ऐसा लग रहा था, जैसे मैं एक सूनेपन में पड़ा हूँ और सूनापन सिहर रहा है। जिस अँधेरे में पड़ा हूँ, उसमें से ध्वनियों के बुलबुले उभर रहे हैं। जो शून्य मैं देख रहा हूँ, उसके मुख पर स्वर की सलवटें पड़ रही हैं। कहीं से शब्दों की लहरें आ

रही हैं, छटपटा रही हैं और मेरे हृदय में घरकर रही हैं। वे मुझे मीठी भी लगती हैं और दुःसह भी।

तभी मुझे लगा, जैसे मेरे दरवाजे की साँकल रह-रहकर बज रही है। जैसे कोई दरवाजा खोलने को कह रहा है या मेरी ही कोई बात बताने के लिए मुझे बाहर बुला रहा है। मैं समझ गया कि वह कौन है, जो आधी रात को इतने अँधेरे में, मुझसे मिलने आया है। वह द्युतिमय मुख, प्रेम भरे चेहरे और चेहरे पर भोले-भाले भाववाला वही व्यक्ति है, जो मुझे उस तिलिस्मी खोह में दिखा था। लाल रोशनी में नहाया हुआ आदमी। मैं उसे पहचानता हूँ।

उस पहले परिचय के बाद वह कभी भी आ टपकता था। मेरी सुविधा-असुविधा का तनिक भी खयाल किये बिना वह कभी भी, कहीं भी, किसी भी रूप में मेरे सामने आ जाता था। और-तो-और, साक्षात् रूप में नहीं, तो चाहे जिन प्रतीकों में आकर प्रस्तुत हो जाता। वह मुझसे इशारों में बात करता था, मुझे समझाता रहता था और ऐसी बातें भी बताता था, जिन्हें सुनकर मेरे दिल को बिजली के झटके-से लगते थे। लेकिन वह स्वयं कतई डरावना नहीं लगता था। उलटे, उसके चेहरे पर मुझे सुबहें खिलती दिखायी देतीं। उसके गालों पर पठार की चट्टानी चमक होती। उसकी आँखों में किरणीली शान्ति की लहरें होतीं। उसे देखकर मेरे दिल में उसके लिए अनायास प्यार उमड़ता था। इसलिए मैंने सोचा कि उठूँ, दरवाजा खोलूँ, उसे बाँहों में कस लूँ और हृदय में रख लूँ। मैं चाह रहा था कि उससे लिपटकर उसमें घुल और मिल जाऊँ।

लेकिन कहाँ! मैं तो अपनी मध्यवर्गीय जिन्दगी के भयानक खड्डे के अँधेरे में आहत और क्षत-विक्षत पड़ा था! मुझमें शक्ति नहीं थी कि जरा भी उठ सकूँ। वैसे भी हम मध्यवर्गीय लोगों को अपनी कमजोरियों से इतना मोह हो जाता है कि हम उनसे मुक्त हो जाना चाहते भी नहीं। इसीलिए मैं अपने उस प्रिय को टालता रहता था। उससे कतराता रहता था। यहाँ तक कि उससे डरता भी था। डरने का कारण यह था कि वह जगत् की समीक्षा करके मुझे वर्तमान को बदलकर भविष्य का स्वप्न साकार करने के लिए कहता था। उसकी बातों से लगता था कि वर्तमान मानो एक ऊंचे शिखर का खतरनाक कगार है और भविष्य के ऊँचे शिखर के बीच पर्वत-सन्धि के गह्वर हैं। एक शिखर से दूसरे शिखर तक जाने के लिए उन गह्वरों को पार करना है, लेकिन पार जाने के लिए केवल रस्सी का पुल है। वह मुझे वर्तमान के शिखर-कगार से भविष्य के उस शिखर-कगार तक जाने के लिए कहता था। कहता था, ''पर्वत-सन्धि के इन गह्वरों को रस्सी के पुल पर चलकर पार करो और दूर उस शिखर-कगार पर स्वयं ही पहुँचो।'' मैं उससे कहता था, ''भाई, मुझे नहीं चाहिए शिखरों की यात्रा। मुझे ऊँचाइयों से डर लगता है।'' लेकिन वह मेरी एक नहीं सुनता था और मुझे मेरी उस शोचनीय स्थिति में ही छोड़ देता था।

अतः यह जानकर भी कि मुझसे मिलने कौन आया है, मैं अपनी मध्यवर्गीय जिन्दगी के जिस भयानक खड्डे में गिरा दिया गया था, उसी के अँधेरे में पड़ा रहा और सोचता रहा, "बजने दो साँकल! वह जन जैसे आया था, वैसे ही खुद चला जायेगा और मैं अपनी पीड़ाएँ समेट इसी खड्डे के अँधेरे में पड़ा रहूँगा।" लेकिन मैं पड़ा भी तो नहीं रह सकता था। इसलिए सोचता रहा, "क्या करूँ, क्या न करूँ। उसके द्वारा दी गयी जगत् की समीक्षा मेरे तम-शून्य में तैरती है, पर मैं उसे सह नहीं सकता। तम-अन्तराल में मुझे उसका महान् विवेक-विक्षोभ दिखायी पड़ता है, पर मैं उसे भी सह नहीं सकता। उसने मेरे अँधियारे में द्युति-आकृति-सा जो भविष्य का नक्शा मुझे दिया है, उसे भी मैं सह नहीं सकता। लेकिन मैं उसे छोड़ भी नहीं सकता। मुझे चाहे जो भी सहना पड़े, मैं उसे छोड़ूँगा नहीं।"

यह सोचकर मैं अपने कमजोर घुटनों को बार-बार मसलकर दरवाजा खोलने के लिए उठा। अपने चेहरे के विचित्र-से रक्तहीन शून्य को मैंने गहराई से पोंछा। अँधेरे में ओर-छोर टटोल-टटोलकर मैं आगे बढ़ा, तो मैंने अपने पैरों से धरती का फैलाव महसूस किया। हाथों से दिशाएँ महसूस कीं। साँसों से दुनिया को अनुभव किया। मस्तक से आकाश को अनुभव किया। अँधेरे का अन्दाज मेरे दिल में तड़प रहा था, क्योंकि आँखें अँधेरे में देख नहीं सकती थीं, तथ्य को सूँघती-सी लग रही थीं। उस अँधेरे में मेरे अन्दर कोई गहरी शक्ति बची थी, तो वह केवल स्पर्श की शक्ति थी।

पूर्ण मनुष्य अथवा परिपूर्ण मनुष्यता का भविष्य-स्वप्न दिखाने तथा उसे साकार करने की प्रेरणा देनेवाले उस जन के लिए अपना बन्द दरवाजा खोलने मैं आगे बढ़ा, तो मेरी आत्मा में भीषण सत्-चित्-वेदना जल उठी और दहकने लगी। मेरे विचार मेरे विचरण-सहचर बन गये। मैं सँभल-सँभलकर दरवाजे तक पहुँचा और मैंने उस चिटखनी को जबरन हिलाकर खोला, जिसे मैंने इतने लम्बे समय से नहीं खोला था कि वह जंग खा गयी थी और जम गयी थी।

खैर, मैंने जोर लगाकर दरवाजा खोला और बाहर झाँका, तो देखा कि सर्द अँधेरे में सूनी राह का फैलाव अजीब-सा लग रहा है। आसमान के तारे उदास हैं और ढीली आँखों से विश्व को देख रहे हैं। दूर खड़ा एक अँधियारा पीपल मानो हर बार सोच, हर बार अफसोस, हर बार फिक्र के कारण बढ़े हुए दर्द का पहरा दे रहा है। दूर-दूर से कुत्तों की अलग-अलग आवाजें आ रही हैं, जो सियारों की आवाजों से टकरा रही हैं। उस सुनसान में मुझे ऐसा लगा, जैसे दूरियाँ काँप रही हैं और फासले गूँज रहे हैं। मगर मैंने देखा कि दरवाजे के बाहर तो कोई नहीं है।

मैं सोच ही रहा था कि जिसके लिए मैंने दरवाजा खोला, वह कहाँ गया, कि अचानक सुनसान अँधियारे में रात का पक्षी घुग्घू चीखकर बोला, "वह चला गया है और अब तेरे द्वार पर कभी नहीं आयेगा।" मैंने पूछा कि वह कौन था, तो घुग्घू ने वही बताया, जो उस खोह में लाल रोशनी में नहाये उस व्यक्ति को देखकर मैंने सोचा था—मेरे पूर्ण मनुष्यत्व की अभिव्यक्ति! घुग्घू ने कहा, "वह तेरी पूर्णतम परम अभिव्यक्ति है। वह तेरी गुरु है।

यद्यपि तू उसका पलातक शिष्य है, फिर भी वह तेरी गुरु है। वह तेरे पास आयी थी, पर तूने उसके लिए दरवाजा नहीं खोला, इसलिए वह चली गयी है। गाँवों और शहरों की ओर निकल गयी है। तू उसे पाना चाहता है, तो जा, उसकी खोज कर।''

(3)

मैं समझ नहीं पा रहा था कि अभी स्वप्न ही देख रहा हूँ या जागृति शुरू हो चुकी है। लेकिन यह जान रहा था कि यह सिविल लाइन्स है और मैं अपने कमरे में पड़ा हुआ हूँ। रात के दो बजे हैं। रात की आवाजें आ रही हैं—दूर जंगल से सियारों की, पास आती रेलगाड़ी की। किसी दुर्घटना की आशंका से चिन्तित मैं खिड़की से आसमान को देख रहा था कि अचानक मुझे तॉल्स्तॉय दिखे। वे सितारों के बीच घूम रहे थे और रुक-रुककर पृथ्वी को देख रहे थे। फिर मुझे सन्देह हुआ कि वे तॉल्स्तॉय नहीं, उन जैसा लगता कोई और था। शायद मार्क्स, जिनसे मुझे वैश्विक परिप्रेक्ष्य में अपने जीवन-यथार्थ को देखने की विश्व-दृष्टि मिली है। मार्क्सवाद ही तो मेरे हृदय का केन्द्रीय संवेदन है—किसी अनलिखे उपन्यास जैसे मेरे भविष्य-स्वप्न के धागे का आखिरी छोर।

अचानक मैं अपने वर्तमान यथार्थ में आ गिरा। निस्तब्ध नगर के मध्य-रात्रि के सुनसान अँधेरे में से किसी बैण्ड के बजने की आवाज आ रही थी। जुलूस? जिज्ञासावश मैं उठा, गैलरी में गया और वहाँ से मैंने कोलतारवाली काली सड़क को देखा। जुलूस ही था और वह अपनी रोशनियों तथा आवाजों के साथ पास आ रहा था। वह और पास आया, तो गैस लाइटों की पाँतों के प्रकाश में मुझे पहले बैण्ड-दल दिखा, उसके पीछे काले-काले बलवान् घोड़ों का जत्था। बैण्ड-दल के लोगों के चेहरे जाने-पहचाने थे। उनमें इसी नगर के कई प्रतिष्ठित पत्रकार थे। उनके पीछे संगीनधारी सैनिकों का जत्था और उसके पीछे घुड़सवार सैनिक। लेकिन यह क्या? वे सेना की खाकी ड्रेस में थे, पर उनके चेहरे का आधा भाग सिन्दूरी-गेरुआ था और आधा कोलतारी काला। उनमें सेना के बड़े अधिकारी थे—कर्नल, ब्रिगेडियर, जनरल, मार्शल—पर उनमें भी मुझे कई अपने परिचित दिखे। कई प्रकाण्ड आलोचक, विचारक, जगमगाते कविगण, मन्त्री, उद्योगपति, यहाँ तक कि शहर का कुख्यात हत्यारा डोमा जी उस्ताद भी।

मुझे लगा, जैसे यह किसी मृत्यु-दल की शोभा-यात्रा है। मुझे वे लोग भूत-पिशाच जैसे लग रहे थे। उनके भीतर का राक्षसी-स्वार्थ उस जुलूस में साफ उभर आया था। उनके छिपे हुए उद्‌देश्य यहाँ बिलकुल स्पष्ट हो गये थे। इतने में जुलूस के कुछ लोगों ने मुझे देख लिया और वहाँ से एक शोर उठा, ''मारो गोली, दागो साले को एकदम। हम दुनिया की नजरों से हटकर, आधी रात के अँधेरे में छुपे तरीके से जा रहे थे कि उसने हमें देख लिया। वह हमें पहचान गया है, हमारे सब भेद जान गया है। इसलिए उसे मार डालो, एकदम खत्म कर दो।''

सड़क पर भाग-दौड़ और धकापेल होने लगी, तो मैं डरकर गैलरी से भागा। लेकिन तभी मेरी आँख खुल गयी और मैंने पाया कि मैं पसीने से शराबोर पड़ा हूँ। स्वप्न टूट चुका था। उसमें दिखे चित्र छिन्न-भिन्न हो चुके थे।

जागते में वह स्वप्न फिर से याद आने लगा, तो मुझे लगा कि इस नगर की मृतात्माएँ इसी तरह हर रात जुलूस में चलती हैं, किन्तु दिन में मिल-बैठकर षड्यन्त्र करती हैं—विभिन्न दफ्तरों में, केन्द्रों में, यहाँ तक कि घरों में भी। मैं भयभीत हो गया, "हाय, मैंने उन्हें नंगा देख लिया है। मुझे इसकी सजा और मिलेगी।" 'और' समझे आप? एक सजा तो मुझे खतरनाक प्रश्नों के कारण पहले ही मिल चुकी थी, जब उस खोह के अन्दर जलती लाल मशाल को जंगली हवाओं ने बुझा दिया था और मुझे आँखों पर पट्टी बाँधकर अँधियारे खड्डे में गिरा दिया गया था।

(4)

सुबह के चार बजे। मैं अपने कमरे में लेटा हुआ था। आँगन में लगे नल में पानी आ गया था, लेकिन रोज की तरह पानी भरने के लिए मुझसे उठा नहीं जा रहा था, क्योंकि शरीर में बल नहीं था और दिल अँधेरे में गल रहा था। अचानक मुझे अखबारी दुनिया से पता चला कि सेना ने सड़कें घेर ली हैं। किसी जन-क्रान्ति के दमन के लिए मार्शल लॉ लगा दिया गया है। मैं डर गया और भागने लगा। गलियों-गलियों भागता गया। मेरी साँस फूल गयी थी, फिर भी भाग रहा था, क्योंकि लगातार कोई मेरा पीछा कर रहा था।

भागकर मैं कहाँ जा रहा था? जब मुझे पता चला कि जन-क्रान्ति हो रही है और उसके दमन के लिए मार्शल लॉ लगा दिया गया है, तो मैं क्रान्तिकारी दल के गुप्त केन्द्र की ओर भागा, जहाँ मेरा खयाल था कि सैनिक अभी नहीं पहुँचे होंगे और मैं वहाँ पहुँचकर सुरक्षित रहूँगा। उस गुप्त क्रान्ति-केन्द्र का वर्णन मैं सीधे शब्दों में नहीं कर सकता, इसलिए क्रान्तिकारियों की-सी कूट या सांकेतिक भाषा में आपको उसके बारे में बताऊँगा। जैसे क्रान्तिकारी दल को मैं कहूँगा "अन्धकार के स्तूप-सा भयंकर बरगद" या "उपेक्षितों, वंचितों, गरीबों और बेघरों का रैनबसेरा" और वहाँ रहनेवाले क्रान्तिकारी को कहूँगा "सिरफिरा पागल।" या जैसे मेरे पास क्रान्तिकारी दल की ओर से कोई सन्देश आयेगा, तो मैं कहूँगा कि, "बरगद का एक पत्ता मेरे ऊपर गिरा है!"

तो, वहाँ पहुँचकर मुझे अन्धकार के स्तूप-सा वह भयंकर बरगद दिखा, जो सभी उपेक्षितों, वंचितों, गरीबों और बेघरों का रैनबसेरा था। उसके तले अँधेरे में कई बेघर लोग सो रहे थे। वहाँ एक सिरफिरा पागल स्थायी रूप से रहता था, जिसके मटमैले चिथड़े पेड़ की डालों से लटके रहते थे। लेकिन अजीब बात, वही सिरफिरा पागल आज अचानक बड़ा बुद्धिमान् और ज्ञानवान् हो गया था। वह सिरफिरापन छोड़ ऊँची आवाज में आत्मोद्बोधवाला कोई पद या गीत गा रहा था, जिसमें वह अपने आदर्शवादी और

सिद्धान्तवादी मन के बहाने मानो मुझ जैसे तमाम आत्म-केन्द्रित मध्यवर्गीय लोगों से कह रहा था :

"तुमने अब तक क्या किया? जीवन क्या जिया? तुम तो उदरम्भरि बनकर अनात्म बन गये। भूतों की शादी में कनात-से तन गये। किसी व्यभिचार का बिस्तर बन गये। तुम अपने ही दुःख के दागों को सीने पर टँगे तमगों की तरह दिखाते फिरते रहे। दूसरों की चिन्ता छोड़ दिन-रात अपने ही खयालों में खोये रहे। असंगबुद्धि, अकेले और निष्क्रिय होकर तुम जिन्दगी के तलघर में पड़े रहे। तुमने कभी दूसरों की सहायता की? अरे, तुमने तो करुण दृश्य देखकर भी मुँह मोड़ लिया। जड़, संवेदनहीन पत्थर बन गये। देश से तुमने लिया तो बहुत, पर उसे दिया बहुत कम। तुम्हारी इस स्वार्थ-वृत्ति का ही नतीजा है कि देश मर गया और तुम जीवित रह गये! लोक-हित, जन-हित, करुणा, भावना, हार्दिकता, बुद्धि, तर्क, विवेक आदि समस्त मानवीय गुणों को त्यागकर तुम निरे स्वार्थी बन गये। बताओ, यह तुमने क्या किया? कैसा जीवन जिया?"

उस सिरफिरे पागल की आत्मोद्‌बोधमय डाँट-फटकार सुनकर मेरा माथा गरम हो गया था। मैं भ्रमित हो रहा था। क्या करूँ, कहाँ जाऊँ, कुछ समझ नहीं पा रहा था। मुझे लग रहा था कि वह सिरफिरा पागल मैं ही हूँ और जिसे वह फटकार रहा है, वह भी मैं ही हूँ। वह मेरा ही व्यक्तित्व है, जो अपने से ही खोया हुआ है। लेकिन उसकी डाँट-फटकार सुनकर मुझे कुछ नया-सा लगा। आत्म-साक्षात्कार के इस क्षण में मुझे लगा कि मेरे व्यक्तित्व के दो हिस्से हो गये हैं। दोनों आमने-सामने खड़े होकर बहस कर रहे हैं और आपस में ही एक-दूसरे को तमाचे लगा रहे हैं।

मगर मैंने इसे पागलपन और वृथा आलोचन समझकर इससे खुद को अलग कर लिया और गलियों में भरे भयावह अन्धकार के बारे में सोचने लगा। मुझे लगा, मानो यह अँधेरा मेरे ही कारण है। मार्शल लॉ मेरे ही कारण लगा है। मेरी निष्क्रियता के कारण ही यह संकट आया है। मेरी ही किसी गलती से यह दुर्घटना हुई है। उस पागल ने मुझे बेचैन कर दिया था। मानो मुझे सोते से जगा दिया था।

जैसे किसी मशीन के दाँतेदार चक्के आपस में मिलकर चलते हैं, एक के चलने पर दूसरा चल पड़ता है, वैसे ही बाहरी दुनिया और भीतरी दुनिया की गतियाँ परस्पर मिली हुई हैं। बाहर क्रियाओं और घटनाओं का जितना अधिक तीव्र द्वन्द्व होता है, उतनी ही तेजी से भीतर की दुनिया में चिन्ताओं का द्वन्द्व चलता है। मैं उस पागल की बातों से अत्यन्त बेचैन हो उठा था।

मैं उस बरगद के पास खड़ा था। उपेक्षितों, वंचितों, गरीबों और बेघरों के घर जैसे उस बरगद के पास, जहाँ वह आत्मोबोधकारी गीत गानेवाला पागल रहता था। मुझे ऐसा लग रहा था, जैसे देश-दुनिया के अथाह गम्भीर ज्ञान-जल से मेरा चेहरा धुल रहा है। दरिद्र जन-जीवन के भीषण यथार्थ से मेरा मन धुल रहा है। महकते उद्यानों-सा एक भविष्य-स्वप्न

मुझे दिखायी देने लगा है। मानो वह भविष्य-स्वप्न साकार हो उठा हो और उसका गुरु गम्भीर महान् अस्तित्व वहीं मेरे आसपास महक रहा हो। मानो खँडहरों के फैलाव में कोई उद्यान हो और उसमें तरह-तरह के सुगन्धित फूल रात के अँधेरे में खिलकर महक रहे हों। लेकिन वर्तमान के अँधेरे में भविष्य के उन उद्यानों का कुछ पता नहीं चलता कि वे कहाँ हैं और कैसे मिलेंगे। फिर भी वे हैं और सब तरफ अपनी सुगन्ध बिखेर रहे हैं। परन्तु इस सुखद अनुभूति में एक वेदना भी छिपी हुई है। उसमें यह गुप्त चिन्ता लगातार छटपटा रही है कि यह भविष्य-स्वप्न कब और कैसे साकार हो सकेगा?

(5)

तो, जब मैं उस बरगद के पास खड़ा था, उसका एक पत्ता मेरे ऊपर आ गिरा। मैं चौंक गया और डर गया। मुझे लगा कि मानो बरगद मुझसे कह रहा है, "तुम पर खतरा मँड़रा रहा है, भागो!" और मैं वहाँ से भाग चला। बन्दूक चलने की धायँ-धायँ मुझे डरा रही थी और मैं दम छोड़कर मोड़-दर-मोड़ भागता चला जा रहा था। यहाँ तक कि मुझे चक्कर आ गया और मैं किसी बन्द घर की सीढ़ी पर सिर पकड़कर बैठ गया।

मुझे लगा, धरती-आकाश घूम रहे हैं और मैं एक स्वप्न-सा देख रहा हूँ। स्वप्न में भूमि की सतहों के बहुत-बहुत नीचे एक अँधियारी, एकान्त, प्राकृतिक गुफा है। उसके भीतर दूर तक विस्तृत खोह के साँवले तल में अँधेरे को भेदकर कुछ पत्थर चमक रहे हैं। वहाँ तेजस्क्रिय रेडियो-ऐक्टिव रत्न भी बिखरे हुए हैं, जिन पर एक प्रबल प्रपात का प्राकृत जल पूरे आवेग के साथ झर रहा है। चमकती-दमकती मणियों पर से जल की लहरें फिसल-फिसलकर बह रही हैं और उनके तल में से प्रकाश की किरणें फूट रही हैं, जिनसे ख़ोह की बेडौल भीतों पर विभिन्न रंगीन रूपाकार बन रहे हैं और भीतें झिलमिला रही हैं।

अगले पल मैंने स्वयं को उस खोह के भीतर पाया। उन चमकते-दमकते मणि-रत्नों को हाथों में लेकर ध्यान से देखा, तो अचानक मैंने पाया कि वे मणियाँ और रत्न नहीं, बल्कि मेरे ही अनुभव हैं, मेरी ही वेदनाएँ हैं, मेरे ही विवेक के निष्कर्षों से निकले वे क्रान्तिकारी विचार हैं, जो यहाँ पड़े हुए हैं। मैं उन्हें खतरनाक समझता था। यह सोचकर कि इन्हें व्यक्त करने के कारण मुझे दण्डस्वरूप मार डाला गया, तो मेरे बच्चे भीख माँगेंगे, मैं उन्हें छिपाकर रखता था या बेकार समझकर उस अँधेरी गुफा में डाल देता था। लेकिन अब मुझे लगा कि मैंने उन्हें गुहावास देकर लोक-हित के क्षेत्र से वंचित कर दिया था, जनोपयोग से वर्जित कर दिया था, उन्हें निषिद्ध करके खोह में डाल दिया था। मगर अब डरने का समय नहीं है, क्योंकि अब तो जूझना ही तय है। अतः अब अपने अनुभवों को, अपनी वेदनाओं को, अपने क्रान्तिकारी विचारों को लोक-हित के लिए, जनोपयोग के लिए, मुझे व्यक्त करना ही होगा।

(6)

स्वप्न में दृश्य बदला। मेरे सामने एक साँवला, सुनसान और विस्तृत चौराहा था, जिसके बीच में गेरुए रंग से रँगा घण्टा-घर था। उसके ऊपर कत्थई रंग का पुराना गुम्बद था। घण्टा-घर की चारों घड़ियाँ चार अलग कोनों से चार अलग संकेत देती लगती थीं। उनके मिनट-काँटे अलग-अलग गतियों से चल रहे थे। मानो मेरा मन चार अलग गतियों में गतिमान् हों। बिजली के खम्भों पर लटके बल्ब मुझे गर्दन लटकाये अपनी ही तरह शर्मिन्दा-से लगे। उनके आसपास पंखोंवाले जो कीड़े उड़ रहे थे, वे मानो मेरे बेचैन खयाल थे, जो मेरे मन में गोल-गोल घूम रहे थे। गुम्बद के अन्दर असम्भव-से बड़े पक्षी बैठे हुए थे, जो बहुत तेज नजरों से सब ओर देखते थे। उनकी आँखें किन्हीं भयानक इरादों की तरह चमकती थीं।

धीरे-धीरे दृश्य स्पष्ट हुआ, तो मैंने पाया कि वह चौराहा एकदम सुनसान नहीं था। वहाँ सिपाही पहरा दे रहे थे। संगीनवाली बन्दूकें लिये सैनिकों के जत्थे के साथ एक ओर टैंकों का दस्ता भी खड़ा था। उसे देख मैं डर गया और वहाँ से भाग खड़ा हुआ। पहले की तरह दम छोड़कर भागता कई मोड़ पारकर गया। गन्दी, गन्धाती, कीच-भरी गलियों को पार करता मैं कोलतारवाली काली सड़क पर जा पहुँचा, जहाँ कोई नहीं था। अँधेरे आसमान में तारे चमचमा रहे थे और मेरा दिल ढिबरी-सा टिमटिमा रहा था। अचानक किसी ने मुझे खींचा और मैं जादू से बँधा-सा उधर चल पड़ा, जिधर तिलक की पाषाण मूर्ति स्तब्ध खड़ी थी। लेकिन मैं ज्यों ही मूर्ति के पास पहुँचा, उसकी पाषाण-पीठिका हिलती-सी लगी और मैंने देखा कि उसमें से नीली बिजली की चिनगियाँ निकल रही हैं। मूर्ति के पत्थरी होंठों पर मुस्कान थी और आँखों में बिजली के फूल सुलग रहे थे। लेकिन मूर्ति की नाक से खून टपक रहा था, मानो अतिशय चिन्ता के कारण सहसा मस्तिष्क फट गया हो और उसका रक्त नाक से बह निकला हो। मैंने उनकी चिन्ता को समझकर कहा, "हे पिता, इतनी चिन्ता मत करो। हम अभी जिन्दा हैं। जो काम तुम करना चाहते थे और नहीं कर पाये, वह हम करेंगे।" मगर कैसे? इस जबर्दस्त फिक्र से मेरी अपनी हालत खराब हो गयी। फिर भी मुझे लग रहा था कि मेरे भीतर कोई भयानक ज़िद जाग उठी है, कोई बड़ा भारी हठ उठ खड़ा हुआ है।

इतने में कहीं से बन्दूक चलने की धायँ-धायँ सुनायी पड़ी। मैं फिर अँधेरी गलियों में भागा और थककर एक जगह बैठ गया। सोचने-विचारने लगा। अँधेरे में डूबे मकानों से किसी के रोने की आवाज आ रही थी। तभी ठण्ड से बचने के लिए बोरा ओढ़े कोई आदमी हिलता-काँपता मेरे सामने आ खड़ा हुआ। उसने बोरे में से सिर निकाला, तो मैं चौंक गया। वे गाँधी जी थे। मुझे आश्चर्य हुआ, "गाँधी जी और इस तरह पंगु?" मैं उनकी दशा देख अति दीन होकर उनके पास गया, तो मुझे बिजली का झटका-सा देते हुए वे बोले, "भाग जा, हट जा। हम तो गुजरे हुए जमाने के चेहरे हैं। तू आगे बढ़ जा। और सुन, दुनिया

कचरे का ढेर नहीं है कि उस पर चढ़कर कोई भी मुर्गा बाँग दे और मसीहा बन जाये। भावी का उद्‌भव मसीहाओं से नहीं, जनता के गुणों से ही सम्भव है।'' फिर मैंने देखा कि गाँधी जी की बाँहों में एक बच्चा है, जिसे मुझे थमाते हुए वे कह रहे हैं, ''यह मेरे पास चुपचाप सोया हुआ था, तुम इसको सँभालना और सुरक्षित रखना।''

मैं समझ नहीं पाया कि वे किस भावी उद्‌भव की बात कर रहे थे। क्या मेरे ही भविष्य-स्वप्न की बात? क्या यह शिशु ही वह भविष्य-स्वप्न है? क्या गाँधी जी का स्वप्न भी वही था, जो मेरा है? क्या इसीलिए उन्होंने इस शिशु को मुझे सौंपा है? मैं यह सब उनसे कहना चाहता था, पर उसी क्षण मैंने देखा कि वहाँ कोई नहीं है। चारों तरफ अँधेरा था और वह शिशु मेरे कन्धे से चिपका था, गले से लिपटा था। उसका स्पर्श कोमल और सुकुमार था, लेकिन उसके भार का मुझे गम्भीर अनुभव हो रहा था। मुझे लग रहा था, जैसे मैं तारों भरे आकाश को साथ लिये चला जा रहा हूँ। भावी की गन्ध के सहारे अँधेरी दूरियाँ नाप रहा हूँ।

अचानक वह शिशु रोने लगा और मुझे लगा कि यह स्वर तो मेरा अत्यन्त परिचित स्वर है, जिसे मैंने पहले भी कई बार सुना है। कहाँ? पता नहीं, पर सुना है। उस स्वर में स्फोटक क्षोभ और गहरी शिकायत थी, जैसे वह चीख-चीखकर अपना क्रोध मुझ पर बरसा रहा हो। मैं डर गया। पहले वह गाँधी जी का और अब मेरा भविष्य-स्वप्न था, जो मेरे पास आकर क्रान्ति से ही सम्भव-स्वप्न बन गया था। मैं डर गया कि यदि किसी ने हम दोनों को एक साथ देख लिया, तो हम दोनों ही नहीं रहेंगे। इसलिए मैंने उसे चुप कराना चाहा, लोरी गाकर उसे सुलाना चाहा, लेकिन वह चीख-चीखकर अपने क्रोध के अंगारे मुझ पर बरसाता रहा, जैसे कह रहा हो, ''तुमने मेरा ध्यान क्यों नहीं रखा? मेरे लिये कुछ किया क्यों नहीं?''

इतने अपनेपन से अपने कर्त्तव्य की याद दिलाये जाने से मेरा हृदय प्रसन्नता और करुणा से भर गया। मैं तन और मन दोनों से आगे बढ़ने लगा और अँधियारी गलियों में चलते हुए रक्त के तालाब जैसी क्रान्ति के बारे में, रक्त में डूबी द्युतिमान् मणियों जैसे अपने क्रान्तिकारी विचारों के बारे में सोचने लगा। मैंने देखा कि रक्त से लाल-लाल किरणें फूट रही हैं। रक्त में डूबे मेरे संकल्प मेरे साथ चल रहे हैं।

अचानक मैंने पाया कि वह शिशु मेरे कन्धे पर से अँधेरे में न जाने कहाँ गायब हो गया है और उसकी जगह सूरजमुखी के फूलों के गुच्छे आ गये हैं, जो हर तरफ सुन्दर स्वप्नों का सुनहरा प्रकाश फैला रहे हैं। इतने में एक गली में मैंने एक दरवाजा खुला देखा और अँधेरा जीना चढ़कर कहीं टिमटिमाती ढिबरी के प्रकाश में आगे बढ़ा, तो अचानक मैंने पाया कि फूलों के गुच्छे गायब हैं और उनकी जगह मेरे कन्धे पर भारी बन्दूक आ गयी है। मैं समझ गया कि मेरा भविष्य-स्वप्न गाँधी जी की अहिंसा से नहीं, सशस्त्र क्रान्ति से ही साकार होगा।

मैं एक खुले-खुले किन्तु अँधेरे कमरे में जा पहुँचा, जिसमें इधर-उधर बिखरे सामान के बीच कोई जमीन पर बाँहें फैलाये पड़ा था। मैंने टॉर्च जलाकर देखा, तो पाया कि उसके माथे पर उलझे हुए बाल खून से भरे हैं और भौंहों के बीच गोली का सूराख है, जिससे निकला खून उसके गालों पर फैलकर सूख गया है। उसका चेहरा देखकर मैं उसे पहचान गया। वह मेरा परिचित एक एकान्तप्रिय कलाकार था। गलियों के अँधेरे का चित्रकार। अँधेरी गलियों के यथार्थ को बदलने का कर्त्तव्य-बोध उसे अपने हृदय पर रखा एक बोझ मालूम होता था, लेकिन कार्य-क्षमता से वंचित होने के कारण वह कुछ कर नहीं पाता था, इसलिए वह अकेला अपनी जिन्दगी जीता था। उसके पास केवल कुछ सपने थे—शुचितर विश्व के सपने, जो सुकुमार मानवीय हृदयों के अपने सपने थे। वह अपना भविष्य-स्वप्न, अपना ज्ञान, अपना जीवनानुभव किसी को दे नहीं पाया था, किन्तु न जाने किस झोंक में क्या कर गुजरा कि सन्देहास्पद समझा गया और हत्यारों के हाथों मारा गया।

मारे गये उस कलाकार को मैं जानता था। वह हृदय से मुक्ति का इच्छुक था और निरन्तर मुक्ति के प्रयत्नों में लगा रहता था। इसलिए वह सबका प्यारा था। लेकिन हाय, इस तरह उसका वध हुआ! उसके मरने के साथ एक युग मर गया, एक जीवनादर्श मर गया। मैं यह सोच ही रहा था कि कोई मुझे चिढ़ाने लगा, "सवाल यह है कि जब उसे मारा जा रहा था, तब तुम क्या कर रहे थे? तुम तो सब तरफ भागते फिर रहे थे!" मगर मैंने सोचा, इस समय खुद को कोसना फिजूल है। जरूरी यह है कि मैं दोस्तों को खोजूँ। नये-नये सहचर प्राप्त करूँ, जो सकर्मक सत्-चित्-वेदना-भास्वर हों!

मैं जीने से उतरा, तो मैंने पाया कि भयानक आकारों ने मुझे घेरकर पकड़ लिया है और मैं आततायी सत्ता के सम्मुख हूँ। किसी ने मेरा कॉलर पकड़कर दबाया और मेरी कनपटी पर इतना जोरदार थप्पड़ मारा कि मुझे लगा, कनपटी टूट गयी है और गाल की खाल पूरी उखड़ गयी है। फिर मुझे जबरन पकड़कर एक गहरे अँधियारे कमरे में ले जाया गया और टूटे-से स्टूल पर बिठाकर मेरी जाँच-पड़ताल की जाने लगी। मेरे सिर की हड्डी तोड़कर, मेरी खोपड़ी खोलकर देखा जाने लगा कि मेरे मस्तक-यन्त्र में कौन-से विचारों की कौन-सी ऊर्जा है, कौन-सी शिरा में कौन-सी धकधक है, कौन-सी रग में कौन-सी फुरफुरी है। कहाँ है वह कैमरा, जिससे तथ्यों के जीवन्त फोटो उतारे जाते हैं। कहाँ हैं सपनों के सच्चे आशय। कहाँ-कहाँ भरे पड़े हैं क्षोभक-विस्फोटक सामान! किसी ने चिढ़ी हुई, ऊँची, खिझलायी आवाज में किसी से कहा, "स्क्रीनिंग करो, मिस्टर गुप्ता, क्रॉस एग्जामिन हिम थॉरोली। इसके भीतर के किसी गहरे तलघर में छिपा हुआ वह छापाखाना खोजो, जहाँ चुपचाप क्रान्तिकारी परचे छपते रहते हैं और बाँटे जाते हैं। इस संस्था के मन्त्री को खोजो, जिसका नाम आस्था है। इस टुकड़ी के सरगना को खोजो, जिसका नाम आत्मा है।"

मुझे शारीरिक यातनाएँ दी गयीं, जिनका सामना मैंने मन और आत्मा की दृढ़ता के साथ किया। मन जब देह की हद से हट जाता है, तो कहीं किसी अलग दुनिया में पहुँच

जाता है। देह से अलग होकर मन के किसी दूसरी दुनिया में पहुँचने के उस क्षण में मैंने पाया कि मैं एक जादू में, एक बिजली में बदल गया हूँ, जिसके सहारे मैं कुछ भी कर सकता हूँ और कहीं भी पहुँच सकता हूँ। सो, यद्यपि मैं वहाँ खूँटे से बँधा था और आसपास मौजूद दैत्यों से घिरा था, फिर भी मैं वहाँ से एक पत्र के रूप में निकल गया और एक ऐसे मन की जेब में जा गिरा, जो पहले ही आततायी सत्ता और व्यवस्था से फट चुका था।

तब मैंने पाया कि मेरे जैसे विचारों और लक्ष्योंवाले मन, जो समस्वर और समताल होने के कारण मेरे प्रति सहानुभूति रखते हैं, हर कहीं मौजूद हैं। उनका माथा बर्फ-सा ठण्डा होता है, पर उसके भीतर आग भरी होती है। उनका हृदय ऊपर से बिल्कुल निश्छल लगता है, पर उसके भीतर प्रभंजन चल रहा होता है। वे विचित्र दीन-हीन-से रूपों में प्रबल क्रान्तिकारी शक्ति लेकर लक्ष्यों के पथ पर चलते हैं। वे मेरी सहायता के लिए, मुझे दैत्यों के चंगुल से छुड़ाने के लिए गुप्त रूप से सक्रिय हो गये।

आखिरकार मुझे रिहा कर दिया गया। लेकिन कई जासूस मेरे पीछे लगा दिये गये, जो मेरी हर गतिविधि पर पैनी नजर रखने लगे। मगर मैंने भी सोच लिया कि अब मुझे अपने वे भूमिगत साथी खोजने होंगे, जो न जाने कब से मुझे क्रान्तिकारी संकेत, सुझाव और सन्देश भेज रहे हैं। वे मुझे विभिन्न प्रकार के प्रतीकात्मक फूलों, बिजली की रोशनियों, तेजस्क्रिय मणि-रत्नों आदि के रूप में जो संकेत, सुझाव और सन्देश भेजते हैं, मैं उन्हें कविता में ढाल देता हूँ। लेकिन मुझे अपनी रचनाओं से गहरा असन्तोष होता है। मेरी रचनाओं में काव्य-चमत्कार तो होता है, परन्तु ठण्डा। उनमें तेज तो होता है, मगर ताप नहीं होता।

यहाँ एक बात बता दूँ कि मेरे सर्जक मुक्तिबोध को क्रान्ति का लाल और विचार का नीला रंग बहुत पसन्द है। उन्होंने मुझे भी यही सिखाया है कि मैं भी अपनी रचनाओं में लाल और नीले रंग का खास खयाल रखूँ। अतः मैं चाहता था कि मैं बेचैन बिजली की नीली ज्वलन्त बाँहों में बाँहें डालकर उतनी ही प्रदीप्त लीला करूँ। मैं उस नीली बिजली के साथ आकाश भर में घूमना चाहता था। दूसरे शब्दों में, भूमण्डलीय यथार्थ को मैं अपनी रचनाओं में पूरी वैचारिकता के साथ व्यक्त करना चाहता था। मगर मैं बिजली नहीं, भीमाकार काला मेघ था। मेरे पास रंग थे न प्रकाश। परन्तु मुझमें गम्भीर आवेश था और अथाह प्रेरणास्त्रोत का संयम। अतः मैंने सोचा, रंगीन काव्य-चमत्कारवाली रचनाओं से मेरा काम नहीं चलेगा। मैं तो सत्-चित्-वेदनावाली रचना करूँगा।

इसमें खतरा था। आततायी सत्ता की ओर से ही नहीं, उसकी मजबूती और शान बढ़ानेवाले साहित्यिक मठों और गढ़ों की ओर से भी। मगर मैंने सोचा—अब अभिव्यक्ति के सारे खतरे उठाने ही होंगे/ तोड़ने होंगे ही मठ और गढ़ सब।

पहुँचना होगा दुर्गम पहाड़ों के उस पार/ तब कहीं देखने को मिलेंगी उस नीली झील की लहरीली थाहें, जिनमें एक अरुण कमल प्रतिपल काँपता रहता है/ मुझे उस झील के हिम-शीतल सुनील जल में धँसना ही होगा।

देखा आपने मुझ पर मेरे सर्जक का असर? नीली झील और अरुण कमल!

(7)

अँधेरा कुछ कम हुआ। चाँद निकल आया। उसकी नीली चाँदनी गलियों में ही नहीं, उस नीम पर भी पड़ने लगी, जिसके नीचे मिट्टी के गोल चबूतरे पर कोई सुनहला दीया जल रहा था। साक्षात् स्वप्न का-सा दृश्य। मकानों के बड़े-बड़े खँडहरों के सूने मटियाले भागों में रातरानी महक रही थी। मगर मैं उस स्वप्निल दृश्य को देखने के लिए नहीं ठहरा, भाग चला। टूटी हुई भीतों के उस पार मैं वहाँ जा पहुँचा, जहाँ सत्य और सत्ता के बीच के संघर्ष पर गरमागरम बहस चल रही थी। जो बहस कर रहे थे, उन्हें देखकर लगता था कि उनके दिल में दम और दिमाग में जान है। उनके मुकाबले मुझे लगा, कमजोरियाँ सब मुझमें हैं। मगर अचानक मैंने पाया कि वहाँ की अँधेरी सुरंग-सी गलियों में लोग-बाग चुपचाप चलते हैं। मजबूत कदम रखते हुए और गम्भीर। मन्द गति से, बेआवाज। बच्चे और युवा भी। लगता है, वे किसी भीतरी बात में व्यस्त हैं, उनके भीतर कहीं कोई आग जल रही है।

मैं धीरे-धीरे चल रहा था कि पीछे से एक रेला आया और मेरे साथ चलने लगा। अद्‌भुत और आश्चर्यजनक दृश्य था—लोगों की बँधी मुट्ठियों की उँगलियों की सन्धियों से लाल-लाल किरणें फूट रही हैं। अरे, यह क्या? ये लोग तो मेरे ही विक्षोभ और विवेक के मणि-रत्नों को लेकर अँधेरे में सोत्साह आगे बढ़ रहे हैं! और मैं खुद-ही-खुद से बौद्धिक जुगाली करता अकेला! मेरे क्रान्तिकारी विचार, ज्ञान और संवेदन लोगों को तो इस प्रकार प्रभावित और प्रेरित कर रहे हैं और मैं क्या कर रहा हूँ?

मैं गलियों के अँधेरे में भाग रहा था। इतने में कोई चुपचाप मुझे एक परचा पकड़ा गया। कोई गुप्त क्रान्तिकारी परचा। मैंने उसे पढ़ा, तो आश्चर्य हुआ। उसमें तो मेरे ही गुप्त विचार थे, मेरे ही अनुभव। मेरी ही दबी हुई संवेदनाएँ और पीड़ाएँ उसमें जगमगा रही थीं। मैं समझ नहीं पा रहा था कि यह सब क्या है। परचा पढ़ते हुए मुझे लगा कि मैं हवा में उड़ रहा हूँ। चक्रवात की-सी गतियों में पूरे आकाश में घूम रहा हूँ। लेकिन साथ-साथ जमीन पर भी हूँ। सर्वत्र एक साथ सचेत रूप से उपस्थित हूँ। मैं हर जगह हूँ और हर जगह काम में लगा हूँ। हर दुराहे-चौराहे पर, राहों के मोड़ पर, सड़क पर कहीं भी खड़ा होकर लोगों से बात और बहस कर रहा हूँ। उन्हें मनाता हूँ, उनकी बात मानता हूँ, अपनी बात उनसे मनवाता हूँ।

और तब देश-काल की दूरियाँ मुझे अपने ही देश के नक्शे में टँगी हुई और रँगी हुई दिखने लगीं। जैसे देश और विश्व एक हो गये हों। जैसे अतीत, वर्तमान और भविष्य मुझे

एक साथ दिख रहे हों। भविष्य की बेहतर दुनिया के स्वप्न मानो ठोस वास्तविकता में बदल गये हों। स्वप्न मानो दृढ़ीभूत कर्म-शिलाएँ बन गये हों, जिनसे स्वप्नों की मुस्कराती हुई मूर्ति बनेगी और उसमें से निकलनेवाली सुखदायी किरणें अखिल ब्रह्माण्ड को प्रकाशित कर देंगी। वांछित वैश्विक क्रान्ति का यह रूप देखकर मुझे अपनी जिन्दगी की सरहद बढ़ती-फैलती हुई सूर्यों के प्रांगण के भी पार जाती-सी दिखने लगी।

और तब मैं इस निष्कर्ष पर पहुँचा कि वर्तमान समाज चल नहीं सकता। पूँजी से जुड़ा हुआ हृदय बदल नहीं सकता। व्यक्ति-स्वातन्त्र्य की बात करनेवाले व्यक्तिवादी लोग मेरे मुक्तिकामी मन को और जन को छल नहीं सकते।

(8)

एकाएक मेरा हृदय धड़क गया। दिल की धड़कन बन्द-सी होने लगी। मैंने देखा कि नगर से भयानक धुआँ उठ रहा है और सुना कि कहीं आग लग गयी है, कहीं गोली चल गयी है। सड़कें सुनसान थीं, हवाओं में अदृश्य ज्वाला की गर्मी थी और गर्मी का आवेश था। जन-मन के उद्देश्य खाने-पीने और सोने जैसे समस्त मानवीय कार्य साथ-साथ करते हुए सदा साथ-साथ रहते हैं, जबकि उनका दमन करनेवाले पथरीले चेहरोंवाले सिपाही यन्त्रवत् घूमते हैं, मानो मनुष्य होने की अपनी पहचान ही खो बैठे हों। मगर दमन के बावजूद जन-क्रान्ति की आग भड़क उठी थी और क्रान्तिकारियों पर गोलियाँ चलायी जा रही थीं।

लेकिन जन-क्रान्ति और उसके दमन पर साहित्यकार, कवि-जन, चिन्तक, नर्तक, शिल्पकार आदि सब चुप थे। उनके खयाल से यह सब एक गप थी, मात्र किंवदन्ती। दरअसल ये सब रक्तपायी वर्ग से नाभिनालबद्ध लोग थे, जो नपुंसक भोग-शिरा-जालों में उलझे होने के कारण जानते ही नहीं थे कि उन्हें क्या करना चाहिए और कहाँ जाना चाहिए। वे ऐसे अवसरों पर या तो गूँगे हो जाते थे, या उनकी वाणी रुदन करने लगती थी। अखबारों में ये ही लोग लिखते और काम करते थे। मगर ये लोग अखबारों के उन मालिकों के लिए काम करते थे, जिन्होंने उस घटना के समय अपने स्थूल मुख भव्याकार भवनों के विवरों में छिपा लिये थे। वास्तव में क्या हुआ, यह खोजबीन करके बताने के बजाय अखबारों के संवाददाता संवाद गढ़ रहे थे, समीक्षक समीक्षाएँ गढ़ रहे थे, टिप्पणीकार जन-मन में शूल-सी चुभनेवाली टिप्पणियाँ गढ़ रहे थे। क्रीत-दास बौद्धिक वर्ग किराये के विचारों को व्यक्त करने के सिवा और कर भी क्या सकता था? लेकिन इस आचरण से बड़े-बड़े चेहरों पर स्याहियाँ पुत गयीं। उनकी नपुंसक श्रद्धा सड़क के नीचे गटर में छिप गयी।

इधर मैंने यह अनुभव किया कि जब ऐसी घटनाओं के होने पर सच की जगह झूठ का जहरीला धुआँ फैलाया जाता है, तब हर बार उस जहरीले धुएँ के मेघों के नीचे ही मेरी विश्लेषण-क्षमता तीव्र हो उठती है। एक छोटे-से पल में सैकड़ों आत्म-विश्लेषण और आत्म-साक्षात्कार हो जाते हैं। धोखों से भरे हुए सपने टूट जाते हैं और रक्तमय ज्ञान की किरणें बहने लगती हैं। मेरी आत्मा में सम्पूर्ण विश्व ही साकार हो उठता है।

ऐसे ही अनुभव-क्षण में मैंने देखा और जाना कि जब क्रान्ति होती है, राह के पत्थर-ढोकों में भी पहाड़ों के झरने तड़पने लगते हैं। मिट्टी के लोंदे के भीतर भी भक्ति की अग्नि का उद्रेक भड़कने लगता है। धूल के कण में भी अनहद नाद का खतरनाक कम्पन होने लगता है। मकानों की छत से गाडर धम्म से कूद पड़ते हैं। गड़े हुए खम्भे घूमने लगते हैं और भयानक वेग से हवा में चल पड़ते हैं। बूढ़े कक्का की लाठी भी आकाश में नाचने लगती है। यहाँ तक कि बच्चों की पेंगे भी उड़ती हैं और मुन्ने की सलेट-पट्टी तेजी से लहराती घूमने लगती है। उस समय एक-एक वस्तु एक-एक प्राणाग्नि-बम बन जाती है। क्रान्तिकारी जनता के हाथ में छोटी-से-छोटी चीज भी हथियार बन जाती है—परमास्त्र, प्रक्षेपास्त्र, यहाँ तक कि स्वयं मृत्यु! और ये सब शस्त्रास्त्र शत्रु पर अनिवार्य रूप से टूट पड़ते हैं। क्रान्ति के समय ऐसा ही होता है और जिस समय मेरे नगर में आग लग रही थी और गोलियाँ चल रही थीं, मैं ऐसा ही अनुभव कर रहा था। और यह मैं कोई मनगढ़न्त कहानी नहीं सुना रहा, सच बात बता रहा हूँ।

आपने बैलगाड़ी के लकड़ी के पहिये पर लोहे की हाल का चढ़ाया जाना देखा है? मैंने देखा, किसी एक बलवान् काले रंगवाले लुहार ने कण्डों का एक जलता हुआ घेरा बनाया है। उससे स्वर्णिम कमलों की पाँखुरी जैसी ज्वालाएँ उठ रही हैं। उस जलते हुए गोल घेरे में लोहे का एक चक्का रखकर तपाया जा रहा है। उससे सुनहरी, नीली और लाल चिन्गारियाँ निकल रही हैं, जैसे सुनहरे-स्वप्न, सुनील-विचार और लाल-क्रान्ति। वे मुझे खिलते फूलों-सी सुन्दर लग रही हैं। साँवले चेहरोंवाले कुछ बलवान् लोग आग में तपकर लाल हुई गोल पट्टी को लकड़ी के पहिये पर घन मार-मारकर जबरन चढ़ा रहे हैं। मुझे लगा, इसी प्रकार अब आत्मा के पहिये पर संकल्प-शक्ति का मजबूत लौह-टायर चढ़ाया जा रहा है। लगता है, वाकई युग बदल गया है।

क्रान्ति-काल में मौसम बदलकर गेरुआ हो जाता है। मैंने देखा कि अंगारे उड़ रहे हैं। जिन्दगी के जंगल जल रहे हैं, जिनकी ज्वालाओं से प्रकाशित भीषण कूलोंवाली वेदना की नदियाँ बह रही हैं। उनके जल में इतिहास की सैकड़ों सदियाँ सचेत होकर प्रतिपल अपने बिम्ब प्रसारित कर रही हैं। वेदना की उन नदियों में युगानुयुग से पूर्वजों की चिन्ता के उद्विग्न रंग भी घुले हुए हैं। उनकी विवेक-पीड़ा की बेचैनी गहराई तक व्याप्त है, जिसमें श्रमिकों का सन्ताप भी डूबा हुआ है। उनके जल में माँओं के आँसू भी शामिल हैं। इतिहास-बोध का वह जल पीकर मेरे देश के युवकों में व्यक्तित्वान्तर हो रहा है। वे विभिन्न क्षेत्रों में कई तरह से संघर्ष कर रहे हैं, मानो वे सब किसी अग्नि-कमल के केन्द्र में ज्वालाओं की पंखुड़ियों से घिरे बैठे हों। वेदना की नदियों में दृढ़ निश्चयी शक्तियाँ द्रुत वेग से बह रही हैं।

एकाएक फिर स्वप्न भंग हुआ। जो चित्र मैं देख रहा था, सब बिखर गये। मैंने पाया कि मैं फिर अकेला हो गया हूँ। मेरे मस्तिष्क और हृदय दोनों में गहरे और बारीक छेद-

ही-छेद हो गये हैं, लेकिन उनमें भरे गहरे दुःख में प्रदीप्त ज्योति का रस बस गया है। जो सपने मैं देख रहा था, उनका आशय समझने की चेष्टा करता हूँ, तो मेरे मन में अर्थों की वेदना घिर आती है। अजीब झमेला है। वेदना भरे उन भावों के घाव टीसते हैं, फिर भी मेरा मन उनके ही आसपास घूमता है। आत्मा में चमकीली प्यास भर गयी है। दुनिया भर में मुझे सुनहरी तस्वीरें दिखती हैं। मानो कल रात किसी अनपेक्षित क्षण में मैंने किसी मनोहर मुख से जीवन भर के लिए प्रेम कर लिया हो। उस क्षण मानो किन्हीं अतिशय मृदु बाँहों ने आकर मुझे कस लिया था और चूम लिया था। उस स्वप्न-स्पर्श और चुम्बन-घटना की याद मुझे आ रही है। आप पूछेंगे, मेरी वह अज्ञात प्रणयिनी कौन थी? वह थी क्रान्ति!

अँधेरा दूर हो गया है। मेरे कमरे में सुबह की धूप आ गयी है। गैलरी में सुनहरा प्रकाश फैला हुआ है और मैं सोच रहा हूँ—क्या कोई क्रान्ति सचमुच होते मैं देखूँगा? क्रान्ति से प्रेम की गहरी वेदना आखिर क्यों जाग गयी है मेरे भीतर? जो भी हो, इस प्रेम का प्रभाव ऐसा है कि मैं अपने हर तरफ एक विद्युत् तरंगीय हलचल और चुम्बकीय आकर्षण का अनुभव कर रहा हूँ। प्रत्येक वस्तु अपने-अपने आलोक में जगमगा रही है, मानो अलग-अलग फूलों के अलग-अलग रंगीन वातावरण हों, जिन्हें मापा नहीं जा सकता। प्रत्येक वस्तु एक अलग अर्थ देती प्रतीत होती है, किन्तु एक अर्थ की छाया में कोई दूसरा आशय भी झिलमिलाता-सा लगता है। मेरे डेस्क पर रखे हुए महान् ग्रन्थों के लेखक मानो मेरी इन मानसिक क्रियाओं के प्रेक्षक बन गये हैं। मानो मेरे कमरे में आकाश उतर आया है और मेरा मन गगन की वायु में सिहर रहा है।

मैं उठा और जाकर गैलरी में खड़ा हो गया। एकाएक मैंने देखा कि वही व्यक्ति, जिसे मैंने तिलिस्मी खोह के अन्दर लाल मशाल की रोशनी में नहाये आदमी के रूप में देखा था, सामने गलियों में, सड़कों पर, लोगों की भीड़ में चला जा रहा है। उसे देखकर मेरा दिल धड़कने लगा। उसे पुकारने के लिए मेरा मुँह खुलता कि देखते-देखते वह अचानक किसी जन-यूथ में खो गया। उसे बुलाने के लिए उठी मेरी बाँह उठी ही रह गयी।

लेकिन इस बार उसे देखकर मुझे सुखद आश्चर्य हुआ। अरे, यह तो मेरी अनखोजी निजी समृद्धि का परम उत्कर्ष है। मेरी परम अभिव्यक्ति, जिसे मैं खोजे बिना ही पा गया था और पहचान भी गया था कि वह मेरी गुरु है, मैं उसका शिष्य हूँ! कवि हूँ, इसलिए काव्याभिव्यक्ति के मामले में भी वह मेरी गुरु है, लेकिन उससे बढ़कर वह मुझे मनुष्यता सिखानेवाली, मुझे पूर्ण मनुष्य बनानेवाली गुरु है। वह मेरे पूर्ण मनुष्यत्व की अभिव्यक्ति है। मगर हाय, मैंने उसे फिर खो दिया!

मैंने आपको बताया था कि उस तिलिस्मी खोह में जो लाल रोशनी में नहाया हुआ व्यक्ति मुझे मिला था, वह अक्सर मेरे पास आने लगा था। मैंने आपको बताया था कि वह समय-असमय कभी भी आ टपकता था। मेरी सुविधा-असुविधा का बिलकुल खयाल नहीं करता था। वह आता और मुझे समझाता रहता। साक्षात् नहीं, तो प्रतीकात्मक रूप में ही वह मेरे पास आता रहता था। मैंने बताया था न?

मगर आज जब वह मेरे देखते-देखते किसी जन-यूथ में फिर खो गया, तो मुझे लगा कि यह तो वह व्यक्ति नहीं, जिसे मैंने तिलिस्मी खोह में एक बार और आखिरी बार ही देखा था। यह तो मेरे पास कभी आया ही नहीं, मेरे पास आकर कभी बैठा ही नहीं। यह भी फटेहाल है, किन्तु इसी शहर या इसी देश में घूमनेवाला नहीं, यह तो सारी दुनिया में घूमता है और प्रतिपल घूमता ही रहता है। इसमें विद्युत्तरंगों की-सी गतिमयता है। उद्विग्न ज्ञान का तनाव है। सकर्मक प्रेम की अतिशयता है। यह मनुष्यत्व की परम अभिव्यक्ति है, जो समस्त विश्व में अविरत जाने कहाँ-कहाँ घूमती है। इसलिए पता नहीं चलता कि वह जाने कहाँ है!

बेशक वह क्रान्तिकारी जन-शक्ति ही है, किन्तु अब वह स्थानीय नहीं, भूमण्डलीय हो चुकी है; एकदेशीय नहीं, सार्वदेशिक हो गयी है। वह बिना खोजे ही मुझे मिल गयी थी, किन्तु मैंने उसे खो दिया। अब मैं अपनी और समस्त मनुष्यता की मुक्ति के सन्दर्भ में उसे पुनः खोज रहा हूँ। इसीलिए मैं हर गली और हर सड़क पर हर एक चेहरे को ध्यान से देखता हूँ। प्रत्येक गतिविधि का, प्रत्येक चरित्र का, प्रत्येक आत्मा के इतिहास का गम्भीर अध्ययन करता हूँ। उसे खोजने के लिए मैं प्रत्येक देश के परिवेश और वहाँ की राजनीतिक परिस्थिति को, प्रत्येक स्वानुभूत मानवीय आदर्श को, प्रत्येक विवेक-प्रक्रिया को और उसकी क्रियागत परिणति को देखता हूँ। आपको याद है, गाँधी जी ने उस शिशु के रूप में मेरा भविष्य-स्वप्न मुझे सौंपते हुए मुझसे क्या कहा था? कहा था, "भावी का उद्भव मसीहाओं से नहीं, जनता के गुणों से ही सम्भव है।" क्रान्तिकारी जन-शक्ति जनता के गुणों से स्वतः ही उत्पन्न होती है और अवश्य ही उत्पन्न होती है। इसीलिए मैं उसे आत्मसम्भवा और अनिवार्य कहता हूँ।

आप पूछेंगे, तो फिर मैं उसे खोजता क्यों फिरता हूँ? हर पठार, हर पहाड़, हर समुन्दर में, जहाँ भी वह मुझे मिल सके? इसलिए कि अब तक मैं उसकी स्वप्न-कथा लिखता रहा हूँ, अब मैं उसकी यथार्थ-कथा लिखना चाहता हूँ। इसीलिए मैं उसे खोज रहा हूँ, उससे सम्बन्धित समस्त वैश्विक यथार्थ को देख रहा हूँ, दुनिया के तमाम इतिहास-भूगोल को खँगाल रहा हूँ। उसकी यथार्थ-कथा ही मेरी परम अभिव्यक्ति होगी। मेरी काव्यगत या साहित्यिक अभिव्यक्ति ही नहीं, बल्कि मेरे पूर्ण मनुष्यत्व की भी परिपूर्ण अभिव्यक्ति!

लिया बहुत ज्यादा और दिया बहुत कम

(नरेश सक्सेना से अजीत प्रियदर्शी की बातचीत)

अजीत प्रियदर्शी–मुक्तिबोध को एक कवि और एक व्यक्ति के रूप में आपने कैसा महसूस किया। खासतौर पर यह सवाल इसलिए भी कि आपने मुक्तिबोध को देखा था? क्या उनके कविता पाठ की कुछ स्मृतियाँ आपको हैं?

नरेश सक्सेना–मुक्तिबोध को जब मैंने पहली बार देखा तो वे मुझे कवि जैसे नहीं लगे बल्कि, परसाई जी के घर के सामने बोरे पर बैठे और बीड़ी पीते हुए उस व्यक्ति को देखकर, मुझे लगा कि ये शायद कोई मजदूर, कारीगर या उनकी यूनियन के नेता होंगे। मैं तो तब मुक्तिबोध को नाम से भी नहीं जानता था। उस दिन उन्हें मैंने कविता पढ़ते हुए भी सुना। हालाँकि उनके गाल धँसे थे। चमड़ी का रंग साँवला और धूप में झुलसा हुआ-सा था। गालों की हड्डियाँ उभरी हुई थीं। लेकिन कविता पढ़ते समय एक आवेग से उनका चेहरा और आँखें दमकने लगती थीं। वे लय के साथ पढ़ते थे और उनके शब्दों में उनके विचारों का आत्म-विश्वास (Conviction) झलकता था। मुक्तिबोध से पहली मुलाकात का प्रसंग कुछ यों है।

उस वक्त मैं जबलपुर में रहकर इंजीनियरिंग की पढ़ाई कर रहा था। सन् 1958-59 की एक शाम। दिन जरूर इतवार रहा होगा। क्योंकि हॉस्टल के पासवाली साइकिल की दुकान पर जब पहुँचा तब तक किराये की सारी साइकिलें जा चुकी थीं। शहर आठ-दस किमी. दूर था— इतवार को ज्यादातर लड़के सिनेमा या बाजार जाते थे। इतवार की शाम मेस बन्द रहता था। सो, खाने के लिए तो बाहर जाना ही पड़ता था। साइकिलें शाम चार बजे से दूसरे दिन सुबह आठ बजे तक पचास पैसे में किराये पर मिलती थीं। विनोद कुमार शुक्ल ने कहा था, 'जरूर आना।' मेरी परेशानी और उद्विग्नता से पसीजकर दुकान मालिक सरदार कुलवन्त सिंह ने एक खड़खड़ाती साइकिल कुछ ठोक-पीटकर इस चेतावनी के साथ मुझे थमा दी कि चेन ढीली है और ब्रेक कमजोर!

हरिशंकर परसाई के घर पहुँचा तो देखा, घर के सामने के मैदान में एक शीतलपाटी और बोरा बिछा है। एक स्टूल और दो कुर्सियाँ भी। बोरे पर बैठा साँवले

रंग का आदमी बीड़ी पी रहा है। मुझे लगा, कोई मजदूर या यूनियन का नेता होगा। ऐसे लोग अक्सर परसाई जी के घर आते रहते थे। मैं घर के बरामदे में पड़ी चौकी पर बैठकर वहाँ रखी पत्रिकाएँ देखने लगा। यह हम लोगों का मुख्य आकर्षण था। हम लोग यानी मैं, सोमदत्त, मलय, विनोद कुमार शुक्ल आदि।

तभी देखा, भीतर से परसाई जी दोनों हाथों में एक ट्रे लिये बाहर आ रहे हैं। दो प्लेटों में मीठा और नमकीन था। परसाई जी बिना मुझे देखे, बाहर निकल गये। पीछे-पीछे उनकी बहन थीं, उनकी ट्रे में चाय के कप और पानी के गिलास थे। वे भी मुझ पर बिना ध्यान दिये बाहर निकल गयीं। परसाई जी को इससे पहले मैंने कभी किसी की खातिर करते नहीं देखा था। शाम को जो लोग उनके घर होते, उन्हें एक कप चाय जरूर मिलती। कभी-कभी नमकीन-सेव भी, लेकिन हमेशा उनकी बहन ही चाय लेकर आती थी। मेरा माथा ठनका। कहीं ये मुक्तिबोध तो नहीं! कई दिनों से विनोद कुमार शुक्ल कह रहे थे कि राजनाँदगाँव से मुक्तिबोध जी आनेवाले हैं और मुझे उनसे मिलना चाहिए। मैं मुक्तिबोध का नाम भी नहीं जानता था। पत्रिकाओं में उनकी चर्चा भी शायद नहीं थी, जबकि मैं अज्ञेय, धर्मवीर भारती, सर्वेश्वरदयाल सक्सेना, केदारनाथ सिंह के नामों से परिचित था।

बाहर जाकर देखा, परसाई जी उनसे कुर्सी पर बैठने का आग्रह कर रहे थे लेकिन उनका कहना था यहीं जमीन पर अच्छा लग रहा है। अब मैंने ध्यान से देखा। चमड़ी का रंग जैसे धूप में झुलसकर काला पड़ गया हो, गालों की हड्डियाँ उभरी हुईं। आँखें लाल थीं, जैसे दिन-भर धूप में रही हो या 'ये कई रातों की जगी हुई हों।' पाँवों में टखनों के ऊपर तक मटमैली काली पट्टियाँ बँधी थीं। शायद कोई काले रंग की दवा लगी थी। परसाई जी ने मेरा परिचय दिया, "ये कविताएँ लिखते हैं और विनोद के मित्र हैं।" विनोद जी का नाम सुनकर उनके चेहरे पर एक कोमल भाव आया। उन्होंने हाथ बढ़ाकर मुझे अपने पास बिठा लिया और चाय का कप मुझे देने लगे, तब तक परसाई जी की बहन मेरे लिये भी चाय ले आयीं।

चाय के बाद परसाई जी ने उनसे कविताओं के लिए कहा। मुक्तिबोध जी ने पास रखे झोले में से कागजों का एक मोटा बण्डल निकाला, वे किसी चीज के छपे हुए फॉर्म थे—उनकी पीठ पर बड़े-बड़े अक्षरों में कविताएँ लिखी थीं।

काव्य-पाठ शुरू हुआ। न तो मुझे शीर्षक याद है, न कोई पंक्ति, न कथ्य। बस ऐसा लग रहा था कि शब्दों की आँधी चल रही है, बल्कि अन्धड़। बुद्धि के दरवाजे, खिड़कियाँ भड़भड़ा रहे थे। किसी बन्द तहखाने में जैसे अज्ञात झिर्रियों से धूल, तिनके और सूखे पत्तों के साथ हवा के थपेड़े आ रहे थे। मुझे किसी पंक्ति का अर्थ समझ में नहीं आ रहा था। वे लय के साथ पढ़ रहे थे। हाथ से घुटने पर थाप देते हुए। उनके चेहरे के भाव हर पंक्ति के साथ बदलते थे। असहाय-सा मैं कभी उनका चेहरा देखता, कभी पीछे। इस बीच कई लोग आकर चुपचाप बैठ गये थे। अजीब सन्नाटे का माहौल था।

न तो कोई वाह कहता, न दोबारा पढ़ने का आग्रह। कविता सुनने का यह विकट अनुभव था। कविता-पाठ एक घण्टा तो चला ही होगा। मैं बुरी तरह थक गया था और उठकर भागना चाहता था। तभी मुक्तिबोध जी ने चाय पीने की इच्छा जतायी। मैं दौड़कर गया और बरामदे से ही चिल्लाकर बाहर चाय भिजवाने के लिए कह दिया। थोड़ी देर बाद देखा कि परसाई जी की बहन सीढ़ियों के पास आकर खड़ी हो गयी हैं और इधर-उधर देख रही हैं। मैं उनके पास गया तो बोलीं, 'चायपत्ती और दूध कम पड़ जायेगा। काफी लोग हैं।' मैंने अपनी साइकिल उठायी और चलने लगा। परसाई जी समझ गये थे। उन्होंने मुझे रोका और बहन से कहा, 'पहले सिर्फ एक कप चाय मुक्तिबोध जी के लिए बनवा दो। हम लोग बाद में पी लेंगे।' 'ऐसा कैसे हो सकता है', मुक्तिबोध जी ने कहा, 'सब साथ पियेंगे।' इतना कहकर जेब से पाँच रुपये का नोट निकालकर मेरी तरफ बढ़ाया। इस बीच परसाई जी ने भी एक नोट निकाल लिया था। उन्होंने मुक्तिबोध जी को बरजते हुए कहा, 'आप कैसे दे सकते हैं?'

मुक्तिबोध जी बोले, 'क्यों अभी तो तुम कह रहे थे, यह घर मेरा है। मेरे घर में ही मेरी नहीं चलेगी तो कहाँ चलेगी?' परसाई जी चुप। मैंने मुक्तिबोध जी से पाँच रुपये का नोट ले लिया और चला गया। शायद पाँच आने का 'लिप्टन' का चाय का पैकेट था और तीन आने का पाव-भर दूध। चाय का पैकेट मैंने पैण्ट की जेब में रख लिया। एक हाथ से हैण्डिल थामे और एक हाथ में दूध का कुल्हड़ लिये मैं साइकिल पर बैठा। सड़क में गड्ढे थे, दूध छलक रहा था। साइकिल की चेन भी दो बार उतर गयी। इस सर्कस में चाय का पैकेट कब फट गया, पता नहीं चला। चाय की पत्ती जेब में भर गयी थी।

मुझे शायद लौटने में देर हो गयी थी। अँधेरा हो गया था। कुछ लोग बरामदे में और कुछ परसाई जी के कमरे में चले गये थे। मेरे पीछे भी काव्य-पाठ हुआ हो तो मुझे पता नहीं। विनोद कुमार शुक्ल और श्री बाल पाण्डे आ गये थे। चाय बनकर आयी और मुक्तिबोध जी ने पहला घूँट लिया तो पूछा, 'यह किस ब्राण्ड की चाय है? बड़ी खुशबूदार है।' परसाई जी ने भी एक घूँट लिया, फिर मेरी तरफ प्रश्नवाचक ढंग से देखा तो मैंने बताया, चाय का पैकेट जेब में फट गया था। परसाई जी ने 'समझ लिया' के अन्दाज में सिर हिलाया और मुस्कराकर कहा, 'नरेश की जेब में हमेशा पिपरमेण्ट की गोलियाँ रहती हैं, यह उसी की खुशबू है। मुक्तिबोध ने जैसे मुझे आश्वस्त करते हुए कहा अच्छी खुशबू है—'सारी थकान उतर गयी।'

कभी-कभी जीवन के सबसे गहन अनुभवों का बोध उस समय नहीं होता, जब हम उनसे गुजर रहे होते हैं। बरसों बाद अचानक पता चलता है कि उन क्षणों ने कैसे चुपचाप और रहस्यमय ढंग से हमारी समझ और संवेदना का काया-कल्प कर दिया है। उस दिन के वे क्षण ऐसे ही थे। उस दिन लगा था कि सुनी हुई कविताओं की

एक पंक्ति भी मेरी समझ में नहीं आयी थी, किन्तु लगभग बावन वर्ष बाद जब 'कल्पना' पत्रिका के सितम्बर 1964 के अंक में मुक्तिबोध की कविता 'चम्बल घाटी' के साथ छपी मेरी कविता 'एक घायल दृश्य चारों तरफ उड़ता है' मुझे जगदीश नारायण श्रीवास्तव ने दिखायी तो चकित रह गया! सोचता हूँ, क्या उस दिन जो कविताएँ सुनी थीं, उन में 'अँधेरे में' कविता भी थी या उसका कोई अंश? क्योंकि 'अँधेरे में' तो पहली बार 'कल्पना' के 1964 के नवम्बर अंक में छपी थी—मेरी कविता छपने के दो महीने बाद। मेरी कविता, जो छन्द में है, उसमें रात में दरवाजों पर पड़नेवाली हवा की दस्तकें, किसी का द्वार तक आकर अचानक मुड़ जाना, दबे पाँव परछाइयों का गुजरना, दीवारों पर अजनबी चेहरों का उभरना, कान पर मुँह रखकर किसी का बुदबुदाना आदि ऐसी चीजें और माहौल हैं, जिसका उन दिनों लिखे मेरे गीतों से कोई रिश्ता नहीं बनता। क्या यह 'अँधेरे में' कविता के शुरू के अंश की स्मृति के कारण सम्भव हुआ? क्या उस दिन जो काव्य-पाठ परसाई जी के घर सुना था, उसमें 'अँधेरे में' कविता भी थी और जो मुझे लगा था कि कुछ समझ में नहीं आयी किन्तु उसने मेरे अवचेतन में स्थायी घर बना लिया था, शायद यह भ्रम हो? बहरहाल, आज यह सोचकर भी मैं रोमांचित हो जाता हूँ कि शायद मैंने 'अँधेरे में' कविता का पहला पाठ सुना था।

यह बात अच्छी तरह याद है कि चाय के बाद परसाई जी ने कहा था कि इन्हें जल्दी छपवाइये, तो मुक्तिबोध ने कहा था, 'इतनी लम्बी कविताएँ छापेगा कौन?' परसाई जी ने कहा, 'लाइये मुझे दीजिये', तो मुक्तिबोध जी ने पूछा, 'तुम क्या करोगे?' 'मैं 'वसुधा' में छापूँगा।' सुनकर मुक्तिबोध जी ने कविताएँ समेटकर झोले में रखते हुए कहा, 'तुम्हें तो कभी नहीं दूँगा। मुझे मालूम है 'वसुधा' कितनी मुश्किल से निकल रही है। यह सब छापोगे तब तो बिल्कुल ही बन्द हो जायेगी।'

अगले दिन या शायद अगली बार की एक मुलाकात का प्रसंग याद आता है। मुक्तिबोध जी को किसी किताब की तलाश थी। परसाई जी ने मुझसे कहा कि मुक्तिबोध जी को लेकर 'जिज्ञासा' चलो, हम लोग आते हैं। साथ में विनोद जी थे और मलय भी। 'जिज्ञासा' सुभद्रा कुमारी चौहान के बड़े बेटे अजय चौहान की किताबों की दुकान का नाम था। वह अक्सर अकेले ही वहाँ दिखायी देते थे। साहित्यिक पुस्तकों की दुकानें तब भी सूनी रहती थीं। चलने से पहले मुक्तिबोध जी ने परसाई जी से कहा, 'कुछ रुपयों की जरूरत है, क्या अपने प्रकाशक से पचास रुपये एडवान्स माँगे जा सकते हैं?' 'क्यों नहीं, जरूर माँगे जा सकते हैं। अभी वहाँ चलेंगे, तब ले लीजियेगा', परसाई जी ने कहा। 'जिज्ञासा' पहुँचकर मुक्तिबोध जी ने फिर परसाई जी से पूछा कि 'अचानक पचास रुपये माँगना क्या ठीक होगा? कहीं यह ज्यादा तो नहीं है?' इस बार परसाई जी की मुद्रा गम्भीर हो गयी। उन्होंने कहा, 'रहने दीजिये, आपसे नहीं होगा। आप चुप रहिये, मैं माँग लूँगा।' प्रकाशक की दुकान पर पहुँचकर परसाई जी भीतर गये और थोड़ी देर बाद बाहर आकर मुक्तिबोध जी को सौ का नोट दिया।

मुक्तिबोध जी ने अपनी जेब से कुछ रुपये निकालकर कहा, 'लौटाने के लिए पूरे पचास नहीं हैं, कुछ कम हैं।' परसाई जी ने सारे नोट उनकी जेब में रखते हुए कहा, 'कुछ नहीं लौटाना है। मैंने प्रकाशक से कहा, आपको दो सौ की जरूरत पड़ गयी है। अभी उनके पास सौ रुपये ही हैं। उसने अगर देख लिया कि आप मुझे कुछ रुपये दे रहे हैं तो लगेगा, मैं आपसे कमीशन ले रहा हूँ।' (यह बात हमें श्रीबाल जी ने बतायी थी)।

मैं, विनोद कुमार शुक्ल, सोमदत्त और शायद मलय दूर खड़े थे। ज्ञानरंजन तब तक जबलपुर नहीं आये थे। यह ध्यान दिला दूँ कि पचास रुपये में उन दिनों एक व्यक्ति पचास दिनों तक दोनों समय भोजन कर सकता था। हमारे मेस में पचास पैसे में थाली मिलती थी।

अजीत प्रियदर्शी–पाठक के लिए भी दीर्घाकार कविताएँ एक चुनौती की तरह होती हैं क्योंकि वह इतनी लम्बी कविताओं को पढ़ने का अभ्यस्त नहीं होता। उनकी कविता को समझने के लिए एक अलग तरह के अनुशासन और धैर्य की आवश्यकता होती है। एक पाठक के सन्दर्भ में आपकी ये बातें बिलकुल सही हैं। लेकिन जब बड़े-बड़े कवि-आलोचक इस बात की शिकायत करें तो क्या इसे एक कवि की सीमा नहीं मानी जानी चाहिए। जब कविता समझ में ही न आये तो भला उसमें व्यक्त जटिल यथार्थ की क्या सार्थकता?

नरेश सक्सेना–जैसा कि उन्होंने 'साहित्यिक की डायरी' में सृजन प्रक्रिया को व्याख्यायित किया है, वह किसी भी स्थिति या अनुभव को उसकी सम्पूर्णता में देखने की कोशिश करते थे। आपने सुना होगा कि वह एक-एक कविता के दस-दस ड्राफ्ट बनाते थे। उनकी कविताएँ प्रायः लम्बी हो जाती थीं क्योंकि जीवनानुभव और उनसे जुड़ी ऐतिहासिक घटनाओं और शक्तियों से उसे जोड़ने में कविता अपने मूल विचार और अनुभव के नाभिक से बहुत दूर की परिधियों पर चली जाती थी। वह लगातार अपनी कविता और गद्य के नये ड्राफ्ट बनाते रहे। किन्तु पारिवारिक स्थितियों, बीमारी और जीवन-संघर्ष ने उन्हें बहुत कम समय दिया। 47 वर्ष की उम्र में तो उनकी मृत्यु ही हो गयी। जरा देखिये कि 61 वर्ष की उम्र तक तो स्वयं मैंने अपनी किताब ही नहीं छपवायी थी। यदि वे थोड़ा और समय तक जीवित रहते तो निश्चित ही उनकी कविता सुगठित और सहज होती, इसमें मुझे कोई सन्देह नहीं है। वे मूल विचार से दूर चले जाते थे इसीलिए अभिव्यक्ति में 'गैप' और 'उलझाव' दिखायी देता था।

उनके एक ही 'विचार' का कोई अंश कविता में मिलेगा, उसका दूसरा रूप किसी लेख में मिलेगा और तीसरा रूप किसी कहानी में। 'ब्रह्मराक्षस' कविता और 'ब्रह्मराक्षस का शिष्य' कहानी के सन्दर्भ में उनकी कविता का यह वाक्य याद करिये—'मैं सजल-उर शिष्य होना चाहता हूँ ब्रह्मराक्षस का।' क्यों? क्योंकि ज्ञान की प्यास है और ब्रह्मराक्षस का शिष्य होना आसान काम नहीं है। यह वाक्य भी देखिये—'लिया बहुत

ज्यादा और दिया बहुत कम।' यह पंक्ति 'अँधेरे में' कविता की है। जबकि 'ब्रह्मराक्षस' की अवधारणा उस व्यक्ति की है जिसने अपने ज्ञान को अपने तक ही सीमित रखा और किसी को दिया नहीं। इस पंक्ति का समूचा अर्थ 'ब्रह्मराक्षस का शिष्य' कहानी पढ़कर ही मालूम होगा।

वे मराठी भाषी थे। मैं रायपुर में, उनके निधन के बहुत वर्षों बाद, जब उनकी पत्नी शान्ता बाई से मिलने पहुँचा, जो अपने छोटे बेटे दिवाकर के साथ रह रही थीं, तो मैंने पाया कि उनके बच्चों के बच्चे घर में मराठी बोल रहे थे। यानी कि मुक्तिबोध की तीसरी पीढ़ी भी घर में मराठी ही बोल रही थी। मराठी भाषा संस्कृतनिष्ठ तत्सम शब्दावली से भरी होती है, जो कि मुक्तिबोध की भाषा में साफ दिखायी पड़ता है। दूसरी बात यह कि उनकी प्रवृत्ति नये शब्दों को गढ़ने की थी। उनकी इस प्रवृत्ति के स्रोत भी संस्कृत भाषा में थे। उदाहरण के लिए, 'रक्तालोकस्नात' जैसा शब्द। मुझे पता लगा कि मुक्तिबोध के माता-पिता, जो कि कभी-कभी अस्वस्थ होने पर उनके पास आ जाते थे, को प्रसन्न करने के लिए वे पूरे मनोयोग और विधि-विधान से संस्कृत श्लोकों का पाठ करते हुए विशेष पर्वों पर पूजा-पाठ करते थे। रमेश मुक्तिबोध ने जब विनोद कुमार शुक्ल को दिखाकर अपनी माँ (शान्ता बाई) से पूछा कि इन्हें पहचानती हो, तो उन्होंने कहा कि हाँ, ये विनोद हैं। जब इनकी पहली कविताएँ कहीं छपी थीं तो मुक्तिबोध जी ने कहा कि इनका संग्रह छपा है (तब विनोद कुमार शुक्ल की आठ कविताएँ 'कृति' पत्रिका में छपी थीं)। इसे मिठाई खिलानी चाहिए। मीठे का प्रबन्ध कुछ था नहीं तो मुझे थोड़ा-सा हलवा बनाकर खिलाया था। मुक्तिबोध जी ने कहा था कि यदि यह ऐसे ही लिखता रहा, तो आगे जायेगा। मैंने जब शान्ता बाई से पूछा कि क्या आपके विवाह को लेकर सामाजिक और पारिवारिक बाधाएँ थीं, तो उन्होंने कहा कि 'हाँ।' मैं तब चौदह वर्ष की थी और मुक्तिबोध जी शायद अठारह के थे। कमाते भी नहीं थे और तुरन्त शादी करना चाहते थे। लेकिन चूँकि दोनों के परिवार ब्राह्मण थे तो वैसे कोई बाधा नहीं थी। इसी कारण मुक्तिबोध जी ने कहीं टीचर की नौकरी खोज ली थी।

यदि मुक्तिबोध से हमें कुछ सीखना है तो उनकी जटिलता का सामना धैर्यपूर्वक करना होगा। वह पुराण से लेकर आईन्स्टीन तक जाते हैं, और आप देखिये कि वे वहाँ से क्या लाते हैं। आईन्स्टीन के समय जब 'क्वाण्टम मैकेनिक्स' के नये सिद्धान्त आये तो यह तथ्य आया कि 'एटम' और उसके सूक्ष्म कण न्यूटन के बताये हुए सिद्धान्तों का पालन नहीं करते। 'एटम' या 'इलेक्ट्रान' एक स्थान से दूसरे स्थान तक फैले अनन्त पथों में से किसी पर भी जा सकते हैं। यहीं से वह कविता प्रकट होती है—

'एक पाँव रखता हूँ तो सौ राहें फूटती हैं
मैं उन सब पर से गुजर जाना चाहता हूँ।'

अपनी एक कविता में (शायद वह 'डाकू और टीले' वाली कविता है) मुक्तिबोध कहते हैं कि "टीले में बहुत-से 'मृत कण' हैं जो चमकदार तेजस्वी कणों को दबाये हुए हैं।" याद करिये कि किसी भी तत्त्व के एटम के नाभिक में इलेक्ट्रान, जिन पर निगेटिव चार्ज माना जाता है, सदैव सक्रिय रहते हैं। उनके साथ ही धनात्मक चार्जवाले प्रोटोन्स और बिना किसी चार्ज के न्यूट्रान भी होते हैं। इलेक्ट्रान की संख्या घटाने-बढ़ाने से एटम का पूरा चरित्र ही बदल सकता है। यदि किसी का थोड़ा-बहुत सम्बन्ध विज्ञान से रहा है तो इस तरह के प्रसंगों से कुछ अतिरिक्त अर्थ प्राप्त कर सकता है। हालाँकि नहीं जानने पर भी अभिधा की क्षति नहीं होती। लेकिन तब वह शायद वास्तविकता न लगकर कवि की कल्पना-मात्र लगे। ध्यान से पढ़ने पर आप मुक्तिबोध की कविताओं में जटिलता कम, बिखराव अधिक पायेंगे। जटिलता उनके लिए कोई मूल्य नहीं था, और वह होता भी नहीं है। क्योंकि ऐसी हर चीज़ जो समझ में नहीं आती वह जटिल लगती है। समझ में आते ही तमाम जटिलताएँ एकदम सरल हो जाती हैं। हजारीप्रसाद द्विवेदी ने कहीं कहा कि, 'मुक्तिबोध जीवन भर एक ही कविता लिखते रहे।' उसका कारण था, सर्वहारा के प्रति उनकी भावना, पूरे संसार की समाज-व्यवस्था और ऐतिहासिक कारणों में उसके स्रोत खोजने की कोशिश को अपनी सृजन-प्रक्रिया का हिस्सा बनाना। अतएव यह सही है कि उनकी कविता अपनी संरचना में उतनी सुगठित नहीं है; किन्तु उसके निष्कर्ष और लक्ष्य एक जैसे ही हैं। फिर वह कविता चाहे 'ब्रह्मराक्षस' हो, 'भूल गलती' हो या 'मुझे कदम-कदम पर चौराहे मिलते हैं बाहें फैलाये।' दरअसल ये तमाम कविताएँ जैसे 'अँधेरे में' तक पहुँचने का रास्ता बना रही थीं। या उस कविता के पूर्वाभ्यास की कड़ियाँ थीं।

पुराण में 'ब्रह्मराक्षस' वह चरित्र है जिसने अपना कर्त्तव्य पालन नहीं किया है और इसलिए वह 'प्रेत-योनि' में चला गया। यानी उसकी मुक्ति नहीं हुई। वह कभी साँप के रूप में दिखता है, कभी मेढ़ा बन जाता है और कभी कुत्ता। मुक्ति प्राप्त करने के लिए उसे 'भगवत्कथा' सुननी होती है और इसके लिए उसे, क्योंकि वह हवा है, एक बाँस के खोखल में भूखे-प्यासे रहना होता है। इस पौराणिक प्रसंग से उन्होंने यह प्रतीक गढ़ा कि जिसने अपना कर्त्तव्य पालन नहीं किया, जो मिला है उसे दिया नहीं, जीवन के सारे कष्ट सहकर उसे यदि वह समाज को लौटा नहीं देगा तब तक उसकी मुक्ति सम्भव नहीं होगी। गोया वह 'प्रेत-योनि' में ही भटकता रहेगा। यानी वह विज्ञान में हों या पुराण में; अपने सामाजिक उत्तरदायित्व और अपनी रचना की सोद्देश्यता को कभी नहीं भूलते। याद करिये, 'ब्रह्मराक्षस का शिष्य' कहानी में एक सुनसान हवेली है, जिसके पहले-दूसरे-तीसरे तल पर कोई नहीं मिलता। चौथा-पाँचवा-छठवाँ-सातवाँ तल पर भी सन्नाटा है। 'गुरु' उसे मिलता है आठवें तल पर। यह 'आठवाँ तल' क्यों? 'पाँच' और 'सात' की संख्या भी भारतीय परम्परा में बड़ी महत्त्वपूर्ण मानी जाती हैं। किन्तु शरीर के शीर्ष पर पहुँचने के लिए हम हड्डियों के आठ तरह के जोड़ों से गुजरते

हैं। यानी पाँव से गर्दन तक या हाथ से गर्दन तक हमारा शरीर आठ तरह से ही मुड़ सकता है और जो मनुष्य का मस्तिष्क है वह आठ हड्डियों की सुरक्षा में रखा हुआ है। जिन्हें फ्रण्टल, पैराइटल, ऑक्सीपीटल, टेम्पोरल आदि कहते हैं। क्या ये मात्र संयोग है कि गुरु आठवीं मंजिल पर है, पाँचवी या सातवीं पर नहीं। यह दूर की कौड़ियाँ नहीं हैं। मुक्तिबोध के गद्य को आप पढ़ेंगे तो उसमें आईन्स्टीन, क्वाण्टम फिजिक्स, इलेक्ट्रान, न्येब्युला जैसे मात्र शब्द ही नहीं अपितु उनसे जुड़े विचार भी मिलेंगे। मसलन, वह कहते हैं कि 'क्वॉण्टम फिजिक्स' के अनुसार यदि स्पेस फैल रहा है तो इसका अर्थ यह कि स्पेस अनन्त नहीं है। फैलकर वह अनन्त होना चाहता है। वह यह भी कहते हैं कि तब उसका आकार क्या होगा, गोल या कुछ और? पृथ्वी द्वारा सूर्य की परिक्रमा के सन्दर्भ में वह एक ज्यामितिक अवधारणा का प्रश्न भी रखते हैं कि यदि पृथ्वी के केन्द्र को एक धागे से सूर्य से जोड़ दिया जाय तो, चूँकि पृथ्वी आदर्श गोला नहीं बनाती, कहीं वह रेखा तनेगी तो कहीं उसमें झोल पड़ेगा। इस तरह वह लगातार बीजगणित, रेखागणित एवं विज्ञान के सिद्धान्तों पर विचार करते रहते थे।

अजीत प्रियदर्शी–'अँधेरे में' कविता में मुक्तिबोध की एक पंक्ति है—'कविता में कहने की आदत नहीं, पर कह दूँ।' यह उनका अपनी दुर्बोधता का अहसास तो नहीं?

नरेश सक्सेना–यह तर्क नहीं दिये जा सकते। आज की कविता में यदि कहीं दुर्बोधता है तो कवि की सृजनगत अक्षमता के कारण। उसकी सोच या विचार के कारण नहीं। क्या कोई वैज्ञानिक किसी जटिल और रहस्यमयी प्रक्रिया का हल जटिल और रहस्यमय बनाकर देता है। वह जो कहता है उसका प्रमाण देता है और उसकी भविष्यवाणी भी करता है। बिजली कितनी रहस्यमयी चीज थी। लेकिन वैज्ञानिकों ने बताया कि यदि चुम्बकीय क्षेत्र में सुचालक को गोल-गोल घुमाया जाय तो उसमें विद्युत् करेण्ट पैदा हो जायेगा। और यदि उसका उल्टा करेंगे यानी विद्युत् करेण्ट को गोलाई में चलायेंगे तो उसके 'राइट ऐंगिल' पर चुम्बकीय क्षेत्र पैदा हो जायेगा। यह बात जटिल है कि सरल? यह प्रकृति का नियम है, किसी वैज्ञानिक का नियम नहीं। वैज्ञानिक ने तो सिर्फ इसे खोजा है। यदि समकालीन राजनीतिक और सामाजिक परिस्थितियों में अन्याय के विरोध की अभिव्यक्ति को आप जटिल बनाकर कहेंगे तो वह आपके चिन्तन और रचना कौशल की कमी के कारण होगा। आज की कविता की दुर्बोधता के लिए मुक्तिबोध के गम्भीर चिन्तनवाले तर्क बिल्कुल नहीं दिये जा सकते और इसका व्यक्तिवादी मानसिकता से कोई सम्बन्ध नहीं है। अज्ञेय को व्यक्तिवादी और भाववादी कहा जाता है। लेकिन उनकी कविताएँ सीमित भले हों, जटिल कहाँ हैं। बल्कि अज्ञेय की प्रसिद्ध कविता 'असाध्य वीणा' में केशकम्बली वीणा को गोद में रखकर ध्यान में डूब जाता है और वीणा अपने आप बजने लगती है। यह भी भाववाद नहीं है। इण्टरमीडिएट फिजिक्स के विद्यार्थी अच्छी तरह जानते हैं कि यदि एक समान फ्रीक्वेन्सीवाले तार के पास कोई दूसरी समान फ्रीक्वेन्सी ला दी जाये तो पहला तार

बिना छुए ही बहुत जोर से झनझना उठता है। (इसे 'स्वरित्र सिद्धान्त' कहते हैं)। आज की कविता में मौजूद जटिलता के सन्दर्भ में अपनी सीमित समझ के अनुसार, 'मैं मानता हूँ कि खराब कविताएँ ही जटिल होती हैं।' यदि कविताएँ समाज को सम्बोधित हैं तो उन्हें समझने के लिए क्या समाज किसी 'क्लास रूम' में जायेगा। इसे भूलना नहीं चाहिए कि मुक्तिबोध को अपने कठिन जीवन-संघर्ष के चलते और असमय मृत्यु के कारण अपनी कविताओं को सँवारने का बहुत कम वक्त मिला।

अजीत प्रियदर्शी–हिन्दी साहित्य जगत् में मुक्तिबोध की स्वीकार्यता जितनी जनवादी खेमे में है, कलावादी खेमे में उससे कम नहीं। ऐसा कम ही देखा गया है कि किसी कवि को जनवादी और कलावादी समान रूप से स्वीकार करते हों। इसके पीछे आप क्या कारण देखते हैं?

नरेश सक्सेना–अपने वामपन्थी दर्शन में तो नागार्जुन और त्रिलोचन से मुक्तिबोध की वैचारिक साम्यता है, किन्तु अपनी वस्तु, शिल्प और संरचना में मुक्तिबोध बहुत नये और अन्वेषी हैं और इस तरह उनकी कविता बहुत हद तक अकेली है, यह बात सही है। उनकी कविता नये बिम्बों से भरी है और उसकी व्याप्ति बहुत गहरी और दूर तक है।

अजीत प्रियदर्शी–मुक्तिबोध में कोई रहस्यवाद देखता है, कोई अस्तित्ववाद, कोई भाववाद, कोई गाँधीवाद और कोई मार्क्सवाद। आखिर ऐसा कन्फ्यूजन क्यों?

नरेश सक्सेना–इसका कारण है उनकी कविताओं की सूक्ष्मता, नयेपन का सौन्दर्य और गहरी संवेदनीयता; जिनसे कलावादी और जनवादी दोनों एक साथ सहमत होने के लिए विवश हैं।

अजीत प्रियदर्शी–डॉ. रामविलास शर्मा ने उन्हें आत्मग्रस्त और डॉ. नामवर सिंह ने आत्मनिर्वासित कहा। आखिर हमारे समय के दो बड़े आलोचकों से मुक्तिबोध के मूल्यांकन में इतनी बड़ी गड़बड़ी क्यूँ हुई?

नरेश सक्सेना–यह इसलिए कि वह मनुष्य को उसकी सम्पूर्णता में देखते हैं, टुकड़ों में नहीं। यदि आप किसी आर्गेनिक संरचना को सीमित दृष्टि से देखेंगे या परखेंगे तो रहस्यवाद पैदा होकर रहेगा। पालक में लोहा होता है लेकिन उसे 'टन-टन' करके बजाया नहीं जा सकता। सत्य के अनेक पहलू होते हैं और वह सब मुक्तिबोध में थे। बाकी तो 'जाकी रही भावना जैसी प्रभु मूरत देखी तिन तैसी।'

अजीत प्रियदर्शी–डॉ. नामवर सिंह ने अपनी आलोचना पुस्तक 'कविता के नये प्रतिमान' में मुक्तिबोध को शामिल तो किया लेकिन रघुवीर सहाय, केदारनाथ सिंह, श्रीकान्त वर्मा आदि कवियों को अधिक महत्त्व दिया है। क्या आपको भी ऐसा प्रतीत होता है। इसके पीछे आप क्या कारण देखते हैं?

नरेश सक्सेना–रघुवीर सहाय, केदारनाथ सिंह, श्रीकान्त वर्मा के काव्य-व्यक्तित्व का विकास जिस समय उठान पर था और साहित्य जगत् उनसे परिचित था, उस समय तक मुक्तिबोध की न तो वे कविताएँ प्रकाशित हुई थीं, जिनके कारण मुक्तिबोध 'मुक्तिबोध' हुए, और न उन पर कोई लेख या पुस्तक ही प्रकाशित हुई थी। हिन्दी का अधिकांश साहित्य-जगत् मुक्तिबोध से अपरिचित था। हरिशंकर परसाई ने अपने घर पर काव्य-पाठ के बाद जब उनसे कहा कि इन कविताओं को प्रकाशित होना चाहिए तो मुक्तिबोध ने मेरी उपस्थिति में कहा था कि इतनी लम्बी कविताएँ कौन छापेगा। विनोद कुमार शुक्ल ने एक इण्टरव्यू में भी वह बताया है कि मुक्तिबोध की कई कविताएँ पत्रिकाओं द्वारा लौटा दी गयी थीं। जो भी कारण रहा हो, नामवर सिंह ने अपनी पुस्तक 'कविता के नये प्रतिमान' के अन्तिम दो अध्यायों में मुक्तिबोध को पर्याप्त महत्त्व दिया है।

अजीत प्रियदर्शी–प्रगतिशील आलोचकों के इसी व्यवहार के चलते शायद मुक्तिबोध ने यह कहा हो कि मेरे ही शिविर में मेरी हत्या हो सकती है, वास्तविक तिरस्कार हो सकता है, हुआ है, होता रहेगा। आखिर उनके प्रति प्रगतिशील आलोचकों का ऐसा व्यवहार क्यों रहा? इसके पीछे आप व्यक्तिगत कारण देखते हैं या सैद्धान्तिक?

नरेश सक्सेना–आलोचकों की एक सहज प्रकृति होती है कि अपने पूर्व निर्मित खाँचे में कवि को फिट करें। यदि वह उसमें फिट नहीं होता तो इसे वह अपनी कमी न मानकर रचनाकार की ही गलतियाँ निकालने की कोशिश करते हैं। मुक्तिबोध मार्क्सवाद और उस समय मौजूद सतही सौन्दर्यबोध के पुराने पैमानों का न सिर्फ विकास कर रहे थे बल्कि, नये सिरे से उनका निर्माण भी कर रहे थे। उनका 'सामान्य जन' हमेशा फावड़ा-कुदाल लिये दिखे, यह ज़रूरी नहीं था। वह 'रक्तालोकस्नात' था लेकिन उसकी छाया 'न्येब्युला' पर पड़ती थी। वह प्रश्न करते हैं, उसके (यानी सामान्य जन के) सीने पर घाव क्यों है, उसके कपड़े फटे क्यों हैं? दरअसल ये एक क्रान्तिकारी चरित्र के विभिन्न पहलू हैं। वे मार्क्सवाद को न केवल सृजनात्मक रूप से विकसित करने, वरन् मनुष्यता, सौन्दर्य और संघर्ष को नये सिरे से अन्वेषित करने के लिए प्रयत्नशील रहे। हालाँकि उनके यहाँ सैद्धान्तिक चिन्तन अधिक है। यदि व्यावहारिक जीवन से उदाहरण कुछ और होते तो उन्हें समझना आसान हो जाता। दरअसल वे कवि, कथाकार, चिन्तक और आलोचक एक साथ थे; और एक वैश्विक संवेदना और विश्व-दृष्टि का प्रक्षेपण कर रहे थे। इसलिए भी वे आलोचकों को सहज रूप से ग्राह्य नहीं हो पाते थे। उनकी आलोचना, कहानी और कविता में फ़र्क कितना कम था। हिन्दी का वह दूसरा कवि कौन है जिसने पुराणों से लेकर क्वाण्टम फिजिक्स का अपने सृजन में संश्लेषण करने का प्रयत्न किया हो।

अजीत प्रियदर्शी–क्या इसी उपेक्षा और तिरस्कार के चलते मुक्तिबोध अपनी 'एक साहित्यिक की डायरी' में यह लिखने को मजबूर हुए होंगे कि जो व्यक्ति साहित्यिक दुनिया से जितना दूर रहेगा, उसमें साहित्यिक बनने की सम्भावना उतनी ही ज्यादा बढ़ जायेगी। साहित्य के लिए साहित्य से निर्वासन आवश्यक है। या इसमें आपको कुछ यथार्थ भी नजर आता है?

नरेश सक्सेना–साहित्यिक दुनिया से दूर रहने का आशय उसके बने-बनाये साँचों से बाहर निकलने का है। क्योंकि सारा ज्ञान कहानी, कविता और आलोचना से ही प्राप्त नहीं होता बल्कि, साहित्य से बाहर समझे जानेवाले अनुशासनों यानी इतिहास, भूगोल, गणित और भौतिकी से भी प्राप्त किया जाना चाहिए। तभी उसका यथार्थवादी लेखन सम्भव होगा।

अजीत प्रियदर्शी–मुक्तिबोध उस समय लिखी जा रही प्रगतिशील कविता और आलोचना से सहमत नहीं थे। उनकी असहमति किन मुद्दों को लेकर थी? क्या यह एक कारण तो नहीं रहा जिसके चलते प्रगतिशील आलोचना ने उनकी उपेक्षा की?

नरेश सक्सेना–'कामायनी : एक पुनर्विचार' इस बात का ठोस उदाहरण है। किसी भी घटना को स्थानीय इतिहास-भूगोल से मुक्त करके वैश्विक शक्तियों के संघर्ष के रूप में भी देखने की कोशिश करनी चाहिए। चूँकि एक देश का मुक्ति-संग्राम दूसरे देश के मुक्ति-संग्राम पर असर डाले बिना नहीं रहता। उनकी 'जन-जन का चेहरा' कविता में एक पंक्ति आती है—'एशिया, यूरोप के, अमरीका के/ वासस्थान/ सभी ओर हिन्दुस्तान।' पचास-साठ वर्ष पहले यह इतना साफ नहीं था, जितना आज है। इसे उस समय प्रचलित सीमित चिन्तन से कैसे समझा जा सकता था। कैसी विचित्र बात है कि मुक्तिबोध ने जिस देश की सीमा को यूरोप और अमरीका तक विस्तृत किया था, उसे आज की राजनीति इतना संकुचित किये दे रही है कि उसमें कश्मीर नहीं है क्योंकि वह मुसलमान है; मेघालय, अरुणाचल प्रदेश नहीं है क्योंकि वह आदिवासी है, यहाँ तक कि उसमें केरल भी नहीं है, क्योंकि वह ईसाई-बहुल है। मुक्तिबोध का चिन्तन 'भविष्य द्रष्टा' की भूमिका निभा रहा था। इसलिए वह तात्कालिक प्रगतिशील आलोचना के खाँचे में फिट नहीं हो पाते।

अजीत प्रियदर्शी–मुक्तिबोध का कहना था कि प्रगतिवादी समीक्षा और प्रगतिवादी साहित्य ने मनुष्य के मात्र सामाजिक और राजनीतिक पक्ष पर ही खूब जोर दिया। उसके शेष पक्षों पर तुलनात्मक दृष्टि से बहुत कम बल रहा है या नहीं ही रहा। परिणामतः पाठक के सामने मनुष्य का जो चित्र प्रस्तुत हुआ, वह एकपक्षीय ही था। आप उनकी इस बात से कितनी सहमति रखते हैं और क्यों?

नरेश सक्सेना–मैं पूरी तरह सहमत हूँ। आप उनके चिन्तन के साथ ही माता-पिता, मित्र, बच्चे और छात्रों के प्रति उनके प्रेम और भावनात्मक लगाव के सन्दर्भ में

देखिये तो उनकी टिप्पणी का मर्म समझ में आ जायेगा। आर्थिक अभावों के बावजूद वे विद्यार्थियों को अपने घर बुलाकर पढ़ा तो देते थे। लेकिन ट्यूशन नहीं करते थे।

अजीत प्रियदर्शी–मुक्तिबोध के यहाँ हमें किसान-मजदूर जीवन के सीधे, सघन और सटीक चित्र उस तरह नहीं दिखायी देते हैं जिस तरह से उनके समकालीन नागार्जुन, केदार, त्रिलोचन आदि जन-कवियों के यहाँ। ऐसा क्यों हुआ? यदि उन्हें मध्यवर्गीय संवेदना का कवि कहा जाय तो क्या गलत है?

नरेश सक्सेना–मध्यवर्गीय संवेदना की शल्य-क्रिया करनेवाले को आप 'मध्यवर्गीयता' तक सीमित कैसे कर सकते हैं। मध्यवर्ग ही वह 'बीच की कड़ी' है, जो श्रमिक-वर्ग और पूँजीपति वर्ग को जोड़ती है। इसलिए मध्यवर्गीय होना एक तरह का एडवाण्टेज है। मध्यवर्गीय होकर एक तरह से वह शोषित और शोषक के संघर्ष को बेहतर समझ पाये। 'भूतों की बरात में कनात से तन गये/ अब तक क्या किया/ जीवन क्या जिया' और फिर 'ओ मेरे सिद्धान्तवादी मन' की गुहार क्या उन्हें मध्यवर्गीय चेतना से मुक्ति की पुकार करते रचनाकार के रूप में प्रस्तुत नहीं करती।

अजीत प्रियदर्शी–आखिर रामविलास शर्मा मुक्तिबोध को मध्यवर्गीय संवेदना का कवि क्यों साबित करना चाहते थे?

नरेश सक्सेना—रामविलास शर्मा की सौन्दर्य-दृष्टि में मुक्तिबोध के चिन्तन का विस्तार, जिसमें स्थूल रूप में किसान और मजदूर नहीं दिखायी पड़ते थे, नहीं समा पाता होगा। क्योंकि स्थूल रूप में, उनकी कविता में किसान और मजदूर दिखायी नहीं देते। उनका कवि स्वयं को 'ब्रह्मराक्षस' और 'क्लाड इथरली' (जिसने हिरोशिमा पर अणु बम गिराया था) के अपराध-बोध के निकष पर कस रहा था। अब आप ही बताइये कि यह एक यथार्थवादी कवि का आत्म-विस्तार था या उसकी सीमा।

अजीत प्रियदर्शी–मुक्तिबोध के यहाँ आध्यात्मिक शब्दावली और मिथकीय पात्र और शीर्षक कुछ अधिक आते हैं। इसके पीछे क्या कारण पाते हैं?

नरेश सक्सेना–मुक्तिबोध के यहाँ सिर्फ आध्यात्मिक शब्दावली ही नहीं आती वरन् वैज्ञानिक शब्दावली भी तो आती है। उनके चिन्तन में परम्परा और आधुनिकता के बीच कोई दरार नहीं था। रामविलास जी स्वयं भी तो वेदों का अध्ययन कर रहे थे, तो वे कुछ गलत तो नहीं कर रहे थे। प्रश्न यह नहीं करना चाहिए कि कोई कहाँ जा रहा है वरन् देखना यह चाहिए कि वह वहाँ जाकर क्या कर रहा है।

अजीत प्रियदर्शी–क्या कभी-कभी आध्यात्मिक शब्दावली भ्रम नहीं पैदा करती है? भाववादी लोग उसे अपनी तरह व्याख्यायित करते हैं। उनकी एक कविता है—'सहर्ष स्वीकारा।' इस कविता में 'तुम' को लोग परमात्मा मानकर कविता की व्याख्या

करते हैं। इसी तरह वे भूत-पिशाच और बैताल जैसे प्रतीकों का भी इस्तेमाल करते हैं। क्या इनके प्रयोग से उनके अस्तित्व को अनजाने में मान्यता तो नहीं मिलती?

नरेश सक्सेना–मेरी समझ में उनके काव्य-चिन्तन में भूत-प्रेत या ईश्वर की मान्यता नहीं मिलती। मैंने पहले ही कह दिया है कि मुक्तिबोध से डेढ़-दो सौ साल पहले भी अंग्रेजी साहित्य में कॉलरिज और वड्र्सवर्थ के चिन्तन में आधिभौतिक शक्तियों के सम्बन्ध में बहस मिलती है। वे भूत-प्रेत और परियों की उपस्थिति की प्रासंगिकता पर शंका करते हैं। लेकिन निष्कर्ष के रूप में वे मानते हैं कि मान लो कोई परी है, उसके पंख हैं और वह उड़ सकती है। लेकिन असल चीज यह है कि वह उड़कर कहाँ जाती है, क्या करती है और उससे हम जीवन के सम्बन्ध में क्या नतीजे निकाल पाते हैं। नाटक में भी तो ऐसा ही होता है। वहाँ मान लेते हैं कि मंच पर नदी है। यह मान लेना एक काल्पनिकता है जिसके सहारे यथार्थ की अभिव्यक्ति सम्भव की जाती है। सिनेमा में भी प्रायः ऐसा होता है कि घर से बाहर कदम रखते ही हम स्टेशन पहुँच जाते हैं। मुक्तिबोध प्रायः मिथकों से अपने प्रतीक गढ़ते हैं और समसामयिक यथार्थ के सन्दर्भ में उसे अभिव्यक्त करते हैं और उसमें हम अपने जीवन को अभिव्यक्त होता हुआ पाते हैं। उदाहरण के लिए, उनकी 'अँधेरे में' कविता में 'तिलक की मूर्ति का माथा' फटता है और उससे वे खून बहता हुआ दिखाते हैं। मानसिक तनाव की चरम स्थिति के लिए इससे बेहतर यथार्थवादी अभिव्यक्ति कैसे सम्भव थी। अति यथार्थवादी पेण्टर सल्वाडोर डाँली की मशहूर पेण्टिग का स्मरण कीजिये जिसमें घड़ियाँ पिघलकर बह रही हैं। घड़ियाँ जो समय बताती हैं, वे स्वयं किस तरह समय और परिस्थितियों का शिकार हो रही हैं, यह 'फैण्टेसी' यथार्थ की अभिव्यक्ति के लिए है।

अजीत प्रियदर्शी–फैण्टेसी के लिए कहा जाता है कि इसका प्रयोग अक्सर शब्दों की जादूगरी और यथार्थ से पलायन के लिए किया जाता है। मुक्तिबोध ने तो फैण्टेसी का बहुत प्रयोग किया। मुक्तिबोध की कविताओं को दृष्टिगत रखते हुए आप इस बात से कितने सहमत हैं?

नरेश सक्सेना–ऊपर जो बातें मैंने कही हैं उसके अतिरिक्त आप यह भी याद कीजिये कि 'सृजन का दूसरा क्षण' में मुक्तिबोध बताते हैं कि अपने तात्कालिक अनुभव को जब हम संसार के व्यापक अनुभव-क्षेत्र से जोड़ते हैं तो वह एक नया रूप ले लेता है और उसे भी वह 'फैण्टेसी' कहते हैं, जो कि निरा यथार्थ होता है। अनुभव को 'जस-का-तस' लिख देने को तो वे साहित्य ही नहीं मानते थे। क्या आप इस बात से असहमत हो पायेंगे कि किसी दुर्घटना की 'अखबारी-रिपोर्ट' साहित्य नहीं होती।

अजीत प्रियदर्शी–'अँधेरे में' कविता पर हिन्दी के लगभग सभी प्रतिष्ठित आलोचकों ने लिखा है। कलावादी से लेकर मार्क्सवादी तक सभी आलोचकों ने

इसे अपनी-अपनी तरह से व्याख्यायित किया है। इसमें कुछ काव्य-नायक का आत्म-निर्वासन, कुछ उसकी खुद की अस्मिता की खोज और कुछ अन्य अस्मिता का विलीनीकरण देखते हैं। आपकी नजर में यह कविता क्या है? क्या इसके काव्य-नायक को मुक्तिबोध का प्रतिरूप माना जा सकता है?

नरेश सक्सेना–हाँ, मेरी नज़र में 'अँधेरे में' के काव्य-नायक को मुक्तिबोध का ही प्रतिरूप माना जा सकता है। यह कविता अँधेरे से शुरू होकर सुबह होने पर पूरी होती है। इसमें 'अस्मिता' के साथ ही 'परम अभिव्यक्ति' की खोज भी है। रात में बैण्ड-बाजा-बारात के जुलूस में डोमा जी उस्ताद के साथ साहित्यकार-पत्रकार-बुद्धिजीवी-सरकारी अफसर, यहाँ तक कि सेना के अफसर भी शामिल हैं और कहीं गाँधी बोरा ओढ़े हुए काँप रहे हैं। यह जुलूस उस भविष्य का झलक था जो कई दशकों बाद आज हमारे सामने प्रकट हुआ है।

अजीत प्रियदर्शी–कुछ आलोचकों का कहना है कि मुक्तिबोध जीवन भर एक ही कविता लिखते रहे और खुद से ही लड़ते रहे। आप इससे कितने सहमत हैं?

नरेश सक्सेना–यह शायद हजारीप्रसाद द्विवेदी ने कहा था और सही कहा था। क्योंकि अन्ततः हर कवि अपनी उस एक कविता तक पहुँचना चाहता है जिससे वह पहचाना जाता है। बाकी कविताएँ उस कविता तक पहुँचने का पूर्वाभ्यास कही जा सकती हैं।

अजीत प्रियदर्शी–मुक्तिबोध कविता से जिस संवेदनात्मक ज्ञान और ज्ञानात्मक संवेदन की अपेक्षा करते हैं, उसमें यह कविता खरी नहीं उतरती है?

नरेश सक्सेना–'अँधेरे में' कविता निश्चय ही 'संवेदनात्मक-ज्ञान' की कविता है; वह ज्ञान जो यथार्थ के अनेक पहलू दिखाकर संवेदना का मार्ग प्रशस्त करता है।

अजीत प्रियदर्शी–क्या ऐसा नहीं है कि संवेदित तो वही कविता करेगी जो सीधे मन में उतर जाय और जब कविता संवेदित नहीं करेगी तो फिर कैसे ज्ञान का सृजन होगा? क्या संवेदनात्मक ज्ञान से मुक्तिबोध का यही आशय नहीं है? या फिर जब वह 'ज्ञानात्मक संवेदना' की बात करते हैं तो उसका आशय ऐसा ज्ञान जो हमारे मन में संवेदना पैदा करे, या फिर कुछ और है? क्या कोई सूचना, जानकारी या तथ्य बिना समझ में आये ज्ञान में बदल सकती है?

नरेश सक्सेना–दरअसल मुक्तिबोध की कविताएँ उस स्थिति से बाहर आ चुकी हैं, जब वे समझ में नहीं आती थीं। हाँ, बिखराव उनमें निश्चय ही है जिसके कारण उसे समझने के लिए दिमाग पर जोर देना पड़ता है। सामान्यतः 'रोने-पीटने' या भावोच्छ्वास की कविता वे नहीं लिखते। हालाँकि उनकी कविता में 'हाय' शब्द कई बार आता है। लेकिन वह लगातार तर्क प्रस्तुत करते हैं और यथार्थ का द्वन्द्वात्मक रूप

से विश्लेषण करते चलते हैं। कुछ कविताओं में इसे आप उनके काव्य-कौशल की कमी भी मान सकते हैं।

अजीत प्रियदर्शी–मुक्तिबोध की कविताओं में गद्यात्मकता के बावजूद एक लयात्मकता और छन्दबद्धता दिखायी पड़ती है। आप इसे किस तरह देखते हैं?

नरेश सक्सेना–क्या गद्य के सरल वाक्य लयात्मक नहीं होते। वास्तविकता यह है कि वे होते हैं। रघुवीर सहाय की कविता में 'रामदास उस दिन उदास था' गद्य का एक पूरा वाक्य है जो कि लय में है। ऐसे बहुत-से उदाहरण दिये जा सकते हैं। अज्ञेय की कविता-पंक्ति 'दुःख सबको माँजता है', न सिर्फ यह पंक्ति गद्य में लगती है, बल्कि इस कविता की सभी पंक्तियाँ गद्यात्मक होने के बावजूद 'तेवरा ताल' की लय में है। 'रामदास' कविता 'कहरवा-ताल' में है। मुक्तिबोध स्वयं 'ताल-बद्ध' कविताएँ लिखते थे और यह उनका गुण और ताकत है।

अजीत प्रियदर्शी–हिन्दी-कविता में आप किन कवियों में मुक्तिबोध की परम्परा का विकास देखते हैं? क्या यह परम्परा आज भी दिखायी पड़ रही है?

नरेश सक्सेना–मुक्तिबोध के जीवित रहते जिन कवियों ने नयी कविता के सौन्दर्य-बोध से मुक्त होकर अपनी कविता को बदला उनमें विनोद कुमार शुक्ल, विष्णु खरे, चन्द्रकान्त देवताले, अशोक वाजपेयी, भगवत रावत के साथ मेरा नाम भी शामिल किया जा सकता है। मध्य प्रदेश के ये सभी कवि उस समय 17 से 20 वर्ष उम्र के थे, जिनकी प्रारम्भिक रचनाएँ उस समय की श्रेष्ठ साहित्यिक पत्रिकाओं में छपनी शुरू हो गयी थीं, किन्तु मुक्तिबोध के बीहड़ काव्य-शिल्प, सौन्दर्य और संवेदना के क्षणिक संस्पर्श ने ही इन कवियों के काव्य-बोध के पारम्परिक ढाँचे को पूरी तरह ध्वस्त करके उन्हें नये सिरे से अपनी काव्य-चेतना विकसित करने के लिए मुक्त कर दिया था। मुक्तिबोध की वास्तविक परम्परा यथार्थ को टुकड़ों में नहीं अपितु, समग्रता में देखना है, अपनी 'पक्षधरता' को स्पष्ट करने में है, 'गोल-मोल प्रकृति वर्णन' में नहीं है। मुक्तिबोध के बाद की वह 'लम्बी कविता' कहाँ है, इसका उत्तर देना मेरे लिये कठिन है।

मुक्तिबोध का निधन 1964 ई. में हुआ और उनकी पुस्तक भी 1964 ई. में ही प्रकाशित हुई। इससे पूरे भारत भर के कवि किसी-न-किसी रूप में प्रभावित हुए। लेकिन उससे बहुत पहले मध्य प्रदेश के कवियों की एक ऐसी पीढ़ी थी जो मुक्तिबोध के जीते जी उनके सम्पर्क में आ गयी थी। मुक्तिबोध की कविताएँ तो उन दिनों पत्रिकाओं में छपती नहीं थीं लेकिन मध्य प्रदेश के जिन शहरों में मुक्तिबोध गये जैसे कि जबलपुर, सागर, भोपाल, उज्जैन और राजनाँदगाँव आदि कुछ अन्य शहर, वहाँ के कुछ किशोर और युवा कवियों को मुक्तिबोध के सम्पर्क का लाभ मिला। ये कवि औसतन 17 से 20 वर्ष के थे। उनका तात्कालिक नयी कविता और छायावाद से प्राप्त

जो पारम्परिक सौन्दर्यबोध था वह एकबारगी ध्वस्त हो गया और ये कवि कुछ ताज़गी के साथ लिखने में समर्थ हुए। एक अजीब साहित्यिक घटना की तरह आप इसे देख सकते हैं कि इस समय नयी कविता की लगभग पूरी सूची यानी धर्मवीर भारती, सर्वेश्वरदयाल सक्सेना, विजयदेव नारायण साही, रघुवीर सहाय, कुँवर नारायण, केदारनाथ सिंह यह पूरी पीढ़ी उत्तर प्रदेश में बसती थी। लेकिन इसके तुरन्त बाद की पीढ़ी उत्तर प्रदेश से गायब हो गयी और किसी चमत्कार की तरह मध्य प्रदेश में प्रकट हुई। उदाहरण के लिए विनोद कुमार शुक्ल, विष्णु खरे, देवताले, अशोक वाजपेयी और भगवत रावत सभी मध्य प्रदेश से हैं। गवाह के तौर पर चाहें तो मेरा नाम शामिल कर लें। मैं भी तब इंजीनियरिंग कॉलेज जबलपुर में था। मध्य प्रदेश में तब और भी कवि थे यानी सोमदत्त, मलय, आग्नेय, रमेश दत्त दुबे आदि। इस सम्बन्ध में मैंने कुछ प्रमाण की बातों के साथ सामयिक सरस्वती के मुक्तिबोध विशेषांक में लिखी हैं। उससे पहले एक बात और कि मुक्तिबोध जैसी कविता आसान चीज नहीं है। और वैसा जीवन जीना तो असम्भव है। अज्ञेय ने जहाँ नयी कविता के पारम्परिक बोध का मात्र विस्तार और परिष्कार किया था वहीं मुक्तिबोध ने न सिर्फ उसे तोड़ा था बल्कि आमूल बदल दिया था। फिर भी कोई नया मुक्तिबोध अतीत से नहीं भविष्य से ही आयेगा। यानी उम्मीद करनी हो तो युवतर कविता से ही करनी होगी।

अजीत प्रियदर्शी–मुक्तिबोध की प्रासंगिकता के बारे में आप क्या कहना चाहेंगे?

नरेश सक्सेना–मुक्तिबोध आज भी बेहद प्रासंगिक हैं। क्योंकि वे निरे कवि नहीं थे वरन् सतत संघर्षशील और कर्त्तव्य के प्रति जागरूक मार्क्सवादी चिन्तक थे। वे कवि भी असाधारण थे। उन्होंने सर्वथा नये बिम्बों और प्रतीकों की खोज की और उनकी पुनर्स्थापना भी की, क्योंकि ये चीजें समकालीन कविता की सपाट गद्यात्मकता से बाहर निकाल दी गयी थीं। उन्होंने प्रेम को भी प्रासंगिक बनाया क्योंकि प्रगतिशीलता के शुरूआती दौर में प्रेम पर भी काफी मार पड़ी थी। जबकि नेरूदा ने जीवन-संघर्ष में पाँचों इन्द्रियों की पहुँच की बात की और ब्रेख्त के यहाँ भी क्रान्ति के दौरान प्रेम बहिष्कृत नहीं है। क्योंकि प्रेम तो पूरी मनुष्यता और समाज का आधार है। प्रेम मुक्तिबोध को आत्म-केन्द्रित नहीं बनाता बल्कि जीवन में गहरे धँसने और मुक्ति के लिए सतत संघर्ष की प्रेरणा देता है। 'न तो प्रेम अकेले सम्भव है न क्रान्ति/ दोनों राहों पर साथी तो चाहिए ही।' मुक्तिबोध कहते हैं: 'राहगीर को जैसे साथी मिल जाता है/ वैसे तुम मिल चुकी मुझे/ बस इतना काफी/ भूल चूक की माफी।

मुक्तिबोध : साहित्य में व्यक्ति और समाज के सम्बन्ध का प्रश्न

राजेन्द्र कुमार

साहित्य के क्षेत्र में व्यक्ति और समाज के द्वन्द्व की चर्चा प्रायः होती रही है। निश्चय ही कोई भी अनुभव तब तक रचना में प्रामाणिक नहीं माना जा सकता है, जब तक वह रचनाकार का वैयक्तिक अनुभव न हो या अनुभव के साथ रचनाकार की वैयक्तिक संवेदना का तादात्म्यीकरण न हो। लेकिन प्रश्न यह भी तो है कि क्या कोई अनुभव व्यक्तिगत स्तर पर नितान्त स्वायत्त हो सकता है? आख़िर हम 'अनुभव' कहते किसे हैं? वस्तुतः और जन्मतः हम किसी-न-किसी समाज के अंग होते हैं। इसलिए हमारे हर अनुभव के मूल समाज में ही होते हैं। बल्कि कहें, समाज की विभिन्न स्थितियों, घटनाओं और व्यवहार-वृत्तियों से हमारे अनुकूल-प्रतिकूल, क्रियात्मक-प्रतिक्रियात्मक सम्बन्ध बनते हैं। उन्हीं से हमारे अनुभवों के रूप निर्धारित होते हैं। यह ज़रूर है कि अनुभव के हर रूप की तीव्रता (intensity) और गहराई एक-सी नहीं होती। कोई-कोई अनुभव हमारी चेतना की सतह पर ही रह जाता है। कोई-कोई अनुभव अपनी तीव्रता और गहराई से भीतर तक हमें बींध जाता है और इतना झकझोर देता है कि दूसरा कोई मार्ग नहीं होता, सिवा इसके कि उसे लेखक द्वारा किसी सर्जनात्मक अभिव्यक्ति में ढाल दिया जाये। ऐसी ही अभिव्यक्ति से सार्थक रचना सम्भव होती है। मुक्तिबोध ने इसी बात को अपनी 'एक साहित्यिक की डायरी' के एक संवाद में यों उल्लिखित किया है—'...सिर्फ़ बहुत बड़ी थीम उठा लेने से काम नहीं चलता। यह ज़रूरी है कि सिर्फ़ उतना ही अंश उठाया जाये, जिसका मन पर अत्यधिक आघात हुआ हो। बड़ी भारी बिल्डिंग खड़ी करने के बजाय छोटी-सी कुटिया खड़ी की जाये, तो अधिक अच्छा होगा।' *(डबरे पर सूरज का बिम्ब)*

मुक्तिबोध लम्बी कविताओं के कवि हैं। चाहते तो अपनी कविता में 'बड़ी भारी बिल्डिंग, भी खड़ी कर सकते थे। लेकिन इसमें न उनकी कोई रुचि थी, न कोई वैसी ख़्वाहिश। उनकी कविताएँ 'छोटी-छोटी कुटियाओं' की शृंखलाएँ हैं—ऐसे आवास,

जिसके परिसर में, छोटी-छोटी कुटियाओं में 'कहीं शोषण-हत ग़म खानेवाले/ दुःख के स्वामी' और 'त्याग की उत्कट प्रतिमा होरी महतो/ भोली धनिया/ जाग रहे हैं' *(बबूल)* कहीं 'सील-खाये इन घरों में बेरोक-सी/ आग तूफ़ानी लगी है शहर भर में', *(स्याह धब्बों-सी निशाएँ सब बिदा हैं)*, कहीं 'उर में सँभाले दर्द/ गर्भवती नारी का/ ...कपड़ों को धोती है भाड़-भाड़' *(मुझे याद आते हैं)*, 'कहीं इन्हीं में से किसी में रहनेवाला रामू देखता है', 'दुनिया के पेंदे में/ पूँजीवादी छेदों से/ आधुनिक जीवन बुद्धिवादियों की ठीकरे-सा लगता है' *(ज़िन्दगी का रास्ता)* और कहीं 'भारतीय अँधेरी गहरी-गहरी गलियों में आजकल/ भयानक सदी की काली-काली रातें हैं' *(सूरज के वंशधर)* और यहीं कहीं 'दुबली चम्पा/ जन-संघर्षों में/ गदराई' *(जब प्रश्न-चिह्न बौखला उठे)* और यहीं कहीं 'प्राणों में बैठा है कोई कबीर-मर्मी *(वही)*, कहीं 'कमरों में अँधेरे/ लगाता है चक्कर/ कोई एक लगातार' *(अँधेरे में)* और मुक्तिबोध के पाठक चाहें तो 'ओरांग उटांग' और 'ब्रह्मराक्षस', जो रहते कहीं भी हों, उन्हें भी इस परिसर में मँडराते देख सकते हैं।

तो यह है मुक्तिबोध का व्यक्ति, जो कहीं भी समाज-निरपेक्ष नहीं है। मुक्तिबोध का कवि अपने को व्यक्तिगत 'अहं' की चिन्ता में ग़र्क होते नहीं देखना चाहता। न ही मुक्तिबोध व्यक्ति-स्वातन्त्र्य की उस कामना के मोह में पड़ते हैं, जो उनके समय के आधुनिकतावादियों को विकल रखती थी और जो व्यक्ति की विशिष्टता की सुरक्षा के लिए समाज से अलग-थलग रहकर 'अकेलेपन' के वैभव को सेलिब्रेट करते रहे। उनके यहाँ 'स्वातन्त्र्य' या 'मुक्ति' की अवधारणा भी वैयक्तिक थी। यह मुक्तिबोध थे, जिन्होंने यह अनुभव कर लिया था कि मुक्ति 'अकेले में नहीं पायी जा सकती' और ''पूँजी से जुड़ा हृदय बदल नहीं सकता/ स्वातन्त्र्य व्यक्ति का वादी/ छल नहीं सकता मुक्ति के मन को, जन को!''

किसी कृति का रचयिता प्रथमतः व्यक्ति ही होता है, लेकिन अन्ततः उसकी रचना यदि अपने अनुभव का सामाजिकीकरण नहीं कर पाती, तो यह मुक्तिबोध की दृष्टि में कृति की असफलता है। प्रयोगवाद और नयी कविता के अनेक कवि ऐसे थे जो सामाजिकीकरण को व्यक्ति के अपने वैशिष्ट्य और अपनी अस्मिता के अपहरणकारी रूप में देखते थे। अज्ञेय जैसे प्रतिष्ठित कवि ने भी 'नदी के द्वीप' जैसी कविता लिखकर द्वीप के रूप में व्यक्ति को और नदी के रूप में समाज के प्रवाह को परिभाषित किया, तो इस अन्देशे के साथ कि 'हम बहेंगे तो रहेंगे ही नहीं/ क्योंकि बहना रेत होना है।' कई ऐसे अन्य कवि भी थे, जिन्हें डर था कि जिस तरह भीड़ में व्यक्ति के गुम हो जाने की आशंका रहती है, उसी तरह समाज की सामान्यता का अंग बनने में कवि अपने व्यक्ति की 'अद्वितीयता' को गँवा न बैठे। मुक्तिबोध को ये आशंकाएँ निर्मूल प्रतीत होती थीं। मुक्तिबोध कवि के रूप में अपने व्यक्तित्व की अद्वितीयता के लिए कभी चिन्तित नहीं रहे। वह अपनी एक

कविता में ब्रह्मराक्षस को भी इसीलिए एक विसंगति के घेरे में लेते हैं—"हवा में तैर/ बनता है गहन सन्देह/ अनजानी किसी बीती हुई उस *श्रेष्ठता* का जो कि/ दिल में एक खटके-सी लगी रहती!" मुक्तिबोध श्रेष्ठता—ग्रन्थि को व्यक्ति के सामाजिकीकरण में सबसे बड़ा रोड़ा मानते हैं। मुक्तिबोध को भरोसा इस बात पर है कि कवि-व्यक्ति को 'जन-संग' में नयी ऊष्मा प्राप्त करने के अवसर मिलते हैं। यह ऊष्मा ही व्यक्ति को चेतना का विस्तार देती है। विस्तार की ऐसी प्रक्रिया के रूप में सामाजिकीकरण के महत्त्व को उन्होंने हमेशा अपने ध्यान में रखा। उनका विश्वास था कि 'प्रत्येक व्यक्ति कभी समूह का, तो कभी समाज का, मानवता का अंग रहता है।' यानी, 'व्यक्ति' अपने-आप में कोई सर्वथा पूर्ण प्रत्यय नहीं है। वह दरअसल अपूर्णता का एक प्रत्यय है। इस अपूर्णता से पूर्णता की ओर बढ़ने की राह उसे समाज ही दे सकता है। साहित्य के क्षेत्र के कुछ महाशय समाज के साथ गतिशील होने से बचाव इस कारण करते हैं कि उन्हें आशंका रहती है, कहीं वे मात्र 'भीड़' का अंग बनकर न रह जायें। ऐसे महाशयों की ख़बर लेते हुए मुक्तिबोध ने उनकी व्यक्तिवादी प्रवृत्ति पर व्यंग्य किया—"जनता एक भीड़ है। भीड़ की कोई आत्मा नहीं होती...। व्यक्ति-चेतन व्यक्तित्व, वह तो आत्मतन्त्रवादी है...इसलिए उसका कर्त्तव्य है कि वह भीड़ का हिस्सा न बने। भीड़ में व्यक्तित्व का विनाश होता है।" ऐसा माननेवालों से मुक्तिबोध का सीधा प्रश्न है—"अब इन महोदयों-महाशयों से कोई पूछे कि क्या भारत की स्वतन्त्रता केवल एक व्यक्ति, गाँधी ने दिलायी है? क्या इसमें अनगिनत लोगों ने अपनी प्रबुद्ध चेतना द्वारा योग नहीं दिया। क्या उसका सारा श्रेय नेता को ही है। और नेता कहाँ से पैदा होते हैं?" *(समीक्षा की समस्याएँ)*

यहाँ कोई कह सकता है कि इन प्रश्नों का सीधा सम्बन्ध साहित्य-कर्म से तो है नहीं, राजनीति-कर्म से है। मगर मुक्तिबोध साहित्य-कर्म को राजनीति कर्म से नितान्त पृथक् मानकर नहीं चलते। 'पूँजीवादी समाज के प्रति' शीर्षक कविता में मुक्तिबोध इसीलिए लिखते हैं—"इतना काव्य, इतने शब्द, इतने छन्द/ जितना ढोंग, जितना भोग है निर्बन्ध...तेरी रेशमी वह शब्द-संस्कृति अन्ध/ देती क्रोध मुझको, खूब जलता क्रोध!" *(तारसप्तक)*

मुक्तिबोध किसी की व्यक्तिमत्ता की सर्वथा अवहेलना नहीं करते। लेकिन व्यक्तिमत्ता की गति के बारे में हमें जिज्ञासु बनाते हैं— 'अपनी व्यक्तिमत्ता के सहारे जो चले हैं प्राण/ उनको कौन देता है। अचल विश्वास का वरदान/ उनको कौन देता है प्रखर आलोक...!' *(आत्मा के मित्र मेरे)*

अस्तित्ववादियों और मनोविश्लेषणवादियों के यहाँ जब विशेष चिन्ता व्यक्ति के 'अहं' को लेकर व्यापी हुई थी, तब मुक्तिबोध 'नूतन अहं' की परिकल्पना को इस प्रश्न से मुखातिब करना ज़रूरी समझते थे 'कर सको घृणा/ क्या इतना/ रखते हो अखण्ड तुम प्रेम?' *(तारसप्तक)* मुक्तिबोध की नज़र में घृणा और प्रेम, दोनों एक-दूसरे

के नितान्त विरोधी भाव नहीं हैं। अन्यायी के प्रति अपनी घृणा द्वारा ही हम सत्य और न्याय के पक्ष में अपने अखण्ड प्रेम की अभिव्यक्ति कर सकते हैं।

मुक्तिबोध को यह देखकर क्षोभ होता है कि रचना में 'मैं' की पुकार पर फ़िदा कवि इतने अहम्-तुष्ट हैं। मुक्तिबोध को कोई संकोच नहीं है यह कहने में कि—

जो सिर्फ अहम् की माया है
'मैं' की पुकार है उसकी इच्छापूर्ति जल की मृगमरीचिका

व्यक्ति के 'मैं' की पुकारें जब 'अकेले गीत' बनकर रह जाती है, तब व्यक्ति अपनी समग्रता को गँवा बैठता है। तब 'व्यक्ति' के नाम पर 'व्यक्तित्व के खँडहर' मात्र रह जाते हैं।

ये अकेले गीत
दब चुकी जो मर चुकी है आत्मा
ख़त्म जो हो ही गयी आकांक्षा
व्यक्ति में व्यक्तित्व के खँडहर!

मुक्तिबोध को इस बात में अडिग विश्वास है कि हर व्यक्ति का अपना एक समाज ही नहीं, बल्कि एक देश भी होता है। और यह देश कैसे बनता है? व्यक्तित्व को अपने 'अहम्' के खोल में रहने देने से नहीं, बल्कि उस खोल से बाहर आकर 'जन-जन के दुर्दान्त रुधिर' को अपने भीतर प्रवाहित होता महसूस करने से।

जितने कारण यह हिन्दुस्तान हमारा है
कल्याण व्यथाओं में धुलकर
जिनके लाखों हाथों-पैरों ने यह दुनिया
पार लगायी है
जिनके कि पूत-पावन चरणों में
हुलसे मन
से किये निछावर जा सकते
सौ-सौ जीवन,
उन जन-जन का दुर्दान्त रुधिर
मेरे भीतर, मेरे भीतर

मुक्तिबोध ने कलाकार के आन्तरिक व्यक्तित्व को 'समाज-वृक्ष का फूल' कहा है और 'व्यक्ति' को समाज का 'अनुभव-केन्द्र' मानते हुए उसकी 'विकास-तृषाओं की सकारात्मकता की पहचान कराते हुए यह बताया है कि, "उसकी विकास-तृषाओं के अनुकूल ही व्यक्ति अपनी दूसरी प्रवृत्तियों को गति देता है, उनका मूल्य निर्णय करता है, और इसी के द्वारा समाज में से अपना गतिमय सामंजस्य स्थापित कर लेता है।" *('साहित्य में व्यक्तिगत आदर्श')*।

देखा गया है कि किसी भी काल में जब किसी युगान्तरकारी घटनाक्रम से प्रेरित कोई रचना की जाती है, तो तात्कालिक रूप में तो उसका प्रभाव रहता है लेकिन बाद में ऐसी रचनाएँ अक्सर विस्मृत हो जाती हैं। क्योंकि उनके रचयिताओं के पास ऐसा व्यक्तित्व नहीं होता जो अपने युग का सच्चा प्रतिनिधित्व कर सके।

मुक्तिबोध का पर्यवेक्षण यह है कि 'वर्ग-विभाजित समाज में व्यक्ति का मन भी विभाजित होता है।' *('युगीन घटनाक्रम और साहित्य सृजन')* इसलिए युगान्तरकारी घटना-क्रमों का आघात बार-बार उसके हृदय पर होने पर भी, वह उन घटना-क्रमों के सभी पहलुओं पर समान एकाग्रता के साथ विचार कर सके, यह सम्भव नहीं हो पाता।

मुक्तिबोध के लिए यह "आश्चर्य की बात है कि जो कवि कला में एकदम भेरी या ढोल के निनाद-सरीखी ऊर्जस्वल क्रान्तिवाणी गुँजाता रहता है, वही ठीक व्यावहारिक जीवन में (और आन्तरिक जीवन में भी) सामान्य जनों की जो नैतिक मानवीय भावनाएँ हैं, उससे भी गिरा हुआ बहुत बार पाया जाता है।" इसे मुक्तिबोध व्यक्ति का स्वाँग मानते हैं। और बल देते हैं इस 'असल बात' पर कि 'काव्य और व्यक्तित्व का सम्बन्ध कहीं-न-कहीं जोड़ना होगा। यह नहीं हो सकता कि आप एक ओर सामान्य मानवीयता का त्याग करते चलें और दूसरी ओर काव्य में मानवीय बनें।" *(व्यक्तित्व और चेतना)।*

इस तथ्य का और अधिक स्पष्ट रूप मुक्तिबोध 'एक साहित्यिक की डायरी' के एक संवाद में निरूपित करते हैं— 'सत्य के मुख्यतः दो पक्ष हैं— एक वास्तव-पक्ष, दूसरा मूल्य-पक्ष। सत्य स्वयं एक मूल्य है, यानी कि उसका सम्बन्ध मनुष्य के गुणों से है— 'ऐसे गुणों से जो मानव-विकास में सहायक होते हों। उसका सम्बन्ध मनुष्य के चरित्र से है। अतएव सत्य के उद्‌घाटन में दो बातें उद्‌घाटित होती हैं। एक उद्‌घाटित होनेवाला सत्य और दूसरा, उसके साथ ही उद्‌घाटित होनेवाला मानव (जो कहने को सत्य का उद्‌घाटन करनेवाला है, किन्तु उसके साथ ही स्वयं भी उद्‌घाटित हो रहा है।) *(घृणा की ईमानदारी)।*

मुक्तिबोध 'विचारों का चरित्र से बहुत गहरा सम्बन्ध मानते हैं।' इसलिए साहित्य में रचनाकार को व्यक्ति के स्तर पर एक असंगति से घिरा पाते हैं। इशारे-इशारे में कहते हैं, "आत्म-साक्षात्कार करना शायद आसान है, किन्तु चरित्र-साक्षात्कार करना एकदम असम्भव नहीं, तो कठिन अवश्य है।" *(विचार और चरित्र)*

अपने समय के आधुनिकतावादियों से मुक्तिबोध की मुख्य शिकायत यही है कि, "उनके यहाँ व्यक्ति के आत्मसाक्षात्कार का तो डंका बजता है, लेकिन चरित्र-साक्षात्कार के प्रश्न पर ग़ज़ब की खामोशी।" बौद्धिक संस्कृति और कलात्मक अभिव्यक्ति की धाक जमानेवाले, वह ज़िन्दगी नहीं जी पाते, जिसे मुक्तिबोध 'बिजली भरी तड़पदार ज़िन्दगी' कहते हैं। मुक्तिबोध लिखते हैं, "आधुनिकतावादियों को मैंने देख लिया है। उनमें दम नहीं,

वे पोचे हैं। वे समस्या को बड़ा करके बताते हैं, आदमी को छोटा करके नचाते हैं।'' *(अकेलापन और पार्थक्य)*।

हमारे युग का एक अकाट्य सत्य यह भी है कि, ''जो व्यक्ति सामाजिक-सांस्कृतिक सीढ़ी पर जितना ऊँचा चढ़ता और बढ़ता है, वह व्यक्ति अपनी भूमि से, अपने ही लोगों से, उतना ही दूर, उतना ही अलग...होता जाता है— भले ही वह मंच पर चढ़कर जनता की तरफ से बोले, या सौन्दर्यवाद की ओर से, या व्यक्तिवादी स्वातन्त्र्य की तरफ़ से भाषण दे।'' *(अकेलापन और पार्थक्य)* यह वाक्य एक प्रकार से उस दौर के आधुनिकतावादियों तथा प्रगतिवादियों, दोनों की प्रवृत्तियों पर एक सटीक टिप्पणी है।

मुक्तिबोध अपनी अनेक कविताओं और कहानियों में भी उपर्युक्त दोनों प्रवृत्तियों का बड़ी सजगता से सीमांकन करते हैं। उनकी कविता है— 'कहने दो उन्हें जो यह कहते हैं।' उसका आरम्भ ही इन पंक्तियों से होता है— ''कहने दो उन्हें जो यह कहते हैं—सफल जीवन बिताने में हुए असमर्थ तुम।/ तरक्की के गोल-गोल/ चक्करदार घुमावदार/ ऊपर बढ़ते हुए ज़ीने चढ़ने की/ चढ़ते ही जाने की/ उन्नति के बारे में/ तुम्हारी ही ज़हरीली/ उपेक्षा के कारण निरर्थक तुम, व्यर्थ तुम।'' लेकिन मुक्तिबोध का काव्य-नायक इस कविता में अपने पर व्यंग्य करनेवालों, हँसनेवालों से डरता नहीं है। क्योंकि वह उनके मॉडल के 'सफल जीवन' की नियति से भलीभाँति वाक़िफ़ है। 'मुझको/ डर लगता है/ मैं भी तो सफलता के चन्द्र की छाया में/ घुग्घू या सियार या/ भूत नहीं कहीं बन जाऊँ।' मुक्तिबोध के काव्य-नायक को अपनी असफलता गवारा है, लेकिन घुग्घू या सियार या भूत बनना गवारा नहीं।

'ब्रह्मराक्षस' कविता में भी मुक्तिबोध को व्यक्ति की श्रेष्ठता-ग्रन्थि पर तरस आता है। श्रेष्ठता ग्रन्थिवाले व्यक्ति को उसके 'महत्ता के चरणवाले दौर की त्रासद परिणति देखकर मुक्तिबोध का कवि सोचता है—''काश, मेरा उसी से उन दिनों होता मिलना यदि/ तो व्यथा उसकी स्वयं जीकर/ बताता मैं उसे उसका स्वयं का मूल्य/ उसकी महत्ता/ वह उस महत्ता की/ हम सरीखों के लिए उपयोग/ उस आन्तरिकता का बताता मैं महत्त्व!!''

महत्ता का यदि कोई सामाजिक उद्देश्य न हो, तो ऐसी महत्ता अन्ततः व्यक्ति को निर्जीव ही बनाती है। मुक्तिबोध अपने इस खयाल पर बल देते हैं, ''चाहे प्रगतिवादी हो, चाहे प्रयोगवादी, जिसने भी उच्च-मध्य-वर्ग की सफ़ेदपोश भद्रता के महत्त्व की कुर्सियों पर आराम किया कि वह गया, मगर गया।'' जीवन की सच्ची महत्ता इस बात में है कि हम मानव की केन्द्रीय प्रक्रियाओं के अविभाज्य और अनिवार्य अंग बनकर जियें।

मुक्तिबोध–कुछ फुटकल बातें

रामजी राय

(1)

क्षुब्ध अन्धकार की सियाह आग

मुक्तिबोध खुद को 'क्षुब्ध अन्धकार की सियाह आग' कहते हैं। वे एक ही साथ मुश्किल कवि हैं और सहज भी, आत्मग्रस्त-से तनाव-भरे और ताकतवर भी? मुक्तिबोध की मुश्किल और ताकत इस बात में निहित है कि वे अपने समय के रोग लक्षणों की शिनाख्त करते हैं, आजादी मिलने के बाद स्थापित हो रहे अपने देश में उस उदार जनतन्त्र के रोग लक्षणों की भी। और पाते हैं कि यह जो उदार जनतन्त्र है "वह अपनी सामन्ती परम्परा से विच्छिन्न होकर भी, सामन्ती-शासकवर्गीय प्रवृत्तियों की तानाशाहियत को अपने खून में लिये हुए है।" अर्थात् हम जिस उदार जनतन्त्र के वासी हैं, उसकी नसों में सामन्ती खून बह रहा है। उसकी जनतान्त्रिक जड़ें बेहद कमजोर हैं। वह एक अलिखित तानाशाही पर आधारित है। जिस क्षण भी कोई इसे चुनौती देने के गम्भीर राजनीतिक उपक्रम में संलग्न होगा उसे उसका जवाब तानाशाही दमन से दिया जायेगा।

आज इस उदार जनतन्त्र में अभिव्यक्ति की आजादी का मतलब है : वर्चस्वशाली मौजूदा उदार जनतन्त्र को, 'उत्तर-विचारधारात्मक' सर्वसहमति को सिर झुकाकर स्वीकार कर लेना। जबकि अभिव्यक्ति की वास्तविक आजादी का मतलब है : वर्चस्वशाली सर्वसहमति को सवालों के घेरे में खड़ा करना। इसे चुनौती देने के गम्भीर राजनीतिक उपक्रम में संलग्न होना।

'वर्तमान समाज चल नहीं सकता/ पूँजी से जुड़ा हुआ हृदय बदल नहीं सकता।' इसलिए 'अब अभिव्यक्ति के सारे खतरे/ उठाने ही होंगे/ तोड़ने होंगे ही मठ और गढ़ सब।' अन्यथा इस अभिव्यक्ति की आजादी का कोई मतलब नहीं है।

क्रमशः मुक्तिबोध आजाद भारत की सत्ता-समाज संरचना के प्रतिनिधि चरित्र-लक्षणों की गहन जाँच करते, पहचानते और उसके बुनियादी अन्तर्विरोधों एवं वह जिस भुतहे

वास्तव के रूप में अपने को अभिव्यक्त कर रहा था, उसका विश्लेषण-संश्लेषण-चित्रण करते हुए, उसके खिलाफ 'हर सम्भव तरीके से' युद्ध की घोषणा तक पहुँचते हैं, उन स्थितियों के खिलाफ जिसमें मनुष्य गुलाम, लांछित, रुद्ध और तिरष्कृत, घृणित जीव-सा बना दिया गया है।

मुक्तिबोध के काव्य में समय लहरीला है, उड़ता हुआ। मुक्तिबोध जैसे 'उस त्वरा-लहर का पीछा कर रहे होते हैं।' यहाँ कविता काल-यात्री है। उसका कोई कर्त्ता नहीं, पिता नहीं, वह किसी की बेटी नहीं। वह परमस्वाधीन है, विश्वशास्त्री है। आगमिष्यत की गहन-गम्भीर छाया लिये वह जनचरित्री है।

वहाँ रोजमर्रे के जीवन की घटनाएँ हैं, भुतहे वास्तव की तस्वीरें हैं, उससे कहीं अधिक विस्मयकारी, रोमांचक और रहस्यमय और भुतही जितना कि अब तक हम देखते-समझते-जानते रहे हैं। वहाँ आत्मालोचना के रूप में हमारी अपनी कमजोरियों-गलतियों की गहरी व तीखी लेकिन आत्मीय भर्त्सना-आलोचना है, जिससे हम बचकर निकल जाने में अपनी भलाई देखते हैं।

वहाँ देश-देशान्तर के अनुभवों से भरी देश-देशान्तर को पार करती, हम तक आती ताज़ी-ताज़ी हज़ार-हज़ार हवाएँ हैं, हमसे हमारी कमियों-ख़ूबियों पर बतियाती बहस करती, भविष्य के नक्शे सुझाती-बनाती हुई।

वहाँ गतिमय अनन्त संसार है, उसे जानने और उसे सम्भव सम्पूर्णता में अभिव्यक्ति करने के नये-नये गणितिक, वैज्ञानिक प्रयोग से लेकर प्राविधिक-तकनीकी अनुसन्धान हैं, उनकी बाधाएँ हैं, भूलें और मुश्किलें हैं, सफलताएँ और सम्भावनाएँ हैं। (कलाकार से वैज्ञानिक फिर वैज्ञानिक से कलाकार/ तुम बनो यहाँ पर बार-बार) और चूँकि यह सब परिवर्तनकारी हैं इसलिए वहाँ दमनकारी सत्ताएँ और उनके षड्यन्त्र भी अपने पूरे वजूद में हैं—"मेरा क्या था दोष, यही कि तुम्हारे मस्तक की बिजलियाँ/ अरे, सूरज गुल होने की प्रक्रिया/ बता दी मैंने/ सूत्रों द्वारा"—कुल मिलाकर वहाँ एक परिवर्तनकारी यथार्थवादी नयी समझ और नया संघर्ष है, जिसमें आगामी कई हविष्यों के आसाधारण संकेत हैं/ 'जिससे होता पट परिवर्तन/ यवनिका पतन/ मन में जग में।"

एक वाक्य में वहाँ हमारे समय के भुतहे, जटिल यथार्थ की जटिल अभिव्यक्ति है और जटिल (कॉम्प्लेक्स) का अर्थ दुरूह (कॉम्प्लीकेटेड) नहीं होता। मुक्तिबोध की कविताएँ हमारी मित्र कविताएँ हैं। मेरे लिये तो गुरु कविताएँ भी।

बकौल मुक्तिबोध—"आज की जिन्दगी में वही दृश्य दिखायी देते हैं जो महाभारत-काल में थे।...दोनों पक्षों (यानी आधुनिक कौरव और पाण्डव) में आन्तरिक उद्‌देश्यों और स्वभावों के भेद के साथ-ही-साथ एक बात सामान्य है, और वह यह है कि समाज की ह्रासकालीन स्थिति और व्यक्तित्व की ह्रास-ग्रस्त मति के दृश्य दोनों की परिस्थिति बन गये हैं।...अभी भी बहुत से महापुरुष कौरवों की चाकरी करते हुए पाण्डवों से प्रेम करते

हैं, यह किसी से छिपा नहीं है। किन्तु द्रोण, भीष्म और कर्ण-जैसे प्रचण्ड व्यक्तित्वों की ऐतिहासिक पराजय जैसी महाभारत-काल में हुई थी, वैसी आज भी होनेवाली है।

अन्तर इतना ही है कि, "इस संघर्ष में (जो आगे चलकर आज नहीं तो पच्चीस साल बाद तुमुल युद्ध का रूप लेगा) कौन किस स्वभाव-धर्म और समाज-धर्म के आदर्शों से प्रेरित होकर ऐतिहासिक विकास के क्षेत्र में अपना-अपना रोल अदा करेगा, इसकी प्रारम्भिक दृश्यावली अभी से तैयार है।" ('प्रगतिशीलता और मानव सत्य' नामक निबन्ध, पेज-78, मुक्तिबोध रचनावली, खण्ड 5) यह तैयार दृश्यावली देखियेः

भई वाह !! कहाँ से ये फोटो उतरे/ उन महत्-जनों के मुझ पर छा जाते चेहरे/ पीले, भूरे, चौकोर और श्यामल/ गठियल दुहरे!!/ वे स्निग्ध, सुपोषित, संस्कृत मुख/ अपने झूठे प्रतिबिम्ब गिराते हैं।/ लाखों आँखों से उन्हें देखता रहता हूँ।/ उनके स्वप्नों में घुसकर मुझे स्वप्न आते। हैं बँधे खड़े,/ ये महत् बृहत,/ उनके मुँह से प्रज्वलित गैस-सी साँस-आग/ वे इस जमीन में गड़े खड़े/ मशहूर करिश्मोंवाले गहरे स्याह तिलिस्मी तेज बैल/ तगड़े-तगड़े/ अपने-अपने खूँटों से सारे बँधे खड़े/ यह खूँटा स्वर्ण-धातु का है/ रत्नाभ दीप्ति का है/ आत्मैक ज्योति का है/ स्वार्थैक प्रीति का है।...वे बड़े-बड़े पर्वत अँधियारे कुएँ बन गये/ जो कल थे कपिला गाय आज तेंदुए बन गये।/ हाय हाय, यह श्याम कथानक है/ आदमी बदल जाने की यह प्रक्रिया भयानक है।/...नैतिक शब्दावलि?/ मन्दिर-अन्तराल में भी श्वानों का सम्मेलन/ तो आत्मा के संगम का प्रश्न नहीं उठता/ यह है यथार्थ की चित्रावलि।...वह दुष्ट ब्रह्म कर रहा जबरदस्ती वसूल/ हमसे तुमसे/ यह मांस-किराया/ कष्ट-रक्त-भाड़ा/ धरती पर रहने का/...वह उषःकाल का जगन्मनोहर/ हिरन मार आया/ पर, ठीक सामने/ दुबला श्यामल जन-समाज-सम्मर्द देखकर/ एक सौ दस डिग्री/ उसको बुखार आया/ उसकी सारी उँगलियाँ खून से रँगी/ कपड़ों पर लाल-लाल धब्बे/ उसके बचाव के लिए मुसकरा/ कलाकार आया। चुप रहो, मुझे सब कहने दो/ फिर नहीं मिलेगा वक्त/ जमाना और-और नाजुक होता है/ और-और वह सख्त।/...उसके दासों के अनुदासों के उपदासों ने ही/ अपने दासों को उपदासों को अनुदासों को भी/ देश-देश में इस स्वदेश में, आसमान में भी/ मानव मस्तक की राहों में छाँहों के जरिये/ मनानुशासन, जीवन-शोषण, समय-निरोधन के/ सब कार्यों में लगा दिया है सभी अनुचरों को।/...बेचैन वेदना को/ ऋण-एक राशि के वर्गमूल में डलवा-गलवाकर/ उनको शून्यों से शून्यों ही में विभाजिता करवा/ चलवा डाला है स्याह स्टीमरोलर/ इस जीवन पर/ वह कौन?/ अरे वह लाभ-लोभ की अर्थवादिनी सत्ता का/ विकराल राष्ट्रपति है!!/ जिसके बँगले की छाया में तुम बैठे हो।/ हाँ, यहाँ, यहाँ!! (चुप रहो मुझे सब कहने दो, मुक्तिबोध रचनावली, खण्ड 2, पृष्ठ—358-367)

जब समस्याएँ, स्थितियाँ महाभारत जैसी हों तो उसका समाधान भी महाभारत से कम क्योंकर होनेवाला। फिर तो—'वह कल होनेवाली घटनाओं की कविता जी में उमगी।'

उसके बाद नक्सलबाड़ी का विद्रोह, 74 का आन्दोलन और आपात्काल तो जैसे सामाजिक-प्रयोगशाला में मुक्तिबोध की चिन्ताओं, क्रान्ति-स्वप्न और खोजे गये सत्ता के मस्तिष्क की बिजली और सूरज गुल होने के सूत्रों के सत्यापन हों। आज जगह-जगह कश्मीर, मणिपुर, छत्तीसगढ़-झारखण्ड में ए.एफ.एस.पी.ए., ऑपरेशन ग्रीनहण्ट और देश भर में भी काले कानूनों का आपात्काल-सरीखा जाल क्या जनान्दोलनों के दमन निमित्त लगाये जा रहे या एक दिन पूरे देश में ही मार्शल लॉ लगा दिये जाने के खण्ड-चित्र जैसे नहीं हैं?

दुनिया में—सोवियत पतन। शीत-युद्ध की समाप्ति लेकिन युद्धों का जारी रहना – बोस्निया, इराक, अफगानिस्तान, सीरिया आदि। पूँजी का विश्वव्यापी संकट और दुनिया भर में कॉरपोरेट पूँजी के खिलाफ उठ रहे आन्दोलन इसके वैश्विक दृश्य-पट हैं।

(2)

'तेन त्यक्तेन भुञ्जीथा' (त्याग के साथ उपभोग करो) के उपदेश से लेकर ट्रस्टीशिप तक, हृदय परिवर्तन के सिद्धान्त या समझ से जुड़े रहे हैं—कि धन से जुड़े मन को बदला जा सकता है। पर अब तक के इतिहास ने इसे गलत साबित किया है। यह कहते हुए कि—"कविता में कहने की आदत नहीं पर कह दूँ/ वर्तमान समाज चल नहीं सकता/ पूँजी से जुड़ा हृदय बदल नहीं सकता..." मुक्तिबोध उस गाँधी को भी वैचारिक-राजनीतिक धरातल पर खारिज करते हैं, जिनके अन्य गुणों को वे मानते और महत्त्व देते हैं। वे ऐसा इसलिए करते हैं कि आर्थिक-राजनीतिक-सांस्थानिक एक शब्द में ठोस भौतिक समस्याओं का हल नैतिक-भावनात्मक स्तर पर नहीं दिया जा सकता। इसलिए और भी कि उन्हें गाँधी से ही वह बच्चा मिलता है, जिसे उन्हें 'सम्हालना व सुरक्षित रखना' है। इस 'भार का गम्भीर अनुभव' मुक्तिबोध को है और शब्दों की उस गुरुता का भी, जो कोई और नहीं गाँधी की वह मूर्ति ही कहती है—"...भाग जा, हट जा/ हम हैं गुजर गये जमाने के चेहरे/ आगे तू बढ़ जा।" कविता की इन्हीं पंक्तियों के आगे की पंक्तियों में जब वे कहते हैं कि—"स्वातन्त्र्य व्यक्ति का वादी/ छल नहीं सकता मुक्ति के मन को/ जन को" तब ऐसा कहते हुए वे व्यक्ति-स्वातन्त्र्य का नारा उछालनेवाले अपने उन समकालीनों को ही निशाने में नहीं ले रहे बल्कि उस पूँजीतन्त्र मात्र को निशाना बनाते हैं जो व्यक्ति-स्वातन्त्र्य का झण्डा लेकर आया लेकिन जिसकी स्वतन्त्रता 'इत्यादि जन' (मुक्तिबोध का शब्द) की परतन्त्रता बन गयी।

इस व्यक्ति-स्वातन्त्र्य के बरक्स मुक्तिबोध ने जब यह कहा कि—"अपनी मुक्ति के रास्ते अकेले में नहीं मिलते/ यदि वह है तो सबके साथ है" तो यह किस वस्तु-सत्य के आधार पर खड़े होकर कहा? यहाँ इसके विस्तार में न जाकर संक्षेप में सिर्फ़ इतना ही कि, "आधुनिक राज्य अलग-थलग' नितान्त अपने में महदूद वैयक्तिकता और अमूर्त वैयक्तिकता का हिमायती है और उसी आधार पर खड़ा है। आधुनिक राज्य-समाज व्यक्ति

को मनुष्य समाज मात्र, मनुष्य प्रजाति से सम्बद्ध नहीं करता बल्कि उससे उच्छिन्न करता है। अब यह अंशतः चान्स पर और अंशतः व्यक्ति के अपने प्रयास पर निर्भर करता है कि वह अपने को अपनी प्रजाति (समाज) से जोड़े रखे। व्यक्तिवाद, वैयक्तिक अस्तित्व ही वर्तमान बूर्जुआ राज्य-समाज का अन्तिम सत्य है।''

एक और स्तर पर मुक्तिबोध ने रवीन्द्रनाथ, गाँधी से लेकर जयशंकर प्रसाद की आलोचना की है वह है उन लोगों के द्वारा साभ्यतिक प्रश्नों-समस्याओं को, नवीन भारतीय राज-समाज को अ-यन्त्र युग, ग्राम-समाज, ग्राम-स्वराज्य (आज का पंचायती राज) आदि के आधारों और वर्ग-संघर्षरहित वर्ग-सहयोग, वर्ग-समन्वय और शान्ति के रास्ते से बनाने के विचार की—''सुकोमल काल्पनिक तल पर/ नहीं है द्वन्द्व का उत्तर/ तुम्हारी स्वप्न वीथी कर सकेगी क्या...।'' मैं इस सब के विस्तार में यहाँ नहीं जाना चाहता। सिर्फ एक सवाल कि क्या मुक्तिबोध ऐसा इसलिए कहते-करते हैं कि वे मार्क्सवादी हैं और मार्क्सवाद ऐसा ही मानता और कहता है? या इसे उन्होंने अपने जीवनानुभवों, अपने संवेदनात्मक ज्ञान व ज्ञनात्मक संवेदन से गुजरते हुए, अपनी जीवन-दृष्टि व विश्व-दृष्टि का विस्तार करते उसकी रोशनी में जीवन-जगत् की साभ्यतिक-समकालीन समस्याओं का विश्लेषण-संश्लेषण करते हुए उपलब्ध किया था?

उनकी कविता की बेहतर समझ के खयाल से ही नहीं; सामने मौजूद आज के सवालों के हल की ओर बढ़ने के लिए भी इन सवालों की गहराई में जाना जरूरी लगता है।

(3)

अन्धकार-शास्त्र बनाम ज्योति : शास्त्र

सोवियत संघ के पतन के बाद तो जैसे मार्क्सवाद-समाजवाद की मृत्यु का सोहर गाया जाने लगा। एकमात्र सामाजिक-आर्थिक व्यवस्था के रूप में पूँजीवाद के विजय के साथ इतिहास के अन्त की घोषणा की जा चुकी थी। पूँजीवादी उत्पादन-अतिरेक के संकट की मार्क्स की भविष्यवाणी को दफना देने का फतवा जारी कर दिया गया था। पूँजीवाद हल न किये जा सकनेवाले अन्तरविरोधों से ग्रस्त है और उसके नाश के बीज उसके अन्दर ही हैं, ऐसा अब भी माननेवालों को पागल-सनकी करार दिया जा रहा था। लेकिन पिछले 20 सालों में इतिहास चक्र 180 डिग्री घूम गया है। पूँजीवाद भयावह संकट में है। और उससे नाभिनालबद्ध विचारक और अर्थशास्त्री, मार्क्सवाद के घोर-विरोधी भी अलग धुन बजाने लगे हैं। अचानक मार्क्सवाद को बड़ी गम्भीरता से लिया जाने लगा है। लेकिन इसके साथ ही गलत और तोड़ी-मरोड़ी सूचनाओं, तथ्यों, आँकड़ों के अम्बार और ग्लैमर के ताजा संसार के जरिये हमारे सामने में एक ऐसा नया चमचमाता अँधेरा रचा जा रहा है कि हमारी आँखें और दिल-दिमाग चौंधियाने लग रहे हैं। ऐसे में मुक्तिबोध के, अपने समय में रचे जा रहे अन्धकार-शास्त्र

के विरुद्ध ज्योतिःशास्त्र रचने के युद्ध को समझना बेहद जरूरी है ताकि हम उनके प्रयास को नये स्तर पर ले जा सकें।

द्वितीय विश्वयुद्ध की समाप्ति के बाद शुरू हुए शीत-युद्ध के दौर में क्षयग्रस्त पूँजीवाद ने अपने बचाव में तैयार किये जा रहे वैचारिकी-सैद्धान्तिकी का अन्धकार-शास्त्र रचना शुरू किया। साहित्य-संस्कृति के क्षेत्र में यह और कारगर तौर पर किया गया। 'फोरम फार कल्चरल फ्रीडम' नाम से इसे बाकायदा संगठित अभियान का रूप दिया गया। उस अन्धकार-शास्त्र का हमारे अपने देश भारत के सामन्ती जकड़नों से ग्रस्त रुग्ण पूँजीवाद ने लपककर स्वागत किया—"साम्राज्यवादियों के/ पैसे की संस्कृति/ भारतीय आकृति में बँधकर/ दिल्ली को/ वाशिंगटन व लन्दन का उपनगर/ बनाने पर तुली है!!/ भारतीय धनतन्त्री/ जनतन्त्री बुद्धिवादी/ स्वेच्छा से उसी का ही कुली है!! (जमाने का चेहरा, मुक्तिबोध रचनावली, खण्ड-2, पृ. 77) अपने एक आलोचनात्मक निबन्ध में उन्होंने लिखा कि अपने देश के बौद्धिकों की स्थिति देखता हूँ तो लगता है जैसे हमारा देश अब भी उपनिवेश है।" साहित्य के क्षेत्र में अपने यहाँ भी संगठन बनाकर नये-नये जन-विरोधी, रचना-विरोधी सिद्धान्तों-विचारों को फैलाया गया। इस सब पर विस्तार में बात करने की यह जगह नहीं है और कि यह सब इतिहास आप जानते हैं।

नयी कविता की अन्य बहुतेरी विशेषताओं-सम्भावनाओं-सीमाओं का विश्लेषण करते हुए मुक्तिबोध ने दो महत्त्वपूर्ण निष्कर्ष निकाले

(1) नयी कविता के कलेवर पर शीत-युद्ध की छाप है। और

(2) कि नयी कविता के क्षेत्र में निम्न मध्यवर्ग के रचनाकारों की भाव-दशाएँ इन प्रभावों के बावजूद उनसे भिन्न प्रगतिशील दिशा में उन्मुख हैं, इसे अनदेखा नहीं करना चाहिए। अपने समय में सामान्य जन-जीवन को, कवि-साहित्यकार जिसका अंग है, देखते हुए मुक्तिबोध ने लिखा—"आज की कविता पुराने काव्य-युगों (इसके साथ इसे आप—आज का जीवन पुराने युगों—भी पढ़ सकते हैं) से कहीं अधिक, बहुत अधिक, अपने परिवेश के साथ द्वन्द्व-स्थिति में प्रस्तुत है। इसलिए उसके भीतर तनाव का वातावरण है। परिस्थिति की पेचीदगी से बाहर न निकल सकने की हालत में मन जिस प्रकार अन्तर्मुख होकर निपीड़ित हो उठता है, उसे देखते हुए यह कहा जा सकता है कि आज की कविता में घिराव का वातावरण भी है।"

अतएव...यह आग्रह दुर्निवार हो उठता है कि कवि-हृदय द्वन्द्वों का भी अध्ययन करें, अर्थात् वास्तविकता में बौद्धिक दृष्टि द्वारा भी अन्तःप्रवेश करें, और ऐसी विश्व-दृष्टि का विकास करें जिससे व्यापक जीवन की-जगत् की व्याख्या हो सके, तथा अन्तर्जीवन के भीतर के आन्दोलन, आर-पार फैली हुई वास्तविकता के सन्दर्भ से व्याख्यात, विश्लेषित और मूल्यांकित हों।' (निबन्ध वस्तु और रूप : एक) यह निबन्ध 1961 में लिखा गया था लेकिन मुक्तिबोध के भीतर यह प्रवृत्ति बहुत पहले से कामकर

रही थी—"दार्शनिक प्रवृत्ति—जीवन और जगत् के द्वन्द्व—जीवन के आन्तरिक द्वन्द्व—इन सबको सुलझाने की, और एक अनुभव-सिद्ध व्यवस्थित तत्त्व-प्रणाली अथवा जीवन-दर्शन आत्मसात् कर लेने की, दुर्दम प्यास मन में हमेशा रहा करती। आगे चलकर मेरी काव्य की गति को निश्चित करनेवाला सबसे सशक्त कारण यही प्रवृत्ति रही।"

इससे इतना तो स्पष्ट है कि मुक्तिबोध ने मार्क्सवाद को यूँ ही, किसी फैशन के चलते नहीं अपनाया। उन्होंने अपने जीवनानुभवों, अपने संवेदनात्मक ज्ञान व ज्ञानात्मक संवेदन से गुजरते हुए, अपनी जीवन-दृष्टि व विश्व-दृष्टि का विस्तार करते, उसकी रोशनी में जीवन-जगत् की साभ्यतिक-समकालीन समस्याओं का विश्लेषण-संश्लेषण करते हुए उसे उपलब्ध किया था। और हम-आप सबसे प्रश्न किया था—"कुहरिल गत युगों के अपरिभाषित/ सिन्धु में डूबी/ परस्पर, जो कि मानव-पुण्य धारा है,/ उसी के क्षुब्ध काले बादलों को साथ लायी हूँ,/ बशर्ते तय करो,/ किस ओर हो तुम, अब/ सुनहले ऊर्ध्व-आसन के/ निपीड़क पक्ष में, अथवा/ कहीं उससे लुटी-टूटी/ अँधेरी निम्न-कक्षा में तुम्हारा मन,/ कहाँ हो तुम?"

और खुद के और हम सबके लिए जीवन के समूचे कर्म की भूमिका तय की—"हमें था चाहिए कुछ वह/ कि जो ब्रह्माण्ड समझे त्रस्त जीवन को.../ हमें था चाहिए कुछ वह/ कि जो गम्भीर ज्योतिःशास्त्र रच डाले/ नया दिक्काल-थियोरम बन, प्रकट हो भव्य सामान्यीकरण/ मन का/ कि जो गहरी करे व्याख्या/ अनाख्या वास्तविकताओं,/ जगत् की प्रक्रियाओं की/...कि पूरा सत्य/ जीवन के विविध उलझे प्रसंगों में/ सहज ही दौड़ता आये-/ स्मरण में आय/ मार्मिक चोट के गम्भीर दोहे-सा/ कि भीतर से सहारा दे/ बना दे प्राण लोहे सा/" (नक्षत्र खण्ड)

अन्धकार-शास्त्र के खिलाफ ज्योतिःशास्त्र रचने का काम मुक्तिबोध ने अपने समूचे जीवन और रचना-कर्म में किया और इसे किया पूरी तरह एक तल्लीन-तटस्थता के साथ। इस प्रक्रिया में उन्होंने मार्क्सवाद को समृद्ध व अद्यतन करने का काम किया। उनके समूचे रचना-कर्म के भीतर से इस ज्योतिःशास्त्र के सूत्रों को इकट्ठा करने और अद्यतन मार्क्सवाद को समझने और उपलब्ध करने का काम, जिसकी जरूरत हमें आज और ज्यादा है। यह करना तो दूर की बात हमारे प्रकाण्ड आलोचकों ने मुक्तिबोध को मध्यवर्गीय, सिजोफ्रेनिक, भाववादी फ्रायड और मार्क्स का घालमेल करनेवाला बताकर खारिज करने, या यह नहीं तो फिर उसे अस्तित्ववादी मुहावरे में फिटकर अस्मिता की तलाश करनेवाले के रूप में पेश किया। यह काम अर्थात् ज्योतिःशास्त्र के सूत्रों को इकट्ठा करने, समझने और अद्यतन मार्क्सवाद को उपलब्ध करने का काम, अब भी शेष है। इसे कौन करेगा? यह प्रश्न हमारे-आपके सामने है।

व्यक्ति-स्वातन्त्र्य और मुक्तिबोध

महेश चन्द्र पुनेठा

पिछले सत्तर वर्षों से हम एक लोकतन्त्रात्मक शासन-व्यवस्था में तो रह रहे हैं लेकिन लोकतान्त्रिक समाज का निर्माण नहीं कर पाये हैं। सच्चे अर्थों में एक लोकतान्त्रिक समाज का निर्माण तभी सम्भव है जब सबसे कमजोर व्यक्ति की स्वतन्त्रता को उचित स्थान और सम्मान दिया जाय। व्यक्तिगत स्वतन्त्रता व्यक्ति और समाज दोनों के विकास के लिए जरूरी है। जिस समाज में व्यक्तिगत स्वतन्त्रता नहीं है वह समाज सही तरीके से विकास नहीं कर सकता है। उसमें न तो व्यक्ति की चेतना का विकास हो सकता है और न वर्गीय चेतना का। इतिहास गवाह है कि ऐसी व्यवस्था अधिक समय तक नहीं टिक सकती है जहाँ व्यक्तिगत स्वतन्त्रता की अवहेलना की जाती है। रचनात्मकता के विकास के लिए भी व्यक्तिगत स्वतन्त्रता का होना जरूरी है। सीखना-समझना और रचना उसी समाज में हो सकता है, जहाँ व्यक्तिगत स्वतन्त्रता का अस्तित्व हो। उसी समाज में बहुलता-विविधता को पुष्पित-पल्लवित होने का मौका मिलता है। कुल मिलाकर यह कहा जा सकता है कि स्वतन्त्रता के अभाव में मानव को मानवोचित जीवन प्रदान करना सम्भव नहीं है। 1963 में मुक्तिबोध ने अपने एक निबन्ध 'समीक्षा की समस्याएँ' में लिखा, "भारत में जनतन्त्र है और आपेक्षिक रूप से तथा विशेष स्तर पर यहाँ व्यक्ति-स्वातन्त्र्य अवश्य ही है। और उसकी रक्षा करना तथा उसे दृढ़ करते जाना हमारे लिये जरूरी है।" लेकिन हम पाते हैं कि इधर लगातार उसमें हमले जारी हैं। उसे दृढ़ करने के स्थान पर कमजोर करते जा रहे हैं। लेखकों, चित्रकारों, कलाकारों, समाज-सुधारकों को उनके लिखे-बोले के लिए तमाम तरह से हिंसा का सामना करना पड़ रहा है। कुछ को लेखन छोड़ना पड़ा है तो कुछ को देश और कुछ को दुनिया ही छोड़नी पड़ी है। आज खुद को अभिव्यक्ति करना कठिन होता जा रहा है। भय का वातावरण बनाया जा रहा है। असहमति की आवाज को दबाने की पुरजोर कोशिश की जा रही है। सरकार की आलोचना को राष्ट्रद्रोह की संज्ञा दी जा रही है। एक ऐसे दौर में जब बात-बात पर प्रतिबन्ध लगाये जा रहे हों—क्या खाना है, क्या नहीं खाना है, क्या पहनना है, किससे प्रेम करना है, क्या बोलना है, क्या लिखना है आदि बातें दूसरे तय कर रहे हों, अपने पसन्द का खाने, पहनने, बोलने-

लिखने और प्रेम करने पर हत्या तक हो जा रही हो, मुक्तिबोध हमारे लिये बहुत प्रासंगिक हो जाते हैं। हमारे लिये व्यक्तिगत स्वतन्त्रता के अर्थ को समझना और उसके महत्त्व को जानना जरूरी हो गया है।

मुक्तिबोध व्यक्तिगत स्वतन्त्रता के प्रबल समर्थक हैं। उनका मानना है कि भले ही यह एक आदर्श है फिर भी मानव की गरिमा और मानवोचित जीवन प्रदान करने के लिए बहुत जरूरी है। यह जनता के जीवन और उसकी मानवोचित आकांक्षाओं से सीधे-सीधे जुड़ा है। कोई भी सृजनशील प्रक्रिया उसके बिना गतिमान् नहीं हो सकती है। यह सच भी है। हम अपने चारों ओर अतीत से लेकर वर्तमान तक दृष्टिपात करें तो पाते हैं कि दुनिया में जितने भी बड़े सृजन हैं वे सभी किसी-न-किसी स्वतन्त्र-व्यक्तित्व की देन हैं। इन व्यक्तित्वों को यदि सृजन की आजादी नहीं मिली होती तो इतनी बड़ी उपलब्धि उनके खातों में नहीं होती। हर सृजन के मूल में स्वतन्त्रता ही है। मुक्तिबोध व्यक्तिगत स्वतन्त्रता को बहुत व्यापक अर्थों में देखते हैं। उनके लिए व्यक्ति-स्वातन्त्र्य का अर्थ है, प्रत्येक को मानवोचित जीवन का, आत्म-विकास का, सामाजिक रूप से, समाज-रचनात्मक रूप से, स्थायी और शाश्वत प्रबन्ध, जिससे कि उसे अपने बाल-बच्चों के जीवनयापन की चिन्ता न रहे, तथा वह अपने को, अपने समय को, किसी व्यक्ति-विशेष और धनिक-विशेष या सरकार को बेचे नहीं, वरन् अपने को तन-मन-धन से समाज सेवा के कार्य में लगा दे, और समाज उसकी पूरी जीवन-व्यवस्था के आर्थिक पहलू के सवाल को अपने हाथ में लेकर हल करे, समुचित प्रबन्ध करे, और व्यक्ति को अपने जीवनयापन के खर्च के सवाल की चिन्ता में तरह-तरह के समझौते न करने पड़े। इस प्रकार हम कह सकते हैं कि मुक्तिबोध की व्यक्तिगत स्वतन्त्रता समाज के कुछ साधन-सम्पन्न लोगों की स्वतन्त्रता नहीं है। वह समाज के सबसे कमजोर व्यक्ति के लिए स्वतन्त्रता की बात करते हैं। एक ऐसे समाज की कल्पना करते हैं जिसमें सभी स्वतन्त्र हों। ऐसा कब होगा जब सभी आर्थिक रूप से सम्पन्न हों। किसी दूसरे पर निर्भर न हों। उनके बीच अवसरों की समानता हो, क्योंकि किसी भी असमान समाज में हम स्वतन्त्रता की कल्पना नहीं कर सकते हैं। समानता के बिना स्वतन्त्रता की कल्पना बेमानी है। स्वतन्त्र व्यक्ति ही स्वतन्त्र समाज का निर्माण कर सकते हैं। इसका मतलब यह है कि वह जनता को भीड़ के रूप में नहीं देखते हैं जैसा कि उनके समय के आधुनिकतावादी कवि कहते थे। मुक्तिबोध ने अपनी डायरी में स्पष्ट शब्दों में कहा है, "कोई भी बुद्धिमान् व्यक्ति यह जानता है कि एक स्थान में एकत्र संगठित जनता भीड़ नहीं है, क्योंकि वह संगठित है। जहाँ संगठन है वहाँ एक प्रेरणा और एक उद्देश्य भी है। जहाँ एक प्रेरणा और उद्देश्य है, वहाँ एक स्फीत और सक्रिय चेतना है। देश-विदेश के पिछले इतिहास से हमें यह सूचित होता है कि संगठित जनता ने असाधारण कार्य किये हैं।"

यह जनता की ताकत पर उनके विश्वास को दिखाता है। यह विश्वास कितना दृढ़ था उनकी कविता की इन पंक्तियों में देखा जा सकता है—

"तुम्हारे पास, हमारे पास
सिर्फ़ एक चीज़ है—
ईमान का डण्डा है
बुद्धि का बल्लम है
अभय की गैंती है
हृदय की तगारी है—तसला है
नये-नये बनाने के लिए भवन
आत्मा के
मनुष्य के
हृदय की तगारी में ढोते हैं हमीं लोग
जीवन की गीली और
महकती हुई मिट्टी को।"

मुक्तिबोध को जनता के सामूहिक निर्णय पर भरोसा है। उसके प्रति सम्मान है। कोई भी सामूहिक निर्णय तभी प्रभावशाली होता है, जब समूह में शामिल सभी लोग उस निर्णय में सहभागी हों। सभी लोग निर्णय में तभी सहभागी हो सकते हैं जब व्यक्ति-स्वातन्त्र्य हो। अभिव्यक्ति की पूर्ण आजादी हो। किसी को दूसरे का खौफ न हो। कोई किसी की कृपा में न पल रहा हो। धर्म-संस्कृति-समाज-राजनीति का अनुशासन किसी पर थोपा न गया हो। प्रत्येक व्यक्ति का सम्मान हो। यह बात स्वीकार की जाय कि हर व्यक्ति अपने आप में विशिष्ट होता है। मुक्तिबोध स्वतन्त्रता और साम्यवाद को बराबर महत्त्व देते हैं। उनके लिए वर्ग-चेतना और व्यक्ति-स्वातन्त्र्य में कोई विरोध नहीं है। सच्चे अर्थों में स्वतन्त्र व्यक्ति ही वर्गचेतस और ईमानदार हो सकता है। उस पर मुक्तिबोध का गहरा विश्वास है। वह अपनी एक कविता में कहते हैं कि—

"स्वातन्त्र्य व्यक्ति का वादी
छल नहीं सकता मुक्ति के मन को
जन को।"

मुक्तिबोध अपने समय के आधुनिकतावादियों, पूँजीवाद प्रेरित व्यक्ति-स्वातन्त्र्य के प्रवक्ताओं की इस मान्यता का खण्डन करते हैं कि व्यक्ति और समाज के बीच शाश्वत और सार्वभौम विरोध है। व्यक्ति अपना स्वतन्त्र निर्णय तब तक नहीं कर सकता है जब तक वह भीड़ का हिस्सा है। समाज में जब तक व्यक्ति पृथक्-पृथक् हैं और मनन के जगत् में रहकर निर्णय करने को स्वतन्त्र हैं, तब तक ही वह व्यक्ति है। किन्तु ज्यों ही वह एक हो जाता है, स्वतन्त्र निर्णय की उसकी शक्ति या तो क्षीण हो जाती है

या लुप्त हो जाती है। जनवाद, समाजवाद भीड़ की मनोवृत्ति के परिचायक हैं। जुलूस, हड़ताल आदि राजनैतिक सामूहिक कार्य गलत हैं। जनता ढोर है, वह पशु है, क्योंकि वह नेताओं के बहकावे में आती है, क्योंकि उसमें 'स्वतन्त्र' निर्णय करने की शक्ति नहीं है। मुक्तिबोध अच्छी तरह जानते हैं कि दरअसल यह समाजवाद को नकारने और पूँजीवाद का समर्थन करने की धूर्तता-भरी कोशिश है। उन्होंने इस विचारधारा को भाववादी-व्यक्तिवादी और नितान्त प्रतिक्रियावादी कहा और जमकर इसका विरोध किया। इसके खिलाफ आवाज उठायी। जैसा कि चंचल सिंह चौहान अपने लेख "अँधेरे में : अस्मिता और आत्म-निर्वासन के प्रश्न" में एक स्थान पर लिखते हैं कि, "उन्होंने अपनी कई कविताओं में ऐसे काव्य-नायकों की सृष्टि की है जो प्रारम्भ में निःसंग, अस्तित्ववादी और आत्म-निर्वासित होते हैं, किन्तु कविता के अन्त तक उनका व्यक्तित्वान्तरण हो जाता है।" अर्थात् "सर्वहारा वर्ग में अपनी मध्यवर्गीय अस्मिता का विलय।...वैयक्तिकता के गुंजलक से छूटकर सामाजिकता का अहसास व्यक्तित्वान्तरण की पहली सीढ़ी है।" मुक्तिबोध साफ-साफ कहते हैं कि प्रत्येक आत्मचेतस् व्यक्ति को अपनी मुक्ति की खोज होती है और वह किसी व्यापकतर-सत्ता में विलीन होने में ही अपनी सार्थकता समझता है।

सामान्यतः यह धारणा है कि व्यक्तिगत स्वतन्त्रता सामूहिकता के विरुद्ध होती है। दोनों एक साथ नहीं रह सकती हैं। लेकिन मुक्तिबोध इस बात को नहीं मानते हैं। वह व्यक्ति और समाज में द्वन्द्वात्मक रिश्ता पाते हैं। व्यक्ति के निर्माण में समाज का योगदान होता है तो व्यक्ति भी समाज को बदलने में अपनी भूमिका निभाता है। उनकी स्पष्ट मान्यता है कि सच्चा आत्म-स्वातन्त्र्य प्राप्त करने के लिए सामूहिकता आवश्यक है। सामूहिकता की विशाल उर्वर भूमि में ही व्यक्ति के वृक्ष और लताएँ फूलती-फलती हैं। यह सामूहिकता की भावना आत्म-स्वातन्त्र्य और व्यक्ति-स्वातन्त्र्य के अत्यन्त अनुकूल है। वह इस बात पर बल देते हैं कि हमारे साहित्य और दर्शन, कला और विज्ञान में सामूहिकता की भावना का प्रभाव भरना ही हमारे विकास की दिशा है। तभी आत्मा का ताल सामाजिक लय में लीन होगा और सामाजिक लय आत्मा के ताल में चलेगी। मुक्तिबोध ऐसे व्यक्ति-स्वातन्त्र्य का विरोध करते हैं जो समाजवाद और जनतन्त्र के समन्वय में बाधक हो। उनके लिए स्वतन्त्रता का अर्थ इस बात में है कि समाज में उसका क्या उपयोग किया जा रहा है और समाज को जन-कल्याण तथा मानव-उत्थान के लिए कौन-सी दिशा में ले जाया जा रहा है। हमारा सामाजिक व्यक्तित्व ही हमारी आत्मा है। व्यक्ति और समाज का विरोध बौद्धिक विक्षेप है, इस विरोध का कोई अस्तित्व नहीं। जहाँ व्यक्ति समाज का विरोध करता दिखायी देता है वहाँ वस्तुतः समाज के भीतर की ही एक सामाजिक प्रवृत्ति दूसरी सामाजिक प्रवृत्ति से टकराती है। वह समाज का अन्तर्विरोध है न कि व्यक्ति के विरुद्ध समाज का, या समाज के विरुद्ध व्यक्ति का। (नयी कविता का आत्म-संघर्ष) जैसा कि वरिष्ठ आलोचक जीवन सिंह

'वागर्थ' के सितम्बर 2014 के अंक में प्रकाशित अपने आलेख "पूँजी बाजार का वर्चस्वी समय और मुक्तिबोध की कविता" में कहते हैं, "वे नयी कविता के उस प्रगतिशील धारा के कवि हैं, जो समाजवादी सपने और व्यक्ति-स्वातन्त्र्य में कोई अन्तर्विरोध नहीं देखती। वे मानते थे कि यदि समाजवादी सपने के साथ सापेक्षतया व्यक्ति स्वाधीनता नहीं होगी, तो एक दिन सपनों का यह सभा-भवन ढह जायेगा।"

पूँजीवादी लोकतन्त्र में व्यक्तिगत स्वतन्त्रता का बहुत ढोल पीटा जाता है। कुछ लोग यहाँ तक कहते सुने जाते हैं कि भारत में व्यक्तिगत स्वतन्त्रता अधिक हो गयी है, जिसके जो मन में आ रहा है, वह बोले या किये जा रहा है। लेकिन हकीकत यह है कि ऐसी स्वतन्त्रता उसी वर्ग के पास है जो संसाधन सम्पन्न है। एक बड़ा वर्ग आज भी अपने बच्चों के उचित भोजन, वस्त्र, शिक्षा और स्वास्थ्य के लिए संघर्ष कर रहा है। उसके लिए प्राथमिक आवश्यकताओं को जुटाना भी कठिन हो रहा है। ऐसे में भला व्यक्तिगत स्वतन्त्रता का क्या मतलब रह जाता है। यह तो तभी सम्भव है जब हम आर्थिक समानता उत्पन्न करें, और प्रत्येक व्यक्ति को अपनी उन्नति के पूरे साधन और मौके दें ताकि वह अपने पैरों पर खड़ा हो सके। दूसरों की कृपा पर पलनेवाले व्यक्ति की कैसी आजादी। इतना ही नहीं हमारा समाज अभी भी ऐसे अनेक सामाजिक-धार्मिक नियम-कानूनों से जकड़ा है कि व्यक्ति उससे बाहर निकलने की सोच भी नहीं सकता है। यदि उसे समाज में रहना है तो न चाहते हुए भी उसे उन्हें मानना ही पड़ता है। यदि नहीं मानता है तो उसकी जाति-बिरादरी उसे अलग-थलग कर देती है। एक व्यक्ति की सामाजिक प्रतिष्ठा इसी बात पर निर्भर करती है कि वह सामाजिक परम्परागत नियम-कानूनों का कितना पालन करता है। मुक्तिबोध सही कहते हैं कि व्यावहारिक रूप से देखा जाय तो समाज में ऐसी आर्थिक स्थिति और सामाजिक परिस्थिति पैदा हो गयी है कि जिसके कारण व्यक्ति-स्वातन्त्र्य केवल व्यक्ति-केन्द्रिता का दूसरा नाम बन गया है। वह इस बात को स्वीकार करते हैं कि एक पूँजीवादी समाज में सामन्ती समाज से अधिक व्यक्तिगत स्वतन्त्रता अवश्य है लेकिन वहाँ सच्चा व्यक्ति-स्वातन्त्र्य केवल धनिक वर्ग के पास है। धन द्वारा किसी को खरीद लेने की आजादी का नाम व्यक्ति-स्वातन्त्र्य का सिद्धान्त नहीं है। वह कहते हैं कि फ्रीडम का अर्थ जो लोग 'पूँजीवादी की स्वतन्त्रता' लेते हैं, हम उसके विरुद्ध हैं। वह 'कामायनी : एक पुनर्विचार' में लिखते हैं, "पूँजीवादी समाज में व्यक्ति की स्वाधीनता का सिद्धान्त माना गया है। गरीब जनता के लिए वह रिक्त स्वाधीनता है—इस अर्थ में कि व्यक्तित्व के सर्वपक्षीय विकास की परिस्थितिगत सम्भावनाओं को अत्यन्त संक्षिप्त और सीमित कर दिया गया है। व्यक्तित्व के बहुमुखी विकास के लिए समाज में वास्तविक समानता की मूर्त स्थापना की आवश्यकता है। जब तक यह न होगा, तब तक व्यक्तित्व का विकास सबके लिए असम्भव है। अपने व्यक्तित्व का विकास तो उन्हीं लोगों के लिए सम्भव है, जिन्हें जीवन में अपनी आर्थिक, सांस्कृतिक, कलात्मक उन्नति के लिए अवसर

मिलता रहे। जिस देश में शोषण होता है, वहाँ शोषक वर्गों अथवा उनके मित्र-वर्गों को शोषण की स्वाधीनता होती है।'' उनका यह मानना पूरी तरह तर्कसंगत है कि — ''गरीब, वंचित वर्गों के लिए व्यक्तिगत स्वाधीनता तब तक थोथी ही रहेगी, जब तक उसको उभारने के लिए समान अवसरों की सामाजिक स्थिति से संयोजित नहीं किया जाता।'' स्पष्ट है कि वह व्यक्तिगत स्वतन्त्रता से पहले समाज में समानता की वकालत करते हैं। यह बात सही भी है, समतामूलक समाज में ही सच्ची व्यक्तिगत-स्वतन्त्रता सम्भव है।

मुक्तिबोध को यह भी अहसास है कि आज आधी-अधूरी जैसी भी व्यक्तिगत स्वतन्त्रता है, वह यूँ ही नहीं प्राप्त हो गयी उसके लिए लम्बा संघर्ष करना पड़ा। वह लिखते हैं—''शासक वर्गों ने उसे जनता को पुरस्कार-रूप में भेंट नहीं किया, वरन् जनता ने अपने अनगिनत पुत्रों के बलिदान के द्वारा उसे प्राप्त किया और अपनी अगली आनेवाली सन्तानों ने विरासत के रूप में उसे दे दिया। अमरीका, फ्रान्स और ब्रिटेन की जनता ने भारतीय जन-मन को व्यक्ति-स्वातन्त्र्य का यह भाव दिया। आज हमारे संविधान में व्यक्ति-स्वातन्त्र्य को जो अपने अन्तर्गत किया गया है, उस पर तथा जनता में फैले हुए व्यक्ति-स्वातन्त्र्य के भाव पर, विश्व की जनता के खून की मुहर लगी है।'' यह कथन उनके गहरे इतिहास-बोध का परिचायक भी है।

हमें यह भी समझना होगा कि मुक्तिबोध की व्यक्तिगत स्वतन्त्रता न अनुशासन मुक्त है न व्यक्ति-केन्द्रित। वह व्यक्तिवाद के घोर विरोधी हैं। उनकी व्यक्तिगत स्वतन्त्रता मुनाफाखोरों और उत्पीड़कों को मनचाही लूट और उत्पीड़न की छूट नहीं देती है। वह ऐसी स्वतन्त्रता के बिल्कुल समर्थक नहीं हैं जिसमें व्यक्ति समाज को भूल जाये या व्यक्ति के स्वार्थ के आगे समाज के हित को नजरन्दाज कर दिया जाय। वह समाज और व्यक्ति को एक-दूसरे का पूरक मानते हैं। उनका दृढ़ विश्वास रहा है कि—

''याद रखो
कभी अकेले में मुक्ति नहीं मिलती
यदि वह है तो सबके साथ है।''

यह पंक्तियाँ बता देती हैं कि वह कभी भी ऐसी स्वतन्त्रता के समर्थक नहीं रहे जो व्यक्ति को समाज से काट दे या अराजक बना दे। वे उस पर अन्तरात्मा के कठोर नियमों के अनुशासन को जरूरी मानते हैं। वह कहते हैं कि जिस प्रकार कला अपने आभ्यन्तर नियमों के कठोर अनुशासन के बिना अपंग या विकृत होती है, अथवा अभाव बनकर रहती है, उसी प्रकार व्यक्ति-स्वातन्त्र्य अपनी अन्तरात्मा के कठोर नियमों के अनुशासन के बिना निरर्थक और विकृत हो जाता है, खोखला हो जाता है। लेकिन वह इस हकीकत से वाकिफ हैं कि जिस समाज में सब-कुछ बेचा और खरीदा जा रहा हो उस समाज में अन्तरात्मा का अनुशासन बहुत कठिन हो जाता है। ऐसे में व्यक्ति-स्वातन्त्र्य की रक्षा का संघर्ष अन्तरात्मा की रक्षा का संघर्ष बन जाता है। अन्तरात्मा की

रक्षा समझौताविहीन जिन्दगी जीकर और अन्तःकरण के आयतन का निरन्तर विकास करके ही सम्भव है। व्यक्ति को अपनी सीमाओं और संस्कारों से लड़ना पड़ता है। एकदम वस्तुनिष्ठ होकर अपने अन्तर के, और अपने मन के, एक-एक स्तर का निरीक्षण करना पड़ता है। अपने निजत्व को छीलना पड़ता है, उसका समग्रता में विलीनीकरण करना पड़ता है। आत्मा के चक्के पर संकल्प शक्ति के लोहे का मजबूत टायर चढ़ाना पड़ता है। इसके लिए सतत जागरूकता, सतत आत्म-संस्कार, सतत जिज्ञासा और अपने लक्ष्यों के प्रति हार्दिक स्नेह होना जरूरी है। आत्म-निरीक्षण और आत्म-संघर्ष निरन्तर जारी रहना चाहिए। व्यक्तित्वान्तरण के लिए संस्कार और विवेक के बीच निरन्तर कशमकश चलती रहनी चाहिए। संस्कारों को विवेक की कसौटी पर कसा जाना चाहिए। बिल्कुल 'ब्रह्मराक्षस' की तरह-

"गहन अनुमानिता
तन की मलिनता
दूर करने के लिए प्रतिपल
पाप-छाया दूर करने के लिए, दिन-रात
स्वच्छ करने
ब्रह्मराक्षस घिस रहा है देह
हाथ के पंजे बराबर
बाँह छाती मुँह छपाछप
खूब करते साफ
फिर भी मैल, फिर भी मैल।"

इसलिए मुक्तिबोध एक ऐसे समाज के निर्माण की आवश्यकता पर बल देते हैं जिसमें सभी जन मानवोचित जीवन जी सकें। जहाँ उत्पीड़न, अरक्षा की स्थिति और कष्ट-सन्ताप न हों। उनका स्पष्ट मानना है कि इस उद्देश्य की पूर्ति की पहली शर्त पूँजीवाद का अन्त तथा समाजवादी समाज-रचना की स्थापना है। वह समाजवाद को जन-साधारण की मुक्ति का राजपथ कहते हैं।

यह अनिश्चयात्मकता ही हमारा वर्तमान है

अच्युतानन्द मिश्र

(1)

मुक्तिबोध का साहित्यिक जीवन तार-सप्तक के दो संस्करणों के बीच अवस्थित है। मुक्तिबोध का समस्त लेखन एक घनीभूत आत्म-पीड़ा का दस्तावेज़ है। मुक्तिबोध ने तार- सप्तक में जिस चिन्ता से अपने लिखने की शुरूआत की बाद में वे उसमें गहरे उतरते गये। उन्होंने जीवन और साहित्य, व्यक्ति और समाज के बीच मौजूद दो अलग-अलग दुनियाओं के स्वतन्त्र अस्तित्व को नकारा। मुक्तिबोध व्यक्ति के निजी और सार्वजनिक के बीच एक सहज जुड़ाव की माँग करते हैं। मुक्तिबोध का समस्त लेखन इसी माँग की असफलता को रेखांकित करता है। मुक्तिबोध का लेखन इस अर्थ में मूल्यवान् है कि वे आत्म को स्वीकारते हुए उसके सामूहिक बनने की प्रक्रिया तलाशते हैं। मुक्तिबोध का साहित्य में आना एक ऐसे दौर में हुआ जब भारतीय समय-समाज में मध्यवर्ग महत्त्वपूर्ण भूमिका अदा करने लगा। मुक्तिबोध मध्यवर्ग की भूमिका को केन्द्र में लाते हैं और पाते हैं कि साहित्य की प्रगतिशील चेतना के दायरे ने मध्यवर्ग को अन्य बना दिया है। कलाकार या लेखक जो कि स्वयं इस मध्यवर्ग का एक प्रतिनिधि है, को समाज में प्रगतिशील चेतना के प्रसार के लिए दोहरा संघर्ष करना पड़ता है। एक संघर्ष वह समाज से करता है तो दूसरी तरफ उसे स्वयं से भी संघर्ष करना पड़ता है। इस अन्तर-बाह्य संघर्ष के दौरान ही कलाकार अपनी लेखकीय दृष्टि एवं चेतना का विकास कर सकता है। मुक्तिबोध को लगता है कि कविता के नये रूपों की तलाश में चेतना के इस द्वन्द्व की निर्णायक भूमिका होनी चाहिए। लेकिन वास्तव में ऐसा हो नहीं रहा था और मुक्तिबोध एक गहरे असन्तोष की मनोदशा से गुजरने लगते हैं। कला के प्रश्न को लेकर मुक्तिबोध का यह अकेलापन, उन्हें अपने समकालीनों से अलगाता है और मुक्तिबोध अपनी निराशा को कविता का प्रश्न बनाते हैं।

मुक्तिबोध उन दोनों छोरों पर मौजूद कविता या काव्य-चेतना को चुनौती देते हैं, जिसके तहत एक ओर व्यक्ति के आत्म-केन्द्रण को ही काव्य-मुक्ति के रूप में देखा गया तो दूसरी ओर कविता आत्म का निषेध करते हुए एक कृत्रिम सामूहिकता के बोध को रचती है। मुक्तिबोध के लिए दोनों अर्थों में कविता उस विश्व-दृष्टि से कटती जाती

है, जिसमें मनुष्य एक सामाजिक प्राणी है, इसके सन्दर्भों की समय-सापेक्ष तलाश करनी होती है। तार-सप्तक के प्रथम संस्करण में अपने वक्तव्य में मुक्तिबोध कहते हैं, "मैं कलाकार की 'स्थानान्तरगामी प्रवृत्ति' (migration instinct) पर बहुत जोर देता हूँ। आज के वैविध्यमय, उलझन से भरे, रंग–बिरंगे, जीवन को यदि देखना है, तो अपने वैयक्तिक क्षेत्र से एक बार तो उड़कर बाहर जाना ही होगा। बिना उसके इस विशाल जीवन-समुद्र की परिसीमा, उसके तट प्रदेशों के भू-खण्ड, आँखों से ओट ही रह जायेंगे। कला का केन्द्र व्यक्ति है, पर उसी केन्द्र को दिशाव्यापी करने की आवश्यकता है।"[1] मुक्तिबोध के लिए न तो व्यक्ति की कीमत पर समाज है और न ही समाज की कीमत पर व्यक्ति। दरअसल मुक्तिबोध का समस्त लेखन इस तरह के प्रश्नों के गलत सन्दर्भों को उद्घाटित करने का रहा है। मुक्तिबोध अपने विषय में जिस मानसिक उलझन का जिक्र अक्सर करते हैं, वह दरअसल इसी तरह के सरलीकरण का जवाब बनती है। मुक्तिबोध के सन्दर्भ में रामविलास शर्मा ने ठीक ही लिखा है कि "मुक्तिबोध तथा अन्य प्रगतिवादियों में अन्तर यह था कि उनके लिए मार्क्सवाद एक ऐसी विचारधारा न थी जिसे वह आसानी से स्वीकार कर लेते और असुविधा होने पर उतार फेंक देते।" उनके लिए यह जीवन-मरण का प्रश्न था। वह कविता के लिए जीते थे और उनकी कविता की एक बुनियादी समस्या मार्क्सवाद से उनके व्यक्तित्व के सम्बन्ध की थी। भारत भूषण अग्रवाल ने तार-सप्तक में अपने बारे में कहा था, "मार्क्सवाद को आज के समाज के लिए रामबाण मानता हूँ। कम्युनिस्ट हूँ।" जब तार-सप्तक का दूसरा संस्करण प्रकाशित हुआ, तब उन्होंने कहा, "अब कम्युनिस्ट नहीं हूँ। यही नहीं, अब तो लगता है जब कहता था तब भी नहीं था।" इस तरह की उक्ति, आसानी से मार्क्सवाद की स्वीकृति और उतनी ही आसानी से अस्वीकृति, मुक्तिबोध के लिए सम्भव नहीं थी।"[2] मुक्तिबोध और तार-सप्तक के अन्य कवियों में यही मूल फर्क था। मुक्तिबोध 1943 में तार-सप्तक के प्रकाशन से कविता के जिस इलाके में प्रवेश करते हैं, उत्तरोत्तर वे इसी में आगे बढ़ते चले जाते हैं, और इस पूरी प्रक्रिया में जो समस्याएँ आती हैं, वे उससे दो-चार होते हैं। मुक्तिबोध का समस्त लेखन एक खास तरह की समग्रता को प्रतिबिम्बित करता है। यह समग्रता है इकाई के रूप में मनुष्य की पहचान और समूह के रूप में उसकी भूमिका। मुक्तिबोध के लिए यह न तो महज़ अस्तित्वगत प्रश्न था और न ही वे किसी राजनीतिक वर्चस्व के माध्यम से अपनी समस्त समस्याओं के हल खोज रहे थे। यह अनायास नहीं है कि ज्यों-ज्यों मध्यवर्ग के अन्तर्विरोध गहरे होते गये त्यों-त्यों मुक्तिबोध के लेखन की प्रासंगिकता भी बढ़ती गयी। मुक्तिबोध आरम्भ से ही मध्यवर्गीय विचलन के अन्देशे जाहिर कर रहे थे, वे पूँजीवाद के नाना छद्मों को रेखांकित कर रहे थे—

"इतने प्राण, इतने हाथ, इतनी बुद्धि,
इतना ज्ञान संस्कृति और अन्तःशुद्धि

इतना दिव्य, इतना भव्य, इतनी शक्ति
यह सौन्दर्य, वह वैचित्र्य, ईश्वर भक्ति,
इतना काव्य, इतने शब्द, इतना छन्द –
जितना ढोंग, जितना भोग है निर्बन्ध;
इतना गूढ़, इतना गाढ़, सुन्दर जाल-
केवल एक जलता सत्य देने टाल।''[3]

मुक्तिबोध ने जिस तरह पूँजीवाद की शक्ल बयान की, जिन विशेषणों से उसे नवाज़ा। वे सारे खतरे आगे जाकर सच साबित हुए। ऐसा क्यों हुआ? मुक्तिबोध ने जब लिखना शुरू किया वह चालीस का दशक था। यही वह समय है जब भारत में एक नये मध्यवर्ग का विकास आरम्भ होता है। मुक्तिबोध का समस्त लेखन इसी नवोदित वर्ग के विकास से जुड़ा हुआ है। मुक्तिबोध जहाँ उसकी सम्भावनाओं को देख रहे थे, वहीं यह आशंका भी जाहिर कर रहे थे कि सामाजिक व्यावसायिकता में व्यक्तित्व का प्रश्न गौण होता जायेगा। ऐसे में इस खोये हुए शख्स का नैतिक विचलन भी बहुत तेज़ी से होगा। मुक्तिबोध के लिए मध्यवर्गीय नैतिक-बोध का प्रश्न मध्यवर्गीय जीवन सरोकार से जुड़ा हुआ प्रश्न है। आज़ादी के बाद के भारत ने मध्यवर्ग के व्यक्तित्व को जिस तरह निगलना शुरू किया, उसने उसके नैतिक-बोध की चेतना को ही असम्भव बना डाला। मुक्तिबोध की कविताओं में इस नैतिक विचलन की प्रक्रिया में संस्थाओं की भूमिका पर गम्भीरता से विचार किया गया है। व्यक्ति, समाज और इनके बीच मौजूद संस्थाएँ इस त्रिकोण को मुक्तिबोध उसकी पूरी जटिलता के साथ प्रस्तुत करते हैं। इस अर्थ में वे भारतीय मनुष्य के बदलते जीवन-जगत् को इस त्रिकोण की जटिलता में पकड़ने का प्रयत्न करते हैं। यहाँ तक कि 'कामायनी : एक पुनर्विचार' में भी वे इस कोशिश को अंजाम देते नज़र आते हैं। मनु का आत्म-संघर्ष अगर मनुष्यता का संघर्ष नहीं बन पाता तो यह विफलता किसकी है? मनु की, समाज की या उन संस्थाओं की, जो मनु और समाज दोनों को रूपान्तरित कर रही है। मुक्तिबोध के लिए कविता किस हद तक एक आन्तरिक संघर्ष की परिणति को प्राप्त कर रही थी, उसकी चर्चा करते हुए तार-सप्तक के दूसरे संस्करण की भूमिका में वे लिखते हैं, ''मेरा अपना प्रदीर्घ अनुभव बताता है कि व्यक्ति-स्वातन्त्र्य की वास्तविक स्थिति केवल उनके लिए है जो उस स्वातन्त्र्य का प्रयोग करने के लिए सुपुष्ट आर्थिक अधिकार रखते हों, जिससे कि वे परिवार सहित मानवोचित जीवन व्यतीत कर सकें और साथ ही व्यक्ति-स्वातन्त्र्य का ऐसा प्रयोग भी कर सकें जो विवेकपूर्ण हो। और लक्ष्योन्मुख हो अपने जीवन के आर्थिक आधार को दृढ़ और सुपुष्ट करने के लिए व्यक्ति के व्यवसायीकरण का मार्ग भी सामने आता है। मेरे लेखे यह अत्यन्त अनुचित मार्ग है और कम-से-कम मैं उसे कभी स्वीकार नहीं कर पाया; लेकिन वह मार्ग तो सामने आता ही है और व्यवसायीकरण-व्यापारीकरण का दबाव तो तीव्रतर होता जाता है। सच तो यह है कि

व्यक्ति की सच्ची आत्म-परीक्षा, उसकी आध्यात्मिक शक्ति की परीक्षा, सबसे प्रधान समय, उस इम्तिहान का सबसे नाजुक दौर यही आज का युग है।''[4] मुक्तिबोध वास्तविक अर्थों में वर्तमान को पकड़ने का प्रयत्न कर रहे थे, उसके सन्दर्भों की समय-सापेक्ष व्याख्या कर रहे थे। वस्तुतः मुक्तिबोध के साहित्य में जो बेचैनी है, वह अपने समय की गतिशीलता को ही प्रतिबिम्बित कर रही थी। आज़ादी के बाद की हिन्दी कविता की एक निर्णायक दिशा मुक्तिबोध ही निर्धारित कर रहे थे। तार-सप्तक के बाद हिन्दी कविता जिन मोड़ों से गुजरी उन सबमें मुक्तिबोध की एक सार्थक भूमिका थी।

(2)

नयी कविता का त्रिकोण

मुक्तिबोध नयी कविता आन्दोलन में प्रतिपक्ष की भूमिका निभाते हैं, लेकिन रचनात्मक प्रतिपक्ष की। वे नयी कविता के सन्दर्भ में कुछ सैद्धान्तिक बातों को बहस-तलब बनाते हैं। नयी कविता सम्बन्धी मुक्तिबोध की अवधारणा को अगर हम देखें तो यह स्पष्ट है कि वे आधुनिकता के पैरोकार नज़र आते हैं लेकिन आधुनिकता से उनका सन्दर्भ अज्ञेय या विजयदेव नारायण साही से एकदम भिन्न है। वे एक समानान्तर आधुनिकता की बात करते हैं। एक तरह से वह आधुनिकता, जिसमें औपनिवेशिक आधुनिकता का विरोध अन्तर्निहित है। मुक्तिबोध को यह महसूस होता है कि नयी कविता से सम्बद्ध कुछ लोग उसे यूरोपीय आधुनिकता से जोड़ रहे हैं। वहाँ के सांस्कृतिक परिवर्तनों को भारतीय समय और संस्कृति का पर्याय बना रहे हैं। मुक्तिबोध के चिन्तन में जिस तरह आधुनिकता का अन्तर्द्वन्द्व प्रकट हुआ है, वह हिन्दी साहित्य में अन्यत्र नज़र नहीं आता, खासकर '50 के दशक में। मुक्तिबोध आज़ादी के अन्तर्द्वन्द्व को नयी कविता से जोड़ते हैं। नयी कविता में मौजूद नयेपन की अवधारणा और आज़ादी के प्रति मध्यवर्ग के रुख को लेकर एक तरह की स्वीकृति नज़र आती थी। मुक्तिबोध इसे सवालों के दायरे में लाते हैं।

नयी कविता के उद्‌भव एवं उसके विकास-क्रम की व्याख्या करते हुए मुक्तिबोध लिखते हैं—''वामपन्थी विचारधारा हंस के जरिये हिन्दी साहित्य-क्षेत्र में फ़ैल रही थी और साहित्यिक मूल्यों के पुनर्निर्धारण के प्रश्न कुछ साहित्यिकों के मन में घुमड़ रहे थे। इन वामपन्थी विचार-आवर्तों ने दो प्रकार के लेखक पैदा किये—एक तो वे जो सीधे-सीधे राजनैतिक विचार-प्रवाह के साहित्यिक रूपान्तर थे, और दूसरे वे थे जिन्होंने छायावादी साहित्यिक आदर्शों और मनोदशाओं के विरुद्ध तीव्र प्रतिक्रियाएँ की थीं। ये दूसरे प्रकार के लेखक सन् 1939 से ही छायावादी-आदर्शवादी भूमि को वैचारिक दृष्टि से त्याग रहे थे। उनका सबसे महत्त्वपूर्ण विरोध सिर्फ एक बात को लेकर था। और वह यह कि छायावाद ने अर्थ–भूमि को संकुचित कर दिया है। सौन्दर्य, दुःख, कष्ट, लक्ष्य, आदर्श, क्रोध, क्षोभ का चित्रण जो छायावाद में हुआ है, वह वास्तविक मनोदशाओं का नहीं वरन्

कल्पित दुःख, कष्ट, क्रोध, क्षोभ आदि का है। छायावादी मनोदशा वास्तविक जीवन का प्रतिनिधित्व नहीं करती—वह जीवन जो जिया जाता है—उसकी करुणा वास्तविक करुणा नहीं। छायावादी मनोभावों में रंगीनी इसलिए है कि उसमें ज़िन्दगी, जैसी कि वह जी जाती है, की असलियत लापता है। यही है वह मूल प्रतिक्रिया जो नयी कविता ने छायावाद के विरुद्ध की थी।''[5] छायावाद यथार्थ की भावभूमि से दूर आ चुका था और कल्पना के मनोलोक को वास्तविकता की तरह बरत रहा था। जाहिर है ऐसे में नयी पीढ़ी ने छायावाद को अपने अनुकूल नहीं पाया और उसने छायावाद को अस्वीकार कर दिया। छायावाद के इस अस्वीकार ने कविता को वास्तविक दुनिया के सामने ला दिया।

मुक्तिबोध के लिए कवि का संघर्ष इसी वास्तविक दुनिया के नंगे यथार्थ से साक्षात्कार के परिणामस्वरूप होता है। इसी प्रक्रिया में यथार्थ बोध का निर्माण कविता को अपने समय के समानान्तर ला देती है। छायावाद जहाँ वास्तविक दुनिया के समानान्तर एक दूसरी दुनिया के निर्माण में यकीन रखती थी। वहीं मुक्तिबोध के अनुसार, ''नयी कविता का कल्पना-प्रवण, भावुकतापूर्ण, वायवीय आदर्शवादी व्यक्तिवाद के विरुद्ध यथार्थवादी व्यक्तिवाद की बगावत थी।''[6] मुक्तिबोध के इस कथन में यथार्थवादी व्यक्तिवाद का सन्दर्भ बेहद महत्त्वपूर्ण है। मुक्तिबोध के लिए नयी कविता की शुरूआत तार-सप्तक के प्रकाशन से होती है। मुक्तिबोध मानते हैं कि वायवीय आदर्शवाद की मनोभूमि को तोड़ने के लिए अस्तित्व की चेतना का स्वीकार अनिवार्य था। इसी प्रक्रिया के विस्तार में वैयक्तिक यथार्थ से सामूहिक यथार्थ तक की यात्रा सम्भव थी। मुक्तिबोध के अनुसार तार-सप्तक इस जरूरी यात्रा का प्रस्थान बिन्दु है।

इस अर्थ में मुक्तिबोध तार-सप्तक की भूमिका को क्रान्तिकारी भूमिका की तरह देखते हैं। मुक्तिबोध इसे स्पष्ट करते हुए लिखते हैं, ''चूँकि नयी कविता की यथार्थोन्मुख बौद्धिकता व्यक्ति और समाज के सम्पूर्ण प्रश्नों का उत्तर नहीं दे सकती थी, इसलिए धीरे-धीरे उसमें साम्यवाद आना निश्चित ही था। तार-सप्तक के प्रकाशन (सन् 1943) तक उसके चार कवि प्रगतिवादी (थे) और दो कवि प्रगतिवाद से प्रभावित थे। केवल एक श्री अज्ञेय प्रगतिवादी न हो सके। यहाँ यह बात ध्यान में रखने की है कि कांग्रेस सोशलिस्ट पार्टी बनने के अनन्तर सन् '42 तक वामपन्थी विचारधारा युवकों में फ़ैल चुकी थी। यह भी ध्यान देने की बात है साधारण रूप से तार-सप्तक में संगृहीत कविताएँ ''सन् '42 के उत्तरार्द्ध के पूर्व की ही कविताएँ हैं। इसलिए उन कविताओं में पूँजीवाद के विरुद्ध शोक के बावजूद व्यक्ति-चेतना का ही प्राधान्य है।''[7] स्पष्ट है कि मुक्तिबोध के अनुसार तार-सप्तक का मूल विरोध छायावाद से था, न कि प्रगतिवाद से। तार-सप्तक के कवि प्रगतिवाद से अन्तःसंघर्ष जरूर कर रहे थे। वह इसलिए भी कि वे व्यक्तिवाद की स्थापना को अनिवार्य मान रहे थे, लेकिन मुक्तिबोध व्यक्तिवाद को यथार्थ-बोध की स्थापना में जरूरी मान रहे थे। वे व्यक्तिवाद से

सामूहिक यथार्थवाद की ओर संघर्ष को ही वास्तव में नयी कविता की मूल चेतना मान रहे थे। इसी क्रम में वे लिखते हैं, "दूसरा सप्तक निकलने तक परिस्थिति बदल चुकी थी। नयी कविता का टेकनीक प्रचार पा चुका था। जिन व्यक्तिगत और सामाजिक-राजनैतिक परिस्थितियों से तार-सप्तकवालों को जूझना पड़ा, वे परिस्थितियाँ दूसरा सप्तकवालों के पास न थीं। जिन प्रश्नों को तार-सप्तक में उठाया गया उनका विकास भी दूसरा सप्तक में न हो पाया।"[8] मुक्तिबोध महसूस करते हैं कि तार-सप्तक का आविर्भाव जिन परिस्थितियों में हुआ था और यथार्थवाद के प्रति जो रुख उस दौर में निर्मित हो रहा था उस सबका उस दौर की युवा चेतना से गहरा सम्बन्ध था।

मुक्तिबोध के अनुसार तार-सप्तक में प्रगतिवाद को अधिक ग्राह्य बनाने का अन्तःसंघर्ष था उसे प्रगतिवाद के विरुद्ध नहीं समझा जाना चाहिए था जैसा कि मुक्तिबोध स्पष्ट करते हैं कि अज्ञेय को छोड़कर तमाम कवि प्रगतिवाद के संकल्प को आत्मसात् किये हुए थे लेकिन अगर दूसरा सप्तक इस दिशा में आगे नहीं बढ़ सका तो इसका बड़ा कारण था दूसरा सप्तक में अज्ञेय का वर्चस्व। हालाँकि मुक्तिबोध स्पष्ट रूप में अज्ञेय का नाम नहीं लेते लेकिन दूसरा सप्तक के सम्पादक अज्ञेय ही थे और दूसरा सप्तक उनकी वैचारिक अन्तर्यात्रा का ही साकार रूप था।

दूसरा सप्तक में जो भटकाव या विचलन मुक्तिबोध को नज़र आता है, उसे स्पष्ट करते हुए वे लिखते हैं कि, "दूसरा सप्तक में न इतना सामाजिक व्यंग्य है और न ही राजनैतिक विरोध और न इतनी निबिड़ आत्म–चेतना। इसके विपरीत, उसमें मनोहर प्राकृतिक दृश्यांकन, निसर्ग सौन्दर्य का अनेक रूपकों में चित्रण, वातावरण के सुघर रेखा-चित्र और काव्य-शिल्प की रमणीयता के दर्शन होते हैं। दूसरा सप्तकवालों का टेकनीक सधा हुआ है, और उनके काव्य-विषय भी अपेक्षाकृत सरल हैं। सामाजिक व्यंग्य, प्रगतिशील प्रवृत्ति और राजनीतिक स्वर क्षीण है, और वह भी सिर्फ गूँज भर है। तार-सप्तकवालों ने जितने मनोभावों और मनुष्य दशाओं को मथा है, उतना तार-सप्तकवालों ने नहीं।"[9] यही वजह है कि मुक्तिबोध को तार-सप्तक के रास्ते को आगे बढ़ाने की और वर्तमान कविता के विरुद्ध संघर्ष की जरूरत महसूस होती है। इसे ही वे नयी कविता के आत्म-संघर्ष के रूप में स्वीकार करते हैं।

मुक्तिबोध की मूल आकांक्षा थी कि नयी कविता में मौजूद विभिन्न तत्त्वों में प्रगतिशील तत्त्व अधिक विकसित हो और आगे चलकर वे नयी कविता की मूल चेतना बन जाये उसकी दिशा निर्धारित करें।

यह स्पष्ट है कि पचास के दशक में जब नयी कविता बहस की वस्तु बनी तो मूल रूप से उसकी तीन धाराएँ प्रचलित थीं एक के केन्द्र में अज्ञेय थे, दूसरे के केन्द्र में साही और तीसरे के केन्द्र में मुक्तिबोध। अज्ञेय उसे वैयक्तिक स्वायत्तता की चेतना का संवाहक बनाकर प्रगतिवाद के विरुद्ध स्थापित करना चाह रहे थे। अज्ञेय एक हद तक नयी कविता की बजाय प्रयोगवाद को ही स्थापित करना चाह रहे थे। साही के लिए नयी कविता बदलते

हुए मनुष्य के अन्तर्बोध की कविता थी वे छायावाद में मौजूद आदर्शवाद के विजन के टूटने को महत्त्वपूर्ण परिघटना के रूप में चिह्नित करते हुए इस पर बल देते हैं कि रोमान के स्थान पर बुद्धिवाद की स्थापना ही वस्तुतः छायावाद से नयी कविता की ओर प्रस्थान है।

(3)

'अँधेरे में' भविष्य से झाँकता वर्तमान

मुक्तिबोध की कविता की मूल संवेदना स्वातन्त्र्योत्तर भारत की चेतना से निर्मित है, यानी उसके भूगोल को हम पचास के दशक के भारत में इंगित कर सकते हैं। पचास के पूर्व राष्ट्रीय संघर्ष न सिर्फ हमारे राजनीतिक जीवन, अपितु सांस्कृतिक और सामाजिक जीवन के केन्द्र में भी मौजूद था। वहाँ व्यक्ति से राष्ट्र की ओर, एक दृष्टिकोण, सतत प्रेरणा की तरह मौजूद था। इसे हम तमाम जटिलताओं के साथ निराला की कविता में देखते हैं, जहाँ वे अपने निजी संघर्षों को राष्ट्रीय संघर्ष की चेतना से जोड़ते हैं। स्वतन्त्रता के पश्चात् हमारे जीवन में एक विराट् शून्य प्रवेश करता है। राष्ट्रीय संघर्ष की परिणति और निजी जीवन के संकट दोनों में एक बड़ा फाँक सम्भवतः पहली बार मुक्तिबोध देखते हैं। इसलिए मुक्तिबोध की कविता में भयावह दृश्य हैं, आशंकाएँ हैं, चेतावनी है, लेकिन निराला की तरह उनके पास राष्ट्रीय मुक्ति का विकल्प मौजूद नहीं था। मुक्तिबोध की कविताओं को हम निराला की कविताओं की क्रमिकता में नहीं पढ़ सकते। वहाँ एक क्रम भंग है। निराला की कविताओं से जैसा रिश्ता त्रिलोचन या नागार्जुन या केदारनाथ अग्रवाल का बनता है, वैसा मुक्तिबोध का नहीं। मुक्तिबोध राष्ट्र से व्यक्ति की तरफ आते हैं और पाते हैं कि—

शून्यों से घिरी हुई पीड़ा ही सत्य है
शेष सब अवास्तव यथार्थ मिथ्या है, भ्रम है
सत्य, केवल एक जो कि
दुःखों का क्रम है

मुक्तिबोध का यह दुःख निराला के दुःख से एकदम भिन्न है। वहाँ निजता का सार्वजनीकरण है। यहाँ निज और सार्वजनिक के बीच कोई सरलीकृत सम्बन्ध नहीं—

लोगों एक ज़माने में
तुम मेरे ही थे
बहुत स्वप्नद्रष्टा चिन्तक थे कवि थे
क्रान्तिकारी रवि थे!!
अब कहाँ गये वे स्वप्न
उन्हें किसी कचरे के ढूह में
यत्नपूर्वक जला दिया

उदरम्भरी बुद्धि के मलिन तेल में
स्वयं को गला दिया धातु-सा

मुक्तिबोध निज की तलाश में भटकते हैं। मुक्तिबोध की कविता यह प्रश्न पूछती है कि देश का मतलब क्या? व्यक्ति और देश के बीच कौन-सा सम्बन्ध है?

कामायनी में वे व्यक्ति, राष्ट्र और समाज के बीच त्रिकोणात्मक सम्बन्ध की बात करते हुए प्रसाद की विश्व-दृष्टि की ओर इशारा करते हैं। उन्हें लगता है कि यह त्रिकोणात्मक सम्बन्ध संकटग्रस्त हो गया है। लेकिन इसे किसी एक की तरफ से नहीं कहा जा सकता। मुक्तिबोध न तो व्यक्ति की उपेक्षा करते हैं न समाज की और न ही राष्ट्र की। फिर अभिव्यक्ति का तरीका क्या होगा? अचानक उनके मन में एक फैण्टेसी जगती है, वे कहते हैं—

अरे! जन-संग-ऊष्मा के
बिना व्यक्तित्व के स्तर जुड़ नहीं सकते
प्रयासी प्रेरणा के स्रोत
सक्रिय वेदना की ज्योति
सब साहाय्य उनसे लो।
तुम्हारी मुक्ति उनसे प्रेम में होगी
कि तद्गत लक्ष्य में से ही
हृदय के नेत्र जागेंगे,
व जीवन-लक्ष्य उनके प्राप्त
करने की क्रिया में से
उभर-उभर
विकसते जायेंगे निज के
तुम्हारे गुण
कि अपनी मुक्ति के रास्ते
अकेले में नहीं मिलते

लेकिन यह मुक्तिबोध द्वारा उठाये गये प्रश्नों का उत्तर नहीं है। यह तो उस क्रम में समाज और राष्ट्र की ओर से उनके मन में आयी एक बात है, मुक्तिबोध का मन कई तरह के विरोधाभासों और द्वन्द्वों से भरा है। उनके पास कोई सीधा-सादा समाधान नहीं है— कि अपनी मुक्ति के रास्ते अकेले में नहीं मिलते।

प्रसाद अपने मन की बात को ऐतिहासिक पात्रों-चरित्रों द्वारा कहलवाते हैं। कामायनी में इड़ा, मनु और श्रद्धा को प्रसाद के मानसिक विभाजन के रूप में देखा जा सकता है। मुक्तिबोध इसके लिए फन्तासी को रचते हैं। मुक्तिबोध का मूल संकट है व्यक्ति, राष्ट्र और समाज के परस्पर सम्बन्धों का आज़ादी के बाद अर्थ। मुक्तिबोध की समूची कविता इसी प्रश्न का जवाब तलाशती है। मुक्तिबोध वस्तुतः प्रक्रियाओं के

कवि हैं। आज़ादी के उपरान्त हमारे सामाजिक जीवन में हो रहे बड़े परिवर्तनों को मुक्तिबोध उसकी सम्पूर्ण जटिलता के साथ देखने का प्रयत्न करते हैं।

मुक्तिबोध हिन्दी कविता में क्रम-भंग को रचते हैं। इसके समानान्तर आज़ादी के बाद हमारे सामाजिक जीवन में भी एक क्रम-भंग आता है। ऐसा नहीं है कि उसकी शुरूआत आजादी के बाद ही होती है। यह टूटन समाज में पहले से ही मौजूद था लेकिन राष्ट्रीय संघर्ष के विराट् लक्ष्य में वह ओझल हो गया था। आज़ादी के बाद यह संकट गहरा हो गया। व्यक्ति और समाज के बीच मौजूद सेतु टूट गया। 'अँधेरे में' कविता व्यक्ति और समाज की इस टूटन को बेहद जटिलता एवं संवेदनशीलता के साथ प्रस्तुत करती है। आज जिस तरह की स्थितियाँ हैं, जो कुछ घट रहा है, उसकी आशंका मुक्तिबोध ने 'अँधेरे में' कविता में पहले ही व्यक्त किया था। अक्सर मुक्तिबोध पर बात करते हुए कुछ सूत्र गढ़ लिये जाते हैं जैसे मध्यवर्ग की आलोचना का प्रश्न, दरअसल मुक्तिबोध एक खास तरह के वर्ग-द्वन्द्व को रचते हैं। मुक्तिबोध न तो किसी के पक्ष में खड़े हैं और न ही विरोध में। मुक्तिबोध की कविता 'अँधेरे में' में जो अपराध-बोध है, आत्मग्लानि है वह दरअसल मुक्तिबोध के भीतर का अन्तर्द्वन्द्व ही है जिसके आलोक में वे बाहर की दुनिया को देखते हैं, इसीलिए मुक्तिबोध को दीवारों पर झड़े हुए पलस्तरों में मानवीय आकृतियाँ नज़र आती हैं। वे उनसे संवाद करते हैं। वे एक तार्किक विपर्यय को रचते हैं। मुक्तिबोध स्वप्न के भीतर स्वप्न को इसलिए लाते हैं ताकि उसमें समय की एकरैखिकीय अनुशासनात्मकता को भंग किया जा सके। एक व्यक्ति के भीतर एक समाज, एक राष्ट्र की खोज और उस सबमें मौजूद वर्तमान की तलाश। मुझे लगता है मुक्तिबोध की कविता 'अँधेरे में' इसे खोजने की कोशिश करती है। वहाँ व्यक्तित्व की खोज का अर्थ पर्सनल की तलाश नहीं है, बल्कि मुक्तिबोध के लिए व्यक्तित्व का सन्दर्भ बहुत व्यापक है। वे उसे समाज और राष्ट्र का प्रतीक बना देना चाहते हैं। लेकिन ऐसा न कर सकने की जटिलता उन्हें एक अबूझ रहस्यमयता की ओर ले जाती है, जिसके आलोक में यानी 'अँधेरे में' के विराट् प्रकाश में वे उसे व्याख्यायित करते हैं।

वह रहस्यमय व्यक्ति
अब तक न पायी गयी मेरी अभिव्यक्ति है,
पूर्ण अवस्था वह निज–सम्भावनाओं, निहित प्रभाओं, प्रतिभाओं की
मेरे परिपूर्ण का आविर्भाव,
हृदय रिस रहे ज्ञान का तनाव वह,
आत्मा की प्रतिमा।

यह है मुक्तिबोध के उस व्यक्तित्व की पहचान, लेकिन ज्ञान का तनाव इंगित करता है कि ज्ञान और संवेदना के सन्तुलन का निर्वाह कर पाना उसके लिए कठिन

होता जा रहा है। मुक्तिबोध के लिए मूल संकट है ज्ञान और संवेदना की युगीन द्वन्द्वात्मकता। वे युग को इस द्वन्द्व के आलोक में चिह्नित करते हैं।

इसी ज्ञान के दवाब में एक दिशा निकलती है, आत्म-विकास एक मार्ग खुलता है और उस ज्ञानसम्पन्न व्यक्ति—

चेहरे वे मेरे जाने-बूझे-से लगते,
उनके चित्र समाचार-पत्रों में छपे थे,
उनके लेख देखे थे, यहाँ तक कि कविताएँ भी पढ़ी थीं
भाई वाह!
उनमें कई प्रकाण्ड आलोचक, विचारक, जगमगाते कविगण
मन्त्री भी उद्योगपति और विद्वान्
यहाँ तक कि शहर का हत्यारा कुख्यात
डोमाजी उस्ताद
बनता है बलबन

यह सब-कुछ मुक्तिबोध के उस रहस्यमय व्यक्ति की परिणति है। इसलिए उसमें एक आत्मग्लानि है। अपनी आत्मा के आईने में आत्म-विकास को देखकर मुक्तिबोध का मन डर जाता है। वे भागते हैं। और फिर अचानक कुछ और घटने लगता है।

मुक्तिबोध की कविता 'अँधेरे में' एक विशाल अनिश्चयात्मकता को रचती है, यह अनिश्चयात्मकता ही हमारा वर्तमान है।

सन्दर्भ सूची

1. अज्ञेय (स.), तार-सप्तक, भारतीय ज्ञानपीठ, दिल्ली, ग्यारहवाँ संस्करण 2014, पृष्ठ-22.
2. शर्मा, रामविलास, नयी कविता और अस्तित्ववाद, राजकमल प्रकाशन, दिल्ली, आवृत्ति 2003, पृष्ठ-168.
3. अज्ञेय (स.) वही, पृष्ठ-35.
4. अज्ञेय (स.) वही , पृष्ठ-44, 45.
5. मुक्तिबोध, मुक्तिबोध रचनावली, खण्ड-5, राजकमल प्रकाशन, नयी दिल्ली, आवृत्ति 1998, पृष्ठ-311.
6. वही, पृष्ठ-312.
7. वही, पृष्ठ-312.
8. वही, पृष्ठ-312-313.
9. वही, पृष्ठ-313.

मुक्तिबोध : अन्तर्विरोधों से उपजी अन्तर्दृष्टि

देवेन्द्र आर्य

मुक्तिबोध इस मामले में अद्भुत कवि हैं कि उन्होंने अन्तर्विरोधों से ही अन्तर्दृष्टि जागृत की। 'विभाजित व्यक्तित्व की कविता' और 'अस्मिता की खोज की कविता' के घमासान में मुक्तिबोध के 'चरित्र की द्वन्द्वात्मक एकता' अनदेखी रह गयी जिसे बाद में नन्द किशोर नवल ने पहचाना (निराला और मुक्तिबोध : चार लम्बी कविताएँ)। मुक्तिबोध ने अपनी कविताई के लिए द्वन्द्व-शिल्प की खोज की थी और उसे एक ऊँचाई तक ले गये। उनकी कविताएँ द्वन्द्वों का ज़ख़ीरा हैं। चेहरे और प्रतिबिम्ब का द्वन्द्व, व्यक्ति और व्यक्तित्व का द्वन्द्व, कवि-व्यक्तित्व और काव्य-व्यक्तित्व का द्वन्द्व, खोज और उपलब्धि के बीच का द्वन्द्व, आत्म-संघर्ष और सामाजिक-संघर्ष का द्वन्द्व, आत्मचेतस् और विश्वचेतस् का द्वन्द्व, बकौल दिविक रमेश पुराने ढाँचे और नयी वस्तु का द्वन्द्व, संवेदनात्मक ज्ञान और ज्ञानात्मक संवेदना का द्वन्द्व...आदि आदि। मगर अद्भुत है कि अपनी कविताओं में वे चाहे जितने द्वन्द्व में जीते रहे हों, अपने गद्य (आलोचना) में वे एकदम स्पष्ट, सटीक और दो-टूक हैं। क्या इसे सिर्फ विधाओं के अन्तर के रूप में समझना चाहिए? उनका रोज़मर्रा का जीवन चाहे जितने डरों के बीच गुज़रा हो, उनका साहित्यिक जीवन सदैव निडर रहा। कोई एक घटना नहीं मिलती जब उन्होंने डर के समझौता किया हो और अपनी कलम को भोथरा। सारी ज़िन्दगी वे अँधेरे से लड़ते रहे और वास्तव में कलम को हथियार की तरह इस्तेमाल किया। उनकी कल्पना में एक उजली, शोषण विहीन दुनिया का स्वप्न था। 'निराला की कल्पना' यदि 'पृथ्वी की दृढ़ आकर्षण शक्ति से बँधी' हुई थी (राग-विराग : रामविलास शर्मा) तो मुक्तिबोध की कल्पना अँधेरे के उन्मोचन-उन्माद से बँधी थी।

मुक्तिबोध भाव-दशा के ही नहीं भाव-दिशा के भी कवि हैं। कविताओं में आता उतार-चढ़ाव, जटिलता-सरलता-क्लिष्टता और अर्थ-असंगतियाँ इसलिए भी हैं क्योंकि उनकी कविताएँ उनकी ज़िन्दगी के अनुभव से अलग नहीं हैं। मुक्तिबोध की कविता में आया अँधेरा उनकी ज़िन्दगी का निजी अँधेरा है। घर के फटेहाल हालात और कभी खत्म न होनेवाला अभाव और उसके बीच केरोसीन के तेल की रौशनी में नहाया अँधेरे का उजला लेखन। मुक्तिबोध की विशेषता रही कि उन्होंने व्यक्तिगत जीवन के अँधेरे का समाजीकरण किया।

ख़ौफ़ से घिरे रहे, ख़ौफ़नाक स्थितियों से टकराते रहे, बेहतर की तलाश में बदतर पर झाड़ू चलाते रहे। आजीवन हिन्दी साहित्य के मेहतर बने रहे। मेहतर की तरह ज़रूरी मगर मेहतर की तरह उपेक्षित।

जो है उससे बेहतर चाहिए
दुनिया को साफ करने के लिए मेहतर चाहिए।

मुक्तिबोध की कविताओं का कथ्य, स्वप्न का कथ्य नहीं है, केवल उनके कहन का शिल्प स्वप्न का है। वे स्वप्न-कथा कहने के नाम पर जीवन-कथा कह रहे होते हैं। यह मुक्तिबोध की नितान्त निजी शैली है—यथार्थ कहने की अयथार्थ शैली। वे जितने भोक्ता कवि हैं उससे अधिक विचारक और प्रवक्ता कवि। निरन्तर संघर्ष, निरन्तर विचार। लेकिन जूझने का जुनून अन्त तक, निर्बाध। पागलपन की हद तक। अचरज है कि निराला काव्य की दार्शनिकता में 'प्रगाढ़ अन्धकार' (सकारात्मक अर्थों में) चीन्ह लेनेवाले रामविलास जी मुक्तिबोध के काव्य की दार्शनिकता में झाँकते अँधेरे गह्वरों का कारण उनकी शारीरिक-मानसिक बीमारी और विभाजित व्यक्तित्व में अतिरिक्त बेरहमी से तलाशते हैं। हालाँकि बाद में उनकी लय थोड़ी बदली और मुक्तिबोध के बहाने व्यक्तिवादी साहित्य-धारा पर उन्होंने चोट की—"मुक्तिबोध की उलझनों को जीवन-मूल्यों के रूप में प्रस्तुत करके अवसरवादियों ने प्रगतिशील कविता का विरोध किया और उसे व्यक्तिवाद के दायरे में समेटने का प्रयत्न किया है।" (प्रगतिशील काव्यधारा और केदारनाथ अग्रवाल)

मुक्तिबोध की कविताओं में विषय-वैविध्य और शिल्प-वैविध्य की कमी का एक बड़ा कारण यह भी है कि वे आजीवन एक ही कविता लिखते रहे, अँधेरे के उन्मोचन-उन्माद की कविता। इसी एक कविता के लिए मुक्तिबोध जीवन भर ढेरों कविताएँ लिखते रहे। उनकी कविताओं में लक्षित दुहराव शायद इसी कारण है। कान्ति कुमार जैन के अनुसार, "उनके बिम्बों के बीच हमेशा जिये हुए अर्थ नज़र आते थे और वे कविता का सम्पादन या पुनर्लेखन जिसे वे कविता की 'रिपेयरिंग' तथा बक्से में पड़ी हुई कविताओं को 'अण्डर-रिपेयर' कविता कहते थे, के कारण कविता एक ओर तो पोख़्ता बनती और दूसरी ओर उसका अवांछित विस्तार होता जाता।" (महागुरु मुक्तिबोध : जुम्मा टैंक की सीढ़ियों पर)।

दरअस्ल मुक्तिबोध का उद्देश्य कविता लेखन था ही नहीं। कविता के माध्यम से वे किसी और बड़े उद्देश्य को पाना चाहते थे। इसीलिए वे अपनी कविताओं में ऐक्टिविस्ट कवि के रूप में नज़र आते हैं। वे कविता नहीं लिख रहे होते हैं लगातार सामन्तवाद-पूँजीवाद और सत्ता के गठजोड़ को पकड़ने, बेनकाब करने और उससे संघर्ष पर विचार कर रहे होते हैं। हालाँकि उन्हें पता था कि 'भावानुभूति ज्ञान की कला का विषय है' ('आखिर रचना क्यों?' निबन्ध-संग्रह)। विजय बहादुर सिंह के शब्दों में कहें तो "मुक्तिबोध की कविताएँ अव्याहत सोच की प्रक्रिया के दौरान रची गयी हैं। तभी उनमें एक अन्तहीन सिलसिला बना रहता है। नागार्जुन आदि की कविता सोच के लम्बे निष्कर्ष के बाद पैदा होती है।" (जनकवि)

मुक्तिबोध निराला के बाद सर्वाधिक महत्त्वपूर्ण और ट्रेण्ड सेटर, रुचि परिष्कारक व दिशा-निर्धारक कवि हैं। अपने विशिष्ट शिल्प और कथ्य दोनों के कारण। निराला को उनकी किसी एक कविता से न पहचाना जा सकता है न परिभाषित किया जा सकता है। एक तरफ़ 'जूही की कली' तो दूसरी तरफ 'राम की शक्ति-पूजा।' एक तरफ 'वर दे वीणा वादिनि' तो दूसरी तरफ होली और वासन्तिक कविताएँ। एक तरफ 'बाँधों न नाव इस ठाँव बन्धु' तो दूसरी तरफ 'कुकुरमुत्ता।' अलग-अलग कविताएँ, अलग-अलग कथ्य, अलग-अलग शिल्प, अलग-अलग भाषिक संरचना। परन्तु मुक्तिबोध इस मामले में एक रस, एक रेखीय भले न हों, बहुविध तो नहीं ही हैं। सोच में भी, शिल्प में भी। उनकी प्रतिनिधि और लगभग मुकम्मल रिपेयर्ड कविता 'अँधेरे में' ही है। 'अँधेरे में' उनका उन्वान भी है, उन्नयन भी, आख्यान भी और अवसान भी। यहाँ तक कि थोड़े अलग राग-रंग में चित्रित 'बबूल' भी 'अँधेरे में' के साथ अपनी काव्य-सगोत्रीयता छिपा नहीं पाता।

'अँधेरे में' को ठीक-ठीक समझने के लिए उसे उनकी अन्य कविताओं के साथ रखकर ही पढ़ना पड़ेगा और उसे ठीक-ठीक व्याख्यायित करने के लिए मुक्तिबोध के वैचारिक आलेखों के साथ रखकर समझना पड़ेगा। 'अँधेरे में' का 'रक्तालोक-स्नात पुरुष', 'भूल-गलती' का 'रक्त-प्लावित स्वर' ही है जो 'संकल्प-धर्मा चेतना' का धनी है और हमारी 'हार का बदला चुकाने आयेगा।' उनका रहस्यमय काव्य-व्यापार और काव्य-संसार एकाधिक कविताओं में अपने काव्य-संस्कार की रहस्यमयता के साथ आता है।

वह रहस्यमय व्यक्ति
अब तक न पायी गयी मेरी अभिव्यक्ति है। (अँधेरे में)

....

पृथ्वी के खोदे हुए गड्ढों में
रहस्यमय पुरुषों के पंजर और
जंग खायी नोकों के अस्त्र। (एक भूतपूर्व विद्रोही का आत्मकथन)

मुक्तिबोध ने कहा था—''कभी अकेले में मुक्ति नहीं मिलती/ यदि वह है तो सब के साथ ही।'' समाजार्थिक-राजनैतिक मुक्ति के सन्दर्भ में लिखी यह पंक्ति प्रकारान्तर से उनकी कविताओं पर भी लागू होती है। एक कविता का गैप दूसरी कविता भरती है और दूसरी कविता में खटक रहा अन्तराल अन्यत्र उनके लेखों में व्यक्त वैचारिकी से खुलता है। इस मामले में वे धारावाहिक कविताओं के कवि हैं। उनकी कविताएँ चलते समय उठते-गिरते पैरों की तरह हैं, समन्वित गति की तरह। एक पैर पर योगासन मुद्रा में नहीं।

नयी कविता के शिल्प में नवगीत/ ग़ज़ल

'अँधेरे में' की शिल्प योजना पर ठहरें, तो लगता है वह लम्बी कविता के फॉर्म में लिखा गया नवगीत है। दूसरे शब्दों में कहें तो 'अँधेरे में' छन्दमुक्त कविता के शिल्प में लिखी एक

ग़ज़ल है। विभिन्न दृश्य इसके अलग-अलग बन्द या कह लें शेर हैं जिनमें महज शिल्पगत एकतानता ही नहीं है, कथ्यगत एकतानता भी है। यहाँ यह उल्लेख ज़रूरी है कि शायर-आलोचक सुल्तान अहमद ने तो मुक्तिबोध के यहाँ फ़ारसी बहरें भी ढूँढ़ के दिखायी हैं। अद्भुत काम है उनका। मुक्तिबोध को जाननेवाले जानते हैं कि उनका शैक्षणिक संस्कार उर्दू-फ़ारसी पोख़्ता था। कान्ति कुमार जैन ने अपनी पुस्तक में विस्तार से चर्चा की है कि वे बहुभाषिक (मराठी, उर्दू, हिन्दी, अंग्रेजी) थे और उनके तमाम दोस्त गीतकार और शायर थे। 'उनकी मातृभाषा मराठी भले रही हो, पितृभाषा उर्दू थी।' उनके दारोगा पिता उर्दू-फ़ारसी के जानकार थे। मुक्तिबोध ने अपनी इस शिल्पगत जानकारी का भरपूर फ़ायदा अपनी कविताओं में उठाया है। यह बात मुक्तिबोध को खड़खड़ाती खड़ीबोली की रुक्खर नयी कविता के दुरूह कवि के रूप में जानने-माननेवालों को अजब लग सकती है कि उनकी कविताओं में गहरा राग-बोध ही नहीं लय-बोध भी है।

हिन्दी कविता में स्वाद (आस्वाद) का सबसे बड़ा शत्रु गम्भीरता माना जाता रहा है। मान्यता रही है कि आम जन तक पहुँचने के लिए कविता को सरल और सहज होना चाहिए। गम्भीर विमर्शात्मक काव्य आस्वाद्य नहीं हुआ करता। इस अवधारणा को मुक्तिबोध तोड़ते हैं। कविता पढ़ने-समझने की एक न्यूनतम अर्हता और धीरज रखनेवाला कोई भी जिसने मुक्तिबोध को थोड़ा समय-श्रम देकर पढ़ा-समझा है, उसे मुक्तिबोध की कविताओं में एक अनोखा स्वाद मिला है। मुक्तिबोध की दुरूहता को मानक बनाकर लिखनेवालों को नहीं पता कि वे अपनी कविता को अस्वाद्य बनाने के पण्डिताऊ सवाल से भी टकराते हैं। भाषिक प्रयोग का साहस मुक्तिबोध में है। तमाम नये शब्द उन्होंने हिन्दी साहित्य के लिए गढ़े जो आज कविता और आलोचना में प्रचलित हैं। वे 'तकरीबन' के अर्थ में 'करीबन' का इस्तेमाल करते हैं। उनके यहाँ दिलकुशा की तर्ज पर 'मुश्किलकुशा' शब्द मिलता है। मुझे नहीं पता कि 'संवेदनात्मक ज्ञान' या 'ज्ञानात्मक संवेदना' या 'आत्मचेतस' या 'जड़ सौन्दर्याभिरुचि' और 'पार्टनर' जैसे तमाम शब्द मुक्तिबोध के पहले हिन्दी साहित्य के पास थे या नहीं।

मुक्तिबोध हर तरह की जड़ता से टकराते रहे। चाहे वह विचारों की जड़ता हो या शिल्प की या सौन्दर्य की या विमर्श की। दलित-विमर्श जब हिन्दी में दूर-दूर तक नहीं था तब मुक्तिबोध ने अपनी पुस्तक 'आखिर रचना क्यों?' में दलित लेखन की पृष्ठभूमि और अनिवार्यता को समझने की कोशिश की है। बेशक उन्होंने उस समय आज के प्रचलित 'दलित लेखन' शब्द का प्रयोग नहीं किया है परन्तु उनका साफ इशारा हाशिये के सबाल्टर्न लेखन की ओर है। शिल्प की जड़ता के खिलाफ भी उन्होंने संघर्ष किया। वे मानते थे कि गीत-लेखन का ख़त्म होना कविता के भविष्य के लिए ठीक नहीं है। बकौल कान्ति कुमार, श्रीकान्त वर्मा को लिखे 19.2.60 के अपने पत्र में वे कहते हैं—"नयी कविता न केवल गीतात्मक है, वरन् नये कवियों ने गीत के फॉर्म को भी उठाया है।" 'अँधेरे में' कविता तो फिर भी, गीतों को तोड़-ताड़ के छन्दमुक्त शिल्प में लिखी-दिखती है, परन्तु

'मध्य-वित्त' कविता तो पूरी तरह से 38 बन्दों की लम्बी गीतात्मक कविता है जिसका प्रत्येक बन्द तीन पंक्तियों का है।

गहन आपदाओं की छायाओं का यह घर
मानव-मुक्ति-व्यथा के आलोकों से धो लो
किरणें आयीं, दीवालों की छाती खोलो।

बकौल नामवर सिंह, ''प्रगीत शैली के अनुरूप ही' 'अस्मिता खोज सम्बन्धी' ज्यादातर कविताओं के 'कथ्य में भी अस्मिता की खोज का अतिसरलीकृत सपाट रूप' मिलता है। मुक्तिबोध ने इस सपाटता से बचकर एक तीखे तनाव को सफलता के साथ व्यंजित किया है जिसका मुख्य आधार 'अँधेरे में' कविता का कौशलपूर्ण घटना-विन्यास है।''

ऊपर से उबड़-खाबड़ दिखती उनकी कविताएँ भीतर से न केवल तनाव विन्यस्त हैं, अत्यन्त नरम नाजुक और ऐन्द्रिक चेतना सम्पन्न भी हैं। यह शायद मुक्तिबोध की गीत-चेतना और शैलीगत विशेषता के कारण ही सम्भव हो सका है। काव्य-तनाव के बीच एक तरह का विशिष्ट तनाव रचित सौन्दर्य मुक्तिबोध और सिर्फ मुक्तिबोध की विशेषता है। यूँ ही नहीं उन्होंने विरोध झेलकर शान्ता जी से प्रेम विवाह किया था। यूँ ही नहीं उनकी कविताओं में चुम्बन-आलिंगन के दृश्य आते हैं। उनकी 'गुठिल अभिव्यक्ति' वास्तव में प्रेम की सांकेतिक गूढ़ भाषा है। उनकी कविताएँ पुरुषोचित सौन्दर्य का नमूना हैं। रफ-टफ मगर बेहद आकर्षक, आत्मीय और किन्हीं अर्थों में उन्मादी भी जिसे उर्दूवाले दीवानापन कहते हैं। यही मुक्तिबोध का काव्य-व्यक्तित्व है। उनकी कविताएँ एक अलग ढंग की सौन्दर्य-चेतना और उसकी खोज की कविताएँ हैं। जहाँ असमानता और अत्याचार असम्भव हो, ऐसे जीवन-सौन्दर्य की कविताएँ। जीवन के प्रति रागात्मक चेतना का ही प्रभाव है कि मुक्तिबोध छन्दमुक्त कविताओं में भी छन्दों की रक्षा करते दिखते हैं।

जंगलों से आती हुई हवा ने
फूँक मारकर एकाएक मशाल ही बुझा दी
कि मुझको यूँ अँधेरे में पकड़कर
मौत की सजा दी।

इस कविता में 'कि' शब्द सिर्फ लिरिक बनाये रखने के लिए ही आया है। अर्थ की दृष्टि से इसकी कोई आवश्यकता नहीं है और मुक्तिबोध जैसे शब्द-मितव्ययी कवि से उम्मीद नहीं की जा सकती कि वे निरुद्देश्य एक भी शब्द भर्ती का लायेंगे। 'कि' हटा के भी अर्थ पूरा है, मगर 'कि' रख के पाठ करने पर एक रवानी आ जाती है। 'अँधेरे में' कविता की ये पंक्तियाँ —'अब तक क्या किया/ जीवन क्या जिया', गीत के टेक की तरह एक खास अन्तराल के बाद पूरी कविता में तीन बार आती हैं। कविता के दूसरे खण्डों में भी कोई-न-कोई टेक है। उदाहरण के लिए, 'भागता मैं दम छोड़/ घूम गया कई मोड़', यह पंक्ति पाँच बार दोहरायी गयी है। 'कहीं आग लग गयी/ कहीं गोली चल गयी', यह पद पूरी कविता

में आठ बार दोहराया जाता है और हर बार इसके ऊपर का वाक्य तुक में (बाक़ाफ़िया) मिलता है, शायरी की बह्र सम्बन्धी अनिवार्यता को पूरा करता हुआ। 'कहीं आग लग गयी/ कहीं गोली चल गयी' के ठीक पहले आये वाक्यों का अन्तिम शब्द इकरान्त अनुप्रास में है—'वाक़ई, निर्दयी, छिप गयी, हाँ भई और निश्चयी।' क्या यह अनायास है? क्या यह मुक्तिबोध के अवचेतन का लय-बोध नहीं है? हालाँकि कुँवर नारायण ने इसे उस रूप में गीतात्मक टेक नहीं माना है। वे लिखते हैं—"अक्सर एक ही बिम्ब, शब्द या अर्थ एक ही कविता में घूम-फिरकर वापस आ जाता है, मगर टेक की तरह नहीं, चक्राकार घूमते छोटे-छोटे पहियों की गति की तरह...अपनी कई कविताओं में मुक्तिबोध तुकों का इस्तेमाल भी अर्थों पर किसी तरह का विश्राम देने के लिए नहीं करते हैं...उनका प्रभाव धक्के का-सा होता है मानो कविता को आगे ढकेलने के लिए।" (आज और आज के पहले) यहाँ कुँवर नारायण से पूछा जा सकता है कि गीत में टेक का काव्य-धर्म इसके अतिरिक्त और होता क्या है? 'अँधेरे में' कविता की शुरूआत ही नवगीत की तरह होती है—पूरी तरह रिद्म में।

ज़िन्दगी के
कमरों में अँधेरे
लगाता है चक्कर
कोई एक लगातार
आवाज पैरों की देती है सुनायी
बार-बार...बार-बार,
कोई नहीं दीखता...नहीं ही दीखता,
किन्तु, वह रहा घूम
तिलिस्मी खोह में गिरफ़्तार कोई एक।

लगातार, बार-बार, गिरफ़्तार। पंक्तियाँ पूरे रिद्म में भी है और तुकान्त भी। फिर इन पंक्तियों को गीतात्मक कहने-मानने से इतना गुरेज़ क्यों? तुक क़ाफ़िये के इस्तेमाल की कितनी गहरी जानकारी मुक्तिबोध को थी और वे इसके प्रयोग में कितने माहिर थे, इसका एक उदाहरण 'अँधेरे में' की दो पंक्तियाँ हैं—'यह न समय है/ जूझना ही तै है।' समय के साथ तै के क़ाफ़िये का इस्तेमाल कोई उस्ताद ही कर सकता है। मुक्तिबोध के अतिरिक्त हिन्दी कविता में सिर्फ एक नाम और मिलता है, शमशेर का जिन्हें बह्रों की जानकारी थी। यह और बात है कि मुक्तिबोध कवियों के कवि नहीं, कवि-हृदयों के कवि हैं, शमशेर से कम जटिल।

बिम्बों की मौलिकता

मुक्तिबोध अद्भुत और मौलिक बिम्बों के कवि हैं। उनके यहाँ सूनापन सिहर उठता है और अँधेरे में ध्वनियों के बुलबुले उभरते हैं, चेहरे पर खिलती हैं सुबहें जैसे गालों पर चट्टानी चमक पठार की, आँगन के नल में जल खँखारता है, खम्भों पर बिजली की लटकती गरदनें हैं, अकेले में किरनों की गीली हलचल है, ताँबई

चेहरों की ऐंठन है, पत्थरी होठों पर काँप गयी मुस्कान है, आँखों में बिजली के फूल हैं, चुम्बन की महक और अंगारी अंग-स्पर्श हैं, लाल-लाल गरमीला टपकता रक्त है, घुँघराला धुआँ और गेरुआ ज्वाला है, फटी हुई मन की जेब है, गलियों की आकाशी लम्बी चीर में उगा हुआ चाँद है, अर्थों के घावों के आसपास घूमता हुआ मन और आत्मा में भरी चमकीली प्यास है...। एक रात का सपना ही दरअस्ल मुक्तिबोध की पूरी ज़िन्दगी का स्वप्न है, जिसमें यदि कोई प्रणयिनी न होती तो आश्चर्य होता। तब सम्भवतः स्वप्न ही नहीं, ज़िन्दगी भी खण्डित होती, गढ़ी हुई बौद्धिकता-सी। ज़िन्दगी में इस 'प्रणयिनी' को लेकर भले ही विरोधी मान्यताएँ रही हों, मगर स्वप्न में आयी यह, अज्ञात की अज्ञात ही रह गयी। इसका उल्टा भी हो सकता था। और यही ज़िन्दगी और स्वप्न का अन्तर भी है, शायद! मुक्तिबोध की कविताओं में छिपी हुई यह चित्राकृतियाँ दरअस्ल उनके अवचेतन की चेतन चित्राकृतियाँ हैं, जीवन की देह पर रेंग रहे पसीने की तरह।

पीतालोक प्रसार में काल गल रहा है
आसपास फैली हुई जग-आकृतियाँ
लगती हैं छपी हुई जड़ चित्राकृतियों-सी।

कवि मुक्तिबोध की रंग-चेतना और रंग-योजना चाक्षुष एवं अत्यन्त स्वाभाविक है। गैस लाइट पाँतों में निकलता साँवले रंग का जुलूस, अपने रंग-संयोजन की दृष्टि से सधे हुए चित्रकार-कवि द्वारा वर्णित लगता है।

दूधनाथ सिंह ने अपनी पुस्तक 'निराला : आत्महन्ता आस्था' में मुक्तिबोध और निराला की बिम्ब योजनाओं पर विचार करते हुए लिखा है—"निराला ने 'राम की शक्ति-पूजा' में मिथकों का या बिम्बों का रोशनी-दर-रोशनी उपयोग नहीं किया है। निराला कर भी नहीं सकते थे। क्योंकि तब तक काव्य-शिल्प इतना विकसित नहीं हुआ था। इसलिए निराला सिर्फ शब्द-बिम्बों के लयात्मक उपयोग द्वारा यह काम निकालते हैं। मुक्तिबोध की बिम्ब-योजना इससे पृथक् प्रकार की है। वे शब्द-बिम्बों का लयात्मक उपयोग तो करते ही हैं, इसके अलावा वे पूरे वर्णन को एक समग्र बिम्ब बना देते हैं।...उनके यहाँ पूरा-का-पूरा स्टैंजा एक बिम्ब होता है। उसे आप बीच से तोड़ नहीं सकते।"

यहाँ कहने दिया जाये कि आज कविता पुनः बिम्ब की भाषा से विवरण की भाषा की ओर लौट रही है जिसमें मुक्तिबोध की नितान्त अनुपस्थिति उसकी पठनीयता और आस्वाद के संकट को और गहरा कर देगी। ध्यान रखना चाहिए कि मुक्तिबोध के साथ पठनीयता का नहीं, पाठकीय एकाग्रता का संकट प्रधान रहा है। कविता के गहरे पाठकीय संस्कार एवं सरोकार के अभाव में मुक्तिबोध की जटिलता को ब्राण्ड-वैल्यू की तरह प्रचारित कर दिया गया। मुक्तिबोध को पढ़ना आँवला खाने जैसा है। शुरूआत में भकसाइन परन्तु उसके बाद एक विशिष्ट प्यास-मिठास भरी ऊर्जा का स्रोत।

मुक्तिबोध जितने विशिष्ट कवि रहे हैं उससे कहीं अधिक विवादास्पद। उनकी विवादास्पदता ने उन्हें और विशिष्ट बना दिया। पसन्द करनेवालों ने उनमें वो-वो खोजा, जो सब हो जाये तो आदमी मानव से महामानव हो जाये। और नापसन्द करनेवालों ने उन्हें पागल, दिग्भ्रमित साबित करके बट्टे खाते में डालने की कोशिश की। परस्पर विरोधी व्याख्याओं के लिए स्वयं कवि मुक्तिबोध कितने दोषी हैं, इसकी भी पड़ताल की जानी चाहिए। काव्य-बिम्ब, प्रतीक, इस्तेमाल भाषा, कवि को उल्टी दिशा में व्याख्यायित करने की सुविधा न प्रदान करे, क्या इसकी जिम्मेदारी स्वयं कवि की नहीं होती। कविता में कवि बोल रहा है या 'आलोचक अपने बोलने की गवाही दे रहा है' (इन्द्रनाथ मदान), इसे कौन तय करेगा?

रहस्यमय वातावरण की संरचना और उसमें अस्तित्ववादी संकेतों की सम्भावना आसमान से नहीं टपकी, स्वयं मुक्तिबोध ने पैदा की है। उनकी कविताओं में आया 'कोई' बार-बार अचिह्नित किया जाता है परन्तु रहता वह हर बार अचिह्नित ही है। प्रगतिशील, वाम धारा के अन्य कवियों में, चाहे वह निराला रहे हों या नागार्जुन, यह 'कोई' इतना वायवीय और अपरिभाषित नहीं रहा है। अन्यों की अपेक्षा मुक्तिबोध इस 'कोई' की पहचान करने से बचते/कतराते रहे हैं। क्या सिर्फ सुरक्षा कारणों से या और किसी वजह से? बीच बहस में मध्यवर्गीयता ले आने का कोई मतलब नहीं है।

मुक्तिबोध की 'बबूल' कविता में एक शब्द आया है—'चिर-निर्वासित।' "वृक्षों के अभिजात वर्ग की आँखों में वह सदा बहिष्कृत/ चिर निर्वासित।" सम्भवतः इसी आधार पर उन्हें 'आत्म-निर्वासित' कवि कहा गया है। सुखद है कि इसी 'बबूल' कविता में आगे 'आत्म-विसर्जित' शब्द भी आता है।

अरे अचानक
उस बबूल के मूल
हृदय में धारण करनेवाली धरती
की वह काली नंगी छाती
आप्लावित होती
बबूल के पीले आत्म-विसर्जित फूलों की वर्षा से।

मुझे मुक्तिबोध को 'आत्म-निर्वासित' नहीं, 'आत्म-विसर्जित' कवि कहने की इजाज़त दें।'

हम प्रथम विद्रोही ज़माने से लड़े

कृष्ण मोहन

मुक्तिबोध के सरोकारों के दायरे में सम्भवतः किसी भी दूसरी चीज़ से अधिक महत्त्व मनुष्य के रूपान्तरण की प्रक्रिया का है। कोई नया अनुभव, उसका संवेदना से जुड़ाव, नवीन निष्कर्षों की प्राप्ति, संस्कारों से संघर्ष के माध्यम से उसकी ज्ञान में परिणति, और फिर उस नवीन ज्ञान के अनुकूल कर्म करने के संघर्ष में उतरे मनुष्य के व्यक्तित्व का नया रूप ग्रहण करना, मुक्तिबोध की तमाम कविताएँ इस प्रक्रिया के किसी-न-किसी हिस्से का व्याख्यात्मक रूपान्तरण है। ख़ास बात यह है कि यह व्यक्तित्वान्तरण कभी अकेले में या किसी एकान्तिक प्रयत्न के परिणामस्वरूप नहीं होता। यह हमेशा सामाजिक अन्तःक्रिया के दौरान होता है। उस सामाजिकता में भी सबसे अहम् भूमिका किसी साथी सहचर मित्र, स्वजन, परिजन, आत्मीय की होती है। इस संगी से बातचीत, बहस करते, साथ-साथ चुनौतियों का सामना करते और कभी भ्रमित होने पर उससे उलाहना सुनकर सही राह पकड़ते हुए यह यात्रा तय होती है। इस संग-साथ का मुक्तिबोध इतना रोमांचक चित्र खींचते हैं कि इसकी गहनता और आवेगमयता के सामने कई बार प्रेम के चित्र भी फ़ीके पड़ जाते हैं। 'अन्तःकरण का आयतन' शीर्षक कविता की इन पंक्तियों को देखें "कि मेरी छाँह/ अपनी बाँह फैलाती/ व अपने प्रियतरों के ऊष्म-श्वस व्यक्तित्व/ कि दुर्दान्त/ उन्मद बिजलियों में वह/ अनेकों बिजलियों से खेल जाती है/...अपने प्रियतरों के स्वप्न/ उनके विचारों की वेदना जी कर,/ व्यथित अंगार बनती है/ हिलग कर सौ लगावों से भरी/ मृदु झाइयों की थरथरी/ उतरती है खदानों के अँधेरे में/ वह और अगले स्वप्न का विस्तार बनती है।"

मुक्तिबोध की एक अपेक्षाकृत कम चर्चित कविता 'गुँथे तुमसे, बिंधे तुमसे' भी उसी प्रक्रिया को अपना विषय बनाती है। आरम्भिक पक्तियाँ हैं।

"वेदना में हम विचारों की/ गुँथे तुमसे,/ बिंधे तुमसे,/ व आवेष्टित परस्पर ही गये/ कर्मण्य-क्षिप्रा-तीर पर!!/ कोई नहीं थे हम तुम्हारे किन्तु/ सहचर हो गये/ चाहे जलधि, पर्वत, हज़ारों मील की दूरी/ हमारे बीच में आ जाये,/ फिर भी मानसिक अदृश्य सूत्रों से/ हमारी आत्माएँ परस्पर बात करती हैं।"

क़बीर ने कहा था—"सुखिया सब संसार है खावै और सोवै, दुखिया दास कबीर है जागे और रोवै।" इसी परम्परा में मुक्तिबोध हैं जो विचारों की वेदना को जीते हैं। ज्ञान के पारम्परिक सत् चित् आनन्द स्वरूप को उन्होंने सत्, चित् और वेदनामय माना था। यह वेदना समानधर्मा लोगों को परस्पर जोड़ती है। मानव सभ्यता का नदियों के साथ रिश्ता जगजाहिर है, इसलिए मुक्तिबोध जब समूची सभ्यता का हवाला देते हैं तो उसे नदी तट पर होनेवाली गतिविधि बताते हैं। यहाँ क्षिप्रा तीर की इस गतिविधि को कर्मण्यता से जोड़कर वे अपने आशय को तनिक और स्पष्ट करते हैं। विचारों का यह साथ कैसा निर्णायक है कि जो कोई नहीं था, वह सब-कुछ हो गया। भौतिक दूरियाँ महत्त्वहीन हो जाती हैं और लोग अदृश्य मानसिक तरंगों से एक-दूसरे से जुड़ने लगते हैं। यही वह मैत्री और साहचर्य है जो रूपान्तरण की प्रक्रिया को सम्भव बनाता है।

"विचारों के स्वयं संवेदनात्मक तन्तु-मूलों ने/ गहन मस्तिष्क कोषों में/ हृदय के रुधिर कोषों में/ अनेकों सूक्ष्मतम जाले पसारे हैं/ व अन्तर्व्यक्ति की रमणीय/ ऊँची वृक्ष शाखों पर/ मनोहर फूल विकसित कर दिये.../ जीवन-जगत् उनकी महक में डूबता!!"

मुक्तिबोध जिन बातों के लिए हिन्दी-जगत् में अनूठे और विशिष्ट हैं, उनमें से एक यह है कि उन्होंने हृदय और मस्तिष्क के बीच द्वैध की अनादि-काल से चली आ रही धारणा का खण्डन कर दिया है। विचार और संवेदना, भावना और बुद्धि के बीच कोई ऐसी फाँक नहीं जिसे पाटने की कोशिश करनी पड़े। जिसे हम स्वतःस्फूर्त भावुकता समझते हैं वह भी मस्तिष्क की ही एक अवस्था है, समझ की ही एक अभिव्यक्ति है; वैसे ही जैसे अन्ध स्वार्थ और संकीर्णता है। ऊपर लिखी पंक्तियों में इस सच्चाई का बयान हुआ है। विचार 'स्वयं-संवेदनात्मक' है। उन्हें संवेदना के लिए कहीं और नहीं जाना पड़ता। उनकी व्याप्ति जैसे मस्तिष्क में है वैसे ही हृदय में भी है। उनकी गतिशीलता से ही मानव व्यक्तित्व पुष्पित-पल्लवित हो सकता है। वैचारिक अन्तःक्रिया ही भावना को उसकी तार्किक परिणति तक पहुँचाती है। जब यह प्रक्रिया फलीभूत होती है तो कुछ ऐसी अनुभूति होती है:

"अन्तःकरण के मेह-कुहरे के घने अँधियार में/ अब तक छिपा था जो/ धवल कैलास/ उद्घाटित हुआ सहसा/ किरण, बर्फ़ व रंग-बिरंगे फूल से आवृत/ गहन रमणीय वह अस्तित्व/ सारी मानवी सम्भावनाओं का स्वयं-चैतन्य/ गहरी आन्तरिक सम्पन्नताओं का/ धवल कैलास/ सामान्यीकरण का वह असामान्यीकरण/ अनुभूत सत्यों का समन्वित संगठित हिम शिखर/ उसके शिला-प्रस्तर से/ सहस्रों झर रहे रमणीय/ शत निष्कर्ष/ शत निर्झर!!"

मानव-व्यक्ति की सम्भावनाओं के प्रतिफलन के उपर्युक्त चित्र में उसकी एक उल्लेखनीय विशेषता कही गयी है, 'सामान्यीकरण का असामान्यीकरण।' दूसरे

शब्दों में इसे 'सामान्यीकरण का विशिष्टीकरण' भी कह सकते हैं। सामान्य और विशिष्ट का विभेद भी आधुनिक साहित्य में शिविरबद्धता के प्रमुख आधारों में से एक रहा है। इसे सरल शब्दों में समाज और व्यक्ति का विभेद भी कह सकते हैं। मुक्तिबोध के समय में प्रगति और प्रयोग के नाम पर कटिबद्ध लेखकों के अलग-अलग और परस्पर विरोधी स्वर अपने चरम पर थे। मुक्तिबोध और शमशेर जैसे कवियों ने अपने लेखन में इस द्वैध की व्यर्थता का उद्घाटन किया, लेकिन उनका समय इसे समझने के लिए तैयार नहीं था। बहरहाल, सामान्यीकरण एक वैचारिक कोटि है जिसमें अनेक तथ्यों के संग्रह और विश्लेषण से प्राप्त होनेवाली कोई ऐसी सच्चाई होती है जो कमोबेश सभी तथ्यों से प्रकट होती है। हमारा सामान्य बोध या 'कॉमन सेंस' इसी प्रकार बनता है। सामान्यीकरण की प्रक्रिया में पर्याप्त नमूनों का अध्ययन जरूरी है, अन्यथा गलत निष्कर्ष प्राप्त हो सकते हैं। इन सामान्यीकृत सच्चाइयों की भूमिका और इनका महत्त्व निर्विवाद है, लेकिन पूरी तरह से इन पर निर्भर हो जाने से भी काम नहीं चलता। इसलिए हमेशा विशिष्ट मामलों के सन्दर्भ में रखकर इनका परीक्षण करते रहना जरूरी होता है। मसलन, अगर किसी देश में प्रति व्यक्ति की औसत आय का बढ़ना एक सामान्यीकृत सत्य है, लेकिन अगर वहाँ साथ ही गरीबी और भुखमरी भी बढ़ती जा रही हो तो इस सच्चाई को अलग-अलग लोगों के जीवन के सन्दर्भ में देखना-समझना होगा। हो सकता है कि कुछ लोगों की आय के अत्यधिक बढ़ जाने से औसत आय अधिक बढ़ी हुई मालूम हो रही हो जबकि हक़ीक़त में माजरा कुछ और हो। प्रगतिवाद और समाजवाद की उपलब्धियों को विशिष्ट व्यक्तिगत मामलों के सन्दर्भ में रखकर देखने पर ही सच्चाई का पता चल सकता है। अधिकांश लोगों को रोटी, कपड़ा, मकान के साथ शिक्षा मिलने से, आप यह आसान निष्कर्ष निकाल सकते हैं कि समाजवाद में 'नया मनुष्य' बन रहा है, जबकि हक़ीक़त में उसकी आत्मा कुचली जा रही हो सकती है। जिस तरह अकेले विशिष्टता की रक्षा की बात व्यर्थ है, उसी प्रकार अकेले सामान्यता की स्थापना भी खतरनाक है। मुक्तिबोध का बेचैन दिमाग़ इन मामलों पर सोचता रहता था। उनकी कविताएँ उनके इन्हीं सरोकारों के प्रतिबिम्ब हैं। कविता में आगे की पंक्तियाँ देखें :

"*अन्तर-भार-नम्रा देवदारु डगाल के नीचे। झुकें हम और अंजलि भर। लगे पीने/* तुम्हारे साथ/ उस झरते हुए जल-रूप/ द्युति-निष्कर्ष/ को/ कि इतने में गहन-गम्भीर, नीली घन घटाओं की/ नभोभेदी चमकती गड़गड़ाहट-सी हुई/ अन्तर्गुहाएँ खोल मुँह चिल्ला उठीं। कहने लगीं—/ पी रहे हो तुम हमारा सत/ पी रहे हो गति/ पी रहे हो चित्!/ निष्कर्ष-निर्झर-लहर/ प्राकृत वन्य और असभ्य है/ वह मान्य ड्राइंग-रूम संस्कृति से तुम्हें हटवायेगी/ वह कान पकड़ेगी, उठाकर फेंक देगी/ अजनबी मैदान में/ घर-बार सब छुड़वायेगी/ तुमको अनजाने देश में/ गिरि-कन्दरा में जंगलों में सब

जगह/ भटकायेगी।'' स्मरणीय है कि यह धवल और शुभ्र पर्वत अन्तर्जगत् में ही उद्घाटित हुआ है और इस अनुभव से प्राप्त सत्य उससे झरनों की तरह फूट निकले हैं। मुक्तिबोध की कविता में प्रायः जल का प्रवाह परम्परा और स्मृति के प्रवाह का प्रतीक बनता है। यहाँ भी 'निष्कर्ष' रूपी सत्य झरनों से बहनेवाले जल की तरह प्रवाहित है जिन्हें वाचक अपने मित्र के साथ पीने लगता है। सत्य को आत्मसात् करने की इस प्रक्रिया में उसका सामना सत्य के आदिम रूप और उसके अभिप्रायों से होता है, जो मानव जाति की परम्परा की आदिकालीन साक्षी है। उसके आन्तरिक कोनों से आवाज़ आती है कि सत्य का मूल स्वरूप सभ्यता के आवरण को भेदकर ही मिल सकता है, और उनका साक्षात्कार करने के बाद उनकी अवहेलना करना मुश्किल होगा। दूसरी तरफ अगर सत्य के अनुकूल आचरण किया जायेगा तो सभ्यता-प्रदत्त सुरक्षा का अन्त हो जायेगा, समस्त चुनौतियों का सामना निराकृत अस्तित्व के साथ करना होगा। जाहिर है कि यह परिस्थिति ख़तरनाक है लेकिन उसका एक दूसरा पहलू भी है। कवि के शब्दों में ही देखें :

''अजनबी स्थिति या परिस्थिति भी तुम्हें/ सम्पन्न कर देगी/ अतः आदेश उसके मान/ यदि तुम निकल जाओ/ वह जहाँ भी जाय/ वह जहाँ भी जाय/ तो तुम पाओगे अभिप्रेत। संकट-कष्ट की चट्टान के भीतर फँसा हीरा/ निकल दमकायेगा चेहरा तुम्हारा श्याम/ किन्तु यदि माना नहीं आदेश/ स्वयं निष्कर्ष तुमको रगड़ देंगे/ नष्ट कर देंगे/ जहाँ रुक जाओगे। तै नहीं आधे किये जाते रास्ते/ इस रास्ते पर धरमशाला डाकबँगला भी नहीं है/ सत्य को अनुभूत करना सहज है/ मुश्किल बहुत/ उसके कठिन निष्कर्ष-मार्गों पर चले चलना/ इसलिए इस अमृत निर्झर-लहर-जल को/ और भी पी लो।''

क्रान्तिकारी और मध्यमार्गी चेतना के बीच एक बुनियादी अन्तर यह होता है कि क्रान्तिकारी अपने रास्ते की तार्किक परिणति को समझता है और वहाँ तक पहुँचे बिना उसे सफलता का बोध नहीं होता। वह उद्देश्य कैसा भी अव्यावहारिक, अप्राप्य अथवा खतरनाक बताया जाता हो, वह अन्तिम साँस तक उसके लिए प्रयत्न करता है। उसे अपने लक्ष्य में पूरा भरोसा होता है और उसके जीवन-काल में ही यह हासिल हो जाये ऐसी कोई शर्त भी नहीं होती। व्यापक उद्देश्य पूरे समाज की जरूरत होते हैं, और उन्हें उपलब्ध करने में कई पीढ़ियाँ लग जाती हैं। इसलिए विषम परिस्थिति में भी निराशा उसमें घर नहीं कर पाती, विफलता के क्षण में भी वह नये रास्तों की खोज करता है जबकि मध्यमार्गी उदारवादी चिन्तक सामान्य मानवीय उद्देश्यों को भी अतिवादी और सैद्धान्तिक मान बैठता है। अपने उदारवादी लक्ष्यों की पूर्ति की राह में भी कई बार वह बीच में ही थक-हारकर बैठ जाता है और जो थोड़ा-बहुत हासिल कर सका, उसी पर सन्तोष करता है।

बहरहाल मध्य-मार्ग की भी समाज में अपनी सकारात्मक भूमिका होती है, लेकिन यहाँ वह विचारणीय नहीं है। क्रान्तिकारी उद्देश्यों को अधबीच में छोड़नेवाली कोई

संस्था, संगठन अथवा व्यक्ति इस सकारात्मकता की अपेक्षा नहीं कर सकता। ऐसी स्थिति में इनके अन्दर पाखण्ड और लफ़्फ़ाज़ी का बोल-बाला हो जाता है जो उन्हें पतन के अँधेरे की ओर ले जाता है। इससे समाज में भी दिग्भ्रम, निराशा और पराजय की धारा बलवती होती है। भारतीय समाज में इसके साक्ष्य चौतरफा मिल जाते हैं। इसलिए ज्ञान और कर्म की एकता, जो मुक्तिबोध का सर्वप्रथम और सर्वप्रमुख सरोकार है, पर खरा उतरने की चेतावनी हमारे वाचक को उसके अन्तरतम से ही मिलती है। व्यक्ति के अन्तर्जगत् की इस भूमिका को मुक्तिबोध उसका आत्म-संघर्ष और आत्मालोचन कहते हैं, लेकिन आजकल उनके कुछ स्वनामधन्य प्रशंसक इसे आत्मग्लानि और अपराध-बोध की संज्ञा देते हैं। इसके बाद उसके अन्तर्मन से एक और दिलचस्प मार्गदर्शन प्राप्त होता है।

"हाँ, सुनो.../ यदि व्यक्ति अथवा स्थिति/ की जब-जब बेरुखी दीखे/ सहज चलते चलो/ सुन लो कि वे वीरान टीले हैं/ व टीलों की कभी करना उपेक्षा मत/ परस्पर...संवेद्य आवेष्टित दशा में/ शब्दशः/ सुनते रहे हम गरज भीतर/ व उसकी हर धड़क/ कुछ हुए आतंकित/ अतः कुछ भीति!!"

मुक्तिबोध की शब्दावली में 'टीले' हमारे देश के ऐसे सामान्य लोगों का रूपक बनकर आते हैं जो मानो किसी दुष्ट शक्ति के धोखे अथवा जादू से बेजान हो गये, पर अब भी उनमें कहीं चेतना बची हुई है। यह शक्ति उनका इस्तेमाल करती है, लेकिन उनके अन्तर्द्वन्द्व को पूरी तरह से खत्म नहीं कर पाती। 'चम्बल की घाटी में' शीर्षक कविता के दो अंश द्रष्टव्य हैं—

"मैं उस वाचाल टीले के आसपास/ उगी हुई ऊँची-ऊँची/ घास में छुपा हतश्वास/ पाता हूँ—पत्थरनुमा वह कोई मन/ पाषाणी नेत्रों में व्रण हैं. व्रण.../ खून बहाते से आँखों के घाव/ पाँवों में सच्चाई की किरकिरी/ कसकती!!"

"परन्तु, घबराये भीतरी अणु-रेणु/ पूछते हैं अपने अखण्ड से सहसा—/ ओ मेरे पाषाण,/ ओ मेरे टीले/ आखिर तू डाकू की कुरसी ही क्यों हुआ!!/ क्यों उसने तुझको ही छाँटा और चुन लिया/ तुझ पर ही आखिर/ बैठ गया क्यों वह?"

कहना न होगा कि सत्ता के फैलाये भ्रमों और प्रलोभनों का शिकार, जनसमुदाय अपने सच्चे कवियों और बुद्धिजीवियों की उपेक्षा भी करता है। लेकिन इससे कवि का लगाव उनके प्रति कम नहीं होता। वह उपेक्षा का जवाब उपेक्षा से न देने की ताकीद करता है।

"पर निष्कर्ष-निर्झर-लहर-जल में/ काँपता था पूर्ण-मानव-चन्द्र/ भर उठी थीं पुतलियों में चन्द्र-कनियाँ!!/ पी रहे थे उस समय हम चन्द्र-जल-धारा/ अतः थी भीति भी तो हो उठी मीठी/ गहन आतंक हमको बुलाता-सा था!!/ विचारों की शिराओं से/ स्वयं उद्देश्य संवेदन (कमल के रक्त-सा) अकुला/ हृदय में रक्त-कमल-विकास

करता था// गहन परिवर्तनों के लक्ष्य का/ मन का जगत् का विश्व का/ मानव प्रदेशों का सतत/ सुकुमार अनुसन्धान-पथ हमको दिखाता जायेगा/ सम्मोह का दीपक/ विवेकी अनुभवों के हाथ में जो किरण-तत्पर है/ यह हमें विश्वास था।''

जल में वाचक का जो प्रतिबिम्ब पड़ता है वह उसे पूरे चाँद जैसा पूर्ण मानव जान पड़ता है। यहाँ तक कि उस 'चन्द्र' की किरणें उसकी आँखों की पुतलियों में भर जाती हैं। दूसरे शब्दों में उसकी अपनी ही पूर्णता की प्राप्ति की प्रक्रिया में रत छवि उसकी पुतलियों में पड़ती है, और यहाँ से एक विलक्षण सिलसिला शुरू होता है। पुतलियों में दृश्यमान् छवि फिर पानी में प्रतिबिम्बित होती है। तो उस प्रतिबिम्ब की पुतलियों में भी वह छवि मौजूद है। यह प्रक्रिया निरन्तर दुहरायी जा रही है। इस प्रकार सत्य के झरने के पानी में उभरनेवाली भविष्य की, पूर्णता-प्राप्त छवि, और उस सत्य को ग्रहण करने की कोशिश में लगे वर्तमान वाचक के बीच आँखों के माध्यम से तीव्र अन्तःक्रिया होती है। प्रतिबिम्बों के आदान-प्रदान के हर दौर के पश्चात् वाचक की आन्तरिक गहनता विकसित होती है और उसके व्यक्तित्व की ऊँचाई बढ़ती है। आखिरकार इस प्रक्रिया में वह क्षण आ जाता है जब सत्य से हुआ शुरूआती परिचय गुणात्मक रूप से विकसित उपलब्धि में बदलता है।

''लहर जल पीकर/ लगा कुछ यों कि कन्धों पर/ स्वयं के चढ़ रहे हम स्वयं/ यों ऊँचे उठे तो देखते क्या हैं/ कि सारा विश्व-दृश्य बदल गया/ या अन्तरात्मा ही बदलती जा रही/ बदली हुई उस अन्तरात्मा का/ अरे, वह नव-विवाहित भाव-संवेदन/ कि गहरी वेदना का संवहन-दायित्व/ हमको ले चला निष्कर्ष-पथ पर और/ लघु व्यक्तित्व के भीतर/ लहरते क्षीण पोखर में/ विराजित हो गया था सूर्य मुख-मण्डल/ विचारों के चरण में/ संचरण में/ आचरण और विचरण में/ गहन तेजस् व ओजस्/ और ऊर्जा है/ हमेशा ख़ून ताजा है।''

अपने ही अपूर्ण रूप (की पुतलियों) से पूर्ण रूप (की पुतलियों) के बीच तीव्र अन्तःक्रिया के दौरान विकसित होने यह अनुभव कुछ ऐसा था मानो अपने ही कन्धे पर चढ़कर कोई खड़ा हो जाये, कोई ऊँचा उठ जाये। बदले हुए प्रस्थान-बिन्दु से देखने पर दुनिया का नज़ारा ही बदल गया। क्योंकि देखनेवाली दृष्टि ही बदल गयी। इस बदलाव में जो कुछ हाथ लगा उनमें सबसे प्रमुख था (जन-मन की पीड़ा से उपजी) गहरी वेदना को वहन करने का दायित्व। यह दायित्व वाचक को कर्म के पथ पर, विचारों के आचरण-पथ पर ले चलता है। इस प्रक्रिया में उसका व्यक्तित्व प्रतिफलित होता है जैसे किसी छोटे-से जलाशय में सूरज का प्रतिबिम्ब पड़ने से वह जलाशय प्रकाशित हो जाता है उसी प्रकार नवीन सच्चाई के उद्घाटन और उसके अनुरूप रास्ते पर चल पड़ने से वाचक और उसके मित्र का व्यक्तित्व बदल जाता है। इस अनुभव से जो उत्साह और जोश पैदा हुआ उसके अनुभव ने भी अन्तर्मन को नयी ऊर्जा से भर दिया। इस अनुभव का विलक्षण काव्यान्तरण

और उसके समाज पर पड़नेवाले प्रभाव का दृश्य कविता की अन्तिम पंक्तियों में देखें—

"वह ज्यामितिक रेखा/ नभस् के पार जाती झलमलाती-सी दिखी/ उत्साह के तारुण्य में/ गणितिक हुआ अनुवाद अन्तर का/ हमारे शून्य में ऋण राशि को निःसीम कर डाला/ चलत संसार के सिद्धान्त हम पर क्रुद्ध थे/ ऋण-धन परे गणितिक पथों पर चल पड़े/ हम प्रथम विद्रोही जमाने से लड़े/ नक्षत्र-पुष्पों से दमकने ये लगे/ उलझे हुए त्रैराशिकों के आँकड़े/ जब-जब कहा/ तब-तब ग्रहण लगने लगा/ इस सूर्य को उस चन्द्र को!!"

गौरतलब है कि यहाँ उत्साह के यौवन का जिक्र हुआ है, यौवन के उत्साह का नहीं। आन्तरिक शक्ति और क्षमता में गुणात्मक परिवर्तन आ जाता है। शून्य लगने से कोई भी राशि असीम हो सकती है, लेकिन यहाँ प्रसंग दूसरा है। अन्तर का आकाश (शून्य) इस उपलब्धि के लिए अपने सहचर समेत समूचे परिवेश के प्रति कृतज्ञता महसूस करता है, अपने को असीमित रूप से ऋणी पाता है। लेकिन सांसारिक चलन में जो सिद्धान्त हैं खासतौर पर उनको चलानेवाले जो सिद्धान्तकार हैं, वे ऐसे किसी भी अनुभव के प्रति सहज ही सचेत और दुर्भावनाग्रस्त हो जाते हैं। वे हर तरह से अपने क्रोध का प्रदर्शन करते हैं, पर वाचक अब उसकी परवाह नहीं करता। हानि-लाभ (ऋण-धन) की चिन्ता से परे, वह अब किसी और ही रास्ते पर चल पड़ा है। उसे पता है कि उसे दुनिया में नया बदलाव लाने की शुरूआत करनी है। वह जब ऐसा करता है तो सूरज, चाँद, सितारों के उलझे हुए समीकरण सुलझने लगते हैं। यानी समाज को शक्ति, ऊर्जा और जीवन देनेवाली शक्तियाँ व्यवस्थित होती हैं। और जब वह इस बात को कहता है तो इस-उस सूर्य-चन्द्र को, यानी बने हुए तथाकथित सूर्य-चन्द्रों को तकलीफ होती है।

इस कविता समेत मुक्तिबोध की तमाम कविताएँ ही वह वक्तव्य हैं, जिनसे इस समाज के बने हुए, तथाकथित, सूरज-चाँद-सितारे को तकलीफ होती है। बदले में वे मुक्तिबोध जैसे कवियों से मुकाबला करते हैं। उनके जीवन में अवहेलना और तिरस्कार से और मृत्यु के बाद भ्रष्ट व्याख्या और अनर्थकारी निष्कर्षों से। बहरहाल, खुद मुक्तिबोध ऐसी कोशिशों के बारे में और क्या सोचते थे, यह उनकी 'भूमिका' शीर्षक कविता के इस अंश से बेहतर पता चलता है।

"अगर मेरी कविताएँ पसन्द नहीं/ उन्हें जला दो,/ अगर उसका लोहा पसन्द नहीं,/ उसे गला दो,/ अगर उसकी आग बुरी लगती है/ दबा डालो,/ इस तरह बला टालो!!/ लेकिन याद रखो/ वह लोहा खेतों में तीखा तलवारों का जंगल बन सकेगा/ मेरे नाम से नहीं, किसी और नाम से सही,/ और वह आग बार-बार चूल्हे में सपनों-सी जागेगी/ सिगड़ी में खयालों-सी भड़केगी, दिल में दमकेगी/ मेरे नाम से नहीं किसी

और नाम से सही/ लेकिन मैं वहाँ रहूँगा,/ तुम्हारे सपनों में आऊँगा,/ सताऊँगा/ खिलखिलाऊँगा/ खड़ा रहूँगा/ तुम्हारी छाती पर अड़ा रहूँगा।''

अन्तिम बात यह कि मुक्तिबोध की काव्य-भाषा के स्थान और सौष्ठव के बारे में भी बहुत-सी बातें कही जाती हैं। यहाँ तक कहा गया है कि उसकी कोई परम्परा नहीं है क्योंकि उसकी जड़ें संस्कृत-काव्य में नहीं हैं। मुक्तिबोध की भाषा की जड़ें खड़ीबोली की परम्परा में हैं। इस लेख में हमने दूसरी कविताओं के अंशों के साथ 'गुँथे तुमसे, बिंधे तुमसे' को क्रमशः पूरा उद्धृत किया है ताकि पाठक ख़ुद फ़ैसला कर सकें कि इनकी काव्य-रचना खड़ी बोली हिन्दी के स्वभाव के अनुरूप है, अथवा नहीं। इस कविता को लयबद्ध ढंग से पढ़ने पर भाषा के रचाव का सुख मिलता है, अथवा नहीं।

गजानन माधव मुक्तिबोध : पिराते-से ख़याल

शिरीष मौर्य

'अँधेरे में' पर हिन्दी में बहुत चर्चा हुई है। मैं मुक्तिबोध के कविता-संसार में जाता हूँ तो 'चकमक की चिनगारियाँ' भी उससे कम महत्त्वपूर्ण नहीं लगतीं। मुक्तिबोध की कविता के विशद विवेचन में जाना हो तो 'अँधेरे में' और यदि नये कवियों को मुक्तिबोध से कुछ सीखना हो तो 'चकमक की चिनगारियाँ', उनकी दो अनिवार्य लीजेण्डरी कविताएँ हैं।

चकमक अग्निधर्मा पत्थर है। बहुत ठोस होता है, आसानी से टूटता नहीं और कहते हैं उसकी संरचना में कुछ धातु भी शामिल होती है। यह आपस में या किसी दूसरी ठोस सतह से टकराये तो चिनगारियाँ उत्पन्न होती हैं। दो ठोस सतहों का संघर्ष अथवा घर्षण हमें द्वन्द्व की ओर ले जाता है, द्वन्द्वात्मकता—ऐतिहासिक भौतिकवाद, जहाँ कोरे दर्शन और निपट बौद्धिक तत्त्व मीमांसाएँ घुटने टेक देती हैं। सब-कुछ मनुष्यता और समाज के परिप्रेक्ष्य में देखा-समझा जाता है, जैसा कि देखा-समझा जाना चाहिए। रचना में निजी और सामाजिक सन्दर्भ टकराते हैं तो चिनगारियाँ पैदा होती हैं, आग जलाना सम्भव होता है, रोशनी मिलती है। यह आग और रोशनी ही किसी कविता का प्राप्य है और उससे भी आगे मनुष्य-जीवन का भी।

× × ×

अधूरी और सतही जिन्दगी के गर्म रास्तों पर
हमारा गुप्त मन
निज में सिकुड़ता जा रहा
जैसे कि हब्शी एक गहरा स्याह
गोरों की निगाह से अलग ओझल
सिमटकर सिफ़र होना चाहता हो जल्द
मानो क़ीमती मजमून
गहरी, ग़ैर-क़ानूनी किताबों, ज़ब्त पर्चों का

यह इस कविता की आरम्भिक पंक्तियाँ हैं। मुक्तिबोध सिर्फ अपने नहीं, सभी समानधर्मा विचारवान् जनों के गुप्त मन की बात कर रहे हैं, जो निज में सिकुड़ते जा रहे हैं। निज कभी किसी का सही शरण्य नहीं होता। यहाँ सिकुड़ने की क्रिया है, जो मन की सामान्य व्याप्ति को भी संकुचित कर रही है। मुझे सिकुड़कर अपने खोल में घुसता घोंघा याद आ रहा है। मुक्तिबोध की कविता हमेशा ऐसी स्थिति में पहुँचा देती है, जहाँ हम अपने रूपक जोड़ने लगते हैं। खोल घोंघे का प्राकृतिक शरण्य है, लेकिन जब हत्यारे उस तक पहुँचते हैं तो वह भी उसे बचा नहीं पाता और फिर मनुष्य तो अपने विकास-क्रम में घोंघे से अरबों गुना आगे का प्राणी है। मुक्तिबोध पहले गहरे स्याह हब्शी का रूपक देते हैं, जो गोरों की निगाह से ओझल सिमटकर सिफ़र हो जाना चाहता है। यह रूपक मानव-जाति के भीतर अन्याय और भेदभाव का आदि रूपक है। नस्लों की श्रेष्ठता के क्रूर प्रसंग इतिहास से भी पूर्व के हैं। फिर एक उजला रूपक है—गहरी ग़ैर-क़ानूनी किताबों और ज़ब्त पत्रों के क़ीमती मजमून का। यह प्रत्याख्यान है। पारम्परिक क़ानून अनाचारियों के बनाये हुए हैं और उनसे मुक्ति और विद्रोह के क़ीमती मजमूनों के पत्र भी हमेशा ज़ब्तशुदा ही रहे—आनेवाले समयों ने उन्हें पहचाना, जैसे कि हिन्दी कविता ने मुक्तिबोध को उनके न रहने के बाद। ज़ब्तशुदा मुक्तिबोध के लिए भुगता हुआ पद है। इतिहास पर उनकी एक किताब मध्य प्रदेश शासन ने न सिर्फ पाठ्यक्रम से हटाया बल्कि उस पर प्रतिबन्ध भी लगाया था। यहाँ से निषिद्धता पर एक पूरी बहस शुरू होती है। जो मनुष्य-मात्र के लिए मुक्ति का दस्तावेज़ हो सकता है, वह मनुष्यद्रोही सत्ताओं की निषेधाज्ञाओं का लक्ष्य भी बनता है। इस महत्त्वपूर्ण प्रस्थान-बिन्दु से ही मुक्तिबोध की यही नहीं, लगभग सभी महत्त्वपूर्ण कविताएँ आकार लेना शुरू करती हैं।

× × ×

मुक्तिबोध की लम्बी कविताओं में आत्म-संघर्ष के लम्बे सिलसिलेवार दृश्य हैं। इस कविता में भी हैं। दरअसल यही दृश्य इन कविताओं को लम्बा बनाते हैं, वरना तो हम देख ही सकते हैं कि सीधे ही क्रान्तिकारी बयान देने पर उतर आने में कवि-जनों को कितनी कम देर लगती है। ऐसी कविताएँ बिना चिनगारियों के आग का बयान होती हैं। ये वास्तव में आग नहीं, आग की उस चमक भर का बयान हैं, जो दिखते ही बुझ भी जाती हैं। 'चकमक की चिनगारियाँ' में मुझे आत्म-संघर्ष का यह चरम दिखता है –

व्रणाहत पैर को लेकर
भयानक नाचता हूँ, शून्य
मन के टीन-छत पर गर्म
हर पल चीख़ता हूँ, शोर करता हूँ
कि वैसी चीख़ती कविता बनाने में लजाता हूँ

समाज में व्रणाहत पैरों का पूरा इतिहास है उनके बारे में लिखी जा रही कविता का भी। ध्यान देने की बात है कि जैसी चीख़ती कविता की बात मुक्तिबोध यहाँ कर रहे हैं, वैसी कविता बाद में धूमिल ने लिखी और लेखन के आरम्भिक दौर में आलोक धन्वा ने लिखी। ठीक इसके बाद कविता में अँधेरी दूरियों में से उभरता एक कोई श्याम धुँधला लम्बा और मोटा हाथ आता है, कवि को अपनी कनपटी पर ज़ोर से एक आघात महसूस होता है। इस प्रसंग को समझना भी जटिल है। यह हाथ दरअसल आत्म-संघर्ष में फँसी कविता के बीच एक विस्फोटनुमा हस्तक्षेप करता है। यहाँ से मुक्तिबोध का चिर-परिचित फन्तासी शिल्प अपनी भूमिका तय करने लगता है इस आघात के बाद बिखरती चिनगारियों के साथ होता यह है –

कि कन्धे से अचानक सिर कटा और
उड़ गया, ग़ायब हुआ (जो शून्य यात्रा में स्वगत कहता –
अरे! कब तक रहोगे आप अपनी ओट!)
वह जा गिरा
उस दूर जंगल के
किसी गुमनाम गड्ढे में
(स्वगत स्वर ये –
कहाँ मिल पायेंगे वे लोग
कि जिनमें जनम लेकर भी
उन्हीं से दूर दुनिया में निकल आये)

यह मुक्तिबोध का आत्म-संघर्ष है। इसकी दिशा बिलकुल अलग है। कोई लिजलिजा निजीपन नहीं जो अज्ञेय के कथित आत्म-संघर्ष में ख़ूब रहा। न नयी कविता की कोई कुण्ठा, हताशा और न उसका पारिभाषिक सन्त्रास। यहाँ खुद से सीधा सवाल है कि कब तक रहोगे आप अपनी ओट? इस कविता का पिराता-सा ख़याल भी यही कि कहाँ मिल पायेंगे वे लोग कि जिनमें जनम लेकर भी उन्हीं से दूर दुनिया में निकल आये। तमाम जनपक्षधरता का दावा करते हुए भी प्रतिबद्ध कवि अकसर अपने लोगों से दूर निकल जाते हैं, लेकिन यह आत्म-स्वीकार और इससे बाहर निकलने की यह अपूर्व छटपटाहट मुझे सिर्फ़ मुक्तिबोध में मिलती है। बतौर कवि कहना चाहता हूँ कि हमारे लिये ये आत्मालोचन के अनिवार्य पाठ हैं, जिन्हें हमें रोज़ पढ़ना चाहिए।

× × ×

जहाँ तक मैं देख पाया हूँ मुक्तिबोध की कविताओं की पूरी लिखत में चाँद शायद ही कहीं सकारात्मक बिम्ब या प्रतीक के रूप में आया हो पर इस कविता में वह निजता के इस गड्ढे में एक चिट्ठी फेंक जाता है, जिसमें लिखी यह बात हिन्दी कविता की आनेवाली पीढ़ियों के लिए शिलालेख बन जाती है—

'अरे! जन-संग ऊष्मा के
बिना, व्यक्तित्व के स्तर जुड़ नहीं सकते
प्रयासी प्रेरणा के स्रोत,
सक्रिय वेदना की ज्योति,
सब साहाय्य उनसे लो।
तुम्हारी मुक्ति उनके प्रेम से होगी
कि तद्‌गत लक्ष्य में से ही
हृदय के नेत्र जागेंगे
व जीवन-लक्ष्य उनके प्राप्त
करने की क्रिया में से
उभर ऊपर
विकसते जायेंगे निज के
तुम्हारे गुण
कि अपनी मुक्ति के रास्ते
अकेले में नहीं मिलते।

मेरे लिये यह अमर-काव्य है और मुक्तिबोध शिक्षक-कवि। यह शिक्षा जनवादी विचार से लेकर मुक्त छन्द की आन्तरिक लय को साधने तक कई दिशाओं में है। मुक्तिबोध के समय में भी अपनी निजता अपने में ही अगोरनेवाले अहंकारी व मूर्ख बड़े कवि थे और आज भी हैं। विकट प्रतिभावान् कहानेवाले दो-एक युवा कवि तो उस समय के ऐसे कवियों से चार हाथ आगे ही हैं। मुझे वह वीरेन डंगवाल की कविता में आनेवाले चीं-चीं, चिक-चिक धूम मचाते उन मोटे-मोटे चूहों से ज्यादा कुछ नहीं लगते, जो जीवन की महिमा नष्ट नहीं कर पायेंगे। उजले दिनों की आस का बरक़रार होना बड़ी बात है।

सवाल यह भी है कि कविता में मुक्तिबोध के होने को चन्द्रकान्त देवताले, विष्णु खरे, वीरेन डंगवाल, मंगलेश डबराल, राजेश जोशी, अरुण कमल आदि वरिष्ठ और अग्रज कवियों ने जिस तरह समझा, उस तरह हमारी पीढ़ी नहीं समझ पा रही है? जिस तरह साथी कवि सुन्दर चन्द ठाकुर ने अपनी भारत भूषण अग्रवाल पुरस्कृत कविता 'मुक्तिबोधों का समय नहीं है यह' है में समझा है दरअसल वह भी एक सतही समझ ही है, लेकिन कविता के सीमित शिल्प में है, इसलिए मैं उसकी क़द्र करता हूँ। यहीं अधबीच में निवेदन यह भी है कि मेरी इस अतिरिक्त टीप को विषयान्तर न माना जाये, यह सवर्था अनन्तर ही है।

× × ×

कविता की फन्तासी में बिम्ब पर बिम्ब, दृश्य पर दृश्य आते-जाते हैं। गहन संवाद जारी रहता है– कभी ख़ुद से, कभी उपस्थित हो रहे बिम्बों-प्रतीकों से, कभी दृश्यों से। ऐसे ही एक दृश्य में–

अँधेरी आत्म-संवादी हवाओं से
चपल रिमझिम
दमकते प्रश्न करती है–
'मेरे मित्र,
कुहरिल गत युगों के अपरिभाषित
सिन्धु में डूबी
परस्पर, जो कि मानव-पुण्य धारा है,
उसी के क्षुब्ध काले बादलों को साथ लायी हूँ,
बशर्ते तय करो
किस ओर हो तुम, अब
सुनहले ऊर्ध्व आसन के
निपीड़क पक्ष में, अथवा
कहीं उससे लुटी-टूटी
अँधेरी निम्न-कक्षा में तुम्हारा मन
कहाँ हो तुम?

यह बुनियादी चुनौती है कि 'तय करो किस ओर हो तुम।' बिना यह तय किये कविता लिखने का कोई अर्थ नहीं। पक्षधरता उन कवियों के लिए पहली शर्त है जो कविता को महज अपने या औरों के रंजन का साधन नहीं मानते। कविता की भूमिका साहित्य में दूसरी विधाओं से अलग स्तर पर रही है और रहेगी। एक तो यह आदि विधा है, इसके उत्तरदायित्व अधिक हैं। कहना ही होगा कि आस्वादात्मकता और रस-रंजन के प्रसंग कविता के पराभव के प्रसंग हैं। सुख की बात है कि बहुधा हिन्दी कविता ऐसे प्रसंगों में व्यर्थ नहीं हुई है।

यह एक सहज बात है कि कविता उसकी वाणी बन जाती है, जो अपनी अनुभूति को वाणी नहीं दे पाता। हज़ारों वर्ष में एक पूरा वर्ग ऐसा बन गया है, जिसे ऊपर मुक्तिबोध लुटी-टूटी निम्न-कक्षा कह रहे हैं। दूसरी ओर सुनहले ऊर्ध्व आसन का निपीड़क पक्ष है, जिसके पास क्रूर सत्ताएँ रही हैं। कवि के पास तय करने के लिए बहुत अधिक विकल्प नहीं हैं, बस यही दो हैं। शोषक विचारों और सत्ताओं की गोद में बैठे या अपने लुटे-टूटे जनों के बीच चला आये। सत्य का पक्ष, न्याय का पक्ष, संसार में मानवीय शुभ्रता की कामना और उसके लिए चल रहे संघर्ष का पक्ष। यह सब कहने में जितना आसान लगता

है, कर दिखाने में उतना ही कठिन और जटिल होता है। लेकिन संसार के हर कोने और हर दौर में ऐसे कवि होते हैं – आधुनिक हिन्दी कविता के पास भी यह परम्परा है, मुक्तिबोध जिसके मूल में हैं।

× × ×

आगे की कविता मुक्तिबोध के इसी सिग्नेचर शिल्प में चलती है लेकिन समाप्त नहीं होती। मुक्तिबोध की कोई कविता कहीं समाप्त नहीं होती, ऐसा कई विद्वानों का भी मानना है। इस कविता में तो मुक्तिबोध ने स्वयं घोषित किया –

नहीं होती, कहीं भी ख़तम कविता नहीं होती
कि वह आवेग-त्वरित काल यात्री है।

इस कविता का अभिप्राय अर्थ से कहीं आगे का है। यह मुक्तिबोध की अपनी कविता का प्रसंग भर नहीं है, उस साकार-सरूप, सारवान् और जीवन्त चीज़ का प्रसंग है, जो अभिव्यक्ति का आदि रूप है। संसार में कविता कभी ख़तम नहीं होगी, क्योंकि वह आवेग-त्वरित काल यात्री है। मुक्तिबोध इन पंक्तियों में आनेवाली नस्लों को जनता के हक़ में पिराते-से ख़यालों की एक विरासत ही नहीं, विश्वास भी सौंपते हैं। हम सब जानते हैं कि जब तक चकमक की ये चिनगारियाँ हमारे भीतर छिटकती रहेंगी तो हमारा आवेग कायम रहेगा।

भक्ति पर बेमन से बात

वागीश शुक्ल

27 सितम्बर, 2016

मुक्तिबोध जी आधुनिक हिन्दी साहित्य के उन विरले सेवकों में से हैं जिनकी सेवा पर विशद चर्चा करने-करानेवाले कई पीढ़ियों से आते हैं। फ़िलहाल जिस आयोजन के लिए मैं लिख रहा हूँ उसमें आयोजक का यह मानना है कि मुक्तिबोध ने 'भक्ति-साहित्य' पर जो विचार किया है उस पर कुछ बात की जानी चाहिए। मुझसे यही करने को कहा गया है।

चर्चा के अधीन कुल एक निबन्ध है जो मुक्तिबोध-रचनावली के पाँचवें खण्ड के पृ. 288 से पृ. 296 तक में समाया है। इसका शीर्षक है **मध्ययुगीन भक्ति-आन्दोलन का एक पहलू** और इसे 1955 में लिखा गया था।

लेख की शुरूआत में इस समस्या से दो-चार होने की बात कही गयी है :

मेरे मन में बार-बार यह प्रश्न उठता है कि कबीर और निर्गुण पन्थ के अन्य कवि तथा दक्षिण के कुछ महाराष्ट्रीय सन्त तुलसीदास जी की अपेक्षा अधिक आधुनिक क्यों लगते हैं।

इस प्रश्न में 'आधुनिक' से तात्पर्य है 'प्रगतिशील' और तुरन्त ही यह साफ़ कर दिया गया है कि तुलसीदास जी को पसन्द करनेवाले धार्मिक रूप से 'कट्टर' हैं। लेख में आगे चलकर यह कट्टरपन कहीं जनसंघ के प्रति राजनैतिक सहानुभूति में, कहीं वेद और उपनिषद् में कथित मान्यताओं को स्वीकार करने में, कहीं जाति-व्यवस्था के अन्तर्गत तथाकथित उच्च जाति में जन्म लेने में, कहीं सामन्त वर्ग का हितपोषण करने में प्रकट होता बताया गया है।

इस लेख की समाप्ति इस आह्वान से हुई है:

किसी भी साहित्य का वास्तविक विश्लेषण हम तब तक नहीं कर सकते, जब तक कि हम उन गतिमान् सामाजिक शक्तियों को नहीं समझते, जिन्होंने मनोवैज्ञानिक-सांस्कृतिक धरातल पर आत्मप्रकटीकरण किया है। कबीर, तुलसीदास आदि सन्तों के अध्ययन के लिए यह सर्वाधिक आवश्यक है। मैं इस ओर प्रगतिवादी क्षेत्रों का ध्यान आकर्षित करना चाहता हूँ।

'प्रगतिवादी क्षेत्र' सम्पूर्ण साहित्य को 'गतिमान् सामाजिक शक्तियों' की शब्दावली और तकनीक से ही समझना चाहते रहे हैं अतः इस आह्वान में नयी बात क्या है यह जानना किसी के लिए भी आसान नहीं है। जब हम यह जानना चाहते हैं कि 'गतिमान् सामाजिक शक्तियों' से मुक्तिबोध जी का तात्पर्य क्या है तब हमें और भी निराशा हाथ लगती है क्योंकि उनका तात्पर्य वही है जो हिन्दी की सारी प्रगतिवादी आलोचना का है और एक अचल चेतनशून्यता के शिलापट्ट पर टंकित रहा है : 'गतिमान् सामाजिक शक्तियों' का प्रारम्भ और पर्यवसान एक सीधा-सादा जन्मकुण्डलीवाद की गतिहीनता में है जिसके अनुसार यह जन्म के समय ही तय हो जाता है कि कवि अपनी कविता में क्या कहेगा। इस प्रकार, चूँकि तुलसीदास ब्राह्मण-कुल में उत्पन्न हुए अतः उन्हें 'ब्राह्मणवाद' नामक एक अवधारणा का ही प्रतिपादन करना है जिसका नाम तो हमें बताया जाता है किन्तु जिसका रूप क्या है इस पर कोई चर्चा नहीं होती। इसी प्रकार, कबीर चूँकि ब्राह्मणेत्तर परिवार में उत्पन्न हुए अतः वे स्वभावतः ही अपने प्रतिपादन में समाज-चेतना के अधिक निकट, अधिक जनतान्त्रिक आदि-आदि हो जाते हैं जिसकी अभिव्यक्ति कुल मिलाकर इसी ब्राह्मणवाद के विरोध में होती है। यह एक अवास्तविक युद्ध है जिसका उट्टंकन मुक्तिबोध के इस लेख के पहले भी वही था जो इस लेख के बाद रहा, यह समय की गति से निरपेक्ष था और मुक्तिबोध जी के इस आह्वान से तो क़तई प्रभावित नहीं हुआ।

(1)

लेख से यह पता ज़रूर चलता है कि मुक्तिबोध जी को रामविलास जी 'वल्गर मार्क्सवादी' और 'बूर्ज्वा' कहते थे। ये दोनों शब्द मार्क्सवादी शब्दावली की रैखिक ज्यामिति में भिन्न-स्थानीय हैं : 'वल्गर मार्क्सवादी' वह जो अपनी चुनी हुई जगह से बायें पड़ता हो, 'बूर्ज्वा' वह जो अपनी चुनी हुई जगह से दायें पड़ता हो। अतः हम अधिक-से-अधिक यह जान सकते हैं कि रामविलास जी मुक्तिबोध जी को उचित मार्क्सवादी नहीं मानते थे। इसका कुछ विकास भी लेख के बाहर छलकाया जा सकता है, मसलन मुक्तिबोध जी तुलसीदास और रामचन्द्र शुक्ल के विपक्ष में खड़े दीखते हैं जबकि रामविलास जी ने तुलसीदास और रामचन्द्र शुक्ल को जनवादी मूल्यों पर भी खरा साबित कर दिया। हिन्दी के मार्क्सवादी वर्चस्व के भीतर का यह अन्तःकलह सुपरिचित है और किसी दुहराव की अपेक्षा उसे नहीं है। लेकिन उसकी मौजूदगी यह बताती है कि अपनी प्रगतिशील बिरादरी की बोलचाल और गप्पाष्टक के बाहर जाकर तुलसी या कबीर को पढ़ने की कोई कोशिश मुक्तिबोध जी ने नहीं की है।

तुलसीदास जी में मुक्तिबोध जी को यह तो अच्छा लगा है कि राम ने 'गुह और निषाद'[1] को गले से लगाया किन्तु इसके बावजूद वर्णाश्रम का समर्थन करने के नाते वे मुक्तिबोध जी के कोपभाजन भी हुए हैं। प्रसाद और कोप की अभिव्यक्तियों तक अपने को सीमित रखनेवाली यह समालोचना-शैली भी प्रगतिवादी साहित्य-बोध का सुपरिचित स्थायी भाव है जिसमें कुछ ऐसा समझा जाता है मानो निषाद या शबरी या अनसूया या

सुग्रीव रामकथा के अंग न होकर युक्तियाँ हों जिनके माध्यम से कवि समाज की प्रचलित स्थितियों पर टिप्पणी करता है। इसी समझ के नाते कबीर एवं अन्य अनेक कवियों को जाति-व्यवस्था का विरोधी बताया जाता है जबकि सच यह है कि तुलसी हों या कबीर, किसी ने भी समाज की व्यावहारिक सत्ता पर कोई सवाल उठाया ही नहीं है क्योंकि उन सभी के लिए ऐसी किसी व्यावहारिक सत्ता का महत्त्व ही नहीं था और इस तरह की व्यवस्था की पारमार्थिक सत्ता वे मानते ही नहीं थे।

तो चाहने पर आप उस कथा को याद कर सकते हैं जिसके अनुसार वैष्णवों के एक भण्डारे में जान-बूझकर तुलसीदास जी के लिए कोई पत्तल नहीं लगायी गयी थी और वे एक वैष्णव का जूता उठा लाये थे कि इससे अच्छा भोजन-पात्र भला क्या होगा तथा यह याद करते हुए उन्हें वर्णाश्रमी शुचिता का विरोधी बता सकते हैं, चाहने पर यह बता सकते हैं कि राम ने शबरी के जूठे बेर खाये और इस प्रकार वर्णाश्रम की मर्यादा के प्रति अपना विरोध दर्ज़ किया। किन्तु ये सभी बातें सतही, बल्कि अप्रासंगिक हैं। तुलसी और कबीर, दोनों ही मनुष्य की आध्यात्मिक तैनाती की बात कर रहे हैं, दोनों के लिए राम, रामकृपा और राम से रामभक्त का सम्बन्ध महत्त्वपूर्ण है। जहाँ तक राम की 'लीला' का प्रश्न है, तुलसी ने उसका विस्तार से गान किया है, प्रबन्ध-काव्य लिखा है, कबीर ने उस लीला का वर्णन अपना काम नहीं माना है किन्तु उसका कोई हिस्सा उन्हें अरुचिकर मालूम होता है, ऐसा तो कोई संकेत कबीर में है नहीं।

(2)

चूँकि मुक्तिबोध मूलतः मराठीभाषी थे इसलिए यह आशा स्वाभाविक है कि वे हमें हिन्दी के भक्ति-आन्दोलन पर निर्णायक प्रभाव डालनेवाले मराठी भक्ति-साहित्य के बारे में कुछ प्रामाणिक बतावेंगे। किन्तु इस लेख में सन्त ज्ञानेश्वर का उल्लेख इस प्रकार हुआ है :

जहाँ तक महाराष्ट्र की सन्त-परम्परा का प्रश्न है, यह निर्विवाद है कि मराठी सन्त-कवि प्रमुखतः दो वर्गों से आये हैं, एक ब्राह्मण और दूसरे ब्राह्मणेतर। इन दो प्रकार के सन्त-कवियों के मानव-धर्म में बहुत-कुछ समानता होते हुए भी, दृष्टि और रूझान का भेद भी था। ब्राह्मणेतर सन्त-कवि की काव्य-भावना अधिक जनतन्त्रात्मक, सर्वांगीण और मानवीय थी। निचली जातियों की आत्मप्रस्थापना के उस युग में, कट्टर पुराणपन्थियों ने जो-जो तकलीफ़ें इन सन्तों को दी हैं, उनसे ज्ञानेश्वर जैसे प्रचण्ड प्रतिभावान् सन्त का जीवन अत्यन्त करुण कष्टमय और भयंकर दृढ़ हो गया। उनका प्रसिद्ध ग्रन्थ ज्ञानेश्वरी तीन सौ वर्षों तक छिपा रहा। उक्त ग्रन्थ की कीर्त्ति का इतिहास तो तब से शुरू होता है जब वह पुनः प्राप्त हुआ। यह स्पष्ट ही है कि समाज के कट्टरपन्थियों ने इन सन्तों को अत्यन्त कष्ट दिया।

सन्त ज्ञानेश्वर के पिता वेदपाठी ब्राह्मण थे और उन्होंने संन्यास ग्रहण कर लिया था किन्तु उसके बाद वे फिर गृहस्थाश्रम में लौट आये थे। यह एक जानी हुई बात है कि संन्यास धारण करते समय ब्राह्मणत्व का परित्याग करना पड़ता है। अतः जब वे गृहस्थाश्रम में लौटे तो वे जाति व्यवस्था की शब्दावली में 'आश्रम-भ्रष्ट' थे। सन्त ज्ञानेश्वर समेत उनकी चारों सन्तानें इसी 'आश्रम-भ्रष्ट' अवस्था की सन्तानें हैं। उन्हें बेहद ग़रीबी में दिन काटने पड़े—यह सच है। वह अब पौरोहित्य भी नहीं कर सकते थे और जीविका का कोई अन्य उपाय उन्हें आता न था। किन्तु उन्हें जिस सामाजिक अत्याचार का सामना करना पड़ा वह दूसरी चीज़ है—वे चाहते थे कि उनके पुत्रों का यज्ञोपवीत हो जाय और वे फिर से वेदाध्ययन के अधिकारी ब्राह्मण मान लिये जायें। इसके लिए ब्राह्मण समाज तैयार न था। इस विषय में धर्मशास्त्रीय नियम तो स्पष्ट था ही, साधारण बुद्धि भी इसकी अनुमति नहीं दे सकती थी क्योंकि इसका मतलब यह होता है कि संन्यासी बनना मनमानी का एक काम हो गया जिसे चाहने भर से अपनाया या छोड़ा जा सकता था। इस स्वीकृति के परिणाम अराजक होते और संन्यास-ग्रहण के सारे महत्त्व को समाप्त करनेवाले होते। जो भी हो, इस समूची समस्या में ज्ञानेश्वर महाराज का सन्त होना कोई कारण नहीं था, उनके पिता की ब्राह्मण गृहस्थ के रूप में वापसी का असम्भव होना ज्ञानेश्वर महाराज के जन्म से पहले ही निश्चित था। अस्तु, ज्ञानेश्वर महाराज के बड़े भाई ने नाथपन्थ में दीक्षा ली थी और ज्ञानेश्वर महाराज को भी इसी पन्थ में दीक्षित कर लिया था।

इस परिवार के सभी लोगों का देहान्त कुछ दारुण-सा रहा। ज्ञानेश्वर महाराज मृत्यु के समय पूरे बाईस वर्ष के भी नहीं थे और उनके भाई-बहन भी अल्पायु और युवा ही मरे; उनके माता-पिता ने आत्महत्या की थी। 'अत्यन्त कष्टमय जीवन' की बात सच है किन्तु उसका कारण 'कट्टर पुराणपन्थी' ही थे, यह कैसे कहा जा सकता है।

जहाँ तक ज्ञानेश्वरी के तीन सौ वर्षों तक लुप्त रहने की बात है, मुक्तिबोध जी ने इस सम्बन्ध में बहुत ग़ैरज़िम्मेदाराना ढंग से वक्तव्य दिया है। उनके कहने से ऐसा लगता है जैसे ज्ञानेश्वरी को ब्राह्मणों ने तीन सौ बरसों तक प्रचलित ही नहीं होने दिया और इसका दमन उन्हें अभीष्ट था जिससे लड़ते हुए यह ग्रन्थ किसी कालकोठरी से बाहर आया। बात कुल इतनी है कि आज ज्ञानेश्वरी का जो संस्करण प्रचलित है उसे इसकी रचना के तीन सौ वर्षों बाद सन्त एकनाथ ने पाठशोधन करके तैयार किया था। इस पाठशोधन का कारण उन्होंने यह बताया है कि दीर्घ कालावधि में मूल ज्ञानेश्वरी के भीतर कुछ मिलावट हो गयी थी जिसे उन्होंने शुद्ध किया। ज्ञानेश्वरी गीता का भाष्य है और इस पाठशोधन में एकनाथ महाराज का एक उद्देश्य यह भी था कि गीता के मूल पाठ से ज्ञानेश्वरी का मेल बैठा रहे। तब यह कैसे कहा जा सकता है कि इस ग्रन्थ को ब्राह्मणों ने तीन सौ बरसों तक दबाने की कोशिश की? वैसे भी, इसका उपलब्ध संस्करण तैयार करनेवाले एकनाथ ब्राह्मण ही थे।

ज्ञानेश्वरी के अन्त में ज्ञानेश्वर महाराज ने यह कहा है कि उन्होंने यह भाष्य शंकराचार्य जी के भाष्य के अनुसार लिखा है। वैसे भी, उनके अन्य ग्रन्थ शांकर अद्वैत के शास्त्रीय ग्रन्थ हैं। तो आख़िर हम यह कैसे कह दें कि ज्ञानेश्वर महाराज ने 'ब्राह्मणवादी' स्थापनाओं का विरोध किया है? यह भी ग़ौरतलब है कि जिन चार मराठी सन्तों का नाम मुक्तिबोध जी के इस लेख में आया है, उनमें से एकनाथ और रामदास ब्राह्मण हैं, तुकाराम कृषिकर्मी जाति 'कुनबी' से हैं और ज्ञानेश्वर महाराज 'आश्रमभ्रष्ट ब्राह्मण' किन्तु उनके कथनों और उपदेशों में कोई अन्तर्विरोध परम्परागत भारतीय मन में नहीं समझ में आता है, तुकाराम और ज्ञानेश्वर यज्ञोपवीतरहित होते हुए भी वे ही बातें कहते हैं जो 'ब्राह्मणवादी ग्रन्थ' कहते हैं। यह सच है कि जाति-भेद को सभी सन्त निस्सार बताते हैं किन्तु इससे बहुत चौंकने की ज़रूरत नहीं है—अद्वैत का सिद्धान्त ही यही है और शंकराचार्य जी ने अनेकत्र ब्राह्मणत्व जैसी पहचानों को मिथ्या बताया है। देखना सिर्फ़ यह चाहिए कि बात पारमार्थिक सत्ता की हो रही है या व्यावहारिक सत्ता की। जिस समय पारमार्थिक सत्ता की बात की जाती है, सभी चेतन और जड़ पदार्थों में एक ही परब्रह्म का निवास है, यह सभी कहते हैं। इसी तर्क पर ज्ञानेश्वर महाराज ने एक भैंसे से वेद-पाठ करवा दिया था और शंकराचार्य जी ने काशी के घाट पर जाति-व्यवस्था के निम्नतम पायदान पर खड़े एक व्यक्ति को अपना गुरु माना था। जाति-व्यवस्था की सत्ता सब-की-सब व्यावहारिक है और वहाँ उसको किसने कितनी चुनौती दी है इसका आकलन कोई बहुत परिवर्तनकामिता नहीं प्रमाणित करता। इस अर्थ में किसी चुनौती का सामना करने की कोई इच्छा इन साधकों में थी या नहीं यह विवाद का विषय है और व्यावहारिक सत्ताओं को अस्वीकार करनेवाले उनके ऐसे तमाम कथनों को भिन्न व्यावहारिक सत्ताओं की स्थापना अर्थात् एक नया समाज गढ़ने की पुकार मानने की जल्दबाजी नहीं करनी चाहिए। कभी-कभार कुछ सन्तों ने ऐसा एक सीमित अर्थ में चाहा है और राजसत्ता में परिवर्तन को अपना नैतिक समर्थन दिया है, यह बात सच है, किन्तु उनके सन्त चरित्र से वह बाहर का काम रहा है, उससे उनकी भक्ति-चेतना का आकलन नहीं होता। यदि हम समर्थ रामदास को इस आधार पर जाँचेंगे कि उन्होंने औरंगजेब के ख़िलाफ़ लड़ने के लिए शिवाजी की पीठ ठोंकी तो हम उनके सन्त-व्यक्तित्व का क्या आकलन कर पायेंगे?

कुल मिलाकर, मुक्तिबोध जी ने मराठी भक्ति-साहित्य के बारे में जो बातें इस लेख में बतायीं, उनसे उनकी स्थापनाओं की पुष्टि नहीं होती। यों तो वे भी दबी जुबान से यह मानने पर विवश हुए हैं कि, *"भक्ति-आन्दोलन के प्रधान सन्देश से प्रेरणा प्राप्त करनेवाले लोग ब्राह्मणों में भी होने लगे थे"* किन्तु इससे उन्होंने निष्कर्ष फिर वही निकाला कि, *"सामाजिक-सांस्कृतिक क्षेत्र में निम्नवर्गीय भक्ति-मार्ग के जनवादी सन्देश के दाँत उखाड़ लिये गये। उन सन्तों को सर्ववर्गीय मान्यता प्राप्त हुई किन्तु उनके सन्देश के मूल स्वरूप पर कुठाराघात किया गया और जातिवादी पुराण-धर्म पुनः निःशंक भाव से प्रतिष्ठित हुआ।"*

यह आकलन कितना भी अर्थहीन क्यों न प्रतीत होता हो, एक प्रक्रिया के रूप में इसके निहितार्थ स्पष्टतः महत्त्वपूर्ण हैं। इसका मतलब यह होता है कि एक षड्यन्त्र के तहत समर्थ रामदास जैसे लोग भक्ति आन्दोलन पर हावी हुए और उसे वर्ण-व्यवस्था के समर्थन की ओर मोड़ा। यदि मुक्तिबोध जी यह लेख आज लिखते तो मुझे पता नहीं कि वे पैन्थर पार्टी के लोगों द्वारा तुकाराम जी का काव्य-ग्रन्थ जलाये जाने को अपने सिद्धान्त के अनुसार कैसे समझाते— शायद ऐसे कि इस ब्राह्मणीकरण के नाते तुकाराम जी की वाणी भी ब्राह्मणवादी हो गयी। किन्तु उस वाणी में कौन-सी बात है जो मूलतः ब्राह्मणवाद विरोधी है और तुकाराम महाराज के वस्तुतः ब्राह्मणेतर होने का पता देती है जो ब्राह्मणजन्मा एकनाथ या रामदास की वाणी में नहीं मिल सकती, यह हमें मुक्तिबोध जी नहीं बताते।

(3)

मुक्तिबोध जी ने प्रगतिशील साहित्य-चेतना की स्थापना को दुहराते हुए निर्गुण और सगुण भक्ति के दो परस्पर-विरोधी छोर बनाये हैं और निर्गुण भक्ति को जनोन्मुखता तथा तथाकथित निम्नजातियों से जोड़ते हुए सगुण भक्ति को वर्णाश्रम-समर्थन, पुराणपन्थ और तथाकथित उच्च जातियों से जोड़ा है। यह सब उन्होंने सरसरी तौर पर बिना किसी सबूत की ओर इशारा करते हुए निबटाया है और कुछ यह तस्वीर पेश की है कि महाराष्ट्र की कृष्ण-भक्ति में तो कोई झगड़ा नहीं था किन्तु उत्तर भारत में यह हुआ कि निर्गुण भक्ति में निम्नजातीय प्रभाव बहुत बढ़ा-चढ़ा था जो सगुण कृष्ण-भक्ति में कम हुआ और सगुण रामभक्ति में तो बिलकुल खत्म ही हो गया। कुछ और बातें जो उन्होंने कही हैं, वे ये हैं कि भक्ति को 'वेद-उपनिषद्वादी शक्तियों' ने नहीं जन्म दिया अपितु आलवार सन्तों ने जन्म दिया और भक्ति आन्दोलन की एक विशेषता यह भी है कि उसने किसान और ग़रीब जनता की बात की— इस कथन का निहितार्थ यह भी है कि 'वेद-उपनिषद्वादी शक्तियाँ' सामन्तों और श्रेष्ठियों के साथ खड़ी थीं जिन्हें तथाकथित उच्च जातियों से समानार्थी मानकर मुक्तिबोध जी अन्य प्रगतिशीलों के अनुकरण पर वर्ग-संघर्ष को वर्ण-संघर्ष में अनूदित करते हैं। जो आँकड़े उन्होंने दिये हैं वे महाराष्ट्र की कृषिजीवी जातियों से शिवा जी की सेना में आनेवाले योद्धाओं के हैं जिन्होंने बाद में अपने स्वायत्त राज्य स्थापित कर लिये और अपनी मूल जातियों से छिटककर क्षत्रिय कहलाने लगे क्योंकि उनके पास राजसत्ता आ गयी थी। पेशवा के उदय पर भी मुक्तिबोध जी को एतराज है क्योंकि वे ब्राह्मण थे। इस सारी चर्चा में बिना कोई नाम लिये वे चलताऊ ढंग से उखड़ी-उचटी बातें करते हैं और यह तो बिलकुल नहीं बताते कि उनके दिये आँकड़े उनकी स्थापनाओं को कैसे पुष्ट करते हैं।

उनके दिये गये आँकड़ों से छिपा दिये गये को सच-सच पहचानना ज़रूरी है। भक्ति-मार्ग को **श्रीमद्भागवत** और **श्रीमद्भगवद्गीता** की व्याख्याओं में ज्ञान-मार्ग

और कर्म-मार्ग के साथ एक तीसरे मार्ग के रूप में उन्हीं व्याख्याकारों ने प्रस्तुत किया है जिन्हें मुक्तिबोध जी 'वेद-उपनिषद्वादी' कहते हैं। इनमें से प्राचीनतम शंकराचार्य हैं जो निर्गुण मत और ज्ञान-मार्ग के सबसे दृढ़ पक्षधर हैं किन्तु जिनका नाम नाभादास जी की **भक्तमाल** में भी सादर सम्मिलित है और जिनके बनाये अनेक स्तोत्र और जिनके द्वारा निर्धारित अनेक पूजा-पद्धतियाँ सगुण भक्ति-मार्ग में अत्यन्त महत्त्व के साथ स्वीकृत हैं। उनमें और अन्य आचार्यों में जो मतभेद हैं वे केवल इस बात को लेकर हैं कि जीव की ब्रह्म से कोई स्वतन्त्र सत्ता है या नहीं और अगर है तो उसका स्वरूप क्या है। इस क्रम में कुछ इस तरह की बातें भी शास्त्रार्थ में आयी हैं जिनमें कहा गया है कि ईश्वर की मूर्ति या मनुष्य की जाति अवास्तविक है। इस तरह की युक्तियों को भाषा-साहित्य में दुहरानेवाले सन्त ही निर्गुणमार्गी कहलाते हैं और उनमें से कुछ सगुण ईश्वर को अवास्तविक कहे जाने का अर्थ यह लगाते हैं कि ऐसी आराधना को अपराध मान लेना चाहिए जबकि ऐसा कोई दावा शंकराचार्य जी का नहीं था। निर्गुण-पन्थ के जिन आचार्यों को मुक्तिबोध जी ने सादर उद्धृत किया है उन ज्ञानेश्वर महाराज ने तो साफ़ ही लिखा है कि उनका ग्रन्थ शंकराचार्य जी के मत का अनुसारी है।

वस्तुतः हुआ केवल इतना है कि मध्यकालीन भक्ति-आन्दोलन ने जिन उप-सम्प्रदायों की सर्जना की उन्होंने कुछ सन्त-व्यक्तित्वों के शिष्य-मण्डल को एक संघटन के रूप में बदलते हुए अपने स्वतन्त्र कर्मकाण्ड और स्वतन्त्र पूजा-पोथियाँ बना लीं और इस प्रकार अपने रहन-सहन तथा दैनिक अर्चना-वन्दना को पारम्परिक वेदपाठी ब्राह्मण की दैनिक अर्चना-वन्दना से अलग अस्तित्व प्रदान किया। यह कोई 'विद्रोह' नहीं था केवल एक घोषणा थी कि आध्यात्मिक चेतना की अभिव्यक्ति के और मार्ग भी हैं जिनका परिगणन पहले से चली आ रही पूजा-पद्धतियों के मन्त्रों में नहीं हुआ। सिद्धान्त के स्तर पर सन्त साहित्य में कोई नयी बात सामने नहीं आयी है, वेदान्त के पारस्परिक आचार्यों ने निर्गुण और सगुण ब्रह्म के बारे में जितना कहा है उसी की लोकवाचना के रूप में सन्त जन भी अपनी वाणी को प्रस्तुत करते हैं। इस लोकवाचना को संस्कृति सिद्धान्त-साहित्य के विपक्ष में रखना और इसमें वर्ग या वर्ण का संघर्ष ढूँढ़ना बिलकुल ही कपोल-कल्पना है।

मध्यकालीन सन्त-परम्परा में जो नयापन दीखता है उसका कारण केवल इतना है कि मठों और गद्दियों के माध्यम से उसकी निरन्तरता को सुरक्षित रखा गया है और संघटन के स्तर पर इस परम्परा ने अपने को संस्कृत के आचार्यों द्वारा बनाये गये मठों की संरचना के बाहर रखा है। किन्तु स्वतन्त्र अस्तित्व का होना विद्रोह करने का प्रमाण नहीं है। रामानन्द जी की शिष्य परम्परा बहुत फूली-फली किन्तु उसे हम शंकराचार्य या रामानुजाचार्य से अलग चाहे जितना करें, उनका प्रतिपक्ष तो नहीं कह सकते। समाज के कुछ वर्गों को किसी परम्परा में शामिल होने का अवसर था कुछ को किसी अन्य में, किन्तु यह परस्पर वैर के आधार पर था यह हम कैसे कह सकते हैं।

व्यवहारतः हम यह भी देखते हैं कि राजकीय सम्मान-प्रतिष्ठा सभी प्रकार के सन्तों को हासिल थी, फिर कौन सामन्त समर्थक था और कौन सामन्त विरोधी यह तय करना कैसे हो पायेगा।

वस्तुतः यह सारी शब्दावली ही भक्ति-साहित्य के सन्दर्भ में अप्रासंगिक है। निर्गुण अद्वैत के प्रतिपादक शंकराचार्य और इसमें सगुण द्वैत की कुछ सम्भावनाएँ तलाशनेवाले अन्य आचार्यों के बीच के मतभेद व्यावहारिक आराधना के लिए एक विग्रहधारी देव की कल्पना को लेकर नहीं हैं, ब्रह्म और जीव के परस्पर सम्बन्ध की तकनीकी बारीक़ियों पर आधारित हैं। शंकराचार्य जी ने भक्ति-मार्ग को कर्म-मार्ग के भीतर अन्तर्भुक्त करते हुए ज्ञान और भक्ति के बीच एक तारतम्य स्थापित किया था जिसमें भक्ति ज्ञान के लिए एक साधन मात्र थी, बाद में मधुसूदन सरस्वती से प्रारम्भ करते हुए भक्ति को ज्ञान और कर्म के बीच एक सेतु माना गया और कृष्ण-भक्ति तथा राम-भक्ति के सर्वप्रचलित मुहावरों के भीतर रहते हुए अद्वैत के आचार्य अपनी बातें कहने लगे। किन्तु ऐसा कोई समय नहीं रहा है जब भक्ति के लिए आवश्यक द्वैत— आराध्य और आराधक का युग्म— अद्वैत और निर्गुण के मतवाद के भीतर जगह न बनाये रहा हो। मुक्तिबोध जी का यह सोचना ग़लत है कि भक्ति की अवधारणा संस्कृत में हुए आध्यात्मिक चिन्तन के बाहर की चीज़ है। यह किसी अध्ययन के परिणामस्वरूप नहीं कहा गया है, केवल इस मनःकामना के अधीन की एक संकल्पना का परिणाम है कि पश्चिम में 'नोबिलिटी' और 'पीज़ैण्ट्री' के बीच हुए ऐतिहासिक संघर्ष के लिए भारतीय इतिहास से कोई मुहावरा मिल जाय ताकि यह कहा जा सके कि जैसा वहाँ हुआ वैसा ही यहाँ भी हुआ।

निर्गुण और सगुण को लेकर जो विवाद सन्तों में कभी-कभार दिखता है उसका सन्दर्भ सामाजिक वर्ग भेद नहीं, दार्शनिक चिन्तन है। संस्कृत में कही गयी बातें ही दुहरायी गयी हैं किन्तु भाषा में आते-आते और पूरा सन्दर्भ सामने न होने के नाते, ऐसा लगता है जैसे कोई झगड़ा चल रहा है। जहाँ तक जाति-भेद या ग़रीब-अमीर की बात है, इन वर्गीकरणों के आधार पर भक्ति-आन्दोलन नहीं बँटा। भगवान् सबके हैं या भगवान् के आगे सब बराबर हैं, यह विचार किसी प्रकार भी नया नहीं था, यह पारम्परिक धार्मिक चिन्तन का ही अंग था।

(4)

मुक्तिबोध जी के इस लेख में जो चिन्ताएँ प्रकट की गयी हैं उनका तात्त्विक आधार यह विचार है कि जब ब्राह्मण समाज से आये हुए लोगों ने अपने लिये निर्धारित पारम्परिक कर्मकाण्डी मार्ग से हटकर सन्तों के ज्ञानमार्गी चिन्तन को अपनाया तो उन्होंने उस ज्ञानमार्गी चिन्तन को दूषित कर दिया और उसमें वे ही जातिवादी मान्यताएँ प्रविष्ट करा दीं जो ब्राह्मणों के लिए निर्धारित पारम्परिक कर्मकाण्डी मार्ग में पायी जाती थीं।

इस मान्यता का आधार तो ख़ैर कुछ भी नहीं है— एक जन्मकुण्डली बना ली गयी है कि ब्राह्मण का पारिवारिक पेशा कर्मकाण्ड है सो वह कर्मकाण्ड के अतिरिक्त और क्या करेगा— जबकि तथाकथित निर्गुण भक्ति-मार्ग और सगुण भक्ति-मार्ग दोनों ही उसी पारम्परिक विमर्श के अंग हैं जिसे ब्राह्मणवादी कहा जाता है। यह ऊपर मैं अलग से कह आया हूँ। किन्तु इस चिन्ता से अकल्याणकर शक्तियों द्वारा कल्याणकामिताओं को हड़पने की एक प्रवृत्ति की ओर ज़रूर ध्यान जाता है।

फ्रान्सीसी क्रान्ति के प्रेरक विचार रूसो, दिदेरो या वाल्टेयर आदि के जिन ग्रन्थों से उभरकर आये हुए बताये जाते हैं वे फ्रान्स के सामन्त-वर्ग की गोष्ठियों के भी अंग थे और यूरोप के अनेक राजघरानों में इनका बहुत आदर था। बहुत सारी चित्र कला, बहुत सारी संगीत कला, जो प्रतिरोध की आवाज़ के रूप में प्रारम्भ होती है, क्रमशः बहुत ऊँचे दामों में बिकती हुई रईसों के शौक़ का सामान बनकर रह जाती है। कुछ ऐसा ही हाल क्रान्तिकारी-विचार और क्रान्तिकारी-साहित्य का भी है। संक्षेप में यह कि समय के साथ क्रान्तिकारिता स्थिर वर्चस्व में बदल जाती है और जो आज के विप्लवी हैं वे कल के कट्टरपन्थी के रूप में प्रकट होते हैं। यह कोई ऐसी अनूठी अनोखी बात नहीं है, प्रायः सभी जगह इतिहास-भूगोल में यही देखने को मिलता है।

यदि मुक्तिबोध जी की चिन्ता ऐसी किसी आशंका से उभरती तो उस पर कुछ सोचा जा सकता था और उसके पक्ष-प्रतिपक्ष में कुछ कहने लायक़ भी था। किन्तु यहाँ न तो उनके मन में ऐसा कोई भय है और न ही ऐसे किसी साँचे की यहाँ गुंजाइश ही है। इसका कारण यह है कि जिसे 'ब्राह्मणवाद' कहा जाता है उसमें जीवन की व्यावहारिक सत्ता के स्तर पर उभरनेवाले विवादों के सभी पक्ष स्वीकार्य होते हैं क्योंकि इन विवादों को पारमार्थिक स्तर पर तुच्छ माना जाता है। इस कारण ब्राह्मणवाद के भीतर मूर्ति पूजा करना या न करना कोई पक्ष या प्रतिपक्ष बन ही नहीं सकता—ब्राह्मणवादी व्यावहारिक स्तर पर मूर्ति पूजा का समर्थक होगा, पारमार्थिक स्तर पर मूर्ति पूजा का विरोधी। अतः यहाँ वर्चस्व और वर्चस्व के विरोध की वह प्रतिद्वन्द्विता उभर ही नहीं सकती जो पश्चिम के मतवादों के बीच है और यह सारा प्रगतिवादी आयोजन एक काल्पनिक संरचना मात्र है।

(5)

मुक्तिबोध जी के इस लेख में भक्ति-साहित्य के बारे में प्रगतिवादी चिन्तन और उसकी तर्क पद्धति का निदर्शन आ गया है। कबीर ने कुरीतियों के विरुद्ध आवाज उठायी, यह तो कहा गया किन्तु वे कुरीतियाँ कौन-सी हैं इनका कोई ज़िक्र नहीं है। कबीर ने यह कहा है कि बाहरी माला आदि जपने से कुछ नहीं होता, मन में माला जपी जानी चाहिए। इसमें क्या नया है और कहाँ पर विद्रोह है? क्या यह वही बात नहीं है जो सभी आचार्य सदा से कहते आये हैं। ज्ञानी के लिए आचरण का कोई बन्धन

नहीं है यह किसने नहीं कहा? सच बात यह है कि सन्तों ने पारम्परिक धार्मिक चिन्तन की लोकवाचना ही की है, जैसे कुछ बातों को लोक-भाषा में तुलसीदास ले आये हैं, वैसे ही कुछ बातों को लोक-भाषा में कबीर ले आये हैं। फ़र्क़ यह ज़रूर हो सकता है कि तुलसीदास ने संस्कृत साहित्य से सीधे परिचय प्राप्त किया हो, कबीर ने क्रमागत सुनी-सुनायी कही हो, किन्तु मूल स्रोत सभी का एक ही वाङ्मय है। माहात्म्य-चर्चा को बहुत महत्त्व नहीं देना चाहिए। एक उदाहरण लीजिये, **महाभारत** पंचम वेद कहलाता है, यही हैसियत **नाट्य शास्त्र** की भी है, आलवारों की वाणी **द्रविड़ वेद** कहलाती है और कबीर अपनी रचना को **सूछम वेद** कहते हैं। ये सभी उक्तियाँ साहित्य विशेष को वेद जैसा महत्त्वपूर्ण बताती हैं किन्तु यदि **महाभारत** और **नाट्यशास्त्र** वेद विरोधी नहीं माने जाते तो कबीर की वाणी कैसे वेद विरोधी मानी जायेगी? कबीर और अन्य सन्तों का कुल इतना ही कहना है कि ज्ञान-प्राप्ति के लिए वेदपाठी होना आवश्यक नहीं है और रास्ते भी हैं। यह कोई विद्रोह नहीं है, पहले से चली आ रही कई बातों में से एक बात भर है जिसकी स्वीकृति सन्तों के पहले से थी। तुलसीदास जी की **रामचरितमानस** को भी प्रचलित कथाओं के अनुसार पारम्परिक पण्डितों द्वारा स्वीकृति नहीं मिली थी। बाद में भगवान् विश्वनाथ ने इसे वेदों से भी ऊपर जगह दे दी तब जाकर लोग माने। इसका यह अर्थ तो हम नहीं लगाते कि **रामचरितमानस** वेद विरोधी है। ऐसे ही माहात्म्य कथन प्रायः सभी सन्तों के बारे में मिलते हैं। उनको माहात्म्य कथन के रूप में ही लेना चाहिए और यूरोपीय इतिहास के संघर्षों का अनुवाद करने के लिए उदाहरण के रूप में सन्तों का प्रयोग बन्द होना चाहिए।

मुक्तिबोध जी ने यही किया है और इसी अर्थ में उनके कहे हुए से झगड़ना हिन्दी पाठक के लिए आवश्यक है कि वह पड़ताल के मामले में प्रगतिशील आलोचना की बनावटी प्रस्तुतियों को गहराई से जाँच सकने में सक्षम बने। मध्यकाल के अध्येता तेज़ी से कम हो रहे हैं और जो गिने चुने अभी भी इसमें दिलचस्पी रखनेवाले हैं, उनके लिए अच्छा यही होगा कि मुक्तिबोध जी ही नहीं, प्रत्येक प्रगतिवादी आलोचक की दी गयी सूचनाओं को मूल स्रोतों से मिलाकर एक-एक बात को ठीक से जाँच-परखकर तब किसी निष्कर्ष पर पहुँचें। कही गयी बातों को जस-का-तस मान लेना अविश्वसनीयता के गर्त में ढकेल सकता है। इस गर्त में पहुँचने के बाद पता लगता है कि इन सन्तों का कोई आध्यात्मिक कार्य-क्षेत्र नहीं था बल्कि ये वर्ण-संघर्ष और वर्ग-संघर्ष की लड़ाई लड़ रहे थे। यह सूचना उन सन्तों के किये-धरे पर पानी फेरती है और प्रकारान्तर से यह कहती है कि धर्म-चिन्तन का एकमात्र मार्ग वेद-पाठ और पौरोहित्य आदि से परिभाषित है जिसका अधिकार न होना ही सामाजिक अत्याचार है।

वस्तुतः यूरोपीय इतिहास की कुछ कड़वी सच्चाइयों को सार्वभौम रूप देते हुए ही उस इतिहास-दृष्टि का आकार बन सका है जिसे हम उत्तर-औपनिवेशिक भारतीयों में हावी पाते हैं। इनमें से एक सच्चाई यह है कि यूरोपीय मध्यकाल में धर्म-तन्त्र, राज-

तन्त्र और अर्थ-तन्त्र के प्रायः सभी नियामक बिन्दुओं पर जन्म-आधारित कुलीनता का वर्चस्व था। यह इस प्रकार था कि जिन परिवारों में जन्म लेनेवाले ज़मीन-जायदाद-खेती पर क़ाबिज़ होते थे, राजकीय शासकीय और सैनिक पदों पर भी उन्हीं परिवारों के लोग होते थे और चर्च में उच्च-स्थानीय धर्माचार्य भी उन्हीं परिवारों से आते थे। इस वर्चस्व को गहरी चोट पहुँचाने का काम फ्रान्स की क्रान्ति ने किया जिसकी शब्दावली आज भी आधुनिकता-बोध की मानक शब्दावली है।

उसके बाद पश्चिमी समाज में यद्यपि कुलीनता का महत्त्व पूर्णतया समाप्त नहीं हुआ, धीरे-धीरे 'समान अवसर' का सिद्धान्त आदर्श के रूप में स्थापित हो गया। उस इतिहास के अनुवाद के रूप में यह माना गया कि भारत में भी आर्थिक, सैनिक और धार्मिक सत्ताओं का केन्द्रीकरण एक कुलीन वर्ग में था। किन्तु यदि हम मुक्तिबोध द्वारा लिये गये उदाहरणों तक ही अपने को सीमित रखें तो भी हमें यह साफ़ दिखेगा कि मध्यकालीन वर्ण-व्यवस्था के अन्तर्गत सामन्ती वर्ग में नयी जातियाँ बदलते शक्ति सन्तुलनों के साथ शामिल हो रही थीं। समाज के ढाँचे में इतना लचीलापन था कि इसके टूटने की नौबत ही नहीं आयी। यह बात ज़रूर है कि इस लचीलेपन को स्वीकार नहीं किया जाता था और तत्कालीन दबाव इसको झुकाने में कारगर नहीं होते थे। इसलिए तोड़-फोड़ यहाँ दिखती नहीं थी, वास्तु में समाहित हो जाती थी। इसी लचीलेपन के तहत बहुत-सारे सन्तों के शिष्य मण्डल जातियों या जातिसदृश उप-वर्गों के रूप में विकसित हो गये और उनकी अपनी व्यवहार संहिताएँ बनीं जो पहले से चली आ रही व्यवहार संहिताओं के साथ उस सामाजिक संरचना में जुड़ गयीं जिसमें बहुत-सी व्यवहार संहिताओं की गुंजाइश थी। इस संरचना पर वे ही विश्लेषण नहीं लागू किये जा सकते जो उन समाज संरचनाओं से उभरकर आये। जिनमें एक ही व्यवहार संहिता वैध है और भिन्न व्यवहार संहिता को बनाने-बरतने की सम्भावना भयानक गृहयुद्धों के बाद ही अस्तित्व में आ पाती है। भक्ति-आन्दोलन भारत में ही हुआ है, इसके आँकड़ों को कहीं और के साँचों में ढाल लेने की हड़बड़ी ने हानि के अतिरिक्त कुछ भी हमें उपलब्ध नहीं कराया है। यह दुर्भाग्य ही है कि मुक्तिबोध जी के इस लेख में सरलीकरण के वे ही तत्त्व उभरे हैं जिनका दबाव साहित्य-बोध का दम घोंट रहा है।

(लेख लिख लेने के बाद मुझे मित्रों से जानकारी हुई कि 'लिखत-पढ़त' ब्लाग पर गोपेश्वर सिंह का 19 जुलाई, 2016 को एक लेख इसी विषय पर पोस्ट किया गया है। वह लेख पढ़ने के बाद मेरी राय यह है कि उस लेख को उन सभी लोगों को पढ़ना चाहिए जो प्रगतिशील साहित्य दृष्टि द्वारा किये गये भक्ति-आन्दोलन के आकलन में दिलचस्पी रखते हैं। इससे उस झूठे मुक़दमे की पड़ताल उनके लिए आसान हो जायगी जो तुलसी-बनाम-कबीर, निर्गुण-बनाम-सगुण, रामचन्द्र शुक्ल-बनाम-हज़ारीप्रसाद द्विवेदी आदि-आदि नामों से प्रगतिशीलों द्वारा समय-समय पर हिन्दी साहित्य में चलाया जाता रहा है।)

प्रगतिवाद और मुक्तिबोध

गोपेश्वर सिंह

मुक्तिबोध कम्युनिस्ट पार्टी के सदस्य थे या नहीं, यह तो नहीं मालूम, लेकिन उनका साहित्य और उन पर लिखे गये अधिकांश साहित्य को पढ़ने से पता चलता है कि मार्क्सवादी दर्शन में उनकी गहरी आस्था थी। वे शोषण-युक्त व्यवस्था को समाप्त कर शोषण-मुक्त समाज व्यवस्था कायम करना चाहते थे। वे मानते थे कि यह पूँजीवादी समाज, जो जनता के शोषण पर कायम है, चल नहीं सकता, उसे बदलना ही होगा। बदलाव के लिए क्रान्ति जरूरी है। उनका विश्वास था कि शोषण की चक्की में पिसता हुआ सामान्य जन जगेगा और एक दिन अवश्य ही जन-क्रान्ति होगी। उनकी प्रसिद्ध कविता 'अँधेरे में' को जिन्होंने पढ़ा है, वे जानते हैं कि जन-क्रान्ति का स्वप्न कैसे वहाँ सगुण-साकार होता हुआ दिखायी देता है। चूँकि 'पूँजी से जुड़ा हुआ हृदय बदल नहीं सकता' इसलिए उसे बदलने के लिए 'जन-क्रान्ति' जरूरी है। 'अँधेरे में' कविता में मार्शल लॉ का चित्रण है—वह 'किसी जन-क्रान्ति के दमन के निमित्त' है। उस कविता में प्रोसेशन का जो दृश्य है, उसमें कई 'प्रतिष्ठित पत्रकार' तो शामिल हैं ही, 'कई प्रकाण्ड आलोचक, विचारक, जगमगाते कविगण' भी हैं। साथ ही उस प्रोसेशन में मन्त्री, उद्योगपति, विद्वान् भी हैं। यहाँ तक कि 'शहर का कुख्यात हत्यारा डोमा जी उस्ताद' भी शामिल है उसमें। मुक्तिबोध मानते हैं कि यह सब 'जन-क्रान्ति' के दमन के लिए लगाये गये मार्शल लॉ को लागू कराने के अभियान में लगे हुए लोग हैं। उसी कविता में इस तरह के मार्शल लॉ का प्रतिकार करनेवाले 'साँवले मुख के कुछ बलवान् जन हैं' जो 'आत्मा के चक्के पर संकल्प शक्ति के लोहे का मजबूत ज्वलन्त टायर' चढ़ा रहे हैं।

मार्क्सवादी दर्शन में आस्था रखनेवाले और 'जन-क्रान्ति' का स्वप्न देखनेवाले मुक्तिबोध की प्रगतिवाद के बारे में क्या धारणा थी, जानना जरूरी है। यह इसलिए जरूरी है कि रामविलास शर्मा मुक्तिबोध पर अस्तित्ववाद का प्रभाव मानते हैं। मुक्तिबोध, डॉ. शर्मा के अनुसार, सिजोफ्रेनिक हैं और उनका व्यक्तित्व विभाजित है, वे कभी स्वप्न में जीते हैं और कभी यथार्थ में। ऐसी स्थिति में यह देखना दिलचस्प होगा कि प्रगतिवाद और प्रगतिशीलता के सम्बन्ध में मुक्तिबोध का चिन्तन कैसा है।

वे नागार्जुन, केदारनाथ अग्रवाल आदि की तरह प्रगतिवादी कवि नहीं हैं। प्रगतिवाद की जैसी सरल और भास्वर रेखाएँ इन कवियों की कविताओं में दिखती हैं, वैसी रेखाएँ मुक्तिबोध के यहाँ नहीं हैं। वे अन्ततः नयी कविता के कवि-विचारक हैं। वे उस 'तार-सप्तक' के कवि हैं जो अज्ञेय जैसे 'प्रगतिवाद' विरोधी करार दिये गये कवि के सम्पादन में निकला। वे श्रीकान्त वर्मा, अशोक वाजपेयी जैसे युवतर कवियों के सघन सम्पर्क में थे। श्रीकान्त और अशोक प्रगतिवादी साहित्यिक धारणा के प्रभाव में कभी नहीं रहे लेकिन मुक्तिबोध उनके लिए हमेशा महत्त्वपूर्ण बने रहे। मुक्तिबोध ने निराला पर नहीं लिखा। निराला, जो प्रगतिशील खेमे के लिए, रामविलास शर्मा के प्रयत्न से, आधुनिक कविता के शिखर कवि हो गये। आगे चलकर जनवादी खेमे में निराला के बाद और उनके साथ मुक्तिबोध का नाम आग्रहपूर्वक लिया जाने लगा, जबकि मुक्तिबोध ने प्रसाद पर लिखा और 'कामायनी' में उठनेवाली समस्याओं से जूझते रहे। निष्कर्ष यह कि मुक्तिबोध की प्रगतिवादी राह वैसी नहीं है जैसी नागार्जुन, केदारनाथ अग्रवाल या रामविलास शर्मा की है। कॉमरेड डांगे के नाम उनका जो पत्र है, उससे भी पता चलता है कि प्रगतिवाद की जैसी समझ हिन्दी में विकसित हो रही थी, उससे मुक्तिबोध स्पष्ट मतभेद रखते थे। तब प्रगतिवाद या प्रगतिशीलता की उनकी अपनी समझ या धारणा क्या थी, इसे जानने के लिए सबसे अच्छे आधार उनकी वे टिप्पणियाँ हैं जो उन्होंने प्रगतिवाद के नाम पर लिखीं।

मुक्तिबोध की प्रगतिवाद से सम्बन्धित जो टिप्पणियाँ और साहित्य-चिन्तन से सम्बन्धित जो निबन्ध हैं, उन्हें देखने से स्पष्ट होता है कि वे अपने अध्ययन-अनुभव को अधिक महत्त्व देते हैं, दूसरों के उद्धरणों के सहारे अपनी प्रगतिवादी समझ की दुनिया वे नहीं निर्मित करते। इसलिए उनके यहाँ 'लाल सुबह', 'लाल सितारा', 'लाल पताका' आदि प्रगतिवाद समर्थक प्रतीक नहीं दिखायी पड़ते। मुक्तिबोध मानते हैं कि, 'प्रगतिवाद साहित्य-कला की अत्याधुनिक धारणा है।' यह क्यों 'अत्याधुनिक धारणा' है? इसलिए कि अब तक की कला और साहित्य में 'सामाजिक तत्त्व का अभाव' है। इस सामाजिक तत्त्व के अभाव के कारण साहित्य और विश्व का विकास ठीक से नहीं हो सका। वे लिखते हैं : 'मानवता के सब उच्च संस्कृति की ओर किये गये प्रयत्नों में, का मुख्य दोष सामाजिक तत्वों की अपेक्षाकृत उपेक्षा रही है, जिसके कारण विश्व-प्रगति उतनी नहीं हो सकी जितनी कि होनी चाहिए, कला उतनी नहीं बढ़ सकी जितनी कि बढ़नी चाहिए थी, विचार उतने ऊँचे और व्यापक नहीं हो सके जितने कि होने चाहिए थे। प्रगतिवाद उस मुख्य कारण को चीन्ह लेता है और कहता है कि जब तक सामाजिक न्याय नहीं होगा तब तक व्यक्ति के चिन्तन में हमेशा दोष उत्पन्न होते रहेंगे। ('प्रगतिवाद : एक दृष्टि' शीर्षक निबन्ध, मु. रचनावली, खण्ड-5, पृष्ठ-28)

समाज वर्गों में विभाजित है। वर्गों में विभाजित समाज में जो कला विकसित हुई वह शासक वर्ग की 'इच्छाओं और आकांक्षाओं' का प्रतिबिम्ब हैं। चूँकि वह समाज

शोषण के बल पर टिका हुआ है, शोषक और शोषित का फर्क है, दोनों के मध्य जो विभाजक रेखा रही है उसने कलाकारों को दलित वर्ग की ओर देखने नहीं दिया। इसलिए पुरानी कला-रचनाएँ मानवतापूर्ण होने के बावजूद सम्पूर्ण मानव-जाति की इच्छाओं की प्रतिबिम्ब न बन सकीं। इस कारण कला-साहित्य की दुनिया में व्यक्तिवादी प्रवृत्तियाँ पैदा हुईं। अब प्रगतिवाद पुरानी कला-रुचि को मिटाकर उसकी जगह उस कला-रुचि का विकास करना चाहता है, जिसमें सामाजिकता पर जोर अधिक हो, वह युग की आवश्यकताओं को लेकर चलना सीखे। युग की आवश्यकताओं को लेकर चलने का मतलब कला की उपेक्षा नहीं है। मुक्तिबोध लिखते हैं : "प्रगतिवाद कला-मार्ग बनना चाहता है। कला-शरीर की नसों में नया रक्त और नव-स्फूर्ति का संसार जनता के अथाह हृदय के सम्पर्क में आने से ही होगा। उससे अछूता रखने पर वह मर जायेगा। अतएव प्रत्येक सृजक कलाकार को जनता से चैतन्यमय सहानुभूति प्राप्त कर तेज प्राप्त करना होगा। कला या ईश्वर प्राप्त करने के लिए मन्दिरों या पुरानी श्रद्धेयताओं की ओर नहीं जाना होगा, बल्कि उस सैनिक तत्त्व, उस संग्रामशील धैर्य के अथाह आन्तरिक तेज और सन्तुलन के पास पहुँचना होगा। उसका ईश्वर सैनिक रूप में आ रहा है। विकराल मूर्तिभंजक के रूप में प्रगट हो रहा है।" (वही पृष्ठ-29)

प्रगतिवाद का ईश्वर सैनिक रूप में आ रहा है और वह विकराल मूर्ति-भंजक होगा! क्या जबर्दस्त रूपक है! कोई इसका पाठ करते हुए मध्य-काल के मूर्ति-भंजक आक्रान्ता सैनिकों तक जा सकता है लेकिन मुक्तिबोध तो प्रगतिवाद के उस स्वप्न की बात कर रहे हैं जो 'वर्ग-हीन' और 'भेद-हीन' समाज का स्वप्न है। मुक्तिबोध मनुष्य के मनोभावों को उसकी वैयक्तिक निधि मानते हैं। इससे ऊपर उठकर कल्पना के मनुष्य की जगह यथार्थ के मनुष्य, जो अधिक मूर्त हैं, की वकालत करते हैं। उनके अनुसार—"प्रगतिवाद का मानव कल्पना युग के (ऐब्सट्रैक्शन) पर आधारित नहीं है। वह मनुष्य को अधिक मूर्त रूप में ग्रहण कर रहा है। इसलिए उसमें रोमांस, प्रेम, संघर्ष, कल्पना सभी का महत्त्वपूर्ण स्थान है, क्योंकि प्रगतिवाद मानव के यथार्थ पर टिका हुआ है, इसलिए कला-व्यवस्था में उसका सबसे अधिक महत्त्वपूर्ण स्थान है।" (वही-पृष्ठ-30) लेकिन मुक्तिबोध यहीं नहीं रुकते। वे जानते हैं कि कार्य-कारण सम्बन्ध पर अधिक जोर देना यथार्थ चित्रण नहीं है। इसलिए वे विकासवाद का समर्थन तो करते हैं, पर उसमें कार्य-कारणवाद की जो यान्त्रिकता है, उसका विरोध भी करते हैं। उनके अनुसार प्रगतिवाद "जीवन को अधिक मूर्त रूप में ग्रहण' करने का आग्रही है, इसलिए 'जीवन की दृष्टि से प्रगतिवाद आज तक की सबसे ऊँची मंजिल है...।"

मुक्तिबोध साहित्य को राजनीति से अलग स्वायत्त संसार मानने के हिमायती नहीं हैं। वे मानते हैं कि साहित्य को 'वर्ग-हीन समाज-सत्ता का पुजारी' होना चाहिए। इसलिए उनके अनुसार, "राजनैतिक दृष्टि से प्रगतिवाद प्रसार का हिमायती है।" प्रसार के द्वारा एक देश के दलित दूसरे देश के दलित के सम्पर्क में आयेंगे और वर्ग-

हीन समाज-सत्ता के निर्माण के लिए क्रान्ति के वाहक बनेंगे। प्रगतिवाद कलाकारों से अपेक्षा रखता है कि, ''तुम अधिक-से-अधिक जन-हृदय के सम्पर्क में आओ और क्रान्ति को आगमनशील बनाओ।'' क्रान्ति को आगमनशील बनाने की जरूरत पर जोर देने के साथ मुक्तिबोध कलाकार से उस द्वन्द्व की अपेक्षा रखते हैं जो उसे सरलीकरण से बचाती है और यथार्थ को भीतर-बाहर दोनों ओर से देखने का आधार बनती है। वे कहते हैं : ''प्रगतिवादी एक निश्चित दार्शनिक ऐटीट्यूड उत्पन्न करता है, जो न 'स्व' से अधिक 'बाह्य' को, और न 'बाह्य' से अधिक 'स्व' को महत्त्व देता है। वह कहता है कि इन दोनों की परस्पर क्रिया-प्रतिक्रिया से विकास होता है।'' (वही)

बहुत-से कवि अपने मनोभावों को ही अपनी कविता का विषय बनाते हैं, उन कविताओं में ऊपरी तौर पर उस सामाजिकता का अभाव दीखता है जिसकी अपेक्षा प्रायः प्रगतिवादी लोग करते हैं। समाज के बीच स्वाभाविक रूप से विकसित किसी व्यक्ति के मनोभाव को मुक्तिबोध जन-विरोधी नहीं मानते। उनके अनुसार, ''जन-मन की सर्व-साधारण मनःस्थिति व्यक्ति की मनोदशाओं द्वारा प्रगट'' होती है। ऐसे, ''मनोभाव तो उत्पीड़ित वर्गों की साधारण मनःस्थिति के ही द्योतक हैं।'' ऐसे मनोभावों से सृजित साहित्य में महान् 'मनुष्य सत्य' होता है। लेकिन कई प्रगतिशील आलोचक/लेखक मनोभावों के आधार पर लिखे गये साहित्य की आलोचना करते हैं और उसे प्रगतिशील रचना नहीं मानते। ऐसे प्रगतिशीलों की मुक्तिबोध ने कड़ी आलोचना की है और अपनी एक टिप्पणी 'प्रगतिशीलता' और 'मानव सत्य' में उन्होंने लिखा है कि ये लोग हैं ''...जो मात्र क्रान्तिकारी शब्दों का शोर खड़ा करनेवालों के हिमायती के रूप में अपने सिद्धान्तों की यान्त्रिक चौखट तैयार रखते हैं—जो उसमें फिट हो जाये वह प्रगतिशील, और जो उसमें कसा न जा सके वह प्रगति-विरोधी। यह उनका प्रत्यक्ष, परोक्ष, प्रस्तुत और अप्रस्तुत, मुखर और गोपनीय निर्णय होता है। ये लोग उत्पीड़ित मध्यवर्ग के जीवन के तत्त्वों से दूर अलग-अलग होते हैं। भले ही ये लोग शाब्दिक रूप से गरीबों के कितने ही हिमायती क्यों न हों, इनका व्यक्तित्व स्वयं आत्मबद्ध, अहंग्रस्त महत्त्वाकांक्षाओं का शिकार और राग-द्वेष की प्रवृत्तियों से निपीड़ित होता है। बोध-हीन बौद्धिकता का शिकार, यह वर्ग जिस संवेदनमय कविता की आलोचना करता है, उसकी संवेदनाओं की मूल आधार-भूमि को वह हृदयंगम नहीं कर सकता।'' (रचनावली, खण्ड-5, पृष्ठ 79) ऐसे 'बोधहीन बौद्धिकों' के प्रगतिशील समाज को मुक्तिबोध प्रश्नांकित करते हैं और 'राजनैतिक शब्दोंवाली परिभाषाओं की कविता' को कविता मानने की प्रगतिवादी जिद की भर्त्सना करते हैं। ऐसे प्रगतिवादियों को वे 'अहंवादी' और 'आस्थाहीन' कहते हैं। प्रगतिशील कविता एक तरह की नहीं कई तरह की हो सकती है। प्रगतिशीलता के अनेक आयाम और रूप हैं। इसकी अनदेखी करके सीधी-सरल और सपाट लगनेवाली प्रगतिशील कविताओं को ही 'प्रगतिवादी' ढाँचे में फिट करनेवाले आलोचकों-बौद्धिकों पर प्रहार करते हुए मुक्तिबोध लिखते हैं :

"...हमारे ये साहित्यिक नेता हृदय और बुद्धि के क्षेत्र में कठोर अहंवादी हैं, कष्टग्रस्त मनुष्य जीवन के मर्मज्ञ होने के पहले वे आलोचक और मसीहा हैं। मनुष्य जीवन के भव्य संवेदना-सत्यों के प्रति उनमें आवश्यक नम्रता भी नहीं है। न इतनी आस्था है कि वे ये मानें कि युग-सत्य विभिन्न रूपों और विविध आलोकों में विविध विचारों और भावनाओं में वलयित होकर आज की कष्टग्रस्त मानवता के हृदय में अधिष्ठित है। इस आस्थाहीनता के कारण ही, उनके द्वारा समर्थित कविता में सम्पूर्ण मनुष्य की गौरवपूर्ण नीतिमत्ता, सर्वांगीण मानवीय पक्षों का भव्य दृश्य, सुकुमार भावनाओं की मनुष्योचित गरिमा दिखायी नहीं देती, वरन् पिटी-पिटायी क्रान्तिकारिता का सभामंची आत्म-प्रदर्शन दिखायी देता है।" (वही, पृष्ठ-80)

मुक्तिबोध प्रगतिवाद के समर्थक हैं, लेकिन प्रगतिशीलता की यान्त्रिक समझ के विरुद्ध भी हैं। जनता में जन-भावना में, उसकी मुक्ति में, मुक्ति के लिए किये जानेवाले प्रयत्नों में उनकी गहरी आस्था है। लेकिन प्रगतिवादी कवियों-आलोचकों की जो समझ बीसवीं सदी के चौथे-पाँचवें दशक में थी, उससे वे प्रायः असहमत हैं। यही कारण है कि वे मानते हैं कि प्रगतिशील कविता का उतना विकास नहीं हो सका, जितना कि होना चाहिए। इसलिए मार्क्सवादी होने के बावजूद वे प्रगतिशील कवि कहलाने की आकांक्षा नहीं रखते। उनका सारा संघर्ष 'नयी कविता' को प्रगतिशील चेहरा देने का, साथ ही नयी कविता का कवि कहलाने का है। वे अपने आपको प्रगतिशील कवि नहीं 'आधुनिकतावादी' कवि मानते हैं। 'दिग्विजय कॉलेज' राजनाँदगाँव, के प्राचार्य को लेक्चरर पद के लिए लिखे गये आवेदन में अपने साहित्यिक रूझान का परिचय देते हुए वे लिखते हैं : "मैं हिन्दी कविता के वर्तमान साहित्यिक परिदृश्य में प्रभावी आधुनिकतावादी रूझान का अगुआ रहा हूँ। इस रूझान का प्रतिनिधित्व करनेवाले प्रथम ग्रन्थ 'तारसप्तक' में मेरी सोलह कविताएँ शामिल हैं।" (छत्तीसगढ़ में मुक्तिबोध', सम्पादक राजेन्द्र मिश्र, पृष्ठ-291) यहाँ यह स्पष्ट है कि मुक्तिबोध अपने को 'तारसप्तक' की परम्परा से जोड़कर देखते हैं। उनकी दृष्टि में "1943 में प्रकाशित यह ग्रन्थ समग्र हिन्दी कविता को पूरी तरह नयी दिशा प्रदान करने में निर्णायक है।" (वही)

मार्क्सवादी मुक्तिबोध अपने को 'आधुनिकतावादी' कवि क्यों कहते हैं? हिन्दी की मार्क्सवादी आलोचना में 'आधुनिकतावाद' को पतनशील साहित्यिक प्रवृत्ति माना गया है और आधुनिकतावाद के लक्षण अज्ञेय और उनके समर्थक कवियों की कविताओं में देखे गये हैं। मुझे लगता है कि मुक्तिबोध इस अर्थ में अपने को आधुनिकतावादी कवि नहीं कहते। आधुनिकतावाद का आशय यहाँ प्रगतिवाद से भिन्न उस नये साहित्यिक रूझान से है जो जटिल यथार्थ को समझने में ज्यादा सक्षम है। उनका सारा संघर्ष इस नये रूझान को प्रतिष्ठित करने है। वे स्वयं मानते हैं : "इस नयी साहित्यिक प्रवृत्ति के संरक्षण की जरूरत ने मुझे समालोचना के क्षेत्र में ला खड़ा किया।" (वही)

प्रगतिवाद और प्रगतिशीलता से सम्बन्धित मुक्तिबोध की टिप्पणियों से स्पष्ट है कि वे पुरानी साहित्यिक रूढ़ियों और चेतना के विरुद्ध हैं, वे नये साहित्य और समाज के निर्माण का स्वप्न देखते हैं। वे प्रगतिशीलता को एकरेखीय और सरलीकृत अवधारणा मानने के खिलाफ हैं और यथार्थ को जटिल तथा बहुस्तरीय मानते हैं। इसलिए वे बिना नाम लिये उन प्रगतिशील लोगों की आलोचना करते हैं जो प्रगतिशीलता को कुछ राजनीतिक सिद्धान्तों तक सीमित कर देना चाहते हैं। इसके लिए वे दोतरफा संघर्ष करते हैं। नयी काव्य प्रवृत्ति—जिसे आगे चलकर नयी कविता कहा गया—को प्रतिष्ठित करने का संघर्ष तो वे करते ही हैं; प्रगतिशील आन्दोलन के भीतर जो यान्त्रिक समझ विकसित हो गयी थी, उससे भी कड़ा संघर्ष करते हैं। इसलिए उनका संघर्ष भीतर-बाहर दोनों स्तरों पर है। उनके संघर्ष का तीसरा धरातल भी है। वह है प्रगतिशीलता के विरोधियों का 'व्यक्ति-स्वातन्त्र्य।' 'अन्तर्मुखता' और 'व्यक्ति-स्वातन्त्र्य' की चर्चा एक जमाने में प्रगतिवाद के विरोधी कवि लेखक करते थे। मुक्तिबोध मानते हैं कि, " 'कष्टग्रस्त जीवन' के कारण कवि में 'अन्तर्मुखता' विकसित होती है। मुक्तिबोध के अनुसार प्रगतिशीलता के विरोधी 'अन्तर्मुखता' के मूल उद्वेगों के क्रान्तिकारी अभिप्रायों को दबाकर, उस अन्तर्मुखता को इस प्रकार से प्रोत्साहन देते हैं कि वह अन्तर्मुखता अपने प्रधान विद्रोहों से छूटकर अलग हट जाये। अन्तर्मुखता में 'व्यक्ति' को ही प्रधान मानकर उस व्यक्ति को सामाजिक परिवर्तन के आग्रही शक्तियों से अलग हटाते हुए, वे 'व्यक्ति-स्वातन्त्र्य' की घोषणा करते हैं।" (रचनावली, खण्ड-5, पृष्ठ-80)

प्रश्न है कि मार्क्सवाद और प्रगतिवाद को व्यापक-जनपक्षधर विचार-प्रवृत्ति माननेवाले मुक्तिबोध प्रगतिशील कविता को नये यथार्थ के चित्रण के लिए क्यों अपर्याप्त मानते हैं? और नयी कविता इस दायित्व के निर्वहन के लिए ज्यादा उपयुक्त क्यों? नागार्जुन, केदारनाथ अग्रवाल की कविता में क्या वह द्वन्द्व और तनाव नहीं है जिसे मुक्तिबोध नये यथार्थ चित्रण के लिए जरूरी मानते हैं? प्रगतिशीलता सम्बन्धी मुक्तिबोध की और नागार्जुन-केदार की धारणाओं में जो फर्क है, वह वस्तुतः गाँव और किसान-मजदूर के नजरिये से समाज को देखने के आग्रह का परिणाम है। मुक्तिबोध के यहाँ प्रगतिशीलता का जो आग्रह है वह मार्क्सवाद के प्रभाव से निर्मित शिक्षित शहरी मध्यवर्गीय व्यक्ति का है। भारत जैसे विशाल देश में जीवन और जीवन-यथार्थ का जो वैविध्य है, उसे कई स्तरों पर देखे जाने की जरूरत क्या नहीं है? मुक्तिबोध जिस शिक्षित मध्यम-वर्ग से आते हैं, उस नजरिये से प्रगतिवाद और प्रगतिशील आन्दोलन का किया गया उनका मूल्यांकन क्या निर्विवाद है? जिस 'तारसप्तक' को वे 'समग्र हिन्दी कविता को पूरी तरह नयी दिशा प्रदान करनेवाला निर्याणक' ग्रन्थ मानते हैं, उसी 'तारसप्तक' के कवि अज्ञेय उन्हें 'आत्मान्वेषण' का कवि घोषित करते हुए जो कहते हैं, वह मुक्तिबोध के कवि-मन और उनके समाज-बोध का परिचय देता है : "मुक्तिबोध

आत्मान्वेषण के कवि थे, पर यह एक आत्मान्वेषण, अपनी किसी विशिष्टता की खोज नहीं थी, यह अपने उस रूप की खोज थी जो कवि को पूरे समाज से, मानव मात्र से, मिला दे। कोई सोच सकता है कि कवि को आत्मान्वेषी कहना उसकी अवमानना करना है, पर मैं इसे कठिनतर यात्रा समझता हूँ, और कवि मुक्तिबोध का विशेष सम्मान इसलिए करता हूँ कि वह आजीवन इस कृच्छ्र साधना में लगे रहे, अपने भीतर पैठना पर पैठकर उसे बाहर लाना जो अपना नहीं, सबका है। यह किसी के लिए भी कठिन कार्य है, मुक्तिबोध की परिस्थितियों में और भी कठिन था, पर वह निष्ठापूर्वक उसमें लगे रहे।'' (आत्मान्वेषण का कवि, तिमिर में झरता समय, सम्पादन-राजेन्द्र मिश्र, पृष्ठ-9)

मुक्तिबोध और छायावाद

प्रणय कृष्ण

साहित्य और समाज के रिश्तों को समझने और समझाने के लिए मुक्तिबोध ने हिन्दी साहित्य के जिस ऐतिहासिक काल-खण्ड और प्रवृत्ति के साथ सर्वाधिक मुठभेड़ की, वह छायावाद ही है। छायावाद उनके लिए सिर्फ व्यतीत काव्य-प्रवृत्ति या अभिरुचि न थी, बल्कि छायावाद की छायाएँ खुद उनके समकाल पर लम्बी पड़ रही थीं। प्रसाद जी को छोड़ सभी बड़े छायावादी कवि रचना-काल के स्तर पर मुक्तिबोध के समकालीन थे। निराला और पन्त प्रगतिवाद और नयी कविता की संवेदना के साथ अन्तःक्रिया में थे। लेकिन आलोचना की दुनिया में अभी भी छायावादी संस्कारों की ही प्रधानता थी। प्रगतिवादी आलोचना अभी काफ़ी इकहरी थी और नयी कविता जिस भाव-बोध को प्रकट कर रही थी, उसे समझने में खुद प्रगतिवादी आलोचना की ऐतिहासिक सीमाएँ बहुत बड़ी बाधा उत्पन्न कर रही थीं। छायावाद को वे भाववादी समीक्षा का प्रेरक मानते थे और यह भी मानते थे कि उससे प्रेरित भाववादी समीक्षा खुद छायावाद की केवल मनोवैज्ञानिक व्याख्या ही प्रस्तुत कर पा रही है, जो अपूर्ण और असंगत तो है ही, छायावाद के साथ न्याय भी नहीं कर पा रही। मुक्तिबोध ने लिखा, "छायावाद की आलोचना करनेवाले हमारे महान् आलोचक छायावाद के निःसहाय बच्चे हैं।" प्रसाद ने 'नारी तुम केवल श्रद्धा हो, विश्वास-रजत-नग-पग-तल में' कहा तो आलोचकों ने नारी का कैसा-कैसा आदर्शीकरण नहीं किया! वास्तविक नारी और समाज में उसके व्यक्तित्व की गरिमा की स्थापना के लिए सामाजिक संघर्ष आदि बातें छूट गयीं। छायावादी आलोचक छायावाद के कल्पना-स्वप्नों के उलझे और भटकाव-भरे मार्ग पर ही चले। छायावादी सम्मोह और उसके अद्वैतवादी प्रयास साहित्यिक आलोचना के मानदण्ड नहीं हैं। इन सम्मोह, कल्पना-स्वप्नों का भावुक विवरण, विश्लेषण नहीं है। बताया जाना चाहिए था कि छायावादी मनोवृत्ति क्यों और कैसे उत्पन्न होती है। उसमें सन्निहित भावों और मनोविचारों और जीवन-मूल्यों से आच्छन्न होने की कोई ज़रूरत ही नहीं थी। (नवीन समीक्षा का आधार, 1956)

छायावाद भारतीय पुनर्जागरण या नवजागरण और राष्ट्रीय मुक्ति-आन्दोलन का सहचारी था। उसकी ऐतिहासिक उपस्थिति और प्रभाव की व्यापकता काफी

थी। नयी कविता के प्रगतिशील आयामों का आलोचकीय विशदीकरण काव्य और आलोचना के स्तर पर छायावादी अभिरुचि और रचना-प्रक्रिया से मुठभेड़ के बगैर सम्भव ही न था।

साहित्य की परम्परा की बात एक ओर रख दी जाये, तो भी छायावादयुगीन सामाजिक संरचना और उससे निकली वर्चस्वशाली वैचारिक निर्मितियाँ आज़ादी के बाद भी अपनी निरन्तरता बनाये हुए थीं। वह भारतीय मध्यवर्ग जिसका व्यक्तिवाद सामन्ती संस्कारों से लड़े बगैर अपनी भौतिक और आत्मिक दुनिया रच रहा था, छायावाद-युग तक सिमटा हुआ नहीं था, बल्कि उत्तर-औपनिवेशिक भारत में भी बदस्तूर विराजमान था। फर्क इतना ज़रूर पड़ा था कि एक निम्न मध्यवर्ग भी व्यापक होता जा रहा था जिसकी मुश्किलें बहुत थीं और जिसमें यह सम्भावना थी कि वह सामन्त-पूँजीपति-वर्गों की वैचारिक प्रभाव-छायाओं से मुक्त होकर किसान-मजदूर-दलित-दमित तबकों के साथ खुद को लामबन्द कर सके। मुक्तिबोध नयी कविता की प्रगतिशील प्रवृत्तियों को इसी तबके की सम्भावनाओं से जोड़कर देखते थे। लेकिन "नयी कविता का जन्म छायावादी व्यक्तिवाद के विरुद्ध यथार्थोन्मुख व्यक्तिवाद की ही बगावत थी।" उसमें सामाजिकता का जो अभाव था वह नयी कविता को प्रगतिशील दिशा में ले जाने में बाधक था। यह 'व्यक्तिवाद' की पूँजीवादी प्रवृत्ति ही थी जो छायावाद और नयी कविता के एक प्रबल स्वर को एक सूत्र में बाँधती थी। इससे लड़े बगैर नयी कविता की सामाजिकता का विस्तार सम्भव नहीं था, न ही उसे प्रगतिशील दिशा में अग्रसर कर पाना। वास्तव में नयी कविता के भीतर इन दो प्रवृत्तियों के संघर्ष को परिप्रेक्ष्य देने के लिए भी मुक्तिबोध को निकट अतीत की सबसे बड़ी साहित्यिक परिघटना यानी 'छायावाद' को समझने-समझाने की ओर जाना पड़ा, जहाँ से साहित्य-क्षेत्र में 'व्यक्तिवाद' का ज़ोरदार पदार्पण होता है। उन्होंने काव्य की रचना-प्रक्रिया के जो सूत्र विकसित किये और जिन आलोचनात्मक मानों का विकास किया वे छायावाद के अध्ययन के दौरान ही समृद्ध हुए चाहे वह फन्तासी के शिल्प की बात हो अथवा सभ्यता-समीक्षा का मानक।

आलोचना में मुक्तिबोध जिस 'ऐतिहासिक-समाजशास्त्रीय और मनोवैज्ञानिक-सौन्दर्यात्मक विवेचना की सम्पूर्ण एकात्मता' चाहते थे, उसे व्यावहारिक धरातल पर प्रस्तुत करना छायावाद की आलोचना के ज़रिये ही सम्भव था। 'कामायनी : एक पुनर्विचार' लिखकर उन्होंने इस कार्य-भार को पूरा किया। छायावादयुगीन समाज, राजनीति और विचारधाराओं का उन्हें प्रत्यक्ष अनुभव और ज्ञान था। छायावादयुगीन सौन्दर्य-प्रेरणाओं ने, खासकर माखनलाल चतुर्वेदी स्कूल की कविताओं ने उनके आरम्भिक काव्य पर प्रभाव डाला था। पहले भी कहा गया कि प्रसाद जी को छोड़ सभी छायावादी कवि रचना-काल की दृष्टि से उनके समकालीन भी थे। कुल

मिलाकर छायावाद की आलोचना के लिए जिस प्रामाणिक तैयारी की ज़रूरत थी, वह उनके पास खूब थी। 'समाज और साहित्य' शीर्षक निबन्ध 'कामायनी : एक पुनर्विचार' के परिशिष्ट के रूप में ही छपाने के लिए शायद लिखा गया था। रचनावली में सूचित है कि मुक्तिबोध की 'कामायनी' शीर्षक पुस्तक के अन्तिम अंश के रूप में यह मुद्रित तो था, लेकिन अप्रकाशित रहा। इस लेख में मुक्तिबोध ने ऐतिहासिक-समाजशास्त्रीय आलोचना (जो उनके लिए प्रगतिवादी आलोचना का ही पर्याय था) की ज़रूरत और हिन्दी में उसकी कमी पर गहराई से विचार किया। उन्होंने इसी लेख में लिखा, "...हमारी आपत्ति यह है कि छायावादी काव्य की मान्यताओं के आधार पर कोई साहित्य सिद्धान्त तैयार नहीं हो सकता। साधारण रूप से साहित्य तथा सौन्दर्य की आदर्शवादी-रहस्यवादी व्याख्या करने के हेतु, साहित्य में जो उदाहरण प्रस्तुत किये जाते हैं, वे छायावादी या तत्समान अन्य काव्य से ही लिये जाते हैं।" ज़ाहिर है कि छायावादी काव्य की मान्यताओं पर आधारित साहित्य सिद्धान्त के बरक्स 'ऐतिहासिक-समाजशास्त्रीय और मनोवैज्ञानिक-सौन्दर्यात्मक विवेचना की सम्पूर्ण एकात्मता' वाले साहित्य सिद्धान्त के लिए सबसे बड़ी चुनौती खुद इस दृष्टि से छायावाद की आलोचना प्रस्तुत करने की थी। अन्यथा छायावाद के लिए तो सौन्दर्यात्मक-मनोवैज्ञानिक पद्धति की आलोचना और प्रगतिवाद के लिए ऐतिहासिक-समाजशास्त्रीय पद्धति की आलोचना का एक कामचलाऊ, सुविधाजनक, सार-संग्रहवादी विभाजन का रास्ता ही रह जाता। मुक्तिबोध ने उपर्युक्त लेख में बेबुस्की को उद्धृत करते हुए अपना रास्ता स्पष्ट कर दिया था, "समालोचना केवल एक ही होनी चाहिए, और उसके विविध-पक्षीय मत एक ही सर्व-सामान्य मूल-स्रोत, एक ही कला-चिन्तन से उद्‌गत होने चाहिए।" (बेबुस्की) लेकिन नया काव्य-चिन्तन या सौन्दर्यशास्त्र तब तक अपने प्रतिमानों की श्रेष्ठता स्थापित नहीं कर सकता था जब तक वह छायावाद जैसी निकट अतीत की बड़ी और व्यापक प्रभाववाली साहित्यिक परिघटना के मूल्यांकन के रास्ते अपने औजारों की प्रामाणिकता स्थापित न करे। प्रगतिशील आलोचना में सर्वाधिक गम्भीरता से इस दायित्व को मुक्तिबोध ने निभाया। रामविलास शर्मा ने 'निराला की साहित्य-साधना' और नामवर सिंह ने 'छायावाद' लिखकर अपने-अपने ढंग से छायावाद के बारे में प्रगतिशील आलोचना की विश्वसनीयता को प्रमाणित किया। यह अलग विवाद का विषय है कि इन दोनों आलोचकों ने खुद नयी कविता और प्रगतिवाद की आलोचना में किस हद तक इस ऐतिहासिक-समाजशास्त्रीय और मनोवैज्ञानिक-सौन्दर्यात्मक आलोचना की श्रेष्ठता को प्रमाणित किया।

मुक्तिबोध के लिए 'साहित्य विवेक मूलतः जीवन-विवेक है।' लिहाजा आलोचना उनके लिए साहित्य में अभिव्यक्त जीवन की प्रक्रियाओं की व्याख्या है, सभ्यता-समीक्षा है, समय और समाज को समझने का उपक्रम है, जो शोषणमुक्त

और स्वतन्त्र समाज में नये इन्सान के जनमने के लक्ष्य में सहायता पहुँचाये। 'कामायनी : एक पुनर्विचार' इसीलिए सिर्फ कोई साहित्यालोचन की आम किताब नहीं है। उस पुस्तक के निहितार्थ कितने दूरगामी हैं, इसके लिए उस तेजस्वी समीक्षा के चन्द सन्दर्भों को याद कर लेना ही काफ़ी है। वे हैं—भारतीय मध्यम-वर्गों की पहली कई पीढ़ियों का औपनिवेशिक पूँजीवादी परिस्थिति में सामन्ती पृष्ठभूमि की टूटन और दरारों से ही उदित होना परिणामस्वरूप सामन्ती ध्वंसावशेष और नये व्यक्तिवाद के जटिल अन्तर्सम्बन्धों का आकार ग्रहण करना तथा अद्वैतवाद की मध्यस्थता से 'भारतीय संस्कृति' और 'राष्ट्रवाद' के सामान्य-बोध का गठन विषमता के वास्तविक स्त्रोतों पर पर्दा डालकर उनका अन्यथाकरण, लौकिक रोगों के अलौकिक निदान के लिए 'समरसता' जैसे सिद्धान्त का अवलम्ब आदि तमाम ऐसे सन्दर्भ हैं जिनसे बिलकुल आज की भारतीय परिस्थितियों को समझने की भी दृष्टि मिलती है। कामायनी के रहस्यवाद की राजनीतिक-अर्थशास्त्रीय आधार-भूमि की तलाश करते हुए मुक्तिबोध ने लिखा, "जिस पूँजीवाद ने अपने उत्थान-काल में धर्म के मजबूत पंजों से जनता के मन को छुटकारा दिलाया, वही पूँजीवाद आगे चलकर अपने चरमराते ढाँचे को थामने के लिए, धर्म या किसी-न-किसी दार्शनिक रहस्यवाद का सहारा लेता ही है।" लेकिन इससे भी ज़्यादा महत्त्वपूर्ण बात यह कि, "भारतीय पूँजीवादी सभ्यता में शुरू से ही ह्रासग्रस्त सभ्यता के तत्त्व विराजमान थे।" इसीलिए पूँजीवादी भारतीय राष्ट्रवाद भी सदैव धर्मग्रस्त रहा। रवि ठाकुर और प्रसाद जी का रहस्यवादी मानवतावाद उसे चुनौती न दे सका। मुक्तिबोध ने लक्ष्य किया कि प्रसाद की सर्वश्रेष्ठ रचनाएँ और चिन्तन प्रथम विश्वयुद्ध के कुछ पहले से लेकर दूसरे विश्वयुद्ध के पहले तक के काल के हैं जिस दौर में भारतीय पूँजीवाद पश्चिमी पूँजीवाद के साथ आन्तरिक सम्बन्ध बना चुका था। छायावादी रहस्यवाद और वायवीयता की आलोचना शुक्ल जी ने भी कम नहीं की थी, लेकिन उसके राजनीतिक और समाजार्थिक आधार-भूमियों की पहचान न कर सके थे। वास्तव में छायावाद की आलोचना के माध्यम से मुक्तिबोध ने भारतीय पूँजीवाद के स्वरूप, उसकी सांस्कृतिक निष्पत्तियों, उसकी समाज-रचना के तत्त्वों और उन पर खड़ी विचार-प्रणालियों, भाव-भूमियों और भविष्य कल्पनाओं की गहरी पड़ताल की थी। छायावाद की आलोचना भारत के स्वाधीनता संघर्ष, भारतीय राष्ट्र की निर्माण प्रक्रिया, विश्व परिस्थितियों से उसके सम्बन्ध, परम्परा और आधुनिकता के संघात से पैदा होने होनेवाले विश्व-दृष्टिकोण को सामने लाने में अत्यन्त मूल्यवान् साबित हुई। भारतीय मध्यवर्ग के उद्भव और विकास पर अनेक पुस्तकें पिछले एक-दो दशक में अंग्रेज़ी में छपकर आयीं, लेकिन ऐतिहासिक रूप से भारतीय मध्यवर्ग की जो लाक्षणिक विशेषताएँ 'कामायनी : एक पुनर्विचार' में प्रस्तुत की गयी हैं, वे उन किताबों में नहीं मिलतीं। एक बानगी

देखें, "...मध्यवर्ग की सांस्कृतिक चेतना, भारतीय प्राचीनता की गौरव भावना के नाम पर, सामन्ती संस्कार लिये हुए थीं। उन संस्कारों को विभिन्न प्रकार से गौरव प्रदान किया गया, अर्थात उन संस्कारों के नये संस्करण भी हुए... इसका अर्थ यह नहीं है कि इस वर्ग ने व्यक्तिवादी धरातल पर कुछ दिया ही नहीं। इसका अर्थ यह भी नहीं है कि राष्ट्रीय मुक्ति के प्रति उसके मन में उपेक्षा थी। इसका अर्थ यह भी नहीं है कि यह वर्ग नवीन मुक्तिकामी सामाजिक आन्दोलनों का विरोध करता रहा। इसका अर्थ केवल यह है कि उसके सृजनशील व्यक्तिवाद की सीमा-रेखाएँ सामन्ती संस्कारों के नये संस्करणों द्वारा निश्चित की जा चुकी थीं।" आधुनिक भारत में साहित्य का उत्पादक वर्ग तब से यानी 19वीं सदी के उत्तरार्द्ध से लेकर आज तक मध्यवर्ग ही है, भले ही उसमें दलित और स्त्री-स्वरों ने अलग विशेषताएँ पैदा की हों। छायावाद हो या नयी कविता, भारतीय मध्यवर्ग की ऐतिहासिक सामर्थ्य और सीमा को पहचानते हुए, उसमें हो रहे सूक्ष्मतम बदलावों का साहित्य के उत्पादन पर, उसकी प्रवृत्तियों पर क्या असर है, इसे मुक्तिबोध से ज़्यादा किसी और ने रेखांकित नहीं किया। छायावाद के अध्ययन ने मुक्तिबोध को साहित्य के उत्पादक और उपभोक्ता मध्य-वित्त तबकों की व्यापक समाज में अवस्थिति और इस परिस्थिति में बन रहे उनके ज्ञानात्मक-संवेदन/संवेदनात्मक-ज्ञान का गहराई से मन्थन करने की ओर प्रेरित किया। मध्यवर्गीय विमर्श हमारे साहित्य का सबसे बड़ा दायरा घेरता है, जो सभी अस्मिताओं को परिव्याप्त किये हुए है, लेकिन मुक्तिबोध ने कोई मध्यवर्गीय विमर्श नहीं छेड़ा था, बल्कि उन्होंने सदैव ही पूँजीवादी राजनीतिक-अर्थ-तन्त्र के सबसे दमित, शोषित तबकों के साथ मिलकर मानवीय मुक्ति की राह खोजने के सन्दर्भ में ही मध्यवर्ग की विवेचना-आलोचना प्रस्तुत की थी।

'समरसता' की आज बहुत चर्चा है। प्रसाद जी द्वारा कामायनी में इस प्रत्यय का उपयोग विषमता को जागतिक स्तर पर शाश्वत मानते हुए दार्शनिक स्तर पर अभेद की स्थापना के स्तर पर किया गया था। आज के शासक तबकों ने 'समरसता' को 'समता' के सिद्धान्त के विकल्प के बतौर सचेत रूप से खड़ा किया है। अब परिवार के भीतर पुरुष और स्त्री के बीच असमानता, मालिक और मजदूर के बीच असमानता, उच्च वर्णों के लोगों और दलितों के बीच असमानता को 'समरसता' के माध्यम से गौरवान्वित किया जा रहा है। 'समरसता' अब एक दार्शनिक नहीं, बल्कि सामाजिक-राजनीतिक संकल्पना है जिसकी आनुवंशिकी समझने के लिए मुक्तिबोध की कामायनी सम्बन्धी आलोचना आज भी बहुत उपयोगी है। प्रसाद जी को विषमता कचोटती थी, लेकिन अपने वर्ग की ऐतिहासिक-राष्ट्रीय सीमाओं के चलते वे उसे शाश्वत और सामाजिक स्तर पर असमाधेय मानने को विवश थे, अतः समाधान उन्हें दार्शनिक 'समरसता' में मिला। आज के शासक

विषमता को 'मैनेज' करने के लिए, उसे विषमता से पीड़ित लोगों की चेतना में शाश्वत और वैध बनाने के लिए 'शोषक और शोषितों के बीच' सहयोग और सहकार के एक सामाजिक रहस्यवाद के रूप में 'समरसता' की संकल्पना को विकसित कर चुके हैं।

मुक्तिबोध ने छायावाद के कवियों में विशेष रूप से प्रसाद और पन्त पर लिखा और उत्तर-छायावाद के कवियों में थोड़ा बच्चन पर और फिर विस्तार से दिनकर की 'उर्वशी' पर लिखा। उन्होंने छायावाद पर लिखते हुए उसी छायावादी दौर में विद्यमान अपेक्षया अधिक प्रगतिशील प्रवृत्तियों की चर्चा करते हुए भी छायावाद की सीमाएँ बतायीं। इसका इतना ही अर्थ है कि छायावाद की सभी सीमाएँ सिर्फ़ ऐतिहासिक नहीं थीं, बल्कि उनका सम्बन्ध उसके प्रमुख किरदारों की वर्ग-स्थिति और रूझान, जीवन-अनुभवों के स्वरूप, मानसिक बनावट, सामाजिक दृष्टिकोण और विश्व-दृष्टि से भी अवश्य था। एक ही समय-परिस्थिति में अलग-अलग किस्म की साहित्यिक प्रवृत्तियों का होना ही बताता है कि साहित्य-सृजन का इतिहास और समाज के साथ सम्बन्ध यान्त्रिक नहीं होता। प्रेमचन्द के बारे में लिखते हुए छायावाद के बरअक्स उनके महत्त्व को दर्शाना वे नहीं भूलते। उन्हीं के शब्दों में, "प्रेमचन्द जी भारतीय क्रान्ति के एक पक्ष का चित्रण करते थे। वे उस क्रान्ति के एक अंग थे। किन्तु अन्य साहित्यिक उस क्रान्ति का एक अंग होते हुए भी उसके सामाजिक पक्ष की संवेदना के प्रति उन्मुख नहीं थे। वह क्रान्ति हिन्दी साहित्य में छायावादी व्यक्तिवाद के रूप में विकसित हो चुकी थी।" (मेरी माँ ने मुझे प्रेमचन्द का भक्त बनाया, 1953-57 के बीच) उस दौर की अत्यन्त महत्त्वपूर्ण उपलब्धि के बतौर सुभद्रा कुमारी चौहान के काव्य पर उनका लम्बा लेख प्रकाशित हुआ। छायावाद की मुख्य धारा से अलग सुभद्रा जी के काव्य में उन्होंने "जन-संघर्ष में भाग लेनेवाली स्त्री-कवि का संवेदनात्मक जीवन, पारिवारिक-सामाजिक-राष्ट्रीय परिस्थिति के अन्तर्गत, विविध मानव-सम्बन्धों की अनुभूति और उस पर आश्रित विविध भावों का जीवन" लक्ष्य किया, जबकि छायावादी काव्य-व्यक्तित्व के भाव-विचार जिस सामाजिक-राष्ट्रीय-पारिवारिक परिधि में बने, वे उस परिधि से बहुत दूर, ऐकान्तिक और मानसिक होते गये। "वस्तु भी मानसिक हुई और उस पर प्रतिक्रिया भी मानसिक हुई।" पन्त पर लिखे लम्बे लेख में वे छायावाद के दो महत्त्वपूर्ण कवियों—प्रसाद और पन्त की तुलना करते हुए उनके विशिष्ट काव्य-स्वभावों का जैसा विवेचन किया है, वैसा छायावाद के बड़े आलोचक इन कवियों पर पूरे-पूरे ग्रन्थ लिखकर भी न कर सके। 'कामायनी : एक पुनर्विचार', हमने पहले भी कहा, कि साहित्यालोचन का आम ग्रन्थ नहीं है। जो लोग 'साहित्यिकता' का सीमित अर्थ लेते हैं, उन्हें उसमें आलोचक मुक्तिबोध प्रसाद जी के प्रति कुछ अधिक कठोर मालूम दें, तो आश्चर्य नहीं, लेकिन ध्यान से पढ़ें तो

कवि प्रसाद की सामर्थ्य का भी वैसा रेखांकन और विवेचन शायद ही कहीं मिले। उन्होंने एक कृति को उसके समूचे परिवेश में रखकर परखा जिसमें समाजेतिहास, राष्ट्र, वर्ग, स्त्री-पुरुष सम्बन्ध, विश्व-स्थिति, सभ्यता-समीक्षा, लेखक का विश्व-दृष्टिकोण, उसकी अनुभव और अभिव्यक्ति प्रणाली—सभी कुछ आ जाते हैं। मुक्तिबोध ने 'सुमित्रानन्दन पन्त : एक विश्लेषण' में प्रसाद जी के कवि-स्वभाव और उसकी सामर्थ्य का ज़बरदस्त चित्र खींचा है, "प्रसाद जी वस्तुत : अन्तर्मुख कवि हैं। वे भावों को इस प्रकार अनुभूत करते हैं, इस तरह पहचानते हैं, जैसे हम अपने घर की भीत, टेबिल, दवात, छड़ी आदि वस्तुएँ अच्छी तरह जानते हैं।...भाव चाहे जितने ग्रन्थिक क्यों न हों, प्रसाद में ऐसी विश्लेषण-प्रधान मर्म-दृष्टि थी कि जो उन भावों को, सारी जटिलता और समग्रता के साथ, किन्तु फिर भी जहाँ तक बन सके वहाँ तक सरलीकृत रूप में, विश्लेषित और संश्लेषित रूप में चित्रित करती थी।" पन्त जी पर तो यह पूरा लेख ही है। मुक्तिबोध ने प्रसाद जी से तथा एकाध जगह निराला और महादेवी से पन्त के कवि-स्वभाव की भिन्नता दिखलाकर पन्त के काव्य-व्यक्तित्व का गहरा विश्लेषण किया है। पन्त की संवेदना भिन्न प्रकार की थी। वे प्रसाद जी के मुकाबले कम अन्तर्मुख थे। उन पर अपने निज का बोझ कम था। प्रसाद जी की तरह अन्तर्मन के गहन भाव-दृश्यों में विश्लेषण-प्रधान मर्म-दृष्टि के साथ उलझ कर, समग्र और संश्लिष्ट अभिव्यक्ति उनकी विशेषता न थी। उनके भाव सरल हैं, उनका आवेग भी कम है और उन्हें व्यक्त करनेवाली भाषा की मात्रा भी अल्प है। पन्त जी जटिल मनोभावों की जगह मनःस्थितियों और मनोदशाओं के कवि हैं। चिन्तन-प्रधान दार्शनिकता और उसकी ज्ञान-व्यवस्था का बोझ कम होने से उन्हें लाभ भी हुआ और हानि भी। मुक्तिबोध के शब्द हैं, "...मुक्त और निरहंकार भाव से, निर्मल और निःस्वभाव से, वास्तव की ओर जाने के जो फायदे हो सकते हैं, वे सारे लाभ पन्त जी को मिले।" वे वास्तव का तकाज़ा अधिक सुन सकते थे, जबकि "प्रसाद जी की दृष्टि में, बाह्य वास्तव के तकाज़े से अपने भीतरी ज्ञान का तकाज़ा अधिक महत्त्वपूर्ण और निर्णयात्मक था।" इसीलिए पन्त बदलती बाह्य वास्तविकताओं और उनमें निहित भाव-धाराओं के साथ, राष्ट्रवाद से लेकर मार्क्सवाद तक सहानुभूति का विस्तार आसानी से कर सके। मुक्तिबोध ने पन्त द्वारा खुद को दोहराने और उनकी 'विचारात्मकता' के खतरों की ओर भी इशारा किया।

आज से कोई डेढ़ दशक पहले इन पंक्तियों के लेखक ने मुक्तिबोध द्वारा निराला पर कोई स्वतन्त्र लेख न लिखे जाने को लेकर कुछ कयास लगाये थे। अन्य लेखकों-आलोचकों ने भी यहाँ-वहाँ इस बात पर आश्चर्य व्यक्त किया है। मुक्तिबोध के जीवन की परिस्थितियों, उनकी अल्पायु आदि अनेक कारण ऐसे हो सकते हैं, जिनके कारण हम निराला पर उनका स्वतन्त्र लेख न मिलने को एक

संयोग मान सकते हैं। बावजूद इसके, उन्होंने प्रसंगवश कई जगह निराला का उल्लेख किया है और लगभग हर जगह उनकी महत्ता को रेखांकित करते हुए, यहाँ तक कि छायावाद के अन्य कवियों की तुलना में भी। 'नयी कविता की अन्तःप्रकृति : वर्तमान और भविष्य' (1959) में उन्होंने लिखा कि छायावादियों के मुक्त छन्द के प्रयोगों का 'तार-सप्तक' वालों ने पूरा लाभ उठाया और आगे चलकर नये कवियों ने उसे पद्याभास गद्य का रूप दिया। लेकिन यह लिखने से पहले 'पद्याभास गद्य' की शुरूआत करने का श्रेय वे निराला को देते हैं। निराला को वे सभी छायावादी कवियों के बीच अपने बाह्य परिवेश के प्रति सर्वाधिक द्वन्द्वात्मक और संघर्षात्मक संवेदनात्मक प्रतिक्रियाओंवाला कवि मानते हैं। पद्याभास गद्य उनके यहाँ इसीलिए ही मिलता है क्योंकि वैसा प्रयोग निराला की काव्य-वस्तु और परिवर्तनशील संवेदना के अनुरोध से आता है। मुक्तिबोध के शब्दों में, "...पद्याभास गद्य में बाह्य परिवेश से की जानेवाली संवेदनात्मक प्रतिक्रियाओं और भाव-प्रक्रियाओं को उनके सहज प्रवाही और पूर्ण रूप में उपस्थित किया जा सकता है।" पन्त जी पर लिखे ऊपर उद्धृत लेख में वे पन्त जी की वास्तवोन्मुखता के सीमित होने के प्रसंग में लिखते हैं, "जीवन-अस्तित्व की रक्षा और विकास के घनघोर संघर्ष में पड़कर यह मनोरचना अधिकाधिक वास्तवोन्मुख हो भी सकती थी। प्रसाद और उनसे अधिक निराला को जीवन-संघर्ष के अपने-अपने ढंग के अनुभव हैं।" आगे उन्होंने वास्तविकता के साथ पन्त जी के सम्बन्ध पर टिप्पणी करते हुए फिर से लिखा, "वास्तव में उनका सम्बन्ध द्वन्द्वात्मक-संघर्षात्मक नहीं रहा। इसके विपरीत, निराला और प्रसाद को अपने -अपने ढंग से, अपनी-अपनी दिशा में, द्वन्द्वात्मक स्थिति में आना पड़ा। वास्तविक जीवनानुभव की जितनी सम्पन्नता निराला और प्रसाद में है (महादेवी में भी), उतनी उस हद तक उस मात्रा में पन्त जी के पल्ले नहीं पड़ी।" आगे भी इस लेख में वे निराला के स्थिति-रक्षा के संघर्ष का उल्लेख करते हैं। ध्यान रहे कि मुक्तिबोध खुद स्थिति-रक्षा के भीषण संघर्ष से मृत्यु-पर्यन्त गुज़रते हैं। क्या मुक्तिबोध इस बिन्दु पर निराला के साथ गहराई से आइडेण्टिफाई नहीं करते? जब हम किसी से बहुत ज़्यादा आइडेण्टिफाई करते हैं, तो उसे खुद से थोड़ी दूरी पर रख, उसके बारे में तटस्थ देख और लिख पाना शायद मुश्किल होता है, ऐसा मुझे कभी-कभी लगता है। क्या निराला को लेकर मुक्तिबोध के साथ भी ऐसा ही था? निराला की सरोज को तो फिर भी अठारह साल मिल पाये थे, मुक्तिबोध की सरोज को तो उसके आधे भी नसीब न हुए। इसी लेख के अन्तिम हिस्से में मुक्तिबोध ने निराला की विशिष्टता को यों रेखांकित किया, "ध्यान रखिये कि छायावाद के कवि चतुष्टय में से प्रसाद जी समाज और सभ्यता की व्याख्या करते हुए अरूप आध्यात्मिक सामरस्यवाद की ओर निकल गये...महादेवी जी समाज और सभ्यता के चक्करों में ही नहीं पड़ीं, काव्य द्वारा। केवल निराला जी संघर्षानुभवों द्वारा आज

की जन-स्थिति की ओर उन्मुख हुए। एक पन्त जी ही हैं (निराला जी के अतिरिक्त) जो अपनी विशुद्ध ऐतिहासिक अनुभूति के फलस्वरूप जनता के साथ हैं।'' त्रिलोचन के काव्य में भावनाओं के व्यापक औदार्य के साथ एक सधाव और तटस्थता को वे निराला जी का प्रभाव मानते हैं। 'धरती : एक समीक्षा' शीर्षक इस लेख में वे लिखते हैं, ''...भाषा के सुपरिष्कृत रूप और स्वर की गीतात्मकता के पीछे जो गीतात्मक भाव है, वह बुद्धि द्वारा काफ़ी अनुशासित है। यह भी निराला जी की ही एक विशेषता है, जो त्रिलोचन में भी मिलती है।'' मुक्तिबोध निराला पर स्वतन्त्र लेख भले न लिख पाये हों, लेकिन उपर्युक्त तमाम उद्धरणों से जो बात उभरकर आती है वह यह कि निराला के कवि-व्यक्तित्व का गम्भीर मूल्यांकन उनके पास था। छायावादियों में वे ही थे जिन्होंने सर्वाधिक संघर्ष किया था और जिनकी विरासत प्रगतिशील नये कवियों को प्राप्त और स्वीकार्य हुई। कुल मिलाकर छायावाद के घेरे को अतिक्रान्त करते हुए तत्कालीन नयी काव्य-प्रवृत्तियों के वे सबसे नज़दीक थे। इसीलिए नागार्जुन, त्रिलोचन, शमशेर से लेकर बाद की पीढ़ी के तमाम प्रगतिशील कवियों के लिए वे प्रेरणा के स्रोत बने।

मुक्तिबोध ने छायावाद पर जितना गम्भीर चिन्तन किया है, वह सिर्फ़ आधुनिक हिन्दी साहित्य की प्रवृत्तियों, साहित्येतिहास, रचना-प्रक्रिया, आलोचनात्मक प्रतिमानों की समझ विकसित करने के लिहाज से ही नहीं, बल्कि भारतीय इतिहास और समाज के एक विशिष्ट काल-खण्ड और उसकी भावी प्रणतियों को समझने की दृष्टि से भी अत्यन्त मूल्यवान् है।

'कवि-कहानी' का सन्दर्भ और मुक्तिबोध

प्रियम अंकित

'कवि-कहानी' का सन्दर्भ ऐसे लेखक द्वारा लिखी गयी कहानी से है जो मूलतः कवि है, मगर कहानी विधा को महत्त्वपूर्ण मानते हुए उसने अपने जीवन अनुभव को कहानियों में लगातार सफलतापूर्वक अभिव्यक्त किया है। मुक्तिबोध की रचनात्मक मेधा ऐसी ही रही। कविता के साथ कहानी को भी उन्होंने अभिव्यक्ति के महत्त्वपूर्ण माध्यम के रूप में चुना। मुक्तिबोध ने साहित्य की लगभग हर विधा में अपने अनुभवों को अभिव्यक्त किया और उन विधाओं में साहस के साथ रचनात्मक प्रयोग किये। मगर मुक्तिबोध के सन्दर्भ में जब हम यह पद 'कवि-कहानी' प्रयोग करते हैं, तो एक सवाल उभरता है। क्या उनकी कविताओं में, डायरी में, यहाँ तक की आलोचना में भी कहानी का निवास नहीं है? मुक्तिबोध वह विरल रचनाकार हैं, जिन्होंने अपने आलोचनात्मक लेखन की शैली में भी कहानी के आवास को सम्भव बनाया—'एक साहित्यिक की डायरी' इसका प्रमाण है। मुक्तिबोध की हर महत्त्वपूर्ण लम्बी कविता में, चाहे वह 'अँधेरे में' हो या फिर 'ब्रह्मराक्षस' हो या फिर कोई अन्य लम्बी कविता हो, इन सब में कहानी की मौजूदगी असन्दिग्ध है। यानी मुक्तिबोध के साहित्य में 'कहानी' केवल कहानी विधा तक ही सीमित नहीं है, बल्कि उसकी व्याप्ति हर उस विधा में है जिसे मुक्तिबोध ने अपनी अभिव्यक्ति का माध्यम बनाया था। श्रीकान्त वर्मा ने इस बात को लक्ष्य किया है कि, "मुक्तिबोध अकेले कलाकार हैं जिनके अनुभव का आवेग अभिव्यक्ति की क्षमता से इतना बड़ा था कि सारा साहित्य टूट गया।" मगर मुक्तिबोध के यहाँ अभिव्यक्ति का जो 'पर्सेप्शन' है, वह 'अनिवार और आत्मसम्भवा' के रूप में है। तो क्या यह माना जाय कि मुक्तिबोध के हाथ से यह अभिव्यक्ति लगातार फिसलती गयी, जिसके चलते उनके 'अनुभव के आवेग' के सामने उनकी 'अभिव्यक्ति की क्षमता' छोटी पड़ती गयी। खैर, यह एक बड़ी बहस का विषय है। लेकिन यहाँ एक सम्भावना इस बात की दिखती है कि मुक्तिबोध का अधिकांश साहित्य, जो कविता, कहानी, डायरी आदि परम्परागत विधाओं में अँट नहीं पाता है, हो सकता है कि साहित्य की किसी नयी विधा का प्रस्तावक हो! अगर ऐसा है, तो उस नयी विधा का एक उपयुक्त

नाम 'कवि-कहानी' हो सकता है। इसलिए मुक्तिबोध के सन्दर्भ में 'कवि-कहानी' एक व्यापक पद है और इसे केवल उनकी कहानियों तक सीमित नहीं रखा जा सकता। मुक्तिबोध की 'कवि-कहानी' के सन्दर्भ में मैं अपनी बात उनकी कुछ कहानियों तक ही सीमित रखूँगा– किसी निष्कर्ष तक पहुँचने के लिए नहीं, बल्कि कुछ प्रेक्षणों या 'ऑब्ज़रवेशन्स' को साझा करने के लिए।

जैसा कि अक्सर कहा जाता है कि मुक्तिबोध की कहानियों में एक ही अनुभव-वितान के सैकड़ों रूप मिलते हैं। हालाँकि यह बात उनके सारे साहित्य पर लागू होती है। लेकिन एक ही अनुभव होते हुए भी उनकी कहानियों में कहीं कोई दोहराव नहीं है। यह मुक्तिबोध की 'कवि-दृष्टि' ही है जो एक ही अनुभव के बावजूद मुक्तिबोध की हर कहानी में नवीनता की सृष्टि करती है और ये कहानियाँ सभ्यता-समीक्षा के वृहत्तर दायित्व का महत्त्वपूर्ण आयाम बनाती हैं। यहाँ कवि-दृष्टि से मेरा मतलब उस अर्थ से है, जिस अर्थ में कुँवर नारायण ने यशपाल के 'झूठा सच' की समीक्षा करते हुए लिखा था कि इसमें कवि-दृष्टि का अभाव है। 'कवि-दृष्टि'–यानी ऐसी दृष्टि जो केवल बाह्य घटनाओं में ही नहीं उलझी रहती, बल्कि रचनाकार के आन्तरिक भूगोल को भी देख सकती है। कहने का यह अर्थ नहीं है कि सभ्यता-समीक्षा के लिए रचनाकार का कवि होना अनिवार्य है। तॉल्स्तॉय और गोर्की जैसे रचनाकार कवि नहीं थे, और अपने कथा-साहित्य में उन्होंने सभ्यता-समीक्षा के दायित्व का पूरी ईमानदारी से निर्वाह किया था। अनुभव की विविधता के चरम शिखर इन रचनाकारों की उपलब्धि हैं। यह उपलब्धि मुक्तिबोध की नहीं है, फिर भी उनका रचना-कर्म सभ्यता-समीक्षा का प्रतिमान बन चुका है– उनकी कवि-दृष्टि के कारण। मुक्तिबोध के रचना कर्म में फैण्टेसी की महत्त्वपूर्ण भूमिका है। उनकी हर फैण्टेसी में एक कथात्मक विस्तार पाया जाता है। 'कामायनी : एक पुनर्विचार' में फैण्टेसी को परिभाषित करते हुए मुक्तिबोध लिखते हैं—

फैण्टेसी के अन्तर्गत कवि-कल्पना, जीवन की सारभूत विशेषताएँ प्रकट करते हुए, एक ऐसी चित्रावली प्रस्तुत करती है कि जिससे वह तथ्यात्मक जीवन, जिसकी कि स्वानुभूत विशेषताएँ प्रोद्भाषित की गयी हैं, अधिकाधिक प्रच्छन्न, गौण और नेपथ्यवासी हो जाय। संक्षेप में फैण्टेसी के अन्तर्गत भाव-पक्ष प्रधान और विभाव-पक्ष गौण और प्रच्छन्न तो होता ही है, साथ ही यह भाव-पक्ष, कल्पना को उत्तेजित करके, बिम्बों की रचना करते हुए, एक ऐसा मूर्त-विधान उपस्थित करता है, कि जिस विधान में उस विधान ही के नियम होते हैं। इस मूर्त विधान में विभाव-पक्ष मात्र सूचित होता है, मात्र ध्वनित होता है। किन्तु उस नेपथ्यवासी मूलाधार के बिना, उस अण्डरग्राउण्ड – भूमिगत–विभाव-पक्ष के बिना, उस मूर्त विधान का जीवन-महत्त्व प्रोद्भाषित ही नहीं हो सकता। फैण्टेसी के अन्तर्गत कल्पना का मूल कार्य, मन के निगूढ़ तत्त्वों को प्रोद्भाषित करते हुए, विभिन्न रंगों में उन्हें अपने समस्त सौन्दर्य के साथ उद्घाटित

करना रहता है। मुक्तिबोध की कहानी में जो गूढ़ बिम्ब मिलते हैं, उनके मूल में यही फैण्टेसी है। ऐसा ही एक बिम्ब है ब्रह्मराक्षस का। 'चाँद का मुँह टेढ़ा' है में ब्रह्मराक्षस नाम से कविता है और 'काठ का सपना' में ब्रह्मराक्षस का शिष्य नाम से कहानी है। कविता में 'ब्रह्मराक्षस' बावड़ी में रहता है। बावड़ी के वातावरण की जो कथा है उसे कविता में यों बयान किया गया है—

''शहर के उस ओर खँडहर की तरफ/ परित्यक्त सूनी बावड़ी/ के भीतरी/ ठण्डे 'अँधेरे में'/ बसी गहराइयाँ जल की.../ सीढ़ियाँ डूबीं अनेकों/ उस पुराने घिरे पानी में.../ समझ में आ न सकता हो/ कि जैसे बात का आधार/ लेकिन बात गहरी हो।'' बावड़ी की उन घनी गहराइयों में शून्य ब्रह्मराक्षस एक पैठा है व भीतर से उमड़ती गूँज की भी गूँज, बड़बड़ाहट-शब्द पागल से। मगर ब्रह्मराक्षस का शिष्य नाम की कहानी में ब्रह्मराक्षस बावड़ी में नहीं रहता। वह सिंहद्वार के भीतर बने बहुमंज़िला भवन में रहता है। कहानी में देहाती लड़के के सिंहद्वार के भीतर घुसने की कथा यों है– सिंहद्वार की लाल-लाल बर्रें गूँ-गूँ करती उसे चारों ओर से काटने के लिए दौड़ीं; लेकिन ज्यों ही उसने उसे पार कर लिया तो सूरज की धूप में चमकनेवाली भूरी घास से भरे, विशाल, सूने आँगन के आसपास, चारों ओर उसे बरामदे दिखायी दिये– विशाल, भव्य और सूने बरामदे जिनकी छतों में फानूस लटक रहे थे। लगता है कि जैसे अभी-अभी उन्हें कोई साफ करके गया हो। लेकिन वहाँ कोई नहीं था। आँगन से दिखनेवाली तीसरी मंज़िल की छज्जेवाली मुँडेर पर एक बिल्ली सावधानी से चलती हुई दिखायी दे रही थी। उसे एक जीना भी दिखायी दिया, लम्बा-चौड़ा, साफ-सुथरा। उसकी सीढ़ियाँ ताजे गोबर से पुती हुई थीं। उसकी महक नाक में घुस रही थी।...इतनी प्रबन्ध-व्यवस्था के बाद भी उसे कहीं मनुष्य के दर्शन नहीं हुए। कविता और कहानी दोनों में ही ब्रह्मराक्षस का आवास सूनेपन, रहस्य और तिलिस्म से घिरा हुआ है। मगर कविता में जहाँ यह आवास अस्त-व्यस्त है, वहीं कहानी में यहाँ एक किस्म की प्रबन्ध व्यवस्था दिखायी पड़ती है। यह अन्तर बहुत मानीखेज है, अगर यह ध्यान रखा जाये कि कहानी जनवरी, 1957 में 'नया खून' में प्रकाशित हुई थी और कविता अप्रैल, 1957 में 'कवि' में छपी थी। दोनों का सम्भावित रचना-काल लगभग समान है। कविता और कहानी को एक साथ रखकर देखने से जो फैण्टेसी उभरती है उसमें ब्रह्मराक्षस का बिम्ब स्थानिकता की सीमाओं का अतिक्रमण करता है। यानी ब्रह्मराक्षस की स्थानीयता केवल बावड़ी तक या केवल सिंहद्वार के भीतर बहुमंजिला भवन तक ही सीमित नहीं है। यहाँ इसका संकेत छिपा है कि ब्रह्मराक्षस की स्थानीयता का विस्तार अनेकों अक्षांशों और देशान्तरों तक है। और इन अक्षांशों और देशान्तरों का सारा भूगोल-या कहूँ मनोभूगोल—अपने सारे रहस्यों और तिलिस्म के साथ संवेदनशील मध्यवर्गीय बौद्धिक के भीतर ही है, उसके अन्दर ही है, एक 'ट्रैजिडी' की तरह—

सुन रहा हूँ मैं वही पागल प्रतीकों में कही जाती हुई वह ट्रैजिडी जो बावड़ी में अड़ गयी। अपने रहस्यों और तिलिस्म के भीतर यह ब्रह्मराक्षस अभिशप्त है और मुक्त होना चाहता है, वह भीतर से बाहर आना चाहता है। और भीतर से बाहर आना ही अभिव्यक्ति है। ब्रह्मराक्षस अपने को साकार करना चाहता है, अपने आपको अभिव्यक्त करना चाहता है, अपने शिष्य में। कहानी में ब्रह्मराक्षस कहता है—"शिष्य! स्पष्ट कर दूँ कि मैं ब्रह्मराक्षस हूँ; किन्तु फिर भी तुम्हारा गुरु हूँ। मुझे तुम्हारा स्नेह चाहिए। अपने मानव-जीवन में मैंने विश्व की समस्त विद्या को मथ डाला; किन्तु दुर्भाग्य से कोई योग्य शिष्य न मिल पाया कि जिसे मैं समस्त ज्ञान दे पाता। इसीलिए मेरी आत्मा इस संसार में अटकी रह गयी और मैं ब्रह्मराक्षस के रूप में यहाँ विराजमान रहा।"

ब्रह्मराक्षस कविता का वाचक भी ब्रह्मराक्षस का शिष्य बनना चाहता है, उसे अपने भीतर अभिव्यक्त होते देखना चाहता है–

मैं ब्रह्मराक्षस का सजल-उर शिष्य/ होना चाहता/ जिससे कि उसका वह अधूरा कार्य/ उसकी वेदना का स्रोत/ संगत, पूर्ण निष्कर्षों तलक/ पहुँचा सकूँ।

मुक्तिबोध के यहाँ अभिव्यक्ति का वह रूप वांछित है, जो मुक्ति की आश्वस्ति दे सके। लेकिन मुक्ति देनेवाली यह अभिव्यक्ति संयोग से घटित होनेवाली प्रक्रिया नहीं है। यह लगातार घटित होनेवाली घटना है, निरन्तर अभिव्यक्त होनेवाली अभिव्यक्ति है। इसीलिए वह एक मूल्य है, क्योंकि उसकी सार्थकता दूसरों के सन्दर्भ में है। दूसरे शब्दों में उसकी सार्थकता व्यक्ति के सन्दर्भ में तभी है जब वह अपने से परे वृहत्तर समाज के सन्दर्भ में भी सार्थक हो सके। कहानी में ब्रह्मराक्षस स्पष्ट कहता है—"मैंने अज्ञान से तुम्हारी मुक्ति की। तुमने मेरा ज्ञान प्राप्त कर मेरी आत्मा को मुक्ति दिला दी। ज्ञान का लाया हुआ उत्तरदायित्व मैंने पूरा किया। अब मेरा यह उत्तरदायित्व तुम पर आ गया है। जब तक मेरा दिया हुआ तुम किसी और को न दोगे, तुम्हारी मुक्ति नहीं।"

यानी अभिव्यक्ति का केवल व्यक्ति तक सीमित रह जाना, व्यक्तिगत सीमान्तों का अतिक्रमण करने में अक्षम रहकर वृहत्तर सामाजिक सन्दर्भ न ग्रहण कर पाना एक अलग किस्म का अभिशाप है। तो यह निरन्तर अभिव्यक्त होनेवाली अभिव्यक्ति की सही अर्थों में मुक्ति है–

परम अभिव्यक्ति अनिवार
आत्म-सम्भवा।

मगर वह कौन है जो ब्रह्मराक्षस, उसकी अभिव्यक्ति और उसका 'सजल-उर शिष्य' बनने की कामना रखनेवाले वाचक के बीच दीवार बनकर खड़ा है? दूसरे शब्दों में क्यों यह अभिव्यक्ति 'खोयी हुई' है? मुक्तिबोध का समस्त साहित्य इस प्रश्न से जूझता है और उस तिलिस्म की पहचान करता है जिसने इस अभिव्यक्ति को घेर रखा है। यह बौद्धिकता के मध्यवर्गीय आदर्शों, सिद्धान्तों और संस्कारों का तिलिस्म है–

"...ओ मेरे आदर्शवादी मन,/ ओ मेरे सिद्धान्तवादी मन,/ अब तक क्या किया? / जीवन क्या जिया!!/...स्वार्थों के टेरियर कुत्तों को पाल लिया,/ भावना के कर्त्तव्य.../ त्याग दिये,/ हृदय के मन्तव्य.../ मार डाले!/ बुद्धि का भाल ही फोड़ दिया,/ तर्कों के हाथ उखाड़ दिये.../ ज़्यादा लिया, और दिया/ बहुत-बहुत कम/ मर गया देश, अरे, जीवित रह गये तुम!!" मुक्तिबोध की कवि-कहानी इन्हीं मध्यवर्गीय आदर्शों, सिद्धान्तों और संस्कारों से संघर्ष की कहानी है। वह मध्यवर्गीय बौद्धिक के अपने भीतर के इस शक्तिशाली तिलिस्म से टकराने, उससे संघर्ष करने की कहानी है। कम-से-कम शब्दों में कहें तो यह संवेदनशील मध्यवर्गीय बौद्धिक के आत्म-संघर्ष की कहानी है। संस्कारों के इस तिलिस्म की बनावट को ग्राम्शी के आधिपत्य या 'हेजेमनी' की अवधारणा द्वारा समझा जा सकता है। पूँजीवादी सभ्यता में व्यक्ति हमेशा शासक वर्ग के निशाने पर रहता है। इस व्यक्ति को कुचलने के लिए सत्ता भौतिक बल का इस्तेमाल नहीं करती, बल्कि वह परम्परा, परिवार और विभिन्न सामाजिक संस्थानों के माध्यम से नैतिक और सांस्कृतिक बल का इस्तेमाल करती है। तमाम किस्म के लोभ और लालच देकर व्यक्ति को उसकी सहमति से दबाया और कुचला जाता है। मुक्तिबोध ने अपनी कहानी 'पक्षी और दीमक' में आधिपत्य या 'हेजेमनी' की कार्य-पद्धति को बिम्बात्मक अभिव्यक्ति दी है। कहानी में एक नौजवान पक्षी की मुलाकात एक गाड़ीवाले से होती है जो चिल्ला-चिल्लाकर कहता है कि दो दीमकें लो, एक पंख दो। पक्षी अपना एक पंख देकर दो दीमकें ले लेता है। दीमकें उसका सहज भोजन नहीं हैं। मगर वह अक्सर अपने पंख देकर दीमकें लेता है। धीरे-धीरे दीमकों का स्वाद उस पर हावी हो जाता है और एक स्थिति ऐसी आती है जब वह अपने अधिकांश पंखों को दीमकों के लिए गँवा देता है और उड़ने की शक्ति खो बैठता है। सत्ता व्यक्ति को इसी तरह सुरक्षा, सम्मान और ऐश्वर्य का लालच देकर जड़ संस्कारों के तिलिस्म में कैदकर के उसके ज़मीर के, उसकी अन्तरात्मा के पंख उसकी सहमति से नोंच डालती है। यहाँ फैज़ याद आते हैं–

अनगिनत सदियों के तारीक़ बहीमाना तिलिस्म
रेशम-ओ-अतलस-ओ-कमख़्वाब में बुनवाये हुए।

आधिपत्य या 'हेजेमनी' का एक दूसरा रूप मुक्तिबोध की कहानी 'क्लॉड ईथरली' में भी मिलता है। पूँजीवादी सभ्यता में 'क्लॉड ईथरली' हर मजबूर और संवेदनशील व्यक्ति के भीतर है चाहे वह किसी भी देश का नागरिक हो। हर देश में उसे पागलखाने में भेजनेवाली सत्ता है और हर देश में उसकी आध्यात्मिक अशान्ति और उद्विग्नता के मूल्य को न समझनेवाले बौद्धिक हैं क्योंकि वे सभी सत्ता द्वारा पोषित जड़ संस्कारों के तिलिस्म की गिरफ्त में हैं, अपनी सहमति से। मुक्तिबोध के यहाँ संस्कारों के इस तिलिस्म को तोड़ने की छटपटाहट और बेचैनी बड़ी शिद्दत से महसूस होती है। उनकी लम्बी कहानी 'विपात्र' में, जो बाद में एक उपन्यास के रूप

में भी छपी, वाचक कहता है—"मुझे देवकीनन्दन खत्री के उस तिलिस्म की याद आयी, जिसमें से बाहर निकलना असम्भव था, लेकिन जिसके भीतर के प्रांगणों में बगीचे भी थे, तहखाने भी थे और जिसमें कई नवयुवतियाँ और किशोरियाँ गिरफ्तार रहती थीं। वे घूम-फिर सकती थीं...लेकिन अपनी हद के बाहर नहीं जा सकती थीं। ये हदें वह दीवारें थीं जो पहले से ही बनी हुई थीं और जिनको तोड़ पाना लगभग असम्भव था अथवा जिन्हें तोड़ने के लिए अपरिसीम साहस, कष्ट सहन करने की अपार शक्ति और धैर्य तथा वीरता के अतिरिक्त, विशेष कार्य कौशल और गहरे चातुर्य की ज़रूरत थी। मेरी आँखों में उस गहरे अँधेरे तिलिस्म के तहखानों और कोठरियों के बाहर के मैदानों में घूमती हुई लाल-पीली और नीली साड़ियाँ अभी भी दीख रही हैं। उनके मुरझाये, गोरे कपोल और ढीली बँधी वेणियों की लहराती लटें अभी भी दीख रही हैं और मन-ही-मन मैं कल्पना कर रहा हूँ कि क्या यहाँ फँसे हुए बहुत से लोगों की आत्माएँ इसी प्रकार की तो नहीं हो गयी हैं।—लेकिन, प्रश्न तो यह है कि इस तिलिस्म को कैसे तोड़ा जाये!" यही वह प्रश्न है जो बेचैनी और तड़प की सैकड़ों सूरतें अख्तियार करके मुक्तिबोध की कवि-कहानी में बार-बार आता है।

जिस तरह यह प्रश्न बार-बार आता है, उसी तरह अँधेरे का बिम्ब भी मुक्तिबोध के यहाँ बार-बार आता है। अँधेरे का बिम्ब मात्र उस अन्धकार की ही व्यंजना नहीं करता, जो आज सभ्यता पर छाया हुआ है। यह उस वातावरण की भी व्यंजना करता है जिसमें मुक्तिबोध के पात्र आत्म-साक्षात्कार करते हैं। चूँकि यह आत्म साक्षात्कार, आत्म-संघर्ष के रूप में होता है, इसलिए रूमानी रचनाकारों का आत्म-साक्षात्कार के लिए अभीष्ट एकान्त या 'सॉलिट्यूड' वाला सुरम्य वातावरण मुक्तिबोध का अभीष्ट नहीं हो सकता। उपन्यास के रूप में आने पर 'विपात्र' का यह अन्तिम वाक्य इसी सन्दर्भ की पुनर्सृष्टि करता है—"आई वाण्ट टु बी इन द थिक ऑफ थिंग्स, ऐज़ मिले ट्राइड टु बी; यस, टु बी इन द थिक ऑफ थिंग्स।" 'विपात्र' का कथावाचक यहाँ चीज़ों के सघनतम रूप के बीच अपने को पाने की कामना करता है। मुक्तिबोध के यहाँ यही आत्म-साक्षात्कार की मूलभूत शर्त है। 'अँधेरे में' की कवि-कहानी में वह अँधेरा ही है जिसमें सभ्यता की घटनाएँ और सच्चाइयाँ सबसे सघनतम और सान्द्रतम रूप में अपने को अभिव्यक्त करती हैं। यथार्थ का ऐसा ही एक सघनतम और सान्द्रतम रूपक है 'मृत्युदल की शोभायात्रा।' यह अँधेरा ही है जिसमें 'मृत्युदल की शोभायात्रा' दिखायी पड़ती है। जिसमें कर्नल, ब्रिगेडियर, जनरल, मार्शल के साथ-साथ शहर का कुख्यात हत्यारा डोमा जी उस्ताद भी शामिल है, और शामिल हैं उसमें 'कई प्रकाण्ड आलोचक, विचारक, जगमगाते कविगण।' 'अँधेरे में' निकलनेवाले इस जुलूस में हत्यारों के साथ पंक्तिबद्ध होकर चलनेवाले ये कलाकार आज के सन्त एबी लार्ड हैं। सन्त एबी लार्ड जिसकी सच्चाई का अनुभव विपात्र के कथा-नायक को इस अन्दाज़ में होता है–

"एबी लार्ड! मेरे दिमाग में एक बिजली कौंध उठी। एक अर्थ मुझ पर वज्र-सा गिर पड़ा।

एबी लार्ड! शिखण्डी सन्त जिसने अपनी जननेन्द्रिय को चाकू से काट दिया था! सन्त बने रहने के लिए!"

यह अँधेरा ही है जो यह ज़ाहिर करता है कि एबी लार्ड जैसे कई शिखण्डी सन्त कलाकारों का चोला पहनकर प्रतिष्ठित हो चुके हैं और हत्यारों के जुलूस में शामिल हो चुके हैं।

निःसन्देह, सभ्यता-समीक्षा के कई सूत्र मुक्तिबोध को इस 'अँधेरे में' मिलते हैं।

अपनी बात खत्म करते हुए इस बात पर ज़ोर देना मुझे ज़रूरी लगता है कि मुक्तिबोध की कवि-कहानी कला के भीतर छिपे शिखण्डी सन्तों का पर्दाफाश करती है। एक कलाकार के रूप में मुक्तिबोध का जो संघर्ष-संकल्प है, 'विपात्र' के कथा-वाचक के इन शब्दों में उसी संकल्प को कलात्मक अभिव्यक्ति प्राप्त होती है–

और मैंने एकाएक अपनी दिल की धड़कन सुनी कि निर्बल होकर सन्त और...बनने के बजाय सबल होकर सृजन-शक्ति को तेज, और तेज करूँगा, भले ही लोग मुझे बदनाम करें,...मगर मुझे इसे तेज रखना ही पड़ेगा।

कहानीकार मुक्तिबोध

बलराज पाण्डेय

स्वातन्त्र्योत्तर हिन्दी कहानी का पहला दशक नयी कहानी के नाम से जाना जाता है। इस दशक में यदि एक तरफ नयी कविता प्रयोगवाद को पीछे छोड़कर हिन्दी साहित्य में अपना महत्त्व स्थापित कर रही थी तो उसी के समानान्तर नयी कहानी अपनी विशिष्टताओं के कारण साहित्य के पाठकों का ध्यान अपनी ओर आकर्षित कर रही थी। यह वही दौर था, जब एक साथ लगभग डेढ़ दर्जन कहानीकार अपनी रचनात्मक क्षमता के साथ हिन्दी साहित्य में आये और अपने समय के यथार्थ को प्रभावशाली ढंग से हमारे सामने प्रस्तुत करने में समर्थ हुए। नयी कहानी के महत्त्वपूर्ण हो जाने का सबसे बड़ा प्रमाण यही है कि जो रचनाकार कवि के रूप में पर्याप्त ख्याति अर्जित कर चुके थे, उन्होंने भी कहानी विधा में हस्तक्षेप किया। इनमें रघुवीर सहाय, श्रीकान्त वर्मा के साथ ही मुक्तिबोध का नाम उल्लेखनीय है। 'काठ का सपना' इनका महत्त्वपूर्ण कहानी-संग्रह है। इसके साथ ही नेमिचन्द्र जैन द्वारा सम्पादित 'मुक्तिबोध रचनावली' का तीसरा खण्ड उनकी कहानियों पर ही केन्द्रित है। इसमें कुल पच्चीस कहानियों को पूर्ण कहानियों के वर्ग में तथा बाईस कहानियों को अपूर्ण कहानियों के वर्ग में रखा गया है। इसी से स्पष्ट है कि मुक्तिबोध कहानी विधा को लेकर गम्भीर थे। आश्चर्य तो यह है कि 'अँधेरे में' और ब्रह्मराक्षस के शिष्य से सम्बन्धित उन्होंने कविता भी लिखी है और कहानी भी। वैसे, हम जानते हैं कि नयी कहानी के दौर में जितने लेखक आये, उनके चार-पाँच कहानी-संग्रह भले प्रकाशित हुए, लेकिन वे जाने गये अपनी दो-तीन कहानियों के कारण ही। उसी तरह मुक्तिबोध ने भले ही कुल सैंतालीस कहानियाँ लिखी हों, लेकिन उन्होंने ख्याति प्राप्त की 'क्लॉड ईथरली', 'ब्रह्मराक्षस का शिष्य' और 'प्रश्न' नाम की कहानियों से। इस लेख में मुक्तिबोध को कहानीकार के रूप में प्रसिद्धि दिलानेवाली इन्हीं तीन कहानियों की हम चर्चा करेंगे।

प्रेमचंद ने अपनी 'साहित्य का उद्‌देश्य' नामक पुस्तक में लिखा है कि बुरे-से-बुरे आदमी के हृदय के एक कोने में देवता का अंश छिपा रहता है। रचनाकार का काम है उस बुरे आदमी के हृदय में छिपे देवता के उस अंश को सबके सामने लाना।

हो सकता है प्रेमचन्द की इस बात से प्रभावित होकर मुक्तिबोध ने 'क्लॉड ईथरली' कहानी की रचना की हो। कहानी में क्लॉड ईथरली एक अमरीकी विमान चालक है, जिसने दूसरे विश्व युद्ध में जापान के एक शहर हिरोशिमा पर बम गिराया था। तो क्या वह एक बुरा आदमी था या उसने अपनी सरकार के आदेश का पालन करते हुए लाखों लोगों की जिन्दगी बरबाद कर दी थी? यहाँ हमें अमरीका के ही कैसियस क्ले की याद आ रही है, जिसने वियतनाम युद्ध में अमरीकी सेना के एक बड़े अधिकारी का पद ठुकरा दिया था और अपनी मानवीय संवेदना के कारण दुनिया भर के लोगों के हृदय में अपनी जगह बना ली थी। यहाँ मेरे कहने का मतलब यही है कि क्लॉड ईथरली भी हिम्मत दिखाता तो अपनी सरकार के आदेश को ठुकरा सकता था। अमरीका में क्लॉड ईथरली को 'वार हीरो' के रूप में प्रचारित किया गया था।

मुक्तिबोध कहानी में लिखते हैं कि जब अपनी कारगुजारी देखने क्लॉड ईथरली हिरोशिमा गया तो उसके दिल में निरपराध जनों के प्रेतों, शवों, लोथों, लाशों के कटे-पिटे चेहरों को देखकर करुणा उमड़ आयी। "उसकी आत्मा कहती थी, उसने जघन्य पाप किया है, उसे दण्ड मिलना ही चाहिए।" इस प्रकार यह एक अपराध-बोध की कहानी बन जाती है। सरकारी तन्त्र में ऊँचे-ऊँचे पदों पर बैठे हुए लोग अपने स्वार्थों के चलते कई प्रकार के षड्यन्त्रों में लिप्त रहते हैं और अपने को ऊपर से पाक-साफ दिखाने की कोशिश करते हैं, लेकिन मुक्तिबोध ने 'क्लॉड ईथरली' के माध्यम से हमें आत्म-विश्लेषण की सीख दी है। मुक्तिबोध अपनी लगभग सभी रचनाओं में आत्म-समीक्षा की बात करते हैं, जिसका हमारे जीवन में पर्याप्त अभाव है। मुक्तिबोध के अनुसार आत्म-समीक्षा का मतलब अपने अन्दर के अहं से टकराना है। यह अहं ही हमें लोकतान्त्रिक नहीं होने देता। 'क्लॉड ईथरली' अपने कृत्य की समीक्षा के बाद ही इस निष्कर्ष पर पहुँचा है कि वह अपराधी है। 'क्लॉड ईथरली' का यह अपराध-बोध अकर्मक नहीं है। यह सिर्फ भावनात्मक स्तर पर पहुँचकर खत्म होनेवाला अपराध-बोध नहीं है। वह चाहता है कि दुनिया देखे कि बड़ा-से-बड़ा अपराध करने के बाद अपराधी को क्या दण्ड मिलता है। अपने स्तर पर वह हिरोशिमा के मेयर को हर महीने अच्छी-खासी सहायता राशि भेजता है, जिससे बमबारी में हताहत लोगों को कुछ मदद मिले। लेकिन इतने से ही सन्तुष्ट न होकर वह अपनी सरकार से दण्ड की माँग करता है। यहाँ मुक्तिबोध अमरीकी सरकार और क्लॉड ईथरली के वैचारिक संघर्ष का विस्तृत ब्योरा प्रस्तुत करते हैं। सरकार जिसे 'वार हीरो' मानती है और जिसके कृत्य को देश-भक्ति का दर्जा देती है, उसे वह कैसे दण्डित कर सकती है? फिर भी क्लॉड ईथरली जान-बूझकर ऐसे-ऐसे आपराधिक कृत्य करता है, जिससे उसे जेल में डाला जा सके, लेकिन हर बार जैसा कि होता है, साक्ष्य के अभाव में छूट जाता है। क्लॉड ईथरली के सरकारी नौकरी छोड़ने, डाकघर पर धावा बोलने, कैशियर पर सशस्त्र आक्रमण करने, अपने जीवन पर फिल्म बनाने का अधिकार खरीदनेवाली कम्पनी से मिल रहे

एक लाख रुपये को ठुकरा देने के अतिरिक्त बार-बार महानता नहीं दण्ड की माँग से आजिज आकर सरकार उसे पागलखाने में डाल देती है।

मुक्तिबोध दो बुद्धिजीवियों की आपसी बातचीत के माध्यम से सृजित इस कहानी में एक पात्र के द्वारा अपना विचार देते हैं कि, "कौन नहीं जानता कि क्लॉड ईथरली अणुयुद्ध का विरोध करनेवाली आत्मा की आवाज़ का दूसरा नाम है। ईथरली मानसिक रोगी नहीं है। वह आध्यात्मिक अशान्ति का, आध्यात्मिक उद्विग्नता का ज्वलन्त प्रतीक है।" मुक्तिबोध इस बात पर बल देते हैं कि हर आदमी के पास अपनी आत्मा है, आत्मा की आवाज़ है, लेकिन हम अपनी आत्मा की आवाज़ सुनना नहीं चाहते, क्योंकि आत्मा की आवाज़ सुनने का मतलब सच्चाई और ईमानदारी का सामना करना है, व्यावहारिक जीवन में जिसके अनेक खतरे हैं और उन खतरों को उठाने के लिए बड़ी हिम्मत चाहिए।

मुक्तिबोध उस पागलखाने का भी बड़ा प्रतीकार्थ लेते हैं, जिसमें क्लॉड ईथरली को डाल दिया गया है। मध्यवर्गीय बुद्धिजीवियों की कठोर आलोचना करते हुए वे कहते हैं कि, "हमारे अपने-अपने मन-हृदय-मस्तिष्क में ऐसा ही एक पागलखाना है, जहाँ हम उन उच्च, पवित्र और विद्रोही विचारों और भावों को फेंक देते हैं, जिससे कि धीरे-धीरे या तो वे खुद बदलकर समझौतावादी पोशाक पहन सभ्य, भद्र हो जायें, यानी दुरुस्त हो जायें या उसी पागलखाने में पड़े रहें।"

चाहे कविता हो या कहानी, मुक्तिबोध ऐसे पात्रों की सृष्टि करते हैं, जो वर्तमान सामाजिक जीवन की समस्याओं के समाधान के लिए संघर्ष में विश्वास करते हैं, क्योंकि वे ऐसी विचारधारा से जुड़े हुए हैं जो शोषण पर आधारित समाज-व्यवस्था में परिवर्तन के लिए प्रेरित करती है। उनके कथा-साहित्य में किसानों और मजदूरों की उपस्थिति पात्र के रूप में भले ही न के बराबर हो, लेकिन आम-जन की समस्याओं पर विचार करनेवाले बुद्धिजीवी जरूर मिल जायेंगे। मार्क्सवाद जिस वाद, विवाद और संवाद की बात करता है, मुक्तिबोध की कहानी 'क्लॉड ईथरली' में उसे आसानी से देखा जा सकता है। और रचनाओं की तरह यह कहानी भी वैचारिक दृष्टि से हमें समृद्ध करती है। उनकी वैचारिकता हमें इसलिए प्रभावित करती है, क्योंकि वे खुद तमाम मुश्किलों के बावजूद समझौताविहीन जीवन जीते थे। इस कहानी में प्रकारान्तर से एक संवाद में वे बतौर लेखक अपना परिचय देते हुए कहते हैं, "मैं बहुत ईमानदारी की जिन्दगी जीता हूँ, झूठ नहीं बोला करता, पर स्त्री को नहीं देखता, रिश्वत नहीं लेता, भ्रष्टाचारी नहीं हूँ, दगा या फरेब नहीं करता, अलबत्ता कर्ज मुझ पर जरूर है, जो मैं चुका नहीं पाता।"

मुक्तिबोध कहना चाहते हैं कि हमारे समाज में जो ईमानदार जिन्दगी जीना चाहता है, वह हमेशा आर्थिक तंगी में रहता है। यही हाल लेखकों का भी रहा है। हम निराला,

मुक्तिबोध, त्रिलोचन जैसे कई बड़े लेखकों की जिन्दगी से परिचित हैं, जिन्होंने अभाव में जिन्दगी गुजार दी। हालाँकि आज की तारीख में लेखकों की जिन्दगी उतनी मुश्किल नहीं रह गयी है। अपनी इसी 'क्लॉड ईथरली' कहानी में मुक्तिबोध कहते हैं कि, "जो आदमी आत्मा की आवाज़ कभी-कभी सुन लिया करता है और उसे बयान करके उससे छुट्टी पा लेता है, वह लेखक हो जाता है।" आत्मा की आवाज़ सुनकर उसे अभिव्यक्त करना और ईमानदार होना लेखक के लिए अनिवार्य शर्तें हैं। मुक्तिबोध इसी कहानी में लिखते हैं कि, "जो आदमी आत्मा की आवाज़ जरूरत से ज्यादा सुन करके हमेशा बेचैन रहा करता है और उस बेचैनी में भीतर के हुक्म का पालन करता है, वह निहायत पागल है।" अर्थात् जिन्हें हम पागल समझकर उनका मजाक उड़ाते हैं, उन्हें उपेक्षित कर देते हैं, यदि उनकी जिन्दगी की तह में जायें तो पता चलेगा कि किसी बड़े आदर्श पर आघात होते देखना उनके लिए असह्य हुआ होगा। यहाँ यह बात निश्चित है कि जो भी अपनी आत्मा की आवाज़ सुनेगा और उसे व्यवहार में लाना चाहेगा, निश्चित तौर पर वह आम जन की अपेक्षा स्वभाव में और क्रिया-व्यापार में कुछ विशिष्ट होगा। कुछ लोगों के अनुसार तो लेखक, प्रेमी और पागल एक ही कोटि के प्राणी होते हैं। लेकिन यहाँ मुख्य है, अपनी आत्मा की आवाज़ सुनना। मुक्तिबोध का विश्वास है कि आत्मा सच के पक्ष में खड़ा होने के लिए हमारा आह्वान करती है।

मुक्तिबोध ने यह कहानी सन् 1950 के दशक में लिखी होगी, लेकिन उसी समय उन्होंने अनुमान लगा लिया था कि भविष्य का विश्व अमरीकी साम्राज्यवाद की गिरफ्त में होगा, जबकि उस समय का सोवियत संघ भी एक विश्व-शक्ति के रूप में अपना प्रभाव जमा चुका था। आज जब कि हमारा देश भारत भी अमरीका की गिरफ्त में आ चुका है, यह कहानी कितनी प्रासंगिक हो गयी है। मुक्तिबोध इस कहानी में एक अमरीकी राजनयिक मैकमिलन की तकरीर का हवाला देते हैं कि, "यह देश, हमारे सैनिक गुट में तो नहीं है, किन्तु संस्कृति और आत्मा से हमारे साथ है।" इस पर कहानी के दोनों पात्र बहस करते हैं। दिलचस्प यह है कि कहानी में क्लॉड ईथरली की कथा कहने से पहले मुक्तिबोध अमरीका की संस्कृति और आत्मा पर चर्चा करते हैं। इस सन्दर्भित कहानी में एक महत्त्वपूर्ण वाक्य है कि, "भारत के हर बड़े नगर में एक अमरीका है।" यहाँ मुक्तिबोध की स्पष्ट वर्ग-दृष्टि से हम परिचित होते हैं। "लाल ओंठवाली चमकदार गोरी-सुनहली औरतों, शानदार मोटरों में घूमनेवाले लोगों, नफीस किस्म की वेश्यावृत्ति, एटम बम, हाइड्रोजन बम" वाला अमरीका किसी-न-किसी रूप में भारत में भी है। सिर्फ एटम बम और हाइड्रोजन बम भारत के पास उतना नहीं है, जितना अमरीका के पास है। अब तो हमारे यहाँ भी साम्राज्यवादी और युद्धवादी लोगों की कमी नहीं है। हालाँकि कहानी का 'मैं' यह स्वीकार करने के लिए जल्दी तैयार नहीं होता कि, "भारत अमरीका ही है' फिर भी मुक्तिबोध हमारे सामने विमर्श के लिए एक बड़ा सवाल तो छोड़ते ही हैं कि क्या सचमुच हम अमरीका से प्रभावित हो रहे हैं?

मुक्तिबोध कहानी में यह भी सवाल उठाते हैं कि हमारे कवि, लेखक, राष्ट्रीय अखबार और प्रकाशन केन्द्र कहाँ से अपनी विचारधारा लेते हैं? हम अमरीकी और ब्रिटिश साहित्य की तुलना में इण्डोनेशियाई, चीनी या अफ्रीकी साहित्य से क्यों नहीं प्रेरणा लेते? इससे स्पष्ट है कि मुक्तिबोध 'क्लॉड ईथरली' में साहित्य, संस्कृति और विचारधारा से जुड़े बड़े सवाल उठाते हैं, जो भारतीय समाज-व्यवस्था में परिवर्तन के लिए जरूरी हैं। 'क्लॉड ईथरली' कहानी को पढ़ने से स्पष्ट है कि मुक्तिबोध कहानी के परम्परागत ढाँचे को तोड़ते हैं। कहानी-कला की दृष्टि से देखें तो हमारे सामने दृश्य, वातावरण, कथानक आदि अनुपस्थित मिलेंगे। अपनी इस कहानी में मुक्तिबोध हमें एक ऐसे बौद्धिक लोक में ले जाते हैं, जहाँ दिलचस्प और प्रभावशाली विमर्श के लिए ज्यादा गुंजाइश है। जो लोग इस कहानी में आम जन-जीवन की तलाश करेंगे उन्हें निराशा हाथ लगेगी। कुछ बिम्बों की सृष्टि कहानी में हुई भी है तो वे बहुत उलझे हुए और अस्पष्ट हैं। उन्हें समझने के लिए पाठक को बहुत बौद्धिक श्रम करना पड़ता है। चूँकि पूरी कहानी संवादों के माध्यम से चलती है, इसलिए कुछ अपवादों को छोड़कर संवाद लम्बे हो गये हैं। कुछ प्रयोग बहुत दिलचस्प हैं, जैसे—जिस्म की जनाना लचक, भारहीन चंचलता, खुरदरी घनी मोटी भौंहें, आश्चर्य का धक्का, पत्थर जानकारी, मजाकिया होंठ आदि।

'ब्रह्मराक्षस का शिष्य' भी मुक्तिबोध की एक चर्चित कहानी है। मुक्तिबोध ऐसे रचनाकार हैं, जिन्हें ज्ञान की दृष्टि से काशी और संस्कृत के प्रति जबर्दस्त लगाव है। शायद वे इन्हें अपनी परम्परा और संस्कृति की जानकारी के लिए जरूरी समझते हैं। यह कहानी एक ऐसे देहाती लड़के की है, जिसके मन में ज्ञान प्राप्त करने की उत्कट इच्छा है। पिता की डाँट से क्षुब्ध होकर, घर-परिवार का परित्याग कर, जंगल-जंगल घूमता दक्षिण भारत का देहाती लड़का किसी-किसी प्रकार काशी आकर उस भव्य भवन में प्रवेश कर जाता है, जिसमें ज्ञान-दान करनेवाला गुरु (ब्रह्मराक्षस) निवास करता है।

'ब्रह्मराक्षस का शिष्य' कहानी की मुख्य समस्या मुक्ति की समस्या है। शिष्य अपनी अज्ञानता से मुक्ति चाहता है तो गुरु किसी योग्य शिष्य को ज्ञान देकर मुक्त होना चाहता है। कोई भी गुरु कितना भी ज्ञानी क्यों न हो, जब तक उस ज्ञान का उत्तराधिकार दूसरों को नहीं सौंपेगा, तब तक उसके ज्ञान की कोई सार्थकता नहीं। मुक्तिबोध की यह कहानी उन तमाम गुरुओं को ज्ञान के प्रचार-प्रसार के लिए उकसाती है, जो विद्वान् बनकर अपने तक सीमित रहते हैं। वास्तव में हर सचेत गुरु योग्य शिष्य की तलाश में बेचैन-परेशान रहता है। प्रकारान्तर से यह कहानी आज के कथित गुरुओं और शिष्यों पर एक व्यंग्य भी है, क्योंकि आज के गुरु को ही ज्ञान प्राप्त करने की चिन्ता नहीं है तो शिष्य कहाँ से मिलेगा।

इस कहानी में जिस भव्य भवन की ऊपरी मंजिल पर स्थित गुरु को पाने के लिए शिष्य को कई-कई सीढ़ियाँ चढ़नी पड़ती हैं, उसका प्रतीकार्थ लेना चाहिए। योग्य गुरु

आसानी से नहीं मिलता। यदि वास्तव में साहित्य, कला, विज्ञान के क्षेत्र में कुछ हासिल करना है तो पहले हमें दृढ़ निश्चयी बनना पड़ेगा, सांसारिक मोह-माया का परित्याग करना होगा, बहुत-कुछ बर्दाश्त करने की क्षमता अपने अन्दर लानी होगी और कई प्रकार के मनोविकारों पर नियन्त्रण रखना होगा। इस कहानी का देहाती लड़का जब विराट्, भव्य और निर्जन भवन में भयभीत होकर कई सीढ़ियाँ पार करने के बावजूद गुरु के दर्शन नहीं कर पाता तब मन-ही-मन माने हुए गुरु को प्रणाम कर जीने की सर्वोच्च सीढ़ी पर लेट जाता है। यहाँ हमें कबीर की याद आती है कि काशी में गुरु को पाने के लिए वे भी पंचगंगा-घाट की सीढ़ियों पर लेटे थे।

'ब्रह्मराक्षस का शिष्य' कहानी में ब्राह्मण (गुरु) और देहाती लड़के (शिष्य) का शुरू-शुरू का संवाद बहुत दिलचस्प है। तेजस्वी ब्राह्मण जितना ही कठोर होकर लड़के से सवाल करता है, लड़का उतना ही आतंकित और विनम्र होकर जवाब देता है कि, "मैं मूढ़ हूँ, निरक्षर हूँ, ज्ञानार्जन के लिए आया हूँ।" लड़के की यह शुरूआती दौर की परीक्षा ही है। ब्राह्मण बार-बार ऐसे सवाल करता है, जिससे डरकर बालक अपने घर लौट जाय और अन्त में गुरु की इस बात पर भी कि, "तुम बारह वर्ष तक इस भवन के बाहर पग नहीं रखोगे" बालक अडिग रहता है, तब जाकर उसे शिष्यत्व मिलता है।

मुक्तिबोध इस कहानी में दिखाते हैं कि मनुष्य न केवल बुद्धि के बल पर जीवन जी सकता है और न ही केवल हृदय के बल पर। जीवन को जीने के लिए उसे बुद्धि और हृदय दोनों की आवश्यकता होती है। हृदय पक्ष के अभाव में ब्राह्मण कठोर बना रहता है और वह सामान्य मनुष्य नहीं बल्कि, ब्रह्मराक्षस कहलाता है। बारह वर्ष की कठोर तपस्या से अर्जित शिक्षा प्राप्तकर जब शिष्य चलने को होता है, तब गुरु कहता है कि, "मैं ब्रह्मराक्षस हूँ। मुझे तुम्हारा स्नेह चाहिए।" इस प्रकार गुरु और शिष्य का यह मिलन बुद्धि और हृदय का मिलन बन जाता है। मुक्तिबोध का यह मानना है कि मनुष्य के जीवन का सबसे प्रबल शत्रु है उसका अहंकार। जब तक हम अपने अहंकार का परित्याग नहीं करेंगे, तब तक कुछ रचनात्मक नहीं कर सकते। 'ब्रह्मराक्षस का शिष्य' कहानी में गुरु देखता है कि देहाती बालक ने अपने व्यथित अहंकार के कारण ज्ञान-लोक का पथ खोजना जरूरी समझा। गुरु की यह भी विशेषता है कि वह प्रवृत्तिवादी है। वह संसार में रहकर अपने शिष्य के माध्यम से ज्ञान का ऐसा प्रचार-प्रसार करना चाहता है, जिससे अज्ञानता रूपी अन्धकार में भटक रहे लोगों को उनकी उन्नति और प्रगति के लिए सही दिशा-निर्देश मिल सके। गुरु अपने शिष्य की तरह ही लोगों में विवेक जाग्रत करना चाहता है और इसमें वह सफल भी होता है, क्योंकि वह जानता है कि गृहस्थ-जीवन में पदार्पण कर शिष्य उसके उद्‌देश्य की पूर्ति का एक सार्थक माध्यम बनेगा। मुक्तिबोध स्वप्न के माध्यम से यह बताना चाहते हैं कि ज्ञान की कोई सीमा नहीं है। देहाती बालक सपने में ज्ञान प्राप्त कर जब अपने पिता

के पास पहुँचता है तो कहता है, "पिता जी! मैं विद्वान् बनकर आ गया, मुझे और सिखाइये।" बालक का अपने पिता से यह कहना शायद इस अर्थ का भी द्योतक है कि वह शास्त्र का ज्ञान प्राप्त करने में तो सफल हुआ, अब उसे व्यावहारिक ज्ञान प्राप्त करना जरूरी है। इस प्रकार शास्त्र और लोक दोनों प्रकार का ज्ञान पाकर हम अपना जीवन सार्थक और सफल बना सकते हैं।

मुक्तिबोध की एक चर्चित कहानी है 'प्रश्न।' यह कहानी हमारी सामाजिक व्यवस्था पर एक सवाल खड़ा करती है, जो पवित्रता-अपवित्रता से सन्दर्भित है। यौन शुचिता हमारे समाज की एक बड़ी समस्या है। यदि कोई पुरुष कई स्त्रियों के साथ यौन सम्बन्ध स्थापित करता है, तो उसे उसके पुरुषार्थ से जोड़ा जाता है, लेकिन यही काम जब स्त्री करती है तो उसे कुल-कलंकिनी के रूप में देखा जाता है। 'प्रश्न' कहानी में सुशीला नाम की एक विधवा स्त्री के जीवन में घटी-घटनाओं को आधार बनाकर मुक्तिबोध हमारे समाज को एक बड़ा सन्देश देते हैं। वे समाज पर, उसकी मान्यताओं पर सवाल खड़ा करते हैं कि जब सुशीला की शादी एक अधेड़ से कर दी जाती है, तब कोई सुगबुगाहट नहीं होती। अर्थात् जब एक स्त्री के साथ शादी के नाम पर अत्याचार होता है, तब कोई प्रश्न नहीं उठाता, लेकिन वही स्त्री अपनी विषम परिस्थितियों से उबरने के लिए, अपनी जिन्दगी को एक नया अर्थ देने के लिए स्वतन्त्र निर्णय लेती है, तब उस पर कई प्रकार के प्रश्न खड़े किये जाते हैं। इस कहानी में अधेड़ उम्र के पुरुष की युवा पत्नी, एक बच्चे की माँ सुशीला विधवा हो जाने के बाद जब एक विधुर हो गये अपने शुभचिन्तक व्यक्ति के साथ सम्बन्ध स्थापित कर पत्नी के रूप में रहने का निर्णय लेती है, तब समाज उसे अपवित्र मान लेता है।

ऐसी परिस्थितियों में सबसे ज्यादा दिक्कत में फँसते हैं बच्चे। पति-पत्नी के बीच होते तलाक में मानसिक रूप से तनाव के शिकार होते हैं बच्चे। लेकिन इस कहानी में तो सुशीला के बेटे को समाज के लोग ही परेशान कर रहे हैं। सुशीला के तेरह साल के लड़के नरेन्द्र के सामने सबसे बड़ा प्रश्न यही है कि वह अपनी ममतामयी माँ से घृणा करे या प्रेम? नरेन्द्र के मानसिक द्वन्द्व और उससे उत्पन्न उसकी बेचैनी का मुक्तिबोध ने बहुत प्रभावशाली वर्णन किया है। वे लिखते हैं, "एक लड़का भाग रहा है।...गली में से दौड़ते-दौड़ते उसका पेट दुखने लगता है, अँतड़ियाँ दुखने लगती हैं, चेहरा लाल-लाल हो जाता है। वह देखता है, हजारों प्रश्न लाल बरों की तरह बराबर उसका पीछा कर रहे हैं। उसको पकड़ना चाहते हैं! मार डालना चाहते हैं।" मुक्तिबोध के ही शब्दों में यह 'मरण देश से जीवन के लिए कातर पुकार' की कहानी है। इस प्रकार यह एक ऐसे लड़के की भी कहानी बन जाती है, जो समाज से तो लड़ ही रहा है, अपने मन में उठनेवाले 'वेगवान् बवण्डर' से भी लड़ रहा है। इस लड़ाई में उसका साथ देनेवाला कोई नहीं है। लोगों के अपमानजनक शब्द और व्यंग्य जब असत्य हो जाते हैं तो आँखों के रास्ते आँसू बहकर ही उसे कुछ राहत देते हैं।

मुक्तिबोध की कहानी 'प्रश्न' सुशीला नाम की युवती के साहस की कहानी है। एक अधेड़ उम्रवाले व्यक्ति के साथ विवाह के वक्त भले ही उसका साहस न दिखता हो, लेकिन पति की मृत्यु के बाद जिस व्यक्ति के साथ रहने का वह निर्णय लेती है, वह सामान्य निर्णय नहीं है। हमारे समाज में आज भी विधवा-विवाह चलन में नहीं है। यदि कोई स्त्री पति की मृत्यु के बाद विवाह करने का निर्णय लेती भी है तो समाज उसे अच्छी निगाह से नहीं देखता। उस पर प्रत्यक्ष-अप्रत्यक्ष रूप से ताने कसे ही जाते हैं। मुक्तिबोध इस कहानी में स्वयं सुशीला के पक्ष में यह प्रश्न उठाते हैं कि उसके जीवन में "एक सिरे पर पति और दूसरे सिरे पर 'काका' कहा जानेवाला व्यक्ति है और दोनों के बीच में जब स्वाभाविक चिकनाहट है तो वह अपवित्र कैसे हो गयी?" सुशीला के मन में पवित्रता को लेकर उठनेवाले प्रश्न का जवाब भी इसी प्रश्न में है। फिर, इससे बड़ी विडम्बना क्या हो सकती है कि एक बेटा अपनी माँ से ही उसकी पवित्रता पर प्रश्न खड़ा करता है। मुक्तिबोध इस कहानी के द्वारा समाज में प्रचलित पवित्रता, शुचिता की अवधारणा को बदलना चाहते हैं। यह पुरुषों द्वारा बनायी गयी अवधारणा है जो अपने अच्छे-बुरे हर यौन सम्बन्ध को पवित्र सिद्ध कर स्त्री की गुलामी की तरफदारी करती है। 'प्रश्न' कहानी में सुशीला अपने श्रम के बल पर जीवनयापन करती है और जिस व्यक्ति के साथ वह सम्बन्ध स्थापित करती है वह हृदय पर आधारित है। यह सम्बन्ध पिछड़ी सोच पर चोट करता है और समाज को एक नयी दिशा देने में सहायक होता है।

'प्रश्न' कहानी में हमारा ध्यान सुशीला के पति के अपराध-बोध पर भी जाना चाहिए। जिस उम्रदराज व्यक्ति के खूँटे से वह बाँध दी गयी है, वह सुशीला से बार-बार कहता है कि, "सुशीला, मैंने तुम्हारे साथ विवाह करके अपराध किया है।" आज के समाज में यह बोध भी दुर्लभ है। यदि हमारे अन्दर सही-गलत का निर्णय लेने की चेतना जाग्रत हो जाय तो कई समस्याओं का समाधान आसानी से हो जाय। स्त्री और पुरुष दोनों तर्क, विवेक और मानवीय मूल्यों को आधार बनाकर आपसी सम्बन्धों को निर्धारित करें तो एक अच्छे समाज के निर्माण की दिशा में आगे बढ़ा जा सकता है। इस कहानी में समाज की परवाह न करते हुए नरेन्द्र और सुशीला यानी बेटा और माँ अपने-अपने स्तर पर संघर्ष करते हैं और अन्ततः जीत उन्हीं की होती है।

'प्रश्न' कहानी में मुक्तिबोध एक बच्चे की मानसिक उथल-पुथल का चित्रण करते हुए मनोविज्ञान का सहारा लेते हैं। वातावरण के निर्माण में वे लम्बे-लम्बे वाक्यों का प्रयोग करते हैं, लेकिन जब नाटकीयता की सृष्टि करते हैं तो छोटे-छोटे संवादों का सहारा लेते हैं। कहीं-कहीं उपमाओं की सृष्टि के लिए कहानी में जटिलता आयी है। ऐसी स्थिति में कहानी की भाषा भले ही आकर्षित करती है, लेकिन चित्र बोधगम्य नहीं हो पाते। पवित्रता की पहचान के लिए एक जगह ईश्वर का दरबार लगवाकर मुक्तिबोध ने फैण्टेसी का सहारा लिया है, लेकिन यह फैण्टेसी कहानी को प्रभावशाली बनाने

में कोई मदद नहीं करती। भाषिक संरचना में मुक्तिबोध का काव्य-व्यक्तित्व कहानी पर हावी है। इसके लिए ये उदाहरण द्रष्टव्य हैं—जैसे सौभाग्य कुंकुम, कमनीय तारुण्य, क्रन्दन विह्वल, निःसहाय रोदन स्वर, श्रावण वर्षा आदि। ये प्रयोग छायावादी काव्य-भाषा की याद दिलाते हैं।

कहानी के अन्त में मुक्तिबोध नरेन्द्र के चरित्र को एक कलाकार के रूप में विकसित करते हैं। समाज को सही दिशा देने के लिए प्रश्न किसी कवि या कलाकार के मन को अधिक बेचैन करते हैं। नरेन्द्र और सुशीला अपने गाँव को एक ऐसे प्रकाश से आलोकित करते हैं कि समूचे गाँव में एक नयी चेतना आती है और जिस सुशीला को अपवित्र समझा जाता था वह स्त्री मुक्ति का नया मार्ग प्रशस्त करती है। सबके लिए वह श्रद्धेय हो उठती है और सुशीला के गाँव के लोग अपने को धन्य मानते हैं कि उनका जन्म सुशीला के गाँव में हुआ है।

मुक्तिबोध की कहानियाँ

श्रीराम त्रिपाठी

जीवन यथा (जथा) को तथा और तथा को यथा करने का नाम है। हर कथाकार जीवन की यथा को तथते हुए कथता है। इस तरह हर कथा जीवन की यथा की तथा होती है। इसलिए यथा को जाने बिना तथा का जानना मुमकिन नहीं। हमने 'था' भी सुना है और 'अथा' भी। 'अथ' भी सुना है और 'इति' भी। अथ का मतलब, प्रारम्भ और इति का मतलब, ख़त्म अथवा पूर्ण होता है। किसी कार्य का प्रारम्भ ही अथ और पूर्णता ही इति है। इस तरह हमारा जीव-कर्म अथ-इति में व्ययित होता है। अथ किसी-न-किसी 'थ' का होता है। 'थ' का दीर्घ है 'था।' 'था' को 'थ', मतलब कि लघु करके ही भीतर लाया जा सकता है। किसी भी चीज़ का सार उसका लघु होता है। सभी अपनी क्षमता के अनुसार ही लघु रूप होते-करते हैं। यही 'था' का 'अथ' होना है। यही जब दीर्घ होकर व्यथने लगता है, जिससे एक रूप में दोनों का संसरना दुष्कर हो जाता है, तो इति होकर ही दोनों संस्थित होते हैं। यही है इति का 'था', अथा, व्यथा होते हुए उत्इ (उत्-इ) होना। यही है मनुष्य और उसका संसार। इसी तरह हर थ (स्थ) त होता हुआ थ में बदलता जाता है। यही यथा-तथा की प्रक्रिया है। बुद्ध को तथागत कहा गया, शायद इसलिए कि वे यथा-आगत को तथा-गत कर देते थे। यही है मुक्ति का बोध। इसी प्रक्रिया में जो रचे-राचे, वही मुक्तिबोध है। गजानन माधव 'था' को 'है' और 'है' को 'था' को गहते-गहनते हुए रचते भी हैं और राचते भी, इसीलिए मुक्तिबोध हैं। वे मुक्ति को बोधने के अलावा बोध को मुक्तते भी हैं। इसीलिए वे दुष्कर होने के अलावा दुर्गम भी हैं।

मुक्तिबोध, प्रगति के वाद को शीलते हैं, इसीलिए प्रगतिशील हैं। वे कथते हुए न तो थकते हैं, न थके हुए कथते हैं। वे तो थके हुए को भी कथ्य बना देते हैं, जिससे वे भी प्रगतिशील होकर कथने लगते हैं। हमारे यहाँ वक्ता उत्तम, श्रोता मध्यम और बक़िया अन्य पुरुष माने गये हैं। इससे तो वक्ता और श्रोता निअ (न्य, निअरे) हुए और बक़िया अनिअ (अन्य, अनिअरे)। श्रोता और वक्ता अपनी भूमिका बदलकर उत्तम-मध्यम होते हुए अन्यों को भी निअरे करने की कोशिश में ख़ुद भी अनन्य हो

जाते हैं। जिस तरह किसी अन्य को निअ करना दुष्कर है, उसी तरह उसे नकारना सरल और अन्कारना दुष्कर है। दुष्कर (दुःखकर) कर्म के साधक ही न्अ को (न्-अ) और अन्य को निअ करके सुष्कर (सुखकर) बना देते हैं। ऐसे कर्म और उसके कर्त्ता ही अनन्य होते हैं। वही उत्तम भी है और मध्यम भी। वही माध्यम भी है और कथ्य भी। इस तरह सर्जना ही माध्यम भी हुई और कथ्य भी। मुक्तिबोध की कथाओं को यहाँ आखने-व्याखने के अलावा परखना भी है। ध्यान रहे कि परख में परश अन्तर्भुक्त है, इसलिए कि दोनों का मूल परष है। परशना हाथ के अलावा आँख से भी होता है। इस तरह आँख कर का ही विस्तार हुई। साँप को अगर हाथ ने छू दिया, तो नतीजा दुखेगा। आँख दूर से ही छू कर जान लेती है कि वस्तु को कर से छूना सुखद होगा कि दुःखद। कुल मिलाकर यह कि हमें इसे माध्यम के रूप भी परखना है और कथ्य के रूप में भी।

मुक्तिबोध की एक कविता है 'ब्रह्मराक्षस' और एक कहानी है 'ब्रह्मराक्षस का शिष्य।' कविता का शीर्ष ब्रह्मराक्षस है, तो कहानी का शीर्ष उसका शिष्य। कहानी का शीर्षरूपी सिरा शिष्य है, तो पैररूपी सिरा ब्रह्मराक्षस। हमारा पैर धरती की पीठ पर आधारित है। यही सामान्य भूमि है। सामान्य जन इसी भूमि पर आवन-जावन करते हैं। कविता का शीर्षरूपी सिर ब्रह्मराक्षस है—जो शिष्य के पैर का आधार है—तो ब्रह्मराक्षस का पैर धरती के पेट (तल) में होना चाहिए। कहानी का पैर तो कविता पर आधारित है, परन्तु उसका मूल कविता के पेट में है। इसलिए अगर उसके आधार पर ही ठहर गये, तो उसके मूल का जानना नहीं हो सकेगा। चीज़ें उलट-पुलटकर देखने पर ही पूरी दिखती हैं, अन्यथा अधूरी। इस तरह कहानी का मूल कविता का पेट और आधार उसकी पीठ हुई। इससे साबित होता है कि मनुष्य की कहानी का पैर कविता और कविता का सिर कहानी हुई। यही सामान्य जीवन है, जो पृथ्वी पर होता और दिखता है। विशेष तो अनदिखा है, जो पृथ्वी के पेट में धरा है, तभी तो उसका धरा नाम सार्थक होता है। वह आकाश को धारे हुए है, जिससे हम अनजान हैं। उसी को जानने के लिए जो उसके पेट से आकाश तक की यात्रा करता है, वही उसकी विशेषता को जान पाता है। कविता के पेट में शोधक उतरा था, जिसे सामान्य लोगों ने ब्रह्मराक्षस मान लिया। इसी मान्यता को विखण्डित-विस्थापित करते हुए विमान को स्थापित करती है यह कहानी। आइये देखें, इसका प्रारम्भ इस प्रकार होता है, "उस महाभव्य भवन की आठवीं मंजिल के जीने से सातवीं मंजिल के जीने की सूनी-सूनी सीढ़ियों पर नीचे उतरते हुए, उस विद्यार्थी का चेहरा भीतर से किसी प्रकाश से लाल हो रहा था।" यह 'महाभव्य भवन' दर्शनीय है। वहाँ भव नहीं, महाभव हो रहा है, जिससे हम भवी अनजान हैं। इसलिए कि वहाँ ब्रह्मराक्षस रहता है। इसी भय से वहाँ जाते नहीं। जाते, तो न जानते। जो जया (गया) उसने जाया। (गुजराती में गया को जया कहते हैं। हिन्दी में ज का ग हो गया है।) हमारी सारी गतिविधि पैर से सिर के बीच है। जिसका जितना

ऊँचा सिर उसका उतना ऊँचा भव। न इससे कम, न ज़्यादा। यही हमारा तन भी है और तान भी। तन तो सहज है, परन्तु उसका तान और ताना दुष्कर। उसे ही बनना-बनाना होता है। यही मनुष्यता की पहचान है। कबीर का यही ताना-बाना है। उनके लिए जीवन ही ओढ़ना भी है और बिछौना भी। परन्तु जीवन का प्रारम्भ तो कोख से होता है। और जो कोख में उतरता है, उसे हमारा समाज ब्रह्मराक्षस मान डरकर भाग खड़ा होता है। यही विडम्बना है हमारी। देखिये कविता का प्रारम्भ—

शहर के उस ओर खँडहर की तरफ़
परित्यक्त सूनी बावड़ी
के भीतरी
ठण्डे अँधेरे में
बसीं गहराइयाँ जल की...
सीढ़ियाँ डूबीं अनेकों
उस पुराने घिरे पानी में...
समझ में आ न सकता हो
कि जैसे बात का आधार
लेकिन बात गहरी हो।

कहानी महाभव्य भवन की आठवीं मंजिल से पृथ्वी की पीठ पर, जबकि कविता उसके पेट में उतरती है। मतलब कि कोख (कोष-कुक्षि) में। इसे ऐसे भी कह सकते हैं कि कविता पृथ्वी की कोख से जनमी और उसकी पीठ पर चरती-विचरती हुई कहानी-रूप में महाभव्य भवन होती हुई ऊँची उठने लगी। शोधक पृथ्वी की कोख में उतरा था। कोख से बाहर आने में समय लगता है। कोख की भीतरी हलचल से भयभीत लोग शोधक को ब्रह्मराक्षस मान पलायन कर लिये। इसका बोध तब हुआ, जब पृथ्वी की कोख में उतरे। तभी तो कवि उस तथाकथित ब्रह्मराक्षस का सजल उर शिष्य बनना चाहता है।

मैं ब्रह्मराक्षस का सजल-उर शिष्य
होना चाहता
जिससे कि उसका वह अधूरा कार्य,
उसकी वेदना का स्रोत
संगत, पूर्ण निष्कर्षों तलक
पहुँचा सकूँ

मैं की यही कामना 'ब्रह्मराक्षस का शिष्य' में साकार होती है। आठवीं मंजिल से सातवीं मंजिल पर उतरना, उसका आठवीं मंजिल की तिष्ठा साबित करता है। अट्ठ

का स्थान सत्त के बाद है। जो जहाँ तिष्ठता है, वही उसका अट्ठ है। इस तरह सत्य की तिष्ठा ही अट्ठ हुई। सत्त की मंजिल तो छह मंजिल के बाद आती है। अधिकतर तो पहली दूसरी मंजिल पर ही अट्ठ होकर सत्त से अनजान रहते हैं। ब्रह्मराक्षस सत्यनिष्ठ था, इसीलिए सत्त के ऊपर तिष्ठा था। अपना सारा ज्ञान शिष्य को देकर ब्रह्मराक्षस तो ज्ञानशून्य (बोधमुक्त) होकर उड़ गया, परन्तु ज्ञान पाकर भारी हुए (मुक्तिबोध) शिष्य को तो पृथ्वी की पीठ पर आना ही था। सामान्य अट्ठ तो पृथ्वी की पीठ ही है। यही है विशेष ज्ञान का सामान्य भूमि पर आना। वह जिस श्लोक को गाते हुए पाँचवीं से चौथी मंजिल उतरता है, उसके 'शृंगार और वात्सल्य का बोध' गुरु ने एक साथ करवाया था। शिष्य के ये उद्गार– 'पिता जी! पिता जी! माँ! माँ!'– उनसे मिलने की ललक को सूचित करते हैं। उसके सामान्य भूमि पर आते ही 'राह से गुजरते हुए लोग 'भूत' 'भूत' कहकर भाग खड़े हुए।' क्योंकि "आज तक उस भवन में कोई नहीं गया था। लोगों की धारणा थी कि वहाँ एक ब्रह्मराक्षस रहता है।" वह भवन है, अट्टालिका नहीं, जहाँ कुछ हो रहा है, जिससे अनजान होने के कारण लोग भयभीत हैं। वहाँ गया तो एक निपट देहाती लड़का, जिसने पढ़ने-लिखने से वैर किया, तो उसके विद्वान् पिता ने घर से निकाल दिया। वह भी विदूषक बटुक के इस कथन पर, "देख बे, सामने सिंहद्वार है। उसमें घुस जा, तुझे गुरु मिल जायेगा।" जिस पर वह खुद हँसा था। परन्तु गुरु की जगह इतने क़रीब पाकर वह तो बटुकों को प्रणाम किये बगैर चल दिया था। वह दक्षिण से उत्तर को आया था। मतलब कि दक्षिण सवाल हुआ तथा उत्तर जवाब। दक्षिण ही सामान्य जीवन हुआ और उत्तर उससे ऊँचा और श्रेष्ठ। यही है उत्तरोत्तर। इस तरह दक्षिण ही हमारी सामान्य भूमि हुई, जो उत्तर से अवतर है। ऊँचे से नीचे आने को उतरना कहते हैं। कहीं यही उत्तरना (उत्तर देना) तो नहीं। ऊपर से पृथ्वी की पीठ पर उतरते हुए उसके पेट में उतर जाना। पृथ्वी की पीठ पर रहते-रहते हम दक्ष हो गये। सो, इसी को दक्षिण मान लिये। जबकि सच्चाई तो पृथ्वी के पेट में है। इस तरह उत्तर की प्राप्ति में वही दक्ष होगा, जो पृथ्वी की पीठ से होते हुए उसके पेट में उतरेगा। मुक्ति का बोध उसे ही होगा। हमारा सिर एक सिरा है, तो दूसरा सिरा उसके पेट में, परन्तु हम तो अपने पैर को ही दूसरा सिरा मानकर उसी को उत्तरते हैं। हमारे उत्तर-दक्षिण का आधार पृथ्वी का पेट नहीं, पीठ हो गया है। पृथ्वी पर जो हम देखते-महसूसते हैं, सबका मूल तो पृथ्वी का पेट ही है, जहाँ घुप्प अँधेरा, सीलन और पानी है। बड़ी मुश्किल से तो बाहर आये, इसी भय से शायद वहाँ नहीं जाते। शायद इसी कारण वहाँ के यात्री से डरते हैं। हमारा जीवन सिर्फ़ उत्तरोत्तर है, जिसमें दक्षिण की कोई जगह ही नहीं। इससे तो यही लगता है कि हम जीवन की दक्षता से भागते हैं। हम आधृत और आश्रित हैं। किसी अन्य के आधार और आश्रय नहीं बन सकते। तभी तो शोधक को निराधृत और निराश्रित रूप में ब्रह्मराक्षस मान लिया। यह कहानी नहीं, दृष्टान्त है। इसलिए कि यह जितने गहरे भाव

को बोधने का प्रयास करती है, उतने बोध को भवने में समर्थ नहीं हुई। मतलब कि चित्रित नहीं कर पायी। इसीलिए प्रबोध है। बोध को पुष्टती है। सम्भव है कि 'ब्रह्मराक्षस' की गहनता तत्कालीन आलोचकों को भी आशंकित करती रही हो, तभी तो उनकी आलोचनाएँ इसी की पुष्टि करती हुई इसे मध्यवर्गीय बुद्धिजीवी की विडम्बना मान लेती हैं। मुक्तिबोध विकसते हुए कवि से महाकवि बन जाते हैं। फ़र्क़ सिर्फ़ इतना है कि वे फलक को विस्तारने की बजाय गहते-गहनते हैं। वे बाहर कम और भीतर अधिक विस्तरते हैं। कुआँधर्मी समझिये। जिस कुएँ का स्रोत जितना विस्तृत होगा, उसमें उतना और उतने ही समय तक स्वच्छ पानी रहेगा। कुआँ सबके पास है, परन्तु उसे गहते-गहनते बहुत कम लोग हैं।

हमने देखा कि मुक्तिबोध 'ब्रह्मराक्षस' में जिस मुक्ति को भवते-भावते और बुधते-बोधते हैं, वह उनकी अपनी है। बुद्ध का मध्यम-मार्ग कोई बनी-बनायी सड़क तो है नहीं कि जिस पर सरकते अथवा रपटते हुए दूसरे सिरे पर पहुँच जायें। मध्यम-मार्ग दायें-बायें के मध्य के अलावा दो सिरों की एकता भी है। त्रिज्या केन्द्र को परिधि से जोड़ती है, परन्तु व्यास तो वृत्त का मध्यम मार्ग है, जो केन्द्र को भेदते हुए उसे न केवल दो बराबर हिस्सों में बाँटता है, बल्कि परिधि के दूरतम छोर को जोड़ता भी है। इसकी प्रवृत्ति दो सिरों को जोड़ना है। यह इधर को उधर से जोड़ती है। इसीलिए यह प्रवृत्ति मार्ग भी है और प्रगति-मार्ग भी। केन्द्र को भेदने के कारण यह केन्द्र विरोधी है। मुक्तिबोध पृथ्वी के केन्द्र को भेदने की कोशिश में उसके दोनों सिरों को आत्मसात् करते हैं। यही है मुक्ति का बोध। बोध बँधा भी है और बाँधता भी। वह बँधते हुए बाँधता है और बाँधते हुए बँधता है। यह जैसे-जैसे दीर्घ होता जाता है, वैसे-वैसे इसका और हमारा द्वन्द्व प्रबल होता जाता है, जिससे हम दोनों दुर्बल होते हैं। ऐसे में, दोनों मुक्ति चाहते हैं। इसी में दोनों का हित है। बोध का अपने पैरों चलना, दोनों को सुखता है। यही है बोध की मुक्ति और मुक्ति का बोध। बोध पाकर बावड़ी से बाहर निकले शोधक को तो कोई जन मिला ही नहीं, जिसे सम्बोधता। ब्रह्मराक्षस मानकर सभी तो भाग खड़े हुए थे। बोध से बँधा शोधक मुक्ति के लिए छटपटाता है। अट्ठ (स्थिर) हो गया है वह। जितना भीतर उतरा था, उतने ही ऊपर स्थिर हो गया। इधर दक्षिण का देहाती बालक– जिसे पिता ने सीखने में मन न लगाने के कारण घर से निकाल दिया है– सीखने के लिए गुरु की खोज में उत्तर को आया है। अत्तर (पृथ्वी की पीठ, सामान्य भूमि) से उत्तर की ओर जाने का मतलब है, ऊँचे चढ़ना। यही है सिर की शिखा पर चढ़ना। सिर की शिखा सिर से ऊँची होती है। आगे चलकर यह रूढ़ हो गयी कि जिसकी शिखा जितनी ऊँची वह उतना ही ऊँचा सीखा हुआ (शिक्षित)। जैसे-जैसे शिष्य शिक्षित होता जाता है, वैसे-वैसे ब्रह्मराक्षस बोध के बन्धन से मुक्त होता जाता है। इस तरह एक ओर तो ब्रह्मराक्षस अपने बोध के बँधन से मुक्त हुआ, तो दूसरी ओर शिष्य बोध के बोध से बँधा। बाहर आने पर इसीलिए तो लोग 'भूत' 'भूत'

चिल्लाये। यही है मुक्ति का बोध और बोध की मुक्ति, जो अत्यन्त दुष्कर है। यही है मानव-जीवन की त्रासदी। इस तरह मानव-जीवन ख़ुद ही त्रासद है। इसलिए इसके सम्मुख होने की बजाय इससे दूर भागते (विमुख होते) हैं। मनुष्यता से दूर भागते हुए निरन्तर अमानवीय होते जा रहे हैं। सो, अगर मनुष्यता को बचाना और विकसना है, तो त्रासदी के सम्मुख होना ही पड़ेगा।

अब "वह चमत्कार उसे प्रभावित नहीं कर रहा था, जो उसने हाल-हाल में देखा। तीन कमरे पार करता हुआ वह विशाल वज्रबाहु हाथ उसकी आँखों के सामने फिर से खिंच जाता। उस हाथ की पवित्रता ही उसके खयाल में जाती किन्तु वह चमत्कार, चमत्कार के रूप में उसे प्रभावित नहीं करता था। उस चमत्कार के पीछे ऐसा कुछ है, जिसमें वह घुल रहा था, लगातार घुलता जा रहा था। वह 'कुछ' क्या एक महापण्डित की जिन्दगी का सत्य नहीं है? नहीं, वही है! वही है!" 'वज्रबाहु हाथ' में हाथ दुहराव है। बाहु तो हाथ ही है। शिष्य को अब यह चमत्कार इसलिए नहीं लग रहा कि उसने बोध को जान लिया है। मतलब कि बोध का कर बन जाना ही उसकी मुक्ति है। जब तक वह कर नहीं बनता, तब तक न उसकी मुक्ति होती है, न बोधि की। यही है बोधिसत्व। इस तरह मुक्तिबोध मनुष्यता के तल से आकाश तक आवन-जावन करते हुए मानो सूचते हैं कि ब्रह्मराक्षस मान लिये जाने का ख़तरा उठाये बिना न बोध सम्भव है और योग्य शिष्य के अभाव में न बोध से मुक्ति। मानव-जीवन अन्योन्याश्रित है। स्वाश्रित होने की कोशिश में इसकी अन्योन्याश्रितता कम ज़रूर होती है, मगर ख़त्म नहीं। यही इसकी विडम्बना भी है और विशेषता भी।

अब 'क्लॉड ईथरली।' विकास की गति ऊर्ध्व सर्पाकार है, जो व्यास और परिधि का गुणाकार होने के कारण सर्पाकार होती है। आँख प्रकाश की द्योतक है। उसमें जितना प्रकाश होगा, वह उतने ही अँधेरे को प्रकाशित कर सकेगा। वृत्त और वृत्ति जीवन के वृत्तात्मक होने को सूचित करते हैं। शायद इसीलिए जीवनी को जीवन-वृत्त कहा गया। हमारी प्रवृत्ति प्रवृत्त बनाने की है। चक्र वृत्ताकार है और जीवन सर्पाकार। मनुष्यता का लक्ष्य मृत्यु को भी जीवन देना है। इसी कोशिश में वह मृत्यु को निरन्तर दूर करता आया है। मृत्यु जितनी दूर हुई है, जीवन उतना ही फला-फूला है। जीवन की प्रक्रिया सर्पाकार है, जिसे तय करने में जीवन-चक्र की न जाने कितनी आवृत्ति होती है। आवृत्ति दुहराव के अलावा वृत्ति के दीर्घ होने को भी सूचित करती है। दूरी के बढ़ने का मतलब है जीवन-वृत्त का बढ़ना, क्योंकि दूरी ही इसका व्यास है। व्यास की आवृत्ति व्यास की दीर्घता को सूचती है। यही मनुष्यता की प्रवृत्ति हुई। इस दूरी को तय करने में जीवन-चक्र का जो दुहराव होता है, यही जीवन-चक्र की आवृत्ति और प्रवृत्ति है। इस तरह मनुष्यता की प्रवृत्ति व्यासात्मक है। वह व्यास की आवृत्ति करती हुई जीवन के वृत्त को विकसने में प्रवृत्त होती है। मतलब कि केन्द्र को भेदती हुई जीवन-वृत्त को विस्तारती है। 'वासांसि जीर्णानि यथा विहाय...' का प्रगतिशील अर्थ

लेना है, तो यही होगा। जीवन-चक्र की हर आवृत्ति नयी होती है, इसलिए कि उसका देश-काल नया होता है। वह अपनी धुरी पर तो घूमता नहीं। यही है उसका नया संस्कार।

ऐतिहासिक तथ्य तो यही है कि जापान पर एटम बम गिरानेवाला 'क्लॉड ईथरली' अपने बाद के दिनों में पागल हो गया था। यह सत्य न होकर सत्ता द्वारा प्रचारित झूठ था। मनुष्य जीवन विडम्बनात्मक इसलिए है कि वैयक्तिकता और सामाजिकता एक-दूसरे के धुर विरोधी हैं। मनुष्य वैयक्तिकता और सामाजिकता में सतत अन्तरण करता है। तभी तो व्यक्ति के सामाजिक बनते ही उसका सत्य सत्ता हो जाता है। इस तरह व्यक्ति सत्य और सामाजिक सत्ता के द्वन्द्व में व्यक्ति सत्य पीड़ित होता है। 'ब्रह्मराक्षस' और 'ब्रह्मराक्षस का शिष्य' में व्यक्ति सत्य ही त्रस्त है। ब्रह्मराक्षस को शिष्य मिल जाने का एक मतलब यह भी है कि उसका सत्य समाज में प्रतिष्ठित हो गया। ध्यातव्य है कि समाज में प्रतिष्ठित होते ही वह सत्य से सत्ता हो गया। यही है जाग्रत मनुष्य की त्रासदी। सामाजिक सत्ता का त्रास झेले बिना कोई भी व्यक्ति-सत्य सामाजिक-सत्य नहीं बन सकता। व्यक्ति की यही त्रासदी है कि उसका सत्य बदलकर सत्ता हो गया। हिरोशिमा पर एटम बम गिरानेवाला 'क्लॉड ईथरली' सामाजिक सत्ता के अधीन था। सत्ता के आदेश को उसने अपनी पूरी क्षमता से अंजाम दिया था। सत्ता ने तभी तो उसे व्यक्तियों का नायक माना। व्यक्तियों का नायक माने जाने के बाद ही उसका व्यक्ति जागा और अपने किये को देखा तो ख़ुद को अपराधी पाया। इस तरह उसका व्यक्ति-सत्य उसकी सामाजिक सत्ता के विरुद्ध हो गया। 'क्लॉड ईथरली' सामाजिक सत्ता की प्रतिष्ठा था। ऐसे में अगर उसे अपराधी मान लेती, तो खुद ही अपराधी ठहरती। इसीलिए बार-बार अपराध करने पर भी उसे निर्दोष साबित करती रही। फिर भी उसके न मानने पर उसे पागल क़रार देकर पागलख़ाने में डाल दिया। जिससे एक ओर तो सामाजिक सत्ता की प्रतिष्ठा बनी रहती है, तो दूसरी ओर व्यक्ति-सत्य त्रस्त होता है। मुक्तिबोध ख़ुद से बतियाते हैं। उनका यही चिन्तन-मनन विविध रूपों में प्रकट हुआ है, चाहे वह 'एक साहित्यिक की डायरी' और 'नयी कविता का आत्मसंघर्ष' हो, चाहे कविता-कहानियाँ। इस कहानी में दो अनाम व्यक्तियों के संवाद हैं, एक मैं और दूसरा वह। एक अन्य पुरुष है, परन्तु उसकी गतिविधियाँ कभी उत्तम पुरुष की हैं, तो कभी मध्यम पुरुष की। मैं और अन्य के कभी उत्तम तो कभी मध्यम बनने से यह संवाद अनन्य बन गया है। 'क्लॉड ईथरली' भी अन्य पुरुष ही है, जिसके माध्यम से पूरी कथा अंजाम पाती है। सवाल यह उठता है कि कथाकार ने उसे कोई नाम क्यों नहीं दिया। क्या उसके मन में इसका कोई मान नहीं बना। और जब कोई मान ही नहीं बना, तो रूप कैसे बनता। हर रूप का कोई-न-कोई मान होता है। मुक्तिबोध अपनी चिन्ताओं का उत्खनन करते हुए आत्म-संवाद के रूप में प्रस्तुत करते रहे हैं, जिसे 'एक साहित्यिक की डायरी' में देखा जा सकता है। उनका सारा ज़ोर मनुष्यता के मूल को उद्‌घाटित करना है। इसलिए वे जिस विधि से उसे उद्‌घाटित करते हैं, वह उनकी अपनी होती है। इसीलिए किसी

सम्मान्य विधा में बँधती नहीं। वह हर विधा का अतिक्रमण करती हुई उनका समायोजन भी करती है। उनकी चिन्ता गहन भाव से पूरित है और भाव गहन चिन्ता से पूरित। इसलिए यह कहानी न होकर कहानी की तरह है। इसलिए इसकी परख कहानी की तरह के आधार पर मुनासिब है, न कि कहानी के आधार पर।

तो आइये इस कहानी की तरह के प्रारम्भ को देखें, ''पीली धूप से चमकती हुई ऊँची भीत जिसके नीले फ्रेम में काँचवाले रोशनदान दूर सड़क से दीखते हैं।'' 'क्लॉड ईथरली' नामक सबके सिरों का शीर्ष इसी ''ऊँची भीत जिसके नीले फ्रेम में काँचवाले रोशनदान'' के भीतर है, जिसे मैं ही नहीं, कोई नहीं जानता। पीली धूप संझा की सूचक है। जब उसने हिरोशिमा पर एटम बम गिराया था, तब वह दोपहर की धूप था। उसके ताप ने हिरोशिमा की न जाने कितनी ऊँची भीतों को तपाकर ख़ाक कर दिया था। उसका ताप पीला पड़ते ही इस ऊँची भीत में क़ैद कर लिया गया। ऐसा तब हुआ, जब 'क्लॉड ईथरली' ने अपने किये के नतीजे को अपने भीतर देखा, तो ख़ुद को अपराधी पाया, परन्तु उसका जनतान्त्रिक समाज तो उसे नायक मानकर सम्मानता ही रहा। मुक्तिबोध का लक्ष्य इसे चित्रित करना नहीं है। इसलिए कि वे बौद्धिक चिन्तन में मशगूल हैं। हो सकता है कि चित्र बनाने की कोशिश इसलिए नहीं की कि वे अमरीकी देश-काल से अनभिज्ञ थे। इसीलिए 'क्लॉड ईथरली' शीर्षक होने के बावजूद उसका चरित्र प्रकट नहीं होता। उसके बारे में जो कुछ भी प्रकट होता है, वह उस अन्य पुरुषरूपी जनाने के द्वारा। मुक्तिबोध अपने मनोमन्थन को दो व्यक्तियों के माध्यम से प्रकट करते हैं। इसमें आत्म-पक्ष अक्सर मध्यम पुरुष होता है और पर पक्ष उत्तम पुरुष। यहाँ भी वह पुरुषरूपी जनाना ही अधिकतर उत्तम पुरुष बना है। प्रारम्भ में तो सामाजिक सत्ता ही उसके जीवन का सत्य था, इसीलिए उसका अनुसरण करता था। इससे वह ऐसा व्यक्ति बना, जिसका कोई व्यक्तित्व नहीं। उसका व्यक्तित्व तो अस्तित्व में तब आया, जब उसे अपराधी होने का बोध हुआ। इससे दो बातें स्पष्ट होती हैं। पहली यह कि अज्ञानी का सत्य सामाजिक सत्ता होती है, इसीलिए उसका कोई अपना व्यक्तित्व नहीं होता। यही है सामाजिक व्यक्तित्व। दूसरी, बोध ही व्यक्ति का त्व है। अर्थात् बोध के बिना व्यक्ति का व्यक्तित्व मुमकिन नहीं। इस तरह बोध ही व्यक्ति-सत्य ठहरता है। पहले जिसको अनुसरता था, बोध होने (विसरने, विशेष रूप से सारने) पर उसका विरोधी हो जाता है। यही है, व्यक्ति सत्य के रूप में 'क्लॉड ईथरली' के जीवन की त्रासदी, जिसे दो व्यक्तियों के संवादों के द्वारा सुनाया गया। जिस पर उनका ध्यान केन्द्रित है, उसे सिर्फ़ उनने ही देखा है। दिखाने का प्रयास तो किया ही नहीं गया। अगर दिखाने का प्रयास किया गया होता, तो निश्चित ही उसे दीवार के बाहर भी दिखाया जाता। इस तरह यहाँ 'क्लॉड ईथरली' के माध्यम से व्यक्ति सत्य की त्रासदी को प्रकट किया गया है। इसीलिए यह कहानी न होकर कहानी की तरह है। गहरे उतरना मुक्तिबोध की विशेषता है, जहाँ अँधेरा-ही-अँधेरा और सीलन-

ही-सीलन है, जिसमें हर व्यक्ति का आत्म रहता है। इसीलिए उनकी कविताएँ आत्म-संवाद हैं, जिसे वे कहानी के माध्यम से भी कहने की कोशिश करते हैं। पृथ्वी के भीतर को वे पृथ्वी की पीठ पर ही ला पाते हैं, उसे अपने पैरों चला नहीं पाते। शायद इसीलिए उनका चित्रण नहीं हो पाया। कहानी का प्रारम्भ जैसे होता है, उसका कोई सन्दर्भ नज़र नहीं आता। खुद ही देख लीजिये, "पीली धूप से चमकती हुई ऊँची भीत जिसके नीले फ्रेम में काँचवाले रोशनदान दूर सड़क से दीखते हैं।" खुद से कहा जा रहा है, किसी अन्य से नहीं। अगर किसी अन्य को सुनाया जाता, तो इसके पहले किसी-न-किसी बात का सन्दर्भ होता। इससे स्पष्ट है कि कहानी किसी बाहरी को नहीं सुनायी जा रही, बल्कि भीतरी आत्म को सुनायी जा रही है। तभी तो उसका श्रोता काफ़ी देर बाद उससे मिलता है, जो इस कहानी का संवादी भी है। और जिसे वह "सहज, जिज्ञासावश देखें, कहाँ, क्या होता है। दृश्य कौन-से, कौन-से दिखायी देते हैं।" कहता है, यह कथा की युक्ति है, जो विश्वसनीय नहीं बन पाती। उस रोशनदान से भीतर देखता है, तो "छत से टँगे ढिलायी से गोल-गोल घूमते पंखे के नीचे, दो पीली स्फटिक-सी तेज आँखें और लम्बी सलवटों-भरा तंग मोतिया चेहरा है जो ठीक उन्हीं ऊँचे रोशनदानों में, भीतर से बाहर, पार जाने के लिए ही मानो अपनी दृष्टि केन्द्रित कर रहा है। आँखों से आँखें लड़ पड़ती हैं। ध्यान से एक-दूसरे की ओर देखती हैं। स्तब्ध, एकाग्र!" दोनों मानो एक-दूसरे के प्रतिरूप हैं। तभी तो दोनों स्तब्ध और एकाग्र होने के साथ आश्चर्यचकित भी होते हैं। नैरेटर का भीतरी रूप 'क्लॉड ईथरली' है और 'क्लॉड ईथरली' का भीतरी रूप मैं। दोनों एक-दूसरे के पूरक हैं। मतलब कि परस्पर निर्भर। मानो 'क्लॉड ईथरली' की मानसिक और बौद्धिक चिन्ता मैं और वह के माध्यम से प्रकट हुई है। इसलिए दोनों के मेल से 'क्लॉड ईथरली' नाम चरितार्थ होता है। वैज्ञानिकों ने प्रकाश का वाहन ईथर को माना है। हमने कैसी सामाजिक व्यवस्था बनायी है, जो दुनिया के एक भू-भाग को तहस-नहस करनेवाले को नायक मानती है। 'क्लॉड ईथरली' ने जब अपने किये को देखा, तो अपराध-बोध से बेचैन हुआ। फलस्वरूप, "नेस्तनाबूद हुए हिरोशिमा की बदरंग और बदसूरत, उदास और गमगीन जिन्दगी की सदारत करनेवाले मेयर को वह हर माह चेक भेजता रहा जिससे कि उन पैसों से दीन-हीनों को सहायता तो पहुँचे ही; उसने जो भयानक पाप किया है वह भी कुछ कम हो।" 'क्लॉड ईथरली' के माध्यम से भारत और उसके व्यवस्थापकों का चरित्र प्रकट हुआ है, जो हमें बेचैन करता है। वह दूसरा, जो अनाम होकर उत्तम पुरुष का व्यवहार करता है, जिसकी शक्ल "बायीं और दाहिनी भौंहें नाक के शुरू पर मिल गयी थीं। खुरदरा चेहरा, पंजाबी कहला सकता था। पूरा जिस्म लचकदार था। वह निस्सन्देह जनाना आदमी होने की सम्भावना रखता है! नारीतुल्य पुरुष, जिनका विकास किशोर काव्य में विशेषज्ञों का विषय है।" यही आत्मा का प्रतिरूप लगता है। जिसके जनानेपन में मैं को 'कोई ईश्वरीय अर्थ दिखायी दिया।' यह जनाना आदमी ही

आदमियत का वर्गीकरण करते हुए कहता है, "जो आदमी आत्मा की आवाज़ कभी-कभी सुन लिया करता है और उसे बयान करके उससे छुट्टी पा लेता है, वह लेखक हो जाता है। आत्मा की आवाज़ को लगातार सुनता है, और कहता कुछ नहीं, वह भोला-भाला सीधा-सादा बेवकूफ है। जो उसकी आवाज़ बहुत ज़्यादा सुना करता है और वैसा करने लगता है, वह समाज-विरोधी तत्त्वों में यों ही शामिल हो जाया करता है। लेकिन जो आदमी की आवाज़ ज़रूरत से ज़्यादा सुन करके बेचैन रहा करता है और उस बेचैनी में भीतर के हुक्म का पालन करता है, वह निहायत पागल है। पुराने जमाने सन्त हो सकता था। आजकल उसे पागलख़ाने में डाल दिया जाता है।" यहाँ आदमी की चार श्रेणियाँ बतायी गयी हैं, जिनमें लेखक का स्थान सबसे नीचे और पागल का सबसे ऊपर है। पागल के निचले स्थान पर समाज-विरोधी तत्त्व हैं। एक तरह से यह ख़ुद मनुष्यता द्वारा किया गया वर्गीकरण है। इस प्रकार मुक्तिबोध लेखक को सबसे निचले स्थान पर रखकर ख़ुद को निन्दते हुए इसे ही मनुष्यता का आधार भी मानते हैं, इसलिए कि आधार ही सबसे नीचे होता है, जिस पर पूरा भवन अवलम्बित होता है। इसलिए लेखक को पुष्ट और उर्वर होना चाहिए।

यहाँ 'क्लॉड ईथरली' को व्यक्ति की त्रासदी का माध्यम बनाया गया है। चूँकि, इसमें 'क्लॉड ईथरली' के चरित्र को देखने के उपरान्त समझने का प्रयास किया गया है, दिखाने का नहीं, इसलिए यह कहानी न होकर कहानी की तरह है। 'क्लॉड ईथरली' तभी तो किसी एक देश-काल का न होकर सर्वकालिक और सर्वदेशी हो गया है। इसी कारण वह भारत के पागलख़ाने में भी मौजूद है। इसकी पुष्टि मैं के चिढ़कर यह पूछने पर होती है कि, "तो क्या यह हिन्दुस्तान नहीं है। हम अमरीका में ही रह रहे हैं?" उस जनाना आदमी ने उसकी बेवकूफी पर ठहाका मारकर हँसा और कहा, "भारत के हर बड़े नगर में एक-एक अमरीका है! तुमने लाल ओंठवाली चमकदार, गोरी-सुनहली औरतें नहीं देखीं, उनके कीमती कपड़े नहीं देखे! शानदार मोटरों में घूमनेवाले अतिशिक्षित लोग नहीं देखे! नफीस किस्म की वेश्यावृत्ति नहीं देखी! सेमिनार नहीं देखे! एक जमाने में हम लन्दन जाते थे और इंग्लैण्ड-रिटर्ण्ड कहलाते थे और आज वाशिंगटन जाते हैं। अगर हमारा बस चले और आज हम सचमुच उतने ही धनी हों और हमारे पास उतने ही एटम बम और हाइड्रोजन बम हों और रॉकेट हों तो फिर क्या पूछना! अख़बार पढ़ते हो कि नहीं?" उसका ठहाका मारकर हँसना हमारे जैसे लोगों पर व्यंग्य है। हम पुरुषवादी अहंकार में पले-पुसे हैं। इसी दृष्टि के अनुसार वह नारीतुल्य है, क्योंकि उसका पूरा जिस्म लचकदार है, जबकि पुरुष का तन तो तना होता है। उसका कहना कि, "आजकल हमारे अवचेतन में हमारी आत्मा आ गयी है, चेतन में स्व-हित और अधिचेतन में, समाज से सामंजस्य का आदर्श—भले ही वह बुरा समाज क्यों न हो? यही आज के जीवन-विवेक का रहस्य है।..." इस तरह 'क्लॉड ईथरली' नामक चरित्र और उसकी त्रासदी सर्वव्यापी और सर्वकालिक है।

जनाना आदमी अर्द्धनारीश्वर का संकेतक लगता है। मतलब कि स्त्री-पुरुष का समन्वय।

आइये, अब इसके नाम को भी समझ लिया जाय। शब्दकोश के अनुसार क्लॉड फ्रान्सीसी मूल का है, जो शिशु के नाम के रूप में प्रयुक्त होता है। शिशु का मान है, नासमझ और पर निर्भर। ईथर से ईथरली बना है, जो प्रकाश को वहता है। प्रकाश का अर्थ ज्ञान होता है। इस तरह 'क्लॉड ईथरली' का मतलब हुआ नासमझ और परनिर्भर शिशु का प्रकाश-वाहक बनना। नासमझ और पर निर्भर शिशु सामाजिक सत्ता का अनुसरण करते हुए एक दिन प्रकाश को वहने में समर्थ होकर उस सामाजिक सत्ता के विरोधी हो जाते हैं। इस तरह क्लॉड का प्रतिनिधित्व मैं करता है और ईथरली का वह जनाना आदमी। इस प्रकार दोनों के मेल से 'क्लॉड ईथरली' नाम सार्थक हुआ। मुक्तिबोध की आत्मा का प्रतिरूप ही वह जनाना आदमी है, जो उनकी स्क्रीनिंग करता है। इसी निष्ठुर और निर्मम आत्मालोचन के कारण मैं को स्वीकारना पड़ता है कि, "उसने मेरे दिल में खंजर मार दिया। हाँ, यह सच था! बिलकुल सच! अवचेतन के अँधेरे तहख़ाने में पड़ी हुई आत्मा विद्रोह करती है। आत्मा पापाचारों के लिए, अपने-आपको जिम्मेदार समझती है। हाय रे! यह मेरा भी तो रोग रहा है।"

एक कहानी और—'पक्षी और दीमक।' दोनों पेड़ के सम्बन्धी होकर उसके दो पक्ष बन गये हैं। तीनों एक ही वृत्त के अन्तर्गत हैं। पेड़ ही इस वृत्त का व्यास है, जिससे वृत्त दो पक्षों में विभाजित हो गया है। इसी तरह दिन के भी दो पक्ष हैं, दिन और रात। मनुष्य के भी दो पक्ष हैं, वैयक्तिक और सामाजिक। पक्षी और दीमक, दोनों पेड़ पर आश्रित हैं। दोनों का घर है पेड़। पक्षी की ख़ुराक घर से बाहर है, जबकि दीमक की घर ही। मतलब कि दीमक पेड़ को ही खाता है। सामान्य तौर पर पक्षी के दो पक्ष (पंख) दिखते हैं, परन्तु वे बहुपंखी होते हैं। जिनकी मदद से वह उड़ान भरता है, परन्तु दीमक का तो एक ही पक्ष होता है—पेड़ को खाते हुए ऊपर उठना। अपने आश्रय को ही खाते हुए ज़मीन पर लुढ़कना। यही हाल उस पक्षी का हुआ, जिसने एक पंख के बदले में दो दीमक लिया। इस कहानी के भी दो पक्ष हैं– मैं और श्यामला तथा पक्षी और दीमक। पहले पक्ष की पुष्टि दूसरे पक्ष के पक्षी और दीमक के दृष्टान्त से होती है। जीवन एक पक्षीय नहीं, दो पक्षीय है। दो पक्षीय जीवन ही उच्चता है, एक पक्षीय तो निच्चता है। यानी, पतित होता है। दो पक्षों में आवागमन ही जीवन का व्याप भी है और व्यापार भी। हर कोई अपने जीवन के व्याप को बढ़ाने की कोशिश करता है। मनुष्य वह है, जो अपने व्याप को बढ़ाने के प्रयास में अन्यों के व्याप को रोकता नहीं। आदमीरूपी व्यापारी का चिल्ला-चिल्लाकर कहना कि, 'दो दीमकें लो, एक पंख दो।' आदमीरूपी पंखियों से ही कहना है। आज का बाज़ार चिल्ला-चिल्लाकर यही कहता है। इसीलिए यह मानवीय नहीं, अमानवीय है। अपने व्याप को बढ़ाने के लिए अन्यों के व्याप को रोकने की कोशिश है। ध्यातव्य है कि उसकी इस कोशिश के शिकार

वे बहुपंखी भी होते हैं, जो दीमक की तरह एकपक्षीय होकर अपने आश्रय को ही कुतर खाते हैं। यही पर निर्भर होते हैं, परस्पर निर्भर का प्रयास नहीं। यही सुविधाभोगी है, जो कहता है कि, "बाहर चिलचिलाती हुई दोपहर है; लेकिन इस कमरे में ठण्डा मद्धिम उजाला है। यह उजाला इस बन्द खिड़की की दरारों से आता है। यह एक चौड़ी मुँडेरवाली बड़ी खिड़की है, जिसके बाहर की तरफ, दीवार से लगकर, काँटेदार बेंत की हरी-घनी झाड़ियाँ हैं। इनके ऊपर एक जंगली बेल चढ़कर फैल गयी है; और उसने आसमानी रंग के गिलास जैसे अपने फूल प्रदर्शित कर रखे हैं। दूर से देखनेवालों को लगेगा कि वे उस बेल के फूल नहीं, वरन् बेंत की झाड़ियों के अपने फूल हैं।" यहाँ सिर्फ़ सुविधा-ही-सुविधा है। दुविधा तो नज़र ही नहीं आती। कोई भी कहीं भी देख सकता है, हमारे नौजवानों की बिना किसी दुविधा के सुविधा-सुविधा की चिल्लाहट को। इस तरह वह एकपक्षीय होकर दीमक बन गया है, जो अपने आश्रय को ही कुतरता हुआ पतित होता जाता है। बाहर से देखने पर तो दीमकों को खाने का मतलब दीमकों को नष्ट करना। परन्तु भीतर से देखने पर ख़ुद दीमक हो जाना है। दीमकी प्रवृत्ति करने लगना। बहुत कठोर और कर्कश लगता है यह, परन्तु है तो सत्य ही। "वैसे तो ऊँचे उड़नेवाले पक्षियों को हवा में ही बहुत-से कीड़े तैरते हुए मिल जाते, जिन्हें खाकर वे अपनी भूख थोड़ी-बहुत शान्त कर लेते। लेकिन दीमकें सिर्फ़ ज़मीन पर मिलती थीं। कभी-कभी पेड़ों पर—जमीन से तने पर चढ़ कर, ऊँची डाल तक, वे अपना मटियाला लम्बा घर बना लेतीं। लेकिन वैसे कुछ ही पेड़ होते, और वे सब एक जगह न मिलते।' 'नौजवान पक्षी को लगा– यह बहुत बड़ी सुविधा है कि एक आदमी दीमकों को बोरों में भरकर बेच रहा है। वह अपनी ऊँचाइयाँ छोड़कर मँडराता हुआ नीचे उतरता है और पेड़ की एक डाल पर बैठ जाता है।" अपनी ऊँची उड़ान से क्रमशः पतित होता हुआ एक पंख देकर दो दीमक लेता है। पंख जैसे-जैसे कम होते गये, वैसे-वैसे उसकी ऊँची उड़ान भी कम होती गयी। "उसकी हालत यह थी कि अब वह आसमान में उड़ ही नहीं सकता था, वह सिर्फ़ एक पेड़ से दूसरे पेड़ तक पहुँच पाता। धीरे-धीरे उसकी यह शक्ति भी कम होती गयी। और एक समय वह आया जब वह बड़ी मुश्किल से, पेड़ की एक डाल पर, चलकर, फुदककर पहुँचता। लेकिन दीमक खाने का शौक नहीं छूटा।' हमारा नौजवान इस पक्षी की तरह ही अपने दूसरे पक्ष का विसर्जन करता हुआ निरन्तर पतित होता जा रहा है। 'बीच-बीच में गाड़ीवाला बुत्ता दे जाता। वह कहीं नज़र में न आता। पक्षी उसके इन्तजार में घुलता रहता।" "लेकिन दीमकों का शौक उसे जो था। उसने सोचा, 'मैं खुद दीमकें ढूँढूँगा।' इसलिए वह पेड़ पर से उतरकर जमीन पर आ गया; और घास के एक लहराते गुच्छे में सिमटकर बैठ गया।" इस तरह एकपक्षीय-सुविधा द्विपक्षीय-दुविधा बनी, जिससे प्रवृत्तिरूपी दूसरा पक्ष जगा, "वह खूब मेहनत से ज़मीन में से दीमकें चुन-चुनकर, खाने के बजाय उन्हें इकट्ठा करने लगा। अब उसके पास दीमकों के ढेर-के-ढेर हो गये।"

मानव-जीवन न एकपक्षीय है न द्विपक्षीय, बल्कि त्रिपक्षीय है। वह न स्वाश्रित है न पराश्रित, बल्कि परस्पराश्रित है। कमरे के भीतर से बाहर के भीतर को देखना ही दूर से देखना है। और दूर से देखनेवाले को सच्चाई नहीं दिखती। ''दूर से देखनेवालों को लगेगा कि वे उस बेल के फूल नहीं, वरन् बेंत की झाड़ियों के अपने फूल हैं।'' कमरे से बाहर निकलकर झाड़ियों के क़रीब जाने पर ही सच्चाई को जाना जा सकेगा। परन्तु क़रीब जाने पर ख़तरा है, क्योंकि, ''बाहर दीवार से लगकर खड़ी हुई हरी-घनी झाड़ियों के भीतर जो छिपे हुए, गहरे, हरे-साँवले अन्तराल हैं, उनमें पक्षी रहते हैं और अण्डे देते हैं। वहाँ से कभी-कभी उनकी आवाजें, रात-बिरात, एकाएक सुनायी देती हैं। वे तीव्र भय की रोमांचक चीत्कारें हैं क्योंकि वहाँ अपने शिकार की खोज में एक भुजंग आता रहता है। वह, शायद, उस तरफ़ की तमाम झाड़ियों के भीतर रेंगता फिरता है।'' भुजंग से निपटने का ख़तरा जो उठायेगा, वही वहाँ की असलियत को जान पायेगा। दूर से दिखती द्विपक्षीय गतिविधियाँ, असल में तो एकपक्षीय ही हैं। उपभोक्तावाद को हम सुविधा मानकर एकविध और एकपक्षीय होते जा रहे हैं। त्रिपक्षीय होने की कौन कहे, हम तो द्विपक्षीय भी नहीं रहे। इस तरह उपभोक्तावाद मनुष्य को दीमक बनाता है, जो जिसके सहारे ऊपर उठता है, उसी को कुतरते हुए एक दिन सदा के लिए पतित हो जाता है।

इस कहानी में जो दृष्टान्त है, वही–पक्षी और दीमक– इसका शीर्षक है। इसका मतलब है कि पहला पक्ष ही कहानी है, जो इतनी गहन और संश्लिष्ट है कि कथाकार को पक्षी और दीमक के दृष्टान्त से स्पष्ट करने की ज़रूरत पड़ी। इस कथा-वृत्त में पेड़ व्यास और पक्षी तथा दीमक अर्द्धवृत्त हैं। व्यास ही अर्द्धवृत्तों को जोड़ते हुए, न सिर्फ़ उन्हें पूर्ण वृत्त बनाता है, बल्कि खुद ऊँचा होते हुए दोनों अर्द्धवृत्तों को भी विस्तार देता है। दोनों अर्द्धवृत्त व्यास के दो पक्ष होते हैं, जिनको गतिशील करते हुए वह ऊँची उड़ान भरता है, परन्तु यहाँ तो दोनों पक्ष स्थितिशील हो गये हैं। जिससे व्यास भी निरन्तर नीचा, मतलब कि छोटा होता जा रहा है। इसी चिन्ता की चिन्तना है यह कहानी। इसलिए एकविध में सिकुड़ने की जगह दुविध होना ही सही है। इसी से त्रिविधरूपी सच्ची सुविधा जनमेगी। इसलिए क्रिया की प्रवृत्ति को अपनाना होगा, अन्यथा पतन से हमें कोई नहीं बचा सकता।

यह कहानी अधिक समय और श्रम की माँग करती है। इसलिए कि इसकी गहन जटिलता की छानबीन अधूरी रह गयी है, जो इस लेख में सम्भव नहीं। इसके लिए पूरा एक लेख ही चाहिए। विचार छानने की विधि से अनभिज्ञ होने के कारण यहाँ व्याखने की ही कोशिश हुई है। विचारवान् और गुणी जन इसे सीमा अथवा कमज़ोरी समझ ज़रूर माफ़ करेंगे, क्योंकि क्षमा करना बड़ों का गुण जो ठहरा।

मध्यवर्ग की त्रासदी और मुक्तिबोध की कहानियों का अन्तर्मन

सेवाराम त्रिपाठी

"हर चीज़ मेरे लिये लायबिलटी है। परिवार, परिस्थिति और विचार, सभी कोई मेरी उन्नति में योग नहीं देते। लेकिन, मुझे उसकी चिन्ता है। अँधेरे में रहकर अँधेरे में मर जाना मैं ठीक समझता हूँ लेकिन फटीचरों से घृणा करना नहीं चाहता हूँ कि मेरे हाथ से कोई अच्छा काम हो जाये।" (मुक्तिबोध)

मुक्तिबोध का जन्म हुए 99 साल हो गये। अपने जीवित रहते उन्होंने दो तरह का भारत देखा। आज़ादी के पहले का और आज़ादी के बाद का। सन् 1935 के पश्चात् उन्होंने लिखना शुरू किया था। वे छायावादी संस्कारों से अपने साहित्य में संघर्ष कर रहे थे तो दूसरी ओर हर तरह की गुलामी के ख़िलाफ़ भी। जाहिर है कि उनका लेखक एक दिन में नहीं बना। संघर्षशीलता और साफ हो गयी तथा विचारशीलता उनका विशेष गुण है। जैसे उन्होंने परिवार के कुछ संस्कारों के ख़िलाफ़ विद्रोह किया उसी तरह प्रचलित संस्कारों और रूढ़ियों के ख़िलाफ़ भी। उनकी रचनाओं को पढ़ते हुए जो वैचारिक झनझनाहट, वैचारिक टकराहट हम देखते हैं वह सम्भवतः उसी वजह से है। वे जल्दी किसी चीज़ से सन्तुष्ट नहीं होते रहे हैं। वे सामाजिक, सांस्कृतिक, राजनैतिक संघर्षों से बहुत-कुछ सीखते रहे हैं। साम्राज्यवाद, पूँजीवाद के संघर्षों से भी सीखते रहे हैं। समय-परिवेश और अपने काल-खण्ड की उठापटकों से भी उन्होंने सीखा। उनका समूचा जीवन एक संघर्ष-यात्रा की तरह रहा है। मार्क्सवाद उनके लिए एक टॉनिक की तरह है या यूँ कहें एक जीवन-रेखा की तरह भी है। प्रश्न यह उठता है कि यह आदमी कितना पढ़ता है, कितनी आलोचनाएँ करता है, कितना अपने आपको बदलता है। कितना कुछ सीखता है, कितना कुछ समझता और समझाता है। अपने लिये भर नहीं, पूरे युग के लिए कितना पाना चाहता है। यदि इसकी तलाश की जाय तो बड़े आश्चर्यजनक नतीजे सामने आयेंगे। एक मध्यवर्ग में पैदा हुआ आदमी, मुसीबतों में पला और बढ़ा आदमी कितना आत्मालोचन करता है? वह आश्चर्यजनक है। उसकी व्यक्तिगत ईमानदारी का तो कहना ही क्या? वह अपने

जीवन में जो भोगता है, जितना सोचता है, समझता है वही कहता है और उसी अनुभव-लोक के आलोक में लिखता भी है। मेरी समझ में उसके अन्दर की बेचैनी उसके अन्दर का लावा कोई सामान्य चीज़ नहीं है? उसका समग्र लेखन 'अँधेरे के ख़िलाफ़' एक विशेष अर्थ में रोशनी का घोषणा-पत्र है। जिसमें भविष्य तक आसानी से पहुँचने का सपना है। मुक्तिबोध कलाकार की व्यक्तिगत ईमानदारी की बात यूँ ही नहीं कहते। उनका सीधा जुड़ाव है इससे।

मुक्तिबोध चाहे कहानी में बात कर रहे हों या कविता में, आलोचना या निबन्धों में, टिप्पणियों में या व्यक्तिगत पत्रों में। इन सबमें वे अपने भीतर की आग को, अपने भीतर की ज्वालाओं को, भीतर के तापमान को, अन्तरात्मा के समूचे आयतन को अपने लेखन में बिखेर देते हैं। इसीलिए समूची विधाओं में उनका लिखा हुआ एक-दूसरे से गुँथा है। एक-दूसरे से विधा है। वह कहीं से भी असम्बद्ध नहीं है। उसका लेखन अपने जनों और परिजनों के बीच एक ग़हरा आत्मीय संवाद है। प्रतिक्रियावादी ताकतों के खिलाफ मोर्चा भी। एक तरह का आत्मालाप है। मुक्तिबोध के लेखन में आपको कोई तृप्ति प्रायः नहीं दिखती, कोई सन्तुष्टि भी नहीं दिखती बल्कि एक बेचैनी, एक तड़प और कुछ प्राप्त करने की, कुछ बाँटने की बलवती स्पृहा वहाँ सक्रिय रूप से काम करती है। जब वे काव्य की रचना-प्रक्रिया की बातें करते हैं तो उन तन्तुओं की तलाश करते हैं जिससे रचनाएँ सामने आती हैं। उन्होंने सिद्धान्त और व्यवहार का हमेशा समन्वय किया है। जैसे कभी टी. एस. इलियट ने कहा था 'दि ग्रेट पोयट, इन राइटिंग हिमसेल्फ, राइट्स इज टाइम।' वे रचना लिखने के दौरान समूची शास्त्रीयताओं से, समूची वास्तविकताओं से, समूचे आदर्शों से और सपनों से एकाकार होना चाहते हैं। उनके द्वारा अर्जित रचना की जो प्रक्रिया है, वह किसी से सामान्य अपेक्षा की माँग भी नहीं करती। लेखक बनना या संस्कृतिकर्मी बनना कोई छोटा-मोटा कार्य-व्यापार नहीं है, कोई दिखावा नहीं, वह कोई सुविधाजनक रास्ता भी नहीं है। वह संघर्ष का, व्यक्तित्वान्तरण का गहरी, तैयारी का और एक सापेक्षिक स्वतन्त्रता का वाहक भी है। कलाकार का संघर्ष बहुआयामी है। इसे रचना और आलोचना के दो फाँकों में क़तई नहीं बाँटा जा सकता। रचना में आलोचना होती है और आलोचना में रचनात्मकता। यही एक सरणि है। इसमें कोई सामान्य और कोई विशिष्ट नहीं होता। रचना-प्रक्रिया के दौरान कलाकार का बहुत बड़ा 'विज़न' होता है। उसकी अन्तरात्मा होती है। उसका गहरा आत्म-साक्षात्कार होता है। उसकी वैचारिकताएँ खुली रहतीं हैं और यदि आप इन भूमिकाओं में समग्र रूप से नहीं हैं तो तय है कि आप रचना को कभी पकड़ ही नहीं पायेंगे। कुछ लोगों ने अपनी कलाकारी के द्वारा रचनात्मकता को उद्योग बनाने की कोशिश की। वे बहुत दूर तक जा नहीं सकीं। मुक्तिबोध की व्यक्तिगत ईमानदारी उन्हें बहुत दूर तक ले गयी। मुक्तिबोध की वैचारिक ऊष्मा उन्हें कई तरह के दबावों में काम करने के लिए प्रेरित करती है।

मुक्तिबोध ने जो कहानियाँ लिखीं हैं। ये उनके लेखक के, उसके अनुभव-संसार के कुछ बेहद ज़रूरी हिस्से हैं। इन कहानियों में मुक्तिबोध जीवन को पूरी व्यापकता के साथ, पूरे फैलाव और घनत्व के साथ देखने का प्रयत्न करते हैं। सम्भवतः इसीलिए उनकी कहानियाँ शिल्प संरचना से प्रायः टकी हुई कहानियाँ नहीं हैं। वे अपने समय में लिखी जा रही कथा संरचनाओं के चालू भूगोल, रचनाओं के इतिहास के परिप्रेक्ष्य से एकदम भिन्न रूप अख़्तियार करती हैं। उनका शिल्प-संसार भी अलग-थलग है। उनकी जो कहानियाँ प्रकाश में आयी हैं। इसमें कुछ पूरी हैं, कुछ अधूरी, कुछ टुकड़े हैं, कुछ बेचैनियाँ हैं, कुछ सपने हैं। उनका यह कथन काबिलेगौर है कि, ''मुख्य पात्र की ज़िन्दगी थी। मैं भाष्यकर्त्ता दर्शक की हैसियत से एक पात्र बना हुआ था। कहानी बढ़ सकती थी बशर्ते कि मैं मूर्खता को कला मान लेता।'' ये वक्तव्य मुक्तिबोध की अपने आपसे भिड़न्त का एक जीता-जागता उदाहरण है। वे किसी भी साफ़-सुथरे सन्दर्भ से अपने कथाकार को अलग करते हैं। मुक्तिबोध की कहानियाँ पढ़ते हुए और गुनते हुए यथार्थ के उस स्वर को समझना पड़ता है जो मात्र विवरणात्मक और सपाट नहीं है। उसमें जीवन की विभिन्न हलचलों का उसकी रचनात्मकता में उसकी जटिल संरचना का भी अवगाहन करना पड़ता है। उनकी कहानियों में आदमी का टूटापन और बिखराव भी दिखायी पड़ता है। उनकी कहानियों का सघन रिश्ता मध्यवर्ग की यन्त्रणा और घमासान से है। मध्यवर्ग के यहाँ जीवन का कोई बना-बनाया फार्मूला नहीं होता। उनकी कहानियों की सम्बद्धता आदमी के हाहाकार को संजीदगी से अभिव्यक्त करती है। वे एक विशेष अर्थ में मुझे प्राचीन कहानी-परम्परा से अपने को अलगाते हुए नयी कहानी आन्दोलन के बरक्स एक नये रूप संसार में दर्ज़ करते हैं। वहाँ जीवन अपनी समूची भयावहता में सामने आता है। इसमें अमरकान्त और हरिशंकर परसाई का रचनात्मक वैविध्य है। 'एक साहित्यिक की डायरी' के एक निबन्ध 'विशिष्ट और अद्वितीय' में उन्होंने लिखा है कि, ''अगर नयी कहानी का मतलब पानी के भीतर घुसकर उसमें डूबकर फिर आँखें खोलना है तो मैं बता दूँ कि ज़्यादा-से-ज़्यादा एक धुन्ध दिखायी देगी और आँखों की तकलीफ तो होगी ही वे देख भी नहीं सकेंगी। हाँ, देख चुकने का स्वाँग भले ही करें। नयी कहानी के मतलब को नये ढंग की धुन्ध से अलग किया जाये।'' मुक्तिबोध के यहाँ एक स्वप्नलोक है तो दूसरी ओर एक विशेष प्रकार का यथार्थ-बोध भी है जो काल से विधा हुआ समय की विडम्बनाओं को बार-बार स्मरण कराता है, कृत्रिमताओं को बार-बार ठोकर मारता है। कभी-कभी यह भी लगता है कि इन कहानियों में स्वप्नलोक और यथार्थ-बोध को वे बहुसंयमी के रूप में रखते हैं। मुझे बार-बार लगता है कि मुक्तिबोध की कहानियों में मध्यवर्गीय मन की द्वन्द्वात्मक जटिलता भी है और उसकी कमजोरियाँ भी। वहाँ मुक्तिबोध की कहानियों के पात्र अपनी सम्पूर्णता में खड़े होते हैं, संघर्ष करते हैं, स्वयं रास्ता बनाते हैं। नन्दकिशोर नवल मानते हैं ''मुक्तिबोध ने इस बात को समझा और मध्यवर्ग को उसके

दायित्व का बोध कराने का भरसक प्रयास किया। निश्चय ही यह मध्यवर्ग निम्न मध्यवर्ग है, जिसकी मानसिकता निम्न-पूँजीवादी होती है। इसी कारण उससे आनेवाले लोग पूँजीपति वर्ग की तरफ़ भी जाते हैं और मज़दूर वर्ग की तरफ़ भी और राजनीतिक दृष्टि से उनमें एक अस्थिरता होती है। यह आकस्मिक नहीं है कि कविता के साथ मुक्तिबोध ने जो थोड़ी-सी कहानियाँ लिखी हैं, उनका विषय भी मध्यवर्ग ही है : मध्यवर्ग का वह तबका, जो बुद्धिजीवी कहलाता है और दफ़्तरों में काम करता है। यह एक तरफ़ सामाजिक शोषण का शिकार होता है, पस्त और टूटा हुआ, और दूसरी तरफ़ उसमें क्रान्ति की चिनगारी भी दबी हुई होती है।'' (मुक्तिबोध, पृष्ठ-81)

मुझे ऐसा लगता है कि मुक्तिबोध चाहे जिस विधा में लिख रहे हों। वे वहाँ मध्यवर्ग के संघर्ष को खूबियों और कमियों के साथ चित्रित और रेखांकित करते हैं। यह स्थिति विरले लोगों में ही मिलती है। मध्यवर्ग उनके यहाँ हर तरह से और हर रूप में दृष्टिगोचर होता है। उसे इस रूप से समझा जा सकता है। कविता में 'अँधेरे में' कहानी में 'अँधेरे में', कविता में ब्रह्मराक्षस और कहानी में ब्रह्मराक्षस। इस तरह के अनेक उदाहरण आपको आसानी से मिल जायेंगे।

उनकी कहानियों में मध्यवर्ग का अनुभव-संसार भी है और एक प्रदीप्त चेतना-संसार भी है। पता नहीं मुक्तिबोध की कहानियों में मुझे एक अलग तरह की हरहराती आवाज़ सुनायी पड़ती है। जिसमें काँपता हुआ जीवन है। समस्याओं का गहरा तापमान भी है। मध्यवर्ग का पश्चात्ताप भी उसमें गुँथा है, मध्यवर्ग की तड़प और यातना की अनुगूँजें भी वहाँ बार-बार आप महसूस कर सकते हैं। मुक्तिबोध का मन, उनका चिन्तन दायरा अन्ततोगत्वा जिसमें द्वन्द्व है, हताशा है और आगे जाने के सपने भी हैं। मुझे मध्यवर्ग में दीखता है जो सर्वहारा के साथ अपनी सभी कमज़ोरियों के साथ खड़ा है। मुक्तिबोध की कहानियों में एक अदृश्य त्रासदी है, एक घुटती हुई उदासी है, मुक्ति की छटपटाहट और भय का अबूझ संयम भी है। सच तो यह है कि मुक्तिबोध अपनी कहानियों में एक प्रतिरोध रचते हैं। यथार्थ को वे बाहर-बाहर से नहीं देखते, वे यथार्थ को कहानियों के भीतर से हासिल करते हैं, उनकी कथा-संरचनाओं में दुःख की अदृश्य छायाएँ आपको वहाँ मौजूद मिलेंगी। अपने लेखन में उसे बहुत संवेदनात्मकता के साथ सूक्ष्मता के साथ चित्रित एवं अभिव्यक्त करते हैं। उनकी कहानियों में एक रूपक है इसलिए डॉ. सुरेन्द्र चौधरी मानते हैं कि, "हमारी अन्तरात्मा मध्यवर्गीय आत्मसन्तोष की जड़ता के रूप में प्रकट होती है।...सन्देह को निश्चय में बदलकर ही भय से मुक्त हुआ जा सकता है। मुक्तिबोध की कहानियों का रूपक हमें सन्देह से निश्चय की ओर ले जाता है। वह हमें अनेक आत्मभ्रमों से मुक्त करता है। यात्रा, अन्तर्यात्रा, स्वप्न-यात्रा... मुक्तिबोध की कहानियाँ सदा ही एक स्थिति से दूसरी स्थिति तक भीतर बाहर से खुलतीं रहती हैं। इसमें मानव सुलभ स्निग्धता, करुणा और सद्भावना भी है तथा अलगाव और निर्वासन की पीड़ाएँ भी। भयकारी तन्त्रों और शक्तियों से घिरा हुआ

हमारा मन अपनी स्वतन्त्रता के साथ मुक्त होना चाहता है। इस प्रकार भय और मुक्ति का यह रूपक शोषण और प्रगति का प्रतिरोध और विद्रोह का रूपक भी बनता है।'' (मुक्तिबोध विशेषांक, कंक, पृष्ठ-199)

मुक्तिबोध की कहानियों के अन्तर्मन की तलाश बहुत सरल, सहज और सपाट नहीं है। एक घायल और पीड़ित अन्तरात्मा वहाँ कराहती हुई आप निरन्तर देख सकते हैं। मुक्तिबोध के कथा-संसार में उच्चवर्ग का चित्रण प्रायः नहीं होता लेकिन उसका तन्त्र हमेशा विद्यमान रहता है क्योंकि उच्चवर्ग का अपना अलहदा संसार है। हाँ, उसके विश्वास और कार्यवाहियाँ हैं। कहना ज़रूरी है कि सर्वहारा वर्ग की ऊष्मा मुक्तिबोध की कहानियों में निरन्तर है। लेकिन मध्यवर्ग की विडम्बनाओं, उनके जीवन के दहानों को वहाँ भरपूर जाँचा परखा गया है, उनके कथा संसार में मध्यवर्ग के अनेक विरोधाभास और विसंगतियाँ भी हैं। आज हमारे सामने फैले हुए भूमण्डलीकरण और तने हुए बाज़ार को जब हम देखते हैं तो आश्चर्य होता है कि मुक्तिबोध ने मध्यवर्ग के उस मन को थाहने का प्रयत्न किया है जिसमें अभी भी विवेक और अन्तरात्मा के लिए थोड़ी-सी जगह है। मुक्तिबोध मध्यवर्ग में ही सम्भावनाओं की तलाश करते हैं सम्भवतः इसीलिए उनकी कहानियों में मध्यवर्ग का जीवित और जीवन्त रचना-संसार है। उन्होंने 'काठ का सपना', 'सतह से उठता आदमी', 'विपात्र' और कुछ आधी अधूरी कहानियाँ लिखीं थीं। उन्हीं के माध्यम से हम उनकी कथा-संरचनाओं में फैली हुई मध्यवर्ग की वस्तुस्थितियों को देख सकते हैं। मुक्तिबोध की कहानियों के वस्तु-संसार की पड़ताल करते वक़्त मुझे निर्मल वर्मा का यह कहना सही लगता है कि, ''मुक्तिबोध कहीं भी इस मध्यवर्ग को उसकी औक़ात से अधिक चित्रित नहीं करते बल्कि कहीं प्रत्यक्ष तो कहीं बातचीत के दौरान या फिर कहीं फैण्टेसी के ज़रिये उसे एक्सपोज ही अधिक करते हैं।...मुक्तिबोध की प्रायः कहानियाँ ग़रीब-उत्पीड़ित-शोषित मध्यवर्ग को ध्यान में रखकर ही लिखी गयीं हैं। अपनी पूरी सहानुभूति के बावजूद वे इस वर्ग को इस निःसंगता के साथ पाठक के समक्ष नंगा करते हैं कि वह अपने को व्यवस्था के विपक्ष में पाने लगता है।'' (कंक, मुक्तिबोध विशेषांक, पृष्ठ-201)

मुक्तिबोध का पहला कहानी-संग्रह 'काठ का सपना' 1967 में भारतीय ज्ञानपीठ से प्रकाशित हुआ था, जिसमें 11 कहानियाँ थीं—'क्लॉड ईथरली', 'पक्षी और दीमक', 'जंक्शन', 'काठ का सपना', 'ब्रह्मराक्षस का शिष्य', 'नयी ज़िन्दगी', 'दो चेहरे', 'अँधेरे में', 'प्रश्न', 'मोह और मरण' तथा 'विपात्र'—'विपात्र' कहानी बाद में लघु उपन्यास के रूप में प्रकाश में आया। दूसरा संग्रह 'सतह से उठता आदमी' (1971) में प्रकाशित हुआ—जिसमें नौ कहानियाँ हैं। 'ज़िन्दगी की क़तरन', 'समझौता', 'आखेट', 'चाबुक', 'विद्रूप', 'भूत का उपचार', 'जलना', 'एक दाख़िल दफ़्तर साँझ', 'सतह से उठता आदमी।' 'विपात्र' उपन्यास के रूप में भी प्रकाशित हुआ। प्रारम्भ में यह ज्ञानोदय पत्रिका में क्रमशः मार्च और अप्रैल 1966 में छपा था।

मुक्तिबोध रचनावली, खण्ड-3 के पहले संस्करण में मुक्तिबोध की कुछ कहानियाँ प्रकाशित हुई थीं—'खलील काका', 'वह', 'मैत्री की माँग', 'उपसंहार', 'बाबूरामचन्द्र अग्रवाल', 'नाग नदी के किनारे', 'भटनागर', 'तिलिस्म', 'ना घर तेरा ना घर मेरा', 'चिड़िया रैन बसेरा', 'बड़ी सड़क और पिछवाड़ा', 'मेरा मित्र', 'महापुरुष', 'सात अधूरी कहानियाँ' और एक विखण्डित अप्रकाशित उपन्यास। मुक्तिबोध रचनावली, खण्ड-3 के दूसरे संस्करण 1986 में भूमिका, मैं फिलासफर नहीं, अधूरी कहानियों की संख्या मिलकर ग्यारह हो गयीं। 'सौन्दर्य उपासक'—माधव कॉलेज की मैगजीन के जनवरी, 1935 के अंक में प्रकाशित हुई थी। यह कहानी समय सूत्रधार वर्ष-1, अंक-8 (9 से 23 दिसम्बर, 1992) में भी छपी थी। यूँ तो 'सौन्दर्य उपासक' बहुत छोटी-सी कहानी है। यह जयशंकर प्रसाद की कहानी-कला की याद दिलाती है। इस प्रेम कहानी में नायक और नायिका की प्रेम भावना को उनकी गहरी आसक्ति को, एक-दूसरे की चाहत को और उनकी सौन्दर्य की उपासना को अभिव्यक्त किया गया है। कहानी छोटे-छोटे चार खण्डों में विभक्त है। चौथे खण्ड में ही सूचना मिलती है कि देश में भूकम्प आया है। उसके संवाद का एक अंश द्रष्टव्य है। "वह बोली, प्रमोद, तुम जानते हो देश कैसा दुःखी है, त्रस्त है। हम अच्छे हो गये हैं। हमारा उपयोग होना चाहिए प्रमोद।" मैं फूट पड़ा—"तुम्हारा हृदय कितना उच्च है, कितना सहानुभूति से भरा है। हम कवि लोग अपनी भावनाओं को ही घुमाने-फिराने में लगे रहते हैं। क्या किसी कवि को तुमने कार्य करते भी देखा है। होते भी होंगे, पर बहुत कम। तुम्हारी कल्पनाएँ, हमारी चीखती-चिल्लाती भावनाएँ क्या भूकम्प-त्रस्त लोगों को कुछ भी सुख पहुँचा सकती हैं।"

मुक्तिबोध की कहानियों का विश्लेषण हम कई तरह से कर सकते हैं। यह मानना महत्त्वपूर्ण है कि वे विचारक हैं बल्कि एक गम्भीर विचारक हैं। वे व्यक्ति एवं पात्रों का विश्लेषण—मूल्यांकन व्यक्तित्व के अनेक रूपों के भीतर से करते हैं। इसीलिए उनकी कहानियाँ हम व्यक्तिपरक रूप में, मनोवृत्तिपरक सन्दर्भों में, घटनापरक रूपों में, वृत्तिपरक या यूँ कहें कि जीविकापरक रूपों में कभी स्थितियों के माध्यम से कभी जिज्ञासाओं के माध्यम से कभी परिस्थितियों के रूप में कर सकते हैं। मुक्तिबोध अपनी कहानियों में व्यक्ति और समाज में फैले हाहाकार को तो चित्रित ही करते हैं। उनका ध्यान हमेशा सांस्कृतिक प्रश्नों की तरफ भी रहता है। मध्यवर्ग के सभी आयाम वहाँ सहज रूप में केन्द्र में हैं। चाहे मध्यवर्ग की पीड़ा हो, हाहाकार हो, मध्यवर्ग की त्रासदी हो या उसका दुचित्तपना हो। वे साम्राज्यवाद और पूँजीवाद की साजिशों को भी कहानियों से ओझल नहीं होने देते। अपनी कहानियों के आन्तरिक संसार में वैचारिकता वहाँ कूट-कूटकर भरी है। इससे किसी भी दशा से इनकार नहीं किया जा सकता। उनकी कहानियों में तीखा व्यंग्य तो है ही दार्शनिकता और वैचारिकता भी अटूट है।

उनकी एक कहानी है 'क्लॉड ईथरली।' इसमें अमानवीय कृत्यों, जघन्य अपराधों और पापाचारों के विरुद्ध एक ऐसा स्वर है जो हमारी वास्तविक ज़िन्दगी से सीधा सरोकार रखता है। यह कहानी अमानवीयता के ख़िलाफ़ मनुष्यता का घोषणा-पत्र भी कही जा सकती है। इसमें मनुष्य के मनोविज्ञान की व्यापक स्तर पर पड़ताल है। अमरीकी विमान चालक क्लॉड ईथरली वह आदमी है जिसने हिरोशिमा पर बमबारी की थी और बर्बरतापूर्वक जन, धन, मानवीय मूल्यों और मानवीय संस्कृति का विध्वंस किया था। तब उसे यह नहीं मालूम था कि इतनी लाशें एक साथ बिछ जायेंगी, समूची प्रकृति बाँझ हो जायेगी क्योंकि तब वह युद्ध के उन्माद में था। ज़ाहिर है युद्ध किसी समस्या का हल नहीं है। क्लॉड ईथरली को जब असलियत का ज्ञान होता है तब वह अपराध-बोध से ग्रस्त होकर सच्ची मनुष्यता का परिचय देता है। यह कहानी मानव सभ्यता के सामने खड़े संकट को अपनी भयंकरता के साथ पेश करती है। इस कहानी में कई संकट एक साथ हैं जिन पर मुक्तिबोध हमारा ध्यान बार-बार आकर्षित करना चाहते थे। कहानी में कहा गया है, "भारत के हर बड़े नगर में एक-एक अमरीका है। तुमने लाल ओंठवाली चमकदार, गोरी-सुनहली औरतें नहीं देखीं, उनके क़ीमती कपड़े नहीं देखे? शानदार मोटरों में घूमनेवाले अतिशिक्षित लोग नहीं देखे? नफ़ीस क़िस्म की वेश्यावृत्ति नहीं देखी? सेमिनार नहीं देखे? एक जमाने में हम लन्दन जाते थे और इंग्लैण्ड रिटर्ण्ड कहलाते थे। और आज वाशिंगटन जाते हैं। अगर हमारा वश चले और आज हम सचमुच उतने ही धनी हों और हमारे उतने ही एटम बम और हाइड्रोजन बम हों और राकेट हों तो फिर क्या पूछना! अख़बार पढ़ते हो कि नहीं?" (क्लॉड ईथरली) मुक्तिबोध हमारे मन में उठनेवाले सवालों की नोक पकड़ते हैं और उसका विश्लेषण करने के लिए हमें स्वतन्त्र छोड़ देते हैं। मुक्तिबोध के यहाँ मात्र प्रश्न नहीं होते। प्रश्नों के थपेड़े होते हैं जिसमें बिंधा हुआ हमारा समय और परिवेश होता है। इसी कहानी में हमारे मध्यवर्ग के आदमी के अवचेतन का वे भरपूर मूल्यांकन करते हैं। इस कहानी का विश्लेषण करते हुए एक बात और ध्यान में आयी—"कौन नहीं जानता कि क्लॉड ईथरली अणु युद्ध का विरोध करनेवाली आत्मा की आवाज़ का दूसरा नाम है। हाँ, ईथरली मानसिक रोगी नहीं है। आध्यात्मिक अशान्ति का आध्यात्मिक, उद्विग्नता का ज्वलन्त प्रतीक है। क्या इससे तुम इनकार करते हो।" इस कहानी में मुक्तिबोध अन्य प्रकार के सवाल भी उठाते हैं। जैसे—"आजकल हमारे अवचेतन में हमारी आत्मा आ गयी है, चेतन में स्वहित और अधिचेतन में समाज से सामंजस्य का आदर्श-भले ही वह बुरा समाज क्यों न हो! यही आज के जीवन-विवेक का रहस्य है।...तुमको वहाँ की सैर करनी होगी। मैं तुम्हें पागलखाने ले चल रहा हूँ लेकिन पिछले दरवाज़े से नहीं खुले अगले से।" जाहिर है कि क्लॉड ईथरली मध्यवर्ग का एक पात्र है जो जाग़रूक भी है, संवेदनशील भी और सचेत भी।

उसी तरह 'पक्षी और दीमक' कहानी मध्यवर्गीय आत्मसीमित प्रवृत्ति का भण्डाफोड़ करती है। मध्यवर्गीय समाज में प्रभाव, धन और भ्रष्टाचार की सत्ता की जो पटभूमि है उसकी परिधि को व्यापक परिप्रेक्ष्य में मानवीय अस्मिता के साथ जोड़ने और वृहत्तर निष्कर्षों तक पहुँचाने का कार्य भी करती है। मध्यवर्ग अपनी स्वार्थ सीमाओं में निरन्तर सचेष्ट रहता है, लेकिन सामाजिक और जनाकांक्षाओं के सन्दर्भ में निष्क्रिय और उदासीन। जीवन में जो व्यापक समझौते होते हैं वे भी इस कहानी के केन्द्र में हैं। ज़ाहिर है कि मुक्तिबोध का मध्यवर्ग बोध बहुत व्यापक, उदात्त और संयमी है। सम्भवतः इसीलिए उनके कथा-संसार में मध्यवर्ग का व्यापक चित्रण हुआ है। मध्यवर्ग हमेशा अपने लिये दायरे बनाता है। उन दायरों में छटपटाता है, उनसे मुक्त होना चाहता है। क्या मुक्त होना इतना सहज और आसान है। नायक ने श्यामला के प्रसंग उठाये हैं। पक्षी और दीमक के रहस्य का उद्घाटन करते हुए अपनी छटपटाहट को अभिव्यक्त किया है। इस कहानी का एक प्रसंग याद आता है—

"नहीं, मुझमें अभी बहुत-कुछ शेष है, बहुत-कुछ। मैं उस पक्षी जैसा नहीं मरूँगा। मैं अभी भी उबर सकता हूँ। रोग अभी असाध्य नहीं हुआ है। ठाठ से रहने के चक्कर से बँधे हुए बुराई के चक्कर तोड़े जा सकते हैं। प्राण शक्ति शेष है, शेष।" (पक्षी और दीमक कहानी से)

'जंक्शन' कहानी में आत्मालोचन का स्वर बेहद तीव्र है। इसमें ग़रीबी की कटुता और आदमी की विवशता केन्द्र में है। व्यक्ति का सोचना और अपने घर-परिवार को ठीक ढंग से न चला पाने की जो पीड़ा है, उसके लिए व्यक्ति की आत्म-भर्त्सना रेखांकित की गयी है। जीवन की घुटन और विचारोत्तेजक अनुभव हमें भीतर तक हिला देने में समर्थ होते हैं। हमारे जेहन में अनेक चीज़ें बार-बार दस्तक देतीं हैं। वस्तुस्थितियों से छुटकारा पाना चाहतीं हैं। प्रमोद वर्मा मानते हैं—"मध्यवर्ग भी एक जंक्शन है जहाँ ऊँचे और निचले तबके मिलते हैं। मध्यवर्गीय आदमी का मन भी एक जंक्शन की तरह है जहाँ मनुष्यता की गाड़ी दो ही घण्टे बाद मनुष्यता विरोध की गाड़ी की प्लेटफार्म पर आ लगती है। कटे-पिटे दागदार चेहरेवालों को एकदम नंगा कर देनेवाली यह जंक्शन कहानी भी उस वर्ग चरित्र का साक्षात्कार करती है जो अपने दोमुँहेपन के कारण हार्दिक सम्बन्धवालों को परित्याग कर देता है मगर जिनसे कुछ भी लेना-देना नहीं है, उनकी तरफ भागता है।" (प्रमोद वर्मा समग्र—भाग-दो) 'जलना' शिक्षक की कहानी है। जो अपनी बूढ़ी माँ की चाय के दूध के लिए पंसारी के यहाँ रद्दी बेचता है। इस कहानी में मध्यवर्गीय दम्पति के मन की गहराई को बहुत अन्दर तक छुआ गया है। मध्यवर्ग की विवशता और ग़रीबी के भयावह दंश का इस कहानी में रेखांकन है। मध्यवर्ग अनेक बार अपनी नज़रों में गिरता है। गाँव में लोग जिस तरह का जीवनयापन कर रहे हैं। वह बहुत उत्तेजक है। उसे घोषणावीर क्या जानें? भोले विश्वासों पर ही मनुष्यता टिकती है। जो भोले विश्वासों से बाहर आया वह सम्पन्न भले हो जाये।

कभी-कभार मनुष्यता से बहुत दूर चला जाता है। नकलीपन के फन्दे में फँस जाता है। "मैंने बच्चों को सिखा दिया है कि बेटे, कभी इच्छामय दृष्टि से दुनिया को मत देखना। वह मामूली-से-मामूली इच्छा भी पूरी नहीं कर सकती। और चाहे जो करो, मौक़ा पड़ने पर झूठ बोल सकते हो, लेकिन यह मत भूलना कि तुम्हारे ग़रीब माँ-बाप थे। तुम्हारी जन्मभूमि ज़मीन और धूल और पत्थर से बनी यह भारत की धरती ही नहीं है : वह है ग़रीबी। तुम कटे-पिटे दाग़दार चेहरेवालों की सन्तान हो। उनसे द्रोह मत करना। अपने इन लोगों को मत त्यागना। प्रगतिवाद तो मैंने अपने घर से शुरू कर दिया था।" ('जंक्शन' कहानी से)

'काठ का सपना' कहानी में रोज़मर्रा जीवन के छोटे-छोटे ठोस चित्रों की शृंखला है और उस घुटन भरी ग़रीब मध्यवर्गीय ज़िन्दगी के अँधेरे का अवलोकन है। जहाँ ख़्यालों से माथे का दुखना नहीं थमता, देह की थकन दूर नहीं होती, असन्तोष की आग और बेबसी का धुआँ दूर नहीं होता। पर यही सब-कुछ नहीं है। कहानी का यह थका, हताश नायक, जिसे सिर्फ़ एक सन्देह है कि इस निष्क्रियता में एक अलगाव है—एक भीतरी अलगाव है, जो अन्दर की जड़ता से मुक्त नहीं हो पाता, इसमें बताया गया है कि निम्न वर्ग के दम्पति परिस्थितियों की मार से काठ हो गये हैं। जैसे जल विप्लव में ये दोनों प्राणों से विहीन लकड़ियाँ आपस में गुँथ गये हैं। और इसमें बैठी है एक बालिका सरोज। 'ब्रह्मराक्षस का शिष्य' अभिव्यक्ति के संकट की कहानी है और अभिशप्त बुद्धिजीवी की त्रासद दास्तान है। हर ईमानदार बुद्धिजीवी इस प्रश्न से और उसकी भयंकरता से जूझने के लिए मज़बूर है, बुद्धिजीवी की इस अभिशाप से मुक्ति सहज सरल क्रिया नहीं है बल्कि यह सम्पूर्ण ज्ञान दान में ही सम्भव है। कहानी में चित्रित किया गया है कि एक बालक पिता की मार खाकर ज्ञान लेने के लिए योग गुरु के पास काशी जाता है। सात मंजिले अभिशप्त भवन में वह ज्ञान प्राप्त करता है। उसके गुरु का कहना है—तुमने मुझे प्रेत योनि से मुक्ति दिलायी लेकिन जब तक इस ज्ञान को दान नहीं करोगे तुम्हारी मुक्ति नहीं होगी। ज़ाहिर है कि गाँव में जिसे बरम कहा जाता है वही ब्रह्मराक्षस है, जिसकी मुक्ति आसानी से नहीं होती। मध्यवर्ग के लिए मुक्ति एक सपना है। वह कमज़ोरियों के चक्रों में फँसा रहता है। इसी तरह मुक्तिबोध की कहानी है 'नयी ज़िन्दगी'—इसका नायक मध्यवर्ग का होते हुए भी उस वर्ग का नहीं था इसका परिणाम यह था न तो निचली श्रेणी के लोगों की लाभदायक आदतें और मनोवृत्तियाँ उसके पास थीं न मध्यवर्ग के मुख्य लाभ उसे प्राप्त थे। मुक्तिबोध की सोच यह है कि संसार के बारे में सारी योजनाएँ अपने साथ रखने और सफलताओं के बावजूद अगर मैं उनमें अव्यवस्था, असंगठन और आवारागर्दी देखता हूँ तो न जाने मुझे क्यों बुरा लगता है।"

मुक्तिबोध की अनेक कहानियाँ हैं। इनको पढ़ते हुए बार-बार यह अनुभव होता है कि अनेक तरह की कहानियाँ होते हुए भी उसमें मध्यवर्ग की समूची समस्याएँ बार-

बार घिरती हैं। वे बार-बार मध्यवर्ग के सन्दर्भ में विचार करते हैं और उनकी वास्तविकताओं को रखने का प्रयत्न करते हैं। इसी क्रम में कुछ कहानियों को देखा जा सकता है। उनकी एक कहानी है 'दो चेहरे।' वह सच्ची लगन और निष्ठा पर जोर देती है। इसमें एक तरफ़ तो प्रेमी युगल का प्रेम है, उस प्रेम में दीवानगी है, उन्हें यह भी नहीं मालूम कि उन्होंने एक राहगीर को कब लात मारी। दूसरी ओर खुदा की इबादत करनेवाला एक भक्त है जो हमेशा चौबीसों घण्टे साधना करने के बावजूद अपने आपको नहीं भूल पाता और जब उसे प्रेमी युगल की अनजान ठोकर लगती है तब वह उनको डाँटता है लेकिन अन्ततोगत्वा उसे अपनी ग़लती का अहसास हो जाता है। वह पश्चात्ताप भी करता है और अपने आपको दुरुस्त भी। मुझे एक शायर की कुछ पंक्तियाँ याद आती हैं कि, "चोट जब तक लगी नहीं होती/ होश में ज़िन्दगी नहीं होती/ सर है सजदे में, दिल है और कहीं/ इस तरह बन्दगी नहीं होती।" 'दो चेहरे' में इसी प्रश्न को और इसकी वास्तविकता को उजागर किया गया है। एक कहानी है 'अँधेरे में' जिसमें समाज के थके-हारे निम्नवर्गीय जीवन की कटुता को झेलनेवाले लोग हर उस व्यक्ति को अपेक्षा की दृष्टि से देखते हैं जो उन्हें थोड़ी-सी ऊष्मा बाँटता हो। आवश्यक है कि हमारी ऊष्णता का दृष्टिकोण स्पष्ट एवं मूर्त हो। उसमें ईमानदार भावना हो। ज़ाहिर है कि विचार और क्रिया के योग में ही गति है। क्रियाहीनता, कायरता और नपुंसकता को जन्म देती है। इस कहानी में मध्यवर्गीय लोगों की सहिष्णुता और सहानुभूति निम्न वर्ग के प्रति केन्द्रित की गयी है। मुझे ऐसा लगता है कि इस कहानी का विस्तृत कैनवास मुक्तिबोध की प्रसिद्ध एवं कालजयी कविता 'अँधेरे में' मिलता है। हालाँकि 'अँधेरे में' कविता में हमारे समय की आशंकाओं और प्रश्नों के अनेक रूप हैं। इसी तरह 'प्रश्न' कहानी में मुक्तिबोध ने पारस्परिक नैतिकता और पवित्रता-बोध के स्थान पर गतिशील यथार्थ को केन्द्र में रखा है। परिवारों में पल रहे सामन्ती संस्कार सोच और नैतिक सवालों के संकट को आज के जीवन्त सन्दर्भों में सवाल के रूप में खड़ा करती है उसका सार्थक जबाव यह है कि पति की मृत्यु के पश्चात् यदि पत्नी किसी परपुरुष से सम्बन्ध बना लेती है तो उसे क्यों गलत समझा जाता है। यह कोई अपवित्र और ग़लत काम नहीं है। वह अपनी सुरक्षा घेरे को और बाल-बच्चों के कल्याण को भी इसमें शामिल करती है जो उस पत्नी के लिए बहुत ज़रूरी और यह मानवीय भी लगता है। यह अच्छी बात है कि इस दौर में जातियों के बन्धन शिथिल होते जा रहे हैं। कामकाजी लड़के और लड़कियाँ चाहे जिस वर्ग और जाति के हों आपस में दाम्पत्य जीवन में बँध जाते हैं। क्योंकि इस दाम्पत्य का सम्बन्ध सुरक्षा, आत्मरक्षा और भविष्य से भी है। रूढ़ियाँ भी धीरे-धीरे टूट रही है। पुरानी पीढ़ी इसे भले ही अलग नज़रिये से देखे लेकिन नया जमाना उसे सहज स्वीकारोक्ति के रूप में ग्रहण करता है। यह मज़बूरी नहीं समय की आवश्यकता है।

मुक्तिबोध की ज़्यादातर कहानियाँ परिवारों को केन्द्र में करतीं हैं। मध्यवर्ग के परिवार अनेक प्रकार की यातनाओं के शिकार हैं। वहाँ आर्थिक संघर्ष और बाल-बच्चों के विकास का संघर्ष नये-नये रूपों में प्रकट होता रहता है। मुक्तिबोध अपने निजी परिवार को पूरे देश के परिवारों के साथ जोड़ने का कार्य करते हैं। अपने एक लेख में उन्होंने संकेत दिया है—''मानव का अर्थ वह साधारण मध्यवर्गीय और निम्नवर्गीय जन है जो अपने बालकों को उचित भोजन और उचित शिक्षा और उचित वस्त्र का भी ठीक से प्रबन्ध नहीं कर सकते। दिल्ली, बम्बई, कलकत्ता और मद्रास के उस उच्चवर्गीय जन सदाशायी हो सकते हैं किन्तु भारतीय जनमत की वर्तमान स्थिति का संवेदनात्मक बोध उनके पास नहीं। वे बेचारे यह नहीं जानते कि आज़ साधारण जनमन में व्यक्ति-स्वातन्त्र्य का प्रश्न सबके लिए मानवोचित जीवन-रचना और समाज-रचना के प्रश्नों के साथ जुड़ा है।'' विभिन्न सन्दर्भों को इसमें रेखांकित किया गया है। इसी तरह 'मोह और मरण' कहानी में पारिवारिक आय को बढ़ाने के लिए बूढ़े की विवशता लाभ लोभ और उसकी लाचारी का वर्णन और विवरण है। मध्यवर्ग के आन्तरिक मनोविज्ञान की गहरी पहचान है। इस कहानी का बूढ़ा येन-केन-प्रकारेण हर हालत में पैसा कमाना चाहता है। इसीलिए वह पैसा कमाने के तरीकों का नये-नये रूपों में सृजन करता है। उसकी बहू उस बूढ़े की ठग-वृत्ति पर कटाक्ष करती है। और बूढ़ा इस बात को सोचने के लिए मज़बूर होता है। दरअसल लूट-खसोट और ठगने की प्रवृत्ति भी पूँजीवादी सभ्यता की कोख़ से जन्मा है, जिसकी वजह से बूढ़ा अपने ही वर्ग के लोगों को ठगने से नहीं चूकता। यह एक तरह की हृदय परिवर्तन की कहानी है। मध्यवर्ग ठगने के बारे में लूट-खसोट के बारे में दोहरे चरित्रों का निर्वाह हमेशा करता रहा है। उदाहरण के रूप में हम सब्जीवाले से सामान खरीदते वक़्त उसे कम-से-कम पैसा देना चाहते हैं, उसी तरह रिक्शा खीचनेवाले को ठग लेना चाहते हैं। यह मध्यवर्ग की एक असन्तुलित प्रवृत्ति है। जिसे मुक्तिबोध ने इस कहानी में रेखांकित किया है। मुक्तिबोध अपने कथा-संसार में मध्यवर्ग को विभिन्न रूपों में प्रस्तुत करते हैं। उसकी मुख्य वजह यह है कि वे मध्यवर्ग की स्थितियों को बहुत व्यवस्थित ढंग से जानते-पहचानते हैं। उनकी एक कहानी है 'ज़िन्दगी की कतरन।' इसमें मुक्तिबोध ने आत्महत्या के प्रसंग को उठाया है और आत्महत्या के तहखाने में छिपे सत्य को खोजने की कोशिश की हैं। इसमें जिन हत्याओं के प्रसंग हैं उन्हें वे बाहर-बाहर से नहीं देखते बल्कि आत्महत्या के कारणों की पृष्ठभूमि को उनमें छिपे आर्थिक, सामाजिक सम्बन्धों के बुने हुए ताने-बाने को और कारकों को भी बड़ी सूक्ष्मता के साथ उभारने का प्रयत्न करते हैं। मेरी नज़र में इस कहानी में विभिन्न आत्महत्याओं को गौरवान्वित नहीं किया गया बल्कि इन्हें पूरी हक़ीक़त के साथ विश्लेषित भी किया गया। इसमें चित्रित हैं—मध्यवर्ग की रोज़मर्रा की ज़िन्दगी के तनाव, अन्तर्विरोध, विसंगति और विडम्बनाएँ। मध्यवर्गीय समाज में तरह-तरह की पेचीदा स्थितियाँ हमारे सामने आतीं हैं और हमें किंकर्त्तव्यविमूढ़

बनाती हैं। प्रशासन के कोई भी दावे मध्यवर्ग की वास्तविकताओं को ढाँक सकने में अक्षम है। उसे आज के सन्दर्भों में देखें तो हमारे देश में किसानों द्वारा की जा रही विभिन्न आत्महत्याएँ इन्हीं बेचैनियों के जीते-जागते नमूने हैं।

मुक्तिबोध की एक कहानी है 'समझौता।' उसमें केन्द्रीय समस्या नौकरी है और नौकरी के तन्त्र में कार्यालयों में होनेवाली उठापटक, जी हुज़ूरी, चापलूसी और चमचागिरी है। कहानी बताती है कि प्रशासन तन्त्र के ये कार्यालय एक तरह की जेलें भी हैं। इन जेलों में अफ़सर और बड़े कर्मचारी अपने से छोटों का निरन्तर शोषण करते हैं। इस दारुण व्यथा को मुक्तिबोध ने केवल एक वाक्य में व्यंजित किया है "यह सर्विस नहीं सर्कस है।" कहानी का एक पात्र कहता है जोकर होना क्या बुरा है। "ज़िन्दगी एक भारी बड़ा मज़ाक है; और-तो-और जोकर अपनी भावनाएँ व्यक्त कर सकता है, चपत जड़ सकता है। एक-दूसरे को लात मार सकता है और फिर भी कोई दुर्भावना नहीं। वह हँस सकता है, हँसा सकता है उसके हृदय में इतनी सामर्थ्य है।" मुझे लगता है कि हमारे तन्त्र में नौकरी कई रूपों में प्रत्यक्ष होती है। शोषण, अन्याय, उत्पीड़न और उठापटक की बड़ी छायाएँ वहाँ मौजूद है। वहाँ जी रहे लोग कई तरह की यातनाओं के शिकार होते हैं और रिटायरमेण्ट के दौरान भ्रष्टाचार और अन्याय के बवण्डर में बार-बार फँसते हैं। मुक्तिबोध अपनी कहानियों में मध्यवर्ग की त्रासदी को विभिन्न तरीकों से चित्रित करते हैं। मध्यवर्ग ज़िन्दगी भर समझौता ही तो करता है। तरह-तरह के सपने पालता है। सपने पूरे नहीं होते अन्य अनेक तरह की कवायदें भी करता है इसमें कथा इस रूप में सामने आती है कि एक शेर है और एक रीछ। दोनों नकली। मध्यवर्ग भी तो नकली है। वह जितने वायदे करता है। अपनी मज़बूरियों की वजह से उनका पालन नहीं कर पाता। शेर और रीछ का संवाद ध्यान से सुनने लायक है। "अबे डरता क्यों है, मैं भी तेरे ही सरीखा हूँ, मुझे भी पशु बनाया गया है, सिर्फ मैं शेर की खाल पहने हूँ तू रीछ की!" "इस बात पर रीछ को विश्वास करने या न करने की फुरसत ही न देते हुए शेर ने कहा, तुम पर चढ़ बैठने की सिर्फ मुझे क़वायद करनी है, मैं तुझे खा डालने की कोशिश करूँगा, खाऊँगा नहीं। क़वायद नहीं की तो हण्टर पड़ेंगे। तुमको और मुझको भी। मैं तुझे खा नहीं सकता। आओ, हम दोस्त बन जायें। अगर पशु की ही ज़िन्दगी ही बितानी है तो ठाट से बितायें, आपस में समझौता करके।"

उनकी कहानी है 'आखेट।' इसका नायक मोहब्बत सिंह तत्कालीन सामाजिक रूढ़ियों के कारण अपने प्रेम में विफल होता है। वह राजपूत होते हुए भी अपने मुसलमान हेड कान्स्टेबल की खूबसूरत लड़की से प्रेम करता है लेकिन असफल हो जाता है। ताज़्जुब है कि उसके राजपूती हृदय में किसी प्रकार की साम्प्रदायिक कटुता नहीं है। वह प्यारा आकर्षण विफल होकर मन की पर्तों के नीचे दब जाता है और उसे भीतर-भीतर से उदार बनाये रखता है कि अचानक एक घटना घटती है कि भूख से

पीड़ित एक भिखारिन उसके घर आ जाती है। मोहब्बत सिंह की अपनी भूख का तूफान उस स्त्री की भूख पर विशेष ध्यान न दे कर वह उस पर अधाधुन्ध टूट पड़ता है। उससे बलात्, शरीर सम्पर्क स्थापित कर लेता है, लेकिन जब उसे पाप का अहसास होता है तो वह उस अनाथ भिखारिन को अपना लेता है। इस कहानी में खराब प्रवृत्तियों पर अच्छी प्रवृत्तियों की विजय हमारे सामने आती है। यह एक तरह से मनुष्यता का एक शुभ लक्षण है। कहानी का तात्पर्य है ''मनुष्य में स्थित जिस पशु ने उस स्त्री को चौकी के अन्दर पैर रखते हुए अपना आखेट बना लिया था, उसी मनुष्य के भीतर बैठे हुए देवता ने मानो अपने आचरण से अनाथनी को सनाथनी बना दिया था।'' इसी क्रम में एक कहानी है 'चाबुक।' इसका नायक जो निजी परिस्थितियों को झेलता हुआ पारिवारिक विवशताओं से परे जाकर उनसे ऊपर उठकर वह जमाने भर के दर्द को दिमाग़ी फितूर की तरह जीता है। शोषण और न्याय के प्रति विद्रोह करनेवाली शक्तियों की ऊष्मा से अपने को ताक़तवर बनाता है। यह कहानी हमें अपने स्वार्थों तक सीमित न रहकर सोच को बढ़ाकर दुनिया की चिन्ता करने के लिए बाध्य करती है। रामलाल ग़रीब है फिर भी वह संघर्ष करता है। लोगों के बहकावे और फुसलावे में नहीं आता। लोभ और लालच की दुनिया से अपने को दूर कर लेता है।

मुक्तिबोध की कहानियाँ मध्यवर्ग की वंचनाओं, दुःखों और समस्याओं को उठाती हैं। मुक्तिबोध के लिए मध्यवर्ग पहेली न था। इतिहास की गतिविधियों के मार्फत वे मध्यवर्ग के सन्ताप को अभिव्यक्त करना चाहते थे। श्रीकान्त वर्मा लिखते हैं, ''मध्यवर्ग इस इतिहास की एक गुत्थी है जिसे मुक्तिबोध समझना सुलझाना चाहते थे। मुक्तिबोध के चारो ओर मध्यवर्ग का नैराश्य, कुण्ठा, अवसाद, आत्मवंचना और आत्मपरस्ती थी। मध्यवर्ग के संकट को मुक्तिबोध ने जितना समझा था, अन्य किसी भी लेखक ने नहीं समझा है।...मुक्तिबोध की कहानियाँ मध्यवर्ग के विरुद्ध एक ज़िरह हैं। वे मध्यवर्ग के एक लेखक का आत्मस्वीकार मात्र नहीं, बल्कि अपने वर्ग के संहार का स्वप्न भी है।... मुक्तिबोध की कहानियाँ दो पात्रों के बीच—एक स्वयं मुक्तिबोध और दूसरा मुक्तिबोध का सहयात्री—एक अनन्त वार्त्तालाप है।'' 'विद्रूप' कहानी मध्यवर्ग के ऐसे स्त्री-पुरुष पात्रों की कहानी है जिनका अपना कोई सोच का दायरा नहीं है जो जीवन दर्शन के अभाव में और उससे उपजे अन्धकार में प्रेत आत्माओं की तरह एक-दूसरे से टकरा रहे हैं, एक-दूसरे से जूझ रहे हैं और एक-दूसरे को दोषी ठहरा रहे हैं। मध्यवर्ग हमेशा नाच न जाने आँगन टेढ़ा की समस्याओं का शिकार रहा है। इस कहानी का नवयुवक सम्पन्न वर्ग से सामान्य वर्ग में आकर अपने आपको दण्डित करता है। मुझे लगता है कि यही इस कहानी की विद्रूपता है। इसका एक पात्र कहता है ''सर्वटे कभी अपने आपको पशु, कभी बन्दर, कभी रीछ, कभी सिर्फ कुत्ता अनुभव करते हुए पुराने असभ्य बर्बर आदिवासी की भाँति दिन के भोजन की तलाश में निकल पड़ता

है।...किन्तु सर्वटे चाहे अपने आपको जितना बर्बर मान ले वह बर्बर समाज का अंग नहीं था।'' इस कहानी की उदात्तता दरअसल मध्यवर्ग की संवेदनशीलता का स्पष्ट प्रमाण है। इसी तरह इस कहानी में प्रमिला का यह कथन महत्त्वपूर्ण है—''एक दिन उन्होंने बड़ा मज़ेदार शाप दिया। उन्होंने गुस्से में कहा जाओ तुम अगले जनम में बहुत धनी परिवार में जनम लोगी। लेकिन मुझ जैसे ग़रीब की तलाश में तुम दर-ब-दर ठोकर खाओगी और अन्त में आत्महत्या कर लोगी। और वह व्यक्ति तुम्हारा तिरस्कार करेगा।''

मुक्तिबोध की 'भूत का उपचार' कहानी मुझे 'एक पाठक' कहानी की याद दिलाती है। उस एक पाठक कहानी में चित्रित एक पात्र लेखक के ख़िलाफ़ यह वक्तव्य देता है, कि लेखक मुझे अपने बलबूते या इशारों पर अपने पात्र को नचा नहीं सकता। इसका पात्र अपने स्रष्टा लेखक से इस बात का आग्रह करता है कि वह बाह्य समाज के रूप भर को नहीं देखे बल्कि उसकी आन्तरिक विरूपताओं को भी उद्घाटित करे। बाह्य यथार्थ को तरज़ीह देने मात्र से कुछ बदलाव नहीं किया जा सकता। इसके लिए ज़रूरी है कि अन्दर के यथार्थ को भी रेखांकित किया जाये। पात्र का यह कहना सही है—''ज़नाबेआली, मैं इस बात का विरोध करता हूँ कि आप निम्न मध्यवर्गीय कहकर मुझे ज़लील करें, मेरे फटेहाल कपड़ों की तरफ़ जान-बूझकर लोगों का ध्यान इस उद्देश्य से खिंचवायें कि वे मुझ पर दया करें, उन सालों की ऐसी-तैसी।'' जाहिर है कि कोई भी कहानी लेखक के इशारे पर नहीं रची जा सकती। पात्र उनकी परिस्थितियाँ और उनका संसार उन्हें स्वयं रचता है। लेखक तो उसमें एक सेतु का कार्य करता है। 'जलना' कहानी मेरे हिसाब से एक जबरदस्त ट्रैजिडी है। नायक चुन्नीलाल अपने पारिवारिक अन्तर्द्वन्द्वों को पहचानते हुए भी दायित्वों का निर्वाह नहीं कर पाता। उसकी पत्नी पारिवारिक यन्त्रणाओं से जूझती हुई प्रतिक्रियास्वरूप कुछ ऐसा करना चाहती है जिससे घर का हर आदमी प्रभावित हो। घर की एक साधारण- सी घटना से परिवार का समूचा माहौल बदल जाता है। चुन्नीलाल संकल्प लेता है कि वह पारिवारिक दायित्वों को ठीक से निबाहेगा। अपने बच्चों को समाज की तलछट बनाने से रोकेगा। उसकी यह ललक एक नया संसार रचती है। ज़ाहिर है कि यह कहानी घरेलू ज़िन्दगी के सन्ताप का प्रतिनिधित्व करती है, लेकिन प्रश्न यह है कि मध्यवर्ग के द्वारा अपने परिवार को संकट से उबारने के असंख्य प्रयत्न किये जाते हैं तो भी यह सम्भव नहीं हो पाता। यही मध्यवर्ग की मज़बूरी है। यह कहानी एक आकर्षण पैदा करती है—''चुन्नी का दिल इस दृश्य को देख पिघल गया। वह उसे अत्यन्त सुन्दर प्रतीत हुआ। उसका मन बेहद के मैदान में चला गया। इन सब लोगों का प्यार वह अपने में नहीं सम्हाल सकता। उसका दिल मिट्टी का घड़ा है, उसमें ज़्यादा भरोगे तो वह टूट जायेगा।...एक बारगी उसने अपने सारे घर पर दृष्टि डाली यह उसका जगत् है, उसे सबकी सेवा करनी है। वह ज़रूर-ज़रूर करेगा नहीं तो ज़िन्दगी भर कोई मतलब नहीं है।'' ('जलना' कहानी)

इसी तरह एक कहानी है—एक दाख़िल दफ़्तर साँझ—जिसमें दफ़्तरों की यन्त्रणादायक ज़िन्दगी वहाँ पल रहे विभिन्न षड्यन्त्र और गुटबज़ी की यन्त्रणा को प्रस्तुत किया गया है। दफ़्तरों में गुटपरस्ती की वजह से मातहत कर्मचारियों को एक जीवित नरक से गुज़रना पड़ता है। मध्यवर्ग की असली विडम्बना यह है कि वह कायर, काइयाँ और डरपोकपने का मिला-जुला संस्करण है। इस दौर में तो देखा यह जा रहा है कि मज़बूरीवश लोग नौकरी ज़रूर करते हैं लेकिन हमेशा यन्त्रणाओं के कारागार में पड़े होने का अनुभव करते हैं। वस्तुस्थितियों से निकलना चाहते हैं लेकिन निकल नहीं पाते। मुक्तिबोध की एक कहानी है 'सतह से उठता आदमी।' इसके पात्र जीवन की विभिन्न समस्याओं से जूझते हुए अपना पथ खोजने की कोशिश कर रहे हैं और अपनी इस कोशिश में वे तमाम सोपानों पर चढ़ते-उतरते हैं। आज़ादी के बाद की भारत की स्थिति में मनुष्य का विकास किन-किन आयामों से मूर्त हो रहा है, इसका चित्रांकन और मूल्यांकन इस कहानी की केन्द्रीय धुरी और संवेदना है। इस कहानी को केन्द्र में रखते हुए मलयज का एक लेख प्रकाशित हुआ था 'सतह से ऊपर उठाती रचना।' मुक्तिबोध की इस कहानी की मूल संवेदना के आधार पर और कुछ निबन्धों और कविताओं को ध्यान में रखकर प्रसिद्ध फ़िल्मकार मणि कौल ने एक फ़िल्म बनायी थी—जिसका शीर्षक था 'सतह से उठता आदमी।' इस फ़िल्म और इसके प्रभावों पर टिप्पणी करते हुए अशोक वाजपेयी मानते हैं उनमें कोई कथानक नहीं था। और यह मुक्तिबोध की ज़िन्दगी के बारे में भी नहीं है तो क्या है? आगे आप इस फ़िल्म को देखे और मैं सोच रहा हूँ कि मणि कौल ने सिर्फ़ इस मुक्तिबोध के लेखन के सिनेमा-पक्ष का इस्तेमाल किया, कोई कथानक न देकर लेकिन मुक्तिबोध की जो प्रतिभा है वह औपन्यासिक और महाकाव्यात्मक है। (आलोचना, जुलाई-सितम्बर, 2015, पृ. 78) इसी क्रम में देखें तो मुक्तिबोध की एक कहानी थी 'विपात्र'—जो बाद में कुछ अंशों को मिलाकर 1971 में उपन्यास रूप में भारतीय ज्ञानपीठ से प्रकाशित हुई थी। मोतीराम वर्मा ने लिखा था "विपात्र के माध्यम से ज़िन्दगी के बारे में अपनी बहस को मुक्तिबोध और आगे बढ़ाना चाहते थे किन्तु सम्भवतः अपनी बीमारी के कारण वे उसे पूरा नहीं कर पाये थे।" (मुक्तिबोध का गद्य साहित्य, पृष्ठ-42) सच तो यह है कि विपात्र लगभग कथाहीन संरचना है क्योंकि इसकी कथावस्तु और चरित्र स्थितियाँ काफी उलझी हुई हैं। इस कथा में जीवन और जगत्, समय और परिवेश की द्वन्द्वात्मकता लगातार सक्रिय दिखती हैं। इसमें बुद्धिजीवियों के अन्तर्विरोध और स्वार्थपरताएँ भी केन्द्र में हैं। इसमें एक बॉस है—उनका एक विद्या केन्द्र है और दरबारी परिवेश भी। इस दरबार में तरह-तरह के बुद्धिजीवी आते हैं जो हमारे जीवन की बहुविध और बहुआयामी व्याख्या करते हैं। उनकी चिन्तन-प्रणाली भी स्वार्थसिद्धि के केन्द्र में हैं। इस रचना में 'मैं' की भूमिका बहुत महत्त्वपूर्ण है। उसकी चिन्ता के केन्द्र में सम्पूर्ण मानव समाज परिस्थितियाँ और युग की जटिलताएँ हैं, जिनको वह तोड़ना चाहता है।

जगत् और मैं की अन्तहीन बहस से कथा को विकसित किया गया है। यह कथा हमारे आधुनिक जीवन की भयावह त्रासदी के रूप में प्रकट होती है। विपात्र की केन्द्रीय समस्या है जिसे अग्नयेशका सोनी मानती हैं ''भारतीय समाज की असली शासक सत्ता के सामने प्रभाव धन और भ्रष्टाचार की सत्ता के सामने अकेला प्रबुद्ध व्यक्ति किस हद तक, किस शर्त पर अपने चरित्र का खरापना और अपना मानवीय गौरव बनाये रख सकता है।'' (आलोचना, जुलाई-सितम्बर, 1968, पृष्ठ-63) आज़ादी-प्राप्ति के पश्चात भारत में लोकतन्त्र की स्थापना तो अवश्य हुई लेकिन पराधीनता की भयावह दरबारी मनोवृत्ति ज्यों-की-त्यों विद्यमान है। हमारी जनतन्त्रीय प्रणाली में व्यवस्था के स्थान पर व्यवस्थापक का महत्त्व अभी भी बरक़रार है। जिसमें व्यक्ति के कर्त्तव्य का लोप होता जा रहा है। वह करता कुछ नहीं है पर व्यवस्था में जो कुछ होता है वह उसके लिए जिम्मेदार है। हमारे जीवन की जद्दोजहद हमें इस मुकाम तक ले आयी है ''आदमी तैयार रहते हैं कि आओ हमें खरीदो आत्मा की स्वतन्त्रता बेचनेवालों की संख्या असीम है। इतनी ही बड़ी संख्या है आत्मा को रहन रखनेवालों की।'' विपात्र में बहस के केन्द्र में हमारा जीवन, हमारा समय, हमारी चुनौतियाँ, हमारे सामाजिक सरोकार और परिस्थितियों के दबाव को तोड़ने का उपक्रम। इस कथा-संरचना में वासना और वेदना की भी चर्चा है तो दूसरी ओर जीवन मूल्यों को प्राप्त करने का सपना भी।

हमारे काल-खण्ड की सबसे बड़ी त्रासदी यह है कि हम हर हालत में विपात्र बनने को मज़बूर हैं। सारे झमेले शिक्षा और संस्कृति के नाम पर चल रहे हैं। समूची चीज़ें लीपी-पोती जा रहीं हैं। मुक्तिबोध महत्त्वपूर्ण संकेत देते हैं ''यह एक मानी हुई बात है कि कोई भी व्यक्ति चाहे जितना ही आत्मालोचन कर सकने की सामर्थ्य रखता हो वह अपने स्वयं के द्वारा निज़ परिष्कार नहीं कर सकता। मुक्ति अकेले में अकेले की नहीं हो सकती।'' सच तो यह है कि हमारे समकालीन समय में और इस दुनिया में भयानक तिलिस्म भी हैं और भयानक त्रासदियाँ भी। विपात्र अनेक प्रश्नों को बहुत गम्भीरता से उठाता है। लेकिन अन्ततोगत्वा झुँझलाहट, तिलमिलाहट, मजबूरियाँ और बेवजह के क्रोध का शिकार होता है। वह लड़ते-लड़ते लगभग थक जाता है और जहाँ भी जाता है अपने आपको लस्त-पस्त पाता है। मुक्तिबोध ने बुद्धिजीवियों को एक रास्ता यह भी दिखाया है 'सिर्फ सच्चाई आदमी को कुछ नहीं दे पाती, सच्चाई को सामने लाने के लिए भी जोर और ताक़त की ज़रूरत होती है। ऐसी सच्चाई जो आदमी में ज़ोर पैदा नहीं कर पाती वह सिर्फ जानकारी बनकर रह जाती है। विपात्र बुद्धिजीवियों के संकट को और हमारे समय के जीवन की भयावह त्रासदी और जानलेवा विडम्बनाओं को मूर्त करता है। ज़ाहिर है कि वर्गीय फासले भी हैं और इन वास्तविकताओं के ख़िलाफ़ ज्योतिपुंज जलाये रखने का अटूट साहस भी है। विपात्र पढ़ते हुए अलवेयर कामू के उपन्यास 'द कैसल' की याद आना स्वाभाविक है। जिसमें कोई भी पात्र केन्द्र

में नहीं है। केन्द्र में है हमारा संघर्ष, हमारी जानलेवा सच्चाइयाँ। विपात्र में जीवन को लेकर अनेक तरह की बहसें की गयी हैं। ये सभी बहसें अन्ततोगत्वा मध्यवर्ग में पनप रहे वास्तव को अभिव्यक्त करती है। मध्यवर्ग हमेशा आगे जाने के लिए रास्ते तलाशता है। कभी उसे रास्ता मिलता है, कभी वह भटकता रहता है, रास्ता खोजता रहता है। एक पात्र कहता है "कर्म मनुष्य के उसकी परिस्थिति से तथा अन्य मनुष्यों से सिर्फ जोड़ता ही नहीं है, वह उन्हें तोड़ता भी है।" विपात्र में वर्गीय फासलों का जीवन्त यथार्थ है तो दूसरी ओर वस्तुस्थितियों के खिलाफ ज्योतिपुंज जलाये रखने का साहस भी।

मुक्तिबोध अपने समय के अन्तर्विरोधों को बहुत ही व्यवस्थित ढंग से चीरफाड़ करते हैं। एक ही समय में अनेक तरह के वैचारिक संघर्षों से जूझते हैं। उनके लिए नैतिक मूल्य बहुत जरूरी है। लेखक में वे किसी भी तरह के छल को बर्दाश्त नहीं करते। आत्मालोचन के द्वारा आत्म भर्त्सना के जरिये वे मध्यवर्ग की सच्चाइयों को अभिव्यक्त करने की कोशिश करते हैं। मैं मुक्तिबोध की ईमानदारी का बहुत क़ायल हूँ। एक निबन्ध में उन्होंने लिखा है—"मैं पण्डित नहीं हूँ, प्रचारक नहीं हूँ, विद्वान् नहीं हूँ, केवल एक मामूली लेखक हूँ। और मैंने शायद सबकी आलोचना कर डाली है। इसलिए मुझसे सब नाराज़ भी होंगे। लेकिन मेरा ख़याल है कि मुझे माफ भी कर देंगे, मेरी उपेक्षा करेंगे क्योंकि मैं उनके रास्ते के बीच में कहीं भी नहीं आता।" (समीक्षा की समस्याएँ-निबन्ध)

मुक्तिबोध की कहानियाँ पढ़ते हुए कई चीज़ें याद आतीं हैं। मुक्तिबोध सच्चाइयों का वर्णन बहुत तीख़ें अन्दाज़ में करते हैं। उनके यहाँ जीवन की आपाधापियों के बहुविध चित्र आते हैं। जिसमें हमारे समय और समाज की वस्तुस्थितियों का मूल्यांकन होता है। मुक्तिबोध की कहानियाँ अपने समय परिवेश और पात्रों की वास्तविकता को रेखांकित करती है। वे कहानियों के लिए कहानियाँ नहीं हैं उनमें समाज का सत्य और मध्यवर्गीय जीवन का ऐसा भयावह सच है जो हमारी आँखें खोल देने में सक्षम है। सम्भवतः इसीलिए उनकी कहानियों में वस्तु सत्य का उद्‌घाटन विस्तार से और कई आयामों में होता है। एक-एक चीज़ को बहुत बारीकी से देखने का वहाँ रिवाज़ है और पद्धति भी। मुक्तिबोध की नज़र में सच महत्त्वपूर्ण है। वे इस सच को हर हालत में अभिव्यक्त कर देना चाहते हैं। और उस सच में बैठा हुआ जीवन और इस जीवन में पिसता हुआ आदमी जो न आगे जा सकता, न पीछे जा सकता, न समय की धारा को काट सकता, वह वहीं लगातार लहूलुहान होता रहता। अपवाद के तौर पर उनकी कुछ कहानियाँ यदि छोड़ भी दी जायें तो उनकी अनेक कहानियों में अनेक प्रकार की विभीषिकाओं के चित्र हैं।

वे अपनी कहानियों में सत्य को परिभाषित करना चाहते हैं, ज़िन्दगी को चित्रित करना चाहते हैं। इसलिए मुझे उनकी कहानियों में अवलोकन-पद्धति कैमरे की आँख से जैसे फ़िल्में उकेर दी जातीं हैं। पूरे सामाजिक यथार्थ को ऐतिहासिक घटनाक्रमों के

द्वारा जैसे जीवन्त कर दिया जाता है। कुछ इसी तरह महसूस होता है। उदाहरण के लिए जैसे सत्यजित् राय ने मुन्शी प्रेमचन्द की कहानी पर 'शतरंज के खिलाड़ी' का निर्माण किया। शतरंज के पाँसों के बैकग्राउण्ड पर यदि समूची फ़िल्म को शतरंज के मोहरे के सिलसिले में विजुलाइज किया गया है। तो वह काफी प्रभावी जान पड़ता है। एक दूसरा उदाहरण देखें जैसे फणीश्वर नाथ रेणु की कहानी 'तीसरी कसम' को फ़िल्माते हुए 'हीराबाई' और 'हीरामन' के संघर्ष और प्रेम को, वास्तविकता को चित्रित किया गया है। समूचे बिहार की वास्तविकताएँ व्यवस्थित तरीके से चित्रित की गयी हैं। यह बिहार भर का सच नहीं है। समूचे भारत का सच है। उनकी एक-एक हरक़त को फ़िल्म में तराशा गया है। उसी तरह देखें कि मुक्तिबोध ने अपनी कहानी 'क्लॉड ईथरली' में हमारी नाग़रिक सभ्यता के तमाम स्वरूपों को चित्रित किया है। उसमें कहा गया है कि भारत में भी अमरीका की सभ्यता की भयावह प्रेत छायाएँ हैं। मैं उनकी अन्य कहानियों को यदि देखना चाहूँ जैसे 'एक दाख़िल दफ़्तर साँझ, समझौता, पक्षी और दीमक, नयी ज़िन्दगी, तो इनमें चित्रित और चिह्नित हमारे जीवन के मनोभाव, जद्दोजहद, एक मानवीय तड़प और इनसे मुक्ति का प्रयास करता हुआ आदमी इन कहानियों में बार-बार दिखायी पड़ता है। मुक्तिबोध के यहाँ अपराधियों के मन बदलाव के भरपूर दृश्य हैं। और उनमें आत्मग्लानि का स्वर बहुत तीव्रता से दिखायी पड़ता है। 'समझौता' कहानी में एक वाक्य है। "दिल के किसी कोने में कोई अँधियारा ग़टर एकदम फूट निकलता है।" वह गटर है आत्मालोचन, दुःख, ग्लानि और समाज को समझने की पद्धति और व्यवहार करने की पद्धति का वह बहुत सटीक चित्रण और अवलोकन करने की स्थितियों का हमें व्यवस्थित ढंग से पता चलता है। मुक्तिबोध की कहानियों में प्रायः जो भी पात्र आये हैं वे मध्यवर्ग की समूची वास्तविकताओं को कई तरह से अभिव्यक्त करते हैं। उनकी कहानियों में मध्यवर्ग के पात्र सहज रूप में आये हैं तथा उस वर्ग की सच्चाइयों की वह सक्षम अभिव्यक्ति भी हैं।

मुक्तिबोध के यहाँ बिम्ब और प्रतीक ऐतिहासिक, सांस्कृतिक सन्दर्भ भी बहुत मायने रखते हैं। वे अन्याय और अत्याचार को बहुत व्यापक परिप्रेक्ष्य में देखने की कोशिश करते हैं। उनकी कहानियों में हमारे जीवन के जो ब्यौरे मिलते हैं और उनके जो डिटेल्स मिलते हैं। उस पर नये सिरे से ध्यान देने की ज़रूरत है। वे आत्म-बोध, पाप-बोध एवं अपराध-बोध को बहुत बेबाकी से लक्षित और चित्रित करते हैं। इसलिए उनकी कहानियों की संरचना एक अलग तरह से रेखांकित होती है। उसका एक खास पैटर्न होता है। वे अराजक़ता और असन्तुलन को और देश-दुनिया में घट रही भयावह स्थितियों को अपनी कहानियों में बिखराते हुए चलते हैं। जैसे हमारी दुनिया होती है हम उसी तरह के विम्बों-प्रतिबिम्बों का सृजन करते हैं। यह एक ऐसी प्रक्रिया है जिसे हम स्वयं सृजित करते हैं। लेनिन का मत है कि "मनुष्य की चेतना वस्तुजगत् को सिर्फ़ प्रतिबिम्बित नहीं करती बल्कि उसे सृजित भी करती है।" जैसे उनकी एक छोटी-सी कहानी 'आखेट।' वह हमें बताती है कि पुलिस

का एक सिपाही अनाथ भिखारिन को कैसे ठगता और लूटता है और अन्त में उसे अपनी सहधर्मिणी बना लेता है। यह उसका मानवीय पक्ष है। मुक्तिबोध की कहानियों को स्मरण करते हुए मुझे अक्सर हरिशंकर परसाई और अमरकान्त की याद आती है। बिना तुरपाई, बिना सफ़ाई के, केवल आन्तरिक अन्विति के कारण इन लेखकों की कहानियाँ आपकी आत्मा में झाँकती-सी महसूस होती हैं।

मुक्तिबोध ने अपनी कहानियों में अपने समय के मध्यवर्ग की चिन्ताओं, तक़लीफों, समस्याओं को और स्थितियों को रखा है। प्रश्न उठता है कि उनकी कहानियों में आत्मालोचन, आत्मभर्त्सना, और अपने समय, समाज को बदलने के बड़े गहरे तन्तु हैं। मुझे लगता है कि मुक्तिबोध की कहानियाँ निम्नमध्यवर्ग की स्थितियों का बहुत बारीक चित्रण है। क्योंकि वे मध्यवर्ग की जानलेवा सच्चाइयों से भली-भाँति वाकिफ रहे हैं। इसीलिए इनकी कहानियाँ हमें बेहद प्रभावित करतीं हैं और कहीं भी यह नहीं लगता है कि इनमें कृत्रिमता है। मुक्तिबोध मध्यवर्गीय अपराध-बोध को अपनी सीमाओं में विस्तार से देखते और चित्रित करते हैं। इसे डॉ. नामवर सिंह ने लक्षित किया है कि—"मुक्तिबोध की रचनाओं में आत्म-भर्त्सना का स्वर असन्दिग्ध है, लेकिन इस आत्म-भर्त्सना को स्वयं मुक्तिबोध की आत्म-भर्त्सना कहना भारी भ्रम है। वस्तुतः मुक्तिबोध ने अपनी रचनाओं में 'मैं' के द्वारा अपने पूरे वर्ग मध्यवर्ग की आत्म-भर्त्सना को अभिव्यक्त किया है। (कविता के नये प्रतिमान, पृष्ठ-231)

मुक्तिबोध की जो कहानियाँ पूरी हैं, वे भी उनकी कुछ कविताओं की तरह, उनके रचनात्मक स्वभाव के अनुसार अधूरी-सी लगती हैं और जो अधूरी हैं वे तो खैर अधूरी ही हैं। इन कहानियों में चित्रित पात्र जो मध्यवर्ग से आये हैं। वे अपना बखान इस रूप में करते हैं—"मेरे भीतर का जीवन आप क्या जानो। जो भीतर का है, वह धुआँ या कोहरा है, यह ग़लत है।...ठीक है कि मैं तंग गलियों में रहता हूँ और बच्चे को कपड़े नहीं है या कि मैं फटेहाल हूँ।" मुक्तिबोध की ज़्यादातर कहानियों में निम्न मध्यवर्गीय अभावग्रस्त जीवन के बहुत भयावह चित्र है। अन्याय, शोषण और उत्पीड़न का लम्बा सिलसिला है। उनकी कहानियों में एक भुतहा सच, अपराध बोध, दुःख-पीड़ा, अवसाद और घुटन की भयानक छायाएँ हैं। उनकी कहानियाँ मध्यवर्ग की मनःस्थिति, त्रासदी और अँधेरे जीवन की वस्तुगत सच्चाइयों का जीता-जागता बखान है। वे अपने कथा संसार में जिस परिवेश और वास्तविकता को चित्रित करते हैं। वह हमें भीतर तक हिला देता है। प्रतीक के तौर पर दो उदाहरण दृष्टव्य हैं' एक मैली-कुचैली खाट पर एक बूढ़े की ज़िन्दा ठठरी पड़ी हुई थी और ठठरी के दुबले चेहरे की आँखों में एक ज्योति थी। ऐसी ज्योति जो ममतापूर्वक एक और ठठरी को देख रही थी। वह दो साल के शिशु की ठठरी थी, जिसके सारे बदन पर सलवटें पड़ी हुईं थीं और उसके सलवट भरे बाल-मुख पर वेदना की चीख़ निःशब्द होकर जड़ हो उठी थी।" (विपात्र)

"दोस्त की भाव-मुद्रा अविचल थी। घुटनों को पैरों से समेटे वह बैठा हुआ था। उसका चेहरा पाषाण-मूर्ति के मुख-सा अविचल भाव प्रकट करता था। कुछ लम्बे और गोल कपोलों की मांसपेशियाँ बिलकुल स्थिर थीं। या तो वह आधा सो रहा था अथवा वह निश्चित रूप से भावहीन मस्तिष्क के साँवले धुँधलेपन में खो गया था, किम्बा वह किसी घनीभूत—चेतना के कारण निःशब्द-सा लगता था।" (ज़िन्दगी की क़तरन)

मुक्तिबोध कभी बिम्बों के माध्यम से, कभी प्रतीकों के माध्यम से, कभी भावनाओं के द्वारा अपनी बात कहते हैं। वहाँ जीवन का फैलाव ही अक्सर होता है। मध्यवर्गीय जीवन के कष्ट, अभाव और दुश्चिन्ताओं और वहाँ के अपने तापों का बयान ज़रूर होता है। कभी-कभी यह जरूर लगता है कि इन कहानियों में वैचारिकता है या वैचारिकता में कहानियाँ आकार ग्रहण कर रहीं हैं। मैं प्रारम्भ में ही इस बात को स्पष्ट कर चुका हूँ कि अपनी समूची टूट-फूट के बावजूद ये कहानियाँ चालू कथा संरचनाओं से अलग हैं और इसी रूप में व्यवहृत होती हैं लेकिन वहाँ जीवन का बहुत विस्तार से वर्णन है। वे अपने समय और समाज का व्यापक सर्वेक्षण करते हैं। और अपनी इन कहानियों में (वे चाहे जैसी हैं) जीवन को समस्याओं को और स्थितियों को उजागर भी करते हैं जिनमें विश्वसनीयता है।

सम्पर्क : 6, रजनीगन्धा, शिल्पी उपवन श्रीयुत नगर, रीवा (म.प्र.) 486002
मो. : 9425185272

मुक्तिबोध ने कलम से नहीं कैमरे से रचा है खुद को

जयनन्दन

मुक्तिबोध का छोटा जीवन-काल और उनका बृहत व उच्चस्तरीय सृजन देखकर उसी तरह अचरज होता है जैसे विवेकानन्द या फिर सरदार भगतसिंह को देखकर होता है, जिन्होंने अल्पायु में ही वैश्विक स्तर की समझ और बौद्धिकता विकसित कर ली थी। अक्सर देखा यह जाता है कि बहुतेरे लोग साठ-सत्तर की उम्र में भी बचपना या मूर्खता करने से खुद को बचा नहीं पाते। कम-से-कम मैं तो इसी श्रेणी में हूँ। कुछ ऐसे भी लेखक हुए और हैं, जो अस्सी-नब्बे साल तक कलम घिसकर भी कोई बड़ी लकीर खींच नहीं पाये।

निश्चय ही अल्पायु में ही मुक्तिबोध जैसी विभूतियों में इतनी गहरी बौद्धिकता और परिपक्वता तभी आयी होगी जब उन्होंने खुद को बहुत गहरी साधना में तपाया होगा। उन्हें देखकर हैरानी इसलिए भी बढ़ जाती है कि कठिन संघर्षों से गुजरकर एक उच्चकोटि की साधना को उन्होंने मुमकिन बना लिया। देखा गया है कि कई जहीन और विलक्षण मेधा के लोग जीवन के संघर्षों और अभावों को झेलने में खप जाते हैं और प्रतिभा के रहते हुए भी उनसे कुछ श्रेष्ठ रचना सम्भव नहीं हो पाता।

मुक्तिबोध को पढ़ते हुए पंक्ति-दर-पंक्ति यह प्रतीति कराती है कि उन्होंने कलम से नहीं कैमरे से लिखी हैं अपनी रचनाएँ। दृश्यों, घटनाओं और स्थितियों के चित्रण की बारीकी इस तरह उभर आती है मानस-पटल पर जैसे सिनेमा के पर्दे खुल गये हों। उन्होंने अपनी कहानियों में कथ्य पर ज्यादा ध्यान न देकर पात्रों के चरित्रगत विशेषताओं, वस्तुओं, आँखों की जद में आनेवाली निर्मितियों और प्रकृति के अवदानों के विस्तृत रेखांकन को ज्यादा तरजीह दिया। भाषा को उन्होंने इस तरह परिनिष्ठ एवं आलंकारिक बनाकर पेश किया कि उससे तत्समजनित शुद्धता की उच्चस्तरीय बानगी होने का आभास मिलने लगता है। वे इसीलिए लेखकों के लेखक माने जाते हैं। साधारण पाठक की बौद्धिक पहुँच उन तक नहीं बन पाती। वे उन्हें अपने सिर के ऊपर से निकल जाते हुए महसूस कर लेते हैं। उन्हें पढ़ लेना और पचा लेना एक ऐसी

कसौटी है, जिस पर साधारण पाठक ही नहीं अच्छे-अच्छे लेखक का धैर्य भी खरा नहीं उतर पाता।

मेरा अपना अनुभव तो ऐसा ही है। प्रायः सभी पत्र-पत्रिकाओं में उन्हें अतिशय महत्त्वपूर्ण और असाधारण बतानेवाली निरन्तर प्रकाशित सामग्रियों से प्रभावित होकर मैंने कई बार प्रयत्न कर-करके उन्हें पढ़ना चाहा, पढ़ा भी। महसूस यही हुआ कि हिमालय पर चढ़ रहा हूँ, जिसके लिए मेरी सेहत बहुत मुफीद नहीं है। मुझे याद आयी किसी की कही यह उक्ति कि किसी भी पकवान का स्वाद हर खानेवाले के लिए एक समान नहीं होता। यह निर्भर करता है खानेवाले की आदत, संस्कार, परिवेश और उसके रख-रखाव व रहन-सहन पर।

निष्कर्ष यही है कि उनकी ऊँचाई को नापना हर किसी के कद के लिए मुमकिन नहीं है। वे एक बड़े और कालजयी लेखक सिद्ध हो चुके हैं। उनकी जन्मशती मनाने की सर्वत्र तैयारी हो रही है। जाहिर है अब यह प्रश्न बेमानी है कि मुक्तिबोध क्यों एक बड़े और विरल लेखक व कवि हैं। वे हैं और जो उनका बड़ा और कद्दावर होना महसूस नहीं कर पा रहा, तो यह उसकी निजी कुण्ठा और सीमा मानी जायेगी। मुझे उन्हें पढ़ते हुए उनके बड़े होने से ज्यादा खुद का छोटा होना ज्यादा नजर आया। अब जितना मुझे समझ में आया, उसके हिसाब से उनकी कुछ विशिष्टताएँ निश्चय ही असाधारण दर्जे की हैं।

जैसा कि मैंने पहले कहा कि वे कथ्य से ज्यादा स्थितियों की विस्तारित वर्णनात्मकता की दुर्लभ कसीदाकारी करते हैं। उदाहरण के तौर पर उनकी एक कहानी 'पक्षी और दीमक' के आरम्भ को देखा जा सकता है—

"बाहर चिलचिलाती हुई दोपहर है लेकिन इस कमरे में ठण्डा मद्धिम उजाला है। यह उजाला इस बन्द खिड़की की दरारों से आता है। यह एक चौड़ी मुँडेरवाली बड़ी खिड़की है, जिसके बाहर की तरफ, दीवार से लगकर, काँटेदार बेंत की हरी-घनी झाड़ियाँ हैं। इनके ऊपर एक जंगली बेल चढ़कर फैल गयी है और उसने आसमानी रंग के गिलास जैसे अपने फूल प्रदर्शित कर रखे हैं। दूर से देखनेवालों को लगेगा कि वे उस बेल के फूल नहीं, वरन् बेंत की झाड़ियों के अपने फूल हैं। किन्तु इससे भी आश्चर्यजनक बात यह है कि उस लता ने अपनी घुमावदार चाल से न केवल बेंत की डालों को, उनके काँटों से बचते हुए, जकड़ रखा है, वरन् उसके कण्टक-रोमोंवाले पत्तों के एक-एक हरे फीते को समेटकर, कसकर, उनकी एक रस्सी-सी बना डाली है और उस पूरी झाड़ी पर अपने फूल बिखराते-छिटकाते हुए, उन सौन्दर्य-प्रतीकों को सूरज और चाँद के सामने कर दिया है।"

सहज ही यह समझा जा सकता है कि इस बखान में न कहानी है और न कहानी के लिए इसकी बहुत जरूरत है। लेकिन लेखक की पारदर्शी नजर उसी तरह किसी भी ऑब्जेक्ट को नहीं छोड़ना चाहती, जिस तरह कैमरा जब किसी का चित्र उतारता है तो न चाहते हुए भी उसके आसपास की चीजें कैद हो जाती हैं।

हृदय में उठनेवाले भावों को भी उन्होंने कैमरे से ही उतारने की कोशिश की है। 'पक्षी और दीमक' कहानी का ही एक अंश देखा जा सकता है—"श्यामला का क्या है! वह तो एक गाँधीवादी कार्यकर्त्ता की लड़की है, आदिवासियों की उस कुल्हाड़ी-जैसी है जो जंगल में अपने बेईमान और बेवफा साथी का सिर धड़ से अलग कर देती है। बारीक बेईमानियों का सूफियाना अन्दाज उसमें कहाँ! किन्तु फिर भी आदिवासियों जैसे उस अमिश्रित आदर्शवाद में मुझे आत्मा का गौरव दिखायी देता है, मनुष्य की महिमा दिखायी देती है, पैने तर्क की अपनी अन्तिम प्रभावोत्पादक परिणति का उल्लास दिखायी देता है —और ये सब बातें मेरे हृदय को स्पर्श कर जाती हैं। और अब मुझे सज्जायुक्त भद्रता के मनोहर वातावरणवाला अपना कमरा याद आता है...अपना अकेला धुँधला-धुँधला कमरा। उसके एकान्त में प्रत्यावर्तित और पुनः प्रत्यावर्तित प्रकाश, कोमल वातावरण में मूल-रश्मियाँ और उनके उद्गम स्रोतों पर सोचते रहना, खयालों की लहरों में बहते रहना कितना सरल, सुन्दर और भद्रतापूर्ण है।"

अपनी कहानियों में उन्होंने पौधों और पेड़ों की तो गजब की जानकारी समाहित की है। उनके ज्ञान की गहराई पर मुग्ध हुए बिना नहीं रहा जा सकता। एक जगह उन्होंने एक बगीचे में मौजूद इलाइची, कन्हेर, मटर, टमाटर, बोगनबेलिया, गुलमोहर, बादाम, हींग से लेकर इमली तक के पेड़ों के चित्र खींच दिये हैं।

कहानी बस कहीं से शुरू हो जाती है और उसका सिरा काफी देर बाद खुलता है। सिर्फ तस्वीरें और वर्णन आने शुरू हो जाते हैं। किसी ने कहा है कि वे अपने समकालीन लेखक परसाई के लिए लिखते थे और परसाई जनसाधारण के लिए लिखते थे। जैसे टैगोर के लिए यह कहा जाता है कि वे शरत् चन्द्र के लिए लिखते थे और शरत् चन्द्र आम आदमी के लिए लिखते थे।

'विपात्र' कहानी में जगत् का चरित्र-चित्रण करते हुए जैसे उन्होंने अपने बारे में ही एक आकलन रख दिया हो। कहते हैं—"जो व्यक्ति ज्ञान की उपलब्धि का सौभाग्य प्राप्त करके भी यदि अपने जीवन में असफल रहा आया, अर्थात् कीर्त्ति, प्रतिष्ठा और ऊँचा पद न प्राप्त कर सका तो उस व्यक्ति को सिरफिरा या दिमागी फितूरवाला नहीं तो और क्या कहा जायेगा। अधिक-से-अधिक वह तिरस्करणीय और कम-से-कम वह दयनीय है —उपेक्षणीय भले ही न हो।"

कहा जाता है कि वे अपने खुद के हालात से बहुत नाराज़ और दुःखी रहा करते थे। अच्छी आजीविका की तलाश, कर्ज, बीमारी और साहित्य पढ़ने और रचने की बेचैनी से वे आन्तरिक परेशानियों में घिरे रहते थे। सम्भवतः इसीलिए उनका तेवर हमेशा शिकायती बना रहा। कहानी में वे खुद से लड़ते हुए और खुद को कोसते-धिक्कारते नज़र आते हैं। ख़ुद को आलम्बन बनाकर वे उन खोखले मूल्यों और रवायतों को लथाड़ते हैं जिन्हें ढोये चले जाने के लिए आदमी मजबूर-सा जान पड़ता है। उनकी कहानियाँ यह बिम्बित करती हैं कि आदमी का दोमुँहापन उन्हें कतई बर्दाश्त नहीं था।

वे उन प्रवृत्तियों पर प्रहार करते हैं जो मनुष्य को छोटा और तुच्छ बनाने का दुष्कर्म करता है।

कुछ लोग बिना प्रतिभा के भी कैसे ऊँचे ओहदे पर पहुँच जाते हैं। इस पर दृष्टिपात करते हुए उन्होंने विपात्र कहानी में कहा है—"राव साहब छोटे पद से बड़े पद पर पहुँच चुके थे। किन्तु उनकी प्रगति में निर्णायक योग उनकी प्रतिभा का नहीं था वरन् उन संयोगों का था जो परिस्थितियों के बनते और बढ़ते हुए ताने-बानों के अनुकूल परिणाम के रूप में प्रस्तुत हो जाते हैं।" इसी कहानी 'विपात्र' के नायक राव साहब के माध्यम से उस दोगले रवैये की उन्होंने खिल्ली उड़ायी है जिससे आदमी खुद को बड़ा, सभ्य और समाज का उद्धारक बताकर अपनी नजर में दूसरों के लिए घृणा और दुरदुराहट पालकर रखता है।

महाविद्यालयों की अन्दरूनी नब्जों पर उँगली रखते हुए उन्होंने 'विपात्र' कहानी के विद्या-केन्द्र के माध्यम से ऐसी तस्वीर खींच दी है जो आज भी सर्वथा प्रासंगिक है। कहते हैं—"इस विद्या-केन्द्र में किसी को भी विद्यानुराग नहीं था। विज्ञानवालों को यह मालूम नहीं था कि हाल ही में कौन-कौन से महत्त्वपूर्ण आविष्कार हो रहे हैं और हिन्दीवालों को यह ज्ञान नहीं था कि आजकल इस क्षेत्र में क्या चल रहा है। वैसे हम सब नौजवान थे, कई उपाधियों से विभूषित थे, अपने विषय के आचार्य माने जाते। एक तरह से हम भोले थे, सरल हृदय भी थे, हम किसी के दुःख से पिघल सकते थे, सहायता भी करते। लेकिन, हममें सामाजिक अन्तरात्मा नहीं थी, सामाजिक चेतना नहीं थी क्योंकि असल में हम सब लोग हरामखोर थे।"

उनकी कहानियाँ चाहे वह 'पक्षी और दीमक' हो, 'अँधेरे' हो, 'ब्रह्मराक्षस का शिष्य' हो, 'क्लॉड ईथरली' हो, 'विपात्र' हो, 'काठ का सपना' हो, 'सौन्दर्य के उपासक' हो, 'सतह से उठता आदमी' हो या फिर 'समझौता' हो...इन सबमें जीवन से अक्सर टकरानेवाले परिदृश्यों की पड़ताल जगह-जगह पर विद्यमान है और उसकी टिप्पणी में जो ललित वाक्यांश आये हैं वे दार्शनिक और आप्त वचन की तरह हैं। ऐसे ही कुछ वाक्य यहाँ देखे जा सकते हैं—

"सच्ची आज़ादी उन्हें है, जिनके पास पैसा है। वे पैसों के बल पर दूसरों की स्वतन्त्रता खरीद सकते हैं...मैं खुद खरीदता था।"

"लोग कम्युनिस्टों को गालियाँ देते है कि वे रूस-चीन की ओर देखते हैं। लेकिन ये साले न सिर्फ ब्रिटेन-अमरीका की तरफ देखते हैं, उनके बैंकों में अपने रुपये रखते हैं।"

"कोमल तृणों के उरस्थल पर मेघों के प्रेमाश्रु बिखरे पड़े थे। रवि की सान्ध्य किरणें उन मृदुल-स्पन्दित तृणों के उरों में न मालूम किसे खोज रही थीं। मैं चुपचाप खड़ा था। बायाँ हाथ उसके बायें कन्धे पर। कभी निसर्ग-देवता की इस रम्य कल्पना की ओर तो कभी मेरी प्रणयिनी के श्रम-जल-सिक्त सुन्दर मुख पर दृष्टिक्षेप करता हुआ न मालूम किस उत्ताल-तरंगित जलधि में गोते खा रहा था। सहसा मेरी स्थिति पर मेरा ध्यान गया।

आसपास देखा कोई नहीं था। चिड़ियाँ वृक्षों पर किल-बिल किल-बिल कर रही थीं। मैंने उसकी पीठ पर कोमल थपकी देकर उसका ध्यान अपनी ओर खींचा। वह शुचि स्मिता रमणी मेरी ओर किंचित हँस दी।''

मुक्तिबोध के रचना-संसार और व्यक्तित्व में निहित उलझी हुई गुत्थियों की विवेचना करते हुए अपने एक साक्षात्कार में चर्चित कवि देवीप्रसाद मिश्र ने बहुत ही तथ्यपरक टिप्पणी करते हुए कहा है कि, ''मुक्तिबोध एक बड़ी रोशनी में सब-कुछ देखते हैं। अगर दारिद्र्य है तो इसके स्रोत क्या हैं, मेरी पत्नी अगर इस फटेहाली में है तो इसके राजनीतिक स्रोत क्या हैं। उनकी सीधी लड़ाई और उनका सीधा सम्बोध्य भारतीय राज्य है।'' आगे उन्होंने कहा है कि, ''मुक्तिबोध एक फिलॉसफर की तरह बिहेव करते हैं। कहानी का भी वह केवल स्ट्रक्चर लेते हैं। वह बुनियादी रूप से एक डिबेट छेड़े रखना चाहते हैं। मेरे ख्याल से इस रूप में वह हिन्दी के एकमात्र मेटाफिजिकल पोएट हैं। अपने पूरे रचना-संसार में वह बहस की तलाश कर रहे हैं—चाहे वह तालाब के किनारे हो, चाहे वह कोई घर हो, अँधेरा हो, सीढ़ियाँ हों, साथ में चलते हुए लोग हों, परिचित हों, अपरिचित हों...। वह सत्ता के रहस्यों को समझना चाहते हैं। एक कॉस्मिक इमेजरी रचना चाहते हैं। वह एक सांस्कृतिक उपनगर बसाते हैं, ताकि दूर से चीजों को देख सकें।

वे अपनी कहानियों में कहानीकार से ज्यादा एक कवि के तौर पर ही ज्यादा दिखायी पड़ते हैं। अपनी जीवन-यात्रा के जिन-जिन मोड़ों पर उन्हें कड़वाहटों, ग्लानियों, शर्मिन्दगियों, आघातों और निराशाओं से टकराना पड़ा है, उन्हीं सबके प्रतिकार की अभिव्यक्ति अनुगूँज बनकर प्रकट हुई हैं उनकी कहानियों में। कविताओं में इनका समावेश शायद सम्भव नहीं था। चूँकि कविता में बहुत खुलने और कहने का सीमित अवकाश ही होता है। बावजूद इसके अपनी मूल प्रकृति का निर्वाह करते हुए उन्होंने अपने अनुभव के समग्र हर्ष-विषाद और क्लेश-करुणा को अपनी लम्बी कविता 'अँधेरे में' पिरो देने का पूरा प्रयास किया है।

यह सिविल लाइन्स है। मैं अपने कमरे में
यहाँ पड़ा हुआ हूँ
आँखें खुली हुई हैं,
पीटे गये बालक-सा मार खाया चेहरा
उदास इकहरा,
स्लेट-पट्टी पर खींची गयी तसवीर
भूत-जैसी आकृति-
क्या वह मैं हूँ?
मैं हूँ?

मुक्तिबोध की कहानियों में मनुष्यता-बोध

जयप्रकाश कर्दम

हिन्दी साहित्य में गजानन माधव मुक्तिबोध की बड़ी पहचान कवि के रूप में है, और कवि के रूप में ही प्रायः उनका मूल्यांकन हुआ है। उनके आलोचना-कर्म पर भी चर्चा हुई है। मुक्तिबोध ने कहानियाँ भी लिखीं, किन्तु उनकी कहानियों पर बहुत कम चर्चा हुई है। या यूँ कहिये कि एक कथाकार के रूप में वह उपेक्षित हुए हैं। उनकी कहानियों पर चर्चा नहीं होने अथवा कम चर्चा होने का यह तात्पर्य नहीं है कि उनकी कहानियाँ उस स्तर की नहीं हैं कि उन पर चर्चा की जाये। अपितु, कविताओं से उन्हें जो प्रसिद्धि मिली और जितनी चर्चा हुई, उनकी कहानियाँ उस चर्चा में दबकर रह गयीं। यह सही है कि मुक्तिबोध ने कविता की तुलना में कहानियाँ कम लिखीं, किन्तु मात्रा कोई मानदण्ड नहीं होता। यदि गुणवत्ता नहीं हो तो बड़ी-से-बड़ी मात्रा भी कम और मूल्यहीन है, किन्तु, यदि गुणवत्ता हो तो कम मात्रा भी बहुत होती है। मूल्य मात्रा का नहीं गुणवत्ता का होता है। चन्द्रधर शर्मा 'गुलेरी', अध्यापक पूर्ण सिंह आदि अनेक उदाहरण हमारे सामने हैं, जिन्होंने मात्रा की दृष्टि से बहुत अधिक नहीं लिखा किन्तु उनकी रचनाओं की गुणवत्ता के कारण उनकी अपनी एक अलग पहचान है। यहाँ मुक्तिबोध की कहानियों की किसी अन्य रचनाकार की कहानियों के साथ तुलना करना कदापि उद्देश्य नहीं है। किन्हीं दो रचनाकारों की रचनाओं के बीच तुलना करना वैसे भी सरल नहीं होता, और कई बार ऐसा करना न्यायसंगत भी नहीं होता। क्योंकि प्रत्येक रचनाकार के अनुभव, सोच और जीवन-दृष्टि पृथक् होती है। उनकी वैचारिक बुनावट पृथक् होती है। उनके शब्द, संवेदना और अभिव्यक्ति की शैली पृथक् होती है। मुक्तिबोध के अपने अनुभव हैं, उनके पास जीवन को देखने की अपनी दृष्टि है तथा अपने अनुभवों और विचारों को अभिव्यक्त करने की अपनी शैली है।

साहित्य सामाजिक जीवन से जुड़ा हो यह तो आवश्यक है ही, उसके साथ आवश्यक यह भी है कि साहित्यकार भी समाज से उतना ही जुड़ा हो। 'सौन्दर्य के उपासक' कहानी में भूकम्प से पीड़ित लोगों के दुःख से द्रवित तथा दुखियों की सेवा के प्रति स्वयं को समर्पित करने के लिए तैयार नायिका अपने प्रेमी से कहती है—"अनिल, हम कवि लोग अपनी भावनाओं को ही घुमाने-फिराने में लगे रहते हैं। क्या

किसी कवि को तुमने कार्य-कवि होते देखा है। होते भी होंगे पर बहुत कम। हमारी कल्पनाएँ क्या भूकम्प त्रस्त लोगों को कुछ भी सुख पहुँचा सकती हैं?'' यह 'कार्य-कवि' शब्द कविता लिखने के साथ व्यावहारिक स्तर पर दुःखी-पीड़ित लोगों की कवि द्वारा सेवा, सहायता करने की प्रेरणा से युक्त है।

प्रेम में प्रेम के अलावा अन्य कोई बन्धन नहीं होता। वैचारिकता के साथ-साथ कर्त्तव्य-पथ चुनने की स्वतन्त्रता। प्रेम बाँधता नहीं, मुक्त करता है। स्त्री-पुरुष के बीच किसी प्रकार की असमानता नहीं होती प्रेम में, प्रेम होता ही तब है जब स्त्री-पुरुष दोनों समान स्तर पर आकर, अपनी-अपनी स्वतन्त्रता के साथ समान रूप से सोचते और व्यवहार करते हैं। 'सौन्दर्य के उपासक' लघु कथा में नायिका नायक से पृथक् कर्त्तव्य पथ चुनने के लिए नायक से अनुमति माँगती है, यथा—''मुझे आज्ञा दो प्रमोद, कि मैं विश्व-सेवा में उपस्थित होऊँ।''

'काठ का सपना' एक निर्धन, अभावग्रस्त परिवार का व्यथा वर्णन है। पिता की अपनी सन्तान के भविष्य को उज्ज्वल बनाने की चिन्ता और उसके लिए कुछ न कर पाने का अपराध-बोध है। भूखी बालिका को चूल्हे में सुनहली ज्वाला का रंग अच्छा लगता है और वह पिता की गोद से उठकर चूल्हे के पास जाकर बैठ जाती है। आर्थिक अभाव ने पति-पत्नी दोनों को प्राणहीन काठ बना दिया है, और उनकी सन्तान, उनकी बेटी सरोज दोनों के कन्धों पर हाथ रखे जीवन की बाढ़ में बहे जा रही है।

मुक्तिबोध की कहानियाँ जीवन के गहरे यथार्थ-बोध के साथ-साथ मूल्य-बोध की कहानियाँ भी हैं, जिनमें जीवन के विभिन्न रूप अपने सत्य और मूल्यों के साथ प्रतिबिम्बित हुए हैं। असमानता, अन्याय, अनैतिकता, भ्रष्टाचार आदि अमानवीय विसंगतियों का प्रतिकार तथा असत्य, हिंसा, चोरी, निन्दा, कटु-वचन, छल-कपट, ईर्ष्या, द्वेष, लालच आदि से मुक्त रहकर सत्य, अहिंसा, प्रेम, न्याय, सदाचरण, सद्‌भाव का पालन करना मनुष्यता का गुण और पहचान है और प्रत्येक मनुष्य में इसकी अपेक्षा की जाती है। किंवदन्ती, विश्वास के आधार पर अथवा किसी प्रकार के दबाव में आकर किसी कार्य को न करके अपने बुद्धि और विवेक के अनुसार निर्णय लेना और तदनुसार कार्य करना ही अन्तर-आत्मा की आवाज़ को सुनना है। किन्तु आज के समय में इस प्रकार के गुणों से युक्त मनुष्य का पाया जाना अत्यन्त दुर्लभ है। ऐसे लोगों को प्रायः पागल समझा जाता है। 'क्लॉड ईथरली' में सी. आई. डी. व्यक्ति कहता है, ''जो आदमी आत्मा की आवाज़ ज़रूरत से ज़्यादा सुनकर के हमेशा बेचैन रहा करता है और उस बेचैनी में भीतर के हुक्म का पालन करता है, वह निहायत पागल है। पुराने जमाने में सन्त हो सकता था। आजकल उसे पागलखाने में डाल दिया जाता है।''

मानव मूल्य-बोध की यह चेतना कई रूपों में दिखायी देती है। 'क्लॉड ईथरली' कहानी में अमरीका द्वारा जापान के शहर हिरोशिमा और नागासाकी पर परमाणु बम

गिराकर भयंकर तबाही मचाये जाने का घोर मानव-विरोधी कार्रवाई के रूप में प्रतिकार है। यह मनुष्यता और राष्ट्रवाद/साम्राज्यवाद के बीच द्वन्द्व की कहानी है, जिसमें एक ओर अमरीका है, जो तमाम विश्व पर अपना प्रभुत्व स्थापित करने के प्रति कटिबद्ध है, चाहे इसके लिए उसे मनुष्यता का कितना ही हनन क्यों न करना पड़े। जबकि दूसरी ओर हिरोशिमा पर बम गिरानेवाला विमान चालक है, जो अपने इस कृत्य के लिए पाप-बोध से ग्रस्त है और इस पाप-बोध से उबरने के लिए हिरोशिमा के दीन-हीन लोगों की सहायता के लिए प्रत्येक माह हिरोशिमा के मेयर को चैक भेजता है। अमरीकी सरकार के लिए वह 'वॉर हीरो' है, जिसे अमरीकी सरकार द्वारा इनाम दिया गया, लेकिन उसकी अपनी चेतना उसे निरपराध, निर्दोष लोगों की हत्या का दोषी मानकर उसे धिक्कारती है कि, "उसने पाप किया, जघन्य पाप किया है। उसे दण्ड मिलना ही चाहिए।" इसके लिए उसने सरकारी नौकरी छोड़ी, मामूली-से-मामूली काम किया। उसने ऐसी हरकतें कीं जिससे उसे जेल में डाला जा सके। किन्तु उस 'वॉर हीरो' को जेल में न डालकर पागलखाने में डाला गया। वस्तुतः 'क्लॉड ईथरली' मानवता को तहस-नहस करनेवाले परमाणु युद्ध का विरोध करनेवाली चेतना की आवाज का दूसरा नाम है। 'क्लॉड ईथरली' कहीं भी हो सकता है। मनुष्यता की रक्षा के प्रति उसके जैसी बेचैनी रखनेवाले लोग कहीं भी हो सकते हैं। कहानीकार के शब्दों में कहा जाये तो 'सचेत जागरूक संवेदनशील जन क्लॉड ईथरली हैं।'

ये कहानियाँ मध्यवर्गीय प्रगतिशील व्यक्ति की चेतना की सहज अभिव्यक्ति हैं। यह मध्यवर्ग हिप्पोक्रेट है। वह सामान्य व्यक्ति होने का दिखावा करता है, जबकि वास्तव में स्वयं के अन्दर सामान्य लोगों से श्रेष्ठ होने का भाव रखता है। अभावग्रस्त, कमजोर लोगों के प्रति सहानुभूति प्रकट करता है किन्तु उनके लिए कुछ करने के अवसर पर दिखावे के लिए थोड़ा-बहुत कुछ करके हाथ पीछे खींच लेता है। 'जंक्शन' कहानी का नायक ठण्ड से ठिठुर रहे टेरीलीन की बुश्शर्ट और खाकी चड्ढी और क़ीमती चमड़े के जूते पहने हुए गोरे चिट्टे लड़के की मदद करता है, उसको ठण्ड से बचाने के लिए अपने बिस्तर में सुला देता है, क्योंकि वह किसी भले घर का, या दूसरे शब्दों में कहें तो मध्यवर्गीय प्रतीत होता है। किन्तु ठण्ड से ठिठुरते एक अन्य लड़के के प्रति उसके मन में वैसी संवेदना नहीं होती, क्योंकि यह लड़का अच्छे, साफ कपड़े पहने हुए नहीं है, अर्थात् वह गरीब है। नायक के ये शब्द मध्यवर्ग की हिप्पोक्रेटिक मानसिकता के नंगेपन को बेरहमी से बेपरदा करती है। "अगर मैं ठण्ड से सिकुड़ते इस लड़के को बिस्तर दूँ तो मेरी (दूसरों से ली हुई ही क्यों न सही) यह क़ीमती अलवान और यह नरम कम्बल, और यह दूधिया चादर खराब हो जायेगी। मैली हो जायेगी। क्योंकि जैसा कि साफ़ दिखायी देती है यह लड़का अच्छे खासे साफ़-सुथरे बढ़िया कपड़े पहने हुए थोड़े है। मुद्दा यह है कि वह दूसरे ओर निचले क़िस्म के, निचले तबके के लोगों की पैदावार है।"

जाति और तज्जनित ऊँच-नीच का भेदभाव, और अस्पृश्यता भारतीय समाज का एक कटु सत्य है। यह मनुष्यता के मस्तिष्क पर एक कलंक की तरह है। किन्तु भारतीय समाज जाति को धर्म की तरह जीता है और इस पर दम्भ करता है। निम्नजातीय व्यक्ति से स्पर्श हो जाने से उच्चजातीय सवर्णों का धर्म भ्रष्ट हो जाता है किन्तु, निम्नजातीय स्त्री के साथ यौन सम्बन्ध बनाने या यौन शोषण करने में धर्म भ्रष्ट नहीं होता है। 'क्लॉड ईथरली' नामक कहानी का पात्र अपने बारे में बताता है, "मैं एक बहुत बड़े करोड़पति सेठ का लड़का हूँ। उनके घर में जो काम करनेवालियाँ हुआ करती थीं, उनमें से एक मेरी माँ है, जो अभी भी वहीं है। मैं घर से दूर पाला-पोसा गया, मेरे पिता के खर्चे से।"

मुक्तिबोध की बड़ी पहचान कवि के रूप में है। कविता उनके अन्तर्मन में रची-बसी प्रतीत होती है। शायद यही कारण है कि उनकी कहानियों की भाषा भी कवित्वपूर्ण दिखायी देती है। ऐसा प्रतीत होता है जैसे कविता में कहानी कहने का प्रयास किया गया है। कई स्थानों पर उनके पात्र संस्कृत नाटकों की भाँति अपने संवादों में 'मेरे देवता, मेरे ध्येय', 'हृदय कामने', 'हृदयेश्वर' जैसे शब्दों का प्रयोग करते हैं। इन कहानियों में फैण्टेसी भी है और आधुनिकता भी। उनके पात्र फैण्टेसी और आधुनिकता के द्वन्द्व का शिकार हैं। वे इस द्वन्द्व से बाहर निकलने के लिए बेचैन हैं। ये कहानियाँ वैचारिकता से परिपूर्ण हैं, तथा कथा की कमी और अनगढ़ता के बावजूद अपने आप में विशिष्ट हैं और बहुत कुछ कहती हैं।

मुक्तिबोध का अँधेरे से विशेष लगाव प्रतीत होता है। उन्होंने 'अँधेरे में' शीर्षक से कहानी लिखी और कविता भी। और अँधेरे में प्रकाश की किरणें बिखेरनेवाले चन्द्रमा पर भी कविता लिखी 'चाँद का मुँह टेढ़ा है।' इसके अलावा उनकी अन्य रचनाओं में भी किसी-न-किसी रूप में अँधेरा विद्यमान है। अँधेरे की दुनिया की अपनी कहानी, अपना दर्द, अपनी संवेदनाएँ हैं। अँधेरा व्यक्ति को डराता है, भटकाता है, किन्तु अँधेरे से ही राह निकलती है। प्रकाश का मूल्य अँधेरे से है। अँधेरे के बिना प्रकाश मूल्यहीन है। अँधेरा उनकी चेतना का एक बहुत बड़ा अंग है। अँधेरा उनकी कविताओं से लेकर कहानियों तक का विषय है। अँधेरा उनकी रचनाओं में एक रूपक की तरह है, जो कई रूपों और कई अर्थों में सामने आता है। कहीं अज्ञान का अँधेरा है, कहीं अविश्वास का तो कहीं आशंकाओं और निराशाओं का अँधेरा है। कहीं विचारों का अँधेरा है तो कहीं भावनाओं का। यह अँधेरा कहीं व्यक्ति के अन्दर उसकी चेतना में है तो कहीं उसकी अनुभूतियों में है। मुक्तिबोध की कहानियों से गुजरते हुए निरन्तर यह आभास होता है कि लेखक की दुनिया अँधेरे की दुनिया है। चारों ओर अँधेरा व्याप्त है। एक-दूसरे को टटोलते, टकराते, गिरते-सँभलते लोग अँधेरे में भटक रहे हैं किन्तु अँधेरे के बीच से ही जीवन की राह तलाश करते हैं। अँधेरे की अनुभूतियाँ, अँधेरे के रहस्य और अँधेरे के संघर्ष, ये सब ही मुक्तिबोध की रचना-धर्मिता के आधार और

उनकी जीवन-ऊर्जा के स्रोत हैं। अँधेरे से जूझते उनकी कहानियों के पात्र एक नयी जीवन-दृष्टि का निर्माण करते हैं। यह जीवन-दृष्टि बौद्धिक स्तर पर भी दिखायी देती है और सामाजिक स्तर पर भी।

अँधेरे का अपना सौन्दर्य है। प्रतिकूलताओं के झंझावातों के बीच एक दीपक का टिमटिमाना बहुत बड़ी आश्वस्ति है। मुक्तिबोध की कहानियाँ जीवन के प्रति आशा से भरी हैं। ये कहानियाँ जीवन में व्याप्त असमानता, अन्याय, आपाधापी, अहंकार, अविश्वास, अनैतिकता और अमानवीयता के बीच मनुष्यता और मानवीय मूल्यों की तलाश की कहानियाँ हैं। सम्बन्धों और मूल्यों का क्षरण मानव-समाज के समक्ष सबसे बड़ी चुनौती है। मुक्तिबोध इस चुनौती को भलि-भाँति समझते हैं और उनकी कहानियों के पात्र इस चुनौती का सामना करते दिखायी देते हैं।

शिक्षित, सम्पन्न होने के साथ-साथ उच्चजातीय होना सभ्य या भद्र-वर्ग की पहचान है। अन्यों से स्वयं को श्रेष्ठ माननेवाला यह वर्ग श्रेष्ठता के दम्भ में जीता है। झूठी शान के साथ जीनेवाला यह भद्र-वर्ग दिखावा पसन्द है। लोकतान्त्रिक भारत में सामन्ती-व्यवस्था टूटने के पश्चात् इस वर्ग की आर्थिक स्थिति भी कमजोर हुई है। 'क्लॉड ईथरली' का नायक अपने बारे में बताते हुए इस तथ्य को स्वीकार करता है, यथा—"हाँ, मैं उस भद्र-वर्ग का अंग हूँ कि जिसे अपनी भद्रता के निर्वाह के लिए अब आर्थिक कष्ट का सामना करना पड़ता है।"

मुक्तिबोध एक प्रगतिशील रचनाकार हैं, जिसमें अतार्किकता एवं अवैज्ञानिकता के लिए कोई जगह नहीं है। किन्तु, उनकी लगभग प्रत्येक कहानी में ईश्वर, देवी-देवता, भाग्य, देव-दानव, राक्षस, स्वर्ग आदि शब्दावली का प्रयोग मिलता है। इन शब्दों का प्रयोग पात्रों द्वारा बोले गये संवादों से लेकर लेखक द्वारा की गयी टिप्पणियों में भी समान रूप से हुआ है। इससे यह प्रतीति होनी स्वाभाविक है कि लेखक कहीं-न-कहीं उस धार्मिक आस्था या अन्धविश्वास से बँधा है, जिसमें पत्थरों को भगवान् मानकर उनकी पूजा की जाती है। किन्तु, कई स्थानों पर वह इस अन्ध धार्मिकता से बाहर निकलकर वैज्ञानिक दृष्टिकोण अपनाता दिखायी देता है। 'क्लॉड ईथरली' कहानी में एक पात्र का यह कथन इसकी पुष्टि करता है, "लगभग पाँच मिनट बाद हम उस भैरो के गेरुए, सुनहले, पन्नी जड़े पत्थर तक पहुँच गये, जो इस अत्याधुनिक युग में एक तार के खम्भे के पास श्रद्धापूर्वक स्थापित किया गया था...।"

ब्रह्मराक्षस भी इसी तरह का विषय है, जो मुक्तिबोध की चेतना में गहरे तक बैठा प्रतीत होता है। कविता, कहानी हर कहीं ब्रह्मराक्षस का जिक्र है! 'चाँद का मुँह टेढ़ा है' में 'ब्रह्मराक्षस' को सम्बोधित एक कविता है तो 'ब्रह्मराक्षस का शिष्य' नामक उनकी एक चर्चित कहानी है। मुक्तिबोध ने जिस तरह का अभिशप्त और निर्वासित जीवन जिया, उसकी पीड़ा और दंश को 'ब्रह्मराक्षस' में अनुभव किया जा सकता है। ब्रह्मराक्षस का दर्द निर्वासन से अधिक निर्वासन के कारण का है। इतना बड़ा विद्वान्

और क्षमतावान् होते हुए भी वह इस प्रकार का अभिशप्त निर्वासित जीवन जीने के लिए विवश क्यों है? यदि वह ब्राह्मण होता क्या तब भी उसकी यह विवशता होती, शायद नहीं। शायद तब वह पूज्य होता, उसकी विद्वत्ता की कीर्त्ति दूर-दूर तक फैलती और दूर-दूर से विद्यार्थी उसके पास ज्ञानार्जन के लिए आते। वह इतने बड़े किले में अकेला है, कोई उसके पास विद्या-अर्जन के लिए नहीं आता। यहाँ तक कि उसके बारे में दुष्प्रचार किया जाता है कि उस किले के अन्दर भूत रहता है ताकि भूत के भय से कोई उसके पास तक जाने का विचार न करे। यह एक प्रकार की अस्पृश्यता है, और ब्रह्मराक्षस घृणा, उपेक्षा एवं अस्पृश्यता का दंश झेलता है। किन्तु वह सच्चा विद्वान् है, अपने पास आये विद्यार्थी को पूर्ण स्नेह, साधना और मनोयोग से समस्त विद्याओं की शिक्षा देकर उसे पारंगत बनाता है। ब्रह्मराक्षस शम्बूक का स्मरण कराता है। ज्ञान पर अपना एकाधिकार समझने और जतानेवाले ब्राह्मणों द्वारा शम्बूक का प्रतिकार किया गया, उसकी उपेक्षा की गयी तथा उसके विरुद्ध घृणापूर्ण दुष्प्रचार किया गया था। शम्बूक और ब्रह्मराक्षस, दोनों के बीच अन्तर सिर्फ इतना है कि शम्बूक के मामले में ब्राह्मणों ने राम के हाथों उसकी हत्या करवाकर ही दम लिया जबकि ब्रह्मराक्षस के मामले में उसे भूत प्रचारित कर सामाजिक जीवन से बहिष्कृत किया गया। बहिष्कार अपने आपमें सामाजिक हत्या है। सामाजिक हत्या, शारीरिक हत्या से अधिक कष्टदायक होती है, क्योंकि शारीरिक हत्या में व्यक्ति एक बार हत्या का दर्द सहता है, जबकि सामाजिक हत्या में उसे रोज हत्या के दर्द से गुजरना पड़ता है। ब्रह्मराक्षस इसी दंश को सहने के लिए विवश है। बहिष्कृत और अस्पृश्य ब्रह्मराक्षस को अपना गुरु मानकर उससे शिक्षा प्राप्त करनेवाला ब्राह्मण विद्यार्थी भी अस्पृश्य और बहिष्कृत है, इसीलिए जब वह विद्यार्थी "चिड़ियों के घोसलों और बर्रों के छत्तों-भरे सूने ऊँचे सिंह-द्वार के बाहर निकला तो एकाएक राह से गुजरते हुए लोग 'भूत-भूत' कहकर भाग खड़े हुए।"

यह कहानी इस ओर भी इंगित करती है कि असली ब्रह्मराक्षस वह नहीं बल्कि स्वयं को गर्व से महाज्ञानी कहनेवाले वे लोग हैं जो ज्ञान के मामले में मूढ़ किन्तु ज्ञान के दम्भ में चूर रहकर भोले-भाले लोगों का शोषण करते हैं। काशी ऐसे दम्भी ब्राह्मणों का गढ़ है। कहानी के अनाम पात्रों के बीच वार्त्तालाप में यह बात अभिव्यक्त होती है, जिनमें से एक व्यक्ति दूसरे व्यक्ति से कह रहा था, "अरे, वह भट्ट नितान्त मूर्ख है और दम्भी भी। मैंने जब उससे ईशावास्योपनिषद् की कुछ पंक्तियों का अर्थ पूछा, तो वह बौखला उठा। इस काशी में कैसे-कैसे दम्भी इकट्ठे हुए हैं।"

विद्या का जहाँ तक सम्बन्ध है ब्राह्मण-परम्परा में ब्रह्म-विद्या ही सर्वोच्च विद्या है, जिसमें ब्रह्म को जानना ही सब-कुछ जान लेना है। जिसने ब्रह्म को जान लिया वह ब्राह्मण है। ब्राह्मणों द्वारा लिखित समस्त तथाकथित शास्त्रों में ब्रह्मवाद या ब्राह्मणवाद का प्रतिपादन, पोषण, संरक्षण और प्रसार का प्राधान्य है। ब्राह्मणों द्वारा लिखित ब्रह्म-विद्या के सारे ग्रन्थ, जिन्हें शास्त्र कहा जाता है, संस्कृत में हैं, इसलिए संस्कृत और

संस्कृत में लिखे शास्त्रों का ज्ञान ही विद्या है। जिसे इनका ज्ञान हो वही विद्वान् और जो इनका ज्ञान कराये वही गुरु है। संस्कृत को देवभाषा माना गया है, और ब्राह्मणों की शुचितावादी नीति के चलते जिसका पढ़ना, लिखना, बोलना और सुनना शूद्र एवं अन्त्यजों के लिए प्रतिबन्धित रहा है। यह ब्राह्मणों द्वारा, ब्राह्मणों के लिए विद्या है, किसी अब्राह्मण, विशेष रूप से ब्राह्मण-विरोधी के लिए यह वर्जित है। ब्राह्मण का चाटुकार अब्राह्मण भले ही इस विद्या को सीख ले, किन्तु यदि कोई शूद्र, अन्त्यज देवभाषा और उसमें लिखे ग्रन्थों को पढ़े तो यह ब्राह्मणों के एकाधिकारवाले साम्राज्य में घुसपैठ है, जो ब्राह्मणों के लिए नितान्त असह्य एवं अस्वीकार्य रही है। ब्राह्मणवाद की दृष्टि से देखा जाये तो यह एक राष्ट्र द्वारा दूसरे राष्ट्र की सम्प्रभुता के हनन जैसा मामला है। दूसरे शब्दों में कहें तो यह एक राष्ट्र द्वारा दूसरे राष्ट्र पर आक्रमण के समान है। ब्राह्मणों ने स्वयं को देव और अपने विरोधियों को दानव घोषित किया, जिसके अनुसार दुनिया में जितनी भी अच्छाइयाँ, नैतिकता और श्रेष्ठताएँ हैं, वे ब्राह्मण में निहित हैं और जितनी भी बुराइयाँ, अनैतिकता एवं हेयताएँ हैं या हो सकती हैं, दानव उन सबका घर हैं। यही कारण है कि ब्रह्म-विद्या का ज्ञाता होकर भी कोई दानव या राक्षस ऋषि, महर्षि या मनीषी नहीं हो सकता, वह ब्रह्मराक्षस ही हो सकता है। जो संस्कृत जानता है वह सभ्य है, और जो संस्कृत नहीं जानता वह असभ्य और गँवार है। ''लड़का, जो देहाती था, अब गुरु से संस्कृत में वार्त्तालाप भी करने लगा।'' इससे यह भी स्पष्ट होता है कि जिस तरह आज अंग्रेजी का वर्चस्व है। गाँव देहात में रहनेवाले अशिक्षित या अर्द्धशिक्षित लोग हिन्दी या अन्य भाषाएँ जानते हैं, जबकि नगरों में रहनेवाले शिक्षित, सम्भ्रान्त लोग अंग्रेजी बोलते हैं। अंग्रेजी जाननेवाले लोग अंग्रेजी न जाननेवाले लोगों को हेय और हीन समझते हैं, उसी प्रकार संस्कृत काल में संस्कृत जाननेवालों की तुलना में संस्कृत नहीं जाननेवालों को हेय और हीन समझा जाता है। सवर्णों-ब्राह्मणों द्वारा शूद्रों-अन्त्यजों को हीन मानने का यह भी एक आधार था। संस्कृत भाषा और शास्त्रों का ज्ञान चूँकि सबके लिए नहीं है, यह गुप्त ज्ञान है, इसके सार्वजनिक होने पर इसमें निहित संकीर्णताएँ, कुटिलताएँ और षड्यन्त्र गोपनीय नहीं रहेंगे। पर्दाफाश होने पर उनका प्रतिकार होगा जो उनके वर्चस्व एवं अस्तित्व के लिए खतरा हो सकता है।

भारतीय समाज में ज्ञान के साथ ब्राह्मण का इतना दीर्घ जुड़ाव है कि किसी भी मनीषी को प्रायः ब्राह्मण ही समझा या माना जाता है। लोक समाज में यह सामान्य धारणा है कि ज्ञानी या गुरु ब्राह्मण होता है। इस कहानी में भी ब्रह्मराक्षस का शिष्य मनीषी ब्रह्मराक्षस को देखता है तो ब्राह्मण ही समझता है। ''तेजस्वी ब्राह्मण का देदीप्यमान चेहरा, जो अभी-अभी मृदु और कोमल होकर उस पर किरणें बिखेर रहा था, कठोर और अजनबी होता जा रहा है।'' कहानीकार द्वारा भी ब्रह्मराक्षस को ब्राह्मण ही कहा गया है, यथा—''ब्राह्मण ने कठोर होकर कहा, 'तुमने यहाँ आने का कैसे साहस किया? यहाँ कैसे आये?''

ब्राह्मण के लिए शुचिता बहुत महत्त्वपूर्ण रही है। यह सामाजिक श्रेष्ठता की द्योतक और वर्चस्व का आधार है। ऋषि परम्परा में ब्राह्मण ऋषियों द्वारा कुल गोत्र जानकर उसके आधार पर ही शिष्य बनाया जाता था। प्रायः उच्च कुल और वर्ण के लोगों को ही वे अपना शिष्य बनाते थे। किसी दानव या राक्षस का ब्राह्मण से शिक्षा प्राप्त करना इसीलिए असम्भव था। किन्तु ब्रह्मराक्षस इस वर्ण-शुचिता की संकीर्णता से मुक्त है, इसलिए वह ज्ञान प्राप्ति के लिए शरण में आये शिष्य का कुल, गोत्र, वर्ण नहीं पूछता। केवल इतना पूछता है, 'तूने निश्चय कर लिया है?' इस प्रश्न में शिष्य की ज्ञान प्राप्ति हेतु दृढ़-निश्चय की परीक्षा के साथ-साथ यह प्रश्न भी निहित है कि क्या तुम समाज-बहिष्कृत और अस्पृश्य ऋषि का शिष्य बनने के लिए तैयार हो।

ब्रह्मराक्षस ब्राह्मणवाद के समक्ष एक चुनौती बनकर खड़ा है। कोई राक्षस यदि ब्रह्मज्ञानी हो जाये तो ब्राह्मणवाद के लिए यह आवश्यक है कि उसका ज्ञान उस तक ही सीमित रहे, विस्तार न पाये। ताकि उनके गुप्त ज्ञान की गोपनीयता और उसके आधार पर समाज में उनका वर्चस्व बना रहे। शम्बूक की हत्या उसके ज्ञान का विस्तार न होने देने के षड्यन्त्र का ही परिणाम था। यदि शम्बूक की हत्या नहीं होती और वह जीवित रहता तो बहुत सम्भव है कि पुरजोर तरीके से ब्राह्मणवाद को नकारकर समतामूलक समाज की स्थापना हेतु जो काम आज के समय में डॉ. अम्बेडकर ने किया है, वह काम सदियों पहले शम्बूक द्वारा कर दिया गया होता। उनके ज्ञान और चेतना का विस्तार उसी समय में शूद्र-अतिशूद्र समाज में ब्राह्मणवाद के विरुद्ध प्रतिकार का बीजारोपण कर देता, जिससे समाज-परिवर्तन की दिशा में एक बड़ी क्रान्ति का सूत्रपात हो सकता था। शम्बूक की हत्या ने उन्हें उस काल का अम्बेडकर होने से रोक दिया था। ब्रह्मराक्षस अपने बारे में कहता भी है, 'मैं प्रवृत्तिवादी हूँ, साधू नहीं।' प्रवृत्तिवादी व्यक्ति निरन्तर सक्रिय रहते हुए अपने लक्ष्य की ओर अग्रसर रहता है। ज्ञान और चेतना का जितना अधिक-से-अधिक प्रसार हो, उतना ही मनुष्यता के हित में है। ब्रह्मराक्षस ज्ञान से भरा और खुले विचारोंवाला एक मनीषी है, जो किसी का अहित नहीं करता अपितु दम्भ और पाखण्ड से मुक्त कल्याण की भावना से ओत-प्रोत है। इसलिए वह अपने शिष्य को, अपने प्राप्त ज्ञान को स्वयं तक सीमित न रखकर उसका प्रसार करने की सीख देता है। शिष्य की शिक्षा पूर्ण होने पर वह उससे कहता है, "ज्ञान का पाया हुआ उत्तरदायित्व मैंने पूरा किया। अब मेरा यह दायित्व तुम पर आ गया है। जब तक मेरा दिया तुम किसी और को न दोगे तब तक तुम्हारी मुक्ति नहीं।" इसमें कोई अति-मानवीयता अथवा अलौकिकता नहीं, अपितु इसमें मानव-कल्याण और मनुष्यता-बोध ही है।

मुक्तिबोध की कहानियाँ : सभ्यता-समीक्षा

कैलाश बनवासी

'समझौता'

इस तन्त्र में जीने के लिए शर्तें निर्धारित हैं। व्यक्ति को उसी अनुरूप जीना पड़ेगा। यदि वह इससे अलग सोचता है, तब इस व्यवस्था में उसकी कोई जगह नहीं। यह सिस्टम मनुष्य से उसकी मनुष्यता छीन लेता है और उसे किसी जानवर में तब्दील कर देता है—पालतू या फिर हिंसक! यही वजह है कि इस सिस्टम में कोई शेर बना हुआ है, कोई भालू, कोई रीछ, कोई चीता, कोई बन्दर, कोई कुत्ता। यह व्यवस्था बहुत शातिर है और 'साम-दाम-दण्ड-भेद' मनुष्य-से-मनुष्य होने का बोध छीनकर उसे किसी जानवर में बदल देता है, और ख़ास बात यह है कि व्यक्ति इस दौरान बिलकुल भूल जाता है कि अब वह मनुष्य नहीं रहा और एक जानवर में बदल चुका है। लोकतन्त्र का मुखौटा ओढ़े पूँजीतन्त्र समाज को 'पंचतन्त्र' में तब्दील कर दे रहा है। पूँजीवादी शोषक व्यवस्था इसी तरह चला करती है जहाँ व्यक्ति या तो मशीन का पुर्जा बन जाता है या पालतू जानवर। इस भीषण विडम्बना को मुक्तिबोध इस कहानी में पूरी भयावहता, तीव्रता और यातना से चित्रित करते हैं। कमाल इस कहानी में मुक्तिबोध का यही है कि वह इस पूरी यातना का अहसास कहानीपन के साथ करा पाते हैं। मुक्तिबोध जो भी विषय उठाते हैं, उसकी पूरी गहराई और जटिलता में जाकर उसके तमाम अन्तर्सम्बन्धों, अन्तर्द्वन्द्वों और अन्तर्विरोधों की सूक्ष्म पड़ताल करते हैं। इसीलिए उनकी कहानियाँ हमारे समय से आगे की कहानियाँ हैं। इस रूपक में जितनी भीषणता के साथ मनुष्य को अपने पशु में बदलते जाने का अहसास वह करा जाते हैं, यह उपलब्धि उन्हीं के नाम है। ऐसी कहानी हिन्दी में बहुत कम लिखी गयी है। इस व्यवस्था में जैसी अफसरशाही है, उसकी बानगी हमें वे इस कथन से दे जाते हैं—

"यदि कोई बड़ा अधिकारी छोटे को बहुत छोटे को कुरसी पर बैठने को कहे तो अनुशासन कैसे रहेगा! अनुशासन हमारे लिये, जो छोटे हैं और निर्बल हैं, जिन्हें दम घोंटकर मारा जाता है और जिनसे काम करवाया जाता है।"

इस कहानी में कथा का निर्वाह जितनी शक्ति के साथ, जिस 'फ़ोर्स' के साथ हुआ है, पढ़ते हुए मुझे जर्मनी के प्रख्यात कथाकार स्टीफन स्वाइग की कहानियाँ याद आती रहीं। स्टीफन स्वाइग के यहाँ भी पात्र ऐसी ही बहुत भीषण स्थिति से गुजरते हैं। इस कहानी का 'थ्रिल' किसी 'हॉरर' फिल्म की तरह है, जो इस सिस्टम के इतने भयानक और ख़तरनाक हो जाने के प्रति पाठक को आगाह करती जाती हैं। सचमुच, ऐसी फन्तासी बुनने में वे 'मास्टर' हैं। साफ है कि ऐसी कहानी इस पूरे तन्त्र की जटिलता, उसके खतरनाक आयामों को बेहद करीब और बारीकी से जाननेवाला व्यक्ति ही लिख सकता है। इस दर्जे की कहानी हिन्दी में अकेले उन्हीं के पास है। हिन्दी कहानी का ज़्यादातर भाग अपेक्षाकृत सरलता से भरा हुआ है। वहाँ संवेदनात्मक आर्द्रता तो है, गहराई भी है, लेकिन ऐसी फैण्टेसी कम रही है। बदीउज्जमा और सनत कुमार दो ऐसे नाम मुझे इस समय ध्यान में आ रहे हैं, जिन्होंने अपनी कहानियों में फैण्टेसी का उपयोग किया है। दरअसल फैण्टेसीमूलक कहानियाँ रूपक के माध्यम से इस व्यवस्था का पोस्टमार्टम करने का अत्यन्त उपयोगी साधन रहा है। परसाई जी इस मामले में अग्रणी हैं। यह जरूर है कि उनकी फैण्टेसी हास्यपूर्ण होकर भी व्यवस्था की कलई खोलने का काम करती है। मुक्तिबोध का ढंग अलग है। वे भय, अँधेरा, असहायता, बेचैनी जैसे भावों के सहारे यह पूरा फैण्टेसी रचते हैं। यहाँ हिन्दी कहानी के बड़े भाग में फैला यथातथ्यवादी यथार्थवाद नहीं है। इस अर्थ में मुक्तिबोध की कहानियाँ इस यथार्थवाद को लाँघ चुकी कहानियाँ हैं, और वे तत्कालीन प्रचलित कहानी से न केवल विषय, बल्कि शिल्प में भी एक भिन्न मिजाज की कहानियाँ लिख रहे थे। जैसे वे अपनी कविताओं में बेचैन हैं, वैसे ही कहानी में।

मुक्तिबोध के यहाँ कोई भी चीज़ इकहरी नहीं होती। वे अपनी कथा-वस्तु में हमारे समय की पीड़ा, यातना, उसके द्वन्द्वों, घटनाओं के परस्पर अन्तःसम्बन्धों को, या इन सबके फलस्वरूप बन रही जीवन-दृष्टि या प्रवृत्तियों को सांगोपांग प्रस्तुत कर देने की उनकी चेष्टा रहती आयी है। इसीलिए, उनके यहाँ स्थितियों के दोहराव नहीं हैं। 'समझौता' कहानी में भी वे अपने पात्रों के जरिये, बन रहे तन्त्र का सूक्ष्म विश्लेषण और उसकी आलोचना करते हैं। उनकी कहानियाँ प्रचलित कथा-मूल्यों को तोड़कर कथा के नये प्रतिमान स्थापित करती हैं। और उनमें ऐसी किसी बात का दम्भ नहीं हैं। उनके मानदण्डों के अनुसार जीवन-स्थितियों के क्षणिक चित्र आज के संश्लिष्ट यथार्थ को व्यक्त कर पाने में नाकाफ़ी हैं। इसीलिए उनकी कविताओं की तरह उनकी कहानियों में भी एक बारीकी, सूक्ष्म ऑब्जर्वेशन और मन के जटिल द्वन्द्व मिलते हैं। यह कहानी हमें हमारे तन्त्र के तानाशाही, या लालफीताशाही के बढ़ते रोग को उसकी पूरी विद्रूपता के साथ दिखाती है। मध्यवर्गीय नौकरी पेशा कर्मचारियों के ऐसे ही तनावों-दबावों और द्वन्द्वों की कहानी, एक भिन्न सन्दर्भ में, उन्होंने अपनी कहानी 'एक दाख़िल दफ़्तर साँझ' में कही है।

क्लॉड ईथरली

प्रतीकों, द्वन्द्वों या मिथकों के माध्यम से कथा बुनना उन्हें प्रिय रहा है। कभी-कभी लगता है कि हिन्दी कहानी में ये उनके द्वारा ही आविर्भूत कथा-शिल्प हैं, नितान्त मौलिक। उनकी ऐसी कहानियाँ प्रायः अपनी कथा में ही नहीं, संरचना में भी कुछ जटिल होती हैं, और उनमें प्रस्तुत जीवन-चित्र भी बहुस्तरीय यथार्थ को समेटे रहती हैं। और ये कहीं-न-कहीं कहानी के उसके महज कथ्य कह देने की तय सीमा का अतिक्रमण करके, उसे एक धारदार और ज़रूरी बौद्धिक विमर्श में बदलने की चेष्टा रहती है। ये यथार्थ के सबसे निचले तल तक उतरकर, उसकी संश्लिष्टता को बेधते हुए कथा कहते हैं। यानी उनकी राह उस स्वीकृत लोकप्रियतावाद का भी अपनी तरह से निषेध है। इसका अर्थ यह नहीं है कि वे अपनी रचना को जान-बूझकर जटिल बना रहे हैं, बल्कि यह कि, उनकी कथा-संरचना ही, उसमें शामिल भाव-बोध ही एक बौद्धिक-ताप लिये होते हैं, अपने द्वारा चित्रित वर्ग की अनेक परतों को खोलते हुए, लेकिन कथा-तत्त्वों के साथ, कथा के पूरे निर्वाह के साथ। यह कहानी कई तरह से पाठकों को झिंझोड़ जाती है, एकदम चौंका जाती है और अपने पीछे हमारे समय के जलते हुए प्रश्नों की पूरी शृंखला छोड़ जाती है। उनका उद्देश्य महज चौंका देना नहीं कभी होता। वस्तुतः मुक्तिबोध अपनी रचनाओं में किसी भी तरह के आरोपित सरलीकरण के विरोधी हैं। उनके लिए रचना-कर्म जैसा गहरा अर्थ रखता है, वह विरल है। अपने एक आत्म-वक्तव्य में वे कहते हैंः "कहानी लेखन आरम्भ करते हुए मुझे महसूस हुआ कि कथा-तत्त्व मेरे उतना ही समीप है जितना काव्य।"

यह कहानी 1960 के आसपास लिखी गयी है। नये बनते भारत का आलोचनात्मक आख्यन कह सकते हैं इसे। 'भारत अब अमरीका हो रहा है' यह वाक्य इस कहानी में एकाधिक बार आता है, और इस पर बहस भी है, कि देश का अमरीकीकरण बहुत तेज़ी से हो रहा है। कहानी में अपने समय की प्रवृत्तियों की स्पष्ट पहचान और गहन विश्लेषण है। इस नयी सभ्यता में यह प्रवृत्ति पनप रही है कि व्यक्ति अपनी आत्मा की आवाज़ दबा देता है और उसे अवचेतन में ढकेल देता है, चेतन में रखता है अपने सधनेवाले स्वार्थ। यह कहा जाय कि औद्योगिक सभ्यता के विकास के साथ बढ़ते पूँजीवाद ने मनुष्य को जैसे बदला है, उसकी सादगी, सरलताएँ टूटी हैं, एक मन में कई मन लेकर चलने का गुण विकसित हुआ है। जिसे ही परसाई जी ने अपने व्यंग्य में एक आदमी के भीतर कई आदमी कहकर लताड़ा है। मुक्तिबोध, इस सभ्यता द्वारा गढ़े जा रहे ऐसे नये प्रवृत्तियों की पहचान अत्यन्त तीक्ष्णता से करते हैं, और अपने पाठकों को कराते हैं।

इस कहानी का निचोड़ हमें इसके एक पात्र द्वारा कहे गये इस कथन में मिलता है—"जो आदमी आत्मा की आवाज कभी-कभी सुन लिया करता है और उसे बयान करके छुट्टी पा लेता है वह लेखक हो जाता है। आत्मा की आवाज़ को जो लगातार सुनता है, और कहता कुछ नहीं, वह भोला-भाला, सीधा-सादा बेवकूफ़ है। जो उसकी

आवाज़ ज़्यादा सुना करता है और वैसा करने लगता है, वह समाज विरोधी तत्त्वों में शामिल हो जाया करता है। लेकिन जो आदमी आत्मा की आवाज़ ज़रूरत से ज़्यादा सुन करके हमेशा बेचैन रहा करता है और उस बेचैनी में भीतर के हुक्म का पालन करने लगता है, वह निहायत पागल है।

इस कहानी में 'क्लॉड ईथरली' इस सभ्यता का ऐसा ही पागल है, जिसके बारे में बताया गया है, यह वही आदमी है जिसने अमरीकी हवाई जहाज से हिरोशिमा पर अणु बम गिराया था। उसके इस काम के बदले अमरीका ने पुरस्कृत किया, लेकिन उसने जब हिरोशिमा में तबाही के भयानक, लोमहर्षक मंजर देखे तो वह इससे बेहद व्यथित हो गया और वह हिरोशिमा के मेयर को हर माह चेक भेजता रहा, जिससे कि उसका पाप-बोध कम हो सके। लेकिन अमरीकी व्यवस्था इसे पाप नहीं, बल्कि देश-भक्ति का महान् कार्य मानती थी। जब उसने ईथरली की ये हरकतें देखीं, तो उसे टेक्सास प्रान्त में वाको नाम की एक जगह के पागलखाने में डाल दिया। वहाँ वह चार साल तक रहा, लेकिन फिर भी उसका पागलपन ठीक नहीं किया जा सका।

कहानी का एक पात्र, जो सी. आई. डी. से है, लेखक से बहस करते हुए कहता है—"क्लॉड ईथरली अणु-युद्ध का विरोध करनेवाली आत्मा की आवाज़ का दूसरा नाम है। हाँ! ईथरली मानसिक रोगी नहीं है। आध्यात्मिक अशान्ति का, आध्यात्मिक उद्विग्नता का ज्वलन्त प्रतीक है।"

मुक्तिबोध के लिए 'क्लॉड ईथरली' का अर्थ है, समूचे मनुष्य जाति या मानव के हित में अपनी आत्मा की आवाज को सुननेवाले, बेचैन रहनेवाले लोग। मुक्तिबोध इस कहानी में 'क्लॉड ईथरली' के रूपक के बहाने दिखाना चाहते हैं—अपनी अन्तरात्मा की आवाज सुननेवाले लोग, और विरोध न कर सकने के कारण अपने अन्तःकरण में पाप भावना का शिकार हो जानेवाले लोग, जिसके चलते उनके मन में धिक्कार-भावना का घेरा बनना...। यह इस व्यवस्था के साथ सामंजस्य नहीं बैठा सकनेवालों के अन्तर्मन का प्रतीक है। कहानी में लेखक 'मैं' स्वयं इसका प्रतीक है, जो समस्त पापाचारों के लिए अपने आपको जिम्मेदार मानती है। यहाँ उनकी कविता 'अँधेरे में' का वह तीखा आत्म-धिक्कार याद किया जा सकता है

अब तक क्या किया
जीवन क्या जिया
अरे मर गया देश
जीवित रह गये तुम!

यह कहानी दरअसल इस जमाने में ऐसे ही लोगों के और अधिक संख्या में होने की माँग करती-सी नजर आती है, जिन्हें दुनिया भले ही पागल कहती है। पुराने जमाने में हमारे बहुतेरे विद्रोही सन्तों को भी पागल ही कहा गया।

आगे चलकर यह कहानी सभ्यता-विमर्श की कहानी तब बन जाती है जब बहस से यह बात निकलकर आती है कि हम उनकी (अमरीकी) संस्कृति को बड़ी तेजी से अपनाते जा रहे हैं, तो कल को हम भी वही हो जायेंगे। अर्थात् अमरीका की तरह साम्राज्यवादी, वर्चस्ववादी, अपने स्वार्थ के लिए युद्ध-पिपासु..., और तब 'क्लॉड ईथरली' इस देश में भी हो सकता है जो बम गिराने का काम करेगा।

"अगर उनकी संस्कृति हमारी संस्कृति है, उनकी आत्मा हमारी आत्मा और उनका संकट हमारा संकट-जैसा कि सिद्ध है कि है—ज़रा पढ़ो अख़बार, करो बातचीत अँगरेज़ीदाँ फर्राटेबाज़ लोगों से—तो हमारे यहाँ भी हिरोशिमा पर बम गिरानेवाला विमान चालक क्यों नहीं हो सकता और हमारे यहाँ भी साम्राज्यवादी, युद्धवादी लोग क्यों नहीं हो सकते! मुख़्तसर किस्सा यह है कि हिन्दुस्तान भी अमरीका ही है।"

गौर करने की बात है कि यह आज से छप्पन-सत्तावन बरस पहले लिखी कहानी है, तब शायद अमरीका की संस्कृति उस तरह से भारत की संस्कृति नहीं हुई थी। गत तीन दशकों से देश-दुनिया में निर्बाध गति से जारी भूमण्डलीकरण की प्रक्रिया ने इसमें अभूतपूर्व तेज़ी ला दी है, और अपनी संस्कृति, नैतिकता, मूल्यों और आदर्शों का ह्रास हम अनवरत देख रहे हैं। स्थिति यहाँ तक पहुँच गयी है कि हर मामले में उनके अनुगामी बनने में ही देश की भलाई देखी जा रही है—सत्ता चाहे किसी भी रंग के झण्डेवाली पार्टी की हो! मुक्तिबोध ने जिस 'क्लॉड ईथरली' को रूपक बनाया है, दोनों ही अर्थ में—सकारात्मक और नकारात्मक; उससे यह आज और प्रासंगिक हो जाती है। और जिस तर्क से यह कहानी लिखी गयी है, उसके मुताबिक हमारे देश में भी अमरीका है। 'क्लॉड ईथरली' भी हैं, लेकिन उन्हें या तो जेलों, पागलख़ानों में भेज दिया जाता है या फिर जिनकी हत्या कर दी जाती है। अपनी आत्मा की आवाज़ पर लड़ाई लड़नेवाले लेखक कलबुर्गी की हत्या कर दी जाती है, तमिल लेखक मुरूगन को लाचार होकर अपनी मृत्यु हो जाने की घोषणा करनी पड़ती है; अन्धविश्वास के ख़िलाफ़ जागृति फैलाते दाभोलकर की हत्या कर दी जाती है, और साम्प्रदायिकों की ज़हरीली संकीर्णता का विरोध करने के लिए कामरेड गोविन्द पानसारे की हत्याकर दी जाती है। यह बर्बरता इसी पूँजी और फासीवाद के गठजोड़ से आयी है। और जो आज अपने सर्वाधिक भयानक और सर्वाधिक हिंसक रूप में नंगा नाच नाच रही है—दादरी, ऊना, से लेकर जे. एन. यू. तक—जिसमें किसी भी असहमति के लिए कोई जगह नहीं है। क्लॉड ईथरली को यहाँ के आज के उन्मादी 'देशप्रेमी' या जाति-धर्म के ठेकेदार देशद्रोही क़रार देकर कब से मार चुके होते या नहीं तो जेल भिजवा चुके होते!

यह कहानी 'क्लॉड ईथरली' की अन्तरात्मा की आवाज़ के बहाने युद्धों के घोर विरोध की भी कहानी है। तथाकथित 'देशभक्ति' के नाम पर देश में इन दिनों जिस युद्धोन्मादी आग को हवा दी जा रही है, इसके परिणाम सत्ता के पक्ष में तो हो सकते

हैं, लेकिन अवाम के पक्ष में कतई नहीं! अरबों-अरबों के हथियार या युद्धक विमानों की खरीदी से मुल्क की सेहत पर क्या असर पड़नेवाला है, इसे जानने के लिए किसी विशेषज्ञ के पास जाने की जरूरत नहीं।

मुक्तिबोध की कहानियों का पाठ बहुत-से लेखकों की कहानियों की तरह आसान नहीं है। क्योंकि उनकी रचना के कई अन्तर्निहित पाठ होते हैं, और जो हमारी चेतना को कई स्तरों पर सक्रिय करती है, इसके आगे नया कुछ सोचने को उकसाती है। यह उस परम्परा की कहानी नहीं है जिसमें सुखान्त हो, या किसी समस्या का हल निकाल दिया गया हो और जिसे पढ़कर आप निश्चिन्त-से हो जाते हैं। उसके बरक्स, यह आपको पढ़ते हुए भी और कहानी पढ़ लेने के बाद भी आपको बेचैन करती है, आपके भीतर वैचारिक सक्रियता बढ़ा देती है। अपने नाटकों से ब्रेख्त जैसा प्रभाव उत्पन्न करते थे, कमोबेश वैसा ही प्रभाव उनकी ये कहानियाँ, या कविताएँ करती हैं, जिनके लिए उन्हें जाना जाता है।

पक्षी और दीमक

यह मुक्तिबोध की अत्यन्त चर्चित और महत्त्वपूर्ण कथा-रचना है। इस कहानी को लिखे हुए 56-57 बरस होने जा रहे हैं, फिर भी यह कहानी आज की महत्त्वपूर्ण कहानी लगती है। अच्छी कविताएँ जैसे समय के साथ-साथ अपने अर्थ बदलती हुई हमारे साथ बनी रहती हैं, कहानियों के साथ आम तौर पर ऐसा नहीं होता, वे अपने समय में ज़्यादा ठहरी हुई होती हैं। हम अधिकांश कहानियों को पढ़कर उनके लेखन-काल का अनुमान लगा सकते हैं, किन्तु मुक्तिबोध की इस कहानी से गुजरते हुए ऐसा लगता है जैसे समय ने इस पर धूल नहीं डाला, उल्टे अपनी गति के साथ इसे और-और प्रकाशित किया है। इसे पढ़ने के बाद यह लगता रहा कि यह आज की ज़रूरी कहानी है। और यह न सिर्फ़ विषय के लिहाज से वरन् शिल्प की दृष्टि से भी यह आधुनिक कहानी है।

यह कहानी उनकी दूसरी कहानियों जैसे 'क्लॉड ईथरली' या 'समझौता' की तुलना में ज्यादा स्वाभाविक कहानी है। आज़ादी के बाद के भारत के सबसे सजग, जन-सरोकारों से लैस और सतत संघर्षशील रचनाकार के रूप में जो दर्जा मुक्तिबोध को मिला है, यह कहानी उसे और पुष्ट करती है। हमारे समय के सर्वाधिक बेचैन रचनाकार थे मुक्तिबोध। इतनी उद्विग्नता और चिन्ता से अपने समय को जाँचने-परखने का काम किसी और ने नहीं किया जितना मुक्तिबोध ने। कोई अजस्र स्रोत था जैसे उनके भीतर, जिसमें वह सबको समाहित करते चलते थे—देश, समाज, संस्कृति, कलाएँ, इतिहास, विचारधारा...।

कवि शमशेर बहादुर सिंह ने मुक्तिबोध पर लिखते हुए कितनी सही टिप्पणी की थी कि आनेवाली पीढ़ी मुक्तिबोध को अपने सबसे निकट पायेगी।

जिस तरह मुक्तिबोध की कविताएँ अपने दौर की कविताओं से अलग और 'मिसफिट' थीं, कुछ वैसा ही उनकी कहानियों के साथ है। उनकी कहानियाँ उस समय लिखी जा रही कहानियों के साँचे से भिन्न हैं। बहुत सुगठित और व्यवस्थित न कभी मुक्तिबोध की कविताएँ रहीं न उनका गद्य। एक कारण तो यह है कि विधा की 'मास्टरी' या 'परफेक्शन' हासिल करना कभी उनके उद्देश्य में नहीं रहा, इसलिए एक ऊबड़-खाबड़पन, पथरीले पठार-सी कठोरता उनके सम्पूर्ण लेखन में मिलती है।

'पक्षी और दीमक' वास्तव में एक रूपक कथा है, फैण्टेसी है। अपने समय के यथार्थ को रूपक में प्रकट करने की कला तब हिन्दी कहानी में बिल्कुल नयी नहीं तो बहुत पुरानी भी नहीं थी। ग़ौर करने की बात है कि इस फैण्टेसी का आधार हमारी वास्तविक दुनिया थी, उसका यथार्थ था, न कि कोई काल्पनिक उड़ान। ऊपरी तौर पर यह बहुत साधारण कहानी मालूम पड़ती है, किन्तु वास्तव में यह फैण्टेसी के ज़रिये हमारे समय के जटिल यथार्थ के कई स्तरों को उधेड़ने का प्रयास है।

शुरूआत से लगभग आधे भाग तक आभास होता है यह कोई बुजुर्गाना प्रेम कहानी है, जिसमें अधेड़ हो चुका कथा-वाचक नायक 'मैं' श्यामला नाम की स्त्री पर मुग्ध है, वह उसका सामीप्य चाहता है, उस पर अपना आन्तरिक प्रेम उँड़ेल देना चाहता है, साथ ही अपने मन की बात कह देना चाहता है। मध्यवर्गीय नायक पसोपेश में है, उसका वर्गीय संकोच आड़े आ रहा है। इस प्रकरण पर यह भी कहना ज़रूरी समझता हूँ कि मुक्तिबोध ने इस प्रसंग का चित्रण बेहद तटस्थता और बारीकी से किया है, बिना किसी रोमान के। अन्यथा उस दौर के कहानीकार बहुत जल्द रोमान के शिकार हो जाते थे। यह मुक्तिबोध की अपनी सतत संघर्षशीलता से अर्जित जीवन-दृष्टि है जो सतही या रोमानी नहीं है, न ही पाठक को ध्यान में रखकर जान-बूझकर अपनाये जानेवाली मांसल सनसनी अथवा फिसलन है। हिन्दी के बहुत-से नामी-गिरामी कहानीकारों ने ऐसे प्रसंग पर लगभग कामुक भाव की कहानियाँ लिखी हैं। बेमेल सेक्स और उसका विकृत आनन्द आज भी हमारे कथाकारों का प्रिय विषय है, जिसकी माँग मार्केट में बनी हुई है। खैर। जबकि यहाँ अधेड़ नायक की शुष्क तटस्थता है और वह स्वीकार करता है—"मेरे सिर का दाहिना हिस्सा सफेद हो चुका है। अब तो मैं केवल आश्रय का अभिलाषी हूँ...ऊष्मापूर्ण आश्रय का...।" और नायिका को लेकर वह विचार करता है—"वह ठोस बातों की बारीकियों का बड़ा आदर करती है। वह व्यवहार की कसौटी पर मनुष्य को परखती है, यह मुझे अखरता है। उसमें मुझे एक ठण्डा पथरीलापन मालूम होता है।"

मुक्तिबोध की अन्य कहानियों में भी भावुकता या व्यर्थ का रोमान नहीं है और वे सदैव यथार्थवादी दृष्टि बनाये रखते हैं। उनका लेखकीय संघर्ष इस बात के लिए भी था कि पाठक को अधकचरी भावुकता और रोमान से खींचकर यथार्थ के ठोस धरातल पर लाया जाये, उसकी जीवन-दृष्टि को उन्नत और प्रखर बनाया जाये।

पाठक भौचक्का रह जाता है जब यह प्रेम कहानी-सी लगती कहानी आहिस्ता से उस विराट्-तन्त्र की कहानी बन जाती है जहाँ बेहिसाब भ्रष्टाचार है। यह आज़ादी के बाद बनते भारत का चित्र है जिसमें भ्रष्टाचार ने फलना-फूलना शुरू किया था। आज तो इस समस्या ने ऐसा विकराल रूप धारण कर लिया है कि भ्रष्ट देशों की गिनती में इसका नम्बर काफी आगे है, और जिसका हल निकाल पाना किसी भी राजनैतिक दल के बूते की बात नहीं रह गयी है। मुक्तिबोध तब भी इसकी विकरालता को ठीक-ठीक देख पा रहे थे जिसके आगे सामान्य आदमी असहाय हो जाता है, इस तन्त्र के एक हिस्सा बन जाने के सिवाय उसके पास कोई विकल्प नहीं बचता। कहानी के मध्यमवर्गीय नायक के पास थोड़ी-बहुत नैतिकता बची हुई है। नायक इस भ्रष्ट-तन्त्र के दबाव को भयानक पीड़ा के साथ महसूस करता है और इससे बाहर निकलने का रास्ता खोजने की कोशिश करता है। उसे लगता है कि इस सारे जाल में, बुराई की अनेक चक्रोंवाली दैत्याकार मशीन में न जाने कब से फँसा पड़ा हूँ, पैर भिंच गये हैं, पसलियाँ चूर हो गयी हैं, चीख़ निकल नहीं पाती, आवाज़ हलक में फँसकर रह गयी है।

कहानी में भ्रष्ट संस्था-संचालक (जिसका एक अधीनस्थ कथा-नायक है) को मुक्तिबोध ने भगवा खद्दरवाला के रूप में चित्रित किया है। आज यह एक अजीब संयोग जान पड़ता है—भगवा के साथ खद्दरवाला! दोनों ही आज भ्रष्ट शासक वर्ग के पर्याय बन चुके हैं। कहानी में चित्रित भगवा खद्दरवाला तमाम सुख-सुविधाओं के साथ सम्मानित व्यक्ति है। इतने बरस बाद कहानी के बाहर अगर उसकी स्थिति देखें तो वह और मजबूत हुई है। सोचना पड़ता है, मुक्तिबोध कैसे इस चरित्र को अपने समय से इतना आगे देख पा रहे थे?

इस कहानी में मुक्तिबोध ने अपनी लम्बी कविताओं की तरह अनेक बिम्बों, प्रतीकों और रूपकों का प्रयोग किया है, जिसे गहराई से समझे बगैर इस कहानी को समझ पाना कठिन है। जैसे एक स्थान पर कथा नायक भगवा खद्दर-कुरतावाले की कार के पास खड़ा है और उसके चिकने काले चमकदार हिस्से में सहसा अपनी सूरत देखकर हैरान रह जाता है—''मोटर के इस काले चमकदार आईने में मेरे गाल, ठुड्डी, नाक, कान सब चौड़े हो गये हैं, एकदम चौड़े, लम्बाई लगभग नदारद।''

यह भ्रष्टाचार में लगे एक व्यक्ति, जिसमें विरोध का साहस नहीं है, का वास्तविक चेहरा है जिसके पास लम्बाई नहीं है, रीढ़हीन है वह।

इसी तरह कहानी में आये एक पेड़ के चित्रण में मुक्तिबोध ने एक छोटा पैराग्राफ लिखा है—

''पेड़! अजीब पेड़ है, (यहाँ रुका जा सकता है) बहुत पुराना पेड़ है, जिसकी जड़ें उखड़कर बीच में टूट गयी हैं, और जो साबित है, उनके आसपास की मिट्टी

खिसक गयी है, इसीलिए वे उभरकर ऐंठी हुई-सी लगती हैं, पेड़ क्या है, लगभग ठूँठ है, उसकी शाखाएँ काट डाली गयी हैं।''

जरा-सा ध्यानपूर्वक पढ़ने पर ही पता चल जाता है कि कहानी में यह केवल पेड़ भर नहीं है। मुक्तिबोध यहाँ पेड़ नहीं, बल्कि समूचे भारत की बात कर रहे हैं, उसके जड़ से उखड़ चुके लोगों की बात कर रहे हैं और जो साबित है—अर्थात् उच्च मूल्यों में विश्वास करनेवाले आदर्शवादी, सिद्धान्तवादी और ईमानदार नागरिक—उनके आसपास की मिट्टी खिसक गयी है, यानी उनको मौजूदा सत्ता-तन्त्र से या अपने आसपास के लोगों से समर्थन नहीं मिल रहा है और उन्हें उनके हाल पर छोड़ दिया गया है। इसीलिए वे उभरकर ऐंठे हुए-से लगते हैं। पेड़ की शाखाएँ काट डाली गयी हैं अर्थात् उसका हरा-भरापन या कि भविष्य छीन लिया गया है। यह अजब संयोग है कि कई सालों के बाद सन् '84-85 में मंजूर एहतेशाम अपने उपन्यास 'सूखा बरगद' में लगभग इसी बिम्ब को भारत की सूख रहे साझे विरासत की संस्कृति के रूप में रचते हैं। 'सूखा बरगद' और 'पेड़ क्या है, लगभग ठूँठ है, उनकी शाखाएँ काट डाली गयी हैं' में अद्भुत साम्य है।

'पक्षी और दीमक' कहानी का निचोड़ (शायद) उस रूपक कथा में है जिसे कथा-नायक श्यामला को सुनाता है। इस कथा में ऊँचाई में उड़नेवाला एक पक्षी है। उसे दीमक खाना पसन्द है, यद्यपि दीमक उसका स्वाभाविक खाद्य नहीं है। जमीन पर एक गाड़ीवाला दीमक बेच रहा है, ''दो दीमक लो, एक पंख दो।'' पक्षी लालच और सुविधा के कारण इस सौदे के लिए तैयार हो जाता है। वह अक्सर यह सौदा करने लगता है। पक्षी के पिता उसे रोकते हैं लेकिन वह नहीं मानता। दीमकों का शौक उस पर हावी था। आगे चलकर दीमकों के इस शौक में वह अपने सारे पंख गँवा बैठता है और अपने उड़ने की शक्ति खो बैठता है। उड़ने की शक्ति वापस पाने की खातिर वह किसी तरह खूब दीमकें इकट्ठे कर एक दिन गाड़ीवाले से अपने पंख लौटाने के लिए कहता है, तो गाड़ीवाला जवाब देता है—''बेवकूफ, मैं दीमक के बदले पंख लेता हूँ, पंख के बदले दीमक नहीं।'' अन्ततः एक दिन काली बिल्ली पक्षी को दबोच ले जाती है।

इस रूपक कथा से साफ़ ज़ाहिर है कि मुक्तिबोध मध्यवर्ग या निम्नमध्यवर्ग की उच्चाकांक्षाओं अथवा लालच का हश्र किस रूप में देखते हैं। यह कहानी एक तरह से मध्यवर्ग की ट्रैजिडी की कहानी बन जाती है, जिसे ढेर सुख-समृद्धि और मनोवांछित सुविधाएँ अपने 'पंख', यानी अपने सपने, उड़ान, आज़ादी और सिद्धान्तों या आदर्शों को गिरवी रखने या बेच देने की क़ीमत पर ही मिल पाती है। इस रूपक-कथा के बहाने मुक्तिबोध एक गम्भीर चेतावनी दे रहे होते हैं, अपने पंख यानी अपनी उड़ान, यानी सपने, स्वामी-वर्ग के पास लालचवश बेच देने के बाद व्यक्ति सिर्फ दास होकर रह जाता है, उसकी अपनी कोई शक्ति नहीं रह जाती। मुझे यहाँ पाश याद आ रहे हैं

जिन्होंने कहा था—"सबसे ख़तरनाक होता है हमारे सपनों का मर जाना।" इस रूपक को आज हम और तेज़ गति से अपने चारों ओर घटते देख रहे हैं, जहाँ मध्यवर्ग अपनी नवधनिकवर्गीय सुख-सुविधाओं और लालसाओं की पूर्ति के नाम पर अपने सिद्धान्त, अपने ईमान का सौदा करके असहाय और पंखहीन होकर मात्र दास बन चुका है, जिसके पास अपना कोई मौलिक स्वप्न नहीं बचा है, और उन्हीं लालसाओं के घावों की बहती घृणित पीब लेकर 'महाभारत' के शापित अश्वत्थामा की तरह वन-वन दिशाहीन भटक रहा है। यह हमारे आज की भयानक सच्चाई है। हम मौजूदा विश्व आर्थिक शक्तियों द्वारा दबोचे जा चुके हैं और हमें बाहर निकलने का कोई रास्ता नहीं मिल रहा...।

लेकिन मुक्तिबोध का कथा-नायक उस दौर में अपनी संघर्ष-चेतना बचाये हुए था। वह सोचता है, "नहीं, मुझमें अभी भी बहुत कुछ शेष है, बहुत कुछ। मैं उस पक्षी जैसा नहीं मरूँगा। मैं अभी भी उबर सकता हूँ। रोग अभी असाध्य नहीं हुआ है। प्राण-शक्ति शेष है, शेष।"

प्रश्न है—क्या आज हमारे भीतर से ऐसी आवाज़ उठ रही है? शायद नहीं। इस रोग ने हमें इस कदर अनुकूलित कर लिया है, ऐसा ग्रस लिया है कि वैसी तड़प व्यक्त करने के काबिल नहीं बचे हम। समझ सकते हैं, इस कहानी के बहाने मुक्तिबोध हमें कितनी बड़ी और कितनी जरूरी चेतावनी दे रहे थे!

आज़ादी के बाद से देश में भ्रष्टाचार का अमरबेल निरन्तर फैलता-फूलता रहा है, या कहें कि सत्ता-तन्त्र ने अपने राजनीतिक, आर्थिक स्वार्थों के चलते जान-बूझकर इसे ऐसा हो जाने दिया, और आज इसकी जड़ें बेहद मजबूत हैं, क्योंकि यह सत्ता-तन्त्र से सीधा जुड़ जो गया है। ऐसा कोई क्षेत्र बाकी नहीं रहा जहाँ इसकी पहुँच न हो—पब्लिक सेक्टर के विकास की तमाम योजनाओं और देश के रक्षा सौदों से लेकर राष्ट्रीय सम्पदा को कौड़ी के मोल कारपोरेट्स और बहुराष्ट्रीय कम्पनियों को बेचने तक...।

भ्रष्टाचार के इस निरन्तर फैलते ज़हरबाद से टकराना, राह निकालना आसान नहीं। मुक्तिबोध इस समस्या को केवल दिखाकर ही सन्तुष्ट नहीं हो जाते, रास्ता निकालने की कोशिश भी करते हैं। कहानी में नायिका श्यामला एक जगह कहती है—"जहाँ साँप देखो, मार डालो, फिर वह पनियल साँप ही क्यों न हो।" यह एक दुस्साहसिक कथन है, एक अतिक्रान्तिकारी वाक्य; जो तन्त्र की जटिलताओं को नहीं समझता। मामला इतना सीधा-सरल नहीं है। यह तन्त्र कुछ यों जटिल है कि इसके दुष्चक्र में बेहद ईमानदार आदमी भी अपनी नौकरी (परिवार के पालन-पोषण की जिम्मेदारी) के चलते फँसने को विवश हो जाता है—नहीं चाहते हुए भी! सारे नौकरीपेशा लोग भ्रष्ट नहीं होते। व्यवस्था उन्हें ऐसा गढ़ देती है। कहानी का मध्यमवर्गीय नायक इस नतीजे पर पहुँचता है कि, "अगर श्यामला के साथ मुझे

ज़िन्दगी बसर करनी है तो न मालूम कितने ही भगवा खद्दर-कुरतेवालों से लड़ना पड़ेगा, जी कड़ा करके लड़ाइयाँ मोल लेनी पड़ेंगी और अपनी आमदनी के ज़रिये ख़त्म कर देने होंगे। श्यामला का क्या है! वह तो एक गाँधीवादी कार्यकर्त्ता की लड़की है, आदिवासियों की एक संस्था में कार्य करती है। उसका आदर्शवाद भी भोले-भाले आदिवासियों की उस कुल्हाड़ी जैसा है जो जंगल में अपने बेईमान और बेवफा साथी का सिर धड़ से अलग कर देती है। किन्तु फिर भी आदिवासियों जैसे उस अमिश्रित आदर्शवाद में मुझे आत्मा का गौरव दिखायी देता है, मनुष्य की महिमा दिखायी देती है।...और ये सब बातें हृदय को स्पर्श कर जाती हैं। तो अब इसके लिए मैं क्या करूँ।''

मुक्तिबोध उस मध्यमवर्गीय द्वन्द्व को समूचा खोल देते हैं, वे छिपाते नहीं। दरअसल उस मध्यमवर्गीय नायक के पास इतना नैतिक साहस शेष था कि अपना अपराध स्वीकार कर सके, खुद को धिक्कार सके। मुक्तिबोध के काव्य में ये अपराध-बोध और धिक्कार जगह-जगह मिलते हैं। उनकी क्लासिक कविता 'अँधेरे में' में यह आत्म-धिक्कार अपने चरम पर है—अब तक क्या किया? जीवन क्या जिया!!'

ज़ाहिर है, इस कठिन द्वन्द्व की अभिव्यक्ति के लिए वे ख़ुद को दाँव पर लगा देने के खतरे उठाते हैं, इसमें चालाकी या बेईमानी नहीं करते। जैसा कि चन्द्रकान्त देवताले अपने सहित समकालीन कवियों को मानो कठघरे में खड़े करते हुए लिखते हैं—''मेरी कविता से/ नहीं जान पाओगे/ कि मिलावट कितनी/ और कितने प्रतिशत इन्सानियत मुझ में।''

कहानी के अन्त में, लम्बे आत्म-संघर्ष के बाद नायक एक बड़ी लड़ाई लड़ने की खातिर अपने व्यक्तित्वान्तरण करने के फैसले तक पहुँचता है—''लेकिन मैं अब ऐसे कामों की शर्म नहीं करूँगा, क्योंकि जहाँ मेरा हृदय है, वहीं मेरा भाग्य है।''

समकालीन कथा-संसार के अपनी तरह से समृद्ध होने के बावजूद मुझे लगता है कि 'पक्षी और दीमक' जैसी चुनौतीपूर्ण कहानी बहुत कम लिखी जा रही है, जो किसी समस्या की गहन छान-बीन करती हो या जो हमें ऐसी तिलमिलाहट से भर दे। यह अलग से कहने की ज़रूरत नहीं कि हमें ऐसी रचनाओं की बेहद ज़रूरत है।

मुक्तिबोध का भूत और भूत-ग्रस्त आलोचना

नीलकान्त

मुक्तिबोध के काव्य-कविताओं में, कथ्य-रूप की जिस रचना को पाठक और आलोचक पढ़ते हैं और पढ़ना शुरू करते हैं, ऐन उसी समय प्रतीत होने लगता है, कि अब तक, उनके काव्य-बोध की निर्मिति, यहाँ बारहा बाधित और असफल हो रही है, सम्मुख काव्य-संसार, कुछ अजनबी, अपरिचित पाठ-प्रक्रिया के आड़े पड़ रहा है। उनकी, मौलिकता की हाँक ऐसी गुरुतर और गम्भीर लगती है, कि अवसन्नता, साथ ही उलझन-भरी बेचैनी के चलते, रस-बोध स्थगित हो जाता है। क्या पहले जैसी कविताओं की तरह, इन कविताओं में, काव्यात्मक सम्प्रेषण है? शायद बहुत कम, या अल्पसंख्यक पाठक और आलोचक इस पाठ-प्रक्रिया की गुत्थी को सुलझाने, अगली पंक्ति में साहस जुटाकर आगे कदम रखने की कोशिश भी करते दिखायी पड़ते हैं। लेकिन क्या अब तक की, ऐसी सभी कोशिशें सार्थकता और सकारात्मकता की सरहदें छू भी पाती हैं?

सामान्य पाठक, यदि उसका सौन्दर्य-बोध, ऐतिहासिक और द्वन्द्वात्मक भौतिकवाद से समर्थित है, तो मुक्तिबोध की रचनाएँ, उसकी भी ग्रहणशीलता का उल्लंघन कर जाती हैं! मुक्तिबोध ने स्वयं अपनी कविताओं को, सम्भवतः उनसे डरकर, 'हिडम्बा' भी कहा है, शायद 'हिडम्बा' के राक्षसी रूप की विशद व्याख्या की ज़रूरत यहाँ कोई अर्थ भी नहीं रखती!

अपनी रचनाओं की परख और मूल्यांकन मुक्तिबोध, जिस शिद्दत और धुन से करते हैं, अभी तक कोई उन जैसा सामने नहीं आया, कोई आया भी तो इतना लहूलुहान होकर नहीं आया, फिर भी उन्हें अपनी रचना 'हिडम्बा' ही प्रतीत होती है। सम्भवतः रचनात्मक आनन्द का क्षण, उनकी रचना-प्रक्रिया से मेल करने से तिरछे-ही-तिरछे रहता आया है, 'विकृत बिम्बा' कविताओं से, आनन्द की समानान्तरता ऐसा ध्रुवीय अन्तरविरोध है, जिसमें मेल की बात असम्भव है। ब्रह्मराक्षसी, शोध के सोपानों पर, माथा रगड़-रगड़कर सिर फोड़ना; जिस प्रकार मुक्तिबोध काव्यानुशासन की प्रक्रिया से गुजरते हैं, और फिर भी 'मैल/ फिर भी मैल!!' ही सरे हाथ उपलब्ध होती है, आनन्द को तो वहाँ कुर्बान होना ही है।

फिर तो हमें उस मंच की, चित्रपट की (कैनवस) की खोज करना, हमारी अव्वल कोशिश की ज़रूरत, अनिवार्य शर्त बन जाती है! आप पाठकों ने, आलोचक महानों ने कभी उसकी बाबत कुछ भी संकेत भी किया है? यह प्रयास बहुतों ने किया है। शायद आपने उस पर ध्यान नहीं दिया। या कि, आपकी नज़र से वह चित्र-पट ओझल ही रह गया है! आप भी क्या खूब हैं! और ऐसा सवाल कर बैठे जो कोई अनाड़ी या गँवार ही कर सकता है। मगर आप हैं क्या, शिष्ट पाठक या फिर पारंगत आलोचक? इन दोनों ने अलग-अलग, और अकेले-अकेले भी मुक्तिबोध की कविताओं को बारम्बार खूब तरह से गार-गारकर, रस निचोड़ा है, जैसे कि कविताएँ न हों, नींबू-ही-नींबू हों।

आपने पूछा तो मैं बताता हूँ। न तो शिष्ट पाठक हूँ, न ही पारंगत आलोचक; मैं सिर्फ़ साधारण पाठक भर हूँ, और सहज-सुन्दर का ग्राहक हूँ। आपने तो सारतः यह सच ही कहा है कि, अब तक अनेक मर्मज्ञों ने मुक्तिबोध के काव्यशास्त्र का कोई भी कोना बाकी नहीं छोड़ा है, जो उनकी दृष्टि से बच निकला हो! ठीक तो है, 'अँधेरे में' उनकी लम्बी कविता पर अनेक लोगों ने लम्बी बहसें भी की हैं, और दो दिग्गजों की, इस कविता पर घनघोर भिड़न्त से हिन्दी जगत् में कौन अपरिचित रह सका है! दुर्भाग्य की बात तो यह है कि तिस पर भी, उनकी पाठ-प्रक्रिया एक-दूसरे से भिन्न और बेमेल ही रहती आयी है। डॉ. रामविलास शर्मा ने मुक्तिबोध के व्यक्तित्व-विकास को, ऐतिहासिक, द्वन्द्वात्मक भौतिकवाद के वैचारिक साँचे से परख-परीक्षण करते हुए, अस्तित्ववादी प्रभावों की तलाश में, उनकी रचनात्मक उपलब्धियों का निबन्धन किया है, वहीं कुछ आलोचकों ने, व्यक्ति-पूजा के चलते, उन्हें देवता बनाकर मूर्ति-पूजा के लिए स्थापित करने की जी-भर कोशिश कर दी है। वाल्मीकि ने, अपने 'रामायण' में, राम की स्तुति-वन्दना में, जिस श्लोक को 'अस्मिन् लोके...' गाया है, डॉ. नामवर सिंह ने, उसे मुक्तिबोध के माथे पर जड़ दिया है! लेकिन आप इसे क्या कहेंगे—पूजा-पाठ या आलोचना?

आइये, एक बार फिर हम उस कैनवस (चित्रपट) पर ध्यान केन्द्रित करें, जिसे ईजेल पर बाँधकर मुक्तिबोध अपनी रचनाओं की चित्रात्मक रचना करते हुए कवि-कर्म को सम्पन्न करते हैं। शायद ही, कोई कविता उनकी बची हो जो शायद, स्याह, साँवले, काले, और अँधेरे रंग के प्रभावों से बच निकली हो। सच तो यह है कि कैनवस का काला रंग ही हल्का, पतला, और कहीं, जहाँ-तहाँ गाढ़ा, होकर सतह पर वितरित हुआ है।

जाहिर है भूगोल के बिना इतिहास की कल्पना बेबुनियाद है। इतिहास को, भूगोल से काटकर, इतिहास-विकास की कल्पना, एक असम्भव और तर्कातीत कल्पना है। और यह भी कि चित्रपट और परिदृश्य के बगैर चित्र-शृंखला की गतिशीलता भी अमूर्त ही बनी रह जाती है। वह ब्रह्मविलीन निराकार तत्त्व तो बन सकती है, किन्तु कविता

तो नहीं ही बन सकती। शास्त्रों में भूगोल को, इतिहास से, उदाहरण के लिए पुराणों में, भूगोल के अभाव में ही वंशों-कुटुम्बों की कथाएँ लिखी गयी हैं जो भूगोल से अलग होकर मिथ्या बनकर रह गयीं। सूर्यवंशी, चन्द्रवंशी और तमाम आकाशी देवताओं से मानव जन्म लेते हैं, जिनका कोई भौगोलिक परिवेश नहीं होता और उनका सामाजिक जीवन हवाई बनकर विलीन हो जाता है। पुराणों की इस चलन का प्रभाव, महाकाव्यों से चलकर, पुनर्जागरण के हिन्दी साहित्य का भी स्पर्श करता रहा है। और नयी कविता में उसकी कुहान स्पष्ट ही दिखायी देती है। मुक्तिबोध की कविता 'अँधेरे में' इस अनैतिहासिकता का निर्धारण द्रष्टव्य है। शीर्षक के 'अँधेरे' की व्यापकता, सामाजिक जीवन के ओर-छोर छूने से उतनी घनिष्ठ नहीं है, जितनी वह प्रतीत होती है। वह कमरे की एक दीवार के पलस्तर टूटने की चौहद्दी तक सीमित है, किन्तु उससे एक विराट् पुरुष का अवतार सम्भव हो जाता है! उस विराट्-पुरुष की नुकीली नाक, भव्य ललाट, दृढ़ हनु, शायद वह 'मनु' की मुखाकृति है! क्या 'जन नायक' यह आसमानी अवतार, उसका व्यक्तित्व-सामाजिक परिवेश और परिवेश से उसके संघर्षों का विकसित रूप कहा जा सकता है? क्या वह अवतारों की पंक्ति की अगली गिनती में शुमार नहीं किया जा सकता? अभी तक धार्मिक आख्यानों में अधर्म से, धर्म की रक्षा के लिए अवतार धरती पर प्रकट होते थे, मगर 'अँधेरे में' जन नायक का अवतार भीत के पलस्तर टूटने से, जो जगह बनती है उससे प्रकट होता है! इस प्रतीक-चित्र की व्याख्या, क्या जर्जर सामाजिक व्यवस्था की दीवारों से सम्भव है, जो ढहती जा रही है? लेकिन यह प्रतीक, सामाजिक संघर्षों और आन्दोलनों पर पर्दा डालकर, उसे छिपा नहीं देता है क्या? जन-नायक संघर्षों से जन्म लेता है, या संघर्ष, जन-नायक से?

चित्रपट पर महत्त्व देने के कारण, इन कविताओं के सन्दर्भ में जब-तब उसका, उल्लेख आवश्यक से कहीं अधिक है, क्योंकि अर्थ-ग्रहण में, उनका हस्तक्षेप न केवल अधिकाधिक है, बल्कि ब्योरों-बिम्बों और रेखाओं को संकुलता के चपेट में रखते हुए, अस्पष्टता की हदों में खैंचे लिये जाता है। वाक्य-विन्यास में अभिव्यक्तियाँ काले कैनवस में डूबती-तिरती सदेह होने के लिए अपनी मूर्तता गँवा देती रहती हैं। उदाहरण के लिए, 'रात का पक्षी' जिसका अपना भूगोल नहीं है, अर्थ नहीं प्राप्त कर पाता। फारसी-उर्दू में भी इसी ऐसे एक पक्षी का प्रतीक है, जो अजन्मा है, और नापैद गुलशन का परिन्दा है—ग़ालिब के शेर में इसका चित्र फैण्टेसी की ही अभिव्यक्ति है, किन्तु सम्प्रेषणीयता साफगोई के चलते, ग्रहणशीलता के रास्ते में कोई अटक नहीं होने पाती। निर्दिष्ट चित्रपट पर मिश्रित रंगों के होने की अनिवार्यता ज़रूरी नहीं समझी गयी है, इसे पाठक की, सौन्दर्य बोधी-क्षमता की परीक्षा के लिए छोड़ दिया गया है—शेर यह है—

हूँ गर्मि-ए-नशात-ए-तसव्वुर से नग्माः संज
मैं 'अन्दली ब-ए-गुल्शन-ए-ना आफ़रीद हूँ

'ग़ालिब' से तुलना के लिए; 'अँधेरे में' कविता की किसी पंक्ति को रखना बेमानी है, यद्यपि कि मुक्तिबोध भी एक ऐसी यूटोपिया, परम अभिव्यक्ति की बात, कविता के अन्त में कहते हैं—'परम अभिव्यक्ति' ही मेरी अन्तिम पहुँच या पड़ाव है, जो अभी तक प्राप्त नहीं हुई है। वह ''परम अभिव्यक्ति'' जो खो गयी है, कभी, उसकी वापसी सम्भव नहीं है, इतिहास अपने को कभी दुहराता नहीं है। परम अभिव्यक्ति 'हमारी' नहीं 'मेरी' है!

अरस्तू को इस अवसर पर, हम याद करने के लिए विवश हैं। रचना-कर्म को प्रेरित और उसे सक्रिय करने के लिए, उन्होंने काला पित्त की परिकल्पना प्रस्तुत की थी, किन्तु इस काले पित्त को उन्होंने रचनात्मक व्यक्तित्व का ही गुण बताया था। उनका यह कथन सत्यापन की कसौटी पर कितना खरा उतरता है, नहीं कह सकते, लेकिन मुक्तिबोध के काव्य-चित्रों में, काले रंग का एकाधिक विपर्य, यह संकेत ज़रूर करते हैं, इस 'अँधेरे रंग' से उनका मोह बारम्बार और अनवरत रूप से कायम रहता है, यह भी कि उनका साध्य 'परम अभिव्यक्ति' भी एक निविड़ अन्धकार में ही चिर प्रतीक्षित है—सन्देह की सीमा से कतई परे, उनका विश्वास इसमें अनन्य रूप से स्थिर है। भव्य ललाट और आजानु भुजवाला महानायक, जिसे वह भीत के पलस्तर तोड़कर, प्रकट होते देखते हैं—अँधेरी खोह से ही पैदा होता है! यहाँ उपनिषदीय प्रश्नों से रेखांकित करते हुए 'अँधेरे में' कविता में लिखते हैं—''वह कौन/ सुनायी जो देता, पर नहीं देता दिखायी!'' फिर आगे—''कौन वह दिखायी जो देता, पर/ नहीं जाना जाता है!/ कौन मनु?'' यही सन्देहास्पद व्यक्ति उत्पीड़ित समाज का अगुआ, निदेशक और नेता बनता है! क्या ये सारे प्रश्न सम्यक् प्रश्न हैं? इसका कोई सम्यक् उत्तर मिल पाना सम्भव है? कोई वस्तु खो गयी है 'अँधेरे में', लेकिन आप उसे खोज रहे हैं उजाले में। इस विरोधाभास के चलते, कोई आपसे पूछता है कि यह, ऐसा क्यों कर रहे हैं, तो आप कहते हैं, वहाँ उजाला नहीं है!'' 'अँधेरे में' कविता में जो उजाला, खोयी हुई वस्तु को तलाशने में कारगर हो सकता है, उसे बाहर से ले आना विवेक-सम्मत होगा। किन्तु उसे बाहर से ले आने की चिन्ता नहीं है। रचनाकार का काला पित्त चिरकालिक और विकारग्रस्त हो गया है, उसका इलाज़ स्वयं उसके पास भी नहीं है।

तो, फैण्टेसी की अपनी तर्क-पद्धति नहीं होती? काफ्का की कहानियों और उपन्यासों के पन्ने खोलें, चाहे कहानियों के, कार्य-कारण की शृंखला विधिवत् विकसित होती चलती है, वह भी संक्षिप्तता और हस्तलाघवता से भरपूर होकर। अचानक एक विस्फोट के साथ, और फिर उसकी तरंगें अन्त तक एकीकृत बनी रहती है। चाहे वह कहानी 'मेटामार्फासिस' हो, या उपन्यास 'कैसील' या 'ट्रायल' हों। जिन अर्थों में ''कालिंगवुड ने टी. एस. इलियट की कुछ पृष्ठ लम्बी कविता 'वेस्ट लैण्ड' को आधुनिक महाकाव्य कहा था, क्या 'अँधेरे में' के सन्दर्भ में, उसे महाकाव्य की संज्ञा दी जा सकती है?'' जैव संरचना की तरह संगठित न होकर, 'अँधेरे में' कोई मूर्त केन्द्र

नहीं है, उलझी भाषा, अस्पष्टता और सम्प्रेषण की अटक-अवरोध उसे (अँधेरे में) एक सौन्दर्यात्मक संरचना के बनने के सभी अवसर झपट लेते हैं।

सर्वप्रथम, कविता, 'अँधेरे में' का महानायक सामाजिक सम्बन्धों की रगड़ और संघर्षों के बीच से परे, शून्य से साकार होता है। उसका अस्तित्व यदि 'अस्तित्ववादी' बोल में कहना चाहे तो, जैसे हिड्डेगर कहता है, मानव आसमान में फेंका हुआ एक अस्तित्व है काल से भी परे! आदम के पतन से मेल रखते हुए। वह इतिहास की परिधि से भी परे और निःसंग है। वह मोहनजोदड़ो के पुरावशेषों से बेमेल है, क्योंकि मोहनजोदड़ो की अश्मियाँ एक सभ्यता के भग्न अवशेषों का, तत्कालीन मानव-परिवेश का एक स्मरण लेख हैं, जिनका पाठ अनेक विज्ञानों के लिए, समस्याएँ प्रस्तुत करती हैं। 'अँधेरे में' कविता कोई ऐसा एक भी संस्मरण नहीं छोड़ती, क्योंकि वह सामाजिक देश और काल से परे, उत्तरोत्तर है। जो सुनायी देता है, पर दिखायी नहीं देता, कवि के ही शब्दों में, मुख बन जाता है, "स्वयमपि, मुख बन जाता है दिवाल पर/ नुकीली नाक और/ भव्य ललाट है," यह सब-कुछ देख लेने के बाद भी यह निराकार ही बना रहता, शायद उसकी अनजानी अनपहचानी आकृति इस निराकारता का प्रतिबिम्ब हो, "कौन वह दिखायी जो देता है, पर/ नहीं जाना जाता है!" कवि पूछता है कि मन्वन्तरों में से यह "कौन मनु" है! उपनिषद् में है कि, "जो यह कहता है कि मैं ब्रह्म को जानता हूँ, वह (उसे) नहीं जानता और जो कहता है कि मैं (उसे) नहीं जानता, वह ही (उसे) जानता है!" अँधेरे, काले कैनवस पर यह ब्रह्मलीला की ही झलकियाँ हैं। और एक सज्जन ने, यह भी कह डाला है कि—यह कविता 'अस्मिता' की खोज है, साथ ही यह भी जोड़ रखा है कि यह 'अस्मिता' मुक्तिबोध की स्वयं अपनी नहीं है! इस रहस्यमय व्यक्ति को, कालिख और कुहरे में और गहरे डुबोकर, वाचक कहता है कि, "वह रहस्यमय व्यक्ति" अब तक न पायी गयी मेरी अभिव्यक्ति है, पूर्ण अवस्था वह/ "

डॉ. रामविलास शर्मा का यह कहना कि मुक्तिबोध, ज्ञान की प्रगतिशील ज्ञानात्मक प्रक्रिया से उकता चुके थे, और उन्हें चाहिए था पूर्ण ज्ञान। ज्ञान की पूर्णता तो प्रगतिशील ज्ञान प्रक्रिया पर पूर्ण विराम लगा देती है, कविता के अन्त में कवि फिर दुहराता है—"और कण-कण में खोजते हुए, वह अपनी खोज का साध्य बताते हुए कहता है...जहाँ मिल सके मुझे/ मेरी वह खोयी हुई/ परम अभिव्यक्ति अनिवार/ आत्म सम्भवा।" अन्ततः इस खोजी महायात्रा में, अभिव्यक्ति तो परम अभिव्यक्ति के उदात्त रूप में बदल तो गयी, मगर उसकी परमता इतनी उदात्त हो गयी, कि खोज से भी परे हो गयी—यहाँ कबीर याद आते हैं।

'हेरत हेरत हे सखी, गया कबीर हिराय
बूँद बिलानी समुद्र में सो कत हेरी जाय

कहना न होगा कि परम अभिव्यक्ति की खोज में 'नेति नेति' का वेदान्ती दुष्चक्र अनन्त और अगम्य होने के लिए बाध्य है।

पूरी दुनिया में 'परम अभिव्यक्ति' को खोजनेवाले वाचक कवि को, उसकी आमण्डल खोज में आदिवासी और मज़दूर की एक भी पदचाप नहीं सुनायी पड़ी, नहीं सुनायी भी पड़ी तो दिखायी नहीं पड़ी, दिखा तो एक 'विराट् पुरुष' जिसके विभाजन से चारों वर्णों की उत्पत्ति हुई, मगर ब्रह्म-ज्ञान मात्र ब्राह्मण के अधिकार पत्र में दर्ज हुआ-शम्बूक के लिए इसका निषेध और मृत्यु ही निर्धारित था।

यदि कविता को दार्शनिक चिन्तन का काव्य मान लिया जाये तो इसमें कविता का कुछ भी शेष नहीं बचता और बिम्ब से पल्लू छुड़ाकर, आलाप और संगीत के वृत्त में पहुँची है तो अमूर्तन का दौर शुरू हो जाता है, फिर वह दर्शन की सीमा में प्रवेश कर जाती है, जहाँ प्रत्ययों का चिन्तन करते हुए अमूर्तन का अखाड़ा बन जाती है। यद्यपि दर्शन के साथ अनेक विषय काव्यात्मक शैली में न लिखे गये हों, ऐसी बात भी नहीं, लेकिन वे काव्यों की कोटि में नहीं गिने गये। तो क्या यह समझा जाय कि, मुक्तिबोध ने 'परम अभिव्यक्ति' का दर्शन काव्य के रूप में लिखा है? यदि मान लिया जाता है तो उनका काव्य दर्शनशास्त्र बन जाता है। फिर, उस दर्शन की रूप रेखा, और सामाजिक विज्ञान के रूप में क्या महत्त्व बनता है? क्या वह भाववाद और भौतिकवाद में से, किसी पक्ष में ठहरता है? क्या वे किसी पक्ष में कभी प्रतिबद्ध थे? बर्गसाँ से चलकर, वे मार्क्स तक आकर, क्या वे मार्क्सवाद से सम्बन्ध पर भी स्थिर रह सके? 'नेति नेति' कहना पड़ता है। उनके दार्शनिक चिन्तन, कई एक दर्शनों की मिश्रित दृष्टि हैं, किर्केगार्द, सार्त्र, वर्ग सांशापेन हावर कुछ प्रमुखतर भाववादी दार्शनिकों के विचार अनदेखे नहीं किये जा सकते, और कोई असहमत होता है, तो यह उसका जनवादी अधिकार। यह उसका, असहमत होने का हक है।

संवेदनविहीन और इन्द्रियातीत, चेतना, 'परम अभिव्यक्ति' का दर्शन, अन्धा और लँगड़ा है, ज़मीन से उसके पाँव, असम्बद्ध हैं और स्पर्श से परे-परे है—उसकी पहुँच में, आकाश-गंगा, नेव्यूला, निराकार विराट् पुरुष तो जगमगा रहे हैं, मगर 1857 की भनक तक नहीं है, विरसा मुण्डा, तिलका माँझी, झाँसी रानी लक्ष्मीबाई नदारद हैं, विश्व की रूपान्तरकारी क्रान्तियाँ, फ्रेंच क्रान्ति, समाजवादी क्रान्तियाँ तिरोहित हैं, इतिहास और समाजवैज्ञानिक तथ्यों और अनुभवों से सरासर रिक्त और खोखली!

दलित-स्त्री की चीत्कार, जिसे मार्क्स ने (स्त्री को) दुहरा सर्वहारा कहा है, इस मूक बधिर कविता में न सुनायी पड़ी, न दिखायी पड़ी! क्या 'अँधेरे में' कविता को किसी क्रान्ति की पूर्ववेला और पूर्वाभास भी कहा जा सकता है?

पत्र के बहाने मुक्तिबोध की कविता पर विमर्श

विजेन्द्र

प्रिय भाई जीवन सिंह जी,

यह समय गम्भीर काम करने के लिए है। अभी भी आपको समय है। मेरे पास अब समय बहुत कम रह गया है। जो भी हो सकेगा करूँगा। प्रकृति हमारी अग्नि परीक्षा लेती रहती है क्या? शायद हर समर्पित लेखक को ऐसी परीक्षाओं से गुज़रना पड़ता होगा! यह अन्य परीक्षाओं से भिन्न और कठिन भी होती है। मैं जीवन को सदा त्रासदी ही कहता हूँ। बी. एच. यू. में शेक्सपियर हमारे लिये विशेष अध्ययन के पाठ्यक्रम में था। मैंने 'जूलियस्सीजर', 'मैकबैथ', 'किंगलियर', 'हैमलेट' और 'औथैलो' जैसी शेक्सपियर की महान् त्रासदियाँ पढ़ीं। पढ़ा तो चकित रहा। हालाँकि उस समय गहराई में जाने की समझ नहीं थी। पर बाद में इन त्रासदियों को मैं लगातार पढ़ता रहा उनके बारे में सोचता भी रहा। तब से जाने क्यों मुझे जीवन ही त्रासदी लगने लगा है। वैसे भी जीवन में दुःख-दर्द ही अधिक है। मृत्यु त्रासदी का अन्त है। वृद्धावस्था इस त्रासदी का अन्तिम अध्याय। हर रोज़ एक ही पृष्ठ पढ़ने के लिए मिलता है। सूर्योदय से सूर्यास्त तक।

सच्चा सुख है कहाँ? ग्रीक में त्रासदी के लिए शब्द है 'त्रगोदिया'। मुझे कौमैडी कभी रुचिकर नहीं लगी। त्रासदी में करुण रस प्रधान होता है। त्रासदी में ही हम जीवन की गहराइयाँ, दुःख सहने की क्षमता, कठोरताओं का सामना करने का साहस और जीवन-संघर्ष आदि बातें सीखते-समझते हैं। हमारे हृदय का विरेचन भी होता रहता है। भवभूति ने अपने प्रसिद्ध नाटक 'मालती माधव' में एक चरित्र से कहलवाया है, **''सौदसमिनी स्फुरण चंचलमेव सौख्यम्''** अर्थात् 'संसार में सुख आकाश में चमकती बिजली के समान है।' इसी प्रकार अंग्रेजी के प्रख्यात उपन्यासकार टामस हार्डी में भी एक चरित्र कहता है 'Happiness is an occasional episode in the general drama of pain' अर्थात् प्रसन्नता दुःखद जीवन के नाटक में एक आकस्मिक घटना भर है। इसकी सांकेतिक ध्वनि है—करुण रस की उदात्त अभिव्यक्ति। हमारे यहाँ कहा गया है 'अग्नि-परीक्षा'। संकेत है हमारी शक्ति तथा क्षमताओं का आकलन ही नहीं बल्कि हमें अन्दर-बाहर से तपाकर कुन्दन बनाना? मुझे लगने लगा है ऐसी

परीक्षाओं से गुज़रते रहने से कवि का आत्म-बल समृद्ध होता है। अपने लक्ष्य के प्रति हम सजग तथा सुदृढ़ भी होते हैं। कठिनाइयों के गहन ताप में तपने की प्रक्रिया के दौर में उन तुच्छताओं के मैल का विरेचन भी होता रहता है जो आदमी को बौना ही नहीं छूँछ भी बनाती हैं। कई बार जो दूर से हमें पहाड़ दिखते हैं वे करीब से राख का ढेर हैं! लोग उनके भेस को पूजते हैं। भेस छाया प्रतीति है। उसका भेदन वही कर सकता है जिस पर 'हिये' की आँख हैं। हिये तो सबके है। हिये की आँख विरल है। महाकवि वर्ड्सवर्थ ने इसे (Inward Eye) कहा है। यह वही आँख है जो कल्पना को सजीव करती है। इसी की सजगता से कवि को परोक्ष भी प्रत्यक्ष लगने लगता है। जो हो चुका है? या जो हो रहा है? उसे जानकर हिये की आँख आगे होने का संकेत देती रहती है? पर बहुत-से इस संकेत की ध्वनि और लय को समझ नहीं पाते ?...तो कवि सदा अग्नि-परीक्षा देते आये हैं! देते रहेंगे। आँच में तपना कवि की नियति है! हर समय जैसे हाथ पर अंगारा धरा हो! वाणी का भूषण बनने से पूर्व शब्द हमारी रगों में जन्म ले लेते हैं। इसीलिए कविता में आद्यन्त हम खून की रमक का अनुभव करते हैं। मेरे लिये कविता का अंकुरण रक्त में होता है।

ओह, कहाँ भटक गया। प्रियवर, समय भी क्या है? कैसे तो हमें छील-छालकर चला जाता है। हर क्षण शूल भी है। फूल भी। दंश भी और अंश भी। फूल उल्लसित करता है। दंश उल्लास को गहन और गहरा बनाता है। दंश और उल्लास दोनों ही जीवन के लिए ज़रूरी हैं। हर क्षण जीवनांश बनकर ही हमारा अपना बनता है। हमारे यहाँ जीवनोल्लास पर ज़ोर है। दंश पर नहीं। यूरोप में दंश पर भी बल है। शेक्सपियर की त्रासदियाँ उसी दंश की विपुल व्याख्याएँ हैं। गहन त्रासदी कालिदास क्यों नहीं रच पाये? भवभूति के 'उत्तररामचरितम्' में प्रभाव त्रासद नहीं है। जैसे हम शेक्सपियर की त्रासदियों में अनुभव करते हैं। यूरोप में भी शेक्सपियर को छेककर दंशयुक्त काव्य बहुत कम हैं। ग्रीक में है। हमारे महाकाव्य त्रासदी दिखाकर फिर जीवनोल्लास की तरफ ही मुड़ जाते हैं। भवभूति को पढ़ते समय दंश का अनुभव तो होता है। पर अन्त होते-होते करुणा उल्लास का रूप लेने लगती है। 'शाकुन्तलम्' में दंश है। पर पर्यवसान? मुक्तिबोध दंश को गहन बनाने पर बल देते हैं। निराला में दंश बहुत तीखा है। यह दंश नागार्जुन, त्रिलोचन, केदार और कुमारेन्द्र में भी है। सौन्दर्य, प्रेम और उल्लास तो है ही। मुक्तिबोध सौन्दर्य, प्रेम और उल्लास को ठोस रूप नहीं दे पाते? उनके यहाँ न तो नैसर्गिक और न स्त्री का सौन्दर्य है। न उदात्त प्रेम। न कोमल भावों के रूप जैसे निराला, त्रिलोचन, नागार्जुन और केदार जी में मिलते हैं। न प्रचुर विराट् प्रकृति की शोभा और कोमल-कमनीयता। मुक्तिबोध मध्यवर्गीय सौन्दर्य-बोध के ही कवि अधिक हैं। वह अपने को पूरी तरह आभिजात्य से 'डिक्लास' नहीं कर पाते!

उन्होंने अपने निजी जीवन में भी शायद शतदलीय उल्लास का अनुभव नहीं किया? पिछले दिनों मैंने उनके पत्र पढ़े थे। कुछ बातें जानकर मैं हतप्रभ रहा! जैसे

वह शादी को एक 'बेवकूफी' तथा 'गधापन' मानते हैं। उन्होंने शादी करके जैसे बड़ी मूर्खता की हो! यहाँ तक कि दुनिया के सभी विवाहित लोग उनकी तरह ही 'गधे' हैं। वह विवाहित जीवन को हर समय कोसते दिखते हैं! आख़िर क्यों? पत्नी के प्रति बहुत क्रूर लगते हैं! हमारे यहाँ विवाह को भी एक अनिवार्य तथा पवित्र संस्कार माना गया है। उसके बिना जीवन न सिर्फ अधूरा है बल्कि अर्थहीन भी है। सृष्टि की निरन्तरता के लिए स्त्री-पुरुष का संयोग नितान्त आवश्यक है। सांख्य दर्शन में प्रकृति-पुरुष एक संकेत हैं सृष्टि के लिए। मुक्तिबोध एक पत्र में कहते हैं कि एक समय वह अपने कार्यालय में कार्यरत किसी लड़की के प्रति आकर्षित हुए थे! जब उन्हें अपनी पत्नी से इतनी अरुचि है तो फिर किसी भी स्त्री के प्रति आकर्षण क्यों? उन्हें लड़की की तरफ से निराश होना पड़ा। उसके लिए फिर वह अवसाद में डूबे। 'स्वपीड़न की सनक' का दुःख भोगा।

उनके पत्र पढ़कर मुझे लगा कि मुक्तिबोध जीवन के कठिन संघर्ष से भागते हैं। हर पत्र में लगभग अपनी आर्थिक स्थिति पर दैन्य व्यक्त किया है। नेमिचन्द्र जैन जैसे अवसरवादी, मँझोले तथा काँइयाँ लेखक को बढ़ा-चढ़ा के पेश करना! कई बार तो लगता है कि मुक्तिबोध नेमिचन्द्र जैन की (धन या अच्छी नौकरी पाने के लिए) अनावश्यक चाटुकारिता-सी कर रहे हैं। अज्ञेय जैसे वर्ग-दम्भी लेखक से मिलने की ललक! अज्ञेय ने कलकत्ते जाते समय उन्हें मिलने को कुछ क्षणों का समय स्टेशन पर दिया था। पर अज्ञेय जब मिले तो कोई बात तक नहीं की? उसका मुक्तिबोध को अफसोस हुआ। वर्ग-दम्भी व्यक्ति से आख़िर क्यों मिलें? ऐसा दैन्य तथा पलायन या परिवार के प्रति तिरस्कार का भाव निराला, त्रिलोचन, नागार्जुन, केदार और कुमारेन्द्र में कहीं नहीं मिलता! निराला की आर्थिक स्थिति मुक्तिबोध से अधिक अनिश्चित तथा खराब थी! उनके ऊपर मुक्तिबोध से अधिक नैसर्गिक कुठाराघात भी हुए थे। साहित्य में भी उन्होंने कठिन तथा अनर्गल विरोध सहा था। इन दो बड़े कवियों के काव्य-व्यक्तित्वों में फर्क साफ़ है? ऐसा क्यों है? मुक्तिबोध में इतना दैन्य क्यों? निराला में एक मन भले ही कहीं-कहीं थका नज़र आये। पर उनके पास राम की तरह एक और मन है जो कभी थकता नहीं। जो विनय का भी कायल नहीं है। न दैन्य का। आख़िर यह फर्क क्यों है? मुक्तिबोध जैसा बड़ा तथा ईमानदार कवि अपने को बिखरने से क्यों नहीं बचा पाता? वह इतने आत्मग्रस्त क्यों हैं? वह अन्त तक मध्यवर्गीय आभिजात्य क्यों नहीं त्याग पाते? अच्छी नौकरी पाने की इतनी ललक क्यों है जो उन्हें दैन्य के लिए बाध्य करे? जानकी वल्लभ शास्त्री और निराला के बीच विस्तृत पत्र-व्यवहार पढ़कर यह पाता हूँ कि कहीं भी निराला न तो दैन्य व्यक्त करते हैं। न कुछ पाने की कामना! ऐसा दैन्य उनके समकालीन नागार्जुन, केदार तथा त्रिलोचन में कहीं नहीं है? दोनों गहरे अभावों में रहे हैं। त्रिलोचन को तो मैंने बनारस में कई दिनों तक भूखे रहते देखा है। पर उन्होंने किसी से अपनी भूख का दुःख कहा नहीं! किसी से

अच्छी नौकरी पाने की इच्छा भी व्यक्त नहीं की। मुक्तिबोध के पत्रों का केन्द्रीय स्वर है नेमिचन्द्र जैन से पैसे पाने की याचना? अच्छी नौकरी पाने की बेचैनी? मैंने इस बात पर बार-बार सोचा है।

आख़िर ऐसी कौन-सी बात है जो मुक्तिबोध को अन्दर से इतना कमज़ोर बनाती है? मुझे लगा मुक्तिबोध में (Negative capability) अर्थात् 'निषेधी क्षमता' का अभाव है। यह पद अंग्रेजी कवि कीट्स का है। उसने अपने भाई टॉमस को लिखे एक पत्र में शेक्सपियर की काव्य-क्षमता को बताते हुए इसका प्रयोग किया है। इसका सार तत्त्व है किसी भी प्रतिकूलतम स्थिति में सृजनशील-मन को सन्तुलित बनाये रखना। हमारे यहाँ इस अवस्था के लिए कालिदास ने 'समाधि' शब्द का प्रयोग किया है। यद्यपि यह उपर्युक्त पद का समानधर्मा न होते हुए भी समतुल्य जैसा है। इससे हम उसके सार तक पहुँच सकते हैं। हर बड़े कवि में "निषेधी क्षमता" का होना उसके व्यक्तित्व का जैविक हिस्सा है। यह जन्मजात नहीं होती। बल्कि कवि-कर्म की सतत तैयारी की प्रक्रिया तथा जीवन-संघर्ष के दौर में ही इसे अर्जित किया जाता है। जब हम स्वयं को समष्टि में विलयकर उससे अलग होते हैं तो एक ऐसी रचनात्मक तटस्थता अर्जित करते हैं जो हमें किसी भी प्रतिकूल स्थिति में विचलित नहीं करती। भारतीय क्लैसिक्स में यह सर्वाधिक है। अंग्रेजी में शेक्सपियर में सबसे अधिक। तुलसी, कबीर, सूर और जायसी में आप इसे बखूबी देख सकते हैं। बाद में निराला, त्रिलोचन, केदार बाबू, नागार्जुन इसे साधते हैं। इसे साधना अत्यन्त कठिन है। यह बहुत-कुछ हमारे व्यक्तित्व की बनक और हमारी राजनीतिक विचारधारा पर निर्भर करता है। रचना के लिए हम कितना बड़ा जोखिम उठा सकते हैं? उसके लिए हम कितने समर्पित हैं? कितना कुछ उसके लिए त्याग सकते हैं? यह बात हम विश्व के महान् लोकधर्मी कवि नाजिम हिकमत, लोर्का, पाब्लो नेरुदा, बाइ जुई, मायकोवस्की, ब्रेख्त और गेटे आदि कवियों में देख सकते हैं।

मुक्तिबोध कविता में सर्वहारा के लिए लड़ते दिखायी देकर भी इतने दुरूह, बिखरे, अस्त-व्यस्त तथा उलझे क्यों दिखायी देते हैं? मुझे लगता है उन्होंने 'आत्म-संघर्ष' को ही अपना दर्शन जैसे बनाया हो? सर्वहारा समर्थक कवि को बहुत ही सहज, सुगम और सम्प्रेषणीय होना चाहिए। उनका लम्बा निबन्ध, 'नयी कविता का आत्म-संघर्ष' कुछ-कुछ इस बात का संकेत देता है कि मुक्तिबोध जनता के संघर्ष में शरीक होने के बजाय 'आत्म-संघर्ष' में ज़्यादा भरोसा करते हैं? इससे भी दिलचस्प बात है कि मुक्तिबोध जनता की पक्षधरता को 'अन्तरात्मा' का प्रश्न मानते हैं। उन्होंने अपने एक निबन्ध, 'अन्तरात्मा और पक्षधरता' में कहा है, "पक्षधरता का प्रश्न हमारी आत्मा का, हमारी अन्तरात्मा का प्रश्न है।" मेरे खयाल से पक्षधरता का गहरा सम्बन्ध हमारी ठोस वाम राजनीतिक विचारधारा और पक्षधरता से है। अंग्रेजी शब्द 'कमिटमैण्ट' का अनुवाद है यह। इस निबन्ध में वे कहते हैं, "हम सब एक प्रवृत्ति हैं, एक धारा हैं—

भाव-धारा, विचार-धारा, जीवन-धारा और हम सभी उसी धारा के अंग हैं।' आगे और कहा है कि, "मैं अपनी अन्तरात्मा का पक्षधर हूँ।" यहाँ उनका अस्तित्ववादी मन मुखर है। यह पक्षधरता का अमूर्तन है। अन्तरात्मा की स्वयं में कोई पक्षधरता नहीं होती। वह हमें चाहे जहाँ ले जाकर भटका सकती है। पर प्रतिबद्धता का गहरा सम्बन्ध हमारे जीवन्त वाम राजनीतिक दृष्टिकोण से है। उससे विचलित होकर हम पतित होते हैं। मुक्तिबोध कविता में वर्ग-चेतना, सामाजिक-आर्थिक विषमता, वर्ग-संघर्ष और अन्तर्विरोधों की बात बहुत साफ-साफ नहीं करते। अतः सब-कुछ अमूर्त हुआ लगता है। हमारा आभ्यन्तर कैसे रचा जाता है? वस्तु जगत् के घातों-प्रत्याघातों, सामाजिक पक्षधरता और मुक्तिकामी जनता के संघर्ष में शरीक होने से ही हमारा आभ्यन्तर निर्मित होता है। मार्क्सवादी तत्त्व-मीमांसा में भी ऐसे ही संकेत हैं। मुक्तिबोध आत्मग्रस्त होकर उस में निमग्न होकर—उसमें रस भी लेते हैं। उनके इस निबन्ध का कुप्रभाव हिन्दी आलोचना पर यह पड़ा कि 'आत्म-संघर्ष' को ही हम कविता तथा कवि-जीवन का प्रतिमान मानने लगे। पिछले दिनों एक युवा कवि को कहते सुना कि, "राजेश जोशी में सामाजिक यथार्थ तो है पर 'आत्म-संघर्ष' नहीं। जैसे मुक्तिबोध में है।" मेरा मानना है कि आत्म-संघर्ष एक ऐसी प्रविधि है जिससे हम जीवन के भयावह यथार्थ तथा उसकी कठोर चुनौतियों से बच सकते हैं। कवि के आत्म-संघर्ष का अभिप्राय है कि वह स्वयं को 'डिक्लास' करने के लिए अपने कुलीन, मध्यवर्गीय, विगतगामी और जड़ संस्कारों से संघर्ष कर रहा है। क्या वजह है मुक्तिबोध के समकालीन त्रिलोचन, नागार्जुन तथा केदार बाबू और बाद में कुमारेन्द्र, कुमार विकल और मैं स्वयं आत्म-संघर्ष पर इतना जोर नहीं देते। बल्कि राजनीतिक वर्ग-चेतना और सामाजिक संघर्ष पर ही जोर देते हैं। मेरा खयाल है जो कवि जनता से एकात्म होकर उसके संघर्ष में शिरकत करता है वह आत्म-संघर्ष भी करता चलता है। मुक्तिबोध की गहरी 'आत्मग्रस्तता' उन्हें किसानों, श्रमिकों तथा अन्य सामान्य जन से एकात्म नहीं होने देती! क्या वजह है कि मुक्तिबोध की कविता में छोटे किसान, उनका कठिन जीवन, उनका शोषण-उत्पीड़न लगभग गायब है? जबकि वे छोटे स्थानों पर रहे और वहाँ रहते हुए उन्होंने किसानों को ज़रूर देखा होगा। उनके समय में श्रमिक संगठनों के आन्दोलन भी थे। उनके काल में किसान अधिक आन्दोलित थे। श्रमिक भी। किसान सभाएँ आज की अपेक्षा अधिक शक्तिशाली तथा सक्रिय थीं। श्रमिक संगठन मज़बूत थे। उनकी कविता में राजनीतिक संगठन का भी बोध बहुत कम है। जहाँ तहाँ पोस्टर चिपकाकर भागते-छिपते लोग तो दिखायी देते हैं पर विचारधारा से लैस ठोस संगठन की छवियाँ नहीं उभरतीं। जैसे पाब्लो नेरुदा, नाज़िम हिकमत, ब्रेख्त तथा मायकोवस्की में साफ झलकती है। हमारे यहाँ नागार्जुन

खड़ी हो गयी चाँप कर कंकालों की हूक
बाल न बाँका कर सकी शासन की बन्दूक

ऐसी संगठित जन-शक्ति का उभार मुक्तिबोध नहीं दिखा पाते। वे स्वयं से ही लड़ते दिखायी देते हैं जिससे कुछ रत्न अपनी आत्मा से खोज लो।

केदार बाबू में बराबर सांगठनिक छवियाँ उभरती हैं। वहाँ जन-शक्ति का एहसास बराबर होता रहता है—

मैंने उसको जब जब देखा
लोहा देखा, लोहा जैसा तपते देखा
गलते देखा, ढलते देखा
मैंने उसको गोली जैसा
चलते देखा

यहाँ एक आदमी में पूरी जनता की शक्ति व्यक्त होती दिखती है।

नागार्जुन, त्रिलोचन और केदार तीनों कवि पूँजी केन्द्रित राजनीतिक व्यवस्था पर तीखे-से-तीखे प्रहार करते हैं।

मुक्तिबोध ने स्वयं यह स्वीकार किया है कि वह लोगों से 'एकात्म' नहीं हो पाते। क्यों आख़िर? कई बार वह उसकी ज़रूरत भी नहीं समझते। यह उनका अघोषित आभिजात्य तो नहीं? उनकी कविता भी आभिजात्य से मुक्त नहीं हो पाती! उन्होंने अपने पत्रों में अपने 'एकाकीपन का आत्मपीड़न' बड़ी तीव्रता से बताया है। क्या वजह है सारा जीवन उन्होंने मध्यवर्ग की चिन्ता में ही लगा दिया? मध्यवर्ग की चिन्ता के साथ हमें छोटे किसानों तथा श्रमिकों की भी चिन्ता क्यों न हो? शायद मुक्तिबोध अपने आभिजात्य से मुक्त होने को ही जीवन भर आत्म-संघर्ष करके भी सफल क्यों नहीं हो पाये? उस मानसिकता से उबरने के लिए ही उन्होंने आत्म-संघर्ष का मार्ग चुना है। मुझे लगता है कि यदि मुक्तिबोध आत्म-संघर्ष का मार्ग न चुनकर जनता से एकात्म होकर उसके संघर्ष में शिरकत करने का मार्ग चुनते तो वह न तो इतने 'आत्मग्रस्त' होते। न उनमें इतना संशय होता। न भय, न अनिश्चय, न फैण्टेसी की अनावश्यक ललक। न आत्मरक्षा का दुःस्वप्न उन्हें रौंदता रहता। देखिये, आत्म-संघर्ष का सुरक्षा कवच तो कोई भी कवि बना सकता है। आत्म-संघर्ष में न तो कोई जोखिम है। न किसी को कोई चुनौती। उन्होंने बार-बार संकेत दिया है कि उनका कोई पीछा कर रहा है। यह आत्मपीड़न की धुन या सनक एक ऐसा मनोविकार है जो हमें फैण्टेसी में रमने को विवश करता है। जनता से जितनी अधिक दूरी होगी हम इस दुस्स्वप्न के शिकार होंगे। मुझे उनके पत्र पढ़ते लगा कि मुक्तिबोध में अनेक ऐसी मनोग्रन्थियाँ हैं जो उन्हें चैन नहीं लेने देती। यह लगभग सब में कम-ज़्यादा होती हैं। पर हम अपनी "निषेधी क्षमता' से उन पर काबू पा लेते हैं। मुक्तिबोध ऐसा नहीं कर पाते। अपने को 'मनोरोगी', वह स्वयं भी कहने लगे थे। निराला भी अन्त में अर्द्धविक्षिप्त से हो गये थे। बड़बड़ाते थे। पर उनमें अन्त तक दैन्य न था। कोई मिलने जाता था तो अंग्रेजी

में बातें करते थे। मैंने जितने लोकधर्मी कवियों को पढ़ा और जाना है—भारतीय तथा यूरोपीय भी —उन सबकी कविता सहज, सुबोध, अति सम्प्रेषणीय तथा संश्लिष्ट है। मुक्तिबोध की संश्लिष्टता उनकी दुरूहता से बहुत आहत हुई है। हिन्दी में यह रिवाज चल पड़ा है कि दुरूहता तथा दुर्बोधता को उत्कृष्ट कविता का निकष मानने लगे हैं। मैंने कई-कई बार मुक्तिबोध को पढ़कर समझने की कोशिश की। पर समझ नहीं पाया। जबकि हिन्दी का हर आदमी मुक्तिबोध को समझने का दावा करता है। बहुत-से तो बिना पढ़े ही मुक्तिबोध का नाम बड़े अधिकार से लेते हैं? कहीं ऐसा तो नहीं मुक्तिबोध जैसे कठिन तथा दुरूह कवि का नाम लेने से लोगों को साहित्यिक प्रतिष्ठा पाने में सुविधा होती हो? मैं कुछ उदाहरण आपके सामने रखता हूँ। जैसे वह "रहस्यमयी व्यक्ति' को अपनी अभी तक न हो पायी अभिव्यक्ति बताते हैं..." "वह रहस्यमय व्यक्ति/ अब तक न पायी गयी मेरी अभिव्यक्ति है।" जो अब तक अभिव्यक्त नहीं हो पाया वह रहस्यमय क्यों? आज के कवि को रहस्य शब्द से जहाँ तक हो बचने की ज़रूरत नहीं है क्या? फिर कहते हैं—

यह वही व्यक्ति है/ जो मुझे खोह में दिखा था।

अब देखिये। अब तक अभिव्यक्ति का न हो पाना रहस्यमय में व्यक्ति है। फिर सहसा वह व्यक्ति 'तिलिस्मी खोह' में दिख जाता है। यह तिलिस्मी व्यक्ति कौन है? छूटी हुई अभिव्यक्ति? पर अभिव्यक्ति सहसा व्यक्ति बनकर तिलिस्मी खोह में कैसे मिलती है। यह तिलिस्मी खोह क्या है? तिलिस्म और खोह के रूपक बार-बार मुक्तिबोध में क्यों आते हैं? वह तिलिस्मी व्यक्ति से घुलना-मिलना चाहते हैं। कहते हैं—

"परन्तु भयानक खड्डे के अँधेरे में आहत
और क्षत-विक्षत, मैं पड़ा हूँ
शक्ति ही नहीं है कि उठ सकूँ जरा भी
(यह भी तो सही है कि
कमजोरियों से ही मोह है मुझको)।

फिर कहते हैं—

वह जन वैसे ही आप चला जायेगा आया था जैसे
खड्डे अँधेरे में मैं पड़ा रहूँगा पीड़ाएँ समेटे...!!

क्या यह एक अस्तित्ववादी का अभिशप्त, अवसादग्रस्त तथा निस्सहाय होकर जीना तो नहीं है? मुक्तिबोध की किंकर्त्तव्यविमूढ़ता के कारक क्या हो सकते हैं? इस पर हमें विचार करने की ज़रूरत है—

क्या करूँ, क्या नहीं करूँ मुझे बताओ;
भविष्य का नक्शा दिया हुआ उसका
सह नहीं सकता!

नहीं, नहीं, उसको मैं छोड़ नहीं सकूँगा
सहना पड़े मुझे चाहे जो भले ही!

एक तरफ भविष्य का नक्शा उन्हें स्वीकार नहीं है। दूसरी तरफ वह उसे छोड़ना भी नहीं चाहते। यह गहरा द्वैध क्यों? आगे कहते हैं—

यह सिविल लाइन्स है
मैं अपने कमरे में
यहाँ पड़ा हुआ हूँ
× × ×
पीटे गये बालक-सा मार खाया चेहरा/
उदास इकहरा
× × ×
भूत जैसी आकृति

क्या भूतों की आकृतियाँ अनुमेय हैं? आकृतियों की जब हम उपमा देते हैं तो हम स्वीकारते हैं कि हमने उपमेय वस्तु देखी है। भूतों का जिक्र क्या अवैज्ञानिक नहीं है? यदि यह कोई प्रतीक है तो भी आज वरेण्य नहीं है। यही नहीं मुक्तिबोध भूतों की शादी का उल्लेख करते हैं—संगीनों का चमकता जंगल...यहाँ 'संगीनों के चमकते जंगल' की चमत्कारिक छवि पर भी ध्यान दें। भूत-पिशाच-काया-यानी मुक्तिबोध भूतों के सशरीर अस्तित्व को स्वीकार करते लगते हैं। गहन मृतात्माएँ इसी नगर की *कोई मेरा पीछा कर रहा है लगातार/ आत्मोद्बोधमय भूतों की शादी में।'*

क्या यह वैज्ञानिक संवेदना का विपर्यय नहीं है? बार-बार आते हैं प्राकृतिक गुहा, विस्तृत खोह, गुहावास। जिस चमत्कार या वाग्मिता के लिए हम केदारनाथ सिंह की आलोचना करते हैं वैसे चमत्कारिक प्रसंग मुक्तिबोध में भी भरे पड़े हैं—उनके अधिकांश बिम्ब तिलिस्म, जादू, रहस्य, सहसा किसी व्यक्ति की उपस्थिति, भुतहे-वीरान स्थान। कई बार

खम्बों पर बिजली की/ गर्दनें लटकी हैं...
बार-बार आता है खोह अँधेरा/ जादू से बँधा हुआ।
खोहों की गलियाँ/ तिलिस्मी खोह...
अनाज के बड़े-बड़े ढेरों पर
नाचते हैं सुनहले भूत

भूतों का नाच वही प्रयोग करेगा जिसने उन्हें नाचते-कूदते देखा हो। यह कुछेक उदाहरण हैं। पूरी कविता ऐसे तिलिस्मी, भुतहे, खोहों, बावड़ियों आदि रहस्यमय रूपकों से भरी हुई है। इसी भुतही रहस्यमयता को ही अशोक वाजपेयी

जैसे बूर्जुआ समीक्षक मुक्तिबोध की काव्य-उपलब्धि मानकर सराहते हैं। वे इसी रहस्यमयता की अन्य जनवादी और प्रतिबद्ध कवियों से अपेक्षा भी करते हैं। क्या वजह है कि ऐसे बूर्जुआ लेखक जो मुक्तिबोध की मार्क्सवादी दृष्टि को नफरत करते हैं। पर उनके भूत-प्रेतों, खोहों, तिलिस्म और रहस्य-लोक की प्रशंसा करते हैं। वे नागार्जुन, त्रिलोचन, केदार बाबू और कुमारेन्द्र को नहीं सराहते। आख़िर क्यों? आज नहीं तो कल ऐसे बहुत-से सवालों के उत्तर मुक्तिबोध की कविता को लेकर हमें देने होंगे?

मुझे मुक्तिबोध को पढ़ते हर बार लगा कि मैं किसी ऐसे रहस्य-लोक में विचरण कर रहा हूँ जहाँ बहुत-सी चीज़ें बिखरी पड़ी हैं अस्त-व्यस्त। पर पहचान नहीं पा रहा। द्रव्यता को फैण्टेसी द्वारा इतनी दूर ले जाना कि उनका रूप ही विकृत हो जाये। सामाजिक यथार्थ ही रहस्य होने लगे! मुझे यह आज की कविता में वरेण्य नहीं लगता। इस दृष्टि से मुक्तिबोध की कविता पर विचार होने की ज़रूरत है। कैसी विडम्बना है हम अज्ञेय के रूपवाद की आलोचना करते हैं। पर शमशेर के रूपवाद का कवच तैयार कर लेते हैं। शमशेर की राजनीतिक कविताओं को यदि छोड़ दें तो शेष कविताओं में वह अज्ञेय से ज़्यादा रूपवादी हैं। पर यह बात हिन्दी समीक्षा नहीं उठा पायी। इसी तरह मुक्तिबोध की सीमाओं को नहीं बताया गया। सिर्फ मनीषी समीक्षक और महान् मार्क्सवादी चिन्तक डॉ. रामविलास शर्मा ने मुक्तिबोध की कविता पर जो आक्षेप लगाये हैं उन पर गम्भीरता से विचार करने की ज़रूरत है। अगर हम उनकी सीमाएँ नहीं बताते तो इससे नये कवि के मन में गलत धारणाएँ पैदा होती हैं। मैंने प्रयोग के लिए इन बातों को कई युवा कवियों के सामने रखा है। तर्क से वे सब स्वीकार करते हैं कि मुक्तिबोध से चूकें हुई हैं। पर कहने को कोई तैयार नहीं होता। क्योंकि उनकी इस प्रकार की अभेद्य प्रतिमा तैयार कर दी गयी है। जब इलियट ने शेक्सपियर की अमर कृति ''हैमलेट'' को एक 'विफल कलाकृति' कहा तो सारा यूरोप चौंका था। पर जब इलियट के तर्क समझे तो बेचैनी शान्त हुई। खैर, और भी अनेक बातें हैं जिन्हें फिर कभी...इस सन्दर्भ में मुझे डॉ. रामविलास शर्मा का यह कथन सच लगता है कि, 'मुक्तिबोध अस्तित्ववाद और मार्क्सवाद' को गड्‌ड-मड्‌ड करते रहे हैं। यह प्रवृत्ति खतरनाक है। इससे अनेक भ्रम फैलते हैं। उन्हे लगता है कि मार्क्सवाद हमारे जीवन की आन्तरिक समस्याएँ नहीं सुलझा सकता। अतः अस्तित्ववादी आन्तरिकता की अतिशयता उन्हें रहस्यलोक की तरफ आकर्षित करती रहती है। यह उलझन उनमें अन्त तक है। निराला 'नये पत्ते' तक आते-आते वेदान्त त्याग देते हैं। पर मुक्तिबोध अन्त तक अस्तित्ववाद को नहीं त्याग पाते? उनमें आत्मपरकता, आत्मविश्लेषण तथा आत्मग्रस्तता की अतिशयता भी हमें अन्त तक उलझाती है। कुछ लोग उनकी इस कुप्रवृत्ति को मध्यवर्ग का दर्शन मानकर उसकी रक्षा करते हैं। पर मध्यवर्ग से

लड़ने के लिए हमें सर्वहारा की शक्ति को पहचानना पड़ेगा। खैर, यह मेरे अपने विचार हैं। मुक्तिबोध की ईमानदारी को स्वीकारते हुए ही मैं यह बातें कह रहा हूँ। वह हमारे बड़े कवि हैं। रहेंगे। यदि वह उपर्युक्त दुर्बलताओं से बच पाते तो शायद और बड़े कवि होते। उनकी परम्परा का विकास भी होता। हम सब अधिक समृद्ध होते। मुक्तिबोध हमारे क्लैसिक बनते। निराला की परम्परा का विकास हुआ है। हम सब निराला की परम्परा से सीखकर उसे विकसित करने की कोशिश कर रहे हैं। पर मुक्तिबोध की परम्परा उनके साथ ही समाप्त होती दिखती है। जब किसी कवि की कविता का विकास नहीं होता तो यह चिन्ता का विषय है। यह एक प्रकार से उसकी कविता को नयी पीढ़ी द्वारा नकारना जैसा ही है। मुक्तिबोध मेरी दृष्टि में समकालीन हिन्दी कविता के मानक कवि नहीं बन पाये। मानक कवि हैं नागार्जुन, त्रिलोचन, केदारनाथ अग्रवाल और कुमारेन्द्र। मुक्तिबोध में हमारी बड़ी लम्बी और समृद्ध काव्य-परम्परा का विकास भी लक्षित नहीं होता। किसी भी युग का बड़ा कवि हमें अपनी परम्परा का स्मरण ज़रूर कराता रहता है। क्योंकि बिना उसे गहराई से आत्मसात् किये बड़ी कविता सम्भव ही नहीं होगी।

मुक्तिबोध के आलोचना-कर्म पर एक नजर

कँवल भारती

मेरे लिये गजानन माधव 'मुक्तिबोध' एक कवि के रूप में जितने जटिल हैं, उतने जटिल वह आलोचक के रूप में नहीं हैं। उनकी कविता में अभिव्यक्ति की जटिलता और दुरूहता सबसे अधिक है, इसलिए वह मेरे कभी पल्ले नहीं पड़ते। एक दफे यह बात मैंने निजी बातचीत में प्रणय कृष्ण से कही थी, तो उनका कहना था कि अगली बार जब बैठेंगे, तो यह दुरूहता खत्म हो जायेगी। उन्होंने सही कहा था, क्योंकि वह मुक्तिबोध को पढ़ाते हैं और उस पर अधिकार भी रखते हैं। पर, किसी के समझाने से समझा, तो क्या समझा?

मुक्तिबोध की आलोचना की मैंने तीन किताबें पढ़ी हैं, **एक,** 'नयी कविता का आत्म-संघर्ष', जो नामवर सिंह की 'कविता के नये प्रतिमान' पढ़ने के काफी समय बाद पढ़ी थी, **दो,** 'भारत : इतिहास और संस्कृति', जिसे उन्होंने पाठ्यपुस्तक के रूप में लिखा था। इसकी भूमिका में उन्होंने लिखा है कि, 'यह इतिहास की पुस्तक नहीं है', और यह भी कि, 'यह ग्रन्थ मौलिक नहीं है। जहाँ से जो मिला, लिया।' इसे हम उनका सम्पादन-कर्म मान सकते हैं; और, **तीन,** 'कामायनी : एक पुनर्विचार', जो आज भी 'कामायनी' पर उनकी प्रगतिवादी आलोचना की श्रेष्ठ कृति मानी जाती है। अगर इतिहास की किताब को छोड़ दें, तो शेष दोनों उनके आलोचना-कर्म की बेजोड़ किताबें हैं। दुर्भाग्य से उन्हें लम्बा जीवन नहीं मिला, मात्र 47 वर्ष की अल्पायु में ही वह दुनिया से चले गये। अगर वह आज होते, तो अपने बहुत-से विचारों का भी पुनर्परीक्षण अवश्य करते।

मैं अपनी बात 'कामायनी : एक पुनर्विचार' से शुरू करता हूँ। इसके अन्तिम अध्याय में मुक्तिबोध एकदम स्वामी विवेकानन्द की शैली में घोषणा करते हैं—"आज संस्कृति का नेतृत्व उच्च वर्गों के हाथ में है—जिनमें उच्च मध्यवर्ग भी शामिल है। किन्तु यह आवश्यक नहीं है कि यह परिस्थिति स्थायी रहे, अनिवार्यतः यह बदल सकती है। और, जब बदलेगी, तब इतनी तेजी से बदलेगी कि होश फाख्ता हो जायेंगे।"[1] आगे उन्होंने मध्यकालीन निम्नजातीय सन्तों की पराजय पर टिप्पणी की है कि क्रान्ति

को अन्ततः हारना ही पड़ता है, तथापि, वे उस जमाने के जल्दी आने की भविष्यवाणी भी करते हैं, जब क्रान्ति फिर से जीवित होगी। यथा—

'किन्तु, अन्ततः, संस्कृति का नेतृत्व करनेवाले पुराने विधाताओं से हारना ही पड़ता है। मेरा मतलब कबीर जैसे निर्गुणवादी सन्तों की श्रेणी से उस श्रेणी में आनेवाले लोगों से है। समाज के भीतर निम्न जन-श्रेणियों का वह विद्रोह था, जिसने धार्मिक-सामाजिक धरातल पर स्वयं को प्रस्थापित किया। आगे चलकर, निर्गुणवाद के अनन्तर, सगुण भक्ति और पौराणिक धर्म की विजय हुई, तब संस्कृति के क्षेत्र में निम्न जातियों को, निम्न जन-श्रेणियों को पीछे हटना पड़ा। यह आवश्यक नहीं कि आगे चलकर यह निम्न जन-श्रेणियाँ चुपचाप बैठी रहें। शायद वह जमाना जल्दी ही आ रहा है, जब वे स्वयं संस्कृति का नेतृत्व करेंगी, और वर्तमान नेतृत्व अधःपतित होकर धराशायी हो जायेगा। इस बात से वे डरें, जो समाज के उत्पीड़क हैं, या उनके साथ हैं, हम नहीं, क्योंकि हम पददलित हैं, और अविनाश्य हैं—हम चाहें जहाँ उग आते हैं। गरीब, उत्पीड़ित, शोषित मध्यवर्ग को ध्यान में रखकर मैं यह बात कह रहा हूँ।'[2]

किन्तु जिस सगुण और पौराणिक धर्म की विजय की बात मुक्तिबोध करते हैं, वह वस्तुतः ब्राह्मणवाद की प्रति-क्रान्ति है। जब वह यह कहते हैं कि, 'सारी कामायनी में नयी सभ्यताओं के उत्कर्ष' और विज्ञान की उन्नति के लिए कोई सर्ग नहीं है[3] तो असल में वह उसे प्रति-क्रान्ति की नजर से ही देख रहे थे। पर, वह इस बात को कहीं खुलकर नहीं कह सके, कि कामायनी के रचनाकार प्रति-क्रान्ति के कवि थे। हालाँकि मुक्तिबोध सही कहते हैं कि प्रसाद जी समाज में 'विघटन की प्रक्रिया को मूलतः वर्ग-भेद, वर्ग-संघर्ष और अहंकार मानते हैं।'[4] पर, जिसे वह विघटन की प्रक्रिया कहते हैं, वह असल में परिवर्तन की प्रक्रिया थी, जो बीसवीं सदी में पूरे देश में शुरू हो गयी थी। प्रसाद जी इसी परिवर्तन के विरोधी थे।

कामायनी का प्रकाशन 1937 में हुआ था, सम्भवतः उसकी रचना उससे भी पहले हुई हो। उसके रचनाकार 1857 के गदर की असफलता को देख चुके थे, जो भारतीय समाज में ईस्ट इण्डिया कम्पनी द्वारा, स्त्रियों और निम्न जातियों के पक्ष में किये गये सुधारों के विरुद्ध ब्राह्मणों और सामन्तों ने मिलकर किया था। वह यह भी देख रहे थे कि किस तरह ईसाईयत और इस्लाम निम्न-जातियों में नया ज्ञानोदय पैदा कर रहे थे। वह डॉ. अम्बेडकर और हिन्दी क्षेत्र में स्वामी अछूतानन्द के नेतृत्व में चल रहे वर्ण-व्यवस्था विरोधी आन्दोलनों के भी साक्षी थे। यह सब उनके लिए चिन्तनीय था। इसलिए प्रसाद की कामायनी हिन्दू पुनरुत्थान की रचना है। मुक्तिबोध कामायनी की आलोचना में वर्ग-संघर्ष का विरोध तो देखते थे, पर वर्ण-संघर्ष का विरोध नहीं। शायद, समकालीन ब्राह्मणवादी समाजवादियों की तरह मुक्तिबोध की चिन्ता में भी वर्ण के सवाल नहीं थे। किन्तु, वह इस बात से ज़रूर आश्वस्त थे कि वह जमाना जल्दी आयेगा, जब नयी संस्कृति का नेतृत्व निम्न-वर्गों के हाथों में होगा। अवश्य ही आज

वह जमाना आ गया है, लेकिन निम्न-वर्गों के नहीं, निम्न-जातियों के हाथों में आया है। आज राजनीति और समाज की नयी संस्कृति का नेतृत्व निम्न-जातियों के हाथों में है। पर, यह जातियाँ, यद्यपि, ब्राह्मणवाद और पूँजीवाद की विनाशक नहीं, रक्षक हैं, तथापि, यह जमाना वर्ग-संघर्ष का नहीं, वर्ण-संघर्ष का है। हालाँकि, मुक्तिबोध की यह बात आज भी सही है कि सगुण और पौराणिक धर्म का पुराना नेतृत्व (अर्थात् प्रति-क्रान्ति) क्रान्ति को निगलने के लिए हमेशा सक्रिय रहा है, जो इस निम्न नेतृत्व पर लदे हुए ब्राह्मणवाद को देखकर अनुभव भी हो रहा है।

'कामायनी' में मुक्तिबोध की वर्गीय दृष्टि जबरदस्त है, जो उसमें उन्हें खुला खेल ब्राह्मणवादी देखने ही नहीं देती। उन्होंने पूँजीवाद, साम्राज्यवाद, वायवाद, अद्वैतवाद, रहस्यवाद और न जाने किन-किन वादों की चर्चा करके उसकी आलोचना को अपनी कविता की तरह ही बोझिल और दुरूह बना दिया है। इससे उसमें पाण्डित्य तो खूब भर गया है, पर भारतीय समाज के परिप्रेक्ष्य में उसकी आलोचना नहीं हो पायी है। मिसाल के तौर पर, मुक्तिबोध लिखते हैं—

'प्रसाद जी को इस बात का श्रेय देना ही होगा कि उन्हें अपने समाज की ह्रासावस्था में, जब उस समाज-रचना की स्थिति अगतिक हो उठती है, तब, वह धर्म का या रहस्यवाद का, अथवा किसी-न-किसी प्रकार के वायवीय आदर्शवाद का, पल्ला पकड़ता ही है। उसका प्रधान आकर्षण, वस्तुतः, धर्म या रहस्य के प्रति ही होता है। जिस पूँजीवाद ने अपने उत्थान-काल में धर्म के मजबूत पंजों से जनता के मन को छुटकारा दिलाया, वही पूँजीवाद आगे चलकर अपने चरमराते ढाँचे को थामने के लिए, धर्म या किसी-न-किसी रहस्यवाद का सहारा लेता ही है।'[5]

पूँजीवाद, हिन्दू वर्ण-व्यवस्था की बुनियाद में ही मौजूद है, इसलिए उसके चरमराने का सवाल ही पैदा नहीं होता। वर्ण-व्यवस्था का अर्थ है ब्राह्मणवाद, और ब्राह्मणवाद हमेशा पूँजीवाद के साथ चलेगा, न सिर्फ चलेगा, बल्कि उसका विकास और विस्तार भी करेगा। भारत के आर्थिक विकास का नेहरू मिश्रित मॉडल यही तो है। मुक्तिबोध बार-बार रहस्यवाद की पुनरावृत्ति क्यों करते हैं? और यह आदर्शवाद क्या है, जिसका पल्ला प्रसाद जी ने पकड़ा है? क्या यह वर्ण-धर्म नहीं है, जिसे कहने का साहस, पता नहीं, मुक्तिबोध क्यों नहीं कर सके? हालाँकि वह इसके बहुत नजदीक पहुँचकर भी उसकी उपेक्षा करते हैं, जब कहते हैं—

"श्रद्धा वर्गहीन समाज चाहती है, जिसमें एक व्यक्ति के हित दूसरे से न टकरायें, एक पक्ष के हित दूसरे से न भिड़ें, समाज के सब लोग एक-दूसरे से घुल-मिलकर रहें। श्रद्धा का आदर्शवाद भावनापूर्ण है। श्रद्धा ऐसा समाज चाहती है, जिसमें भेदभाव न हो।"[6]

क्या जाति-व्यवस्था के रहते भेदभावरहित और वर्गहीन समाज बन सकता है? कोई भी इसका 'हाँ' में उत्तर नहीं दे सकता। किन्तु, मुक्तिबोध की वर्गीय चेतना इस

यथार्थ को अनुभव नहीं कर रही थी। श्रद्धा के आदर्शवाद पर वह सिर्फ इतना कहते हैं—

"किन्तु वर्ग-विषमताओं को नष्ट करने तथा शोषणमूलक सामाजिक विकारों को रोकने का उसके पास कोई उपाय नहीं है। उपाय के नाम से जो भी है, वह है सामरस्य सिद्धान्त, जो अधिक-से-अधिक एक मनोवैज्ञानिक अवस्था का नाम है। उसके द्वारा समाज-रचना नहीं बदली जा सकती।"[7]

यहाँ मुक्तिबोध जाति-व्यवस्था को एक सामाजिक विकार कहकर आगे बढ़ जाते हैं। जाहिर है कि वह जाति-व्यवस्था से 'पीड़ित' समाज से नहीं आते थे, अपितु वह 'प्रतिष्ठित' समाज के सदस्य थे। इसलिए, वह हिन्दू धर्म की उस मूल आत्मा को, उस धार्मिक व्यवस्था को, जिसे हिन्दू कानून का भी दर्जा प्राप्त था, और जो निजी पूँजीवाद की सबसे बड़ी समर्थक है, सिर्फ एक सामाजिक विकार की नजर से देख रहे थे। अगर यह सिर्फ सामाजिक विकार है, तो जिस तरह से बहुत-से सामाजिक विकार समय के साथ समाप्त हुए, जैसे समुद्र-यात्रा पाप थी, तो जाति-व्यवस्था समाप्त क्यों नहीं हुई? अस्पृश्यता आज भी विद्यमान क्यों है? कामायनी के रचयिता प्रसाद जी की बात समझ में आती है, वह बीसवीं सदी में ईसाईयत, इस्लाम और ब्रिटिश-सुधारों के प्रभाव से दलित-पिछड़ी जातियों के उत्थान से चिन्तित थे, और इसलिए चिन्तित थे, क्योंकि वे अपने पुश्तैनी पेशों का परित्याग करने लगे थे, जिन्हें हिन्दू वर्ण-व्यवस्था ने उनका वर्ण-कर्म निश्चित किया था। किन्तु मुक्तिबोध की परेशानी क्या थी? उनकी परेशानी यह थी कि वह अपने समय के ब्राह्मणवादी समाजवादियों की तरह वर्ण के सवालों को जातिवादी कहकर नकार रहे थे।

लेकिन इसके बावजूद, मुक्तिबोध यह स्वीकार करने का साहस करते हैं कि प्रसाद जी की श्रद्धा जिस समाज की कल्पना करती है, वह सामरस्य-सिद्धान्त की मनोवैज्ञानिक अवस्था है। आज के हिन्दू राष्ट्रवादी संगठन 'राष्ट्रीय स्वयंसेवक संघ' का सामाजिक समरसता का सिद्धान्त भी ऐसी ही मनोवैज्ञानिक अवस्था है, जिसकी मीठी गोली ब्राह्मणवाद और पूँजीवाद से पीड़ित वर्गों को सुलाने का काम करती है। इसलिए, मुक्तिबोध का तर्क सही है कि, "सामरस्य के सिद्धान्त को तब व्यावहारिक रूप दिया जा सकता है, जब समाज-रचना बदल दी जाये और पूँजीवादी सभ्यता पूर्णतः नष्ट हो।" पर, उन्हें यह भी कहना चाहिए था कि ब्राह्मणवाद को मारे बिना, न समाज की रचना बदलेगी, और न पूँजीवादी सभ्यता नष्ट होगी।

2

अब कामायनी को यहीं छोड़ता हूँ, और मुक्तिबोध की सर्वाधिक चर्चित पुस्तक 'नयी कविता का संघर्ष' पर कुछ चर्चा करना चाहता हूँ। इस पुस्तक में संकलित सभी निबन्ध सम्भवतः उनकी मृत्यु (1964) से पाँच-दस साल पहले की अवधि के लिखे

हो सकते हैं। उसी काल में हिन्दी कविता में नयी कविता का दौर शुरू हुआ था। हिन्दी कविता में यह सबसे बड़ा तमाशा था। इससे पहले, हिन्दी कविता में छायावाद, रहस्यवाद, प्रयोगवाद और प्रगतिवाद के दिलचस्प तमाशे हो चुके थे। यह तमाशे इसलिए हुए, क्योंकि हिन्दी में जमीन से कोई कवि नहीं आया था। सब-के-सब ब्राह्मण और हिन्दुत्व की पृष्ठभूमि से आये थे। इसलिए, उनकी सारी अनुभूतियाँ धर्म के संस्कारों से निर्मित हुईं थीं। उनकी भाषा, शब्दावली, भावाभिव्यक्ति सब-की-सब धार्मिक थीं। वे प्रकृति, गंगा, पहाड़, बाग-बगीचे, आकाश, बादल, वर्षा, फूलों, वृक्षों और झरनों के प्रति संवेदनशील थे, और सूक्ष्म से स्थूल और स्थूल से सूक्ष्म की ओर भावों की अभिव्यक्ति को ही कविता कहते थे। मध्यकाल की भक्ति-चेतना भी उनमें थी, जिसके कारण वे धर्म और देवताओं की स्तुति को भी कविता कहते थे। चूँकि, वे अपनी कविता के स्वयं पाठक थे और स्वयं ही आलोचक थे, इसलिए कोई उसमें छायावाद देखता था, कोई रहस्यवाद देखता था और कोई, जिसमें कुछ पश्चिम का मानवीय विचार था, प्रगतिवाद भी देखता था। जिस कवि ने भाषा के स्तर पर नये प्रयोग किये, वह प्रयोगवादी कहा जाने लगा। दिलचस्प है कि इस छायावाद, रहस्यवाद और प्रयोगवाद के केन्द्र में सब-कुछ था, अगर नहीं था, तो वह मनुष्य नहीं था, जो शहर-शहर और गाँव-गाँव में ब्राह्मणों और हिन्दुओं के द्वारा सताया और मारा जा रहा था, जिसे पशु से भी बदतर समझा जाता था और जिसकी छाया भी अपवित्र थी। इस मनुष्य के प्रति दया का भाव प्रगतिवादी कविता में भी दिखायी नहीं देता, जो दीन-हीन पर घड़ियाली आँसू बहाती थी।[8] यहाँ मैं कहना चाहता हूँ कि 19वीं और 20वीं सदी की हिन्दी कविता इन तमाम तमाशों के बावजूद 15वीं सदी के कबीर की कविता के मुकाबले भी पिछड़ी हुई थी।

इसके बाद नयी कविता का तमाशा शुरू हुआ। इसका अर्थ था कि हिन्दी कविता अपने पुराने आन्दोलनों से निकलकर नये वातावरण में आयी थी, जिसके केन्द्र में, ज़ाहिर है, नया मनुष्य था। पर, यह नया मनुष्य कौन था? कहाँ रहता था, क्या करता था, क्या खाता था और उसके सरोकार क्या थे? यह जानना दिलचस्प होगा। मुक्तिबोध के अनुसार यह वह मनुष्य था, जिसमें नये मूल्यों के लिए आग्रह था। यह मूल्य क्या हैं? मुक्तिबोध कहते हैं कि, ''नये मूल्यों का जन्म नयी परिस्थितियों की सार्वजनिकता से होता है।''[9] बात सही है, पर वे नयी परिस्थितियाँ क्या थीं? इस सम्बन्ध में वह कहते हैं—

''भारत की पूरी ऐतिहासिक परिस्थिति ही ऐसी है कि गरीब वर्ग अधिकाधिक गरीब होते जा रहे हैं और धनी वर्ग अधिकाधिक श्रीमान्। मध्यवर्ग की खाती-पीती शिष्ट श्रेणी और उसी वर्ग की गरीब श्रेणी के बीच भयानक खाईं पड़ी हुई है, जो दिन-ब-दिन बढ़ती जाती है। यह गरीब श्रेणी अब इस नतीजे पर पहुँच रही है कि उसका पूरा उद्धार सभी गरीब वर्गों की मुक्ति के साथ है, उससे अलग हटकर नहीं।''[10]

नयी कविता के दौर में जितने भी नये कवि हुए, जिनमें मुक्तिबोध भी एक थे, उनकी कविता के केन्द्र में यही आर्थिक रूप से कमजोर ग़रीब व्यक्ति था। यह सचमुच एक नयी सोच थी, क्योंकि इसमें हिन्दुत्व की उस स्थापना से विद्रोह था, जिसके अनुसार अमीरी और ग़रीबी पूर्वजन्म का कर्मफल या भाग्य का खेल है। अगर गरीब की पक्षधरता की यह अवधारणा पाश्चात्य दर्शन से नहीं निकली थी, तो अनूठी कही जायेगी। पर थी नहीं, क्योंकि इस पर कम्युनिस्ट आन्दोलन की वर्ग-चेतना का प्रभाव था। वर्ग-चेतना की सबसे बड़ी कमज़ोरी यह है कि वह जाति-चेतना की उपेक्षा करती है, जिसमें भारत जीता है। इसलिए भारत में वर्ग-चेतना के दर्शन को सफलता नहीं मिली। नयी कविता के रचनाकार और पैरोकार भी कभी जातिविहीन नहीं हुए। वे दोहरा जीवन जीते थे—कविता में नये मनुष्य का और समाज में जाति-चेतना से ग्रस्त मनुष्य का।

मुक्तिबोध स्वयं भी यह स्वीकार करते हैं कि, "गरीब श्रेणी के परिवारों में भी, सामन्ती प्रभाव, व्यक्ति-स्वातन्त्र्यवादी नयी पीढ़ी और पुरानी और नयी पीढ़ी को अपने अजगर-पाश में बाँधनेवाली एक-सी दुःस्थितियाँ होने के कारण, नये मूल्यों का संघर्ष पेचीदा हो जाता है।"[11] लेकिन वह यह कहीं स्वीकार नहीं करते हैं कि इस नये-पुराने का संघर्ष जातीय संस्कारों के कारण पेचीदा होता है। वह जाति के समाजशास्त्र को समझना नहीं चाहते थे, इसलिए व्यक्ति के संघर्ष में जाति की भूमिका को स्वीकार भी नहीं करते थे। उनकी यह स्थापना देखें—

"पच्चीस वर्ष की आयु होने के बाद, जब नयी आशा और नये उत्साह की रचनात्मक आवश्यकता होती है, तब वह वृद्ध हो जाता है। आजीविका का संघर्ष उसे पछाड़ देता है। स्नेह की भूख उसे दबा देती है। ज्ञान की पिपासा जाग्रत होते हुए भी, उसके साधन उसके पास नहीं होते। इसलिए उसके स्थायी भाव-क्षोभ, घृणा, अविश्वास, तिरस्कार रहते हैं और साथ ही, स्नेह-सम्बन्धों के निर्वाह का अनुरोध, अपने व्यक्तिगत संघर्ष को सामाजिक संघर्ष में बदलने की लालसा, और तत्सम्बन्धी जिज्ञासा पैदा हो जाती है। वह भावुक से अब बौद्धिक हो जाता है।"[12]

मुक्तिबोध जिन परिस्थितियों में युवकों के बौद्धिक हो जाने की बात कह रहे हैं, वह हास्यास्पद है। इस तरह हताश युवक अगर बौद्धिक होने लगते, तो न जाने कितनी क्रान्तियाँ देश में हो चुकी होतीं। हताश युवक आत्महत्या को अंजाम देते हैं, या जीविका चलाने के लिए अपने स्तर से कमतर अथवा कम वेतन का जो भी काम मिलता है, कर लेते हैं। मुक्तिबोध ने एक आम नौजवान के संघर्ष को चित्रित किया है। पर एक आम दलित युवक का संघर्ष क्या होता है, इसका अनुभव उन्हें नहीं था। इसलिए उनकी दृष्टि में जाति के भेदभाव से ग्रस्त समाज में एक दलित लड़का स्कूल से लेकर कॉलेज तक एक अदद सम्मान पाने के लिए और नौकरी के लिए संघर्ष करने तक कितनी अपमानजनक स्थितियों से गुजरता है और कितनी यातनाएँ झेलता है, इसकी

कोई अनुभूति उनको नहीं थी। फिर वह किस नये मनुष्य की बात कर रहे थे। क्या नये कवि का नया मनुष्य देश की अछूत आबादी के प्रति संवेदनशील था?

मुक्तिबोध वस्तुतः अपनी अवधारणा में ही स्पष्ट नहीं थे। वह एक जगह कहते हैं, "नयी कला, नयी कविता, स्वयं एक अन्तरराष्ट्रीय वस्तु हो गयी है। किन्तु, अपनी भूमि और अपने देश की मिट्टी में रँगकर ही विश्वात्मक हुआ जा सकता है, नहीं तो नहीं।"[13] कौन-सी भूमि—वेदों की, पुराणों की, शंकर की, कबीर की या तुलसी की? और क्या वर्ण-व्यवस्था की मिट्टी में रँगकर? जब अपनी भूमि और अपने देश की मिट्टी में रँगकर समतावादी नहीं हुआ जा सकता, तो विश्वात्मक कैसे हुआ जा सकता है? वह अपने एक अन्य लेख 'हिन्दी काव्य की नयी धारा' में, जो 'सप्तक' और 'दूसरा तारसप्तक' के दौर में छायावाद से मुक्त हो रही थी, सही कहते हैं कि—

"जब तक हम आज के युग के पीड़ित मनुष्य की सम्पूर्ण आत्मसत्ता का चित्रण नहीं करते, उसके वास्तविक सुख-दुःख, उसके संघर्षों और आदर्शों का अंकन नहीं करते, उसके अनिवार्य भवितव्य और कर्त्तव्य का मार्ग प्रशस्त नहीं करते, तब तक नयी कविता का कार्य अधूरा है। हम नहीं करेंगे तो कोई और आकर करेगा। ऐसी ऐतिहासिक अनिवार्यताएँ किसी के लिए रुकतीं नहीं।"[14]

हिन्दी कविता के इस अधूरेपन को दलित कवियों ने पूरा किया। और, कहना न होगा, हिन्दी में दलित कविता ही सही मायने में नयी कविता की भूमिका में थी। किन्तु, नयी कविता के सारे ही पैरोकारों और प्रतिष्ठित कवियों ने दलित कविता का विरोध किया। कारण, दलित कविता ने उनकी कविता को बेमानी कर दिया था, और उसके नये मनुष्य को बेनकाब कर दिया था। यह दलित कविता अस्सी के दशक की नहीं थी, बल्कि वह नयी कविता के दौर में ही लिखी जा रही थी।

अब थोड़ी चर्चा मुक्तिबोध के 'भारत : इतिहास और संस्कृति' पर। जैसा कि मैंने शुरू में कहा, वह अपनी इस किताब को मौलिक नहीं कहते हैं; पर यह दिलचस्प है कि साहित्य का विद्यार्थी इतिहास लेखन में प्रवेश करता है और विवेकहीन हो जाता है। आम तौर से हिन्दी के साहित्यकार इतिहास से अनभिज्ञ होते हैं, और इतिहासकार हिन्दी के साहित्य से, परिणामतः, तथ्यात्मक ही नहीं, वस्तुगत त्रुटियों का होना स्वाभाविक है। हिन्दी के बहुत-सारे साहित्यकारों ने इतिहास के विवेक के बिना इतिहास लिखा है, और भारी ऐतिहासिक गलतियाँ की हैं। ऐसी गलतियाँ इतिहासकारों से साहित्य में बहुत कम हुई हैं। उदाहरण के लिए कबीर की यह साखी लीजिये—

मीठा खाँण मधुकरी, भाँति-भाँति को नाज।
दावा किस ही का नहीं, बिन बिलाइत बढ़ राज।।[15]

इस साखी में 'बिलाइत' शब्द का अर्थ सभी साहित्यकारों ने ग़लत किया है। बाबू श्यामसुन्ददास ने 'कबीर ग्रन्थावली' की प्रस्तावना में लिखा है—"ईसाई धर्म का उनके (कबीर के) समय तक देश में प्रवेश नहीं हुआ था, पर बिलाइत का नाम उनकी एक

साखी में एक स्थान पर अवश्य आया है—'बिन बिलाइत बढ़ राज।' यह निश्चयात्मक रूप से नहीं कहा जा सकता कि बिलाइत से उनका यूरोप के किसी देश से अभिप्राय था अथवा केवल विदेश से।''[16]

यह ऐतिहासिक गलती इसलिए हुई, क्योंकि श्यामसुन्दर दास इतिहास से अनभिज्ञ थे। यदि उन्होंने इतिहास का अध्ययन किया होता, तो उन्हें बिलाइत शब्द का अर्थ मध्यकालीन इतिहास में मिल जाता। इतिहासकार प्रोफेसर ओम प्रकाश गुप्त ने अपनी पुस्तक 'कबीर और समकालीन इतिहास' में इस साखी का सही अर्थ किया है। वह लिखते हैं कि 'बिलाइत' फारसी के 'विलायत' शब्द का लोक-भाषा में प्रचलित रूप है, जिसका मतलब सूफी साधकों का निश्चित प्रान्त अथवा प्रभाव-क्षेत्र है। इस प्रकार, उनके अनुसार, कबीर अपनी साखी में यह कह रहे हैं कि भिखारी किसी एक प्रान्त तक सीमित नहीं रहते, बल्कि सम्पूर्ण देश में घूम-घूमकर भिक्षा माँगते हैं।[17]

ठीक इसी तरह की गलतियाँ मुक्तिबोध ने 'भारत : इतिहास और संस्कृति' (1962) में की हैं, जिनके कारण मध्य प्रदेश सरकार ने उनकी किताब पर पाबन्दी लगायी, उनके ख़िलाफ़ कोर्ट में वाद दायर हुआ और कोर्ट ने भी किताब को आपत्तिजनक पाया। उन्होंने इतिहासकार सुनीति कुमार चाटुर्ज्या, के. एम. पणिक्कर, राधा कुमुद मुकर्जी, बी. जी. गोखले और बी. एन. लूनिया आदि की किताबों से नकल की थी, पर नकल के साथ जो अकल लगानी होती है, वह उन्होंने नहीं लगायी। कारण, वह सिर्फ़ साहित्य के विद्यार्थी थे। इसलिए उन्होंने उन इतिहासकारों की किताबों से नकल करके रक्त-मिश्रण, व्रात्य, वर्णसंकर आदि पर जो लिखा, उनकी अवैज्ञानिक प्रकृति पर एक बार भी नहीं सोचा कि क्या जातियों का निर्माण व्यभिचार से होता है, जिसका मनु ने भी राग अलापा है। हैरान करनेवाली बात तो यह है कि मुक्तिबोध अपनी सफाई में भी इस अवैज्ञानिक सोच का समर्थनकर रहे थे। उन्होंने मध्य प्रदेश के राज्यपाल को लिखे पत्र में लिखा था— ''मैंने रक्त-सम्मिश्रण, व्रात्य, वर्णसंकर इत्यादि शब्द उन इतिहास शास्त्रियों से ग्रहण किये हैं, जिन्होंने अनेक स्थानों पर निःशंक भाव से उनका उपयोग किया है। मनुस्मृति तक में भी इन शब्दों का प्रयोग हुआ है, जिससे यह सिद्ध होता है कि वे अनैतिक तथा अभद्र भावों का उत्तेजन नहीं करते थे, वरन् पारिभाषिक अर्थ रखने लगे थे। इसी पारिभाषिक अर्थ में भारत के आधुनिक इतिहासकारों ने उनका उपयोग किया है।''[18] वर्णसंकर शब्दावली स्वयं में अभद्र शब्दावली है, जिसका अर्थ लोक-भाषा में 'हरामी' होता है। ब्राह्मणों ने अपने से इतर जातियों को वर्णसंकर कहकर उनको अपमानित करने का काम किया है। हैरानी होती है कि, ''मुक्तिबोध ने इस मिथक पर विश्वासकर लिया कि हारे हुए सैन्धव जन शूद्र कहलाते थे, और उन्हीं शूद्रों की पुत्रियों से पवित्र ब्राह्मणों ने अवैध सम्बन्ध स्थापित किये और वर्णसंकर जातियों का उद्भव हुआ, जो ब्रात्य कहलाये। और, उन्हीं ब्रात्यों की परम्परा में महावीर हुए।''[19] यह कैसा महिमामण्डन है कि दूसरों की पुत्रियों के साथ

अवैध सम्बन्ध स्थापित करनेवाले ब्राह्मणों को वह 'पवित्र' कह रहे थे? बजाये इसके कि उनके मस्तिष्क में यह विचार आता, कि ब्राह्मणों ने जिन जातियों को वर्णसंकर कहा है, वे देश की सभ्य जनजातियाँ थीं, वह राज्यपाल को यह बता रहे थे कि, "वर्णसंकरता एक वास्तविक सामाजिक भूवंश शास्त्रीय तथ्य है, वह भी एक मनुष्य सत्य है। विश्वामित्र-पुत्र शुनः शेप, जो अनार्य दास राजा शम्बर की प्रेमवती कन्या उग्रा के गर्भ से उत्पन्न हुआ, आर्य कृषि होने पर भी इस बात को कैसे भूल सकता था, कि उसकी कृष्ण वर्णीय माता उग्रा ने—दास कन्या उग्रा ने परकोटे से कूदकर आत्महत्या कर ली थी। कृष्ण द्वैपायन वेद व्यास, जिन्होंने वैदिक संहिताएँ बनायीं, क्या इस बात को भूल जायेंगे कि उनकी माता सत्यवती मत्स्यगन्धा एक कृष्णवर्णीय अनार्य केवट कन्या थी।"[20] माना कि वर्णसंकर एक सत्य है, पर वह जाति-उद्‌भव का नियम नहीं है। यदि मुक्तिबोध ने जातियों का समाजशास्त्रीय अध्ययन किया होता, तो मिथकों पर आत्ममुग्ध होकर, इस कदर उनके मकड़जाल में न फँसते, और रक्त-मिश्रण और वर्णसंकर के अन्तर को समझकर इतिहास का भी पुनर्पाठ कर रहे होते।

सन्दर्भ

1. 'कामायनी : एक पुनर्विचार', 2010, राजकमल प्रकाशन, नयी दिल्ली, पृ. 160.
2. वही,
3. वही, पृ. 176.
4. वही,
5. वही, पृ. 143.
6. वही, पृ. 144.
7. वही,
8. हिन्दी में गाँधीवादी कविता में, जो राजनीतिक थी, और गाँधी जी के हरिजन आन्दोलन की समर्थक थी, अछूत के प्रति थोड़ा दया-भाव दिखायी देता है।
9. नयी कविता का संघर्ष, नयी कविता : एक दायित्व, 2009, पृष्ठ 109.
10. वही, पृ. 110.
11. वही
12. वही, पृ. 111, 112.
13. वही, नयी कविता और आधुनिक भाव-बोध, पृ. 122.
14. वही, हिन्दी काव्य की नयी धारा, पृ. 133.
15. कबीर ग्रन्थावली, श्यामसुन्दर दास, 2014 विक्रमी, 'बेसास को अंग', पृ. 46.
16. वही, प्रस्तावना, पृ. 39.
17. कबीर और समकालीन इतिहास, 2011, पृ. 18.
18. भारत : इतिहास और संस्कृति, पृ. 258.
19. वही, पृ. 237.
20. वही, पृ. 259.

मुक्तिबोध की आलोचना की आलोचना

सुल्तान अहमद

मोहतरम मुक्तिबोध जी!

आपका नाम आये और भीतर एक तूफ़ान-सा उठ न खड़ा हो, यह मुमकिन नहीं है। इसकी एक बुनियाद यह है कि आपके गहरे असर से आज़ाद होकर आपके ऊपर सवाल उठाना मेरे लिये मुश्किल है। मगर फिलहाल इधर-उधर की बातें न करके सीधे आपकी आलोचना की आलोचना पर उतर आना ही बेहतर होगा। कुछ दिनों पहले मैंने उसके बारे में लिखा था—मुक्तिबोध की आलोचना क्या, उनका सारा लिखना इस मक़सद पर कुर्बान था—"मेरे सभ्य नगरों और ग्रामों में/ सभी मानव/ सुखी, सुन्दर व शोषण-मुक्त/ कब होंगे?" (मुक्तिबोध रचनावली : दो – सं. नेमिचन्द्र जैन, पृ. 243)

ऐसा तो कोई नहीं कहेगा कि यह मक़सद पूरा हो गया है और अब मुक्तिबोध की आलोचना मौक़े के मुताबिक़ नहीं रह गयी है। ऐसा कोई ज़रूर कह सकता है कि मुक्तिबोध के उस मक़सद की चूँकि हर मोड़ पर हार होती हुई दिखलायी दे रही है, इसलिए उसका बार-बार जिक्र छेड़ना मस्लहत के मुताबिक़ नहीं रह गया है। मस्लहत दरकिनार, हक़ीक़त यह है कि मुक्तिबोध की आलोचनाओं की ज़रूरत बढ़ती ही जायेगी। हो सकता है 'कामायनी : एक पुनर्विचार' की कम ज़रूरत पड़े, "नयी कविता का आत्म-संघर्ष' और 'नये साहित्य का सौन्दर्यशास्त्र' की थोड़ी ज़्यादा ज़रूरत पड़े, मगर 'एक साहित्यिक की डायरी' तो एक लाजिमी किताब साबित होगी।" (सापेक्ष – 55, अप्रैल, मुक्तिबोध विशेषांक–सं. महावीर अग्रवाल, पृ. 670)

अभी जो मैंने कहा कि, "हो सकता है 'कामायनी : एक पुनर्विचार' की कम ज़रूरत पड़े।" इसे सुनकर लग सकता है कि मैं कोई चमकदार जुमला चस्पाँ कर गया। लेकिन हक़ीक़त यह है कि उसकी कमज़ोरियों से कुछ-कुछ आप भी वाकिफ़ हो चले थे। उसकी आलोचना करते हुए नामवर सिंह ने जो कुछ कहा था, उस पर आपने जवाब दिया था—

'कामायनी : एक पुनर्विचार' में बहुत-सी त्रुटियाँ हैं—मुख्यतः रचना-सौन्दर्य, या प्रबन्ध-लालित्य के सम्बन्ध में। इतना अवकाश नहीं था कि लिखे को सुधार सकूँ। पुनरावृत्तियाँ भी हैं—लेकिन वे ज़्यादा ज़ोर देने के लिए, समझा-समझाकर कहने के लिए। मुख्य बात तो उसकी दृष्टि है। उसका मैं पक्षपाती हूँ।

आपने 'मार्क्सवादी जार्गन' की बात कही। साधारणतः मैं अपने लेख आदि में उस प्रकार की शब्दावली का प्रयोग नहीं करता। आपका यह कहना बहुत ही सही है कि, "आज की स्थिति में इस प्रकार की शब्दावली में बात करना अनुचित है। मैं आपसे पूर्णतः सहमत हूँ।" (मुक्तिबोध रचनावली : छह– सं. नेमिचन्द्र जैन, पृ. 348)

दोहराव के सिलसिले में आपने जो कुछ सफ़ाई देते हुए कहा है, वह सरासर ग़लत है। एक ही बात कई बार दोहराने की आपको आदत भी थी। 'मार्क्सवादी जार्गन' वाली बात आपने इस ख़त में ही कई बार दोहरा दी है। एक जगह आपने कहा है, "फिर भी मैं यह सोचता हूँ कि जहाँ तक हो सके यह कोशिश की जानी चाहिए कि मार्क्सवादी जार्गन में बात न हो।" (वही, पृ. 348) दूसरी जगह कहा है, "मुझे स्वयं यह शब्दावली प्रिय नहीं, किन्तु वह है।" (वही, पृ. 348) फिर एक बार बोल गये, "आपके सुझाव के अनुसार मार्क्सवादी शब्दावली हटा दी जायेगी।" (वही, पृ. 348) क्या नामवर सिंह को भी समझा-समझाकर कहने के लिए आपका दोहराना ज़रूरी था?

आपने यहाँ जिस 'दृष्टि' लफ़्ज़ का इस्तेमाल किया है, वह एक प्रतीक भर है। मैंने 'प्रतीक' लफ़्ज़ का इस्तेमाल इसलिए किया कि आप उसके आदी थे; नहीं तो मैं 'रूपकातिशयोक्ति' लफ़्ज़ का इस्तेमाल करता। आपकी 'दृष्टि' नाम के उपमान का असली उपमेय 'मार्क्सवाद' है, भले आपने अपने ऊपर बर्गसोनीय नज़रिये का असर भी क़बूल किया हो। आपने कहा था, "1938 से 1942 तक के पाँच साल मानसिक संघर्ष और बर्गसोनीय व्यक्तिवाद के वर्ष थे। आन्तरिक विनष्ट शान्ति के और शारीरिक ध्वंस के इस समय में मेरा व्यक्तिवाद कवच की भाँति काम करता था। बर्गसों की स्वतन्त्र क्रियमाण 'जीवन-शक्ति' (Elan vital) के प्रति मेरी आस्था बढ़ गयी थी।" (मुक्तिबोध रचनावली : पाँच – सं. नेमिचन्द्र जैन, पृ. 266)

अरे हाँ, 'मार्क्सवाद' का ठीक उलटा 'रहस्यवाद' भी रामविलास शर्मा ने आपके यहाँ ढूँढ़ निकाला था। आपकी 'अँधेरे में' कविता में 'आस्था' और 'आत्मा' जैसे लफ़्ज़ आये थे। मुझे लगा था, "ये 'आस्था' और 'आत्मा' जैसी चीज़ें शायद रामविलास शर्मा को भटकाकर 'रहस्यवाद' की तलाश की ओर मोड़ ले गयी हों, लेकिन क्या किसी अध्यात्मवादी और रहस्यवादी को उनकी आस्था और आत्मा की झलक इन 'आस्था' और 'आत्मा' में नज़र आ सकती है?" ('अँधेरे में' : सफ़र करते हुए – सुल्तान अहमद, 'अनभै साँचा' – 25, जनवरी-मार्च 2012 – सं. चारुमित्र, पृ. 57)

आपने जो कहा था, " 'कामायनी : एक पुनर्विचार' में बहुत-सी त्रुटियाँ हैं—मुख्यतः रचना-सौन्दर्य, या प्रबन्ध-लालित्य के सम्बन्ध में। इतना अवकाश नहीं था कि

लिखे को सुधार सकूँ।'' इससे ज़ाहिर है कहीं-न-कहीं आपको यह भरम था कि यह 'रचना-सौन्दर्य' और 'प्रबन्ध-लालित्य' जैसी चीज़ें 'कला' की नहीं, 'कलावाद' की चीज़ें हैं, जिनका 'मार्क्सवादी दृष्टि' से मेल नहीं बैठता। हक़ीक़त यह है कि यह चीज़ें 'ज्ञानात्मक साहित्य' के लिए चाहे जितनी ग़ैरज़रूरी हों, 'भावात्मक साहित्य' के लिए बुनियादी अहमियत रखती हैं। अगर ऐसा न होता तो आपकी 'मार्क्सवादी दृष्टि' के प्रवर्तक कार्ल मार्क्स फ़र्दीनांद लासाल को ऐसा क्यों लिखते, ''...चूँकि तुमने यह पद्य में लिखा है, इसलिए तुम्हें अपने वर्णिक छन्दों को कुछ अधिक कलात्मक ढंग से परिमार्जित करना चाहिए था।'' (साहित्य तथा कला – मार्क्स – एंजेल्स, पृ. 115)

'भावात्मक साहित्य' के नुमाइन्दे होते हुए भी आप यहाँ 'ज्ञानात्मक साहित्य' के नुमाइन्दे कार्ल मार्क्स से न सिर्फ पिछड़ जाते हैं, बल्कि अलग भी पड़ जाते हैं। आपकी आलोचना में फ़न की चीज़ों के नाम तो आते हैं, लेकिन उन्हें बहस के दायरे में नहीं लाया जाता। ज़्यादातर उन्हें 'कॉमन सेन्स' के सहारे छोड़ दिया जाता है। एक छोटा-सा सवाल करके देखें। अभी जिस 'वर्णिक छन्द' का हवाला कार्ल मार्क्स के ख़त से दिया गया, क्या उसका नाम आपकी ज़ुबान पर कभी आया था? अदब से जुड़ी आपकी इतनी सारी तहरीरों में तो यह कहीं नहीं दिखायी दिया। मज़े की बात यह है कि आपकी सबसे मशहूर कविता 'अँधेरे में' हिन्दी के एक 'वर्णिक छन्द' कवित्त पर निर्भर है। आपकी कविताओं में तरह-तरह के छन्दों के इस्तेमाल को लेकर मैंने 'कृति ओर'—45 – सं. विजेन्द्र (जुलाई-सितम्बर, 2007) में एक तहरीर लिखी थी 'अँधेरे में' और छन्द!' मैं उसमें यह बात नहीं लिख पाया था कि मुझे आपकी एक भी कविता ऐसी नहीं दिखायी दी, जो किसी-न-किसी छन्द पर निर्भर न हो। ऐसे में जब आप कविता में 'गद्य' या 'पद्याभास गद्य' की बातें करते हैं, तो वे बातें बहुत माक़ूल नज़र नहीं आतीं। इस मसले का जिक्र तो आगे भी आयेगा।

आपमें 'रहस्यवाद' ढूँढ़ने के रूझान की सबसे बेहतरीन काट बिना किसी शोरशराबे के आपकी यह सतरें कर देती हैं, ''तुलसीदास की रामायण पढ़ते हुए हम एक अत्यन्त महान् व्यक्तित्व की छाया में रहकर अपने मन और हृदय का आप-ही-आप विस्तार करने लगते हैं। और जब हम कबीर आदि महान् जनोन्मुख कवियों का सन्देश देखते हैं, तो हम उनके रहस्यवाद से भी मुँह मोड़ना चाहते हैं। हम उस रहस्यवाद के समाजशास्त्रीय अध्ययन में दिलचस्पी रखते हैं, और यह कहना चाहते हैं कि निर्गुण मत की सीमाएँ तत्कालीन विचारधारा की सीमाएँ थीं, जनता का पक्ष लेकर जहाँ तक जाया जा सकता था, वहाँ तक जाना हुआ।'' (मुक्तिबोध रचनावली : पाँच – सं. नेमिचन्द्र जैन, पृ. 294-295)

आम तौर पर आपकी 'व्यावहारिक आलोचनाएँ' बहुत ही ज़्यादा 'व्यावहारिक' हैं। कुछ तो सिर्फ 'व्यवहार निभाने भर के लिए' लिख दी गयी हैं। जिनमें कुछ ताक़त है भी तो उनसे आपकी 'सैद्धान्तिक आलोचना' में न कुछ नया जुड़ता है, न आपकी

कविताओं को समझने में कोई मदद मिलती है। हाँ, उनमें से कुछ चीज़ों में उनके आसपास की 'तीव्रता' ज़रूर देखी जा सकती है। मिसाल के लिए, "उर्वशी : दर्शन और काव्य' में आप कहते हैं, 'रति-सुख की समुत्तेजित कल्पना द्वारा, पुरूरवा और उर्वशी कामात्मक संवेदनाओं में पुनः-पुनः खो जाते-से, उन संवेदना-जालों में बार-बार उलझते-से, उद्दीप्त कल्पना के आकाश की रंगीनियों में उड़ते-से (वे प्रतीकों में भी बात करते हैं) वागाडम्बर द्वारा, शब्द-सुख द्वारा, रति-सुख का पुनः-पुनः बोध करते-से, सांस्कृतिक ध्वनियों और प्रतिध्वनियों का निनाद करते हैं, मानो पुरूरवा और उर्वशी के रति-कक्ष में भोंपू लगे हों, जो शहर और बाज़ार में रति-कक्ष के आडम्बरपूर्ण कामात्मक संलाप का प्रसारण-विस्तारणकर रहे हों।" (वही, पृ. 468)

'पुरूरवा और उर्वशी के रति-कक्ष में भोंपू' जैसी तंजिया बात भी आपने इतने लम्बे जुमले के आख़िर में कही कि इससे 'दिनकर' के 'तत्त्व' की आलोचना तो हुई, मगर उससे ज़्यादा आपकी आलोचना के 'शिल्प' की हो गयी।

'अन्धा युग : एक समीक्षा' में आपने धर्मवीर भारती की 'दृष्टि' की अपनी 'मार्क्सवादी दृष्टि' से तीखी आलोचना करते हुए कहा था, "स्पष्ट रूप से कहा जाय तो श्री भारती सभ्यता की आलोचना तो करते हैं, किन्तु समाजशास्त्रीय जिज्ञासा के अभाव के शिकार होकर।" (वही, पृ. 445)

अपनी 'मार्क्सवादी दृष्टि' के लिए आपको जो क़ुर्बानी देनी पड़ी, उसका दिल छू लेनेवाला हवाला आपके लफ़्ज़ों में ही पेश न करना बड़ी नाइन्साफ़ी होगी, "मेरा सरीखा एकान्तप्रिय निःसंग व्यक्तिवादी स्वभाववाला लेखक एक पुस्तक लिखता है–'भारत : इतिहास और संस्कृति'। मध्य प्रदेश के शिक्षा-विभाग द्वारा पुस्तक स्वीकृत हो जाती है। एक सरकारी पाठ्य-पुस्तक समिति उसे स्वीकार कर लेती है। किन्तु उसके बाद मध्य प्रदेश सरकार का गृह विभाग क्रुद्ध होकर उस पर पाबन्दी लगा देता है। वह पुस्तक अब इस राज्य में ख़रीदी-बेची नहीं जा सकती। वह यहाँ ग़ैर-क़ानूनी घोषित हो गयी है। देखिये, 19 सितम्बर, 1962 का सरकारी गजट। वह दिन मेरे लेखक-जीवन की एक महान् तिथि है।" (वही, पृ. 351)

ऐसा क्यों हुआ? इसकी वजाहत करते हुए आपने लिखा था, "चूँकि मैंने अपनी पुस्तक का उल्लेख किया, इसलिए कह दूँ कि उस पुस्तक में (अ) क्रान्तिकारी आवाहन नहीं है, (ब) हिंसा का प्रचार नहीं है, (स) वह अश्लील भी नहीं है। फिर भी उसमें कुछ ऐसे महत्त्वपूर्ण सत्यांश हैं, जो नागवार गुज़रे हैं। बस, उसके ग़ैर-क़ानूनी क़रार दिये जाने का यही रहस्य है।" (वही, पृ. 351)

'दृष्टि' के नाम पर आप इतने लहालोट नहीं होते कि 'बयान' की 'सतह' पर ग़ौर न करें। फ़न के लिए आप 'सतह की ऊँचाई' को ज़रूरी मानते हैं। आपने कहा था, "क्यों एक कलाकार दूसरे कलाकार से ऊँचा कहा जाता है? क्यों वाल्ट ह्विटमैन

या ब्राउनिंग को लोग टेनिसन से ऊँचा समझते हैं? कबीर क्यों बिहारी से ऊँचा है?'' (वही, पृ. 25)

यहाँ वाल्ट ह्विटमैन, ब्राउनिंग और टेनिसन जैसे नाम उन पारिभाषिक लफ़्ज़ों की तरह 'अबूझ' बनकर आपकी तहरीर को कमज़ोर कर गये हैं, जिनसे एहतियात बरतने की नसीहत 'प्राचीन काव्यशास्त्र' करता रहा है। आख़िर 'कबीर' और 'बिहारी' क्यों पारिभाषिक लफ़्ज़ों की तरह 'अबूझ' नहीं कहे जा सकते, जबकि इन्हें भी न जाननेवालों की तादाद लाखों में हो सकती है? 'प्रयोगवाद' और 'नयी कविता' के 'महान् विद्वानों' में ज़्यादा सही, मगर आप में भी 'नेमड्रॉपिंग' की आदत घर किये हुए ज़रूर थी।

फ़न से 'ऊँची सतह' की माँग करना क़तई वाजिब है। लेकिन इसकी शक्ल आप नुमायाँ नहीं होने देते। कबीर के 'निर्गुणवाद' की 'ऊँची सतह' कितनी भी ऊँची हो, लेकिन वह आपकी 'मार्क्सवादी दृष्टि' के लिए क़तई काम की नहीं है। आपकी 'मार्क्सवादी दृष्टि' की 'ऊँची सतह' कितनी भी ऊँची क्यों न हो, लेकिन एक 'निर्गुणवादी' उसके 'सार' को 'थोथा' समझकर उड़ा देगा।

फ़न की ऊँची सतह के सिलसिले को आगे बढ़ाते हुए आपने लिखा है, ''किन्तु सौन्दर्य, वस्तुतः विधान तक ही सीमित न होकर आन्तरिक होता है। सौन्दर्य की यह आन्तरिकता वस्तुतः अनुभूति के मूल में स्थित मानव-सम्बन्धों, विश्व-दृष्टि तथा जीवन-मूल्यों से बनती है।'' (वही, पृ. 54)

यही बात आपकी तहरीर 'साहित्य के दृष्टिकोण' में भी मिलती है, जहाँ आप 'सतह' के ऊपर उठने को फ़न की क़द्र के तौर पर पेश करते हैं। लेकिन आपसे पूछा जा सकता है कि यह 'ऊँची सतह' तो कार्ल मार्क्स की तरह 'ज्ञानात्मक साहित्य' लिखनेवालों की तहरीरों में भी पायी जा सकती है, फिर आपकी तरह 'भावात्मक साहित्य' लिखनेवालों की उनसे अलग पहचान कैसे बनायी जा सकती है? उनका बीड़ा ही यह नहीं होता कि उनके बयान में 'भावात्मक साहित्य' के फ़न की ख़ूबसूरती पैदा हो जाय, जबकि इस बीड़े के बिना आपकी 'पूँजीवादी समाज के प्रति' ही नहीं, 'अँधेरे में' भी नहीं लिखी जा सकती। 'सतह की ऊँचाई' के साथ आपमें 'फ़न की ख़ूबसूरती' भी पायी जाती है, जिसके ज़िक्र से आप अपनी आलोचना में बेपरवाही बरत जाते हैं।

'ज्ञानात्मक साहित्य' की रचना के लिए भी 'संवेदनात्मक ज्ञान', 'ज्ञानात्मक संवेदना' और 'दृष्टि' की ज़रूरत होती है। यह कौन कह सकता है कि 'दास कैपीटल' इन चीज़ों से ख़ाली है, लेकिन वह किसी भी हाल में 'भावात्मक साहित्य' नहीं है।

आपकी 'लम्बी कविताएँ' कार्ल मार्क्स के 'संवेदनात्मक ज्ञान', 'ज्ञानात्मक संवेदना' और 'दृष्टि' की बराबरी नहीं कर सकतीं, लेकिन आपकी कविताओं के फ़न का सौवाँ हिस्सा भी उनकी किताबों में नहीं मिल सकता। आप अपने फ़न की इस

महारत को मुनासिब अहमियत नहीं देते थे। इसकी वजह से आपकी कविताओं के फ़न की ख़ूबियाँ आपकी आलोचना में बेचेहरगी की शिकार हो जाती हैं। इस सिलसिले में आपकी आलोचना से उतनी मदद नहीं मिलती, जितनी आपकी कविताओं से।

आपने कहा था, 'कलात्मक चेतना अन्तर्तत्त्वों की बाह्योन्मुख गति-धारा से बनी हुई है। जिस प्रकार हम जीवन में बाह्य जीवन-जगत् को अपने अभ्यन्तर में संशोधित-सम्पादित कर आत्मसात् करते जाते हैं, उसी तरह हम शब्दों द्वारा आत्मसात्कृत को बाह्यगत करते जाते हैं, चाहें यह शब्द साधारण बातचीत में प्रकट हों, भाषणों में, लेखों में प्रकट हों, अथवा छन्द-लय में उद्‌घाटित हों।'' (वही, पृ. 110)

माना कि 'वस्तु और रूप' एक दूसरे से अलग नहीं होते, 'साधारण बातचीत', 'भाषण', 'लेख' और 'छन्द-लय' के 'बयान' भले आपस में मिलते हों, लेकिन उनके 'रूप' इतने अलग होते हैं कि 'साधारण बातचीत' करनेवाले की 'भाषण' देने में घिग्घी बँध जाती है, 'भाषण' देनेवाले के हाथ 'लेख' लिखने में लरज़ने लगते हैं और 'छन्द' के नाम पर इन तीनों की हालत पतली हो जाती है; इसके उलट 'छन्द' में लिखनेवाला 'भाषण' देने के नाम पर हकलाने लगता है। सबको अपने-अपने ढंग के लिए अलग-अलग बीड़ा उठाना पड़ता है। इनकी आपस में हरीफ़ाई नहीं है, लेकिन यह आपस में बराबर भी नहीं हैं।

'साधारण-बातचीत' को आप 'कलात्मक चेतना के अन्तर्गत' डालकर वह भूलकर गये हैं, जिसको लेकर एहतियात बरतने की नसीहत करते हुए 'प्राचीन काव्यशास्त्र' में उसे 'वार्त्ता' बताया गया था। इस 'वार्त्ता' में 'संवेदनात्मक ज्ञान', 'ज्ञानात्मक संवेदना', 'दृष्टि' जैसी तमाम चीज़ें मिल जाती हैं, बस 'रूप' की 'लोकातिक्रान्त गोचरता' जैसी चीज़ों का मिलना नहीं हो पाता।

आपने यह भी कहा था, 'जीवन से दूर आलोचक की मुश्किल इसलिए भी रहती है कि साहित्य के बाहरी रूप-विधान (छन्द इत्यादि) से पृथक् कला के भीतरी अपने नियम भी होते हैं। यह गतिमान् प्रक्रियात्मक नियम वस्तुतः, साहित्य-सृजन की मूल मनोवैज्ञानिक प्रक्रियाएँ हैं, और उनके अभिप्राय उसे तब तक समझ में नहीं आ सकते, जब तक आलोचक स्वयं उस जीवन को नहीं पहचानता, जिसे लेखक उपस्थित करना चाह रहा है।' (मुक्तिबोध रचनावली : पाँच – सं. नेमिचन्द्र जैन, पृ. 68)

जिसे आप 'कला के भीतरी अपने नियम' बता रहे हैं, दरअस्ल वह 'मूल मनोवैज्ञानिक प्रक्रियाएँ' और 'अभिप्राय' आपके 'भावात्मक साहित्य' और कार्ल मार्क्स वग़ैरह के 'ज्ञानात्मक साहित्य' में एक ही तरह से अमल में आते हैं। आप ''रूप-विधान (छन्द इत्यादि)' को 'बाहरी' बताकर आचार्य भामह वग़ैरह की उस भूल को ही दोहरा देते हैं, जिसके तहत उन्होंने अलंकार के बारे में कहा था'', ''न कान्तमपिनिर्भूषं विभाति वनिता मुखम्।'' अर्थात् वनिता का सुन्दर मुख भी भूषण के बिना शोभा नहीं देता।'

(साहित्य-विवेचन – सुमन और मल्लिक, पृ. 67) मज़े की बात यह है कि आचार्य भामह 'रूप-विधान' को 'बहुत ज़्यादा' अहमियत देते हैं और आप 'बहुत कम'।

बड़े हद तक यह बात कही जा सकती है कि आपकी 'मार्क्सवादी दृष्टि' आपके अदब के पानी में चीनी की तरह घुली हुई है, तेल की तरह ऊपर-ऊपर तैरती नहीं रहती। लेकिन कभी-कभी और कहीं-कहीं ऊपर-ऊपर तैरती हुई भी नज़र आ जाती है। मिसाल के लिए आपकी एक बहुत ही अहम् तहरीर है 'समाज और साहित्य'। उसमें आपने लिखा है, "जो लोग रोमांस को सामाजिक सम्बन्धों से हटाकर उसे मात्र व्यक्तिगत क़रार देते हैं, वे नहीं जानते कि रोमांस का अर्थ मातृ-प्रधान समाज में कुछ भी नहीं था।" (वही, पृ. 46)

इसी बात को फ्रेडरिक़ एंजेल्स ने कुछ इस तरह कहा था, 'हमारा मतलब आधुनिक व्यक्तिगत यौन-प्रेम से है, जो इसके पहले संसार में कहीं नहीं देखा गया था।' (परिवार, निजी सम्पत्ति और राज्य की उत्पत्ति-संकलित रचनाएँ खण्ड-3, भाग-2, मार्क्स– एंजेल्स, पृ. 81)

ज़ाहिर है कि यहाँ आपने फ्रेडरिक़ एंजेल्स की बात को अपने लफ़्ज़ों में दोहरा भर दिया है। इससे कोई आसमान नहीं टूट पड़ा, सिर्फ यह लगा कि इस पर आपकी शख्सियत की मुहर नहीं लग पायी। हाँ, यह पक्के तौर पर साबित हो गया कि आपकी सोच-समझ पर 'मार्क्सवादी दृष्टि' का ज़ोर ज़रूर था।

चन्द चीज़ों को साफ़ करने के लिए आपकी एक तहरीर 'वस्तु और रूप : एक' का यह हवाला देना क़तई ज़रूरी है, 'सच बात तो यह है कि आज के कवि को एक साथ तीन क्षेत्रों में संघर्ष करना है। उसके संघर्ष का यह त्रिविध स्वरूप है या होना चाहिए : (1) तत्त्व के लिए संघर्ष (2) अभिव्यक्ति को सक्षम बनाने का संघर्ष (3) दृष्टि-विकास का संघर्ष। प्रथम का सम्बन्ध मानव-वास्तविकता के अधिकाधिक सक्षम उद्घाटन-अवलोकन से है; दूसरे का सम्बन्ध चित्रण-सामर्थ्य से है; और तीसरे का सम्बन्ध थियरी से है, विश्व-दृष्टि के विकास से है, वास्तविकताओं की व्याख्या से है। (मुक्तिबोध रचनावली : पाँच – सं. नेमिचन्द्र जैन, पृ. 100-101)

'तत्त्व के लिए संघर्ष' में आपने 'अवलोकन' के साथ 'उद्घाटन' को जोड़ दिया। इसे इसलिए मुनासिब नहीं गिना जा सकता, क्योंकि उसका रिश्ता 'अभिव्यक्ति के लिए संघर्ष' से है। जब आप 'अभिव्यक्ति को सक्षम बनाने के संघर्ष' को 'चित्रण-सामर्थ्य' बताते हैं, तब आप 'ज्ञानात्मक साहित्य' और 'भावात्मक साहित्य' में भेद नहीं करते। 'ज्ञानात्मक साहित्य' में 'तत्त्व के लिए संघर्ष' होता है, 'अभिव्यक्ति को सक्षम बनाने का संघर्ष' भी होता है, 'दृष्टि-विकास का संघर्ष' भी होता है, लेकिन उसमें 'रचना-सौन्दर्य या प्रबन्ध-लालित्य' बढ़ानेवाले अलंकार, वक्रोक्ति, रीति, ध्वनि, बिम्ब, प्रतीक जैसी चीज़ों का बीड़ा नहीं लिया जाता, जो 'भावात्मक साहित्य' के लिए बुनियादी

ज़रूरतें बन जाती हैं। इन्हीं चीज़ों की वजह से आपका 'भावात्मक-साहित्य' कार्ल मार्क्स के 'ज्ञानात्मक-साहित्य' से कहीं ज़्यादा दिलचस्प बन जाता है। जहाँ तक 'तत्त्व' और 'दृष्टि' की बात है आप सिर्फ उनकी पैरवी करनेवाले ही कहे जाते हैं और इसमें कोई ग़लती भी नहीं गिनायी जा सकती।

एक बात पूछूँ कि जब कवि 'तत्त्व के लिए संघर्ष' करेगा, तो क्या 'दृष्टि-विकास का संघर्ष' उसी में शामिल नहीं होगा? आपने यह भी कहा है कि, 'दृष्टि' का सम्बन्ध 'वास्तविकताओं की व्याख्या से है।' मगर कार्ल मार्क्स के मुताबिक हक़ीक़त यह है कि, ''दार्शनिकों ने विभिन्न विधियों से विश्व की केवल व्याख्या ही की है, लेकिन प्रश्न विश्व को बदलने का है।'' (संकलित रचनाएँ – खण्ड-1, भाग-1 – मार्क्स-एंजेल्स, पृ. 14)

ऐसा नहीं कि दुनिया को बदलने की ज़रूरत में आपको दिलचस्पी नहीं है, लेकिन यह जुमला कहीं-न-कहीं 'व्याख्या' तक ही सिमट गया है। दुनिया को बदलने की ज़रूरत का जिक्र आपने किया ही है, जिसकी याद मुझे 'संवेदनात्मक ज्ञान' और 'ज्ञानात्मक संवेदना' के सिलसिले में इस तरह आयी थी—

'''आधुनिक कविता की पार्श्वभूमि' नाम के निबन्ध में एक जगह मुक्तिबोध ने कहा था, '...सौन्दर्यानुभव तब घटित होता है, जब मनस-पटल पर बिम्बित कल्पना-रूपों में डूबकर मन साधारण जीवन की अपनी निजबद्धता का परित्याग कर देता है।'' (मुक्तिबोध रचनावली : पाँच, सं.-नेमिचन्द्र जैन, पृ.-208)

यहाँ 'सौन्दर्यानुभव' कोई 'निजी अनुभव' न होकर, 'सामाजिक अनुभव' में बदल गया है। मुक्तिबोध का यह 'सामाजिक अनुभव' ही उनके 'संवेदनात्मक ज्ञान' और 'ज्ञानात्मक संवेदना' के सूत्र को संचालित करता हुआ नज़र आता है।

'संवेदनात्मक ज्ञान' को अगर मुक्तिबोध 'संवेदना' कह देते, तो वह उन रोमैण्टिकों के दायरे में फिसल जाते, जो 'ज्ञान' के तर्कों से भागती हुई भावुकता से भरी अपनी 'आँखिन की देखी' पर बहुत बल देते हैं। 'आँखिन की देखी' तब तो बिल्कुल नाज़ करने लायक नहीं रह जाती, जब आदमी की आँखें नज़रबन्दी की शिकार हो जाती हैं। 'आँखिन की देखी' को 'संवेदनात्मक ज्ञान' में बदलने के लिए 'दृष्टि-विकास का संघर्ष' बहुत ज़रूरी है। 'दृष्टि-विकास' के लिए 'पोथिन की लेखी' लाजिमी हो जाती है। 'पोथिन की लेखी' को 'आँखिन की देखी' बना लेना ही 'ज्ञानात्मक संवेदना' है। 'संवेदनात्मक ज्ञान' और 'ज्ञानात्मक संवेदना' सिर्फ सौन्दर्यानुभव के लिए ही ज़रूरी नहीं है, बल्कि इसलिए भी ज़रूरी है कि हम 'अपने' में ही नहीं, 'बाह्य जीवन-जगत्' में भी ''...संशोधन-परिवर्तन करना चाहते हैं, करते हैं, करने में सफल-असफल भी होते हैं।'' (वही, पृ. 123) (सापेक्ष-55, अप्रैल–2015—मार्च 2016, मुक्तिबोध विशेषांक – सं. महावीर अग्रवाल, पृ. 670-671)

यहाँ कुछ बातों का जोड़ा जाना ज़रूरी है। सबसे पहले तो 'सौन्दर्यानुभव' के बारे में जो बात आपने कही है, वह रामचन्द्र शुक्ल की इस बात से बहुत बुरी तरह मिलती है, "कविता ही मनुष्य के हृदय को स्वार्थ-सम्बन्धों के संकुचित मण्डल से ऊपर उठाकर लोक-सामान्य भाव-भूमि पर ले जाती है, जहाँ जगत् की नाना गतियों के मार्मिक स्वरूप का साक्षात्कार और शुद्ध अनुभूतियों का संचार होता है, इस भूमि पर पहुँचे हुए मनुष्य को कुछ काल के लिए अपना पता नहीं रहता।" (चिन्तामणि : एक – रामचन्द्र शुक्ल, पृ. 93) ऐसा नहीं कि इस बात पर उनका इजारा हो गया है। उन्होंने भी यह बात 'प्राचीन काव्यशास्त्रियों' के 'साधारणीकरण' से ही ली है। उन्होंने इस तरह की चीज़ों के इतने हवाले दिये हैं कि उनका एक बार फिर हवाला देना ज़रूरी नहीं था। आप चूँकि उनके हवाले उतने नहीं देते, जितने 'रचना-प्रक्रिया' और 'मनोविज्ञान' वग़ैरह के, इसलिए आपका हवाला देना ज़रूरी कहा जायेगा, नहीं तो बात कहीं-न-कहीं अधूरी ही कही जायेगी। मुझे तो यही लगा।

कुछ बातें आपके ढाले गये सिक्कों 'संवेदनात्मक ज्ञान' और 'ज्ञानात्मक संवेदना' के बारे में और भी जोड़ना ज़रूरी लग रहा है। अव्वल तो 'संवेदना' को लेकर कहनी है। यह लफ़्ज़ अदब में जितनी अहमियत रखता है, उतना 'मनोविज्ञान' में नहीं। 'मनोविज्ञान' में इसकी हैसियत बस इतनी है–

"संवेदन एक ऐसी सरल मानसिक प्रक्रिया है, जिसके द्वारा हमें वस्तुओं एवं व्यक्तियों के बारे में एक आभास मात्र होता है क्योंकि उसमें अर्थहीनता एवं अस्पष्टता होती है।"...संवेदन की परिभाषा में अन्य बातों के अलावा निम्नांकित चार बातें पायी जाती हैं—

(1) संवेदन एक मानसिक प्रक्रिया है। (2) संवेदन एक आरम्भिक मानसिक प्रक्रिया है। (3) संवेदन में उद्दीपकों (वस्तु या व्यक्तियों) का आभास मात्र अर्थात् अर्थरहित ज्ञान होता है। (4) संवेदन के लिए उद्दीपक की उपस्थिति अनिवार्य होती है।" (आधुनिक सामान्य मनोविज्ञान–अरुण कुमार सिंह—आशीष कुमार सिंह, पृ. 124)

अदब में अपनी 'अतिव्याप्ति' के चलते 'संवेदना' बहुत अहम हो गयी है। कोई कितना भी सर पटके मगर वह 'भाव', 'अनुभूति', 'तत्त्व', 'कथ्य', 'वस्तु' वग़ैरह से अपनी अलग हैसियत नहीं बना पाती, जिसमें 'संवेदना' ही नहीं, अक़्ल, इल्म, ख़्वाहिश और 'दृष्टि' जैसी ढेरों चीज़ें समायी हुई रहती हैं।

क्या यहीं आपसे यह नहीं पूछा जाना चाहिए कि 'व्युत्पत्ति' बोलनेवाला 'प्राचीन काव्यशास्त्र' चाहे 'संवेदनात्मक ज्ञान' या 'ज्ञानात्मक संवेदना' जैसे लफ़्ज़ों का इस्तेमाल भले न करता रहा हो, लेकिन क्या उनकी असीलयत से भी अनजान रहा होगा?

यह 'संवेदना' अपने आपको ज़ाहिर करने के लिए किस-किस दौर से गुज़रती है, इसके बड़े बारीक ब्योरे आपने दिये हैं और इतनी जगह दिये हैं कि उनका हवाला दिया जाना मुनासिब नहीं होगा। मगर इन पर कुछ बातें कहनी ज़रूर हैं।

आप कहते हैं, ''कला का पहला क्षण है जीवन का उत्कट तीव्र अनुभव-क्षण।'' (मुक्तिबोध रचनावली : चार – सं. नेमिचन्द्र जैन, पृ. 85-86)

और मुझे याद आ जाती है वर्ड्सवर्थ के इस मशहूर जुमले की –

'A good poetry is the spontaneous overflow of powerful feelings, it takes its origin from emotion recoòected in tranquility.'

अर्थात् ''कविता मानव-मन की बलवती भावनाओं का सहज उच्छलन है तथा उसका उद्भव शान्त अवस्था में भाव के चिन्तन से होता है।'' (पाश्चात्य काव्यशास्त्र के सिद्धान्त – डॉ. शान्तिस्वरूप गुप्त, पृ. 125)

आपका 'उत्कट तीव्र अनुभव' वर्ड्सवर्थ का हमनामी ही है। अगर उसमें जज़्बातियत न 'उमड़' आयी होती, तो आप 'उत्कट' या 'तीव्र' में से एक को ज़रूर हटा देते। आप में जज़्बों का 'overflow' तो होता था, लेकिन उसूलन आप उसके ख़िलाफ़ थे और 'लम्बी कविता' के लम्बे सिलसिले पर ज़ोर देते थे; और 'मार्क्सवादी दृष्टि' के चलते आपके हिस्से में का आ पाना दूभर ही था।

'दूसरे क्षण' का 'अपने कसकते-दुखते हुए मूलों से पृथक् हो जाना' (मुक्तिबोध रचनावली : चार – सं. नेमिचन्द्र जैन, पृ. 85-86) टी. एस. इलियट की याद दिला रहा है, जिसे मैं आपके मित्र अज्ञेय के हवाले से पेश कर रहा हूँ—

"There is always a separation between the man who suffers and the artist who creates ; and the greater the artist the greater the separation."

''भोगनेवाले प्राणी और सृजन करनेवाले कलाकार में सदा एक अन्तर रहता है, और जितना बड़ा कलाकार होता है, उतना ही भारी यह अन्तर होता है।'' (भूमिका, शेखर : एक जीवनी : एक, अज्ञेय रचनावली : चार – सं. कृष्णदत्त पालीवाल, पृ. 20)

शायरी में होने के बावजूद इसी बात को गुलाम रब्बानी 'ताबाँ' ने कितनी आसानी से कह दिया था, ''नज़दीक से खुलते नहीं तस्वीर के जौहर/ दीदार की हसरत है तो हो जाओ ज़रा दूर।'' (नवा-ए-आवारा – गुलाम रब्बानी 'ताबाँ', पृ. 24)

इसी 'तस्वीर' के लिए आपने 'दूसरे क्षण' में जो 'फैण्टेसी' लफ़्ज़ का इस्तेमाल किया है, वह मुझे इसलिए मुनासिब नहीं लगा कि उसमें 'तस्वीर' के साथ 'वहम' का लस्तगा भी लगा हुआ है। आपकी 'फैण्टेसी' तो कॉलरिज के 'फ़ैन्सी' बनाम 'फैण्टेसी' से न मिलकर 'सेकण्डरी इमेजिनेशन' से मिलती है, जिसमें होश की कार्रवाई कहीं ज़्यादा होती है। क्या इसके लिए दूसरा लफ़्ज़ नहीं चुना जाना चाहिए था? इसे आप 'स्वप्न-चित्र' और 'मनश्चित्र' वग़ैरह भी तो कहते ही रहते थे।

कोई यह न कह दे कि मैंने ज़बरदस्ती वर्ड्सवर्थ, कॉलरिज और टी. एस. इलियट जैसे हिन्दी के लिए 'अबूझ' पारिभाषिक लफ़्ज़ों जैसे नामों का जिक्र कर दिया है,

इसलिए आपकी तहरीर से ही यह हवाला देना ज़रूरी है, 'अंग्रेज़ी में कॉलरिज, वर्ड्सवर्थ, शैले, टी. एस. इलियट आदि प्रमुख कलाकार आलोचक हैं। इनमें से मुख्यतः विचारणीय कॉलरिज और टी. एस. इलियट हैं।' (मुक्तिबोध रचनावली : पाँच – सं. नेमिचन्द्र जैन, पृ. 86)

आपने 'तीसरे क्षण' को 'फैण्टेसी के शब्दबद्ध होने की प्रक्रिया का आरम्भ' बताया है। पूछा जा सकता है कि पहले और दूसरे लम्हों में तजरुबों को लफ़्ज़ों में ढालने से परहेज़ बरतने का कोई उसूल है क्या?

आपके फ़न के तीनों लम्हों का दिलचस्प बयान साबित यही करता है कि फ़न को 'हल्के' में न लेकर 'गहरी संजीदगी' से लिया जाना चाहिए। जो फ़न को 'हल्के' में लेते हैं, वह 'छोटी कविताओं' को छोड़कर 'लम्बी कविताएँ' भी लिखते हैं, तो 'दनादन' लिखते हैं और वह 'हल्की' ही रह जाती हैं। 'दनादन' लिखनेवालों पर सवाल उठाते हुए कार्ल मार्क्स ने भी कहा था, "क्या कभी किसी ने सुना है कि आशु रचनाकार महान कवि भी होते हैं?" (साहित्य तथा कला, मार्क्स–एंजेल्स, पृ. 128)

आपके फ़न के पहले लम्हे का 'उत्कट तीव्र अनुभव' क्या यह इरादा करा ही देता है कि इसे तो मैं कविता के किसी-न-किसी ढाँचे में ढालकर ही रहूँगा? अगर ऐसा होता है, तो बाक़ी के 'उत्कट तीव्र अनुभव' यह इरादा क्यों नहीं करा देते? वह ज़ाती तजरुबे को अवामी तजरुबा बनाने के जद्दोजहद में बस मदद करने भर के लिए ही क्यों आते हैं? जो 'उत्कट तीव्र अनुभव' कभी छूट जाते हैं, क्या वह हमारे 'अनजाने' और 'अचानक' ज़ाहिर नहीं हो सकते? अगर वह इस तरह ज़ाहिर होते हैं, तो क्या हमारी शख्सियत और हमारे नज़रिये के मुताबिक़ नहीं रह जाते?

जो तजरुबे कविता में ढलने से छूट जाते हैं, उनकी एक बड़ी वजह आपने 'जड़ीभूत सौन्दर्यानुभूति' को बताया है। इसका हमला बाहर से भी होता है और भीतर से भी।

इसका भीतर से जब हमला होता है, तब क्या होता है, इसके सिलसिले में आपने कहा था, "अभिव्यक्ति के प्रयत्न—कला-मर्म—बहुत-कुछ अभ्यास में निहित हैं। लेखक को अभिव्यक्ति-साधना में—काव्याभ्यास में–न केवल विशेष प्रकार की अभिव्यक्ति का अभ्यास हो जाता है, वरन् विशेष प्रकार की भाव-संवेदनाओं का भी अभ्यास हो जाता है। क्रमशः दोनों तरह के अभ्यास–भाव, संवेदनाओं की अभ्यासात्मकता और तत्सम्बन्धी अभिव्यक्ति की अभ्यासात्मकता–ये दोनों मिलकर लेखक की जिस प्रकार क्षमता बन जाते हैं, उसी प्रकार वह उसकी कठोर सीमा भी बन जाते हैं।" (मुक्तिबोध रचनावली : पाँच - सं. नेमिचन्द्र जैन, पृ. 164-165)

इसका बाहर से जब हमला होता है, तब कौन-सा मरहला पेश आता है, इसे आपके इन लफ़्ज़ों में देखा जा सकता है, "जड़ीभूत सौन्दर्याभिरुचि एक विशेष शैली (को) दूसरी शैली के विरुद्ध स्थापित करती है। गीत का नयी कविता से कोई विरोध

नहीं है, न नयी कविता को उसके विरुद्ध अपने को प्रतिष्ठापित करना चाहिए। आवश्यकता इस बात की है कि गीत में नये तत्त्व आयें, न कि गीत-शैली की धारा की समाप्ति हो।'' (वही, पृ. 106)

इतने एहतियात के बावजूद आप खुद कई बार 'जड़ीभूत सौन्दर्याभिरुचि' के शिकार हो जाते थे। 'प्रगतिवाद', 'प्रयोगवाद' और 'नयी कविता' की आपकी तमाम तीखी आलोचना के बावजूद उसमें कहीं-न-कहीं हमदर्दी का पुट रहता था, लेकिन 'छायावाद' के सिलसिले में अक्सर वह हमदर्दी ग़ायब हो जाती थी। यह मैं इसके बावजूद कह रहा हूँ कि आपने 'कामायनी : एक पुनर्विचार' नाम की किताब और 'सुमित्रानन्दन पन्त : एक विश्लेषण' नाम की तहरीर भी लिखी है।

आपने तो यहाँ तक कह दिया था, ''छायावाद की आलोचना करनेवाले हमारे महान् आलोचक छायावाद के निस्सहाय बच्चे हैं।'' (वही, पृ. 85)

आपने किसी भी आलोचक का नाम न लेकर अपने जुमले को काफ़ी कमज़ोर बना दिया। तब तो आपको बहुत बुरा लगता, अगर 'कामायनी : एक पुनर्विचार' की वजह से आपको ऐसे आलोचकों में शामिल कर दिया जाता। ऐसा भी नहीं कि आपको चीज़ें बुरी लगती ही नहीं थीं। आप जब विश्वम्भरनाथ उपाध्याय पर नाराज़ हुए थे, तब आपने प्रमोद वर्मा के नाम अपनी एक न भेजी गयी चिट्ठी में कैसी तल्ख़ बातें लिखी थीं।

'छायावाद' के बारे में आपने यह भी कहा था, ''हिन्दी का गत काल रोमैण्टिक था। कल्पना और भावना के ज़रिये अलौकिक को ग्रहण किया गया था। वास्तविक जीवन के वाह्य द्वन्द्व और अन्तर्द्वन्द्व को नष्ट कर (अन्तर्बाह्य प्रकृति पर जय पा) एक हारमनी उत्पन्न करना, स्वर-संगम का सृजन करना, गत काल की कला के क्षेत्र के बाहर की बात थी। म्लान सन्ध्या का रूप देख कर कवि के हृदय में करुण अनुभूति उत्पन्न होती थी, परन्तु बाह्य जगत् में होते आ रहे भयंकर अत्याचारों और अमानुषिक व्यवहारों में उनके दिल में किसी कविता की आत्मा ने प्रवेश नहीं किया था। वैसे ही, कवि के हृदय में प्रेम है या केवल आसक्ति, सौन्दर्य-दृष्टि है या वासनाशीलता, इसको उसे स्वयं के लिए ही जानने का कोई ख़ास सिद्धान्त नहीं था। शान्ति प्रिय द्विवेदी ने ठीक ही कहा है कि, ''वह काव्य मध्ययुगीन काव्य का आधुनिक संस्करण था।'' (वही, पृ. 19-20)

यहाँ आपका नज़रिया 'प्रयोगवाद' और 'नयी कविता' की हिमायत में 'छायावाद' और 'मध्ययुगीन काव्य' के ख़िलाफ़ एक तहरीक के तहत माहौल पैदा करने भर का है। ऐसा तो हो ही नहीं सकता कि आपको पता न हो कि उसी 'छायावाद' में 'तोड़ती पत्थर', 'भिक्षुक', 'कुकुरमुत्ता' जैसी ढेरों हक़ीक़तपसन्द कविताएँ भी उनके 'अलौकिक को ग्रहण' करनेवाले नज़रिये के बावजूद घर किये हुए थीं। 'बाँधो न नाव इस ठाँव बन्धु' में अगर आपको पता नहीं चलता कि उसमें 'प्रेम' है या 'आसक्ति' तो कमी

आपके तंग तरक़्क़ीपसन्द नज़रिये में कही जायेगी, न कि उस कविता में।

'छायावाद' को 'मध्ययुगीन काव्य' का 'आधुनिक संस्करण' कहना 'छायावाद' की ही क़ीमत कम करके आँकना नहीं है, बल्कि उस 'मध्ययुगीन काव्य' की भी क़ीमत कम करके आँकना है, जिस पर आपने बहुत ही मानीख़ेज़ तहरीर 'मध्ययुगीन भक्ति-आन्दोलन का एक पहलू' के नाम से लिखी थी।

'प्रयोगवाद' और 'नयी कविता' की कविताएँ अहम् ज़रूर हैं, लेकिन इतनी भी नहीं कि 'पूरे छायावाद' और 'सारे मध्ययुगीन काव्य' से बेरुख़ी बरतने का हक़ हासिल हो जाये।

आपकी सबसे कमज़ोर तहरीरें वह हैं, जो 'प्रयोगवाद' और 'नयी कविता' की तहरीकों की हिमायत में लिखी गयी हैं। इसके ख़िलाफ़ तरक़्क़ीपसन्द तहरीक से जुड़ी तहरीरें इसलिए अहम् बन गयी हैं कि वह उसकी कमज़ोरियों को खोलती हैं; फिर भी उनमें तरफ़दारी का कुछ-न-कुछ पुट तो रह ही जाता है।

आपने कहा था, "मार्क्सवादी लेखकों में यह अराजकता नहीं है। यह एक सुन्दर समन्वय है, जिसमें वैयक्तिक रूप से प्रत्येक लेखक अपने व्यक्तित्व का पूरा प्रकाश देते हुए इस अराजकता से बच निकलता है।" (वही, पृ. 37)

यहाँ आपने उतना 'संघर्ष' नहीं किया, जितना समन्वय कर गये। अगर मार्क्सवादियों का इतना ही आदर्श रूप होता तो रामविलास शर्मा आपके मार्क्सवाद में रहस्यवाद न ढूँढ़ निकालते।

आपकी आलोचना के 'तत्त्व के लिए संघर्ष' और 'दृष्टि-विकास के संघर्ष' पर काफ़ी बातें हो गयीं। रह गया 'अभिव्यक्ति को सक्षम बनाने का संघर्ष'। इस सिलसिले में आपकी आलोचना पर कई सवाल उठाये जा सकते हैं।

आपने कहा था, "यदि हमारे मनस्तत्त्व, जो कला में प्रकट होने के लिए आतुर हैं, वस्तुतः सिग्नीफिकेण्ट हैं, मार्मिक हैं, तो हमारी कविता भी मार्मिक होगी। चाहे वह किसी भी छन्द में हो, चाहे वह विशुद्ध गद्यात्मक लय में ही उपस्थित क्यों न की गयी हो। (वही, पृ. 117)

यहाँ आपका सारा ज़ोर 'तत्त्व' पर ही है। 'किसी भी छन्द में' और 'गद्यात्मक लय में ही' तो आप ऐसे बोल रहे हैं जैसे यह चीज़ें बैठे-ठाले ही आ जायेगी। "मन न दानम फ़ाइलातुन फ़ाइलात/ शेर मी गोयम ब अज़ आब-ए-हयात" (अमीर-उल-अरूज़—बज़्मी अंसारी, पे. दाल?) के नुस्ख़े के बावजूद इधर बह्र सीखने की मजबूरी तो कहीं-कहीं दिखायी भी पड़ जाती है, लेकिन 'विशुद्ध गद्यात्मक लय' को सीखने पर शायद ही कहीं ज़ोर दिया जाता होगा। 'गद्य' के बारे में ऐसा माना जाता है कि यह तो सबको आता ही होगा। किसी ने कभी अचरज तो ज़ाहिर किया ही था कि अच्छा! जो मैं बोल रहा हूँ, वही गद्य है?

सच तो यह है कि आप कविता में 'किसी भी छन्द' में से किसी एक का इस्तेमाल तो कर सकते थे, लेकिन अपनी कविता में 'गद्यात्मक लय' का इस्तेमाल कर सकते थे, इसमें गहरा शुब्हा है। आपकी मुश्किल यह भी थी कि आप कविताओं के 'मुक्त छन्द' को 'गद्यात्मक लय' में मानते थे, जो बात सरासर ग़लत थी।

अक्सर 'गद्यात्मक लय' वालों की यह मुश्किल नहीं है कि वह 'छन्द' के उसूलों को नहीं जानते, बल्कि यह है कि वह 'गद्य' के सबसे ख़ूबसूरत रूप 'बोलचाल' की रवानी और ठेकों वग़ैरह के उसूलों का भी एहतेराम नहीं करते। इसी वजह से उनके ऊपर बेजान किताबी नस्र, बल्कि मशीनी तर्जुमे की नस्र का इल्ज़ाम लगाया जाता है।

आपके यहाँ 'पद्याभास गद्य' और 'गणित-शास्त्रीय छन्द' क़तई अशास्त्रीय शब्द हैं और इनसे आपकी कविताओं का रिश्ता भी नहीं है। आपकी कविताओं में ख़ालिस 'पद्य' है, 'पद्याभास गद्य' नहीं। चूँकि वह 'गणित-शास्त्रीय छन्द' पर निर्भर नहीं है, इसलिए उसके 'पद्य' होने का पता नहीं चलता। सबसे पहले तो आपकी अहम् कविताएँ 'मुक्त छन्द' में हैं इसलिए वह 'गणित-शास्त्रीय छन्द' में फिट नहीं बैठ पातीं। निराला ने बड़ी सफ़ाई के साथ 'पन्त जी और पल्लव' में कहा था, ''यदि कारीगरी की गयी, मात्राएँ गिनायी गयीं, लड़ियों के बराबर रखने का ध्यान रखा गया, तो इतनी बाह्य विभूतियों के गर्व में स्वच्छन्दता का सरल सौन्दर्य, सहज प्रकाशन, निश्चय है कि नष्ट हो जाता है।'' (निराला रचनावली : पाँच— सं. नन्दकिशोर नवल, पृ. 191)

निराला ने मुक्त छन्द का एक उसूल बनाया कि वह 'कवित्त' पर निर्भर हो। इसीलिए वह वॉल्ट ह्विटमैन के 'मुक्त छन्द' से अलग हो जाता है। ह्विटमैन को क्या पता 'कवित्त' क्या होता है? निराला ने जिन बह्रों में उनकी गेयता की वजह से 'मुक्त' होने पर भी 'मुक्त छन्द' न मानकर 'मुक्त गीत' माना था, आपने अपनी कविताओं में उन्हें भी 'मुक्त छन्द' के क़ाबिल साबित किया। यानी यह साबित किया कि 'मुक्त छन्द' के लिए 'कवित्त' लाजिमी नहीं है। वह उर्दू के रजज़, हज़ज और रमल जैसी बह्रों और हिन्दी के बुनियादी छन्द 'चौपाई' पर भी निर्भर हो सकता है। कमाल यह है कि आपने अपनी आलोचना में इनके उसूलों को छुआ तक नहीं। अगर त्रिलोचन की साखी को सही मानें तो आप छन्द से कतराते ज़रूर रहे। देखिये उन्होंने क्या कहा था, ''तो मुक्तिबोध पर मैं बता दे रहा हूँ। मैंने उनसे कहा कि ''तुमने पंचचामर लिया है।' तो उन्होंने कहा कि 'भई, तुम्हें कैसे मालूम हुआ?' मैंने कहा कि ''संस्कृत का सारा छन्द शास्त्र यहाँ भरा है। और मुझे पता है। मैं तुम्हें चेक करता हूँ।'' तो उन्होंने कहा कि 'अभी इक्सप्लेन मत करना।' तो, मैं तब से मुक्तिबोध के गुज़रने पर भी, मैंने कुछ नहीं लिखा है। लेकिन मेरा यह कहना है कि मुक्तिबोध के अनेक जो विशेषज्ञ हैं, वे क्या जानते हैं? विशेष अज्ञ हैं। विशेषज्ञ नहीं।'' (साक्षात् त्रिलोचन– सं. कमलाकान्त द्विवेदी, दिविक रमेश, पृ. 76)

फिर भी यह तो नहीं ही माना जा सकता कि आप निराला के उसूलों के एहसान के तले दबे नहीं रहे।

आपकी यह बात भी ग़लत है, ''सच तो यह है कि मैंने काव्य-जगत् के आत्मीय क्षेत्र में प्रगतिवाद-विशिष्ट यान्त्रिक रूप से चलनेवाले, राजनीतिक-सामाजिक विचार-भाव, यान्त्रिक ओज और यान्त्रिक छन्द अस्वीकार कर दिये।'' (मुक्तिबोध रचनावली : पाँच-सं. नेमिचन्द्र जैन, पृ. 115)

आप जब 'अँधेरे में' में कविता में 'कवित्त' का, 'भूल-ग़लती' में 'रमल' का 'अन्तःकरण का आयतन' में 'रजज़' का, 'चकमक की चिनगारियाँ' में 'हज़ज' का, 'जब प्रश्नचिह्न बौखला उठे' में 'चौपाई' (आपकी कविता में 'चौपाई' ढूँढ़ निकालना आपके ऊपर कितना ज़बरदस्त इल्ज़ाम है!) का इस्तेमाल करते हैं, तो उनकी 'यान्त्रिकता' से बच नहीं सकते। उनके आज़ाद इस्तेमाल के लिए भी एक हद तक उनकी गुलामी तो करनी ही पड़ती है। ऐसे में क्या वे 'यान्त्रिक छन्द' ही नहीं रह जाते?

'प्रयोगवाद' और 'नयी कविता' की हिमायत में आपने कहा था, ''अब आप छन्दों पर आइये। नयी कविता की प्रयोगवादी कविता में नियमबद्ध छन्दों का प्रयोग कम होता है। इसका अर्थ यह नहीं कि इस काव्य-प्रवृत्ति में छन्दों का निषेध है। ध्यान में रखने की बात है कि उसमें गीत भी लिखे गये हैं। गीत-काव्य का निषेध उसमें नहीं है। अनेक नये कवियों में गीतात्मकता है। मुक्त छन्द प्रसाद और निराला ने भी ख़ूब लिखे। यहाँ तक कि पद्याभास गद्य भी हमें निराला में मिलता है।'' (वही, पृ. 336)

पहली बात यह कि 'पद्याभास गद्य' निराला तो क्या आपकी भी कविताओं में कहीं नहीं दिखायी देता। इस तहरीक़ में आप जिनका साथ दे रहे थे, वह आपके वफ़ादार साथी भी नहीं थे; आप उनके चाहे जितने वफ़ादार साथी रहे हों।

दूसरा सवाल यह है कि 'गद्य' में 'पद्याभास' पैदा करने की ज़रूरत क्या है? सबसे मुश्किल है उसके उसूलों को पेश करना।

अगर 'पद्याभास गद्य' में ही 'सहज प्रवाही' और 'पूर्ण रूप' प्रस्तुत किया जा सकता था, तो 'मुक्त छन्द' में क्या हो रहा था? यानी कि निराला और आपके यहाँ क्या हो रहा था?

आप अपनी कविता के लिए 'चित्र' और 'यथार्थ' को ही लाजिमी नहीं मानते थे, बल्कि कविता में 'गद्य' और 'पद्याभास गद्य' के 'प्रयोगवादी' और 'नयी कविता' वादी उसूलों के ख़िलाफ़ लय को भी लाजिमी मानते थे। इन जुमलों में आपने कितना ज़बरदस्त बयान दर्ज किया है, ''मैं कविता में लय को आवश्यक मानता हूँ। इससे कुछ-न-कुछ नियन्त्रण रहता है। कविता में विन्यास बड़ी बात है, बिम्ब से भी अधिक महत्त्वपूर्ण है विन्यास। कथ्य शृंखलाबद्ध रूप से आना चाहिए। विन्यास तब तक ठीक नहीं होगा, जब तक शृंखला न हो। कवि-कर्म अत्यन्त महत्त्वपूर्ण है। विन्यास से अंकुश रहता है। भाव इधर-उधर भटकते नहीं। अंकुश इसलिए ज़रूरी है कि सही-सही बिम्बों

को बाँधकर रखता है। कविता पूरी हो जाने के बाद विन्यास किया जा सकता है। मेरा यह अपना ख़याल है। मैं तो उसे एक स्तर से देखता हूँ। विन्यास का वास्तविक स्वरूप सामने सुषुप्त अवस्था से जाग्रत अवस्था में आने पर आता है। मेरी बहुत-सी कविताएँ मुझे अधूरी लगती हैं। ढूँढ़ता हूँ तो लगता है कोई बात और थी, जो इसमें नहीं है। इसी प्रक्रिया को कुछ आलोचकों ने कृत्रिमता बताया है। मैं इस आरोप को नहीं मानता। तत्त्वगत, आकारगत संवेदना आ पाये, तभी कविता पूर्ण होती है।'' (वही, पृ. 273)

फ़न के बारे में लिखने बैठने पर आप कभी-कभी 'आलोचना' की जगह 'सर्जनात्मक आलोचना' लिखने लग जाते थे। मिसाल के लिए 'सुमित्रानन्दन पन्त : एक विश्लेषण' में आपने लिखा था, ''किन्तु जहाँ-जहाँ उनके काव्य में संवेदना की ताज़गी है, वहाँ उनके शब्द बोलने लगते हैं, छन्द नाचने लगते हैं, भाव चमकने लगते हैं। ऐसे क्षणों में, जब वे छन्द की चौखट में सारभूत जीवन-तथ्य भी जमा देते हैं, तब भी उस कविता में एक ख़ास काट का ज्यॉमितिक सौन्दर्य उत्पन्न हो जाता है—इसलिए कि उसमें भी एक ताज़गी होती है।'* (वही, पृ. 450)

आपकी आलोचना का यह हिस्सा 'क्रिएटिव क्रिटिसिज़्म' की जिन्दा मिसाल है। इसमें अलंकार ख़ूब ख़र्च किये जाते हैं, लेकिन किसी भी उसूल के बारे में अक्सर कोई जानकारी नहीं मिलती। आप ही बतायें 'शब्द बोलने लगते हैं' से 'शब्द' या उसकी 'शक्ति' के बारे में 'छन्द नाचने लगते हैं' से 'छन्द' की गति, यति, गण, ताल वग़ैरह के बारे में, 'भाव चमकने लगते हैं' से 'भाव' के 'विभाव', 'आश्रय' वग़ैरह के बारे में, 'ज्यॉमितिक सौन्दर्य' से 'छन्द की चौखट' के बारे में आख़िर क्या पता लगाया जा सकता है? बस इतना है कि पन्त जी ने अगर आपकी तहरीर के इस हिस्से को पढ़ा होगा, तो उन्हें मज़ा बहुत आया होगा।

आपने एक बार कहा था, ''कला-कौशल की दृष्टि से किसी काव्य का मनोरंजक हो जाना एक बात है – बिल्कुल भिन्न बात है उसका जीवन-मूल्यों के रूप में हमारे सामने आना। मात्र भावोत्तेजित करनेवाली कला हमारे वास्तविक जीवन-पथ के लिए मूल्यवान् भी हो, यह आवश्यक नहीं है। हमारे लिये मूल्यवान् कला वह है, जिसमें मार्मिक जीवन-विवेक, सूक्ष्म दृष्टियों तथा जीवन के वास्तविक पक्षों का उद्घाटन हो।'' (वही, पृ. 66)

''कला-कौशल की दृष्टि से किसी काव्य का मनोरंजक हो जाना' क्या होता है? क्या आपको ऐसी कोई कविता मनोरंजक लग सकती है, जो आपके 'जीवन-मूल्य' के ख़िलाफ़ हो? 'कला-कौशल की दृष्टि से' बिल्कुल कामयाब चौपाई के यह चरण 'पूजिअ बिप्र ज्ञान गुन हीना / सूद्र न गुन गन ज्ञान प्रबीना।'' (रामचरितमानस – तुलसीदास, पृ. 571) क्या आपकी 'मार्क्सवादी दृष्टि' के बावजूद आपका मनोरंजन कर सकते थे? 'कला-कौशल' न सिर्फ 'मार्मिक जीवन-विवेक', 'सूक्ष्म-दृष्टि', 'जीवन के वास्तविक-पक्षों' को ही 'मनोरंजक' नहीं बनाता,

बल्कि 'कठोर जीवन-अविवेक', 'स्थूल-दृष्टि' और 'जीवन के मिथ्या पक्षों' को भी 'मनोरंजक' बना सकता है।

'कला-कौशल' कामयाब होने पर चाहे 'मनोरंजन' करे या न करे, लेकिन नाकाम होने पर किरकिराहट ज़रूर पैदा करता है। आपने कभी किसी के 'कला-कौशल' में नज़र आनेवाली इस किरकिराहट पर सवाल उठाया? मेरे ख़याल से 'कामायनी : एक पुनर्विचार' तक में नहीं उठाया।

'कामायनी : एक पुनर्विचार' में आपने कहा है, ''कलाकृति स्वानुभूत जीवन की कल्पना द्वारा पुनर्रचना है। यथार्थवादी शिल्प के अन्तर्गत, कलाकृति यथार्थ के अन्तर्नियमों के अनुसार, यथार्थ के बिम्बों की क्रमिक रचना प्रस्तुत करती है। किन्तु भाववादी रोमैण्टिक शिल्प के अन्तर्गत कल्पना अधिक स्वतन्त्र होकर जीवन की स्वानुभूत विशेषताओं को समष्टि-चित्रों द्वारा, प्रतीक-चित्रों द्वारा, प्रस्तुत करती है।'' (मुक्तिबोध रचनावली : चार - सं. नेमिचन्द्र जैन, पृ. 195)

कोई भी कविता अपने 'कॉण्टेण्ट' की वजह से ही 'रियलिस्टिक' या 'रोमैण्टिक' हो सकती है। वैसे 'रियलिज़्म' और 'रोमैण्टिसिज़्म' के बीच भी वैसी दुश्मनी नहीं है, जैसी 'मटीरियलिज़्म' और 'आइडियलिज़्म' के बीच है। यहाँ आपने जयशंकर प्रसाद की फैण्टेसी के अन्दाज़ की मदद करने के लिए अपनी फैण्टेसी के अन्दाज़ के लिए मुश्किलें खड़ी कर दीं, क्योंकि इस हिसाब से वह 'रोमैण्टिक' ही कहा जायेगा। तमाम फैण्टेसी के बावजूद आपकी कविताओं पर 'रोमैण्टिसिज़्म' का इल्ज़ाम तो लगाया नहीं जा सकता।

'फ़न' तो बेचारा 'फ़न' होता है, न वह 'रियलिस्टिक' होता है, न 'रोमैण्टिक'। वह अगर 'रियलिस्टिक कॉण्टेण्ट' को उठाता है, तो उसे 'रियलिस्टिक' बनाने में मदद करता है और 'रोमैण्टिक कॉण्टेण्ट' को उठाता है, तो उसे 'रोमैण्टिक' बनाने में मदद करता है। खुलकर कह दूँ तो आपका 'यथार्थवादी शिल्प' और 'भाववादी शिल्प' का बँटवारा न सिर्फ इतना कि, ''शास्त्रीय नहीं है, बल्कि फ़न के बुनियादी मसलों में आपकी दिलचस्पी की कमी को भी ज़ाहिर करता है। हाँ, फ़न की 'साइकोलोजी' और 'सोशियोलोजी' में आपकी दिलचस्पी की कमी का इल्ज़ाम नहीं लगाया जा सकता।

आप जिस हिसाब से जिक्र करते हैं उस हिसाब से तो 'भाववादी रोमैण्टिक शिल्प' तो कोई हवाई चीज़ ही हो सकती है, क्योंकि ऐसा तो आज तक नहीं देखा गया है कि बिना 'विभाव-पक्ष' के 'भाव-पक्ष' सूचित हो गया हो। मज़े की बात यह है कि 'भाव' पर भावविभोर आचार्य भरत मुनि ने अपने रससूत्र 'विभावानुभाव व्यभिचारि संयोगाद्रसनिष्पत्तिः' में विभाव, अनुभाव और संचारी भाव का तो जिक्र किया, 'भाव' का जिक्र ही नहीं किया; सिर्फ इसलिए कि उसे तो सिर्फ सूचित करना होता है। उसका नाम भी अगर ज़ुबान पर आ जाता है तो उसको 'स्वशब्दवाच्यत्व दोष' गिना जाता है।

आपको फ़न के मसलों में कितनी कम दिलचस्पी थी कि आप जयशंकर प्रसाद की जो मिसालें देते हैं, उनकी भी ख़ामियों पर ग़ौर नहीं करते। आपने एक मिसाल दी है—

"तुम हो कौन और मैं क्या हूँ/ इसमें क्या है धरा, सुनो।
मानस-जलधि रहे चिर, चुम्बित/ मेरे क्षितिज उदार बनो।" (वही, पृ. 210)

इसमें 'सुनो' और 'बनो' के बीच क़ाफ़िया ग़लत है और जयशंकर प्रसाद 'कामायनी' में आपकी तरह 'मुक्त छन्दवादी' नहीं थे कि तुक अगर ग़लत हो गया, तो ठेंगे से गिन लिया जाय। क़ाफ़िये की इस तरह की भूलें तो और भी थीं, जिनकी मिसालें नीचे दी जा रही हैं—

'गिर जायेगा जो है अलीक
चलकर मिटती है पड़ी लीक।' (वही, पृ. 259)

'खोजते भी न कहीं अवलम्ब,...
उऋण होऊँ मैं बिना विलम्ब।' (वही, पृ. 261)

'कम्पित कर सुख सौरभ तरंग...;...
वन-वन बन कस्तूरी कुरंग।' (वही, पृ. 281)
'देखे मैंने वे शैल शृंग...
उन्मुक्त, उपेक्षा भरे तुंग।' (वही, पृ. 281)

आपके दिये गये हवालों में "बुद्धि, मनीषा, मति, आशा, चिन्ता, तेरे हैं कितने नाम" (वही, पृ. 214) के आल्हा छन्द में यति यदि 'सोलह' की जगह 'अट्ठारह' मात्रा पर आयी है, इससे आपको कोई फ़र्क नहीं पड़ता।

'पहेली-सा जीवन है व्यस्त' (पृ. 215) में चौपाई के 'डगण' के सही बँटवारे के लिए 'प' के लघु को छोड़ने की मजबूरी सामने आती है, जिससे 'शास्त्र' का उसूल टूटता है। क्या कभी आपने फ़न के इस मसले में कोई दिलचस्पी ली? सिर्फ इतना हुआ कि जयशंकर प्रसाद ने ताल टूटने देकर शुरूआती 'प' के लघु, और आख़िरी 'त' के लघु की मात्राएँ गिनकर 'गणितीय छन्द' के ढंग से सोलह मात्राएँ पूरी कर दीं। यहाँ पूरी कर दीं, लेकिन 'क्या कहूँ, क्या कहूँ मैं उद्भ्रान्त' (वही, पृ. 215) की सत्रह मात्राओं में 'डगण' का ग़लत बँटवारा तो होने ही दिया, 'गणितीय छन्द' की गणित भी ग़लत कर दी।

'गणितीय छन्द' में 'गण' और 'ताल' का जिक्र कभी आपने सुना था? नहीं सुना था ना? यह कमी सिर्फ आप में ही नहीं थी, पुराने छन्दः शास्त्रियों में भी थी। इसीलिए उनकी आलोचना करते हुए गुजराती के आलोचक रामनारायण विश्वनाथ पाठक ने कहा था, "अने सौथी मोटो प्रश्न के आ मात्राओने अमुकज गणमां शा माटे मूकवी तेनो पण

खुलासो आ प्राचीन परम्पराना कोई पिंगलो आपता न थी। तेनो पहेलवहेलो खुलासो आपवानुं मान गुजरातने फाळे जाय छे। कवि दलपतरामे सौथी पहेलां मात्रामेळ पिंगलमां तालव्यवस्था योजी, अने तालनी आवश्यकता थी गणो पाड़वा पड़े छे ते समजाव्युं। अने मात्रामेळना निरूपणमां तेमणे तालस्थानो अने तालसंख्या दर्शावी अने कह्युं के तालनी मात्रा ताल पहेलांनी मात्रा साथे जोड़ाई जाय तो ताल तूटे, पाछळनी मात्रा साथे जोड़ाय तो ताल तूटे नहीं।'' (बृहत् पिंगल - रामनारायण विश्वनाथ पाठक, पृ. 292) अर्थात् ''और सबसे बड़ा प्रश्न कि इन मात्राओं को अमुक ही गणों में किसलिए रखना, इसका भी ख़ुलासा इस प्राचीन परम्परा के कोई पिंगल नहीं देते। उसका पहले-पहल ख़ुलासा देने का मान गुजरात के हिस्से जाता है। कवि दलपतराम ने सबसे पहले मात्रिक पिंगल में ताल-व्यवस्था की योजना की, और ताल की आता से गण बनाने पड़ते हैं, यह समझाया। और मात्रिक छन्द के निरूपण में उन्होंने ताल स्थान और ताल संख्याएँ दिखायीं और कहा कि ताल की मात्रा ताल के पहले की मात्रा के साथ जुड़ जाये, तो ताल टूटता है, पीछे की मात्रा के साथ जुड़े तो ताल टूटता नहीं।''

यह सारी चीज़ें आपको चर्चा के लायक़ इसलिए नहीं मालूम पड़ीं कि फ़न की बुनियादी चीज़ों की 'आलोचना' में आपकी दिलचस्पी ही कम थी। 'फ़न की सॉइकोलोजी' में आपने जो इतनी गहरी डुबकी लगायी, वह अस्ल में 'कॉण्टेण्ट' में ही डुबकी लगाना था, फ़न के मसलों में नहीं। फ़न का काम किसी भी 'कॉण्टेण्ट' को दिलचस्प और पुरअसर बनाना होता है, न कि 'कॉण्टेण्ट' की 'दशा और दिशा' को बदल देना। अगर ऐसा होता है तो उसे फ़नकार की बेवक़ूफ़ी और लापरवाही के खाते में ही डाला जाना चाहिए।

'कामायनी : एक पुनर्विचार' के 'अन्ततः' में आपने कहा है, ''मैं तो स्वयं अपने से ही यह प्रश्न पूछता हूँ कि क्या यह आवश्यक नहीं कि 'कामायनी' के साहित्यिक सौन्दर्य का भी विवेचन किया जाय। निःसन्देह, उसके बिना तो मेरा आत्म-निवेदन भी अधूरा ही रहेगा।'' (मुक्तिबोध रचनावली : चार – सं. नेमिचन्द्र जैन, पृ. 325)

इसकी असली वजह तो यही थी कि प्रयोगवादियों ने फ़न के मसलों में आपकी दिलचस्पी को सिफ़र से नीचे उतार दिया था। अच्छा है कि आप अपनी कविताओं में इसके शिकार नहीं होते।

आपने बात आगे बढ़ायी, ''प्रसाद जी के काव्य-सामर्थ्य के सम्बन्ध में अन्य लेखकों ने बहुत-कुछ लिखा है। जिन लोगों को 'कामायनी' के सौन्दर्य की विवेचनात्मक जानकारी की ज़रूरत है, उन्हें वे समीक्षा-ग्रन्थ अवश्य पढ़ने चाहिए। पाठक का यह आदि कर्त्तव्य और प्रथम धर्म है कि वह कलात्मक सौन्दर्य को आत्मसात् करते हुए कृति के मर्म में प्रवेश करे। कलात्मक सौन्दर्य तो वह सिंहद्वार है, जिसमें से गुज़रकर ही कृति के मर्म-क्षेत्र में विचरण किया जा सकता है, अन्यथा नहीं।'' (वही, पृ. 326)

आपका अन्दाज़ ऐसा है कि चूँकि 'कलात्मक सौन्दर्य' नाम के चक्रव्यूह के 'सिंहद्वार' में 'अन्य लेखकों' नाम के अभिमन्यु दाखिल हो ही चुके हैं, इसलिए आपको उसमें दाखिल होने की ज़रूरत ही क्या है, जबकि 'कामायनी' में 'कलात्मक सौन्दर्य' ही नहीं, 'कलाहीन चीज़ों' की किरकिराहटें भी दिखायी पड़ती रहती हैं। मगर आपको इससे क्या? आप तो फ़न के 'समाजशास्त्र' और 'मनोशास्त्र' से काम चला ही लेते हैं।

आपको लेकर मेरे मन में जो सवाल उठे, उन्हें अगर मैं रख न देता, तो फिर आपके यह कहने का मतलब ही क्या रह जाता, "आजकल सच्चाई का सबसे बड़ा दुश्मन असत्य नहीं, स्वयं सच्चाई ही है, क्योंकि वह ऐंठती नहीं, सज्जनता को साथ लेकर चलती है। आज-कल के ज़माने में वह है आउट-ऑफ़-डेट! जी! इसलिए ज़रा युयुत्सु बने, वीर बने, तभी वह धक सकता है, चल सकता है, बिक सकता है।" (वही, पृ. 55) पता नहीं आपकी आलोचना की मेरी यह आलोचना चल भी पायेगी या नहीं!

आपका

सुल्तान अहमद

इतिहास और साहित्य बज़रिये मुक्तिबोध

लाल बहादुर वर्मा

इतिहास और साहित्य दोनों पुनर्रचना होते हैं। अक्सर मान लिया जाता है कि इतिहास दिमाग से और साहित्य दिल से रचा जाता है। हक़ीक़त यह है कि दोनों के लिए दिल और दिमाग दोनों के 'संवेदनात्मक ज्ञान' और 'ज्ञानात्मक संवेदन' (मुक्तिबोध) की ज़रूरत अनिवार्य है। केवल दिल से लिखे साहित्य में काल-बोध नहीं होता और प्रायः उसका सर्वोत्तम भी चित्रानुरंजन मात्र होकर रह जाता है और केवल दिमाग़ से लिखा सर्वोत्तम इतिहास भी नीरस, असम्पृक्त और अपर्याप्त तथ्य-संग्रह मात्र होकर रह जाता है, जैसा कि अधिकांशतः आज के इतिहास-लेखन के साथ हो रहा है। इसलिए बॉब डिलन जैसे साहित्यकार और कोसाम्बी, जयशंकर प्रसाद, भगवान सिंह और एरिक हॉब्सन जैसे इतिहासकार कम ही हो रहे हैं।

'इतिहास और साहित्य के अन्तरसम्बन्ध' का अध्ययन एक बड़ी परियोजना है और उस पर विस्तार से, यदि सम्भव हुआ तो, काम करना चाहता हूँ। क्योंकि इस माध्यम से दोनों के पुनर्मूल्यांकन का अवसर मिल सकता है और आज इतिहास के इस बेहद गहरे संक्रमण-काल में दोनों की अनिवार्य प्रासंगिकता पर भी विचार किया जा सकता है। बहरहाल अभी तो बस एक संक्षिप्त टिप्पणी ही सम्भव है।

इतिहास अतीत के 'ज्ञात' और 'ज्ञेय' तथ्य मात्रा () है। वह यदि 'अतीत और वर्तमान के बीच निरन्तर चलनेवाला संवाद है' (ई. एच. कार) तो वह 'सार्थक', 'विश्वसनीय' और 'उपयोगी' तभी होगा जब उसमें व्यापक (मैक्रो) और सूक्ष्म (माइक्रो) दोनों परिप्रेक्ष्य हों, जब उसमें यथासम्भव पूर्वग्रहमुक्त वस्तुनिष्ठता हो और साथ ही पूर्वग्रहमुक्त संवेदनात्मक लगाव भी हो। वस्तुनिष्ठता के लिए इतिहासकार अपने विषय से वैसी ही दूरी नहीं बनाये रख सकता जैसी प्राकृतिक विज्ञान में वैज्ञानिक और वस्तु के बीच सम्भव है। न ही वह साहित्यकार की तरह सम्पृक्ति के लिए अतीत के तथ्यों में डूबकर उन्हें अहसास के धरातल पर प्रस्तुत करता है। प्रसिद्ध विचारक रेमों आरों के अनुसार इतिहास की प्रकृति ऐसी है कि इतिहासकार एक ही साथ इतिहास का कर्त्ता और विषय दोनों होता है। यानी मनुष्य ही मनुष्यों के कर्मों का लेखा-जोखा प्रस्तुत

करता है। इसलिए वह वैज्ञानिक की तरह अपने विषय के प्रति पूरी तरह वस्तुनिष्ठ नहीं हो सकता। परन्तु विश्वसनीयता और इतिहास की सार्विक स्वीकृति के लिए अपने पूर्वाग्रहों, मतों और रूढ़ियों आदि पर अंकुश रखना ही पड़ता है।

इसीलिए कहा जा सकता है कि इतिहासकार का काम 'तलवार की धार पे धावनो' जैसा होता है। उसे वैज्ञानिक और रचनाकार दोनों के दायित्वों का निर्वाह करना पड़ता है।

दूसरी ओर साहित्य केवल मनोरंजन का साधन नहीं। उसे समाज का 'दर्पण' और उसके लिए 'मशाल' दोनों का ही काम करना है। सबसे प्रचलित मुहावरा साहित्य समाज का दर्पण होता है, एकदम एकांगी और सतही धारणा है। दर्पण तो वही परिलक्षित करता है जो उसके सामने पड़ जाये और कोई भी दर्पण सतह को ही परिलक्षित करता है। दूसरी तरफ, मशालवाला मुहावरा भी इस अर्थ में एकांगी है कि मशाल साहित्यकार के विचार और विचारधारा से बनती है और यदि साहित्य में विचारधारात्मक 'पॉलेमिक्स' चल रहा हो तो मशालें चकाचौंध पैदा कर सकती हैं। समस्त साहित्य मिलकर पाठक का प्रबोधन करे तब तो ठीक है पर होता यह है कि सम्पृक्त साहित्यकार पाठक का राजनीतीकरण या स्पष्ट शब्दों में कहें तो उसका विचारधारात्मक 'ब्रेनवाशिंग' करने लगता है। यह साहित्य और साहित्यकार का काम नहीं।

पर यह तो सच है ही कि साहित्य पाठक और समाज पर बौद्धिक प्रभाव डालता है, उसे छूता और मथता है। सीधे शब्दों में कहें तो साहित्य में भी एक वैचारिक पक्ष होता है और उसका प्रभाव अधिक स्थायी होता है।

इस तरह हम इतिहास और साहित्य का दोनों, अलग-अलग महत्त्व तो समझ सकते हैं पर हम यहाँ दोनों की परस्परता को और अधिक अर्थवत्तापूर्वक चिह्नित करना चाहते हैं।

इतिहास विभिन्न स्रोतों, जैसे साहित्य, पुरातत्त्व, मौखिक परम्परा, दस्तावेज़ आदि के आधार पर रचा जाता है। स्रोतों में पुरातात्त्विक स्रोतों को सबसे अधिक वस्तुनिष्ठ और निर्णायक माना जाता है। विभिन्न क्षेत्रों की अपनी विशिष्टता होती है। पर हम यहाँ इस विभ्रम को दूर करना चाहते हैं कि साहित्य मूलतः आत्मनिष्ठ होता है इसलिए कम विश्वसनीय होता है। भारत के इतिहास के बारे में देखें तो वैदिक काल का इतिहास तो अधिकांशतः साहित्यिक स्रोतों पर आधारित है। तथाकथित मध्यकाल के इतिहास में तो बस हाल ही में साहित्य में उपलब्ध तथ्यों के माध्यम से अतीत को जानने-समझने की कोशिश शुरू हुई है। हमारा कहना है कि भारत का उन्नीसवीं और बीसवीं सदी का इतिहास मुख्यतः मध्यवर्ग द्वारा निर्मित है। और मध्यवर्ग को बिना साहित्य के माध्यम के, बिना मुक्तिबोध की मदद के, क्या ठीक से समझा जा सकता है? अन्य स्रोत 'आउट लाइन' बना सकते हैं पर आकृति में भंगिमाएँ तो साहित्य ही प्रदान कर सकता है। समाज में व्यक्तियों और समुदायों की चिन्ताएँ, महत्त्वाकांक्षाएँ,

अन्तरसम्बन्ध आदि साहित्य में ही निरूपित होते हैं और उनका उपयोग कर इतिहास अधिक जीवन्त और प्रभावी हो सकता है, जैसा कि ऐतिहासिक गल्प के समाज पर प्रभाव के माध्यम से देखा जा सकता है। ज्यों-ज्यों इतिहास-लेखन में जनेतिहास की अर्थवत्ता बढ़ रही है त्यों-त्यों साहित्यिक स्रोत का भी महत्त्व चिह्नित हो रहा है।

अब जरा साहित्य में इतिहास की महत्ता पर ग़ौर करें। अब हम जानते हैं कि आजकल साहित्य में 'साहित्य का इतिहास' अनिवार्य माना जाता है। आजकल तो 'लिटरेरी क्रिटिसिज्म' बौद्धिक शास्त्रार्थ का महत्त्वपूर्ण क्षेत्र बना हुआ है। पहले साहित्य का इतिहास (रामचन्द्र शुक्ल) साहित्य के अपने तथ्यों पर ही विशेष रूप से आधारित होता था। देश-काल से निरपेक्ष साहित्य के इतिहास की सीमाएँ धीरे-धीरे उजागर होती गयीं और अब साहित्य का इतिहास समाज के इतिहास के अंग के रूप में ही निरूपित किया जा रहा है।

वैसे भी किसी भी साहित्यिक रचना का, बिना उसे देश-काल में अवस्थित किये, क्या अर्थ हो सकता है? वेद-उपनिषद् हों या तुलसी, ग़ालिब और मुक्तिबोध क्या उन्हें बिना उनके ऐतिहासिक परिप्रेक्ष्य के अच्छी तरह ग्रहण किया जा सकता है?

संक्षेप में इस टिप्पणी में इतना ही कह पाना सम्भव है कि साहित्य और इतिहास की अन्योन्याश्रिता और परस्परता नैसर्गिक और अनिवार्य है। विडम्बना यह है कि इसे इस तरह नहीं लिया जाता और इस सम्बन्ध को अलग से चिह्नित करने की ज़रूरत पड़ती है।

अब जरा बजरिये मुक्तिबोध इसे समझने की कोशिश करें।

यह सर्वज्ञात तथ्य नहीं है कि मुक्तिबोध ने इतिहास भी लिखा है जो एक समय में विवादास्पद माना गया था और मुक्तिबोध की पहले से मुश्किल जिन्दगी और मुश्किल हो गयी थी। उस इतिहास में इतिहास की जो अवधारणा स्थापित हुई है वह भारत के अधिकांश स्थापित इतिहास में भी नहीं मिलती। वह इतिहास वास्तव में भारतीय समाज का इतिहास है, केवल राजनीतिक घटनाओं की सूची नहीं और उसी तरह का इतिहास आज भारतीय जनतन्त्र की प्रेरणा का स्रोत और प्रगति की राह में मशाल बन सकता है। उस इतिहास में साहित्यकार की संवेदना और इतिहासकार की समझ का नैसर्गिक समन्वय है।

यह ज़रूरी नहीं कि कोई रचनाकार अलग से इतिहास लिखे ही तभी उसका ऐतिहासिक परिप्रेक्ष्य उजागर हो। मुक्तिबोध की गद्य रचनाओं में ही नहीं, उनकी कविताओं में भी देश-काल लगातार संवाद करते हैं। 'चाँद का मुँह टेढ़ा है' और 'अँधेरे में' के अनेक परस्पर असहमत विश्लेषण भी इसके प्रमाण हैं।

सबसे बड़ी बात यह कि मुक्तिबोध के साहित्य के बिना भारत में औपनिवेशिक परिस्थितियों में जन्मे, एक पंगु मध्यवर्ग के असमंजस, शंकाओं, दुश्चिन्ताओं, महत्त्वाकांक्षाओं, समझ और उसकी सीमा आदि को समझना मुश्किल है। उन्नीसवीं

सदी के प्रारम्भ में रूस के इतिहास, विशेषकर रूस पर नेपोलियन के आक्रमण के समय का इतिहास, जितने जीवन्त और विश्वसनीय भी, तरीके से टॉल्सतॉय के उपन्यास 'वार ऐण्ड पीस' में चित्रित हुआ है उतना किसी इतिहास की पुस्तक में भी नहीं। यह कहना शायद अतिशयोक्ति हो जाय कि बीसवीं सदी के प्रथमार्द्ध के इतिहास के लिए मुक्तिबोध की रचनाएँ भी उतनी ही महत्त्वपूर्ण हैं, पर यह तो कहा ही जा सकता है कि वे उसकी परतें खोलने के लिए अनन्य स्रोत तो हैं ही।

अब तक इतिहास समाज की चालक शक्तियों की गतियाँ, अवरोध और उछाल आदि तो निरूपित कर देते हैं पर वे व्यक्तियों और समुदायों में चरितार्थ कैसे होती हैं यह मानो इतिहास का विषय ही न हो। ऐसा न होने पर सामान्य मनुष्य अपने अतीत के प्रति नासमझ हो और उसमें इतिहास-बोध का संचार न हो, जैसा कि भारतीय समाज में है, यह स्वाभाविक ही है। कौन-सी इतिहास की पुस्तक गाँधी के यथार्थ का फन्तासी जैसा चरित्र चिह्नित करता है? पर मुक्तिबोध कर पाते हैं। किस इतिहास की पुस्तक में यह लिखा मिलेगा कि जवाहरलाल नेहरू की 'हैमलेट' जैसी दुविधा (टु बी ऑर नॉट टु बी) का आधार और स्रोत कहाँ है? मुक्तिबोध ही बताते हैं कि कैसे समाज में एक दुविधा और असमंजस व्याप्त है।

इतिहास दिखते ग्राह्य-पुष्ट तथ्यों के आधार पर लिखा जाता है पर वे तथ्य जो ज्ञानेन्द्रियों के नहीं, मन के विषय होते हैं, जो केवल महसूस किये जा सकते हैं, जिनको यथार्थ नहीं पकड़ पाता उसके लिए 'जादुई यथार्थ' गढ़ना पड़ता है, जिसे मार्खेज और मुक्तिबोध जैसे सर्जक ही छू पाते हैं, इतिहास के लिए 'दूर की कौड़ी' पर साहित्य के लिए मार्मिक रचना होते हैं।

सभ्यता के 'विकास' के साथ संज्ञान ज्ञान की श्रेणियाँ और विधाएँ बँटती गयी हैं। इनसे समाज ही नहीं ज्ञान में भी अलग-'अस्मिताएँ' बनती गयी हैं। विशिष्टताओं और अस्मिताओं को चिह्नित करने से कई 'लाभ' हुए हैं और कुछ लोग 'लाभान्वित होते रहे हैं पर कुल मिलाकर सारतः मानव समाज की सांस्कृतिक हानि हुई है। 'समग्र' और 'अन्तस्' की अर्थवत्ता को पकड़ पाना मुश्किल होता गया है। इससे मनुष्य के सुख बँटे और बढ़े हैं पर आनन्द घटता गया है। आज के संक्रमण-काल में ज्ञान-विज्ञान, साहित्य, इतिहास, संस्कृति सब की प्रयुक्त और प्रचलित परिभाषाएँ अपर्याप्त साबित हो रही हैं। उनका विस्तारण और रूपान्तरण स्वीकार भी हो रहा है। बॉब डिलन को मिला साहित्य का नोबेल पुरस्कार, क्या इसका एक सकारात्मक प्रमाण नहीं है? कौन जाने भविष्य में साहित्येतर (पोस्ट-लिटरेचर) और इतिहासोतर (पोस्ट-हिस्ट्री) की बात चल पड़े। तब मुक्तिबोध जैसों की अर्थवत्ता अधिक समझ में आयेगी। वैसे भी इतिहास और साहित्य की परस्परता चिह्नित करने में आज भी मुक्तिबोध की भूमिका अनन्य है।

मुक्तिबोध के भारत : इतिहास और संस्कृति (1962) पर एक पाठकीय प्रतिक्रिया

हितेन्द्र पटेल

किसी भी इतिहास की पुस्तक को पढ़ने के पहले तीन बातों पर ग़ौर करना उपयोगी होता है – इसे किसने लिखा है, इसका उद्देश्य क्या है और इसे किसके लिए लिखा गया है। जदुनाथ सरकार और रवीन्द्रनाथ टैगोर या फिर जवाहरलाल नेहरू और सुन्दर लाल के इतिहास या इतिहास सम्बन्धी लेखन को अलग-अलग तरीके से ही देखा जाना चाहिए। ठीक उसी तरह से जैसे साहित्य में आये इतिहास को हम उस तरह से देखना नहीं चाहेंगे जैसे हम शोध पर आधारित इतिहास पुस्तक को देखते हैं। इतिहासकार के लिए तॉल्स्तॉय की अमर रचना 'युद्ध और शान्ति' में इतिहास सम्बन्धी बहुत-सारी त्रुटियाँ हैं, पर इससे इस पुस्तक की महत्ता कम नहीं होती। मुक्तिबोध ने स्कूल के पाठ्यक्रम के लिए 'भारत का इतिहास' लिखा और उस पुस्तक को बाद में प्रतिबन्धित किया गया। इस पुस्तक को इसके लिखे जाने के चौंसठ साल बाद पढ़ते हुए इस रूप में देखने की ज़रूरत है कि हिन्दी के इस महान् रचनाकार ने भारतीय इतिहास को किस रूप में देखा। इस संक्षिप्त आलेख में उनकी इतिहास-दृष्टि को समझने की और कुछ बिन्दुओं पर ठहरकर सोचने की कोशिश की गयी है। इस आलेख का एक निष्कर्ष यह है कि चिन्तक मुक्तिबोध को समझने के लिए उनके लिखे इतिहास को सिर्फ एक मार्क्सवादी दृष्टि से देखना भ्रामक है। इसमें व्यक्त विचारों को मुक्तिबोध के जटिल दर्शन-चिन्तन से भी मिलाकर देखने की ज़रूरत है।

यह सही है कि मुक्तिबोध ने यह इतिहास पुस्तक किशोरों के लिए लिखी थी, लेकिन जिस तरह से उन्होंने भारत के अतीत को देखा है उससे यह स्पष्ट है कि उनकी इतिहास-दृष्टि को इस पुस्तक में साफ-साफ देखा जा सकता है। भारतीय समाज की विकास-यात्रा को समझने के लिए उन्होंने रवीन्द्रनाथ की उस धारणा का स्मरण किया है जिसके अन्तर्गत यह माना गया है कि 'भारत महामानव सागर है' जिसमें कितनी जातियाँ आयीं और विलीन हो गयीं।

मुक्तिबोध के लिखे इतिहास की ओर मुड़ने के पहले दो बातों का उल्लेख करना उचित होगाः **एक,** उनके लिखे इतिहास में राजनैतिक प्रक्रिया समाज को गतिशील बनानेवाली अनेक प्रक्रियाओं में से एक प्रक्रिया है। अन्य महत्त्वपूर्ण प्रक्रिया है – सांस्कृतिक प्रक्रिया। इसे वे 'समाज की मूल जीवनदायिनी शक्ति' मानते हैं, 'राजनैतिक शक्ति से भी अधिक।' सांस्कृतिक प्रक्रिया पर सोचते हुए मुक्तिबोध ने जिस तरह की वैचारिक यात्रा की है उससे मार्क्सवादी विचारकों को मतभेद होगा। वे जिस प्रकार दर्शन की ओर जाते हैं वह उन्हें भाववादी की-सी वैचारिक मुद्रा में ले जाता है। लेकिन निश्चित रूप से मुक्तिबोध भाववादी नहीं थे। वे इस बात को समझते थे कि दर्शन ज़रूरी है जिसके बिना मनुष्य मनुष्य नहीं रह सकता। पर वे 'जनसाधारण के लिए एक ऐसी फिलॉसॉफी' चाहते थे 'जो उन्हें जीवन के प्रति अधिक ईमानदार करे।' वे जीवन को महत्त्व देते हैं, लगातार। जीवन की उत्तरोत्तर प्रगति के प्रति वे इतिहास से समर्थन चाहते हैं। यह सब-कुछ उन्हें यूरोप में दीखता है इसलिए वे यूरोप की ओर, उसके इतिहास के प्रति आकर्षित होते हैं। इस अर्थ में वे भारतीय समाज की दार्शनिकता के दावे की आलोचना करते हैं। मुक्तिबोध एक ओर जहाँ यह कहते हैं कि, "विश्व समाज आजकल पतन के गहन गर्त्त में है, जिसका कारण है उसका गलत दर्शन-शास्त्र। आजकल का समाज व्यक्ति की गुणमत्ता (Genious) को कुचल देता है। केवल मूर्ख और पेटू मेजॉरिटी के लिए। लोगों के मनों को निर्जीव और जड़वत् समझ लिया जाता है।" वे इस बात को बार-बार रेखांकित करते हैं कि आज का समाज मशीनमैन चाहता है। इस क्रम में वे यहाँ तक कह जाते हैं कि, "मैं तो ट्रान्स-इण्डिव्यजलिज़्म में विश्वास रखता हूँ।" 1939 के अपने एक लेख में मुक्तिबोध ने दर्शन की ओर झुकते हुए इसे इसके 'सतत सनातन अन्वेषण' के रूप में देखा है। वहाँ वे यह स्पष्ट करते हैं कि 'हाइएस्ट एक्सपीरिएन्स धर्म' जो मिस्टीसिज़्म कहलाता है उसका गॉड और फिलॉसॉफी का अब्सोल्यूट एक-दूसरे से भिन्न है।

इस दार्शनिक मुक्तिबोध के साथ चलते हुए हम उन दिशाओं की ओर भी जा सकते हैं जहाँ से अब तक मुक्तिबोध के बारे में बनी समझ से आगे जाने की ज़रूरत महसूस होती है। मुक्तिबोध की इन टिप्पणियों को देखें—"भूत, वर्तमान और भविष्य एक ही इतिहास के तीन भाग हैं।'

"कल्पना के मन्दिर में अनुभूति के उपासक के लिए इतिहास के दो भाग होते हैं, भूत और भविष्य...इतिहास इतिहास नहीं रहता, वह वर्तमान हो जाता है...भूत का अन्धकार उनका प्राण होता है, भविष्यत् उनके लिए माँ का आशीर्वाद, वर्तमान उनके लिए नहीं होता।...भूतकाल का अन्धकार इन सन्तों को प्यारा लगता है।"

कुछ अन्य आलेखों के आधार पर यह कहना अनुपयुक्त न होगा के मुक्तिबोध के लिए इतिहास का वर्तमान उसके भूत से ज़्यादा महत्त्वपूर्ण है। वे आज को इतिहास के लिए सबसे ज़रूरी मानते हैं। हम देख सकते हैं कि उनकी 'आज-दृष्टि' उनकी

इतिहास-दृष्टि को प्रभावित करती हैं। उनके लिए इतिहास-लेखन का मूल प्रयोजन अतीत के बारे में सत्य का उद्घाटन कम और आज के हिसाब से जो प्रयोजनीय या काम्य है उसके हिसाब से अतीत का वर्णन विश्लेषण अधिक है। यहाँ इस बात की चर्चा की जा सकती है कि जिस समय मुक्तिबोध भारत के इतिहास की पाठ्य-पुस्तक लिख रहे थे उसी समय देश में आज के भारत के आधुनिकीकरण को समर्थन देने के लिए व्यवस्थित इतिहास-लेखन का दौर शुरू हो रहा था। यह खासा दिलचस्प है कि लगभग उसी समय इरफान हबीब और रोमिला थापर ने भी यह कहा था कि जो कुछ अब तक लिखा गया है उससे आगे जाकर नया इतिहास लिखा जाना चाहिए । हबीब ने कहा था कि, 'निर्णायक लड़ाई पाठ्य-पुस्तक लेखन के क्षेत्र में होगी।' भारत के इतिहास-लेखन के लिए कौन आदर्श हो सकते हैं इस पर गौर करते हुए उन्होंने तारा चन्द और 'वर्तमान प्रधानमन्त्री' (जवाहरलाल नेहरू) का उल्लेख किया था।

मुक्तिबोध के लेखन को सीधे-सीधे इस नये प्रकार के लेखन के साथ जोड़ने के लिए पर्याप्त आधार मौजूद है। लेकिन एक बड़ी दिक़्क़त भी है। पहले जोड़ने के आधार की चर्चा की जा सकती है।

मुक्तिबोध के इतिहास-लेखन में आधुनिकता, यूरोपीय ज्ञान के जीवन से जोड़, आधुनिकीकरण, जवाहरलाल नेहरू के नेतृत्व में भारत के आगे बढ़ने की बात बहुत महत्त्वपूर्ण है। वे राहुल सांकृत्यायन जैसे मार्क्सवादी साहित्यिक से भी भिन्न थे जो लोक-स्मृति को इतिहास के लिए बहुत ज़रूरी मानते थे और दलित प्रतिनिधित्व के प्रति सचेत थे। मुक्तिबोध के इतिहास में अम्बेडकर अनुपस्थित हैं। वे गाँधी को महत्त्व देते हैं लेकिन सोच की दिशा को ध्यान में रखें तो उनकी सोच नेहरू की सोच के ज़्यादा निकट है।

मुक्तिबोध भारत के समाज में अन्तर्निहित दार्शनिकता के सिद्धान्त का जोरदार खण्डन करते हैं। वे भारतीय निराशावाद से जर्मन दर्शन के आशावाद के अन्तर पर बल देते हैं। वे कहते हैं—"भारत दार्शनिकों का देश है, लेकिन दार्शनिक देश नहीं हैं।...समाज में जीवन पैदा करना उसे सत्पथ दिखाना यह फिलॉसफी का महान् धर्म है। लेकिन भारत के सामाजिक जीवन में श्रद्धा का स्थान निरबुद्ध निष्ठा ने ले लिया है। फलतः जीवन को माया का सर्वोत्तम उदाहरण मानकर सड़क पर चलनेवाले साधारण बुद्धि के लोग अच्छा अध्यात्म पा लेते हैं!"

भारतीय कलाकार, चिन्तक और साहित्यिकों की वैयक्तिक प्रवृत्तियों से व्यक्तिगत उन्नति तो हुई पर यह लोग समाज को साथ न ला सके, ऐसा कहकर मुक्तिबोध अपनी बात को और अधिक स्पष्ट करते हैं। पर, जब वे कहते हैं कि, "गाँधी बाबा का अहिंसावाद, जैसा कि मेरे एक मित्र कहते हैं, इसी कोटि का है...आज भी अहिंसात्मक सिद्धान्त राजनीति की दृष्टि से कहाँ तक योग्य है, यह विचारणीय है।"

मुक्तिबोध के भारत के प्राचीन इतिहास पर लिखे गये अध्यायों को पढ़कर यह साफ लगता है कि उस समय जिस तरह से मार्क्सवादी इतिहासकार लिख रहे थे उसके अनुरूप ही उन्होंने लिखा। लेकिन कहीं-कहीं वे कुछ ऐसी बातें लिख गये हैं जिससे लगता है कि वे अपनी ओर से कुछ जोड़ भी रहे थे। सिन्धु घाटी की सभ्यता के बारे में उन्होंने कहा है कि यह आर्येतर सभ्यता ईसा से चार हज़ार वर्ष पूर्व आरम्भ हुई और ढाई हज़ार वर्ष ईसा पूर्व में इसका नाश हो गया। वे कहते हैं कि ईसा से कोई तीन हज़ार साल पहले जब आर्यों का भारत में आगमन हुआ, उनका युद्ध शुरू हुआ यहाँ के "कलाविद्, मायावी, ऐन्द्रजालिक, नगर निर्माता, अनेक विद्याओं के ज्ञाता" दस्यु, पणि, असुर आदि से। जिसे ऋग्वेद में 'हरियूपिया' कहा गया है वह हड़प्पा नगर है। वे इस आर्य–असुर संग्राम के साथ शूद्रों की उत्पत्ति और उनके बीच पैदा हुए भेद भाव को लेकर लिखे गये इतिहास के आधार पर ही आगे का इतिहास लिखते हैं।

मुक्तिबोध की खास बात यह है कि वे आर्यों के बीच के आन्तरिक युद्धों के बारे में भी विस्तार से लिखते हैं। कैसे आर्यों के वे कबीले जिनके राजा नहीं होते थे, नेता होते थे, उनके साथ भरत कबीले के राजा के युद्ध हुए। अन्त में इस आर्यों के बीच के युद्ध में आर्येतर दोनों ओर से लड़े इसका बहुत ही सही उल्लेख वे करते हैं। दुर्भाग्य से उन्होंने किन-किन पुस्तकों के आधार पर यह पुस्तक लिखी इसकी जानकारी उपलब्ध नहीं है वरना यह दिलचस्प है कि वे वैदिक साहित्य में उल्लिखित 'पणि' जाति के साथ फिलिस्तीन के पास रहनेवाले फिनीशियनों के साथ जोड़ते हैं। वे यह भी कहते हैं कि, "सम्भवतः आर्य स्थल और जल मार्गों द्वारा दूर-दूर के देशों में पहुँचते होंगे।"

मुक्तिबोध ने बहुत सावधानी से वैदिक धर्म पर लिखा है। वे इस निष्कर्ष को भी रखते हैं कि 'विष्णु' नामक देवता का प्रादुर्भाव बहुत बाद में हुआ। वे यह भी लिखते हैं कि आर्य देवताओं की मदद से इस पृथ्वी को स्वर्ग बनाना चाहते थे। वे विरक्ति या पलायन नहीं सिखाते थे। आर्य जन आशावादी थे। उनका अन्तःकरण प्रसारशील था...वे मूर्तिपूजक नहीं थे, देवताओं के लिए मन्दिर नहीं बनाते थे। प्रकृति-सौन्दर्य के प्रति उनका हृदय सहज रूप से आकर्षित होता था।

जो लोग मुक्तिबोध को महज मार्क्सवादी इतिहासकार के आधार पर लिखनेवाला मानते हैं उन्हें यह बात अच्छी नहीं लगेगी कि वे कहते हैं—"मुख्य बात यह है कि सिन्धु-सभ्यता के अन्त के पहले ऋग्वेद की रचना हो रही थी। यह निश्चित है।"

उनके अनुसार यजुर्वेद के आते-आते वैदिक धर्म में कर्मकाण्ड की प्रधानता हो चुकी थी।

इसके बाद आया—ब्राह्मण युग (उत्तर-वैदिक काल)। जिसके बारे में मुक्तिबोध का मत था कि इस युग में "वैदिक सभ्यता की सरिता अब यहाँ महानदी बन रही है।...भारतीय मस्तिष्क अपने सम्पूर्ण सामर्थ्य के साथ जगमगाने लगा है..." ईसा से

2000 साल पहले से शुरू होकर यह लगभग एक हज़ार साल तक (महाभारत युद्ध तक) चला। मुक्तिबोध का मत है कि, "महाभारत युद्ध के काल तक आर्य पंजाब से पूर्वी पंजाब अर्थात् सरस्वती और गंगा के मध्य के प्रदेश में आ गया। महाभारत के युद्ध के बाद वह धीरे-धीरे पूर्व की ओर बढ़ता हुआ दक्षिण बिहार अर्थात् मगध में पहुँच गया। किन्तु महाभारत के युद्ध के समय मगध एक पिछड़ा हुआ प्रदेश समझा जाता था।"

इस युग में मुक्तिबोध वर्णाश्रम के दृढ़ होने की बात करते हैं लेकिन यह भी कहते हैं कि, "स्त्रियों की स्थिति बहुत उच्च थी। गार्गी जैसी स्त्री शास्त्रार्थ भी करती थी। वे ब्रह्मचर्य का पालन करतीं। गोभिल ब्रह्म सूत्र में कहा गया है, जब कोई कुमारी विवाह मण्डप में आती थी तो वह न केवल सुन्दर वस्त्रों को पहने हुई होती थी वरन् वह यज्ञोपवीत भी धारण किये रहती। इस प्रकार, सर्वसाधारण आर्य किशोरियों का उपनयन होता।"

इस काल में ही वैश्य खेतिहर और पशुपालक से व्यापारी हुए, पूर्व भारत के वर्ण-संकर क्षत्रिय शासकों से उनका मेल-जोल बढ़ा। खेतिहर और पशुपालन का कार्य अब शूद्र करने लगे। उनमें से ही कुछ पेशे के आधार पर जातियों में भी बँटे, जैसे–रथकार, चर्मकार, लोहकार, मत्यस्यमार।

इसी दौरान नये देवताओं – जैसे, ब्रह्मा-विष्णु और महेश- का प्रादुर्भाव हुआ। ऋषि-मुनि अरण्य में जाकर तत्त्व–चिन्तन करने लगे। यह स्वतन्त्र चिन्तन का काल था। कुछ लोग ईश्वर को मानते और कुछ नहीं मानते। इसी समय वेद के साथ एक-एक ब्राह्मण, आरण्यक और उपनिषद् जुड़े। ऋग्वेद से और यजुर्वेद से ब्राह्मण ग्रन्थ सामने आये। यजुर्वेद के एक भाग शुक्ल से आया शतपथ जो बहुत प्रसिद्ध हुआ। अरण्यवासी मुनियों ने आरण्यकों और उपनिषदों की रचना की। यहाँ पुरुष के साथ-साथ ईश्वर की सत्ता को भी स्वीकार किया गया।

इस पुस्तक में यह प्रतीत होता है कि कुछ हिस्से बहुत गम्भीरतापूर्वक लिखे गये हैं और कुछ कम। बीच-बीच में उनकी आधुनिक इतिहास-दृष्टि का सीधा-सीधा प्रभाव देखा जा सकता है। जवाहरलाल नेहरू की तरह मुक्तिबोध भी यह मानते हैं कि भारतीय संस्कृति की विशेषता है 'सर्वश्लेषी सर्व-संग्राहक प्रवृत्ति'। वे यह भी मानते थे कि भारतीय संस्कृति आध्यात्मिक रही है, यह सच है। किन्तु, साथ ही यह भी सही है कि भौतिकवाद या संसारोन्मुख कर्त्तव्य-भावना की भी हमारे यहाँ कभी कमी नहीं रही। उन्होंने जातिवाद का विरोध किया और अन्य प्रगतिशील इतिहासकारों की तरह यह लक्षित किया कि बौद्ध धर्म ने सबसे पहले जाति व्यवस्था पर गहरी चोट पहुँचायी, परन्तु उसके कमजोर होते ही पौराणिक धर्म का सहारा लेकर वर्णाश्रम धर्म उठ खड़ा हुआ। बाद में भक्त कवियों ने इसका विरोध

किया। अन्त में मुक्तिबोध का निष्कर्ष है—"आज के जमाने में जातिवाद उग्र रूप धारण कर चुका है। मध्ययुग में उसका रूप धार्मिक एवं सामाजिक था। अब उसने सामाजिक और राजनैतिक रूप धारण किया है।...आधुनिक युग के प्रसार के साथ जातीय बन्धन शिथिल होते जा रहे हैं। विज्ञानवादी दृष्टिकोण के फलस्वरूप, मानव-साम्य का दृष्टिकोण भी प्रधान हो उठा है...वर्तमान उद्योग-प्रधान सभ्यता का ज्यों-ज्यों विकास होता जायेगा, त्यों-त्यों जाति-व्यवस्था की संकुचित दीवारें भी गिरती जायेंगी, यह एक निर्विवाद सत्य है।"

यह किसी ने शायद नहीं देखने का प्रयास किया है कि नेहरू और मुक्तिबोध के इतिहास में क्या-क्या साम्य है और कहाँ अन्तर है। ऐसा प्रतीत होता है कि दोनों में साम्य बहुत अधिक है। लेकिन जहाँ-जहाँ अन्तर है वह बहुत महत्त्वपूर्ण है। बौद्ध, ब्रात्य, वर्धमान महावीर, गौतम बुद्ध पर लिखते हुए मुक्तिबोध ने बहुत सुन्दर तरीके से लिखा है। गौतम बुद्ध के बारे में मुक्तिबोध ने लिखा है—"गौतम बुद्ध ने सबसे बड़ा काम यह किया कि उन्होंने धर्म को मानव धर्म बना डाला, हृदय के उदार तथा कोमल गुण उसमें पैदा कर दिये, उसे जीवन के अत्यधिक सन्निकट कर दिया। प्रेम और करुणा, उदारता और ज्ञान, विवेक और पर-दुख-कातरता की जो उदात्त प्रेरणाएँ हैं, उनसे गतिमान् होकर, जब मनुष्य मन से, वचन से और कर्म से, सात्त्विक जीवन व्यतीत करने लगता है, तब आप-ही-आप बौद्ध धर्म के आदर्श पथ पर चलने लगता है – भले ही वह उसे माने या न माने।" 'प्राचीन भारत के विश्वविद्यालय' अध्याय भी मुक्तिबोध ने गजब का लिखा है। शूद्रों की उपेक्षा, उनके उच्च शिक्षा से दूर रखने के प्रसंग को यथोचित महत्त्व देते हुए मुक्तिबोध इस निष्कर्ष पर पहुँचते हैं कि, "विज्ञान के विकास की परम्परा हमारे यहाँ नहीं बन पायी।" उनके हिसाब से "उस काल की शिक्षा व्यवस्था में बहुत बड़ा दोष यह था कि सामान्य जनता...विश्वविद्यालयों का लाभ नहीं उठा पाती थी। एक ओर प्रकाण्ड विद्वत्ता के नभ-चुम्बी शिखर थे, तो दूसरी ओर अपढ़ और निरक्षर जनता का व्यापक समुदाय था।"

इसके बाद के अध्यायों में उतनी गहराई से इतिहास की बारीकियों में मुक्तिबोध नहीं गये हैं जितना कि प्राचीन काल के इतिहास के मामले में। कुछ मुख्य-मुख्य बिन्दुओं पर ही उन्होंने ध्यान दिया। यह दिखलाने का उनका प्रयास बराबर रहा कि हिन्दू और मुसलमान आपस में मेल-जोल की संस्कृति बना रहे थे। अन्य प्रगतिशील इतिहासकारों और नेहरू की सोच के अनुरूप वे भी अकबर के राज्य में 'राष्ट्रीय राजतन्त्र' को शुभ मानते हैं। मुक्तिबोध ने यहाँ तक लिखा है कि, "(अकबर का राजतन्त्र) आधुनिक ढंग का राष्ट्रवादी राजतन्त्र नहीं था। किन्तु, उसने जातीय ऐक्य के क्षेत्र में आधुनिक राष्ट्रवादी युग से अधिक सफलता प्राप्त की थी।...भारत की भावुक जनता ने (मुगल) सम्राट् के अतुल्य प्रताप को देखकर उनमें देवत्व की भावना कर ली थी" वे भी इस बात को मानते थे कि अकबर के किये को औरंगजेब ने अनकिया कर दिया और हिन्दू-

मुसलमान के बीच अन्तर को बढ़ा दिया। मुक्तिबोध ने अपनी पुस्तक में बहुत ही संक्षेप में मोटी-मोटी बातें कही हैं जिसमें बहुत उल्लेखनीय कुछ नहीं है। लेकिन कुछ ऐसे प्रसंग हैं जिसमें वे अपने मन को खोलते हैं और ऐतिहासिक विश्लेषण के ऊपर उनकी अपनी इतिहास के प्रति धारणा को ज़्यादा महत्त्व मिल जाता है। कुछ बातों का उल्लेख किया जा सकता है।

"कम्पनी राज में भारत नंगा हो गया। बंगाल में लूट मची...भारत में सबसे ज़्यादा गरीबी कहाँ है? 'भूखा बंगाली' –यह मुहावरा किसे नहीं मालूम? आज भी भारत में सर्वाधिक दारिद्र्य बंगाल, उड़ीसा और मद्रास के कुछ इलाकों में पाया जाता है। सामान्य जनता का जीवन-स्तर यहाँ अत्यधिक नीचे है।"

इस तरह के कई वाक्य हैं जिसमें मुक्तिबोध ने अपनी धारणा को स्वर दिया है, ऐतिहासिक तथ्यों की ओर बहुत ध्यान नहीं दिया है। जैसा कि पहले भी कहा गया है मुक्तिबोध के लिए यूरोपजनित आधुनिकता के प्रसार का महत्त्व बहुत अधिक है। वे मानते थे कि इतिहास के निर्माण में इस आधुनिकता के सामने प्राक् आधुनिक शक्तियाँ देर-सबेर हार जायेंगी। वे अंग्रेजों की दमनकारी साम्राज्यवादी भूमिका की आलोचना तो करते हैं पर इसे वे बहुत ही शक्तिशाली भी मानते हैं। वे मानते हैं कि, 'अंग्रेज़ अपने आप में एक शासक जाति बन गये थे।' लेकिन वे जब 1857 पर लिखते हैं तो कहते हैं—"गदर की आग मेरठ से उठी...विद्रोही असंगठित थे। एक-न-एक दिन उनकी हार होनेवाली थी। सो होकर रही।...लक्ष्मीबाई अंग्रेजों के साथ लड़ते-लड़ते मरीं। इस तरह काम तमाम हुआ।"

मुक्तिबोध की इतिहास-दृष्टि को स्पष्ट रूप में जिस अध्याय में देखा जा सकता है वह है 'भारत की पराजय क्यों हुई'। इसमें भारत में क्षेत्रीयता की चहारदीवारियों, जो कि हजारों सालों से चली आ रही है, अंग्रेजों की विद्या पर अविश्वास (जिसके कारण अज्ञान-अन्धकार आदि को वे महत्त्वपूर्ण मानते हैं।

यहाँ से आगे मुक्तिबोध मानो हड़बड़ी में हों। वे जल्दी-जल्दी में आधुनिक काल में राष्ट्रीय चेतना के विकास के प्रथम चरण—जिसमें वे कहते हैं कि, "यह भी सच है कि विक्टोरिया के शासनकाल में शान्ति रही, नये मध्यवर्ग ने ज्ञान-विज्ञान को नयी शिक्षा के साथ अपनाया, अंग्रेजों के कारखाने खुलने से मजदूर वर्ग का उदय हुआ, संयुक्त परिवार के बन्धन ढीले पड़े, खेती का विस्तार किया गया, नहरें निकाली गयीं जिससे अंग्रेज़ों को खूब लाभ हुआ और जनता को भी फायदा हुआ। इसी रौ में वे यह भी लिख गये—"इन सब का कुल परिणाम यह हुआ कि विक्टोरिया रानी के राजत्व काल के तीस वर्षों तक भारतीय स्वतन्त्रता के प्रश्न पर विचार करने का किसी को साहस नहीं हुआ। सन् 1906 में प्रथम बार कांग्रेस के प्लेटफार्म से दादा भाई नौरोजी ने 'स्वराज्य' शब्द का उच्चारण किया।"

मुक्तिबोध ने अन्त के अध्याय में कुछ इस तरह लिखा है जिसे पढ़ना दिलचस्प है। इन दो उद्धरणों को देखें :

"महात्मा गाँधी ने देश की स्वाधीनता, विश्व की शान्ति और मैत्री तथा अन्याय के विरुद्ध अहिंसात्मक प्रतिरोध और मानव हृदय को नैतिक बल प्रदान किया।...देश की महत्तम विभूतियों में महात्मा गाँधी का नाम है। हज़ार वर्षों में एकाध बार जो आदमी नज़र आते हैं, उनमें महात्मा गाँधी का नाम आता है।"

अगले अध्याय में उन्होंने नेहरू पर लिखा जिसका शीर्षक दिया – 'भारत की स्वाधीनता का सूर्य' जिसमें वे लिखते हैं—"प्रधानमन्त्री पण्डित जवाहरलाल नेहरू के नेतृत्व में भारतीय जनतन्त्र की प्रतिष्ठा हुई। भारत उत्तरोत्तर प्रगति करता गया। आज हमारा देश विश्व में सम्मानित होता है और उसकी आवाज़ को ध्यान से सुना जाता है। इसका मूल कारण पण्डित नेहरू का महान् व्यक्तित्व और नेतृत्व है।...पण्डित नेहरू के पास देश का एक स्वप्न है।"

अन्त में, मुक्तिबोध ने अपनी इतिहास-दृष्टि को समझने के लिए एक ठोस वाक्य दे दिया है—"अंग्रेजों ने ज़बरदस्ती ही क्यों न सही, भारत को नवयुग में प्रवेश कराया। अपने स्वार्थों की पूर्ति के लिए (पढ़िये डिस्कवरी ऑफ इण्डिया) अंग्रेजों ने भारत को खून से तर-ब-तर कर दिया पर फिर भी यह श्रेय उन्हें देना ही होगा कि भारत में आधुनिक सभ्यता का उदय अंग्रेजों के कारण हुआ। साथ ही, प्राचीन सामन्ती समाज-व्यवस्था भारत में हमेशा हमेशा के लिए नष्ट हो गयी।"

शायद मुक्तिबोध को यह लगा हो कि उनके इस इतिहास में आधुनिक काल की अन्य विभूतियों को पूरी तरह से छोड़ देना अनुचित होगा इसलिए अन्त में एक छोटा-सा अध्याय है जिसमें उन्होंने दयानन्द सरस्वती, विवेकानन्द, रवीन्द्रनाथ, सैय्यद अहमद खान, मौलाना अबुल कलाम आज़ाद, मुहम्मद इकबाल और तिलक (इसी क्रम में) के बारे में लिखा।

इस इतिहास पुस्तक पर जवाहरलाल नेहरू के 'डिस्कवरी ऑफ इण्डिया' की छाया है। कुछ अध्यायों में मुक्तिबोध की वैचारिक क्षमता और उनकी विद्वत्ता की छाप है (खासकर प्राचीन काल पर केन्द्रित अध्यायों में), लेकिन कुल मिलाकर यह भारतीय इतिहास पर एक नेहरू-युग के प्रगतिशील बौद्धिक द्वारा लिखी गयी किताब है। इस इतिहासकार मुक्तिबोध को 'अँधेरे में' के मुक्तिबोध के साथ किस हद तक मिलाया जा सकता है यह विचार का विषय हो सकता है।

मुक्तिबोध हाज़िर हों!!!

(भद्रता और नैतिकता के कटघरे में मुक्तिबोध)

विनोद तिवारी

संस्कृत प्रभामय अध्ययन-गृह में
अदृश्य रूप से प्रवेश कर
चली हुई बहस में भाग ले रहा हूँ!!
सोचता हूँ विवाद में ग्रस्त कई लोग, कई तल
सत्य के बहाने
स्वयं को चाहते हैं प्रस्थापित करना।
अहं को तथ्य के बहाने।
मेरे जीभ एकाएक तालू से चिपकती
अक्ल छारयुक्त-सी होती है...
और मेरी आँखें उन बहस करनेवालों के
कपड़ों में छिपी हुई
सघन रहस्यमय लम्बी पूँछ देखती!!
और मैं सोचता हूँ...
कैसे सत्य हैं—
ढाँक रखना चाहते हैं बड़े-बड़े
नाखून!!
किसके लिए हैं यह बाघनख!!
कौन अभागा वह!!

मुक्तिबोध जब कविता के मुहावरे में यह सवाल पूछ रहे थे—'किसके लिए हैं यह बाघनख!!' तो उन्हें इसका पूरा इल्हाम था कि यह बाघनख जितना किसी और के लिए हो सकते हैं उससे अधिक खुद के लिए। मध्य प्रदेश सरकार द्वारा माध्यमिक स्कूली स्तर की पाठ्य-पुस्तकें तैयार करानेवाली एक परियोजना के तहत मुक्तिबोध से भी हाईस्कूल के विद्यार्थियों के द्रुत पाठ (Rapid Reading) के लिए 'भारत :

इतिहास और संस्कृति' नामक पुस्तक तैयार कराया गया। दुर्भाग्य से वह पुस्तक प्रकाशित होते ही प्रकाशकों की परस्परिक प्रतिस्पर्द्धा व ईर्ष्या की व्यावसायिक राजनीति के साथ-साथ रूढ़िवादी और सम्प्रदायवादी धार्मिक-सामाजिक शक्तियों के विरोध का शिकार हो गयी और उसे प्रतिबन्धित कर दिया गया। 'ओरॉंगउटॉंग' शीर्षक कविता की इन पंक्तियों का कोई सीधा रिश्ता 'भारत : इतिहास और संस्कृति' से नहीं है। परन्तु, अपने समय और परिवेश की जिस भयावहता को मुक्तिबोध अपनी तमाम कविताओं में रच रहे थे, वह समय, उस परिवेश का एक रिश्ता ज़रूर ही उपर्युक्त पुस्तक से है। श्रीकान्त वर्मा ने ठीक ही लिखा है—"किसी और कवि की कविताएँ उसका इतिहास भले न हों, मुक्तिबोध की कविताएँ अवश्य उनका इतिहास हैं। जो इन कविताओं को समझेंगे उन्हें मुक्तिबोध को किसी और रूप में समझने की ज़रूरत नहीं पड़ेगी। ज़िन्दगी के एक-एक स्नायु के तनाव को एक बार जीवन में और दूसरी बार अपनी कविताओं में जीकर मुक्तिबोध ने अपनी स्मृति के लिए सैकड़ों कविताएँ छोड़ी हैं और यह कविताएँ ही उनका जीवन-वृत्तान्त हैं।"[1] मुक्तिबोध का जो रचना-संसार है, निश्चित ही उससे उनके जीवन-संघर्षों का एक खाका मिलता है। ठीक-ठीक पता नहीं कि 'ओरॉंग-उटॉंग' कविता कब लिखी गयी पर यह तो तय है कि इसका लेखन-काल ईस्वी सन् 1958-62 के बीच का होगा, जैसा कि रचनावली में दर्ज़ किया गया है। शमशेर ने भी लिखा है कि राजनाँदगाँव के दिग्विजय कॉलेज में सन् 1958 में नौकरी मिल जाने पर मुक्तिबोध नागपुर से राजनाँदगाँव आ गये। यहाँ आकर उन्होंने अपनी कुछ सफलतम कविताओं की सृष्टि की—जैसे : 'ब्रह्मराक्षस', 'ओरॉंग-उटॉंग' और 'अँधेरे में'।[2] इन कविताओं का 'संसार' जिन भयावह आशंकाओं के साये में रचा गया है, वह संसार बहुत ही संगत और मानीखेज है।

मुक्तिबोध के बारे में अनेक परस्पर-विरोधी, एक-दूसरे को काटती, कभी धुन्ध फैलाती तो कभी उस धुन्धजनित भ्रम को छाँटती, अन्तर्विरोधी बातें मिलती हैं। 'अन्तर्विरोध' शब्द का मुक्तिबोध की कविता और जीवन में एक विशेष स्थान है। नकारात्मक अर्थों में नहीं बल्कि निम्न-मध्यवर्गीय जीवन-स्थितियों और सामाजिक-सांस्कृतिक-ऐतिहासिक विकल्पों के 'डाइलेक्टिक्स' के अर्थ में। मुक्तिबोध कविता और जीवन दोनों में इस 'डाइलेक्टिक्स' को पूरी ईमानदारी से जीनेवाले सामाजिक-वैज्ञानिक परिवर्तनकामी चेतना की प्रखरता से लैस एक आत्मलीन संवेदनशील मनस्तापी पारदर्शी मनुष्य थे। "दुरूह होते हुए भी बौद्धिक और बौद्धिक होते हुए भी रोमानी।"[3] और यह रोमान भी कैसा दर्दनाक! पुराना नहीं बिलकुल आज का। मुक्तिबोध के लिए अभिव्यक्ति की ईमानदारी और व्यक्तिगत ईमानदारी दोनों दो चीज़ें नहीं थीं। उनका जीवन 'डबल स्टैण्डर्ड' वाला जीवन ही नहीं रहा। इतिहास में ऐसा व्यक्ति एक मिथक बन जाता है। आज सौ सालों में मुक्तिबोध एक ऐसे ही मिथक बन गये हैं। राजनाँदगाँव में मुक्तिबोध के अत्यन्त निकट के मित्र क. प. सारथि ने लिखा है—"मुक्तिबोध के

कवि और मुक्तिबोध के आदमी के बीच कोई नाटकीय दूरी नहीं पाता। मेरे लिये तो मुक्तिबोध की कविता साफ-साफ मुक्तिबोध की ज़िन्दगी को प्रतिबिम्बित करनेवाली है और इसे एक आत्मकथात्मक वृत्त के रूप में, जिसका कवि-नायक स्वयं मुक्तिबोध है, देखना ज़्यादा संगत लगता है। इस सिलसिले में यह कहने के ख़तरे को टाल नहीं पाऊँगा कि मुक्तिबोध ही अपनी कविता की हर पंक्ति, हर उस बिम्ब में, जिसकी उन्होंने रचना की है, बोलते प्रतीत होते हैं।''[4]

निस्सन्देह, मुक्तिबोध का जीवन उतार-चढ़ाव से युक्त व्यतिक्रमवाला जीवन रहा होगा। उनके जीवन-संघर्ष को जिन लोगों ने देखा है, जिस जीवन-संघर्ष का जिक्र वह बार-बार अपने पत्रों में करते हैं वह जीवन अर्थाभाव में रहनेवाले एक निम्न-मध्यवर्गीय मनुष्य का जीवन है। सामान्यतः, समान रूप से एक गति में चलनेवाला सुकून भरा जीवन मुक्तिबोध का नहीं रहा। 'शिक्षा-विवाह-नौकरी-यश' के स्थापित मध्यवर्गीय मान्यतावाले जीवन-क्रम से मुक्तिबोध का बराबर झगड़ा रहा। एक ठीक-ठिकाने नौकरी की तलाश में वे शुजालपुर, इन्दौर, उज्जैन, बनारस, कलकत्ता, जबलपुर, इलाहाबाद, नागपुर, राजनाँदगाँव आदि शहरों में घूमते-भटकते रहे। इन नौकरियों में पत्रकारिता और स्कूल मास्टरी से लेकर 'हंस' पत्रिका के कार्यालय में डिस्पैचर का काम तक किया। 'तारसप्तक' के अपने वक्तव्य में वे इसका एक छोटा-सा किन्तु अत्यन्त मार्मिक जिक्र करते हैं—''नौकरियाँ पकड़ता-छोड़ता रहा। पत्रकार, पुनः शिक्षक, सरकारी और गैर सरकारी नौकरियाँ। निम्न-मध्यवर्गीय जीवन, बाल-बच्चे, दवा-दारू, जीवन-मृत्यु।''[5]

मुक्तिबोध अपने परिवार और खुद की ज़रूरतों के हिसाब से एक ठीक-ठाक जीवन जी सकें ऐसी उत्कट इच्छा वे बार-बार अपनी चिट्ठियों में करते हैं। ऐसा उल्लेख मिलता है कि नेमिचन्द्र जैन से वे यदा-कदा उधार भी लेते थे। अपनी आर्थिक तंगी को सन्तुलित करने के उद्देश्य से उन्होंने स्कूली स्तर पर पढ़ायी जानेवाली साहित्य और सामाजिक-अध्ययन की कई पाठ्य-पुस्तकें लिखीं। गणित, विज्ञान, इतिहास आदि स्कूली स्तर की पाठ्य-पुस्तकों का अनुवाद किया। जब ईस्वी सन् 1958 में वे नागपुर से 'नया खून' छोड़कर राजनाँदगाँव आये तो एक-दो सालों के अनन्तर उन्हें मध्य प्रदेश सरकार की ओर से मध्य प्रदेश के हाईस्कूल के हिन्दी के विद्यार्थियों के लिए द्रुत-पाठ (Rapid Reading) के रूप में 'भारतीय इतिहास और संस्कृति' पर एक पाठ्य-पुस्तक तैयार करने का काम मिला। मुक्तिबोध ने कड़ी मेहनत और पूरे मनोयोग से यह पुस्तक तैयार की। 1962 के शुरूआती महीनों में इस काम को पूरा कर मुक्तिबोध ने इसे मध्य प्रदेश सरकार को सौंप दिया। मध्य प्रदेश सरकार के शिक्षा विभाग द्वारा ''मध्य प्रदेश माध्यमिक शिक्षा अधिनियम : 1959, अनुच्छेद 18 के तहत गठित 'पाठ्य-पुस्तक समिति' ने जून, 1962 में 'भारत : इतिहास और संस्कृति' नामक इस पुस्तक समीक्षा करने के बाद प्रकाशन के लिए अपनी स्वीकृति प्रदान कर दी।''[6] पूरे मध्य प्रदेश के स्कूलों के विद्यार्थियों की संख्या को ध्यान में

रखकर सरकार ने इसकी 35000 प्रतियाँ प्रकाशित करने का आदेश प्रकाशक को दिया। जुलाई 1962 में, कला निकेतन मन्दिर, लश्कर, ग्वालियर से 'भारत : इतिहास और संस्कृति' नामक पुस्तक की 35000 प्रतियाँ प्रकाशित होकर आ गयीं।' पुस्तक के प्रकाशित होकर बाहर आने के साथ ही जनसंघ, जैन सम्प्रदाय के कुछ लोग और सरदार जगजीत सिंह खन्ना (कला निकेतन मन्दिर के मालिक) से खार खाये तमाम प्रकाशकों, तत्कालीन पत्रों के कुछ सम्पादकों, सबने मिलकर पुस्तक के खिलाफ पुरजोर आन्दोलन शुरू कर दिया। इस आन्दोलन को एक राजनीतिक रंग दिया गया। भारतभूषण अग्रवाल ने लिखा है कि, "दिलचस्प यह कि, जनसंघियों के साथ साम्यवादी राजनीतिज्ञ भी उनकी पुस्तक के विरुद्ध इस आन्दोलन में शामिल थे।"[7] इस आन्दोलन की एक संक्षिप्त रूपरेखा मुक्तिबोध ने खुद दी है।[8] इसमें वे विस्तार से उस पूरे आन्दोलन और उसके चलाये जाने के तौर-तरीकों का विश्लेषण प्रस्तुत करते हैं। इस विरोध के बाद उच्च-न्यायालय, जबलपुर, मध्य प्रदेश ने 19 सितम्बर, 1962 को तत्काल प्रभाव से पुस्तक पर यह कहते हुए प्रतिबन्ध लगा दिया कि यह पुस्तक 'भद्रता और नैतिकता के विरुद्ध है' और आपत्तिजनक बिन्दुओं को पुस्तक से हटाकर पुनः प्रकाशित करने का निर्णय सुनाया। लोक सुरक्षा कानून के तहत प्रतिबन्धित करते हुए उच्च न्यायालय ने अपने निर्णय में यह लिखा कि, "जन-भावनाओं का सम्मान करते हुए इस पुस्तक को 'भद्रता और नैतिकता के खिलाफ' पाया जाता है।"[9] मुक्तिबोध से इस पूरे मामले में उनका स्पष्टीकरण तक नहीं माँगा गया। माननीय राज्यपाल के नाम उनकी ओर से दिये गये तर्कपूर्ण प्रतिवेदन पर विचार तक नहीं किया गया। इस निर्णय और इस तरह के रवैये से मुक्तिबोध अत्यन्त विक्षुब्ध और मर्माहत हुए। उन्होंने लिखा है—"मेरी पुस्तक पर इस तरह जो पाबन्दी लगा दी गयी, उससे यह सिद्ध होता है कि, मध्य प्रदेश में जनतन्त्रवादी प्रगतिशील शक्तियाँ बहुत कमजोर हैं। यद्यपि विभिन्न पत्रों में मेरे अनुकूल आलोचनाएँ और प्रतिक्रियाएँ प्रकाशित हुईं, उनके सामने मध्य प्रदेश सरकार झुकी नहीं, पर सम्प्रदायवादियों के सामने झुकी। मतलब यह कि, मध्य प्रदेश में लेखकों की स्वाधीनता खतरे में है। एक बड़े मार्के की बात है। रस्मी तौर पर यह आन्दोलन 31 अगस्त को जबलपुर में नागरिकों की एक सभा के साथ शुरू हुआ और मजा यह कि ठीक बीस दिनों बाद, उस पुस्तक पर पाबन्दी लगा दी गयी। यह आन्दोलन इतनी तेज़ी से बढ़ा, इतनी तेज़ी से फैला कि, लगता है कि उसकी एक मशीनरी पहले ही से तैयार थी। जनसंघी, दक्षिणपन्थी, कांग्रेसी, उखड़े हुए नेता, नाराज प्रकाशक इन सबको अपनी तेज़ रफ्तार में खींचकर काम करनेवाली यह मशीनरी– अगर वह है—तो अजब मशीनरी है।"[10] उन्होंने अन्यत्र लिखा—"जीवन की स्मरणीय घटनाओं में विशेष उल्लेखनीय है 'भारत : इतिहास और संस्कृति' नामक पुस्तक का प्रकाशन और उसके परिणाम। यह पुस्तक मध्य प्रदेश सरकार के शिक्षा विभाग द्वारा पाठ्य-पुस्तक के रूप में स्वीकार भी हुई और उसी

सरकार द्वारा लोक सुरक्षा कानून के अधीन अवैध भी घोषित हुई। उसके (पुस्तक के) विरोध में आन्दोलन हुए, परचेबाजी हुई, कुछ नगरों में पुस्तकों की होली जलायी गयी, सम्प्रदायवादी तत्त्वों ने उग्र विरोध किया। किसी लेखक के लिए उसकी पुस्तक का गैर-कानूनी करार दिया जाना एक विलक्षण अनुभव होता है—प्रेम के अनुभव जैसा ही तीव्र और अविस्मरणीय।''[11] चन्द्रकान्त देवताले ने पुस्तकाकार प्रकाशित अपने शोध में क. प. सारथि के हवाले से मुक्तिबोध की उस समय की मनःस्थिति, बेचैनी, विक्षुब्धता और प्रतिक्रिया का उल्लेख यों किया है—''लगाये गये आरोपों का खण्डन सुनने के लिए हम कॉलेज के अध्यापक-कक्ष में जमा हुए थे। इतिहास के बड़े-बड़े ग्रन्थों को, जिन्हें मुक्तिबोध अपने को प्रमाणित करने के लिए लाये थे, मेज पर झुके दोनों हाथों से फैलाते हुए वे चालीस वर्षों की तरफ यात्रा करते हुए लम्बे आदमी दिखायी दे रहे थे। उनकी आँखें गम्भीर और बेचैन थीं। वे अत्यधिक आवेश में बोल रहे थे। सार रूप में मैंने पाया जैसे बता रहे हों कि, भागी उनके साथ बहुत अकरुण रहा है। यह आघात इतना कठोर था कि वे फिर खुद को जोड़ न पाये और धीरे-धीरे एक ऐसे मौन में जा डूबे जहाँ से वे फिर कभी उबर नहीं पाये।''[12]

विरोधियों द्वारा इस पुस्तक में जिन दस बिन्दुओं पर आपत्ति उठाते हुए इसे प्रतिबन्धित किये जाने की माँग उठायी गयी और जिनमें से चार को आपत्तिजनक मानते हुए उच्च न्यायालय ने पुस्तक पर प्रतिबन्ध लगाया, उन दस बिन्दुओं[13] को प्रस्तुत करना यहाँ अप्रासंगिक न होगा—

1. किन्तु भविष्य के रक्त सम्मिश्रण का यह परिणाम था कि राम भी साँवले होने लगे और कृष्ण भी। गोरी राधा थी, या सीता, किन्तु वैदिक काल में उक्त सम्मिश्रण नहीं हुआ था। आर्यों को अपने रंग-रूप का बड़ा अभिमान था। उनमें वर्ण-द्वेष था।

2. जब सैन्धव जनों की पराजय होने लगी तो उनमें से बहुतेरे भाग निकले। आर्यों ने पूरा प्रतिशोध लिया। उनके सत्ता केन्द्रों को नष्ट-भ्रष्ट कर दिया। उन्हें दास बनाया गया। इन दासों को रंग-भेद के आधार पर शूद्र बना लिया गया। वे शूद्र आर्यों की बस्तियों से दूर अलग रहते थे। दरिद्र परिस्थिति में अपने व्यवसाय करते थे। क्रमशः आर्यों के विभिन्न कबीलों के बीच सतत चलते रहनेवाले युद्धों में वे भाग भी लेते रहे। कुछ दासों ने अपने शिल्प व्यवसाय के कारण और कुछ दासों ने किसी आर्यगण के पक्ष में हथियार उठाने के कारण, आर्यों के मन में अपना सम्मान भी बढ़ा लिया। यद्यपि वे रहे शूद्र ही, और इस अर्थ में जाति रूप में नीच ही रहे। किन्तु, व्यक्तिशः पवित्र ब्राह्मण भी उनकी पुत्रियों से अवैध सम्बन्ध स्थापित करने में नहीं हिचकिचाये। संक्षेप में, वर्णसंकर जातियों का उद्‌भव हुआ, जिनमें से कुछ लोग ब्राह्मणों की पाँत में बैठ गये। किन्तु कुछ ऐसे भी थे, जिन्होंने उनकी पाँत में बैठने ही से इन्कार कर दिया। यह व्रात्य कहलाये, जो वैदिक मार्ग के विरोधी थे। इन व्रात्यों ने, आगे की सदियों

में ऐसे धर्मों का विकास किया जिनके आघातकारी प्रभाव से वैदिक धर्म को अपना रूप परिवर्तित करना पड़ा।

3. व्रात्य वर्णसंकर जातियों का प्रतिनिधित्व करते थे। बहुत-से व्रात्यों ने वर्णसंकर जातियों में ही रहना पसन्द किया और वे अपनी स्वतन्त्र परम्परा चलाते रहे। व्रात्य वैदिक मार्ग के विरोधी थे।

4. व्रात्यगण, जो स्वयं वर्णसंकर जातियों से उत्पन्न थे, ऐसे उग्र विचारों का प्रतिनिधित्व करने लगे।

5. पार्श्वनाथ : ईसा पूर्व सन 759 के लगभग व्रात्यों की परम्परा में पार्श्वनाथ नामक एक अर्हत् अथवा तीर्थंकर हुए।

6. वर्धमान महावीर : वर्धमान महावीर व्रात्यों की परम्परा में पार्श्वनाथ के अनुयायी थे।

7. कर्कल में बाहुबली की विशाल दैत्याकार प्रतिमा जो गोमतेश्वर के नाम से विख्यात है, जैन कला का अद्‌भुत उदाहरण है।

8. भगवत धर्म में अभी राम-भक्ति शुरू नहीं हुई थी। ईसा की छठी सदी के बाद कहीं उसका आरम्भ हुआ। वासुदेव कृष्ण ही परम देवता थे। वे विष्णु के अवतार थे।

9. उसके दरबार में, अनेक दार्शनिक तथा विज्ञान सम्बन्धी विचारों पर उपस्थित भारतीय तथा विदेशी विद्वानों के बीच बहस हो जाती। इस वाद-विवाद में मुहम्मद तुगलक, जिसे लोग पागल कहते थे (प्रधानमन्त्री पण्डित नेहरू को भी एक महान भारतीय नेता ने मुहम्मद तुगलक कहा था) स्वयं भाग लिया करता था।

10. महात्मा गाँधी के अनन्य सहचर महादेव देसाई और उनकी पत्नी सौ. कस्तूरबा जेल में ही मर गयीं।

उपर्युक्त बिन्दुओं के अध्ययन-मनन के बाद पाठक खुद विश्लेषण करें कि क्या इनके आधार पर यह पुस्तक प्रतिबन्धित करने लायक है? या, मुक्तिबोध जिस मशीनरी का संकेत ऊपर कर चुके हैं उसमें कोई सच्चाई है? ऐसा इसलिए कहा जा रहा है कि, कुछ एक बिन्दुओं, मसलन—9 और 10 को लेकर जो जिस आधार पर विरोध किया गया, वह विरोध कितना हास्यास्पद और मूर्खतापूर्ण था। इन दोनों बिन्दुओं को आधार बनाकर विरोधियों ने जो अर्थापन किया था वह यह था, **पहला,** पण्डित नेहरू को इस पुस्तक में मुहम्मद तुगलक कहा गया है और **दूसरा,** इस पुस्तक में कस्तूरबा को महादेव देसाई की पत्नी के रूप में प्रस्तुत किया गया है। अब, बिन्दु 9 के पाठ को पुस्तक से उसके पूरे सन्दर्भों के साथ लिया जाय—'मुहम्मद तुगलक (1324 से 1353) : यह सुल्तान मौलिक सूझ-बूझ का आदमी था। वह फारसी का विद्वान् था। दर्शन तथा साहित्य के क्षेत्र में उसके बराबरी करनेवाला शायद ही कोई राजा हो। वह युद्ध-कला प्रवीण था, साथ ही उसमें जबर्दस्त न्याय-भावना थी। उसे

कुछ लोग पागल कहते—उसने अपने कामों से मुस्लिम समाज की लोकप्रियता खो दी थी।''[14] अब बिन्दु संख्या-9 को, उक्त उद्धरण की दूसरी पंक्ति : "दर्शन तथा साहित्य के क्षेत्र में उसके बराबरी करनेवाला शायद ही कोई राजा हो'' के साथ रखकर देखें और सन्दर्भ, कोष्ठक-( ) और इसके निहितार्थ को समझने की कोशिश करें तो साफ हो जायेगा कि मुक्तिबोध उपर्युक्त उद्धरण में पण्डित जवाहरलाल नेहरू की आलोचना कर रहे हैं या प्रशंसा? दरअसल, वह डॉ. राममनोहर लोहिया की नेहरू को तुगलक से तुलना किये जाने सम्बन्धी उक्त कथन को जान-बूझ कर कोष्ठक में रखते हैं, नेहरू के प्रति मुक्तिबोध की मन्शा यहाँ साफ है। परन्तु, कांग्रेसी नेताओं द्वारा इसे नेहरू के अपमान के रूप में प्रस्तुत किया गया। सेठ गोविन्द दास ने पुस्तक की प्रतियाँ जलाये जाने की माँग की। अब, बिन्दु-10 पर की गयी आपत्ति को लेते हैं, इस बिन्दु में यह कहा गया कि, सौ. कस्तूरबा को इसमें महादेव देसाई की पत्नी के रूप में प्रस्तुत किया गया है। अब इस वाक्य पर गौर किया जाय—"महात्मा गाँधी के अनन्य सहचर महादेव देसाई और उनकी पत्नी सौ. कस्तूरबा जेल में ही मर गयीं।'' इस वाक्य-विन्यास में से अपने मन मुताबिक यह वाक्य इस तरह तोड़ा गया "महादेव देसाई और उनकी पत्नी सौ. कस्तूरबा'' और अर्थापन किया गया कि कस्तूरबा को पुस्तक में महादेव देसाई की पत्नी के रूप में पेश किया गया है। जबकि, पूरे वाक्य को अगर इस तरह पढ़ा जाय—'महात्मा गाँधी के अनन्य सहचर महादेव देसाई' और 'उनकी (महात्मा गाँधी) पत्नी सौ. कस्तूरबा जेल में ही मर गयीं' तो स्पष्ट है कि अर्थ क्या निकलता है। पर, नहीं विरोध के लिए तोड़-मरोड़कर अर्थ निकाला गया। इससे 'भारत : इतिहास और संस्कृति' पुस्तक को लेकर उठाये गये बावेला और विरोध का चरित्र उजागर होता है। हम सभी जानते हैं कि, मुक्तिबोध के लेखन में, उनके वाक्य-विन्यास और संरचना में मराठी का कितना प्रभाव है। मुक्तिबोध ने अपने प्रतिवेदन में बिन्दुवार इन आपत्तियों का विस्तार से जवाब दिया है।

मुक्तिबोध की कविता 'चाँद का मुँह टेढ़ा है' की एक पंक्ति है—'भुसभुसे उजाले का फुसफुसाता षड्यन्त्र'। मुक्तिबोध के यहाँ नैतिकता उनके साहित्यिक-सांस्कृतिक व्यक्तित्व की निशानदेही की तरह है, दिखावे या प्रदर्शन की चीज़ नहीं है। दरअसल, इतिहास और संस्कृति का जब भी सवाल आता है तो उस पर 'गर्व' और 'महानता' के पहले से बने-बनाये ढाँचे और पूर्वग्रह इस कदर काबिज रहते हैं कि 'पाठ' को उनसे थोड़ा-सा भी विभिन्न सांस्कृतिक-श्रेणियों और सभ्यता के विकास-क्रम में बने और चले आ रहे सामाजिक-अन्तर्विरोधों को उनके विभिन्न जातीय-रहन और अभिव्यक्तियों को एक तार्किक आधार देते हुए प्रस्तुत करने की कोशिश करता है वह 'अभद्र', 'अनैतिक' और 'राष्ट्र-विरोधी' ठहरा दिया जाता है। मुक्तिबोध सामाजिक अन्तर्विरोधों के विकास की अवस्थाओं के सन्दर्भ से सांस्कृतिक-श्रेणियों और विकल्पों की बात करते हैं। वे यह मानते हैं कि, किसी भी समाज के अन्तर्विरोधों को सामाजिक-धार्मिक-

राजनीतिक संस्थाएँ किस तरह ले रही हैं, अगर यह संस्थाएँ उन अन्तर्विरोधों को किसी धर्म, सम्प्रदाय, सत्ता या एकांगी सांस्कृतिक संकुचन के भ्रामक आवरण से बाहर नहीं आने देना चाहतीं तो निश्चित ही उस समाज का सांस्कृतिक विकास किसी खास तरह के विचार, आदर्श और नैतिकता के एक ही विकल्प में बद्ध संरचना के तहत होने के लिए अभिशप्त है और उसके नागरिक उसी एक विकल्प में जीने और रहने के लिए विवश। यह एक तरह का सांस्कृतिक फासीवाद है। मुक्तिबोध लिखते हैं—"हम जिस समाज, संस्कृति, परम्परा, युग और ऐतिहासिक आवर्त में रह रहे हैं, उन सबका प्रभाव हमारे हृदय का संस्कार करता है। हमारी आत्मा में जो कुछ है वह समाज-प्रदत्त है। हमारा सामाजिक व्यक्तित्व हमारी आत्मा है। आत्मा का सारा सार-तत्त्व प्राकृतिक रूप से सामाजिक है। व्यक्ति और समाज का विरोध बौद्धिक-विक्षेप है, इस विरोध का कोई अस्तित्व नहीं। जहाँ व्यक्ति समाज का विरोध करता-सा दिखायी देता है, वहाँ वस्तुतः समाज के भीतर की ही एक सामाजिक प्रवृत्ति दूसरी प्रवृत्ति से टकराती है। वह समाज का अन्तर्विरोध है न कि व्यक्ति के विरुद्ध समाज का या समाज के विरुद्ध व्यक्ति का।...समाज के भीतर के अन्तर्विरोधों के विकास की जो अवस्था-विशेष होगी, उसी के अनुसार सांस्कृतिक श्रेणी के सामने विषयों के विकल्प प्रस्तुत होंगे।"[15] जाहिर है कि मुक्तिबोध सांस्कृतिक विकल्पों के सम्बन्ध में 'सामाजिक अन्तर्विरोधों' को महत्त्वपूर्ण मानते हैं। मुक्तिबोध ने तो इस पुस्तक की भूमिका में ही यह साफ कर दिया है कि यह ग्रन्थ मौलिक नहीं है। वस्तुस्थिति की समग्रता इसका दृष्टिकोण है और समाज को विकासशील बनानेवाली सांस्कृतिक-प्रक्रिया, इसकी मेथेडोलोजी। अपने प्रस्तुत प्रतिवेदन में उन्होंने विभिन्न स्रोतों और सन्दर्भों का जो हवाला दिया है उससे स्पष्ट है कि मुक्तिबोध ने पुस्तक में जो तथ्य और सन्दर्भ लिए हैं, वे गढ़े और बनाये गये नहीं हैं। राममनोहर लोहिया का एक कथन यहाँ प्रासंगिक होगा—"पृथ्वी पर के लगभग प्रत्येक व्यक्ति का प्रारम्भ का इतिहास रहस्यमय तथा काल्पनिक कथाओं में गुम है या छिपा हुआ है। जातियों के इधर-उधर जाने, उनके आपसी टकराव और महाद्वीपों में बसने आदि के बारे में तथ्यों को बिखरे हुए पुरातत्त्व और साहित्यिक प्रमाणों से ही खुरचकर थोड़ी-बहुत जानकारी प्राप्त की है पर उसमें भी बहुत-कुछ काल्पनिक और अनिश्चित है। मानव इतिहास पर दृष्टि डालते हुए इसे अच्छी तरह याद रखना होगा कि ऐतिहासिक खोजों में अभी बहुतेरी असलियतों का पता लगाना और उनमें से बहुत-सी ऐसी हैं जिनका तो पता लग ही नहीं सकता। तथ्यों और प्रमाणों का आपसी मतभेद व विरोध भी कुछ मामलों में ऐसा है जो तय ही नहीं किया जा सकता और जिनका हल भी सम्भव नहीं।"[16] परन्तु, उनका क्या किया जा सकता है जो, इतिहास को संस्कृति के जातीय गौरव, धार्मिक और साम्प्रदायिक सर्वोच्चता, सेनाओं के पराक्रम, राष्ट्रवाद, आदि के 'पाठ' रूप में ही देखने के आदी हैं। अपनी पुस्तक 'मेरा देश तुम्हारा देश' में कृष्ण कुमार ने इस मानसिकता का अत्यन्त समझदारी के साथ

विश्लेषण किया है। सब-कुछ के बाद उनका निचोड़ है कि, "साम्प्रदायिक व राष्ट्रीय तौर पर इतिहास को बाँटना भारतीय इतिहास के वृत्तान्त की एक आधारगत विशेषता है।"

रही बात नैतिकता की तो साहित्यिक-सांस्कृतिक धरातल पर नैतिकता को जिस भी किसी प्रकार से समझा गया होगा, रखा गया होगा, उस विचार और धारणा में मुक्तिबोध जितना नैतिकता से बद्ध रचनाकार हिन्दी में कम हैं। हमारी मुश्किल यह है कि हम जब 'नैतिकता' को ही उसके मूल अर्थ में नहीं जानते-समझते तो अश्लीलता क्या है इसकी समझ तो और मुश्किल है। जो लोग नैतिकता को प्रायः धार्मिक या ईश्वरीय सदाचार या अधिक-से-अधिक अश्लीलता के परिवृत्त में ही देखने के आदी हैं वे सचमुच एक व्यक्ति के संघर्ष, उसकी वैयक्तिक चेतना, मनुष्य-मात्र के प्रति उसकी ईमानदार कोशिश को नैतिकता की परिभाषा में कैसे शामिल किया जा सकता है। अपनी पुस्तक 'एक साहित्यिक की डायरी' में अपने पड़ोसी और मित्र यशराज से संवाद करते हुए जब मुक्तिबोध यह कहते हैं—"जो पुराना है, अब वह लौटकर आ नहीं सकता। लेकिन नये ने पुराने का स्थान नहीं लिया। धर्म-भावना गयी, लेकिन वैज्ञानिक बुद्धि नहीं आयी। धर्म ने हमारे जीवन के प्रत्येक पक्ष को अनुशासित किया था। वैज्ञानिक मानवीय दर्शन ने, वैज्ञानिक मानवीय दृष्टि ने धर्म का स्थान नहीं लिया। इसलिए हम केवल अपनी अन्तःवृत्तियों के यन्त्र से चालित हो उठे। उस व्यापक उच्चतर सर्वतोमुखी मानवीय अनुशासन की हार्दिक सिद्धि के बिना हम 'नया-नया' चिल्ला तो उठे, लेकिन वह नया क्या है—हम नहीं जान सके! क्यों? नया जीवन, नये मानव-मूल्य, नया इनसान परिभाषा-हीन और निराकार हो गये। वे दृढ़ और व्यापक मानसिक सत्ता के अनुशासन का रूप धारण न कर सके! वे धर्म और दर्शन का स्थान न ले सके।"[18]—तो स्पष्ट है कि वे किस तरह के सांस्कृतिक-प्रक्रिया और विकल्प की बात कर रहे हैं। दुनिया भर में संकीर्णता, असहिष्णुता और कट्टरता का जो भी इतिहास रहा हो पर सौभाग्य से हमेशा उसका प्रतिरोध मानवीय गरिमा और मानवाधिकार के पक्ष में सोचने, लिखने, रचने और बोलनेवाले लोगों ने ही किया है। जाति, धर्म, देश इन सबसे परे जाकर किया है। ऐसी सोच रखनेवाला मनुष्य 'जड़ सांस्कृतिक परजीवी' नहीं होता वरन वह 'संस्कृतियों' के निरन्तर सृजन, निर्माण और विकास का कर्त्ता भी होता है और संरक्षक भी। वह मानवीय गरिमा, धार्मिक सहिष्णुता, वैचारिक स्वातन्त्र्य, अभिव्यक्ति की आजादी और तार्किक व वैज्ञानिक समाज के निर्माण और विकास के पक्ष में अपने रुख को हमेशा से ही स्पष्ट करता रहा है, अपनी रचना, अपने व्यवहार सब में। परम्परा से कोई चीज़ औचित्यपूर्ण नहीं सिद्ध की जा सकती। परम्परा अगर अच्छी हो सकती है तो बुरी भी हो सकती है। दूसरे, प्रत्येक परम्परा अपने भीतर भिन्न तथा परस्पर-विरोधी परम्पराएँ लिये रहती है। अतः वह कोई 'एक' या 'एक ही तरह की' परम्परा नहीं होती। तीसरे, प्रत्येक संस्कृति में तरह-तरह की आवाज़ें होती

हैं—कुछ जोरदार आवाज़ें, कुछ कमजोर आवाज़ें, कुछ अपेक्षाकृत खामोश आवाज़ें, तो कई ऐसी आवाज़ें जो सार्वजनिक जगहों पर मुँह ही नहीं खोल सकतीं। यह भी देखने में आता है कि, बहुत-से लोग अज्ञान तथा भय के कारण या तो बोल ही नहीं पाते या अच्छी तरह नहीं बोल पाते। इसका अर्थ यह है कि यदि उन्हें ज्ञान हो जाय और उनका भय दूर हो जाय, तो वे भिन्न ढंग से बोलेंगे और हो सकता है तब उस संस्कृति में उनकी ही आवाज़ सबसे जोरदार हो। उदाहरण के लिए, जिस संस्कृति में स्त्रियों के मन में शुरू से ही यह बात भरी जाती हो कि पुरुष स्त्री से श्रेष्ठ है और पति ही पत्नी का परमेश्वर है, उसे 'परम्परा' के नाम पर मानवीय और न्यायपूर्ण नहीं कहा जा सकता। फिर, कहना होगा कि ऐसी परम्परा ही अमानवीय और अन्यायपूर्ण है और इतिहास और संस्कृति को केवल पूर्व स्थापित जड़ परम्परा और कट्टर मान्यता के ही आधार पर देखा जायेगा तो स्वाभाविक है कि वह ऐसे परिणाम भविष्य में घटित होते रहेंगे, हो रहे हैं।

सन्दर्भ

1. चाँद का मुँह टेढ़ा है—गजानन माधव मुक्तिबोध, (संकलन और प्रस्तावना : श्रीकान्त वर्मा, भूमिका—शमशेर बहादुर सिंह), भारतीय ज्ञानपीठ, नयी दिल्ली, पृष्ठ-10
2. वही, पृष्ठ-19.
3. वही, पृष्ठ-17.
4. मुक्तिबोध : कविता और जीवन विवेक - चन्द्रकान्त देवताले, राधाकृष्ण प्रकाशन, नयी दिल्ली, पहला संस्करण 2003, पृष्ठ-28 पर उद्धृत : गजानन माधव मुक्तिबोध—सम्पा. गौतम, (आदमी से कविता की ओर : क. प. सारथि, पृष्ठ-58)
5. तार सप्तक—संकलन व सम्पादन : अज्ञेय, भारतीय ज्ञानपीठ, नयी दिल्ली, पेपर बैक संस्करण 2000, पृष्ठ-19.
6. मुक्तिबोध रचनावली (खण्ड-6)—सम्पा. नेमिचन्द्र जैन, राजकमल प्रकाशन, नयी दिल्ली, पहला पेपर बैक संस्करण, 1985, पृष्ठ-592, परिशिष्ट - 3.
7. पूर्वग्रह, अंक-9, 1975, (सम्पादक-अशोक वाजपेयी) : भारतभूषण अग्रवाल, पृष्ठ-16.
8. भारत : इतिहास और संस्कृति—गजानन मुक्तिबोध, राजकमल प्रकाशन, नयी दिल्ली, नया परिवर्द्धित संस्करण 2010, पृष्ठ-244 : (परिशिष्ट-2 : आन्दोलन की के संक्षिप्त रूपरेखा)
9. मुक्तिबोध रचनावली (खण्ड-6)—सम्पा. नेमिचन्द्र जैन, राजकमल प्रकाशन, नयी दिल्ली, पहला पेपर बैक संस्करण 1985, पृष्ठ-590, परिशिष्ट - 2.
10. भारत : इतिहास और संस्कृति—गजानन मुक्तिबोध, राजकमल प्रकाशन, नयी दिल्ली, नया परिवर्द्धित संस्करण 2010, पृष्ठ-. 244 : (परिशिष्ट-2 : आन्दोलन की संक्षिप्त रूपरेखा)
11. तार सप्तक—संकलन व सम्पादन : अज्ञेय, भारतीय ज्ञानपीठ, नयी दिल्ली, पेपर बैक संस्करण 2000, पृष्ठ-.20.

12. मुक्तिबोध : कविता और जीवन विवेक—चन्द्रकान्त देवताले, राधाकृष्ण प्रकाशन, नयी दिल्ली, पहला संस्करण 2003, पृष्ठ-21 पर उद्धृत : गजानन माधव मुक्तिबोध—सम्पा. गौतम, (आदमी से कविता की ओर : क. प. सारथि, पृष्ठ-61)
13. मुक्तिबोध रचनावली (खण्ड-6)—सम्पा. नेमिचन्द्र जैन, राजकमल प्रकाशन, नयी दिल्ली, पहला पेपर बैक संस्करण 1985, पृष्ठ-593-94, परिशिष्ट - 3.
14. मुक्तिबोध रचनावली (खण्ड-6)—सम्पा. नेमिचन्द्र जैन, राजकमल प्रकाशन, नयी दिल्ली, पहला पेपर बैक संस्करण 1985, पृष्ठ-509.
15. मुक्तिबोध रचनावली (खण्ड-5)—सम्पा. नेमिचन्द्र जैन, राजकमल प्रकाशन, नयी दिल्ली, पहला पेपर बैक संस्करण 1985, पृष्ठ-188.
16. इतिहास चक्र—राममनोहर लोहिया (अनु. ओंकार शरद), लोकभारती प्रकाशन, इलाहाबाद, संस्करण 1998, पृष्ठ-14.
17. मेरा देश तुम्हारा देश—कृष्ण कुमार, राजकमल प्रकाशन, नयी दिल्ली, पहला संस्करण 2007, पृष्ठ-121.
18. एक साहित्यिक की डायरी—गजानन माधव मुक्तिबोध, भारतीय ज्ञानपीठ प्रकाशन, संस्करण 2000, पृष्ठ-69)

नये सौन्दर्यबोध की जन्मकुण्डली

आशुतोष कुमार

"...आकर्षण की किरण चतुर्दिक् प्रसारित होते हुए भी उस व्यक्ति के भीतर ऐसा कुछ है, जिसे आप 'खोट' कह सकते हैं। वह सारल्य और भोलापन तो उसमें है ही नहीं, उसके विपरीत हर इच्छित कार्य या चाल को न्यायोचित ठहराने के लिए भाव-विचारों का मायावी इन्द्रजाल तानने का उसका कुछ इतना बड़ा माद्दा है कि लगता है उसके आसपास जो तमाम मित्र-मण्डली जमा रहती है वह उसकी सक्रिय दलाली के सिवा कुछ नहीं करती। और वह दलाली काहे की? एक अत्यन्त प्रतिक्रियावादी राजनीति की, एक अत्यन्त कठोर स्वार्थ की, एक शिलावत् भाव की—जिसका सम्बन्ध सिर्फ 'मैं' से है!"[1]

'एक साहित्यिक की डायरी' के इस पन्ने पर मुक्तिबोध एक करिश्माई किन्तु परम स्वार्थी प्रतिक्रियावादी व्यक्तित्व की चर्चा करते हैं। लेकिन विश्लेषण उस व्यक्तित्व का नहीं, उस सामाजिक मनोविज्ञान का करते हैं, जो ऐसे चमत्कारी व्यक्तियों और उनकी व्यक्ति-पूजा का पोषण करता है। भारत में इन दिनों व्यक्ति-पूजा की यह प्रतिक्रियावादी राजनीति अपने चरम पर पहुँची हुई प्रतीत होती है। यह किसी पार्टी-विशेष तक सीमित नहीं है। मुक्तिबोध कहते हैं—"श्रद्धेय की आलोचना करना भारतीय संस्कार के इतने विपरीत है कि कुछ मत पूछिये। हम अपने मन की सज्जनता को भीतर के आलोचक से अधिक प्रतिष्ठित बनाये रखते हैं। यह कितनी बड़ी आत्मवंचना है। इस आत्मवंचना का कोई पार नहीं।"[2] ('हाशिये पर कुछ नोट्स', डायरी)

प्रतिक्रियावादी राजनीति इसी आत्मवंचना से अपनी ख़ुराक़ पाती है।

नये सौन्दर्यबोध की जन्मकुण्डली

सुन्दरता क्या होती है? सुन्दर किसको कहते हैं?

ये सवाल जितने सीधे और सहज हैं, उतने ही उलझे हुए और भ्रामक भी। सदियों से बहस होती रही है कि सुन्दरता की स्वतन्त्र सत्ता है या यह केवल देखनेवाले की नजर में होती है। उन्नीसवीं सदी में मार्क्सवादी विचार ने सुझाया कि सुन्दरता का एक वर्गीय परिप्रेक्ष्य होता है। वर्गीय हितों का बोध सुन्दरता की धारणाओं और उसके

अहसास को प्रभावित करता है। प्रेमचन्द ने जब हुस्न के मेराज़ को उसके ऐशपरवराना अन्दाज़ के बरक्स कशमकशे हयात यानी ज़िन्दगी की ज़द्दोज़हद में देखने की सिफारिश की थी, तब वे सुन्दरता के इस वर्गीय परिप्रेक्ष्य की ओर ध्यान खींच रहे थे।

प्रेमचन्द खुद उस रूसी बोल्शेविक क्रान्ति से प्रभावित थे, जिसने यूरोप में दो विश्व युद्धों के बीच के वक्फे में सुन्दरता की इस बहस को तेज कर दिया था। कला और साहित्य की दुनिया 'बूर्जुआ' और 'सर्वहारा' के बीच बँट चुकी थी। सर्वनाश की दुस्सम्भावना का सामना कर रही दुनिया अब यह सोच रही थी कि दुनिया में सुन्दरता जैसी कोई चीज़ होती भी है या नहीं। क्या सुन्दरता महज़ एक आर्थिक-सामाजिक पूर्वग्रह है, जैसा कि मार्क्सवादी बौद्धिक दायरों में समझा जा रहा था? क्या वह महज़ वर्चस्व कायम करने का जरिया है? अथवा क्या वह ज़िन्दगी की कड़वी सच्चाई से मुँह चुराने का बहाना भर है, जैसा कि रोमैण्टिक कवियों की दुनिया में होता लग रहा था?

ऐसे समय टी. एस. इलियट और एफ. आर. लिविस जैसे काव्य-चिन्तकों का उदय हुआ, जिन्होंने नयी समीक्षा और आधुनिकतावादी सौन्दर्य-दृष्टि की जमीन तैयार की। आधुनिकतावादियों ने सुन्दरता और संवेदना के संकट के कारणों को सामाजिक–आर्थिक संरचनाओं में ढूँढ़ने की प्रवृत्ति का खण्डन किया। संकट के स्रोत उन्हें आधुनिकता के साथ सांस्कृतिक और मनोवैज्ञानिक परिवर्तनों में दिखायी पड़े। मनुष्य के भाव-बोध में ही दरार[3] ('द मेटाफिज़िकल पोएट्स', इलियट, टी. एस.; 1951) पड़ गयी है। बुद्धि और हृदय में विभाजन हो गया है। मास मीडिया और बाज़ारू संस्कृति के फैलाव ने भाषा की अर्थ-सम्पन्नता और मार्मिकता को नष्ट कर दिया है। सिर्फ़ महान् कविता सुन्दरता के अहसास की और मनुष्यता की रक्षा कर सकती है। लेकिन ऐसी कविता लिखना और उसका लुत्फ़ उठाना सबके वश की बात नहीं है। केवल गुणी-जनों के एक अल्पसंख्यक समूह[4] को सुन्दरता और संस्कृति की रक्षा की महती जिम्मेदारी उठानी होगी।

अंग्रेज़ी आलोचना में विकसित हो रहे इन विचारों का असर सारी दुनिया पर हो रहा था। अंग्रेज़ी साम्राज्य का मुकुट भारत कैसे बच सकता था। हिन्दी में उन दिनों उपनिवेश विरोधी राष्ट्रीय आन्दोलन से निकली दो साहित्यिक महाशक्तियों का प्रभाव था—प्रेमचन्द और निराला। दोनों ही प्रगतिशील-दृष्टि के हिमायती थे, जीवन के संघर्ष में सौन्दर्य देखनेवाले। राजनीतिक चेतना को सौन्दर्य-दृष्टि का अनिवार्य तत्त्व समझनेवाले। अज्ञेय ने इन दोनों के बरक्स साहित्य की एक नयी राह निकाली। उन्होंने अपनी कविताओं और कथा-साहित्य के जरिये सुन्दरता की एक नयी कल्पना पेश की। इस कल्पना में ताज़गी थी, आज़ादी का अहसास था, निजता का स्पर्श था और आधुनिकतावादी अनास्था और अवसाद की अनुगूँज थी। हिन्दी में इसका जादुई प्रभाव हुआ। नयी कविता और नयी कहानी, दोनों के दिग्विजय में अज्ञेय का बुनियादी योगदान है।

कलाओं की ताक़त सुन्दरता के नये अहसासों की खोज में है। मनुष्य का व्यवहार, उसकी क्रियाशीलता और भविष्य में उसका हस्तक्षेप सुन्दरता के उसके अहसास पर निर्भर करता है। उसे क्या, क्यों और कैसे सुन्दर लगता है, यह उसके जीवन को संचालित करनेवाली सबसे बड़ी प्रेरणा होती है। विचार तो आते-जाते रहते हैं, लेकिन सौन्दर्य-बोध अँगुली पकड़ साथ लिये चलता है।

'एक साहित्यिक की डायरी' में संकलित निबन्धों में नयी कविता के दायरे में अज्ञेय द्वारा प्रस्तावित नयी सौन्दर्य-दृष्टि के साथ एक गहरी बहस की गयी है। यह बहस वाद-विवाद के रूप में नहीं की गयी है। यह एक आत्मीय आन्तरिक बातचीत है। इन निबन्धों की शैली किसी घनिष्ठ मित्र के साथ बातचीत की डायरी जैसी है। बातचीत को डायरी के रूप में दर्ज करने का लाभ यह है कि वाचक को अपने साथ बात करने का अवसर भी मिल जाता है। असल में डायरी में संवाद कम-से-कम तीन स्तरों पर चलता है। पहले तो वाचक और उसके मित्र का। दूसरे वाचक का संवाद स्वयं अपने साथ। और तीसरे पाठक के साथ। मुक्तिबोध ने इस शैली की खोज सौन्दर्य-सम्बन्धी प्रचलित अवधारणाओं के सभी पहलुओं की गहरी जाँच-पड़ताल करने के लिए की है। एक विशेष अवधारणा किस तरह जनम लेती है, किस भूमिका का निर्वाह करती है और अपने समय को किस तरह प्रभावित करती है, इन सबकी बारीक़ खोज-बीन मुक्तिबोध करते हैं। ख़ास बात यह कि इस त्रिस्तरीय संवाद में केवल तर्क–वितर्क नहीं है। दोस्ताना तफरीहें हैं। रोज़मर्रे की ज़िन्दगी के मार्मिक अवलोकन और उन पर सोचती-समझती टिप्पणियाँ भी हैं। जीवन-जगत् के दार्शनिक और राजनीतिक प्रश्नों से मुठभेड़ है। साँझें हैं, सुबहें हैं। कविता है। इन डायरियों को पढ़ते हुए पाठक को लगता है कि वह अपने समय को और अपने आपको पहचानने लगा है। वह इस संवाद में शरीक हो जाता है। वह अपने आपसे बहस करने लगता है, और अपने आपके जरिये जमाने से। इस प्रक्रिया में एक नये इन्सान का जन्म होने लगता है। 'नये की जन्मकुण्डली' शीर्षक से दो निबन्ध भी इस संग्रह में हैं। 'एक' और 'दो' के नाम से।

नये इनसान का जन्म प्रचलित विचारों में छुपे हुए प्रतिक्रियावाद को पहचानकर होता है। स्थापित, सुसज्जित, सम्मानित विचारों में छुपे हुए छल और उसकी समूची ऐतिहासिक प्रक्रिया को समझकर होता है। अपनी आलोचना में अन्यत्र भी मुक्तिबोध ने विस्तार से इन चर्चाओं को उठाया है। लेकिन संवाद-प्रतिसंवाद की इस शैली से इन अवधारणाओं का जितनी गहराई से परीक्षण हो सकता है, शायद वह दूसरे तरीके से मुमकिन नहीं है। मुक्तिबोध अपने समय के 'आधुनिकतावादी' विचारों में छुपी 'वानर-सत्ता'[5] ('डायरी', सं-1989, भारतीय ज्ञानपीठ प्रकाशन, पृष्ठ-42) को पहचान लेते हैं। वे उसे 'लाभ-लोभ की अर्थवादिनी सत्ता' के रूप में परिभाषित भी करते हैं। वे फासीवाद, बहुसंख्यकवाद, अन्धराष्ट्रवाद आदि की चर्चा नहीं करते। लेकिन

समकालीन पाठक इस डायरी के जरिये सुन्दरता की 'आधुनिकतावादी' और फासीवादी अवधारणाओं के बीच की निकटता को पहचान सकता है। आगे हम इस निकटता पर तनिक गहराई से विचार करेंगे। हमारा उद्देश्य हिन्दी की आधुनिकतावादी काव्य-दृष्टि में निहित फासीवादी सम्भावनाओं के ख़िलाफ़ 'एक साहित्यिक की डायरी' के संघर्ष को उद्घाटित करना है। हम यहीं स्पष्ट कर दें कि हम नयी कविता के व्यक्तिवादी स्कूल की कविता और काव्य-चिन्तन को फ़ासिस्ट विचारधारा नहीं मानते। दोनों में बड़ा अन्तर यह है कि नये कवियों के लिए स्वतन्त्रता एक ऐसा सबसे बड़ा मूल्य है, जिसके साथ कोई समझौता नहीं हो सकता, जबकि एक फ़ासिस्ट के लिए स्वतन्त्रता का कोई मूल्य ही नहीं है।

सौन्दर्य प्रतीति का सम्बन्ध सृजन–प्रक्रिया से है।

सुन्दरता के बारे में एक नज़रिया यह है कि यह कुछ गुणों, प्रतिमानों या मूल्यों पर निर्भर करती है। कोई वस्तु, दृश्य या रचना सुन्दर हो सकती है, अगर वह इन प्रतिमानों पर खरी उतरे। इन प्रतिमानों का निरन्तर विकास होता रहता है। अज्ञेय ने अपने निबन्ध 'शिवत्व-बोध और सौन्दर्य बोध' में क्रमशः जटिल होते ऐसे मानकों की चर्चा की है– लय, वक्रता, स्थिरता, सन्तुलन; परिचित और नव्यता; गाम्भीर्य, सूचकता, सार्वभौमता।[6] इसी निबन्ध में वे आधुनिकता के साथ साहित्यिक प्रतिमानों में आये विकास के कुछ उदाहरण भी प्रस्तुत करते हैं। आख्यान साहित्य घटना-वर्णन से घटना-हेतु की खोज की तरफ बढ़ा है। नैतिक निर्णय से समझ और संवेदना की ओर गया है। यह परिवर्तन, जिसे अज्ञेय 'संस्कार' कहते हैं, आधुनिक मानवतावादी चेतना की देन है। इन प्रतिमानों पर नयी समीक्षा की छाप स्पष्ट है। परिचित और नव्यता को परम्परा और मौलिकता के बराबर रखा जा सकता है। अज्ञेय ने इलियट के निबन्ध 'परम्परा और व्यक्तिगत प्रतिभा का' अनुलेखन 'रूढ़िवाद और मौलिकता' शीर्षक से किया था। गाम्भीर्य, सूचकता और सार्वभौमता आदि 'नयी समीक्षा' द्वारा किये गये प्रचलित पद हैं।

अज्ञेय यह भी मानते हैं कि सुन्दरता के इन प्रतिमानों का अन्तिम स्रोत मनुष्य का विवेक है, जो अनुभव पर आधारित और बुद्धि द्वारा परिमार्जित होता है। समय के साथ मनुष्य के नौभाव, बुद्धि और विवेक का विस्तार होता चलता है। इसके साथ सुन्दरता के प्रतिमान भी विकसित होते चलते हैं। लेकिन विकास पूर्ववर्ती मानकों का खण्डन नहीं करता, उसमें नया जोड़ भर देता है। क्योंकि नया अनुभव पुराने को मिटा नहीं देता, केवल उसका एक नया संस्कार कर देता है।

इसलिए सुन्दरता के प्रतिमान शाश्वत भले ही न हों, लेकिन वे स्थायी ज़रूर होते हैं।

अज्ञेय यह भी मानते हैं कि सुन्दरता के प्रतिमान अन्ततः नैतिक प्रतिमान भी होते हैं, भले ही तार्किक दृष्टि से वे भिन्न प्रतीत हों। इसका कारण यह है कि मानवीय

विवेक ही इन दोनों तरह के प्रतिमानों का अन्तिम स्रोत है। लिखा है—"वास्तव में उच्चकोटि का नैतिकबोध और उच्चकोटि का सौन्दर्य-बोध कम-से-कम कृतिकार में, प्रायः साथ-साथ चलते हैं।"[7]

इस तरह आधुनिकता की झोंक में सौन्दर्य प्रतिमान के बतौर जिस नैतिक निर्णय का परित्याग कर दिया गया था, उसे पिछले दरवाज़े से दुबारा प्रवेश दे दिया जाता है।

सौन्दर्य-बोध की यह पूरी संरचना कुछ स्थायी, मानवतावादी और नैतिकतावादी मूल्यों पर आधारित है। यह मूल्य-आधारित सौन्दर्य-सिद्धान्त है। अज्ञेय मानवतावादी हैं, लेकिन सौन्दर्य की यह संरचना राष्ट्रवादी, अन्ध-राष्ट्रवादी और फासीवादी मूल्यों के अनुरूप भी ढाली जा सकती है। क्योंकि अन्ततः इन मूल्यों को मनुष्य के विवेक के द्वारा ही प्रमाणित किया जाना है। अज्ञेय स्वयं मानते हैं कि समय के साथ मनुष्य का विवेक अपना नया संस्कार कर लेता है। सुन्दरता और नैतिकता की कसौटी के रूप में मानवता की जगह राष्ट्र, धर्म, नृजाति आदि को भी बिठाया जा सकता है।

मानवतावाद और फ़ासीवाद विपरीत वैचारिक ध्रुवों पर स्थित प्रतीत होते हैं। लेकिन दोनों विचारधाराएँ मानवीय विवेक की सर्वोच्चता के सिद्धान्त पर आधारित हैं। ऐसे कयास लगाये जाते रहे हैं कि हिटलर की वैचारिक प्रेरणाओं में दार्शनिक नीत्शे की 'अति-मानव' जैसी कल्पनाएँ भी शामिल थीं।[8] अगर मानवीय विवेक सर्वोच्च है तो ऐसे मानव कमतर मानव हैं, जिनका विवेक सर्वोच्चता के मानकों पर खरा नहीं उतरता।

मुक्तिबोध डायरी के पहले निबन्ध 'तीसरा क्षण' में सुन्दरता की मूल्य-आधारित परिकल्पना का खण्डन करते हैं।

"मुझे गहरा सन्देह है कि आजकल की सौन्दर्य परिभाषा केवल कविता, और वह भी आत्मपरक कविता, की विशेषताओं के आधार पर बनायी जा रही है। सौन्दर्य सम्बन्धी इन व्याख्याओं का प्रकट या अप्रत्यक्ष उद्‌देश्य आज की काव्य-दृष्टि का डिफेन्स है...किन्तु यह व्याख्याएँ कुछ इस प्रकार से, कुछ इस ठाठ से और शान से बनायी जाती हैं मानो वे सार्वभौम सत्य की सार्वकालिक स्पन्दनाएँ हों। इस पोज़ और पोश्चर की ज़रूरत नहीं। यह अवैज्ञानिक दृष्टि है।"[9]

मूल्य-आधारित सौन्दर्य-बोध की जगह वे कला के तीन क्षणों के जरिये प्रक्रिया-आधारित सौन्दर्य-बोध की सिफ़ारिश करते हैं। इनमें पहला क्षण अनुभव का, दूसरा अनुभव के वैयक्तिक अनुसंगों से मुक्त फैण्टेसी में रूपान्तरित होने का और तीसरा इस फैण्टेसी के शब्द-बद्ध होने का क्षण है। यह अनुभव के विस्तार की प्रक्रिया है, जो लगातार चलती रहती है। अनुभव का वैयक्तिक अनुषंगों से मुक्त होना ही उसका फैण्टेसी में बदल जाना है। फैण्टेसी अनुभव की कन्या है, किन्तु उसका स्वतन्त्र विकासशील व्यक्तित्व है। निजी दुःख-ताप से छूटकर एक ख़ास अनुभव बहुत-से दूसरे (निजी और सामाजिक) अनुभवों से जुड़कर एक नयी सघनता पा जाता है। भाषाबद्ध

होने की प्रक्रिया में वह भाषा में संचित अनुभवों-आशयों से और अधिक समृद्ध होने लगता है। यों कविता फैण्टेसी से जन्म लेती है, लेकिन अन्ततः अपने स्वतन्त्र प्रवाह का निर्माण करती है। सुन्दरता का अनुभव इस विस्तार और प्रवाह में है। यह निरन्तर गतिमान् प्रक्रिया मुक्तिबोध को छोटी कविताएँ नहीं लिखने देती।[10] अनुभव का सौन्दर्यानुभव में बदलना एक सृजनात्मक प्रक्रिया है। इसलिए सौन्दर्यानुभव की जाँच केवल रचना-प्रक्रिया के आधार पर की जा सकती है, किन्हीं स्थायी या शाश्वत मूल्यों के आधार पर नहीं।

अनुभव का सौन्दर्यानुभव में बदलना वैयक्तिक अनुभव का प्रातिनिधिक अनुभव में बदलना भी है। मुक्तिबोध 'प्रातिनिधिक' शब्द का प्रयोग करते हैं, सार्वभौम या सार्वकालिक नहीं। प्रातिनिधिक एक से अधिक का होता है, सबका नहीं। यह प्रातिनिधिकता आती है 'दृष्टि की स्थिति-मुक्त वैयक्तिकता और संवेदना की स्थिति–बद्ध वैयक्तिकता के समन्वय' से।[11] 'भोक्ति और दर्शकत्व का द्वन्द्व एक समन्वय में लीन होकर एक दूसरे के गुणों का आदान–प्रदान करता हुआ सृजन-प्रक्रिया आगे बढ़ा देता है ।'[12]

मुक्तिबोध की सौन्दर्य-दृष्टि द्वन्द्वात्मक और गतिशील है, जबकि अज्ञेय की द्वन्द्वरहित और स्थायित्वकामी! अपने कालजयी उपन्यास 'शेखर : एक जीवनी' की भूमिका में लिखते हैं– 'यह बात हिन्दी के कम लेखक समझते या मानते हैं कि कल्पना और अनुभूति-सामर्थ्य (sensibility) के सहारे दूसरे के घटित में प्रवेश कर सकना, और वैसा करते समय आत्म-घटित की पूर्व-धारणाओं और संस्कारों को स्थगित कर सकना—objective हो सकना—ही लेखक की शक्ति का प्रमाण है। इसके विपरीत लेखकों में ऐसे अनेक मिल जायेंगे, जो ऐसी अनुभूति...को परकीय, सेकण्ड-हैण्ड, अतएव घटिया और असत्य कहेंगे। ऐसे व्यक्तियों के लिए टी. एस. इलियट की उस उक्ति का कोई अर्थ नहीं होगा, जो वास्तव में इसका एकमात्र उत्तर है : There is always a separation between the man who suffers and the artist who creates; and the greater the artist the greater the separation.

(भोगनेवाले प्राणी और सृजन करनेवाले कलाकार में सदा एक अन्तर रहता है, और जितना बड़ा कलाकार होता है, उतना ही भारी यह अन्तर होता है।)'[13]

मुक्तिबोध भोक्तृत्व और दर्शकत्व के बीच द्वन्द्वात्मक समन्वय करते हैं, जबकि इलियट के हवाले से अज्ञेय दोनों को एकदम अलग कर देना चाहते हैं। उनके लेखे अन्तर जितना भारी हो, कला की दृष्टि से उतना ही अच्छा होगा। यह अलगाव कला को शुद्ध बौद्धिक व्यापार बना देता है। कला जितनी बौद्धिक होगी, उसका नैतिक निर्णय उतना ही प्रखर होगा।

शेखर में, अज्ञेय स्वयं कहते हैं, यह 'महान् आदर्श' निभ नहीं पाता। शेखर के लेखक की यह 'विफलता' ही उपन्यास की श्रेष्ठता का बीज बन जाती है!

'द्वन्द्वात्मक समन्वय' वदतोव्याघात लग सकता है, लेकिन है नहीं। 'तीसरा क्षण' में केशव कहता है– 'केवल तटस्थ व्यक्ति ही तदाकार हो सकता है, समझे?'[14]

भोक्तृत्व और दर्शकत्व के द्वन्द्वात्मक समन्वय के बिना निजी अनुभव प्रातिनिधिक अनुभव में रूपान्तरित नहीं हो सकता। यहाँ एक उदाहरण लिया जा सकता है। चाँद सुन्दर लगता है, लेकिन उसे उसके तमाम सांस्कृतिक सन्दर्भों से काटकर देखा जाये तो वह एक चमकदार धब्बा भर रह जायेगा। दूसरी तरफ, अगर वह सबको एक ही जैसा दिखायी दे तो ऊब पैदा करेगा। चाँद को औरों की आँखों से देखते हुए अपनी भी आँखों से देखना एक नये अदेखे चाँद को देखना है। यह सृजन-प्रक्रिया ही सौन्दर्यानुभव है।

बुद्धिजीवी को जनता से अलग करना प्रतिक्रियावाद है।

मूल्य-आधारित सौन्दर्य-दृष्टि कला-कर्म के प्रति कुलीनतावादी नज़रिये में प्रतिफलित होती है। सुन्दरता का निर्णय करने के लिए जैसे ही कुछ प्रतिमान या मूल्य तय किये जाते हैं, वैसे ही दुनिया सुन्दर और असुन्दर के बीच बँट जाती है। कुछ चीज़ें सुन्दर मान ली जाती हैं और बाक़ी असुन्दर। इसी तरह समाज में कुछ लोग प्रतिभाशाली होते हैं, कवि-कलाकार होते हैं। शेष जनता-जनसाधारण-भीड़ है। कवि-कलाकार नदी का द्वीप है। उसके व्यक्तित्व की मौलिकता और स्वतन्त्रता ही उसे कलाकार बनाती है। जनता नदी की धारा है। धारा में बहती बूँदों का अपना कोई वजूद नहीं। अपनी प्रसिद्ध कविता 'नदी के द्वीप'[15] में अज्ञेय यह तो मानते हैं कि धारा ने ही द्वीप को बनाया है और चाहे तो मिटा भी सकती है, लेकिन फिर भी सबसे अहम् बात यह है कि द्वीप द्वीप है, धारा नहीं है!

कुलीनातावादी नज़रिये के लिए यह मानना ज़रूरी है कि असाधारण कार्य करनेवाले नायक अपनी असाधारण क्षमता किसी आन्तरिक प्रेरणा से प्राप्त करते हैं। उनका कर्तृत्व किसी सामाजिक कारक से प्रेरित नहीं होता। 'शेखर' में वाचक ने जन्मजात प्रतिभा के सिद्धान्त पर बार-बार बल दिया है। क्रान्तिकारी पैदा होते हैं, बनाये नहीं जाते। अज्ञेय मानते हैं कि इस आन्तरिक कर्तृत्व को उद्घाटित करने की प्रवृत्ति आधुनिक 'मानवतावादी' आख्यान-साहित्य की प्रमुख विशेषता है। पुराना साहित्य नैतिक-दृष्टि से नियतिबद्ध था। पात्र प्रायः अच्छे और बुरे में बँटे होते थे, जिन्हें अपनी पूर्व-निर्धारित भूमिकाओं का निर्वाह करना होता था। आधुनिक पात्र अपनी आन्तरिक प्रेरणा से परिचालित होते हैं, इसलिए उन्हें किसी नैतिक खाँचें में फिट नहीं किया जा सकता।

अज्ञेय इस मानवतावादी नज़रिये के बरक्स आधुनिक साहित्य की एक ख़ास प्रवृत्ति की आलोचना करते हैं, जो उनके लेखे आन्तरिक कर्तृत्व के सिद्धान्त को

स्वीकार नहीं करती और मनुष्य को उसकी परिस्थितियों द्वारा संचालित मानती है। लिखते हैं—"यह प्रवृत्ति कर्म-प्रेरणाओं की पड़ताल को प्रवंचना कहती है, क्योंकि वह कर्त्ता के कर्तृत्व को, भावना और अनुभूति की प्राथमिकता को अस्वीकार करती है। जिसे हम आभ्यन्तर कारण कहते हैं उसे वह स्थितिजन्य परिणाम मानती है। एक प्रकार से वह साहित्य की अब तक की प्रवृत्ति को उलट रही है जहाँ अब तक साहित्य मानव को बँधी-बँधायी नैतिक लीकों से उबारकर कर्त्ता का गौरवपूर्ण पद देने की ओर प्रवृत्त था, वहाँ यह नयी प्रवृत्ति फिर से बँधी-बधायी लीकों को लेकर उसमें मानव को डालने का उपक्रम कर रही है।"[16]

अज्ञेय इस नज़रिये को द्वन्द्वात्मक, अवसरसेवी और विवेक की जगह तर्क को प्रतिष्ठित करनेवाला नज़रिया भी करार देते हैं। नाम वे नहीं लेते, लेकिन स्पष्ट है कि उनका इशारा मार्क्सवादी दृष्टिकोण की तरफ़ है।

मानवतावाद और मार्क्सवाद की उनकी इन व्याख्याओं में निहित सरलीकरण और भ्रम के विश्लेषण में न जाते हुए भी यह देखना कठिन नहीं है कि कुल मिलाकर यह एक कुलीनतावादी दृष्टिकोण है। आख़िर यह कर्मप्रेरक क्रान्तिकारी आन्तरिक प्रेरणा गिने-चुने लोगों को ही नसीब हो सकती है। यों कविता में कठोर निर्वैयक्तिकता और दर्शन में घोर व्यक्तिवाद का सह-अस्तित्व कायम हो जाता है। यह स्वाभाविक भी है। नितान्त निर्वैयक्तिक होने के लिए विशुद्ध बुद्धिवादी होना ज़रूरी है, जिसकी अन्तिम परिणति व्यक्तिवाद में ही हो सकती है।

आधुनिकतावादी काव्य-सिद्धान्त से प्रभावित नयी कविता में निहित इस कुलीनतावाद का डायरी में अनेक बार खण्डन किया गया है। मुक्तिबोध बार-बार दुहराते हैं कि यह एक प्रतिक्रियावादी नज़रिया है। "अपने अन्तिम निष्कर्ष में यह विचारधारा अत्यन्त प्रतिक्रियावादी है, वह जन के प्रति घृणा पर आधारित है, और बुद्धिजीवियों को जनता से अलग करके रखने का एक उपाय है।...सब नये कवि जनता को घृणा नहीं करते हैं। लेकिन कुछ ऐसे हैं जो इस प्रतिक्रियावादी विचारधारा को अपनाते हैं।"[17]

बकौल मुक्तिबोध यह विचारधारा पश्चिमी साम्राज्यवाद की देन है। यह विचारधारा प्रतिक्रियावादी इसलिए है कि यह आर्थिक–राजनीतिक सत्ता पर एक छोटे कुलीन तबके के क़ब्ज़े को तर्कसंगत ठहराती है। यह सत्ता में साधारण जन की हिस्सेदारी की लोकतान्त्रिक माँग के विरुद्ध कुलीन वर्ग की प्रतिक्रिया है। मध्यवर्ग के महत्त्वाकांक्षी लेखक सत्ता-केन्द्र के करीबतर होने के लालच में इस विचारधारा के शिकार होकर अपनों से दूर हो जाते हैं।

"उन अपनों के जीवन की बदरंग सूरतें उनमें, उनके विरुद्ध, एक तड़पती हुई प्रतिक्रिया पैदा कर देती हैं। उन अपनों से हटकर वे अपने स्वामियों या उच्च सत्ताधारियों या लाभदायक प्रभाव सम्पन्न व्यक्तियों की खुशामद करने में एक-

दूसरे की होड़ करने लगते हैं।''[18]

प्रक्रिया-आधारित सौन्दर्य-दृष्टि कुलीनतावाद की धज्जियाँ उड़ाती हैं। कला के दूसरे क्षण में फैण्टेसी का निर्माण संवेदना की स्थितिबद्ध वैयक्तिकता का दृष्टि की स्थितिमुक्त वैयक्तिकता से समन्वय का प्रतिफल है। तीसरे क्षण में भाषा एक सामाजिक शक्ति के रूप में हस्तक्षेप करती है। स्थितिमुक्त दृष्टि और भाषा में निहित सामाजिकता के संयोग से व्यक्तिगत संवेदना एक नये रूप में ढलकर प्रातिनिधिक हो उठती है। सुन्दरता इस प्रक्रिया से उत्पन्न होती है। वह किन्हीं प्रतिमानों की मदद से खोज लिये जाने के इन्तज़ार में पहले-से किसी व्यक्ति, वस्तु या विचार में मौजूद नहीं होती। अगर पहले से मौज़ूद हो तो इससे कोई विशेष फ़र्क नहीं पड़ता कि उसे ईश्वर में खोजा जाता है या राजा में, नायिका में ढूँढ़ा जाता है या प्रकृति में, काव्य में तलाशा जाता है या राष्ट्र में! मूल्य-आधारित सौन्दर्य-दृष्टि फासीवाद के अनुकूल ज़मीन मुहैया करा सकती है, जबकि प्रक्रिया-आधारित दृष्टि हमेशा उसके प्रतिकूल सिद्ध होगी।

अनुभूत सत्य का जितना अनादर आज है, उतना पहले कभी नहीं था।

मुक्तिबोध कहते हैं—''असलियत यह है कि सौन्दर्य तब उत्पन्न होता है जब सृजनशील कल्पना के सहारे संवेदित अनुभव ही का विस्तार हो जाये।''[19]

सौन्दर्यानुभव के लिए सृजनशीलता ही काफी नहीं है। सृजन की सार्थकता संवेदित अनुभव के विस्तार में है। फैण्टेसी कल्पना की दिशाहीन उड़ान नहीं है। अनुभव के विस्तार का आशय है निजी अनुभव के वेग से वृहत्तर, व्यापकतर और गहनतर सामाजिक सत्य तक पहुँचने का यत्न। मुक्तिबोध के लेखे नये लेखक की सबसे बड़ी दिक्कत यह है कि वह अपने ही अनुभव को व्यक्त करने से बचता है। विस्तार देने की जगह उसे सेन्सर कर देता है। ऐसा वह क्यों करता है? यहाँ सौन्दर्य-प्रक्रिया में सत्ता की दखलन्दाजी सामने आती है। ''बड़े-बड़े आदर्शवादी आज रावण के यहाँ पानी भरते हैं, और हाँ-में-हाँ मिलाते हैं।...और रावण के राज्य का एक मूल नियम यह है कि जो अपना अनुभूत वास्तव है, उस पर पर्दा डालो। इसलिए हमारे बहुत-से कवि और कथाकार, मारे डर के, उस वास्तव को नहीं लिखते हैं, जिसे यह भोग रहे हैं।...अनुभूत वास्तव का जितना अनादर आज है उतना पहले कभी नहीं था।''[20]

सत्ता जिस लालच और भय को जन्म देती है, उसका सबसे आसान शिकार उच्चतर वर्ग होता है। ''उच्चतर वर्ग अधिक जड़ और प्रतिगामी हो गया है। वह इस समय साहित्य में ऐसे विचारों का प्रचार करना चाहता है जिनके द्वारा हमारा साहित्यिक व्यक्ति अनुभूत वास्तवों की पाशविकता और मानवीयता पर पर्दा डाल दे, और वह जनता की ओर उन्मुख न हो...।''[21]

अनुभूत वास्तविकता जटिल होती है। उसमें मानवीय मार्मिकता और पाशविक निर्ममता एक साथ पायी जाती है। मुक्तिबोध ने पाशविक शब्द का प्रयोग प्रचलित अर्थ में किया है, हालाँकि कहना कठिन है कि मनुष्य और पशु में अधिक निर्मम कौन है!

मूल्य-आधारित सौन्दर्य-सिद्धान्त सत्ता का सिद्धान्त है। मूल्यों का निर्धारण सत्ताएँ करती हैं। इन मूल्यों को प्रचलित करने के लिए वे भय और लालच की शक्ति का इस्तेमाल करती हैं। सृजन–प्रक्रिया-आधारित सिद्धान्त सत्ता को चुनौती देता है। संवेदित अनुभव के विस्तार के लिए वह हर कदम पर सत्ता का मुक़ाबला करता है।

डायरी में एक बड़ी बहस 'कलाकार की ईमानदारी' की अवधारणा के बारे में है। यह नयी कविता के प्रवक्ताओं की प्रिय अवधारणा थी। अज्ञेय ने 'आत्मनेपद' और 'त्रिशंकु' में 'स्वानुभूत' लिखने का आग्रह किया है। वे मानते हैं कि अनुभूति की प्रामाणिकता कम लिखवायेगी, लेकिन गलत नहीं लिखवायेगी। डायरी में मुक्तिबोध का सवाल है कि क्या ईमानदारी को स्वानुभूत तक सीमित किया जा सकता है। ''व्यक्तिगत ईमानदारी का नारा देनेवाले लोग असल में भाव या विचार के सिर्फ सब्जेक्टिव पहलू-केवल आत्मगत पक्ष-के चित्रण को ही देकर उसे 'भाव-सत्य' या 'आत्म-सत्य' की उपाधि देते हैं। किन्तु भाव या विचार का एक ऑब्जेक्टिव पहलू अर्थात् वस्तुपरक पक्ष भी होता है। आजकल लेखन में आत्मपरक पक्ष को महत्त्व देकर वस्तुपरक पक्ष की उपेक्षा की जाती है।''[22]

मध्यकालीन हिन्दी कविता में वस्तु-वर्णन की प्रधानता रही। छायावादी कविता में आत्माभिव्यक्ति पर बल दिया गया। मुक्तिबोध का आग्रह है कि नयी कविता में आत्मपरक और वस्तुपरक का समन्वय होना चाहिए। कला के तीन सर्जनात्मक क्षणों में यही प्रक्रिया घटित होती है। लेकिन यह अनायास नहीं होगा। इसके लिए कवि को दो तरह के आयास करने होंगे। पहला यह कि वस्तु-जगत् का अधिक-से-अधिक ज्ञान हासिल करने की चेष्टा होगी और इस ज्ञान के आधार पर अपनी विश्व-दृष्टि को निरन्तर विकसित करने का यत्न करना होगा।

डायरी याद दिलाती है कि, ''ज्ञान और बोध के आधार पर ही भावना की इमारत खड़ी है। यदि ज्ञान और बोध की बुनियाद गलत हुई तो भावना की इमारत भी बेडौल और बेकार होगी। उसका असर काव्य-शिल्प पर भी होगा।'' ('कलाकार की व्यक्तिगत ईमानदारी– एक')

आज भावना की ऐसी कितनी ही बेडौल इमारतें चारों तरफ खड़ी हैं। कहीं धर्म की इमारत है, कहीं देश-भक्ति की, कहीं परम्परा और कहीं संस्कृति की। इन बेडौल डरावनी इमारतों के पीछे एक ही सौन्दर्य-सिद्धान्त है, मूल्य-आधारित सिद्धान्त। यह सिद्धान्त भले ही विवेक को अन्तिम कसौटी घोषित करता हो,

लेकिन यह नहीं बताता कि इस विवेक के तत्त्व क्या होंगे, इसके विकास की प्रक्रिया क्या होगी। क्या कोई प्रदत्त विवेक होता है? प्रक्रिया के अभाव में विवेक किसी विशिष्ट नैतिक अभिरुचि की तानाशाही के सिवा और कुछ नहीं है।

कवि-लेखक का दूसरा संघर्ष अभिरुचि के परिष्कार का है। उसे अपनी ही अभिरुचि द्वारा निर्मित अपने अन्तर्निषेधों को सुधारना होगा। यह अपनी ही अभिरुचि की दायरे को पार करने का कठिन संघर्ष है। लेखक जिसे अपनी अभिरुचि समझता है। उसके द्वारा सेन्सर की गयी अनुभूतियों को ही स्वानुभूत सत्य मान लेता है। लेकिन यह अभिरुचि प्रत्यक्षतः अथवा परोक्षतः सत्ता-निर्मित हो सकती है। लेखक अपने तईं प्रामाणिक लिख रहा होता है, लेकिन अभिरुचि उसे फ्रॉड में बदल देती है। लेखकीय ईमानदारी कोई स्वतः सुलभ वस्तु नहीं है। ईमानदारी मेहनत से कमानी पड़ती है। लेखक को अधिक-से-अधिक ईमानदार होने का संघर्ष करना पड़ता है। यह एक निरन्तर संघर्ष है। किसी दिये गये क्षण में ईमानदारी और बेईमानी के दो उपलब्ध विकल्पों में से किसी एक को चुन लेने जैसा आसान काम नहीं है। और अधिक ईमानदारी, और बड़ी सच्चाई के लिए किया जानेवाला कठिन संघर्ष है।

विवेक की तरह सत्य भी प्रदत्त, परिभाषित, निर्धारित और सनातन नहीं होता। सौन्दर्य की तरह सत्य भी एक सृजनात्मक प्रक्रिया है। कहने का आशय यह नहीं कि सत्य एकदम अनिर्धारणीय और अनिश्चित होता हो। अगर ऐसा होता तो वृहत्तर सत्य तक पहुँचने का कोई रास्ता ही न होता। अगर सत्य ही कुछ नहीं, तो वृहत्तर सत्य कैसा? वृहत्तर सत्य की खोज के लिए सत्य में आस्था ज़रूरी है। लेकिन यह भी ज़रूरी है कि जाने हुए सत्य पर निरन्तर सन्देह किया जाये। पहचाना जाये कि मनुष्य की ज्ञान शक्ति की भी सीमाएँ हैं। डायरी कहती है, ''हमें ज्ञान शक्ति की सीमाओं का गहरे-से-गहरा ज्ञान चाहिए, जिससे कि ग़लतियाँ टाल सकें, अपने कार्यों को अधिक फलप्रद बना सकें।''

असीम सन्देहरहित ज्ञान या तो अपौरुषेय होता है या फ़ासिस्ट।

सन्दर्भ

1. हाशिये पर कुछ नोट्स, 'एक साहित्यिक की डायरी'
2. 'हाशिये पर कुछ नोट्स', डायरी
3. 'द मेटाफिज़िकल पोएट्स', इलियट, टी. एस.; 1951.
4. 'मास सिविलाइज़ेशन ऐण्ड माइनोरिटी कल्चर' – लीविस, एफ. आर.; 1930.
5. 'डायरी', सं-1989.
6. 'सौन्दर्यबोध और शिवत्वबोध'; अज्ञेय सच्चिदानन्द हीरानन्द वात्स्यायन
7. वही,

8. Nietzsche, Anti-Semitism, and the Holocaust (1997), Steven Aschheim
9. डायरी, सं-89, पृष्ठ 13.
10. 'एक लम्बी कविता का अन्त', डायरी
11. डायरी, सं-89, पृष्ठ-21.
12. वही,
13. भूमिका, शेखर : एक जीवनी, भाग-1.
14. डायरी, पृष्ठ-15.
15. अज्ञेय, 'हरी घास पर क्षण भर'
16. अज्ञेय, 'सौन्दर्यबोध और शिवत्वबोध'
17. 'एक लम्बी कविता का अन्त', डायरी
18. वही,
19. 'तीसरा क्षण', डायरी
20. 'एक लम्बी कविता का अन्त', डायरी
21. 'कलाकार की व्यक्तिगत ईमानदारी—'एक', डायरी।
22. 'कटुयान और काव्य सत्य', डायरी

यह डायरी साहित्य का रोड-मैप भी है...

रामजी तिवारी

सामान्यतया लेखक की कोई भी कृति उसका दर्पण होती है। लेकिन बाज दफ़ा वह उससे इतर भी हुआ करती है। मसलन जब वह दूसरे स्वरों को आवाज़ दे रहा होता है, तो वह उस विधा की छूट लेकर अपने को छिपा भी सकता है। ऐसे में पता लगाना मुश्किल हो जाता है कि इसमें लेखक कहाँ पर खड़ा है। आलोचकों के सामने घिरने पर वह अपना बचाव यह कहकर करता है कि यह उसकी राय नहीं है। यह तो उस पात्र की राय है, जिससे ज़रूरी नहीं कि वह सहमत ही हो। और बात ठीक भी है कि यदि कोई उपन्यासकार अपनी कृति में पचीस-पचास पात्रों के साथ उपस्थित रहता है, तो उसे प्रत्येक पात्र की आवाज़ बनना पड़ता है। उनके भीतर प्रवेश करना होता है। उनकी वास्तविक मनोदशा को उस कृति में पिरोना होता है। कहा भी जाता है कि लेखक को अपने सभी पात्रों के साथ न्याय करना चाहिए, तभी उसे सराहना मिलती है, तभी वह प्रशंसा का हकदार होता है।

लेकिन इन्हीं सवालों के मध्य पाठक की भी एक समझ होती है। जो कृति उसे पसन्द आती है, जिसके साथ उसका तादात्म्य जुड़ता है, उस लेखक के बारे में वह जानने को उत्सुक रहता है। उसके भीतर यह इच्छा हिलोर मारती है कि जो लेखक अपनी कृतियों में आदर्श और सिद्धान्त की बात करता है, वह अपने जीवन में उन आदर्शों और सिद्धान्तों पर कैसा व्यवहार करता है। जो लेखक अपनी कृतियों पर आलोचकों की नजर चाहता है, वह लेखक अपनी समुचित आलोचना पर कैसा महसूस करता है। जब वह लिखने बैठता है, तो क्या उसकी कलम भी लिखने के लिए कभी-कभी इनकार कर देती है। जैसे कि आम आदमी को जीवन में आलस्य घेरता है, क्या वैसा ही आलस्य उसका भी रास्ता रोककर खड़ा होता है...?

वह कौन-सा क्षण होता है, जब कोई लेखक यह तय करता है कि उसे अब लिखना ही चाहिए? मानसिक रचना के किस स्तर पर जाकर कोई भी कृति ज़मीन पर आकार लेती है? कौन-सी बात किस विधा में कही जाय, इस प्रश्न का

समाधान कैसे होता है? कई बार हम देखते हैं कि लेखक पूरे परिदृश्य को पकड़ने के बजाय किसी खास बिन्दु पर ही सिमट जाता है। वह उस पूरे विषय के साथ न्याय नहीं कर पाता। और कई बार यह भी देखने को मिलता है कि लेखक अपने फ्रेम को इतना विस्तारित कर लेता है कि उसमें कोई भी दृश्य साफ़-साफ़ दिखायी ही नहीं देता। ऐसे में लेखक के सामने उठनेवाले इस सवाल का समाधान कैसे होता है कि उसका फ्रेम कैसा होना चाहिए। और जो लेखक देश और दुनिया को बदलने के लिए अपना सारा लेखन कर रहा है, उसके अपने घर में बदलाव की हवा कैसी बह रही है? क्या उसके घर में वह माहौल दिखायी दे रहा है, जिसकी कल्पना वह बाहर की दुनिया के लिए कर रहा है?

प्रख्यात साहित्यकार गजानन माधव मुक्तिबोध द्वारा लिखी गयी 'एक साहित्यिक की डायरी' नामक पुस्तक ऐसे ही कई महत्त्वपूर्ण सवालों से टकराती है। हालाँकि डायरी शीर्षक को लेकर मन में कोई सन्देह न रह जाये इसलिए यहाँ पर स्पष्ट कर देना ज़रूरी लगता है कि यह पुस्तक उस मायने में डायरी नहीं है, जिस मायने में हम डायरी का अर्थ समझते हैं। इसके विपरीत यह किताब किसी भी लेखक के मन में चलनेवाली वे टिप्पणियाँ हैं, जिनको कहीं-कहीं निबन्ध जितना भी विस्तार मिला है। साहित्यिक पत्रिका 'वसुधा' में समय-समय पर छपनेवाली 13 टिप्पणियों को मिलाकर आकार लेनेवाली इस पुस्तक की ताकत यह है, कि 50 वर्षों की अवधि को पारकर लेने के बाद भी इनका महत्त्व ज्यों-का-त्यों बरकरार है। इस डायरी को और अधिक स्पष्ट करने के लिए इसकी भूमिका लिखनेवाले प्रख्यात कवि श्रीकान्त वर्मा का एक वाक्य उद्धृत करना समीचीन लगता है, जिसमें वे लिखते हैं कि, ''मुक्तिबोध की डायरी उस सत्य की खोज है जिसके आलोक में कवि अपने अनुभव को सार्वभौमिक अर्थ देता है।''

'मुक्तिबोध' अपनी कविताओं की तरह ही इस डायरी में भी अपनी बात कहने के लिए कोई-न-कोई कथा बुनते चलते हैं। लगभग प्रत्येक अध्याय का आरम्भ ऐसे ही किसी कथा-सूत्र से होता है। और फिर वह प्रश्नों की ऐसी शृंखला की तरफ मुड़ जाता है, जिसमें हमारे ज़ेहन के सारे सवाल, उनके मुकम्मल जवाबों के साथ सामने आने लगते हैं। पहले पाठ का शीर्षक 'तीसरा क्षण' है। इसकी शुरुआत सौन्दर्य, सौन्दर्यबोध और लेखक-पाठक सम्बन्ध से होती है। फिर बात आगे बढ़ती हुई उस मूल बिन्दु तक पहुँचती है कि कोई भी रचना या कला कैसे विकसित होती है, और किन मरहलों से गुजरते हुए अपना वास्तविक आकार लेती है। मुक्तिबोध इसे कला का 'तीसरा क्षण' कहते हैं। उनके अनुसार कला का पहला क्षण होता है, जीवन का उत्कट तीव्र अनुभव-क्षण। दूसरे क्षण में यह अनुभव अपने मूल से पृथक् होकर फैण्टेसी का रूप धारण करता है। और फिर तीसरे क्षण में वह फैण्टेसी शब्दबद्ध होने की पूर्ण प्रक्रिया तक चलती है।

मुक्तिबोध के यहाँ लेखन एक सामाजिक जिम्मेदारी भी है। इसलिए उसमें अनुभव की प्रधानता दी गयी है। जो भोक्ता है, वह उस विषय को सबसे बेहतर ढंग से विवेचित भी कर सकता है। यानी कि वे किसी विषय पर लेखन करने से पहले उस विषय में घुसने की वकालत करते हैं। यह घुसना उसमे पूरी तरह से जुड़ने की प्रक्रिया है। यहीं पर फैण्टेसी का निर्माण होता है। एक ऐसी फैण्टेसी, जो संवेदनात्मक ज्ञान और ज्ञानात्मक संवेदना से परिपूर्ण हो। और तब वह फैण्टेसी शब्दबद्ध होने की प्रक्रिया में पहुँचती है, जहाँ पर कोई भी कला या रचना आकार लेती है।

मुक्तिबोध अगले अध्याय में सिद्धान्त और व्यवहार के सवाल से टकराते हैं। शुरूआत तो वे लम्बी कविता के अन्त से करते हैं कि उसे कैसा होना चाहिए। लेकिन जल्दी ही वे जीवन के सवाल की तरफ मुड़ जाते हैं कि उसे कैसा होना चाहिए। इस सवाल में वे समाज के कई बने-बनाये खाँचों को तोड़ने का प्रयास करते हैं। जैसे कि हम प्रायः ही बुजुर्गों के प्रति श्रद्धा भाव से नतमस्तक रहते हैं, और किसी भी नयी व्यवस्था के प्रति शंकालु भी। नयी पीढ़ी पर यह तोहमतें अकसर ही लगती रहती हैं कि उनकी वजह से समाज का बना-बनाया ढाँचा चरमरा रहा है। मुक्तिबोध इसे चुनौती देते हैं। वे याद दिलाते हैं कि, "स्वतन्त्रता के बाद जिस भ्रष्टाचार, अवसरवादिता और अनाचार से हमारा समाज व्यथित है, उसका सूत्रपात तो बुजुर्गों ने किया है।"

वे उस पीड़ा से भी छटपटाते दिखायी देते हैं, जिसमें व्यावहारिक होने के नाम पर लोग बिछने के लिए तैयार दिखायी देते हैं। वे कहते हैं कि हमारे दौर का आदमी ज़रूरत से अधिक समझदार हो गया है। उसकी समझदारी इस बात में है कि हम जिस दुनिया में रहते है, उससे समझौता कर लें। इसे समझाने के लिए वे विवेकानन्द को कोट करते हैं, जिसमें वे कहते हैं कि, "भारत के उच्चतर वर्ग नैतिक रूप से मृतक हो गये हैं।" वे चाहते हैं कि हमारे समय का लेखक अपनी जनता से सीधे जुड़े। बुद्धिजीवी कहलाने के लिए वह जनता से अलग न हो जाये। क्योंकि जैसे-जैसे वह जनता से कटता जाता है, वह उसकी पीड़ा और भावना से भी अलग होता जाता है। ऐसे में जब उसके सामने समझौते के छोटे-मोटे प्रस्ताव आते हैं, तो वह उन प्रस्तावों पर फिसल जाता है। इसके विपरीत यदि कोई लेखक जनता से जुड़ा हुआ है, तो वह ऐसे प्रस्तावों को आसानी से ठुकरा सकता है, और फिसलने से बच सकता है।

मुक्तिबोध बार-बार इस बात को उठाते हैं कि लेखक को आम आदमी से जुड़ना चाहिए। जब कोई लेखक कलम पकड़ता है, तो इसका मतलब यह नहीं कि वह केवल बौद्धिक बनकर ही रह जाये। वह मनुष्य के श्रम से दूर होता चला जाये। यदि वह ऐसा करता है, तो वह लेखक बनने का अधिकारी नहीं है। चाहे

उसका लेखन कलात्मक रूप से कितना भी महत्त्वपूर्ण क्यों न हो, वह समाज के काम लायक कम ही माना जायेगा। ऐसा लेखक बेईमानी करने लगता है। चूँकि वह आम जन-जीवन से कट गया होता है, इसलिए वह उसे छिपाने के लिए साहित्य में बड़ी-बड़ी क्रान्तिकारिता की बातें करता हुआ दिखायी देता है। इसके विपरीत जो लेखक जीवन से जुड़ा हुआ होता है, वह आम आदमी के छोटे-छोटे सवालों पर बात करता हुआ देखा जा सकता है। उसको दिखाने या साबित करने की ज़रूरत कोई महसूस नहीं होती, क्योंकि उसे अपने जन-जुड़ाव पर पूरा भरोसा रहता है।

मुक्तिबोध अपनी बात को किसी भी तरह से मनवाने के हामी नहीं हैं। वे प्रत्येक चीज़ को परखने की गुंजाइश छोड़ते हैं। जैसे यदि वह किसी की आलोचना भी कर रहे होते हैं, तो हाशिये के लिए कुछ छोड़कर ही बात करना चाहते हैं। हालाँकि इसका अर्थ यह नहीं लगाया जाना चाहिए कि वे किसी के बारे में कोई साफ़-साफ़ राय नहीं रखते। या कि वे सीधी आलोचना से बचकर निकल जाना चाहते हैं। वरन् इसका मतलब यह है कि वे आलोचक के भीतर भी उसकी गलती के लिए कुछ जगह छोड़ना चाहते हैं। जहाँ आलोचक भी गलती कर सकता है। वह किसी ऐसे मत से प्रभावित हो सकता है, जो रचनाकार के मत से मेल नहीं खाता हो। या कि आलोचक से रचना को समझने में भूल भी हो सकती है।

वे सत्ता की राजधानियों के भीतर साहित्य की राजधानियों को प्रवेश करते हुए देखते हैं। तभी वे इस सवाल से टकराते हैं कि ऐसी जगहों पर रहनेवाले खाये-अघाये लोग साहित्य में एक नयी अभिरुचि का स्वाँग रचते हैं। अपने अनुकूल बहस निर्मित करते हैं। कलात्मकता को विशेष स्थान देते हैं। जबकि गाँव-जमीन से जुड़ा हुआ लेखक अपनी बात को कहने पर अधिक ज़ोर देता है। उसके लिए कलात्मकता उतना महत्त्वपूर्ण विषय नहीं है। वह उसे थोड़ा नजरअन्दाज़ भी कर सकता है, बशर्ते कि उसकी बात सम्प्रेषित हो जाये। लेकिन मुक्तिबोध चाहते है कि गाँव-जमीन से जुड़े हुए लेखक भी ऐसी 'बाई' न माँगें। वे ज़ोर देकर कहते हैं कि जिस व्यक्ति के पास कहने के लिए महत्त्वपूर्ण बातें हैं, उस व्यक्ति के पास कलात्मकता भी ज़रूर हो सकती है। हाँ...यह ज़रूरी नहीं कि वह कलात्मकता सत्ता केन्द्रों की राह पर चलनेवाली ही हो। वह उनकी अपनी चुनी हुई राह भी हो सकती है। इसलिए ज़मीन से जुड़े ऐसे लोगों को अपने लिये रास्ता चुनने का प्रयास अवश्य करना चाहिए।

इस पुस्तक में मुक्तिबोध परिवार को लेकर एक महत्त्वपूर्ण और प्रगतिशील टिप्पणी करते हैं। उनका दुःख है कि समाज की अन्यायपूर्ण व्यवस्था को घर के भीतर से चुनौती नहीं दी गयी। उसे जो भी चुनौती मिली, बाहर से मिली। इसका दुष्परिणाम यह हुआ कि समय के साथ समाज के भीतर तो सामन्ती अवशेष

कमज़ोर हुए, लेकिन परिवार के भीतर वे बचे रह गये। इन बचे रह गये सामन्ती अवशेषों के कारण परिवार के भीतर की असमान श्रेणियाँ भी बची रह गयीं। मसलन पैसा कमानेवाले व्यक्ति की बात हमेशा ऊपर बनी रही, भले ही उसकी सोच कितनी ही प्रतिगामी क्यों न हो। स्त्री सबसे निचले पायदान पर बनी रही, भले ही वह कितनी ही समझदार और प्रगतिशील क्यों न हो। इसलिए वे ज़ोर देकर आग्रह करते हैं कि जब तक परिवार के भीतर बचे हुए इन सामन्ती अवशेषों पर मुकम्मल प्रहार नहीं किया जाता, तब तक हम उस समाज को निर्मित नहीं कर पायेंगे, जिसकी हम हिमायत करते हैं। वे मानते हैं कि चूँकि राजनीति और साहित्य के पास इन वर्षों में कोई निश्चित समाज सुधार का कार्यक्रम नहीं रहा है, इसलिए यह समस्याएँ भी बनी हुई हैं।

इन सबके बीच एक लेखक की जो स्थिति उसके अपने घर में बनती है, मुक्तिबोध उसे भी दर्ज करते हैं। तमाम दुनियावी दबाव उसे पारिवारिक दबाव की तरफ धकेलते हैं। परिवार में उससे यह कहा जाता है कि सिर्फ आदर्श से ही काम नहीं चलनेवाला। तुम्हें थोड़ा प्रेक्टिकल भी होना पड़ेगा। जाहिर है कि इस प्रेक्टिकल होने का अर्थ आर्थिक स्रोतों की ओर लपकने से होता है। उससे यहाँ तक अपेक्षा की जाती है कि जिन अन्यायी और अनैतिक लोगों के ख़िलाफ़ उसने जीवन भर अपना लेखन किया है, वह उन्हीं लोगों के सामने हाथ भी फैलाये। चूँकि वह लेखक है, इसलिए अपने प्रभाव का इस्तेमाल करके अपने परिवार का भला करे। इस पूरे प्रयास में परिवार यह भी नहीं देखना चाहता कि ऐसा करते हुए उसके भीतर का लेखक कितना बचा रहेगा और कितना बिला जायेगा।

मुक्तिबोध किसी भी लेखक की मौलिकता के बड़े हिमायती हैं। वे उसे प्रत्येक स्थिति में बचाये रखना चाहते हैं, चाहे उसके ऊपर कितना भी दबाव क्यों न हो। जैसे कोई आलोचक यदि कहता है कि तुम्हारा लेखन बहुत उलझा हुआ है या कि उसमें बहुत सारी गाँठें पड़ी हुई हैं, तो भी उस लेखक को इससे परेशान नहीं होना चाहिए। उसे समझना चाहिए कि उसका दिमाग इसी तरह से चीज़ों को रिसीव करता है। यदि आज कोई आलोचक उसके लेखन को उलझा हुआ बता रहा है, तो कल कोई पाठक उसके उलझावों को सुलझा भी लेगा। उसके लेखन में पड़ी गाँठो को खोल भी लेगा। इसलिए वे हर लेखक से यह आग्रह करते हैं कि उसे अपने अनुभवों के महत्त्व को ज़रूर समझना चाहिए।

वे अपनी इस डायरी में बार-बार लेखक के सामाजिक सरोकारों की तरफ लौटते हैं। जैसे नयी कहानी पर बात करते हुए वे कहते हैं कि, ''अगर नयी कहानी का मतलब पानी के भीतर घुसकर उसमें डूबकर फिर उसमें आँखें खोलकर देखना है तो मैं बता दूँ कि ज़्यादा-से-ज़्यादा एक धुन्ध ही दिखायी देगी। और आँखों को

तकलीफ तो होगी ही, वे देख भी नहीं सकेंगी। हाँ...देख चुकने का स्वाँग वे भले करें।'' इसलिए वे ज़ोर देकर कहते हैं कि किसी भी बात को सन्दर्भों से काटकर देखने से बात बनेगी नहीं। उस पर धुन्ध ही छायी रह जायेगी।

आगे चलकर मुक्तिबोध यह भी सवाल पूछते है कि, ''काव्य में जीवन के कुछ मूल्य प्रगट होते हैं। मेरा प्रश्न यह है कि क्या उन मूल्यों से आपके आचरण का सामंजस्य है? क्योंकि साहित्य तो जीवन से ही उपजता है और अन्ततः उसका प्रभाव भी जीवन पर ही होता है।'' लेखन और जीवन के पारस्परिक सम्बन्ध को लेकर उठाया गया यह सवाल किसी भी लेखक के लिए एक सूत्र-वाक्य हो सकता है। हम जो लेखन करते हैं, क्या वह हमारे जीवन से भी मेल खाता है? और यदि मेल नहीं खाता है तो फिर कोई दूसरा व्यक्ति क्योंकर उसे अपने जीवन में उतारने का प्रयास करेगा? हालाँकि यह बात भी उतनी ही सच है कि मनुष्य के जीवन में अनेक कमियाँ होती हैं। इन कमियों के कारण लेखन और जीवन में पायी जानेवाली फाँक भी बनी रहती है। वह पूरी तरह से ढक जाये, यह उम्मीद करना बेमानी है। लेकिन उससे यह अपेक्षा तो ज़रूर की जा सकती है कि उसका जीवन उसके लेखन के विपरीत दिशा में जाता हुआ न दिखायी दे। कम-से-कम लेखन और जीवन में व्युत्क्रमानुपाती रिश्ता तो न बने।

इस डायरी के अन्त में मुक्तिबोध लेखन में ईमानदारी और फ्रॉड का मुद्दा उठाते हैं। वे कहते हैं कि, ''व्यक्तिगत ईमानदारी का अर्थ है कि जिस मात्रा में, जिस अनुपात में, जो भावना या विचार मन में उठा है, उसको उसी मात्रा में प्रस्तुत करना। यही लेखक का धर्म है।'' लेकिन वे यहीं नहीं रुकते। बहस जब आगे बढ़ती है तो वे प्रतिउत्तर में कहते हैं कि, ''जो भाव या जो विचार जिस स्वरूप को लेकर जिस मात्रा में और जिस अनुपात में प्रस्तुत हुआ है, उसका उसी स्वरूप में प्रस्तुत करना नाकाफी है।'' क्योंकि उनके अनुसार, ''लेखन एक सांस्कृतिक प्रक्रिया है—मात्र व्यक्तिगत नहीं।''

फिर वे साहित्य में फ्रॉड के तरीकों पर बात करते हैं। 'जैसे एक फ्रॉड तो वह होता है, जब लेखक यह जानता ही नहीं, कि वह फ्रॉड कर रहा है। लेखक को यह पूरा विश्वास होता है, कि वह जो कह रहा है, वह सही है। उसकी बात सच्ची ही नहीं, वरन् सुन्दर भी है, लोककल्याणकारी भी है। वह पूर्ण निष्ठा के साथ बात कर रहा है। फिर भी उसकी निष्ठा फ्रॉड को जन्म देती है या जन्म दे सकती है।' अर्थात लेखक वहाँ ईमानदारी से फ्रॉड करता है, जहाँ उसे मालूम नहीं होता कि वह फ्रॉड को जन्म दे रहा है। और दूसरा उस समय होता है, जब वह जान-बूझकर इस फ्रॉड को जन्म देता है। वह जनचेतना और प्रगतिशीलता की खूब बड़ी-बड़ी बातें करता है, लेकिन उसमें कोई तत्त्व नहीं होता। उसमें कोई जीवन-अनुभव नहीं होता।

यह अनायास नहीं है कि मुक्तिबोध की कविताएँ पूरी साहित्यिक बिरादरी को मथती रहती हैं। वे एक ऐसे इन्सान के हाथों रची गयी हैं, जिसके लेखन और जीवन में बहुत कम का फासला है। वह अपनी लेखन में जिस जीवन की वकालत करता है, उसी जीवन को जीने का प्रयास भी करता है। उसके लिए लेखन एक सामाजिक और सांस्कृतिक प्रक्रिया है। वह सिर्फ इस बात से सन्तुष्ट नहीं हो जाता कि कोई लेखक अपना सच लिख दे। वरन् इससे आगे बढ़कर वह चाहता है कि लेखक के इस अपने सच में समाज का सच भी शामिल हो। ऐसा सच, जो समाज को आगे ले जानेवाला हो। इसीलिए यह डायरी प्रत्येक लेखक को रास्ता दिखाती है। प्रत्येक आलोचक और पाठक को भी, कि वह किसी लेखक को कैसे पढ़े, कैसे समझे।

संवाद की अनोखी टेक्नीक

एक साहित्यिक की डायरी

माधव चतुर्वेदी

मुक्तिबोध के साहित्य के किसी एक बिन्दु या किसी एक लेयर पर जाकर उसे समझने का प्रयास करना, मुझे लगता है कि न तो उनके साथ और न ही अपने साथ न्याय होगा। कवि के रूप में मुक्तिबोध अपने दुरूह बिम्बों और जटिल विचारों के कारण हिन्दी साहित्य के आम पाठकों के लिए प्रायः एक 'कठिन कवि' माने जाते रहे हैं। किन्तु मुक्तिबोध को समझने में उनकी कोई कृति यदि काफ़ी सहायक हो सकती है तो वह है 'एक साहित्यिक की डायरी।' इसमें मुक्तिबोध अपने जटिल विचारों, समकालीन परिस्थितियों, समाज की विसंगतियों, विद्रूपताओं से किसी कुशल नट की तरह ऐसे खेलते हैं मानों हम भी उनके इस खेल का आनन्द लेते-लेते उसका पात्र बन जाते हैं या उसके पार्श्व में बजनेवाले संगीत की लहरी-सा महसूस करने लगते हैं।

'एक साहित्यिक की डायरी' में मुक्तिबोध ने प्रायः दो व्यक्तियों के बीच परस्पर संवाद शैली में इसको लिखा। इसमें 'केशव', 'वीरकर' या 'यशराज' जैसे नामधारी पात्र हों या केवल मित्र सम्बोधनवाले अनाम पात्र, मुक्तिबोध उनसे लम्बे-लम्बे संवाद करते हैं। इसमें गीता के भगवान् कृष्ण और अर्जुन के बीच जैसा संवाद नहीं है, जिसमें अर्जुन एक प्रश्न पूछकर चुप हो गया और फिर कृष्ण के उत्तर लम्बे अन्तराल तक चलते रहे। मुक्तिबोध के पात्र उनके मित्र हैं। मानसिक धरातल पर वह अपने मित्रों को उतने ही परिपक्व रूप में पेश करते हैं, जितने कि वह स्वयं हैं। इसमें दो मित्रों के बीच के परस्पर वादी-संवादी स्वरों से पैदा होनेवाला राग पाठक को न केवल बरबस आकर्षित करता है बल्कि अवचेतन स्तर पर उसकी कई बँधी-बँधायी मान्यताओं को तोड़ने में सहायक बनता है।

मुक्तिबोध अपने साहित्य में किसी भी लीक को पकड़कर चलने के कभी कायल नहीं रहे। लीक को न केवल तोड़ना बल्कि उसका पोस्टमॉर्टम करना ही मानो उनका प्रिय शगल था। इस पुस्तक में 'डायरी' शब्द प्रायः यह बोध देता है कि एक रचनाकार के रूप में मुक्तिबोध अपना रचनाएँ लिख रहे थे, उसे लेकर उनके भीतर चलनेवाले

ऊहापोह की झलक कहीं-न-कहीं इसमें मिलेगी। किन्तु मुक्तिबोध की यह रचना इस मामले में डायरी की उस छवि को भी तोड़ती है। इसमें आपको पारम्परिक शैली में कोई तिथिवार प्रविष्टियाँ नहीं मिलेंगी। वास्तव में इसमें उनके उन निबन्धों को शामिल किया है जो उन्होंने 'वसुधा' पत्रिका में लिखे थे। इन निबन्धों में एकालाप, काल्पनिक पात्रों से विचार-विमर्श अथवा मुक्तिबोध के अपनी एक विचार-पद्धति को काल्पनिक पात्र का जामा देकर उससे वार्त्तालाप जैसे संवाद की तमाम टेक्नीक को अपनाया गया है।

'एक साहित्यिक की डायरी' वास्तव में कई लेयरों में लिखी गयी रचना है। मुक्तिबोध इसके ज़रिये समाज के हर वर्ग से संवाद कायम करने के पक्षधर रहे होंगे। 'विशिष्ट और अद्वितीय' निबन्ध में वह अपने ऊपर, साहित्यकारों, अख़बारनवीसों के ऊपर ही नहीं किताबों की नुमाइश कर साहित्य की समझ रखने का दम्भ भरनेवालों पर कितनी तीखी चोट कर रहे हैं। "सच तो यह है कि पुस्तकें मेरे यहाँ शोभा की वस्तु हैं। सुन्दर आलमारियों में उन्हें सजाकर रखा गया है, मेरी पत्नी द्वारा। मेरे पास बहुत क़ीमती ढंग की लगभग तीन हजार पुस्तकें हैं, तीन हजार। मेरी कमायी की नहीं, ससुराल के पैसों से आयी हुई। उन पर मेरा हक नहीं, पत्नी का है। मैं तो ऐसी पुस्तकें पढ़ता नहीं। खास पढ़ा-लिखा भी नहीं हूँ। वैसे इस बारे में मैं आपसे यों ही झूठ बोल गया था। यों ही। झूठ बोलने में मेरा खास स्वार्थ नहीं था, यह तो आप जानते ही हैं।"

"हाँ, जिन चीज़ों पर मालदार और मुझसे ज़्यादा पढ़ी-लिखी पत्नी ('नीरज'—उनका प्रिय कवि है—प्रिय, अत्यन्त प्रिय) का हक था, उनको लेकर यदि मुझ-जैसे पति का मित्र चम्पत हो जाये तब आप समझ सकते हैं कि पति की क्या दशा होगी।" इन पंक्तियों में मुक्तिबोध किसी सधे हुए व्यंग्यकार की तरह किन-किन दिशाओं में अपने प्रहार कर रहे हैं, यह आम आदमी को समझाना, कठिन नहीं है। पुस्तक नहीं उनकी संख्या महत्त्वपूर्ण है। बताते हैं कि फ़िराक़ एक दिन इलाहाबाद विश्वविद्यालय के अंग्रेज़ी विभाग में बैठे थे। चार्ल्स डिकेन्स पर चर्चा चल रही थी। उस समय के विभागाध्यक्ष ने बाक़ी अध्यापकों पर रोब गालिब करने के लिए कहा, "आप जानते हैं, मैंने डिकेन्स का पूरा लिटरेचर चार बार पढ़ा है।" इस पर फ़िराक़ ने चुटकी लेते हुए कहा, "जनाब! मुझे तो एक ही बार में समझ में आ गया था।" मुक्तिबोध की टिप्पणी बरबस ही हमारे समाज में साहित्य की गुणवत्ता को तराजू-बटखरे से तोलनेवाली मानसिकता पर मीठी चुटकी लेती है। मुक्तिबोध हिन्दी कविता के नाम पर मंचीय कवियों को सिरमौर बनाने के प्रयासों पर कहीं-न-कहीं झुँझलाहट की मुद्रा में रहते होंगे। उनकी झुँझलाहट का स्पष्ट प्रमाण है यह पंक्ति—('नीरज'—उनका प्रिय कवि है—प्रिय, अत्यन्त प्रिय)।

मेरे एक मित्र हैं राजेश अभय। कुछ समय दिल्ली में त्रिलोचन जी उनके साथ रहने आये थे। त्रिलोचन ने उसी समय राजेश जी को यह किस्सा सुनाया था कि बनारस

में मुक्तिबोध और वह एक प्रेस में काम करते थे। प्रेस से निकलने के बाद मुक्तिबोध उनके कन्धे पर हाथ रखकर बोलना शुरू कर देते। मुक्तिबोध अपनी बात में इतना तल्लीन हो जाते कि वे अपने आसपास के वातावरण से बिल्कुल ही अनभिज्ञ हो जाते। त्रिलोचन बताते कि ऐसे ही क्षणों में दो-तीन बार उन्होंने अपने कन्धे से हटा मुक्तिबोध का हाथ बिजली के खम्भे पर टिका दिया। किन्तु मुक्तिबोध को इसका कुछ एहसास ही नहीं हुआ। और वह कुछ घण्टों तक खम्भे को पकड़े वैसे ही बोलते रहे। हो सकता है कि त्रिलोचन की बतायी इस घटना में कुछ अतिरंजना हो। किन्तु समाज और कविता पर बात करते समय 'इण्टेस' हो जाने की अपनी इस आदत से मुक्तिबोध स्वयं भी परिचित थे।

एक साहित्यिक की डायरी में 'तीसरा क्षण' की यह पंक्तियाँ पढ़ते समय मुझे त्रिलोचन जी के अनुभव सहसा याद आ गये। ''मैंने प्रस्ताव रखा, अपने उस विषय पर बात ही क्यों न कर लें।''

''ज़रूर; लेकिन तुम्हें डिसिप्लिन से बात करनी होगी।'' यह कह कर वह मुस्कुरा दिया!!

''यह मुस्कुराहट मुझे चुभ गयी। तो क्या मैं इतना पागल हूँ कि बात करने से भटक जाता हूँ। इस साले ने बहुत ध्यानपूर्वक मेरे स्वभाव का अध्ययन किया होगा। शायद मैं ही बहुत 'बोर' करता रहा हूँगा। अपने स्वभाव के इतने अधिक और प्रदीर्घ अवसर किसी को देना शायद उचित नहीं था। मैं तो उल्लू सरीखा बोलता जाता हूँ और यह हजरत अपने दिमाग़ की नोटबुक में मेरी हर ग़लती टीप लेते हैं।

स्वाधीनता पाने के क़रीब एक दशक बाद राष्ट्र में उन सपनों की धुन्ध छँटने लगी थी जो हमारे नेताओं ने आज़ादी के आन्दोलन या उसके ठीक बाद किये थे। समाज की विसंगतियों के तीखे दंश समाज के उस वर्ग को बुरी तरह चुभने लगे थे जो स्थितियों को सही परिप्रेक्ष्य में समझ सकते थे। उन्हें दिख रहा था कि नेतृत्व का एक बड़ा वर्ग रूमानियत की इस चादर में इन सब विसंगितयों को ढकने का प्रयास कर रहा है। इन स्थितियों में स्थापित मान्यताओं के प्रति अनास्था का जन्म कोई असामान्य स्थिति नहीं है। मुक्तिबोध के शब्दों में, ''मेरा अपना विचार है कि जिस भ्रष्टाचार, अवसरवादिता और अनाचार से आज हमारा समाज व्यथित है उसका सूत्रपात बुजुर्गों ने किया। स्वतन्त्रता-प्राप्ति के उपरान्त भारत में दिल्ली से लेकर प्रान्तीय राजधानियों तक भ्रष्टाचार और अवसरवादिता के जो दृश्य दिखायी दिये उनमें बुजुर्गों का बहुत बड़ा हाथ है। अगर हमारे बुजुर्गों पर नये तरुणों की श्रद्धा नहीं रही तो इसका कारण यह नहीं है कि वे अनास्थावादी हैं वरन् यह कि हमारे बुजुर्ग श्रद्धास्पद नहीं रहे। और अगर हमारे युवक अनास्थावादी हैं तो भी कोई बुराई नहीं है क्योंकि अनास्था का जन्म आस्था से ही होता है। अनास्था आस्था की पुत्री है। फर्क यह है कि आज के पहले दर्शकों के सामने रंगमंच पर आस्था नाटक खेला करती थी और अनास्था नेपथ्य में बैठकर सूत्र-संचालन

करती थी। यह मैं मानने के लिए तैयार नहीं हूँ कि आज के नवयुवकों में केवल धुआँ शेष रह गया है और आग नहीं है। आग है और वह भीतर- ही-भीतर है। लेकिन नवयुवक पाता है कि आज उस आग की कोई क़ीमत नहीं रह गयी है। इस व्यावहारिक जगत् में, जिसे कभी गलती से समाज भी कहा जाता है, उस आग को 'पुराना भार' जैसा कुछ माना जाता जा रहा है। यह उसकी निज की है, लेकिन उसका कारण सामाजिक है—अधिकतर।...''

मुक्तिबोध का साहित्य में कविता के प्रति झुकाव जगजाहिर है। 'एक साहित्यिक की डायरी' में वह अपने इस झुकाव का संकेत कई स्थानों पर कई तरह से देते हैं। किन्तु आलोचना-कर्म को लेकर भी वह बहुत सतर्क हैं। वह इसे 'सूक्ष्म कौशल' कहते हैं। वह कहीं-न-कहीं इस इस बात से सहमत नहीं थे कि आलोचना पूरी तरह से निष्पक्ष और बेलाग हो सकती है। मुक्तिबोध आलोचना-कर्म में गुंजाइश के हामीदार प्रतीत होते हैं। उनके शब्दों में, ''इसीलिए कहता हूँ कि हम आलोचना करते वक़्त ग़लतियों के लिए कम-से-कम पच्चीस-तीस प्रतिशत हाशिया छोड़ दें—अगर हम 'है' के बदले 'हो सकता है', 'सम्भव है', 'कदाचित् यह भी हो सकता है', इस तौर से बात करें और मानव विज्ञान और अपने स्वयं ज्ञान की साक्षात् सीमाएँ प्रत्यक्ष ध्यान में रख उतना मार्जिन अपने को और दूसरों को प्रदान करें, तो बहुतेरे हृदय-दाह समाप्त हो जायें और हार्दिक तथा वैचारिक आदान-प्रदान अधिक सुगम या सरल हो।...''

आजकल एक शब्द बहुत चर्चा में है, 'सर्जिकल स्ट्राइक'। मुक्तिबोध अपने लेखन-कर्म से समाज की इन विद्रूपताओं पर तीखा प्रहार करने में कभी पीछे नहीं रहे। इस तरह की 'सर्जिकल स्ट्राइक' करते समय मुक्तिबोध की भाषा तूणीर में छीलनेवाले व्यंग्य सहित हर तरह के शर उपलब्ध रहते थे। ''तो इस प्रकार के वातावरण में फिट होने के लिए हमारी समझदारी का यह तकाजा होता है कि किसी-न-किसी तरह शैतान से समझौता करके गधे को भी काका कहो। बड़े-बड़े आदर्शवादी आज रावण के यहाँ पानी भरते हैं, और हाँ-में-हाँ मिलाते हैं। बड़े प्रगतिशील महानुभाव भी इस मर्ज़ में गिरफ़्तार हैं। जो व्यक्ति रावण के यहाँ पानी भरने से इनकार करता है उसके बच्चे मारे-मारे फिरते हैं। और आप जानते हैं, कि ख्यातिप्राप्त यशोदीप्त प्रगतिशील महानुभाव भी (मैं सबको नहीं कह सकता) उन पर हँस पड़ते हैं या कभी-कभी तुच्छ के प्रति दया के भाव से परिलुप्त हो उठते हैं। तो, संक्षेप में जो व्यक्ति फटेहाल और फटीचर हैं, उसे मान्यता देने के लिए कोई तैयार नहीं हैं, चाहे वह कितना ही नैतिक क्यों न हो।''

मुक्तिबोध बाज़ारवाद और उपभोक्तावाद के खतरों के सारे आयामों को बखूबी जानते थे। उनको यह स्पष्ट रूप से समझ आ रहा था कि इस बाज़ारवाद के समक्ष अन्य सभी वाद व्यर्थ है। बाज़ारवाद की सबसे बड़ी समस्या ही यही है कि वह अपने विरोध के सारे स्पेस को खा जाता है। मुक्तिबोध लिखते हैं, ''आजकल सच्चाई का

सबसे बड़ा दुश्मन असत्य नहीं स्वयं सच्चाई ही है, क्योंकि वह ऐठती नहीं, सज्जनता साथ लेकर चलती है। आजकल के जमाने में वह है आउट आव डेट। जी! इसलिए सत्य जरा युयुत्सु बने, वीर बने तभी वह धक सकता है, चल सकता है, बिक सकता है।'' बाज़ारवाद के इस दौर में रचना-कर्म करनेवालों का संघर्ष ऋजु नहीं मुक्तिबोध के शब्दों 'घुमावदार' होता है, जो अपने भीतर 'सूरज का प्रतिबिम्ब धारण' किये रहता है। उनके शब्दों में, ''इस आत्म-दया की ज़रूरत नहीं। एक सच्चे आर्टिस्ट का संघर्ष बहुत घुमावदार होता है। हाँ, लेकिन आपकी इमेज बहुत अच्छी है। हम सब लोग ऐसे ही डबरे हैं, जो अपने भीतर सूरज का प्रतिबिम्ब धारण किये हैं। पूरा वस्तु-सत्य इस इमेज में आ गया है। इसलिए वह महत्त्वपूर्ण है। हमारा परिश्रम भी तो थोड़ा नहीं है। हमारी साँस भी तो उखड़ी-उखड़ी है। डबरे हुए तो क्या हुआ, हैं तो प्रकृतिजन्य।''

मुक्तिबोध की दार्शनिकता

नन्द किशोर आचार्य

मुक्तिबोध के दार्शनिक चिन्तन के विश्लेषण के रास्ते में सबसे बड़ी कठिनाई तो यही है कि उन्होंने कभी भी दार्शनिक सवालों के बारे में अलग से गहराईपूर्वक विस्तृत विचार नहीं किया। कई स्थलों पर वह इस सम्बन्ध में जो कुछ कहते हैं, वह उनकी राय तो मानी जा सकती है, लेकिन उस राय के पीछे उनका दार्शनिक चिन्तन किन प्रक्रियाओं से गुजरा है, इसका पता नहीं चलता। दार्शनिक सवालों के बारे में उनके जो विचार हमें मिलते हैं, उनका अनुमान यत्र-तत्र लिखी गयी कुछ छोटी टिप्पणियों और साहित्यालोचन से सम्बन्धित लेखन में बिखरे सूत्रों को मिलाकर देखने से होता है। अपने प्रारम्भिक लेखन के दौर में दार्शनिक सवालों के बारे में अपनी रुचि का ज़िक्र उन्होंने एकाधिक छोटी टिप्पणियों में किया है तथा इन सवालों पर विस्तारपूर्वक कुछ लिखने की आकांक्षा भी ज़ाहिर की है, लेकिन, अनन्तर शायद इस ओर वह वांछित ध्यान नहीं दे पाये।

1939 में लिखी एक टिप्पणी 'आधुनिक समाज का धर्म' में वह लिखते हैं, "जब मैंने यह जान लिया कि आधुनिक समाज का संगठन गलत तत्त्वशास्त्र के आधार पर हुआ है तो मेरा चिकित्सक मन ठीक दर्शन के शोध में डट गया। इन दिनों ख़ूब फ़िलासफ़ी पढ़ी जा रही है। लेकिन, मुझे कल ही यह प्रत्यक्ष ज्ञान हुआ कि दर्शन किसी Finished शास्त्र का नाम नहीं है। Philosophy in an eternel quest, यह "सतत सनातन अन्वेषण है।" इसी टिप्पणी में धर्म को उच्चतम अनुभूति मानते हुए दर्शन में 'एब्सोल्यूट' की अवधारणा से उसकी तुलना करते हुए वह एक मौलिक सवाल भी उठाते हैं तथा हेगेल जैसे तत्त्वशास्त्री की आलोचना करते हुए तर्क देते हैं : "यदि मिस्टिक एक्सपीरिएन्स उच्चतम अनुभव है तो परमात्मा को एब्सोल्यूट के नीचे रखना मानवता को असमर्थ समझना हुआ" और यहीं वह आकांक्षा भी प्रकट करते हैं : "मेरा विचार है कि प्रथम मैं कुछ फुटकर लेख लिखूँ, उसके बाद मेटाफिजिक्स और उसके अनन्तर एथिक्स को लाऊँ। जीवन थोड़ा है, कार्य बहुत है और शक्ति अत्यन्त कम है, और चारों ओर अन्धकार-ही-अन्धकार है।" (रचनावली,

खण्ड-6, पृ. 23-24) लेकिन, जैसा पहले कहा गया, इस आकांक्षा को वह मूर्त रूप नहीं दे पाये। इसी टिप्पणी में वह यह भी घोषित करते हैं कि वह न तो व्यक्तिवादी हैं और न ही साम्यवादी या समाजवादी और अगली ही पंक्ति में यह भी जोड़ देते हैं कि 'विश्व-समाज आजकल पतन के गहरे गर्त में है, जिसका कारण है उसका ग़लत दर्शनशास्त्र—False philosophy. (वही, पृ. 23)

दर्शन का प्रयोजन, मुक्तिबोध के लिए, 'समाज में जीवन पैदा करना, उसे सत्पथ दिखाना' है। (वही, पृ. 26), लेकिन यहीं वह एक अन्तर्विरोधपूर्ण वक्तव्य भी देते हैं और वह यह कि साधारण लोगों को परमोच्च विचारों के ज्ञान की कोई आवश्यकता नहीं है क्योंकि, "श्रीमद्भगवद् गीता का कर्मयोग जन-साधारण के लिए अत्यन्त सुन्दर तत्त्वशास्त्र होते हुए भी, वे उस ओर न झुककर शंकराचार्य के मायावाद और कबीर के दार्शनिक मतों के भ्रष्ट रूप पर अधिक जल्दी झुकते हैं" और इसका कारण मुक्तिबोध के मतानुसार यह है कि, "आशावाद महान् कठिनाइयों, ठोकरों के सम्मुख रहते हुए, आत्मा की सबलता का चिह्न है, और क्योंकि उनकी (जनसाधारण की) आत्मा इस तरह की कष्टपूर्ण परिस्थितियों में दुःख को सहन कर रास्ता खोजने के काम नहीं कर सकती।" (वही, पृ.-26) उनका यह मानना है कि समाज में कई तरह के लोग होते हैं और उनका विकास इतना लघु होता है कि, "यदि उनको इन परमोच्च विचार-तत्त्वों का ज्ञान कराया जाये तो उसका अवांछनीय और गलत प्रयोग होने लगता है" (वही, पृ. 26) इसी आधार पर गाँधी के अहिंसा सिद्धान्त की आलोचना करते हुए वह टिप्पणी करते हैं कि, "आनेवाले कल के लोगों को उसकी कार्य में परिणति कठिन मालूम होगी।" साथ ही, वह यह भी कहते हैं कि, "जनसाधारण के लिए एक ऐसी फिलासफी की ज़रूरत होती है जो उन्हें जीवन के प्रति अधिक ईमानदार करे। साथ ही, उनमें एक ऐसी नैतिकता का जन्म हो जिसमें उनकी बुद्धि स्वतन्त्रतापूर्वक खेलती रहे।" (वही पृ. 26-27) यहाँ सवाल यह तो उठता ही है कि क्या गाँधी-विचार जनसाधारण को जीवन के प्रति अधिक ईमानदार होने की प्रेरणा नहीं देता, लेकिन उससे भी बड़ा सवाल यह है कि दार्शनिक दृष्टि से इस 'एथिक्स' की पृष्ठभूमि में एक ज्ञान-मीमांसा और उससे उद्भूत तत्त्व-मीमांसा की सक्रियता होती है, जिसके बिना उस 'एथिक्स' या मूल्य-मीमांसा का ज्ञान भी सम्भव नहीं है। क्या द्वन्द्वात्मक भौतिकवाद और ऐतिहासिक भौतिकवाद की पृष्ठभूमि के बिना दार्शनिक स्तर पर सर्वहारा क्रान्ति और उसके लिए आवश्यक नैतिक प्रयत्नों की अनिवार्यता समझायी जा सकती है। इनके बिना भी जनसाधारण को उत्तेजित तो किया जा सकता है, लेकिन उनके विवेक की जागृति सम्भव नहीं है। मुक्तिबोध जैसे लेखक का जनसाधारण के विवेकशील होने में यह सन्देह किंचित् अनाश्वस्ति पैदा करता है।

'आधुनिक समाज का धर्म' टिप्पणी में ही वह Trans individualism में अपने विश्वास की घोषणा करते हुए आध्यात्मिकता की अपनी व्याख्या भी करते हैं : "जब

हम अपने लघु सांसारिक अहम् को पार कर विस्तृत जीवन के सहभागी होते हैं, तभी हम Spirituality के कूल तक पहुँच पाते हैं। विस्तार और गहराई यह दोनों Trans individualism के गुण हैं।'' (वही, पृ. 23-24) और यहीं जब वह कहते हैं कि, ''हमें अपना अनुराग दुःखी संसार पर बिखेर देना चाहिए'' तो क्या इस भाव के पीछे भी कोई ज्ञान-मीमांसा और तत्त्व-मीमांसा, जिसे मुक्तिबोध 'परमोच्च विचार तत्त्व' कहते हैं, सक्रिय नहीं? लेकिन, इस टिप्पणी में जिस 'मिस्टिक एक्सपीरिएन्स' और संसार पर अनुराग बिखेर देने की आकांक्षा का ज़िक्र वह कर रहे हैं, क्या यह वैसा ही भाववाद नहीं है, जिसकी आलोचना उन्होंने 'कामायनी : एक पुनर्मूल्यांकन' में की है?

मुक्तिबोध, यद्यपि, उपर्युक्त टिप्पणी में घोषणा करते हैं कि वह समाजवादी या साम्यवादी नहीं हैं, और उनके सृजनात्मक लेखन के आधार पर तो उन्हें अतियथार्थवादी ही कहा जा सकता है, पूँजीवाद के प्रति उनका विरोध वहाँ अवश्य स्पष्ट व्यक्त होता है, किन्तु उनकी कुछ राजनीतिक टिप्पणियाँ और साहित्यालोचन से सम्बन्धित लेखन में कुछ सूत्र मिल जाते हैं जो ऐतिहासिक भौतिकवाद के प्रति उनके रूझान को स्पष्ट दर्शाते हैं। 'कामायनी : एक पुनर्मूल्यांकन' में प्रसाद को भाववादी बताते हुए मुक्तिबोध मनु, श्रद्धा और इड़ा के चरित्रों की व्याख्या ऐतिहासिक भौतिकवाद की पृष्ठभूमि में करते हैं तथा देव-संस्कृति को सामन्तवाद और इड़ा को एक ऐसी सभ्यता का निर्माता मानते हैं, ''जिसमें वर्ग-विषमता थी, श्रमिक वर्ग का विकास और उसके संघर्षों का इतिहास'' था तथा उसे बुद्धिवाद का प्रतीक न मानकर पूँजीवादी सभ्यता का प्रतीक मानते हैं— ''ऐसी सभ्यता जो उत्थान की अवस्था में से गुज़रकर अब पूर्ण ह्रास-दशा को प्राप्त हो गयी और ह्रास-ग्रस्त होकर अगतिक हो उठी है।'' (रचनावली, खण्ड-4, पृ.-314) अपनी अन्य राजनीतिक टिप्पणियों में भी वह मार्क्सवादी विचार के प्रति अपना रूझान व्यक्त करते तथा उसी की पदावली में विश्लेषण करते दिखायी देते हैं। लेकिन, ऐसा फिर भी नहीं लगता कि मुक्तिबोध ने ऐतिहासिक भौतिकवाद पर दार्शनिक दृष्टि से विचार किया है। यदि उन्होंने ऐसा किया होता तो उन्हें सोवियत व्यवस्था के अन्तर्विरोध तथा स्टालिन के शासन का तानाशाही स्वरूप स्पष्ट दीख गया होता और यह भी समझ में आ गया होता कि 'सर्वहारा की तानाशाही' का जो रूप सोवियत संघ और उसके अनुकरण पर अन्य कुछ देशों में भी विकसित हुआ, वह स्वयं ऐतिहासिक भौतिकवाद की प्रक्रिया के अनुरूप नहीं था। और तब वह इस तानाशाही के अन्तर्विरोधों को समझकर उसके अनिवार्य भावी पतन को भी देख सके होते। जब इटली के साम्यवादी विचारक तोलियाती ने यह सवाल उठाया कि रूसी समाज-व्यवस्था में ऐसा कौन-सा दोष उत्पन्न हो गया कि स्टालिनवाद सफल हो सका तथा दुनिया की कई साम्यवादी पार्टियों ने भी तोलियाती के सवाल पर विचार की ज़रूरत पर बल दिया तो मुक्तिबोध ने यह मत व्यक्त किया कि, ''मूल दोष यह उत्पन्न हुआ कि पार्टी और सरकारी संगठन के कुछ महत्त्वपूर्ण यन्त्र बगैर ज़रूरत के कायम रखे

गये (एक जमाना था जब उनकी ज़रूरत थी)।'' (रचनावली, खण्ड-6, पृ.100-102) लेकिन, मूल सवाल तो यह था कि सर्वहारा की तानाशाही का जो रूप सोवियत-संघ में विकसित हुआ, क्या वह मार्क्सवादी कल्पना के अनुरूप था? मार्क्स ने कभी इसे स्पष्ट नहीं किया कि वह स्वरूप कैसा होगा, यद्यपि एंजेल्स ने एक प्रश्न के उत्तर में 'पेरिस कम्यून' को उसका मॉडल बताया था। लेकिन, सर्वहारा की तानाशाही का एक दल की तानाशाही और उस दल में पॉलिट ब्यूरो तथा अन्ततः सेक्रेटरी जनरल का ही तानाशाही में रूपान्तरित हो जाना क्या यह नहीं बताता कि कहीं बीज में ही उसका पतन अन्तर्निहित था!

ऐतिहासिक भौतिकवाद के अनुसार सुपर-स्ट्रक्चर में परिवर्तन का आधार उत्पादन-सम्बन्धों में परिवर्तन होता है, जो उत्पादन-शक्तियों अर्थात् उत्पादन के साधनों और औजारों अर्थात् तकनीकी में परिवर्तन से सक्रिय होता है। इसलिए मूल सवाल तो यह है कि स्वयं ऐतिहासिक भौतिकवाद के आधार पर देखें तो यह कैसे सम्भव हो सकता था कि जिस तकनीकी से पूँजीवाद विकसित हुआ है, उसी के आधार पर एक समतामूलक स्वतन्त्र समाज भी विकसित हो पाता? मुक्तिबोध की मुश्किल यह रही कि रूसी और चीनी प्रचार पर पूर्ण आस्था के कारण वह यह समझते रहे कि वहाँ 'सर्वतोमुखी विकास' हो रहा है। यह भी उल्लेखनीय है कि वह रूस की तुलना में चीन की व्यवस्था को अधिक वरेण्य मानते रहे। आज चीन जिस एक दलीय पूँजीवाद की ओर उन्मुख हो रहा है, पता नहीं, ऐतिहासिक भौतिकवाद के आधार पर मुक्तिबोध उसका क्या स्पष्टीकरण देते! एक टिप्पणी में 'विकास' की व्याख्या करते हुए मुक्तिबोध लिखते हैं : ''विकास का अर्थ केवल वृद्धि नहीं है। एक मूलभूत अभेद के ढाँचे में भेदोपभेदों के प्रवर्धन का नाम ही विकास है। तभी बीज फूलों, पत्तियों, फलों और शाखाओं में परिणत होता है।'' (वही, पृ.-136) लेकिन, सवाल फिर वही है कि क्या एकदलीय तानाशाही में 'भेदोपभेदों का प्रवर्धन' हो सकता है? इस सवाल का उत्तर राजनीतिक रणनीति के आधार पर नहीं बल्कि दार्शनिक दृष्टि से ही दिया जा सकता है—बल्कि राजनीतिक रणनीति और आर्थिक कार्यक्रम भी तभी सार्थक हो सकते हैं, जब उनका आधार वह 'परमोच्च विचार' हो, जिसे मुक्तिबोध जनसाधारण के लिए प्रयोज्य नहीं मानते। लगता ऐसा है कि साम्यवाद के प्रति उनका आकर्षण भी एक भावुक मन की ही अभिव्यक्ति है क्योंकि साम्यवाद के सैद्धान्तिक द्वन्द्वों पर वे तात्कालिक राजनीतिक रणनीति की तरह तो विचार करते हैं और अपनी असहमति भी व्यक्त करते हैं, लेकिन, उनका दार्शनिक विश्लेषण नहीं करते। गाँधीवाद के प्रति भी इनका आकर्षण-विकर्षण इसी प्रकार का है। इसीलिए, जहाँ वह एक पूर्व टिप्पणी में लिखते हैं कि ''आज भी अहिंसात्मक सिद्धान्त राजनीति की दृष्टि से कहाँ तक योग्य है, यह विचारणीय है।'' (वही, पृ. 26), वहीं 1957 में लिखी एक अन्य टिप्पणी में स्वीकार करते हैं कि, ''आज के अणु-युग में गाँधीवाद अपरिहार्य हो गया है।''

(वही, पृ. 173) दोनों ही टिप्पणियाँ किसी वस्तुपरक दार्शनिक विश्लेषण की नहीं भावुक मन की अभिव्यक्तियाँ हैं—यद्यपि वे वस्तुपरक दार्शनिक विश्लेषण का निष्कर्ष भी हो सकती थीं। 'एथिक्स' बहुत ज़रूरी है जीवन की बेहतरी के लिए, लेकिन उसे भी सुदृढ़ दार्शनिक आधारों—ज्ञान की मीमांसात्मक और तत्त्व की मीमांसात्मक आधारों की ज़रूरत होती है, जिनके बिना वह मात्र उपदेशात्मक वाक्य या भावुक अभिव्यक्ति होकर रह जाता है। मुक्तिबोध चिन्तन और विश्व-दृष्टि की वैज्ञानिकता की माँग तो करते हैं, लेकिन, उसके लिए स्वयं किसी दार्शनिक प्रक्रिया में नहीं पड़ते।

मुक्तिबोध के लेखन में वैज्ञानिक सोच

लाल्टू

हमें बचपन से बतलाया जाता है कि हमारा युग विज्ञान का युग है। विज्ञान, वैज्ञानिक सोच या चेतना या दृष्टि, टेक्नोलोजी यह सारी बातें अलग-अलग अर्थ रखती हैं, पर यह माना जाता है कि इनमें गहरा सम्बन्ध है। युग विज्ञान का है तो हर इन्सानी हरकत में विज्ञान या वैज्ञानिक सोच को ढूँढ़ना लाजिम हो जाता है। सच यह है कि साहित्य पर चर्चा करते हुए विज्ञान ढूँढ़ना कोई मायने नहीं रखता है। ज्ञान प्राप्त करने के कई तरीकों में से विज्ञान एक है, जिसकी कुछ ख़ास विशेषताएँ हैं। वैज्ञानिक पद्धति की कुछ ख़ासियत हैं जो हमें सत्य के आसपास तक पहुँचने में मदद करती है। पर अन्तिम सत्य क्या है? यह सवाल खुला रह जाता है। किसी कृति में वैज्ञानिकता या वैज्ञानिक सोच है या नहीं, इस बात का मतलब अक्सर यह होता है कि रचना में तर्कशीलता पर ज़ोर दिया गया है या कि इसके विपरीत रचना की संरचना और इसके कथ्य में भावनात्मकता या आस्था का असर अधिक है। यह बात शुरू में ही समझ लेनी चाहिए कि वैज्ञानिक तर्कशीलता एक ख़ास क़िस्म की तर्कशीलता है। इससे अलग भी तर्क की संरचनाएँ होती हैं। धर्म, परम्परा आदि के अपने तर्क होते हैं, जिनका विज्ञान से कोई लेना-देना नहीं है। इसलिए यह पूछना कि किसी साहित्यिक कृति में वैज्ञानिक तर्कशीलता है या नहीं दरअसल साहित्य के रूप का नहीं बल्कि सरोकारों का सवाल है। रूप के नियम होते हैं, जैसे रसशास्त्र के नियम हैं, इन नियमों का विज्ञान से कोई सम्बन्ध नहीं है। सरोकारों में भी महज तार्किकता का होना ही विज्ञान की पहचान नहीं है। जहाँ विज्ञान पहली शर्त हो वह कथा, कविता, नाटक आदि विधाओं का साहित्य नहीं होता। यहाँ तक कि विज्ञान-कथा भी विज्ञान नहीं होती, हालाँकि उसमें वैज्ञानिक जानकारियाँ—सच या काल्पनिक—हो सकती हैं। इसलिए बुनियादी या तात्त्विक अर्थ में साहित्य में विज्ञान ढूँढ़ना निरर्थक है।

इसलिए मुक्तिबोध की रचनाओं में विज्ञान कहाँ है, इस बात का कोई खास अर्थ नहीं है। एक सचेत रचनाकार होने के नाते अपने समय की वैज्ञानिक जानकारियों का ज्ञान उन्हें निश्चित ही रहा होगा। पर हम अधिक-से-अधिक यही

पूछ सकते हैं कि उन्होंने लिखते हुए वैज्ञानिक सोच का इस्तेमाल किया या नहीं। आज विज्ञान से हमारा मतलब आधुनिक विज्ञान से है, जिसका हाल की सदियों में यूरोप और अमरीका में तेजी से विकास हुआ है। दार्शनिकों ने इस बात पर खूब बहस की है कि विज्ञान क्या है, इसकी विशेषताएँ क्या हैं; काफ़ी हद तक इस पर समझ बन चुकी है, पर कोई आख़िरी समझ तक हम आ पहुँचे हैं, ऐसा नहीं कहा जा सकता। विज्ञान से अलग वैज्ञानिक सोच के बारे में समझ में स्पष्टता और भी कम है। विज्ञान क्या नहीं है, यह हम जानते हैं, यहाँ तक कि जो विज्ञान नहीं है और जिसे जबरन विज्ञान कहने की कोशिश की जाती है, उस सूडो या छद्म विज्ञान के स्वरूप पर भी अच्छी समझ है। पर इस अर्थ में विज्ञान का सम्बन्ध वैज्ञानिक पद्धति से है। सोच पद्धति नहीं होता।

तो फिर साहित्य में वैज्ञानिक सोच से हम क्या अर्थ निकाल सकते हैं? साहित्य को विज्ञान के बरक्स खड़ा करने के लिए हमें इसे ज्ञान प्राप्त करने के तरीक़े या साधन या एपिस्टीम के रूप में देखना पड़ेगा। ज्ञान का मकसद सत्य की खोज है। निश्चित सत्य की खोज हो सकती है, होती है, पर निश्चित सत्य क्या होता है, कुछ होता भी है या नहीं, यह बुनियादी सवाल है। दो और दो मिलकर चार होते हैं, कुछ अर्थों में यह एक निश्चित सत्य है, पर हमेशा नहीं। प्रत्यक्ष ज्ञान में किस पैमाने की अनिश्चितता होती है, इस बारे में एक निश्चित समझ हमें विज्ञान से मिलती है। साहित्य और कला इस अनिश्चितता को मापे बग़ैर हमें जीवन, प्रकृति के रहस्यों और समाज की सच्चाइयों के रू-ब-रू करते हैं। हर तरह की ज्ञान-मीमांसा अन्ततः किसी जीवन-दृष्टि से जुड़ी होती है। इस अर्थ में विज्ञान भी हमें एक जीवन-दृष्टि देता है। इसलिए हम साहित्य पढ़ते हुए यह पूछ सकते हैं कि हमें स्थूल जानकारियों से लेकर सूक्ष्म एहसास तक जो कुछ भी मिल रहा है, क्या वह वैज्ञानिक जीवन-दृष्टि से संगति रखता है। इसका कोई मतलब है भी या नहीं, यह सवाल फिर भी रह जाता है, पर इस पर सोचने-परखने में कोई हर्ज़ नहीं है। साथ ही यह बात ध्यान में रखनी चाहिए कि किसी साहित्यिक कृति का क़द उसमें वैज्ञानिक जीवन-दृष्टि होने या न होने से नहीं मापा जाता।

बदक़िस्मती से अधिकतर लोग वैज्ञानिक जीवन-दृष्टि को सतही तार्किकता और आधुनिक टेक्नोलोजी से सम्पन्न जीवन-शैली मान लेते हैं। यह विज्ञान का सरलीकरण और न्यूनीकरण (reduction) है। अगर यह सही है कि हाल की सदियों में विज्ञान में अभूतपूर्व तरक़्क़ी हुई है तो उसका असर हमारी जीवन-दृष्टि में आये बदलावों में दिखना चाहिए। कौन-सी बड़ी वैज्ञानिक बातें हाल की सदियों में सामने आयी हैं? आम समझ में अक्सर लोग वैज्ञानिक खोज का श्रेय किसी एक व्यक्ति के साथ जोड़ देते हैं। दरअसल किसी भी वैज्ञानिक खोज के पीछे कई सालों तक काम कर रहे कई सारे लोगों का श्रम होता है। सौ साल पहले जो तीन

नाम वैज्ञानिक जीवन-दृष्टि के सन्दर्भ में लिये जाते थे, वे मार्क्स, डार्विन और फ्रॉयड के हैं। इनमें से फ्रॉयड का सन्दर्भ काफी हद तक भुलाया जा चुका है, पर जिस खास तरह के मनोवैज्ञानिक विश्लेषण को फ्रॉयड ने लोकप्रिय बनाया, उसका व्यापक प्रभाव साहित्य और कलाओं पर पड़ा। धीरे-धीरे फ्रॉयड की जगह फूको, लाकान आदि समाज वैज्ञानिकों ने ले ली और मनोवैज्ञानिक विश्लेषण के नये आयाम सामने आये, जो व्यक्ति और समाज के रिश्तों की पड़ताल करते हैं। फ्रॉयड के काम की वैज्ञानिकता पर शंकाएँ सामने आयीं और अब दिमाग़ के साइन्स की समझ बढ़ने के साथ उनकी कुछ खोजों पर दुबारा चर्चा हो रही है। पिछली सदी के अन्त तक इन तीन नामों के अलावा जिन दूसरे नामों को वैज्ञानिक जीवन-दृष्टि बनाने या बढ़ाने में लिया जाने लगा, उनमें आइन्स्टाइन, श्रोडिंगर, हाइजेनबर्ग, फाइनमैन और हॉकिंग प्रमुख हैं।

मार्क्स और डार्विन के नाम जल्दी मिटनेवाले नहीं हैं। डार्विन ने गालापागोस द्वीप में देखे जन्तुओं के आकार और स्वभाव के अभूतपूर्व विश्लेषण के साथ जैविक विकास के सिद्धान्त को प्रतिष्ठित करते हुए कायनात में इन्सान के अस्तित्व पर पहले से मौजूद समझ को झकझोर डाला। यह सचमुच की वैज्ञानिक क्रान्ति थी और इसका जो असर हमारी जीवन-दृष्टि पर पड़ा है, उस झटके को शान्त होने में कई सदियाँ लगेंगी। मार्क्स ने द्वन्द्वात्मक भौतिकवाद और इसकी ऐतिहासिक भूमिका को प्रतिष्ठित करते हुए मानव-मूल्यों और सामाजिक-आर्थिक ढाँचों के बीच सम्बन्धों को उजागर किया। डार्विन के सिद्धान्तों को वैज्ञानिक क्रान्ति मानने पर कोई सवाल नहीं उठता, पर फ्रॉयड के निष्कर्षों को आज वैज्ञानिक नहीं माना जाता और मार्क्स का विश्लेषण वैज्ञानिक है या नहीं, इस पर विवाद है। इससे इनका दर्जा कम नहीं हो जाता, और साथ ही यह बात भी मिट नहीं जाती कि इन दोनों धाराओं ने वैज्ञानिक जीवन-दृष्टि को आगे बढ़ाने में महत्त्वपूर्ण भूमिका निभायी है। वैज्ञानिक पद्धति की कुछ ख़ासियत है जो हमें सत्य के आसपास तक पहुँचने में मदद करती है। पर अन्तिम सत्य क्या है, यह सवाल खुला रह जाता है। या यूँ कहें कि सीढ़ियाँ चढ़ते हुए हम मंजिल के और क़रीब पहुँचते रहते हैं, पर मंजिल ही जैसे स्थिर नहीं रहती। मुक्तिबोध को अक्सर उस अर्थ में वैज्ञानिक सोच से लैस माना जाता है जैसे मार्क्सवाद को वैज्ञानिक विचारधारा कहा जाता है। मार्क्सवाद से अपेक्षा यह है कि एक आख़िरी सामाजिक संरचना तक जाने की राह हम जान सकें। हालाँकि मार्क्स ने सामाजिक बराबरी पर व्यापक तौर पर जो बातें कही हैं, उससे अलग किसी स्पष्ट संरचना को या आख़िरी मंज़िल तक पहुँचने के किसी एक रास्ते को परिभाषित किया हो, यह कहना मुश्किल है। जिन संरचनाओं को उन्होंने नकारा है, उनको समझना आसान है।

वैज्ञानिक जीवन-दृष्टि के लिहाज से मुक्तिबोध की 'जन-जन का चेहरा एक' कविता का ध्यान सबसे पहले आता है। इस कविता पर चर्चा कम ही हुई है। इसकी पहली पंक्तियों से ही बार-बार हुए तजुर्बों पर आधारित (Inductive) निष्कर्ष झलकता है—"चाहे जिस प्रान्त पुर का हो, जन-जन का चेहरा एक।" आज जब राष्ट्रवाद और आतंकवाद के नाम पर भिन्न धर्मों या संस्कृतियों के लोगों को अपने से अलग देखने की प्रवृत्ति को बढ़ाया जा रहा है, यह सरल कविता बड़ी प्रासंगिक है। इसमें वैज्ञानिक दृष्टि कहाँ है? जाहिर है कि 'जन-जन का चेहरा एक' से मतलब यह नहीं है कि धरती पर हर इन्सान दूसरे का 'क्लोन' है। हम जानते हैं कि हर इन्सान विशिष्ट होता है। उसकी बाक़ी और सब प्राणियों से अलग अपनी खास पहचान होती है। न केवल अपने जीवन-काल में, बल्कि अतीत में जन्मे और भविष्य में जन्म लेनेवाले हर इन्सान से वह अलग है। फिर 'चेहरा एक' का मतलब क्या है? 'चेहरा' से मतलब शक्ल से नहीं है, जिसका स्वरूप हमारे जीन (Genes) में तय है, जो हमारे माता-पिता से हमें मिले हैं। इसका मतलब कविता में आगे समझाया गया है— दुनिया के हर देश में जो धूप इन्सान के शरीर पर पड़ती है, वह एक है। दुःखों, कष्टों का बोझ एक है, जिनसे जूझने में इन्सान की शिद्दत एक है। हर जगह इन्सान का एक 'पक्ष' है। यहाँ कइयों को यह शिकायत होगी कि यहाँ विज्ञान की वह सरलीकरण की पद्धति (Reductionist) दिखती है, जो विज्ञान की सीमा है। दरअसल विज्ञान को सम्पूर्ण मीमांसा की तरह न जानकर उसे महज़ न्यूनीकरण के यान्त्रिक औज़ारों तक सीमित करना (Reduction) कई समाज-वैज्ञानिकों की अधकचरी समझ रही है। जटिल को समझने के लिए Reduction एक औज़ार ज़रूर है, पर यह मीमांसा का एकपक्ष मात्र है, कहानी यहाँ खत्म नहीं होती है। मुक्तिबोध के इन्सान की जीवन-धारा धरती पर बहती नदियों की धारा-सी एक-सी है। ज़ाहिर है कि गंगा-यमुना और मेकाँग का बहाव एक जैसा हो, ज़रूरी नहीं है, पर जो बात एक है, वह यह कि वे बहती हैं। कवि ने अपने जीवन के सीमित दायरे में जिन इन्सानों को देखा, अपने उन बार-बार किये (Inductive) अवलोकनों की शृंखला के ज़रिये वह इस निष्कर्ष पर पहुँचता है कि 'जन-जन का चेहरा एक'। इसके बाद यह और निष्कर्षों की निष्पत्ति (Deduction) की बुनियाद बन जाता है। अगर कोई चाहे तो यहाँ कह सकता है कि वर्ग-जाति-लिंग आदि प्रताड़नाएँ एक ही हैं? क्या यह वाम की बड़ी ग़लती नहीं रही है कि इनको एक ही मान लिया गया है? कवि ने सिर्फ यह कहने की कोशिश की है कि हर ओर सम्पन्न-ताकतवरों और विपन्न-उत्पीड़ितों के बीच जंग चल रही है। बराबरी के लिए इन्सान हर कहीं लड़ रहा है। जब हम सूक्ष्मतर द्वन्द्वों की ओर बढ़ते हैं तो हमारे मॉडल में हमें और बातें जोड़नी पड़ती हैं— यह वैज्ञानिक पद्धति का हिस्सा है। इन्सान की सामान्य सोच भी कुदरती तौर पर ऐसी ही होती है। इसलिए

जिन्हें लगता है कि जटिल को सहज संरचना में देखना ही विज्ञान है, वे वैज्ञानिक पद्धति को बिना जाने ही अनुमान लगा रहे होते हैं। सवाल उठता है कि क्या वैज्ञानिक सोच या दृष्टि हमें अनुमान, अवलोकन, कुदरत के नियम से सिद्धान्तों तक की यात्रा पर नहीं ले चलती? सही है कि वैज्ञानिक पद्धति में इन बातों का होना ज़रूरी है, इनमें शामिल होते हुए हम वैज्ञानिक सोच का इस्तेमाल कर रहे होते हैं। या यूँ कहें कि वैज्ञानिक सोच के बिना हम इस यात्रा में आगे नहीं बढ़ सकते, पर सोच ही पद्धति नहीं है। वैज्ञानिक खोज की प्रवृत्ति बुनियादी इन्सानी फितरत है, पर कोई सिद्धान्त तभी वैज्ञानिक कहलाता है, जब वह उन विशेषताओं पर खरा उतरे, जो वैज्ञानिक पद्धति के साथ जुड़ी हैं। साहित्य का काम वैज्ञानिक सिद्धान्त गढ़ना नहीं है, इसलिए साहित्य में वैज्ञानिक पद्धति के सभी पहलू नहीं ढूँढ़ना चाहिए।

वैज्ञानिक जीवन-दृष्टि में एक ख़ास बात है कि हर सोच आगे नयी सोच को जन्म देती है। मुक्तिबोध की कविता में हम पढ़ते हैं—"मुझे क़दम-क़दम पर/ चौराहे मिलते हैं/ बाँहें फैलाये!!" डी.एन.ए. के युग्म-हीलिक्स संरचना की खोज से जो नयी राहें निकलीं, वे आज भी आगे और नयी राहों में बढ़ती जा रही हैं। बुनियादी इन्सानी फितरत—नये रास्तों को ढूँढ़ने और उन पर चलने की बेचैनी— "एक पैर रखता हूँ/ कि सौ राहें फूटतीं/ व मैं उन सब पर से गुजरना चाहता हूँ;/ बहुत अच्छे लगते हैं/ उनके तजुर्बे और अपने सपने.../ सब सच्चे लगते हैं;/ अजीब-सी अकुलाहट दिल में उभरती है/ मैं कुछ गहरे में उतरना चाहता हूँ;/ जाने क्या मिल जाये?" —यह बेचैन उत्सुकता या कौतूहल वैज्ञानिक सोच का अंग है।

'अँधेरे में' पर चर्चा न हो तो पाठकों को लगेगा कि मुक्तिबोध पर बात ही यहाँ नहीं हुई। इस कविता पर कई दिग्गज आलोचकों द्वारा विशद चर्चा की गयी है। पिछली आधी सदी के हिन्दी साहित्य में यह कविता एक मील का पत्थर है। इसकी संरचना या कथ्य में अनोखापन है। समकालीन राजनैतिक समस्याओं के साथ मध्यवर्गीय बुद्धिजीवी की तड़प का सामंजस्य है। जो दिखता है, उसके परे जाकर प्रत्यक्ष अवलोकन में निहित अन्तःकारणों की पड़ताल वैज्ञानिक जीवन-दृष्टि का हिस्सा है। अगर यह पड़ताल आध्यात्मिक परिप्रेक्ष्य तक सीमित रह जाती, तो वह एक अलग दृष्टि होती, वह सही होती या ग़लत, सवाल यह नहीं है—वह अलग है। इस बात को समझना ज़रूरी है, वैज्ञानिक दृष्टि के पीछे गहन अध्यात्म काम कर रहा हो सकता है, पर वह हमें भौतिक जगत् में हो रही घटनाओं में भौतिक कारणों को ढूँढ़ने को कहती है। यही नहीं, जहाँ तक हो सके, वह हमें प्रत्यक्ष अवलोकनों में कारण-कारक सम्बन्ध ढूँढ़ने को और इस तरह मिले निष्कर्षों को सैद्धान्तिक समझ तक ले चलने को विवश करती है। मूर्त से अमूर्त की यह यात्रा यहीं खत्म नहीं होती है। वैज्ञानिक दृष्टि में अमूर्त सिद्धान्तों का औचित्य तभी

है, जब वह हमें मूर्त सच में होनेवाली परिघटनाओं की कल्पना करने और उनके सचमुच घटित होने की सम्भावनाओं का ऐसा विवरण सामने रखती हैं, जिन्हें हम न केवल गुणात्मक रूप से समझ सकें, बल्कि जिनमें जो कुछ भी माप-तौल लायक हो, उसे माप सकें, यानी परिमाणात्मक रूप से समझ सकें। साहित्य में इतनी लम्बी भौतिक यात्रा नहीं होती, होना ज़रूरी भी नहीं है। कोई भी रचनाकार सचेत रूप से ऐसी कोशिश नहीं करता है, पर हम चाहें तो इसके होने या न होने को ढूँढ़ सकते हैं।

'अँधेरे में' चालीस के दशक के आख़िरी सालों के बाद के डेढ़ दशक की उन सच्चाइयों का दस्तावेज है, जो आगामी काल में लगातार बढ़ते राज्य के आतंक का संकेत थीं। एक ओर आज़ाद मुल्क के नये संविधान के मुताबिक व्यापक लोकतन्त्रीकरण के संघर्ष थे, दूसरी ओर इनको कुचलने के लिए राज्य की मशीनरी का खुलेआम दुरुपयोग होने लगा था (जो बाद के सालों में औसत रफ़्तार से बढ़ता ही चला गया और आज हम तक़रीबन फासीवादी तानाशाही तक पहुँच चुके हैं)। अपनी सोच को ठोस द्वन्द्वात्मकता तक ले जाने के लिए कवि ऐसे औज़ारों का इस्तेमाल करता है, जैसे अक्सर वैज्ञानिक भी खोज के पूर्वाभास में जाने-अन्जाने करते हैं। इसे 'context of discovery (खोज का प्रसंग)' मानकर, 'context of justification (औचित्य का प्रसंग)' की तार्किकता से अलग किया जा सकता है। 'अँधेरे में' की इन पंक्तियों में हम यह ढूँढ़ सकते हैं—''वह कौन,/ सुनायी जो देता, पर नहीं देता दिखायी!/ इतने में अकस्मात् गिरते हैं भीत से/ फूले हुए पलस्तर/ खिरती है चूने भरी रेत/ खिसकती हैं पपड़ियाँ इस तरह-/ खुद-ब-खुद कोई बड़ा चेहरा बन जाता है/ स्वयं मुख बन जाता है दीवाल पर' या 'सलिल के तम-श्याम शीशे में कोई श्वेत-आकृति / कुहरीला कोई बड़ा चेहरा फैल जाता है.../''

मुक्तिबोध मुख्यतः राजनैतिक कवि के रूप में जाने जाते हैं और बेशक उनकी रचनाओं में सियासी ख़याल ख़ूब आते हैं। मसलन 'पूँजीवादी समाज के प्रति' कविता में पूँजीवाद के ध्वंस की घोषणा पढ़कर ('तू है मरण, तू है रिक्त, तू है व्यर्थ/ तेरा ध्वंस केवल, एक तेरा अर्थ') कट्टर मार्क्सवादियों को लग सकता है कि यही है— विशुद्ध मार्क्सवादी वैज्ञानिक सच। पर न तो मार्क्स ने ही पूँजीवाद की ऐसी सरलीकृत व्याख्या की है और न ही ऐसी सोच वैज्ञानिक है। कवि जब कविता में बयान देना चाहता है तो उसके पास सीमित विकल्प होते हैं। यही सीमा हमें ऐसी कविताओं में दिखती है। मुक्तिबोध की प्रारम्भिक कविताओं में ऐसा उच्छ्वास प्रचुर है। जब आग्रह से मुक्त होकर उन्होंने लिखा तो प्रारम्भिक काल में भी गहरे एहसासोंवाली कविताएँ लिखीं— जैसे 'प्रथम छन्द' कविता में देखिये— ''युगारम्भ के प्रथम छन्द ये/ पीले राह-दग्ध मैदानों से युग-जीवन के मटमैले/ तप्त

क्षितिज पर/ धुँधले, छितरे, गहरे, काले मेघ अन्ध ये/ तूफानी उच्छ्वास गन्ध ले/ भावी के विकराल दूत हैं, काल-चिह्न ये/ दुनिया के आराम नींद के मधु-स्वप्नों में/ क्षुब्ध, निपीड़ित, दमित भावनाओं के गहरे श्याम विघ्न ये।'' यहाँ उनकी द्वन्द्वात्मक सोच साफ़ दिखती है, जब वे 'आराम-नींद' या 'राह-दग्ध' जैसे युग्मों को 'प्रथम छन्द' के साथ रखते हैं। ऐसे ही 'जीवन की लौ' कविता में 'और घूरने लगते हैं बरगद पथरायी आँखों से/ फैले रीतेपन की विराट् लहरों को/ त्यों मन के अन्दर प्राण खो चले' जैसी पंक्तियों में वह महाकवि मुक्तिबोध दिखता है, जो बदलते हुए समकालीन भारतीय समाज में युवा-मन की गहरी पीड़ाओं को अप्रतिम रूप से अभिव्यक्त कर पाता है। स्वयं मुक्तिबोध का कहना है—''मनुष्य का मन जगत् के संवेदना-बिम्बों को संगृहीत और सम्पादित करता रहता है। यदि वह ग़लत ढंग से सम्पादित करता रहा, तो रचनाकार की दृष्टि में विक्षेप होगा और उसकी कला घटिया क़िस्म की होगी।'' यानी सपाट राजनैतिक बयानों को वे अच्छा लेखन नहीं मानते थे।

समकालीन विश्व-साहित्य और बौद्धिक उथल-पुथल पर उनकी अद्‌भुत पकड़ थी। अपने समय में उपलब्ध विज्ञान की जानकारियों को और सचेत रचनाकारों की तरह मुहावरों की तरह मुक्तिबोध ने भी इस्तेमाल किया है। जैसे 'दिमाग़ी गुहा अन्धकार का ओराँग-उटाँग' या और दीगर उदाहरण हैं। उनकी एक अधूरी कहानी में पति और पत्नी के बीच संवाद में शनि ग्रह के चारों ओर मौजूद वलयों का जिक्र आता है।

वैज्ञानिक सोच का एक पहलू यह है कि वह हमें अपने और दूसरों की, समाज और परिवेश की बेहतरी के लिए उकसाता है (इसके बावजूद कि विज्ञान या टेक्नोलोजी से पर्यावरण का विनाश हुआ है, यह बात सच है)। इसी बेचैनी को हम मुक्तिबोध में देखते हैं, ''ओ मेरे आदर्शवादी मन/ ओ मेरे सिद्धान्तवादी मन/ अब तक क्या किया? जीवन क्या जिया?'' एक और पहलू ऐसे वर्गीकरण का है, जिसमें पहले से उपलब्ध वर्गीकरणों से अधिक स्पष्टता हो। 'संवेदनात्मक ज्ञान' और 'ज्ञानात्मक संवेदना' जैसे मुहावरों के इस्तेमाल में यही पद्धति दिखती है। पर वैज्ञानिक पद्धति में भावनात्मकता की जगह नहीं होती, यह विज्ञान की ताक़त है और यही उसकी सीमा भी है। यह सही है कि संवेदना हमेशा सही निष्कर्ष तक ले जाये, ऐसा कहना मुश्किल है। पर संवेदना के न होने पर सही निष्कर्ष के पास तक पहुँचना भी असम्भव ही है। इन मुहावरों के कहते ही मुक्तिबोध उस मार्क्सवाद से अलग हो जाते हैं, जो महज आर्थिक-राजनैतिक है। इन मुहावरों के ज़रिये वे मार्क्स के अराजक पक्ष से जुड़ जाते हैं। अराजक विश्व-दृष्टि के बिना कोई रचनाकार क्रिएटिव नहीं हो सकता। फेयराबेंड के अनुसार वैज्ञानिक भी अपनी सोच में मूलतः अराजक होते हैं। एक मार्क्सवादी व्यक्ति भी जब साहित्यिक होता है तो

अपने लेखन में वह अराजक होता है। मार्क्सवादी सोच राजनैतिक धरातल पर एक ख़ास तर्क को खड़ा करती है, पर वह मार्क्स का अराजक मानवतावादी पक्ष है जो मुक्तिबोध और उनकी परम्परा के बाद के रचनाकारों में तीखी संवेदना की अभिव्यक्ति पैदा करती है।

वैज्ञानिक सोच में सबसे बड़ी बात यह है कि वह प्रतिष्ठित मान्यताओं (Paradigm) को तोड़कर नयी मान्यताओं को निर्मित करता है। मान्यताओं के टूटने-बनने की इस प्रक्रिया की बुनियाद सवाल उठाने का साहस (अक्सर दुःसाहस) है। इसलिए जब मुक्तिबोध कहते हैं—"अब अभिव्यक्ति के सारे ख़तरे उठाने ही होंगे।/ तोड़ने होंगे ही मठ और गढ़ सब", हम कह सकते हैं कि वैज्ञानिक दृष्टि की सबसे सशक्त पहचान सामने आती है। यही पहचान है जो हमें ब्रह्माण्ड की देश-काल विशालता के सामने निडर होकर खड़े होने की ताकत देती है। यही पहचान हममें यह एहसास लाती है कि मानव होना, प्राणी होना, ब्रह्माण्ड में होना और इस होने को जान पाना कितना सुन्दर है। इसीलिए तो मुक्तिबोध कहते हैं—"जिस व्यक्ति से मेरी जितनी अधिक घनिष्ठता है, मैं उस व्यक्ति का उतना ही बड़ा आलोचक हूँ।" ऊपर उद्धृत पंक्तियाँ 'अब तक क्या किया...!' और 'अब अभिव्यक्ति के सारे ख़तरे...' किसी भी पाठक के लिए ललकार बनकर आती हैं। यह ललकार सिर्फ़ समाज से नहीं खुद से लड़ने की ललकार भी है। इसे हम अँधेरे से उजाले तक जाने का संघर्ष कह सकते हैं। यह संघर्ष वैज्ञानिक नहीं, नैतिक है।

मुक्तिबोध परम्परा से कटे नहीं थे। अक्सर यह कहा जाता है कि जो वैज्ञानिक है, वह निजी जीवन में भी धार्मिक और कर्मकाण्डी नहीं हो सकता। जाहिर है कि ऐसी दुनिया में जहाँ धर्मों का बोलबाला हो, यह सम्भव नहीं है। मुक्तिबोध की रचनाओं में धर्म-चर्चा नहीं है, उनकी कहानियों को पढ़कर लगता है कि वे आधुनिक नास्तिक विचारों से प्रभावित थे, पर ऐसे मुहावरों का भरपूर प्रयोग हमें उनकी रचनाओं में दिखता है जो धर्म और धर्म-परम्परा से आये हैं। खासतौर से उन परम्पराओं को जिन्हें सामूहिक रूप से हिन्दू धर्म कहा जाता है, उनका सम्बन्ध गहरा था। यह बात उनकी संस्कृतनिष्ठ भाषा से लेकर 'ब्रह्मराक्षस' जैसे मुहावरों तक के प्रयोग में दिखती है। इसकी वजह यह है कि जहाँ साहित्य नैतिक सवालों को उठाता है या हमें फन्तासी की दुनिया में ले जाता है, वहाँ हम विज्ञान से परे चले जाते हैं। नैतिक सवाल दार्शनिक सवाल हैं, वैज्ञानिक सोच पर दर्शन हावी हो सकता है, पर यह दोनों एक बात नहीं हैं। नैतिक निर्णयों को वैज्ञानिक सोच की कसौटी पर परखा जा सकता है, पर दोनों को गड्ड-मड्ड नहीं किया जाना चाहिए। इसी तरह जहाँ साहित्य में फन्तासी का प्रयोग है, वहाँ ऐसी बेमेल बातें दिखेंगी, जो वैज्ञानिक नहीं हैं, पर वे ज़रूरी हैं। फन्तासी तर्कशीलता से परे हो,

ऐसा नहीं है, पर किसी निश्चित और नियमों में बँधी संरचना में सिमटी हो, ऐसा नहीं हो सकता। मुक्तिबोध की कहानियाँ पढ़कर लगता है कि वे अपने समकालीन अस्तित्ववादी विचारों से प्रभावित थे। इसका मतलब यह है कि उनके जीवन में निजी संघर्षों की उलझनें रही होंगी। उनकी कहानियों में 'सतह से उठता आदमी' में यह संघर्ष सबसे तीखा बनकर सामने आता है। 'अँधेरे में' और 'ब्रह्मराक्षस' जैसी कविताओं में भी यह दिखता है, पर कविता की अपनी शर्तें हैं और इसलिए वहाँ सीधे-सीधे कुछ भी कहना मुश्किल हो जाता है।

अन्त में यह कहना ज़रूरी है कि वैज्ञानिक पद्धति की सार्वभौमिकता पर भले ही शंकाएँ कम हों, वैज्ञानिक सोच को सांस्कृतिक ज़मीन से पूरी तरह अलग करना मुश्किल है। इसलिए अक्सर उत्पीड़ित तबकों से यह माँग आती है कि वे स्थानीय मुख्य-धारा की संस्कृति का सब-कुछ छोड़ना चाहते हैं। इस सब-कुछ में भाषा और साहित्य भी है। इसलिए वैज्ञानिक सोच हो या साहित्य को परखने का कोई और दीग़र तरीक़ा हो, हमें यह मानकर चलना चाहिए कि कोई अदीब अपनी ज़मीन से कटा नहीं होता और परिवेश में मौजूद पूर्वग्रहों से वह कभी पूरी तरह मुक्त नहीं होता है। अधिक-से-अधिक वह इस बारे में सचेत हो सकता है और इसे ध्यान में रखकर अदब में घुसपैठ कर सकता है।

(इस आलेख में कुछ पंक्तियाँ 'सापेक्ष' पत्रिका के मुक्तिबोध विशेषांक में मेरे प्रकाशित नोट्स में से ली गयी हैं)।

विकीरित करता हुआ सर्वतः ज्ञान-रश्मि!!

पंकज पराशर

'स्वदेशी प्रतिक्रियावादियों
के वन-बिलाव
चमकीले पत्थर की आँखों से देखते
कि स्वयं वे
ठूँठों पर चढ़े जिन
देश की रूखी नंगी डालों पर
बढ़े जिन
उन्हीं के नीचे आज
साम्राज्यवादियों की जलती है घोर आग
तीसरी लड़ाई की।
साम्राज्यवादियों के
पैसों की संस्कृति
भारतीय आकृति में बँधकर
दिल्ली को
वाशिंगटन व लन्दन का
उपनगर बनाने पर तुली है!!
भारतीय धनतन्त्री
जनतन्त्री बुद्धिवादी
स्वेच्छा से उसी का ही कुली है!!'

-ग.मा. मुक्तिबोध, 'ज़माने का चेहरा', मुक्तिबोध रचनावली-2, पृ. 77

हिन्दी कविता और आलोचना के परिदृश्य में गजानन माधव मुक्तिबोध सम्भवतः अकेले ऐसे कवि-आलोचक हैं; जिन्होंने न सिर्फ 'ज़माने का चेहरा' ग़ौर

से देखा और उस पर सोचा किया, बल्कि अपनी कविताओं और लेखों में शीत-युद्ध के दुश्चक्र में फँसी हुई दुनिया की राजनीतिक घटनाओं/ कूटनीतिक दाव-पेंचों की गम्भीर विवेचना की। दुनिया-जहान से बेख़बर काव्य-लोक में विचरते रहने की जगह खुली आँखों से युद्धग्रस्त दुनिया को देखा और पर्देदारी की सियासत को बेनक़ाब किया। गुटनिरपेक्षता का आग्रही देश जब शीतयुद्धोत्तर दुनिया में अपने लिये नये गुट तलाशने और विदेश नीति के मोर्चे पर परमुखापेक्षी होने की अदा को ही सबसे बड़ी चालाकी समझता हो, तो निधन के इतने वर्षों बाद भी हिन्दी का एक अदना कवि मुक्तिबोध (मुझे सन्देह है कि उनका नाम शायद ही सत्ताधीश ने सुना हो) याद आते हैं! कोई राजनीतिक पण्डित या कूटनीतिज्ञ नहीं, जिनकी नीतियों के कारण आज आधी से अधिक दुनिया हिंसा, अस्थिरता और दमन-चक्र में पिस रही है। साहित्य को विभिन्न ज्ञानानुशासनों की सहायता से देखने के आग्रही हम जैसे लोगों को यह देख कर हैरत होती है कि मध्य-पूर्व को लेकर, अरब देशों की उथल-पुथल और अन्तरराष्ट्रीय दाव-पेचों को लेकर मुक्तिबोध ने जो टिप्पणियाँ तब की थीं, जो विचार पाँच-छह दशक पहले व्यक्त किये थे, उसमें आज तक कोई विशेष अन्तर नहीं आना उस पुरानी उक्ति को बार-बार चरितार्थ करता है कि साहित्य राजनीति के आगे-आगे चलनेवाली मशाल है! मुक्तिबोध के समकालीन कुछ कला-आग्रही कवि जहाँ एक ओर जगत्-गति से बेख़बर 'स्वान्तः सुखाय' आध्यात्मिक गाथा लिख रहे थे, वहीं कुछ दूसरे प्रकार के कवि अपने आसपास की घटनाओं से आगे देखने और हस्तक्षेप करने की ज़हमत से बचते हुए 'अपने ढंग' से कर्मरत थे। ऐसे में आजीविका, स्वास्थ्य और ओछी राजनीतिक दुरभिसन्धियों से एक साथ जूझते हुए मुक्तिबोध ने मानवता के विरुद्ध होनेवाली घटनाओं, वर्चस्वी मानसिकता से की गयी कार्रवाइयों और राजनीतिक कुचक्रों को लेकर पत्र-पत्रिकाओं में लगातार जिस तरह सवाल खड़े किये, उस प्रतिमान पर यदि आज के कवियों को देखें तो अफ़सोसनाक बात यह है कि बहुत उम्मीद नहीं जगती! बहुत तटस्थता और ईमानदारी से यदि इस प्रतिमान पर हिन्दी कविता के रथियों/ महारथियों का जायज़ा लें, तो शायद प्रगतिवादी कवियों को छोड़कर अधिकांश कवि चन्द राजनीतिक व्यंग्यों और कुछ-एक किसान-मजदूर सम्बन्धी कविताओं के बीच ही पूरी काव्य-पृथ्वी की गणेश-परिक्रमा करते हुए दिखायी देते हैं!

यह अकारण नहीं है कि सन् 1947 के देश-विभाजन के समय हुए भयंकर रक्तपात, दर्दनाक विस्थापन और लम्बे समय तक चले दंगे-फसादों ने भी न लघुप्राणों, न महाप्राणों को विचलित किया! प्रथम विश्वयुद्ध, द्वितीय विश्वयुद्ध, आश्तवित्ज की हौलनाक घटनाएँ दुनिया को रक्तरंजित करती रहीं, विस्थापन और व्यापक नरसंहार से हिलाती रहीं, लेकिन हमारे अधिकांश लघुप्राणों-महाप्राणों के

लिए यह भयावह ख़बरें अन्य सूचनाओं की तरह महज सूचनाएँ भर साबित हुईं! अद्भुत यह है कि एक तरफ जहाँ मध्यकालीन कवि निज मन की बिथा को मन में ही राखो गोय का कान्तासम्मित-सा उपदेश दे रहे थे, वहीं दूसरी ओर आधुनिक कवि-गण मन की बिथा को जगत्-व्यथा का स्थानापन्न मनवाने को लेकर बजदि हो रहे थे। ऐसे में उस आदमी की हिम्मत, अध्ययनशीलता, राजनीतिक समझ और व्यापक मानवीय दृष्टि के प्रति सचमुच की श्रद्धा उपजती है, जो आर्थिक अनिश्चितताओं और राजनीतिक दुरभिसन्धियों से जूझते हुए भी 'ज़माने के चेहरे' को बेख़ौफ होकर बेपर्दा करता रहा। मानसिक खुराक के लिए अपनी नींदें हराम करता रहा और पुस्तकालयों के ख़ाक छानता रहा। शीत-युद्ध के दौर की द्विध्रुवीय दुनिया में तीसरी दुनिया के एक देश का निवासी 'पंचशील' और 'गुटनिरपेक्षता' के आग्रही अपने प्रधानमन्त्री की अन्तरराष्ट्रीय राजनीति की समझ, पक्षधरता और स्टैण्ड की भी समीक्षा कर रहा था, ''यूरोप में, पिछले कई दिनों से पण्डित नेहरू की नीति के समर्थन का क्षेत्र अधिक-से-अधिक व्यापक होता जा रहा है। फ्रान्स की सभी जनतान्त्रिक प्रगतिशील शक्तियों ने, जिनमें उस देश की सबसे बड़ी पार्टी कम्युनिस्ट पार्टी भी शामिल है, अल्जीरिया-सम्बन्धी समस्या पर पण्डित नेहरू के सुझावों का घोषित रूप से समर्थन किया है। ब्रिटिश कॉमनवेल्थ कॉन्फ्रेन्स को पण्डित नेहरू ने उचित दिशा की ओर मोड़ दिया और अब पण्डित नेहरू जर्मन समस्या को उसके सुलझाव की दिशा में मोड़ रहे हैं।'' (मुक्तिबोध रचनावली-6, पृ. 107)

आज भारत की विदेश नीति में स्वतन्त्र रूप से निर्णय लेने की क्षमता और प्रभावकारी ढंग से अपनी बात कहने का साहस दोनों में भारी कमी आयी है। राष्ट्रीय राजनीति में भारतीय राज नेता भले वोट बैंक और तात्कालिक लाभ-हानि को ध्यान में रखें, लेकिन अन्तरराष्ट्रीय राजनीति के सन्दर्भ में उन्हें राष्ट्र की सम्प्रभुता, राष्ट्रीय हित-अहित और राष्ट्रीय स्वाभिमान को सर्वोपरि रखना ही चाहिए। लेकिन पिछले कुछ वर्षों से विदेश नीति के मोर्चे पर हमारी सरकारों ने इस तथ्य को ध्यान में बहुत कम रखा और अन्य चीज़ों पर ध्यान अधिक दिया। जिसके कारण नीतिगत मामलों में अँधेरा बढ़ता जा रहा है और ऐसा लगता है जैसे आज का अधिकांश साहित्य राजनीति के आगे चलने में एक किस्म के संकोच और झिझक ही नहीं, साहस की कमी से मुसलसल जूझ रहा है। मुक्तिबोध ने द्वितीय विश्वयुद्ध से तबाह और जर्जर दुनिया की भयावहता को देखा था। जापान के ऊपर परमाणु बम के हमले से हिरोशिमा और नागासाकी जैसे दो जीवन्त शहरों को मटियामेट होते देखा था। वे लिखते हैं, ''आज तक जिन छोटे या पिछड़े हुए राष्ट्रों ने दूसरे विश्वयुद्ध के दौरान (दौरान में नहीं) उपरान्त सिर उठाया, उन्हें मार खानी पड़ी। आपके सामने इतने राष्ट्र हैं—ईरान, ग्वाटेमाला और हाल का अर्जेण्टीना।

ईरान में एंग्लो-ईरानियन तेल कम्पनी (जो ब्रिटिश कम्पनी है) के राष्ट्रीयकरण की शर्तों के बारे में, ईरान के प्रधानमन्त्री डॉक्टर मुसद्दिक और ब्रिटेन की तनातनी चली, उसका परिणाम एक बड़ा भारी अन्तरराष्ट्रीय कुचक्र, जिसमें डॉक्टर मुसद्दिक की सरकार पिस गयी और उसके समर्थक गोली से उड़ा दिये गये। ग्वाटेमाला में, अमरीकी फ्रुट कम्पनी की ज़मींदारी के विरुद्ध सरकारी कदमों की प्रतिक्रिया हुई—एक फ़ौजी षड्यन्त्र, जिसके फलस्वरूप गृहयुद्ध हुआ और प्रेसिडेण्ट आर्वेन्ज को देश त्याग करना पड़ा।'' (मुक्तिबोध रचनावली-6, पृ. 71)

अन्तरराष्ट्रीय ख़बरों की इतनी बारीक जानकारी का स्रोत बताते हुए मुक्तिबोध ने इसी लेख में लिखा है, ''लन्दन के टाइम्स ने लिखा है कि चेकोस्लोवाकिया से मिस्र (ईजिप्ट) ने शस्त्र-सम्बन्धी समझौता किया है, उसका नतीजा मिस्र के लिए बुरा होगा। टाइम्स सिर्फ़ अख़बार है, कोई सरकार नहीं। फिर भी उसके इस 'वचन' में काफी तथ्य हैं, यह नहीं भूलना चाहिए।'' (वही) ग़ौरतलब है कि मुक्तिबोध का निधन 1964 में हुआ था और तब न इण्टरनेट की सुविधा थी, न ई-पेपर पढ़ने की सुविधा, न मुक्तिबोध की ऐसी आर्थिक हैसियत ऐसी कि वे विदेशी अख़बारों के अख़राजात बर्दाश्त कर सकें। इसलिए जिन देशों के तत्कालीन राजनीतिक-आर्थिक स्थितियों को लेकर उन्होंने उस वक्त की पत्र-पत्रिकाओं में विश्लेषणपरक ढंग से लेख लिखा, उनकी इतनी बारीक और अद्यतन जानकारी उनके पास देखकर हैरत होती है! जो देश वर्षों के संघर्ष के बाद औपनिवेशिक सत्ता से आज़ाद हुए, वे देश एक बार फिर से आर्थिक उदारीकरण और निजीकरण की आँधी में नव-पूँजीवादी शक्तियों के चंगुल में फँसते चले जा रहे हैं। पहले जल, जंगल, ज़मीन पर औपनिवेशिक सत्ता सीधे अधिकार करती थी, अब उनकी बहुराष्ट्रीय कम्पनियों के लिए तीसरी दुनिया के देशों की सरकारें खुद अपनी जनता को विस्थापित कर रही हैं। पूँजी के गणित को समझाते हुए मुक्तिबोध ने लिखा है, ''पूँजी दो प्रकार से लगायी जाती है। एक तरीका यह है कि पूँजी लगानेवाला सिर्फ मुनाफे का हकदार होता है। उसका उद्योग के नियन्त्रण पर कोई हक नहीं होता। दूसरा तरीका यह है कि उसमें पूँजी लगानेवाला न सिर्फ़ मुनाफ़ा ही पाता है, वरन् उद्योग की सारी व्यवस्था पर भी उसका अधिकार रहता है। इस तरीक़े को प्रत्यक्ष पूँजी लगाना, डायरेक्ट इन्वेस्टमेण्ट कहते हैं। इस तरीके से लगायी गयी पूँजी ज़्यादा महत्त्वपूर्ण होती है, क्योंकि उसके द्वारा सारे उद्योग पर पूँजी लगानेवाले का कब्जा हो जाता है'' (वही, पृ. 64)। सन् 1991 के बाद जब से विदेशी पूँजी को आमन्त्रित करने के लिए भारतीय अर्थ-व्यवस्था को खोला गया, तब से लेकर आज तक सरकारों के बीच विदेशी पूँजी निवेशकों को आकर्षित करने की होड़ मची हुई है।

नाईजीरिया के कवि केन सारो वीवा ने जब ब्रिटिश तेल कम्पनी 'शेल' के शोषण के विरुद्ध अपने देश में जन-आन्दोलन शुरू किया और जनता को इस

ब्रिटिश बहुराष्ट्रीय तेल कम्पनी की कारगुजारियों से अवगत कराना शुरू किया तो तत्कालीन सनि अबाचा की सरकार डर गयी। केन सारो वीवा ने कुछ साथियों के साथ मिलकर 'ओगोनी के लोगों के बचाव' के लिए एक आन्दोलन चलाया, जिसका उद्‌देश्य कम्पनी की लूट से आम मासूम लोगों को बचाना था, "ओगोनी/ मेरी धरती, मेरे लोग/ मेरी ओगोनी/ पुरखों के बाग-बगीचे में/ मरते पेड़ों की दारुण व्यथा/ सही नहीं जाती/ झरने प्रदूषित हो चुके हैं/ रो रहे हैं/ नदियाँ विलाप कर रही हैं/ उनमें गाद भर गयी है/ हवा में ज़हर भर दिया गया है/ जिससे बच्चों का दम घुटता है/ उनके फेफड़े साँस नहीं ले पाते/ ओगोनी/ जो हमारा सपना है/ स्तब्ध है उसकी धरती/ शेल कम्पनी की करतूतों से/ हतोत्साह/ जंज़ीरों में जकड़ी हुई" (साभारः गुज़ारिश)। इस तेल कम्पनी के कारण वहाँ के लोगों और पर्यावरण को ख़तरा पैदा हो गया था। उनकी मुख्य माँग थी कि लोगों को आज़ादी दी जाये और तेल की बिक्री से हो रही आमदनी में से स्थानीय लोगों को हिस्सा मिले। आम लोगों को स्थानीय भाषा का प्रयोग करने का अधिकार मिले। जब आन्दोलन बढ़ा तो वहाँ सरकार ने सेना को लगा दिया और 1994 की गर्मियों में 30 गाँवों को पूरी तरह ख़त्म कर दिया गया। लाखों लोगों को उनके घरों से खदेड़ दिया गया। कम्पनी बहादुर के अधिकारियों और नाईजीरिया की सरकार ने आपस में मन्त्रणा करके केन सारो वीवा को वहाँ की अदालत से सज़ा-ए-मौत दिलवा दी और पूरे विश्व के विरोध के बावजूद केन सारो वीवा को अन्ततः 10 नवम्बर, 1995 को उनके आठ अन्य साथियों के साथ फाँसी पर लटका दिया गया। किसी भी देश का कवि, किसी भी भाषा का कवि यदि सार्थक और सच्ची रचनाशीलता का प्रतिनिधित्व करता है, तो वह किसी सत्ता के साथ हो, चाहे न हो, जनता के साथ, देश के साथ, अवश्य होता है। केन सारो वीवा ने सनि अबाचा की सरकार की आत्मा को ब्रिटिश पूँजी के विरुद्ध झकझोरने का पूरा प्रयत्न किया, लेकिन पूँजी की पैरोकार सरकारें भला कहाँ सुननेवाली थीं। नाईजीरिया में यह सब मुक्तिबोध के निधन के लगभग तीस वर्षों के बाद हो रहा था, जब दुनिया राजनीतिक/ भौगोलिक स्तर पर काफी बदल चुकी थी। यह और बात है कि इसके बावजूद मानसिकता और चक्रव्यूह की रचना करनेवालों की कार्य-शैली में कोई परिवर्तन नहीं आया।

संयोग देखिये कि केन सारो वीवा के कत्ल के काफ़ी पहले मुक्तिबोध ने भी ब्रिटिश पूँजी के प्रवाह को लेकर ऐसा ही असुविधाजनक प्रश्न किया था, "अंग्रेज गये, परन्तु इतनी अंग्रेजी पूँजी क्यों?' वे कहते हैं, 'चले गये वे दिन जब हम और आप अख़बारों से, राजनैतिक प्लेटफ़ार्मों से तथा संगठनों के द्वारा विदेशी माल के ख़िलाफ़, विदेशी पूँजी के विरुद्ध, स्वदेशी उद्योग और व्यवसाय की हिमायत में कार्य करते थे। वे दिन गये। आज विदेशी पूँजी के आमन्त्रण को राष्ट्रीय

आवश्यकता बतलाया जाता है। यह सहज ही भुला दिया जाता है कि पिछड़े हुए मध्य-पूर्वी राष्ट्रों में स्वदेश में लगी हुई विदेशी पूँजी के राष्ट्रीयकरण का सुविस्तृत आन्दोलन चला हुआ है—यह सम्पूर्णतः सफल हुआ है या असफल, यह अलग बात है। वह आन्दोलन केवल इसलिए कि राष्ट्र आर्थिक दृष्टि से सार्वभौम प्रभुत्वसम्पन्न हो, कि स्वदेशी जनता का शोषण विदेशी पूँजी न कर पाये, स्वदेश का पैसा विदेश न पहुँचे। किन्तु जब ईरान में एंग्लो-ईरानियन ऑयल कम्पनी के राष्ट्रीयकरण का तूफ़ान था, तब भारतीय सरकार ने एक अंग्रेज तथा अमरीकी कम्पनी को 60 करोड़ रुपयों की पूँजी से मिट्टी के तेल से पेट्रोल बनाने के दो कारखाने खोलने के लिए विशेष सहूलियतें दीं और यह वचन दिया कि आगामी 25 वर्षों तक उक्त कम्पनियों का राष्ट्रीयकरण नहीं किया जायेगा, और अगर किया गया तो उन्हें मुआवजा दिया जायेगा" (वही, पृ. 62)। विदेशी कम्पनियों के साथ ऐसे अनेक समझौते हमारी आज की सरकारों ने भी किया हुआ है, जिनमें से कुछ की जानकारी जनता को है और कुछ की नहीं है। बहुराष्ट्रीय पूँजी के पक्ष में जल, जंगल और ज़मीन का निर्ममतापूर्वक शोषण हो रहा है। पूँजी और सरकारों का स्वभाव वही है, अन्दाज़ वही है, लेकिन कवियों का स्वभाव आज काफी कुछ बदल-सा गया है। आज ज़माने के चेहरे को देखते हुए इसलिए भी मुक्तिबोध बार-बार याद आते हैं कि उनका काव्य-विवेक जीवन-विवेक का आईना है और सत्ता की भूमिका का निष्पक्ष और निडर होकर विश्लेषण करते हुए वे कविता (ज़माने का चेहरा) की भूमिका के प्रति सदैव सजग रहते हैं, "साम्राज्यवादियों के/ पैसे की संस्कृति/ भारतीय आकृति में बँधकर/ दिल्ली को वाशिंगटन और लन्दन का उपनगर/ बनाने पर तुली है!!/ भारतीय धनतन्त्री/ जनतन्त्री बुद्धिवादी/ स्वेच्छा से उसी का ही कुली है!!"

व्यापक विनाश के हथियार होने की बात कहकर जिन सद्दाम हुसैन को इराक़ की सत्ता से अपदस्थ करके अमरीका की अगुआई में नाटो देशों ने सज़ा-ए-मौत दी और इराक को तबाह-ओ-बर्बाद कर दिया, उस नाटो के ख़ूनी इरादों से मुक्तिबोध अवगत थे और नाटो देशों की हरकतों को 'नाटक' मानते थे, "नाटो के देशों ने तीन बुद्धिमानों को ख़ूब पैदा किया! प्रस्तावित रूप से, यह तीन बुद्धिमान हैं—कैनेडा, नार्वे और इटली के विदेश मन्त्री। कहानी कुछ इस ढंग की है। अमरीका को यह चिन्ता हो गयी कि नयी मैत्री की मुस्कानों के रूसी आन्दोलन से नाटो का संगठन ढीला पड़ रहा है। कैनेडा के विदेश मन्त्री लेस्टर पीअर्सन ने अमरीका की फिक्र भाँपकर एक वक्तव्य दे डाला जिसमें उन्होंने कहा कि नाटो की दृढ़ एकता की परीक्षा का समय है" (वही, पृ. 80)। क्रिस्टोफर कोलम्बस के अमरीका की खोज से तकरीबन 700 वर्ष पहले बगदाद को इस्लामिक दुनिया का सबसे महत्त्वपूर्ण बौद्धिक, शैक्षिक, सांस्कृतिक और वाणिज्यिक केन्द्र माना

जाता था। सद्दाम ने जिस ईरान-इराक युद्ध को छेड़ा, उसमें दोनों देशों के लाखों सैनिक मारे गये, और जो व्यापक आर्थिक नुकसान हुआ, वह कल्पना से परे है। ईरान पर हमला करना और कुर्दों के ख़िलाफ़ रासायनिक हथियारों का उपयोग करना सद्दाम की बड़ी भूल थी। रणनीतिक वजहों से अमरीका का उस वक्त खामोश रहना भी गलत था। कुवैत पर उसका हमला करना गलत था। मगर तब अमरीका और पश्चिमी देशों के गठबन्धन ने सही क़दम उठाते हुए उसे पीछे हटने पर मजबूर किया। मगर 2003 में जॉर्ज बुश जूनियर के नेतृत्व में इराक पर हुए हमले को क्या सही ठहराया जा सकता है? सद्दाम ने कभी अल-कायदा को अपनी ज़मीन का उपयोग करने की इजाजत नहीं दी और न ही वह उसके सम्पर्क में था। उस वक्त वह किसी भी तरह से अमरीका के लिए ख़तरा नहीं था। अन्तरराष्ट्रीय परमाणु ऊर्जा एजेन्सी (आई. ए. ई. ए.) के तमाम विशेषज्ञ ढूँढ़ते रह गये, मगर व्यापक जनसंहार का कोई हथियार उनके हाथ नहीं लगा, जैसा कि अमरीका और उसके सहयोगी देश दावा कर रहे थे। अमरीकी करदाताओं का पैसा पानी की तरह बहाकर अमरीका को क्या हासिल हुआ? दजला नदी के किनारे बैठकर कॉफी की चुस्कियाँ और संगीत का मजा लेते हुए जिस बगदाद शहर की ख़ूबसूरती निहारते ही बनती थी, आज वह एक भुतहा शहर बनकर रह गया है। लीबिया और सीरिया की हालत भी कमोबेश ऐसी ही है। नाटो की कार्यवाही के बाद कर्नल गद्दाफी के अन्त के बावजूद आज वहाँ सरकार का नामोनिशान तक नहीं है, चारों ओर अराजकता फैली है।

अरब राष्ट्रों के बारे में बहुत पहले मुक्तिबोध ने लिखा था, "बग़दाद सन्धि पर आज जो फ्रण्टल अटैक, यानी मोर्चे के केन्द्र पर जो मार चल रही है, उससे सामन्ती प्रतिक्रियावादी तत्त्व प्रगतिशील अरब राष्ट्रवाद से डरकर ब्रिटेन और अमरीका के पंजे में और भी अधिक सिमटने की भरसक कोशिश करेंगे। इस प्रकार की नीति न केवल अरब राष्ट्रों तथा पश्चिम एशिया के अन्य देशों के बीच युद्ध, षड्यन्त्र तथा दुर्घटनाओं को जन्म देगी, वरन् तीसरे विश्वयुद्ध का सूत्रपात करते हुए, ब्रिटेन और अमरीका को एकता के पाश में बद्ध कर देगी। तनाव के अभाव में या उसके कम होने की स्थिति में अरब राष्ट्रवाद सभी देशों से फायदा उठाने के अलावा एक को दूसरे के विरुद्ध करते हुए अपने को अधिक-से-अधिक मज़बूत बना सकता है" (वही, पृ. 154)। इराक़ और अफगानिस्तान में अमरीका के साथ किस तरह गलबहियाँ डाले हुए ब्रिटेन ने तबाही में अपनी भूमिका अदा की, यह हम सब जानते हैं और यह भी जानते हैं कि मुक्तिबोध की भविष्यवाणी के मुताबिक आज वैश्विक राजनीतिक परिदृश्य में अमरीका के सामने ब्रिटेन की क्या और कैसी स्थिति हो गयी है। दूसरे देशों की तो छोड़िये, अपने ही देश में आयरलैण्ड में आयरिश लोगों के साथ उसका कैसा व्यवहार रहा है और अब स्कॉटलैण्ड में

जनमत संग्रह के बहाने उसे क्या संकेत मिला है। यूरोपीय संघ से बाहर जाने के बाद वहाँ के प्रधानमन्त्री डेविड कैमरन के इस्तीफे के बाद यूरोप में ब्रिटेन को लेकर क्या छवि बनी है, यह आज दुनिया जानती है। मानवीय पहलू को ध्यान में रखकर देखें तो ब्रिटेन की नयी प्रधानमन्त्री थेरेसा में के विचारों को जानकर मन में ख़ौफ़ पैदा होता है। ज़माने का चेहरा देखकर यूँ ही मुक्तिबोध ने नहीं कहा था, 'दुनिया की कष्टमयी/ मानवता एक हुई देखकर/ साम्राज्यवादियों के साँप और सँपोले/ जिन्दगी के बाग़ों में सरसराने लगे और/ क्षितिज से उठा शोर/ छूटी हुई रायफली गोलियों से भागे हुए/ पक्षियों के दलों का' (ज़माने का चेहरा)।

'दैर नहीं, हरम नहीं, दर नहीं, आस्ताँ नहीं'

(मुक्तिबोध के आत्मवक्तव्य से एक गुफ्तगूँ)

अमरेन्द्र कुमार शर्मा

इससे पहले कि मुक्तिबोध के आत्म-वक्तव्य की बनावट-बुनावट में स्वयं को शामिल करते हुए अपनी बात आरम्भ करूँ, मुक्तिबोध की एक कविता जिसका शीर्षक भी 'एक आत्म-वक्तव्य' है; की कुछ पंक्तियों को दर्ज करना चाहता हूँ, तब जबकि उनकी कविताओं पर यहाँ अपनी बात स्थगित रखनी है

"...और हर सीढ़ी पर लुढ़की पड़ी एक-एक देह,
आलोचन-हत मेरे पुराने व्यक्तित्व,
भूतपूर्व, भुगते हुए, अनगिनत 'मैं'।

उनके शवों, अर्ध-शवों पर ही रखकर
जिस सर्व-स्पृश पैर,
मेरे साथ चलने लगता भावी-कर-बद्ध
मेरा वर्तमान।"[1]

मुक्तिबोध ने छोटे-छोटे तीन आत्म-वक्तव्य लिखे हैं जो रचनावली के पाँचवें खण्ड में संगृहीत है। तीन आत्म-वक्तव्य के ठीक बाद एक छोटा निबन्ध है—'नयी कविता एवं मेरी रचना प्रक्रिया।' इन चार निबन्धों को एक साथ पढ़ लेने के बाद, तब जबकि पृष्ठभूमि में पढ़ी हुई उनकी सैकड़ों कविताएँ चिन्तन की पृष्ठभूमि में है; मुक्तिबोध के बारे में या उनकी रचनाओं के बारे में ठीक-ठीक एक 'की-वर्ड' के रूप में रूपायित कर देना एक हानिकारक प्रयास होगा। मैं वैसा प्रयास करना भी नहीं चाहता, इसलिए मुक्तिबोध के सन्दर्भित आत्म-वक्तव्य और निबन्ध को पढ़ते हुए मुझे ग़ालिब की ग़जल 'दिल ही तो है' से एक शेर याद आता है –

'दैर नहीं, हरम नहीं, दर नहीं, आस्ताँ नहीं
बैठे हैं रहगुजर पे हम, गैर हमें उठाये क्यों'

मुक्तिबोध की रचनाधर्मिता का कोई एक 'दैर', कोई एक 'हरम', कोई एक 'दर' या कोई एक 'आस्ताँ' नहीं है बल्कि उनकी रचनाधर्मिता में पूरा-का-पूरा समय अपनी

चक्रीय अवस्थिति में मौजूद हुआ करती है, जहाँ 'हर सीढ़ी पर लुढ़की पड़ी एक-एक देह' और 'मेरा वर्तमान' संवाद करता रहता है। ऐसा इसलिए कि मुक्तिबोध की चिन्तन-धारा एकरेखीय की तुलना में वृत्तीय रही है। हम अपनी बात को पुष्ट करने के लिए मुक्तिबोध के सन्दर्भित तीन आत्म-वक्तव्य और एक निबन्ध का आधार लेंगे। इन आधारों के साथ हम विश्व के कुछ महत्त्वपूर्ण रचनाकारों के आत्म-वक्तव्य को भी मुक्तिबोध के समानान्तर दर्ज करते चलेंगे, उसे यहाँ साझा करते चलेंगे। यह साझापन निरे अपने अभिधात्मक अर्थों में न होकर रचनाकार और उसकी रचना की मनोभूमि की पड़ताल करने तक विस्तारित होगा। मुझमें यह विस्तार का भाव मुक्तिबोध के समानान्तर विश्व के रचनाकारों के आत्म-वृत्त को पढ़ते हुए निर्मित होता है, और इस कारण मिर्जा ग़ालिब के उपर्युक्त शेर तथा मुक्तिबोध की कविता 'एक आत्म-वक्तव्य' बार-बार याद आता है।

तुमसे ही तो है मेरी 'आद्य सौन्दर्य प्रेरणाएँ'

'आत्म-वक्तव्य : एक' में मुक्तिबोध अपनी स्मृतियों के भूगोल को अपने भौगोलिक परिवेश के साथ दृश्यांकित करते हैं, यह दृश्यांकन उनकी कविता में अनिवार्य हिस्से की तरह जितना रहा है उतना ही उनके जीवन में भी रहा है। मुक्तिबोध का भौगोलिक परिवेश हमारे सामने अपने दृश्य के साथ उपस्थित होता है। 'मालवा का विस्तीर्ण मनोहर मैदान', 'क्षिप्रा की रक्त-भव्य साँझें', 'विविध-रूप वृक्ष की छायाएँ' यह कुछ ऐसी प्रकृति की छवियाँ हैं जिसे मुक्तिबोध की कविता की निर्मिति के लिए पहली कसौटी के रूप में देखा जा सकता है। स्वयं मुक्तिबोध ने कहा कि, ''मेरे किशोर कवि की आद्य सौन्दर्य-प्रेरणाएँ थीं।''[2] आद्य सौन्दर्य-प्रेरणा में क्षिप्रा नदी की सामान्य साँझ नहीं है बल्कि यह 'रक्त-भव्य साँझ' है। साँझ की भव्यता में शामिल लालिमा को रक्त के समतुल्य देखना मुक्तिबोध की अपनी विशेषता है। उज्जैन का बाहरी इलाका मुक्तिबोध की 'मनोरचना में रंगीन आवेग' एक 'प्राथमिक' बोध, और 'अत्यन्त आत्मीय' बनकर आता है/ आता था। मुक्तिबोध ने अपनी अभिव्यक्ति के स्वरूप पर इन्दौर के मित्रों के प्रभाव को स्वीकारा है। इस प्रभाव ने मुक्तिबोध की रचनाओं में 'पुरानी उलझन-भरी अभिव्यक्ति और अमूर्त करुणा' के स्थान पर 'नवीन सौन्दर्य-क्षेत्र' ने ले लिया। इस 'नवीन सौन्दर्य-क्षेत्र' को मुक्तिबोध ने अपनी 'प्रथम आत्म-चेतना' कहा है। मुक्तिबोध की रचना-दृष्टि और जीवन-दृष्टि में 'आद्य सौन्दर्य प्रेरणाओं' के स्थान पर 'नवीन सौन्दर्य-क्षेत्र' का आना 'प्रथम आत्म-चेतना' का विकास है। मुक्तिबोध अपने जीवन के शुरूआती मानसिक संघर्ष को बड़ी बेचैनी भरे रूप में याद करते हैं। वे अपने समय में एक ओर हिन्दी के 'नवीन सौन्दर्य-काव्य' को देख रहे थे और दूसरी ओर उनके बाल मन पर पहले से ही ''मराठी साहित्य के अधिक मानवतामय उपन्यास-लोक का सुकुमार परन्तु तीव्र प्रभाव'' रहा था। दोनों प्रभावों के

बीच मुक्तिबोध संघर्ष करते हुए, अपने समय के समानान्तर 'हिन्दी के सौन्दर्य-लोक' को चुनते हैं। मुक्तिबोध अपने आत्म-वृत्त में जिस 'मनोरचना में रंगीन आवेग' को महसूस करने की बात करते हैं, लगभग उसी प्रकार के आवेग का जिक्र प्रसिद्ध कवि लोर्का करते हैं। प्रसिद्ध कवि फेदरिको गार्सिया लोर्का (1898-1936) ने अपना छोटा-सा आत्म-वृत्त अपने काव्य-संग्रह 'डीप सांग ऐण्ड अदर प्रोज' में लिखा था। इस आत्म-वृत्त में लोर्का ने इशारा किया जिसे हम मुक्तिबोध को पढ़ते हुए याद कर रहे हैं कि, "अपने जीवन के बारे में बताने का मतलब यह बताना होगा कि मैं क्या-क्या हूँ। किसी का भी जीवन हमेशा उस सबका वृत्तान्त है, जो गुज़रा है। पर मेरी सभी स्मृतियाँ, यहाँ तक कि बचपन के शुरू के दिनों की मेरी स्मृतियाँ अभी भी मेरे भीतर आवेग के साथ मौजूद हैं।"..."मैं धरती को प्यार करता था। मेरी सारी भावनाएँ मुझे धरती से जोड़ देती थीं। मेरे बचपन की सबसे सुन्दर स्मृतियों ने धरती का स्वाद चखा है। धरती ने, ग्रामांचल ने मेरे जीवन में महान् चीज़ों को जन्म दिया है ।...मेरी आत्मा उनकी संकेतात्मकता को बचपन के दिनों की तरह पकड़ सकती है।"[3] लोर्का में यह आवेग बचपन के शुरू के दिनों की स्मृतियों के साथ है। हमारी दुनिया में किसी भी कवि का चाहे जो भी भूगोल हो उसकी कविता की आन्तरिक लय में उसके जीवन की स्मृतियाँ आवश्यक रूप से मौजूद होती हैं। पाब्लो नेरुदा (1904-1973) अपनी आत्म-कथा 'मेरा जीवन मेरा समय' में अपनी पहली कविता लिखी जाने की दास्तान जब कहते हैं तब उनकी दास्तान में भी एक शब्द वही आता है जो लोर्का के आत्मवृत्त में है और मुक्तिबोध के आत्म-वक्तव्य में। नेरुदा लिखते हैं, "मैं याद करने की कोशिश करूँगा। सुदूर बचपन में जब मैं मुश्किल से ही पढ़ पाता था, मुझे तीव्र भावना महसूस हुई और मैंने कुछ शब्द लिखे। यह थोड़े लयबद्ध थे और सामान्य भाषा प्रयोग से भिन्न थे। मुझमें एक चिन्ता जगी जो पहले कभी नहीं हुआ, एक तरह का क्रोध और निराशा और मैंने उन्हें सफाई से एक कागज पर लिख दिया। यह कविता मेरी माँ के लिए थी ।...कविता लिखने के आवेश में काँपते मैंने काग़ज पर लिखी पंक्तियाँ उनकी (पिता) ओर बढ़ायी...। मुझे याद है कि कैसे मेरी पहली कविता ने जन्म लिया।"[4] मुक्तिबोध का 'मनोरचना में रंगीन आवेग' लोर्का का 'मेरी स्मृतियाँ अभी भी मेरे भीतर आवेग के साथ मौजूद हैं' और पाब्लो नेरुदा का 'कविता लिखने के आवेश में काँपते मैंने कागज पर लिखी पंक्तियाँ'; यह तीनों सन्दर्भ कविता की प्रारम्भिक बुनावट में मौजूद 'आवेग' की केन्द्रीयता को हमारे सामने लाती हैं। 'आवेग' की पृष्ठभूमि पर मुक्तिबोध, लोर्का, नेरुदा को देखना एक दिलचस्प अनुभव है।

मुक्तिबोध के बाल मन की पहली भूख 'सौन्दर्य' है, और दूसरी 'विश्व मानव का दुःख।' 'सौन्दर्य' और 'मानव का दुःख' के बीच के संघर्ष को मुक्तिबोध अपने 'साहित्यिक जीवन की पहली उलझन' मानते हैं। मुक्तिबोध के भीतर 'पहली उलझन' ने अनेक 'आन्तरिक द्वन्द्व' पैदा किये और इसलिए उनके सामने रचना के लिए कोई

'एक ही काव्य-विषय' नहीं रह सके। विविधता उनके काव्य का आत्म-संघर्षात्मक सौन्दर्य है। जैसा कि मैंने पहले ही कहा है कि मुक्तिबोध की रचना को और उसके विकास को इसलिए एक रेखीय न समझकर वृतीय समझा जाना चाहिए। मुक्तिबोध में काव्य-विषय की विविधता और उसके द्वन्द्व ने नयी क़िस्म की जिज्ञासा का विस्तार किया। मुक्तिबोध मानते हैं कि, "जिज्ञासा के विस्तार के कारण कथा की ओर मेरी प्रवृत्ति बढ़ गयी।...कहानी-लेखन आरम्भ करते ही मुझे अनुभव हुआ कि कथा-तत्त्व मेरे उतना ही समीप है जितना काव्य।"[5] मुक्तिबोध अपने आत्म-वक्तव्य में यह स्वीकारते हुए कि कहानी उन्होंने कम लिखी है, कविता से अपनी निकटता को निरूपित करते हैं। मुक्तिबोध के लिए उनके जीवन में कविता उतनी ही नजदीक है 'जितना कि स्पन्दन'। मुक्तिबोध काव्य की व्यापक सीमा को 'अपनी जीवन-सीमा' से मिला देने की दुर्निवार चाह रखते हैं। इस चाह में मुक्तिबोध 'जीवन के आन्तरिक द्वन्द्व' और 'जगत् के द्वन्द्व' को सुलझाने की प्रक्रिया में खुद को शामिल करते हैं। इस प्रक्रिया के द्वारा उनके भीतर एक दर्शन का विकास होता है। वह दर्शन है 'अनुभव-सिद्ध व्यवस्थित तत्त्व–प्रणाली'। मुक्तिबोध मानते हैं कि "आगे चलकर मेरी काव्य की गति को निश्चित करनेवाला सशक्त कारण यही प्रवृत्ति रही है।"[6] मुक्तिबोध के काव्य आरम्भ का समय 1935 है। सन् 1936 से 1938 तक कविता के पीछे कहानी-लेखन चलती रही है। मुक्तिबोध अपने जीवन के पाँच वर्ष (1938-1942) को अपने मानसिक संघर्ष के रूप में याद करते हैं। वे मानते हैं कि यह ऐसा समय था कि जिसमें 'आन्तरिक विनष्ट शान्ति' और 'शारीरिक ध्वंस' था जिसे 'मेरा व्यक्तिवाद' एक 'कवच' की तरह 'जीवन शक्ति' प्रदान कर रहा था। पाँच वर्ष के जड़त्व को तोड़ने का काम मुक्तिबोध में शुजालपुर नामक जगह ने किया। यहीं मुक्तिबोध प्रेरणा, विवेक और शान्ति का तिर्यक् पाते हैं। मुक्तिबोध में मार्क्सवाद के प्रति झुकाव का यही क्षण है। मुक्तिबोध में 'अधिक वैज्ञानिक', 'अधिक मूर्त' और 'अधिक तेजस्वी' होने का तिर्यक् क्षण भी यही है। इसी समय तिर्यक् क्षण एक और भी है जिसमें मुक्तिबोध अपनी रचना के लिए 'आत्मविश्वास', 'काव्य की अस्पष्टता पर दृष्टि' और 'नये विकास-पथ' प्राप्त करते हैं। इन तमाम तिर्यक क्षणों के विकास-क्रम को मुक्तिबोध अपनी रचना में अनिवार्य तत्त्व की तरह याद तो करते हैं लेकिन सन्तुष्ट नहीं होते हैं। वे यह मानते हैं कि, "मेरी हर विकास-स्थिति में मुझे घोर असन्तोष रहा, और है। मानसिक द्वन्द्व मेरे व्यक्तित्व में बद्धमूल है।"[7] मुक्तिबोध इसलिए अपनी रचनाधर्मिता की यात्रा में कलाकार की 'स्थानान्तरगामी प्रवृत्ति' (माइग्रेशन इन्स्टिक्ट) पर बल देते हैं। मुक्तिबोध कहते हैं और इस कहन को मैं ऊपर उद्धृत लोर्का के कथन के साथ मिलाकर पढ़ने की गुजारिश करता हूँ कि, 'आज के वैविध्यमय, उलझन से भरे, रंग-बिरंगे जीवन को यदि देखना है, तो अपने वैयक्तिक क्षेत्र से एक बार तो उड़कर बाहर जाना ही होगा। बिना उसके, इस विशाल जीवन-समुद्र की परिसीमा, उसके तट-प्रदेशों

के भूखण्ड, आँखों से ओट ही रह जायेंगे।''[8] मुक्तिबोध की इसी कथन के साथ जर्मन कवि रैनेर मारिया रिल्के द्वारा 17 फरवरी, 1903 को पेरिस से लिखे एक पत्र जो उन्होंने फ्रांज जेवियर काप्पुस को लिखा था, को रखना चाहता हूँ। रिल्के ने पत्र लिखते हुए कहा कि, ''जब भी तुम्हें अपने को व्यक्त करना हो, अपने आसपास की चीज़ों पर ध्यान दो।...एक रचना तभी अच्छी होती है यदि अनिवार्यता में से उपजती है।''[9] अपने आसपास की चीज़ों पर ध्यान देने के लिए ही मुक्तिबोध 'वैयक्तिक क्षेत्र से एक बार' बाहर उड़कर आने की बात कहते हैं। इसलिए मुक्तिबोध की कविताएँ उनके ही शब्दों में, ''अपना पथ ढूँढ़नेवाले बेचैन मन की ही अभिव्यक्ति है।''[10] मुक्तिबोध की 'बेचैन मन की अभिव्यक्ति' के बरक्स प्रसिद्ध जर्मन रचनाकार गोएथे (1749-1832) अपनी आत्म-कथा में कविता के बारे में एक भिन्न धरातल की तरफ संकेत करते हुए कहते हैं, ''एक सच्ची कविता अन्दर से शान्त और बाहर से हल्की भी होती है ताकि ज़िन्दगी के बोझ से ऊपर उठ सके। वह एक ऐसे गुब्बारे की तरह होती है जो ज़मीन से बहुत ऊपर तो होता है लेकिन डोर से बँधा हुआ ताकि ऊँचाई से धरती का अवलोकन कर सके। रचना चाहे हल्की-से-हल्की हो अथवा भारी-से-भारी, उसका मकसद हमारे भावों की समझदारी से व्याख्या कर हमारी खुशियों और ग़मों को एक सतह पर लाना होता है।''[11]

मुक्तिबोध की निर्मिति में उनकी 'आद्य सौन्दर्य प्रेरणा', 'प्रथम आत्म-चेतना', 'पहली भूख', 'पहली उलझन' और 'मानसिक द्वन्द्व' प्रमुख भूमिका के रूप में उपस्थित होता चलता है।

देखता हूँ खुद को समय की 'ज्योतिष्मान्' सतह पर

मुक्तिबोध के 'आत्म-वक्तव्य : दो' ज़िन्दगी के पिछले बरस को एक ख़ास स्थान और समय के दरीचे से देखने जैसा है। मुक्तिबोध के इस आत्म-वक्तव्य की पाण्डुलिपि में से दो पृष्ठ अप्राप्त रह गये हैं, इस कारण यह एक अधूरा आत्म-वक्तव्य कहलायेगा। लेकिन क्या यह वास्तव में अधूरा है? हर अधूरे का एक अपना पूर्ण होता है। मैंने इस आत्म-वक्तव्य को इसी पूर्णता के भाव से पढ़ा है। इस आत्म-वक्तव्य में मुक्तिबोध 'तार-सप्तक' के ज़माने को, उसके 'प्रयोग' को और उस ज़माने के 'तार-सप्तक' से खुद के सम्बन्ध और लगाव को याद करते हैं। तार-सप्तक के ज़माने में प्रचलित 'प्रयोग' (जो बाद में प्रयोगवाद का आधार बना) शब्द को मुक्तिबोध ने किसी आन्दोलन या विचार का प्रतिरूप नहीं बताया है बल्कि कुछ लोगों द्वारा इसे 'नम्रता के वशीभूत होकर', 'अपने काव्य को 'प्रयोग' कहे जाने के प्रचलन से जोड़ा है। क्यों कि मुक्तिबोध का मानना था और यह सही भी है कि, तार-सप्तक के कवि, एक-दूसरे से अलग-अलग, एक दूसरे से दूर और स्वतन्त्र, अपनी-अपनी मौलिक शैलियों में रच रहे थे। वे कोई प्रयोग नहीं कर रहे थे। मुक्तिबोध यह स्वीकारते हैं कि, 'तार-सप्तक' लोगों

को आकर्षित नहीं कर सका लेकिन मुक्तिबोध को उसमें प्रकाशित अपनी कविताएँ प्रिय हैं। मुक्तिबोध कहते हैं कि, ''तार-सप्तक की मेरी कविताएँ मुझे अभी भी प्रिय हैं'', इसका कारण मुक्तिबोध अपनी इन कविताओं के 'मौलिक द्रव्य का कच्चापन और अनगढ़पन' को बताते हैं। मुक्तिबोध 'तार-सप्तक' के प्रकाशन और 'दूसरा सप्तक' के प्रकाशन के बीच के समय को 'नयी कविता के लिए अन्धकार-युग' कहते हुए भी उसे अपने लिये बहुत 'ज्योतिष्मान्' मानते हैं। 'अन्धकार-युग' को 'ज्योतिष्मान्' माने जाने का जो विरोधाभास दिखलायी देता है, उसके अर्थ मुक्तिबोध के लिए बहुत गहरे हैं। मुक्तिबोध अपने आत्म-वक्तव्य में दर्ज करते हैं, ''जिसे मैंने 'अन्धकार-युग' कहा है वह मेरे लिए काफ़ी महत्त्वपूर्ण रहा है । सन् 1943 के ज़माने से लेकर सन् 52-53 के काल खण्ड में जो जीवन-ज्ञान मुझे प्राप्त हुआ, वह नहीं होना चाहिए था।''[12] मुक्तिबोध इसे कहते हुए बहुत प्रसन्न नहीं हैं, हुआ भी नहीं जा सकता है क्योंकि अगर ध्यान से देखें तो यह समय विश्व में द्वितीय विश्वयुद्ध का, उससे उपजे सन्त्रास का है। भारत में आजादी के संघर्ष और उस संघर्ष के भीतर धीरे-धीरे समाते स्वार्थपरक राजनीति का है, आजादी प्राप्त कर लेने के बाद भारतीय भू-भाग पर फैलते साम्प्रदायिक दंगे, हत्याएँ, सत्ता-लिप्सा का है जिसे मुक्तिबोध याद करते हुए कहते हैं, ''...मानव-मूल्य गिरते जा रहे थे, मनुष्य-सम्बन्ध गँठीले और उलझे हुए हो रहे थे, छोटी-छोटी और अत्यन्त तुच्छ बातों के लिए घनघोर संघर्ष हो रहा था। महत्त्व, प्रतिष्ठा, पद-प्राप्ति के पीछे बड़ी-बड़ी 'प्रतिभाएँ' पड़ी हुई थीं।''[13] मुक्तिबोध इन सब परिस्थितियों का अनुभव करना नहीं चाहते थे, यह 'जीवन ज्ञान' उन्हें प्राप्त नहीं करना था। समय के प्रभाव से मुक्तिबोध को यह 'जीवन-ज्ञान' प्राप्त हुआ। इसलिए मुक्तिबोध इस दौर को एक तरफ 'अन्धकार-युग' और दूसरी तरफ 'ज्योतिष्मान्' बताते हैं। मुक्तिबोध की रचना-दृष्टि निर्माण को एक नया आयाम मिल रहा था। मुक्तिबोध को रचना के लिए 'कोई ध्रुव-सा प्राप्त हो गया था।' अपने इस 'ध्रुव' को मुक्तिबोध अपनी कविता की रचना-यात्रा में शामिल करते हैं, जो 1952-1953 से पूर्व की रही हैं। यह ज़रूरी है कि यहाँ हम मुक्तिबोध के आत्म-वक्तव्य में दर्ज उनकी इस रचना-यात्रा को रेखांकित करें। ''राजनैतिक-सामाजिक क्षेत्र के अधःपतन-सम्बन्धी कविता, जो मैंने बंगाल के अकाल पर लिखी, नया साहित्य में प्रकाशित हुई। इसी सम्बन्ध में एक कविता हंस में भी निकली, जो तीन-तीन पंक्तियों की है। इसी भीषण परिवेश में, इस स्याह परिपार्श्व में, मेरे मन के भीतर ग्लानि, दुःख और व्यक्तिगत जीवन के सम्बन्ध में निराशा का भाव रहना स्वाभाविक ही था। ऐसी ही किसी भीषण मनःस्थिति में, इलाहाबाद के 'प्रतीक' में मेरी एक कविता प्रकाशित हुई, जो मुझे अभी भी अत्यन्त प्रिय है। वह है, 'मुझे पुकारती हुई पुकार खो गयी कहीं।'...परिवार के भीतर उत्पीड़न, शोषण, विषमता और अत्याचार के जो दृश्य दिखायी देते हैं, उनसे विक्षुब्ध होकर मैंने एक कविता लिखी थी, 'किसी से' इस शीर्षक के अधीन वह कविता हंस में प्रकाशित

हुई।''[14] मुक्तिबोध तार-सप्तक के बाद प्रकाशित अपनी कविता को उस दौर की कविता कहते हैं जब 'विक्षोभ मेरा स्थायी भाव हो गया था।' मुक्तिबोध का यह सन्दर्भ हमें पाब्लो नेरुदा के इस कथन में दिखलायी देता है जिसे वे अपनी आत्मकथा में कहते हैं, ''पीड़ा से जन्मा तत्त्व अभिव्यक्ति का रास्ता तलाशता है लेकिन अपनी मूल हताशा को अस्वीकार नहीं करता।''[15] तार-सप्तक के नये संस्करण में मुक्तिबोध अपनी एक कविता जोड़ते हैं जिसका शीर्षक 'लकड़ी का रावण' है। इस कविता के सन्दर्भ से मुक्तिबोध अपने आत्म-वक्तव्य में कहते हैं, ''...इस कविता में जान-बूझकर जो रूपक बाँधा गया है, वह साभिप्राय और सौद्देश्य है। भारत के कुछ सक्रिय राजनैतिक क्षेत्रों में-जिसका कि मुझे व्यक्तिगत निजी अनुभव है—जनता को ढोर समझा जाता है। साथ ही उससे भय भी अनुभव किया जाता रहा है।'' मुक्तिबोध ने रेखांकित किया है कि शासक वर्ग भले ही अपने इस भय के बारे में सार्वजनिक रूप से मंचों पर न कहते हों लेकिन वे 'निजी बैठकों' में, 'निजी मण्डली' में इस भय की चर्चा करते हैं। 'शासक-वर्गों के इस लोक भय से विक्षुब्ध' होकर ही मुक्तिबोध ने 'लकड़ी का रावण' रचा। मुक्तिबोध की अधिकांश कविता विशेष परिस्थितियों की सघनता के व्याकरण से निर्मित हुई है। मुक्तिबोध की कविता का रास्ता द्वितीय विश्वयुद्ध और भारत में आजादी के संघर्ष के अन्तर्विरोध और सन्त्रास, सत्ता-संरचना और उसकी कुरूपता से होकर गुजरता है और यह असर मुक्तिबोध में काफ़ी दिन तक रहा है।

1952-1953 के आगे मुक्तिबोध की कविता न केवल अपने रंग बदलकर आती है बल्कि अपने रूपाकार में भी बदलाव लाती है। 'धीरे-धीरे मेरी कविता के काले रंग घुलने लगे' अपनी कविता के विकास-क्रम और उसके रंग में बदलाव को उल्लेखित करते हुए मुक्तिबोध ने जब यह कहा कि 'मेरी इमेजरी बढ़ती गयी' तब यह कोई नहीं जानता था कि मुक्तिबोध में प्रदीर्घ कविताओं का एक नया कैनवास विकसित हो रहा है। 1952-1953 के बाद मुक्तिबोध की कविताओं ने अपना रूपाकार बढ़ा लिया था। अपनी कविता के रूपाकार के बढ़ने के सन्दर्भ को मुक्तिबोध स्वयं प्रश्नवाचक निगाह से देख रहे थे और उस प्रश्न को समझना चाहते थे। ''यह सब क्यों हुआ? इमेजरी क्यों बढ़ने लगी? विषय क्यों विस्तृत हुए? कविताएँ क्यों प्रदीर्घ हो उठीं? इसका उत्तर देना मेरे बस का काम नहीं है। मेरे लिये वस्तुतः, यह एक सवाल ही है।''[16] भले ही मुक्तिबोध अपनी प्रदीर्घ कविताओं और इमेजरी के सन्दर्भ को एक सवाल की तरह देख रहे हों और उसके उत्तर पाने के लिए बेचैन दीखते हों, लेकिन अपने आत्म-वक्तव्य में स्वयं इसका उत्तर भी देते हुए दीखते हैं। जब, यह सवाल हिन्दी साहित्य के इतिहास में और आलोचकों के बीच उठाया जाता है कि, मुक्तिबोध की कविता इतनी लम्बी क्यों होती है, तो उस सवाल के जवाब में स्वयं मुक्तिबोध का आत्म-वक्तव्य है। मैं आत्म-वक्तव्य के उस हिस्से को आपके सामने रखूँ उससे पहले मैं फ्रेंज फेनौन को रखना चाहता हूँ। फ्रेंज फेनौन ने अपनी पुस्तक 'धरती के अभागे'

में कविता की कार्यवाही के बारे में लिखा है कि, "कविता केवल बौद्धिक नहीं, राजनीतिक प्रगति की समझदारी भी है। इसे समझना अपनी भूमिका को समझना, अपनी प्रगति को पहचानना और अपने हथियारों को तेज करना है।"[17] मुक्तिबोध की लम्बी कविता की निर्मिति दरअसल कवि की भूमिका को समझने और अपने समय की 'राजनीतिक प्रगति की समझदारी' को जानना है। और यह समझदारी एक लम्बी प्रक्रिया का हिस्सा हुआ करती है। मुक्तिबोध में यह प्रक्रिया धीरे-धीरे प्रवहमान् होती आयी है। यह प्रवहमान् कैसे हुई है इसके लिए मैं मुक्तिबोध के आत्म-वक्तव्य के एक छोटे-से अंश को उद्धृत करता हूँ, "मैं उन सौभाग्यशाली व्यक्तियों में से हूँ, जिसे अपने गली-कूचे में रहनेवालों का स्नेह प्राप्त हुआ। वे मेरी ही भाँति छोटी-छोटी हस्तियाँ हैं। किन्तु उनके पेचीदा संघर्ष, अथाह प्रेम, उनकी साहसिक पहल, उनकी रोमैण्टिक कल्पना, उनकी राजनैतिक आशा-आशंकाओं, उनका समाजनैतिक स्वप्न मेरे चारों ओर चक्कर लगाने लगे। मेरी परिस्थिति अब विस्तृत हो गयी, वह फैलकर मैदान बन गयी, मैदान बनकर फैलती हुई वह पूरी पृथ्वी बन गयी। मेरी चहारदीवारी अब पीछे-पीछे हटने लगी और क्षितिज में विलीन होती हुई दिखायी दी। चेहरे अब सुन्दर हो उठे। मनोहर ज्योति से चमकती आँखें अब मुझसे बातचीत करने लगीं। उनमें से एक अरुण दीप्तिमान मुख ने मेरे व्यक्तित्व पर लगे हुए ज़माने के रहे-सहे कीचड़ को धो डाला। मैं एकबारगी मुक्त और स्वतन्त्र हो उठा।"[18] मुक्तिबोध के इस नये निर्मित होते हुए अनुभव में संघर्ष, प्रेम, साहस, कल्पना, स्वप्न, ज्योति से चमकती आँखें शामिल हो रही हैं और यह सब व्यक्तित्व पर लगे ज़माने के 'रहे-सहे कीचड़' को धो देती हैं। मुक्तिबोध में 'ज़माने का रहा-सहा कीचड़' क्या है? यह सवाल एक ज़रूरी सवाल है। आज़ादी के बाद बनते हुए भारत या कि बिगड़ते हुए भारत की तस्वीर को मुक्तिबोध बड़ी ही बारीकी से देख रहे थे, इसी परिदृश्य में वे साहित्यकारों के छल-छद्म को भी देख रहे थे। इसलिए मुक्तिबोध इन सबकी पड़ताल अपनी कविता में निर्बाध, मुक्त और स्वतन्त्र होकर करने की घोषणा करते हैं। मुक्तिबोध के अनुभव की निर्मिति को हम रिल्के के समानान्तर देखने की कोशिश करते हैं। अनुभवजन्य रचनाधर्मिता के बारे में रिल्के लिखते हैं, "देखना, अवलोकन करना बड़ी अद्भुत चीज़ है, पर इस बारे में हम बहुत कम जानते हैं। अपने भीतर यह शक्ति होने के बावजूद हम प्रायः बाहर की ओर ही उन्मुख रहते हैं। बाह्योन्मुखता के इस काल में वही सब चीज़ें हमारे भीतर घट रही होती हैं जो कब से अनदेखी रहना चाहती रहीं। हमारे भीतर अछूती अनाम बनी रहकर वह हमारे बिना भी पूर्णता को प्राप्त होती रहीं। उनका अर्थ हमारे सामने बाहर की अवलोकित वस्तु में विस्तृत होता है तभी उसे एक स्थिर, सक्षम यथासम्भव नामरूप मिलता है।"[19] मुक्तिबोध में यह 'सक्षम यथासम्भव नामरूप' उनकी प्रदीर्घ कविताओं की उपज में शामिल है। इसके शामिल होने में एक लम्बा आन्तरिक संघर्ष है, यह संघर्ष लम्बी कविता के 'वस्तु' और 'रूप' का है। मुक्तिबोध के सामने अब

सवाल यह नहीं रह गया था कि कविता के 'शिल्प का विकास' किस प्रकार किया जाये बल्कि सवाल अब यह है और जो समस्या के रूप में है कि, "जीवन तथा हृदय पर नित्य आघात-प्रत्याघात करनेवाले कारणों को किस प्रकार समेटा जाये। उन्हें किस प्रकार काव्य में रूपबद्ध किया जाये।"[20] मुक्तिबोध की चिन्तन-धारा में यह सवाल उनके विस्तृत होते हुए अनुभव के कारण स्वाभाविक रूप में निर्मित हुआ है। मुक्तिबोध के सामने विषय-वस्तु का आधिक्य है और उसे कहने के शिल्प की असमर्थता है। मुक्तिबोध के सामने जो सवाल बनकर खड़ा है, उसे टेरी इग्लटन ने भिन्न अर्थों में समझा है और इस समझ में हीगेल का सहारा लिया है। टेरी इग्लटन हीगेल की प्रसिद्ध पुस्तक 'फिलासफी ऑफ फाइन आर्ट' (1835) के हवाले से जब यह उद्धृत करते हैं, "हर अन्तर्वस्तु अपने अनुकूल रूप का निर्धारण कर लेती है। रूप में दोष अन्तर्वस्तु में निहित दोष का परिणाम होते हैं।"[21] हम जानते हैं कि, मुक्तिबोध विषय-वस्तु के आधिक्य को प्रस्तुत करने के लिए अपनी कविता में एक 'दृश्य फैण्टेसी' का निर्माण करते हैं। मुक्तिबोध के काव्य की विषय-वस्तु अपने रूप का निर्धारण कर लेती है। मुक्तिबोध की कविता के लम्बी हो जाने की दास्तान को हमें इस सन्दर्भ से समझना चाहिए। इसीलिए मुक्तिबोध के लिए कविता-लेखन के सन्दर्भ से वह बात नहीं रही है जो गोयथे के लिए रही है। गोयथे अपनी प्रसिद्ध आत्म-कथा 'ट्रूथ एण्ड फैण्टेसी फॉर्म माय लाइफ' में अपने लेखन के बारे में बेहद दिलचस्प बात लिखते हैं, "आसान-सी चीज़ों को भी मैं अभिव्यक्त नहीं कर पाता था। इसके अलावा मुझे बताया गया था कि जो बोलो वह लिखना चाहिए और जो लिखो वही बोलना चाहिए, मेरे लिये हमेशा से ही बोलने और लिखने की भाषा दो अलग चीज़ रही थी और रहेगी।"[22] मुक्तिबोध के सामने समस्या का आधार काफ़ी विस्तृत है; अपने समय के बेहद जटिल पेचों-ख़म को लिखने के लिए एक मजबूत फैण्टेसी और सारगर्भित बिम्ब-विधान की ज़रूरत थी, जिसे मुक्तिबोध अपनी कविता के रचाव में आविष्कृत करते हुए दीखते हैं।

तुम्हारा 'आर्थिक दारुण सत्य' मेरा भी तो 'दारुण सत्य' है

आत्म-वक्तव्य : तीन, जिन्दगी की तंग गलियों में अस्तित्व-संघर्ष के रचाव को लेकर मुक्तिबोध हमारे सामने आते हैं। इस रचाव में आर्थिक-संघर्ष सबसे प्रबल और महत्त्वपूर्ण है। मुक्तिबोध अपने वक्तव्य में अपने अनुभव को साझा करते हुए इस आर्थिक संघर्ष पर बल देते हैं।..."मेरा अपना प्रदीर्घ अनुभव बताता है कि व्यक्ति-स्वातन्त्र्य की वास्तविक स्थिति केवल उनके लिए है जो उस स्वातन्त्र्य का प्रयोग करने के लिए सुपुष्ट आर्थिक अधिकार रखते हों।"[23] मुक्तिबोध के लिए व्यक्ति-स्वातन्त्र्य का अर्थ उसके आर्थिक आधार से निर्मित होता है। वे मानते हैं कि आर्थिक आधार के ठीक होने पर ही व्यक्ति अपने विचार को 'विवेकपूर्ण और लक्ष्योन्मुख' रूपाकार दे सकता है। हम जानते हैं कि खुद मुक्तिबोध को अपने निजी जीवन में आर्थिक

परेशानियों का सामना करना पड़ा था। लेकिन इन परेशानियों को लेकर मुक्तिबोध बहुत सावधान थे, मुक्तिबोध ने अपने आत्म-वक्तव्य में लिखा, "अपने जीवन के आर्थिक आधार को दृढ़ और सुपुष्ट करने के लिए व्यक्ति के व्यवसायीकरण का मार्ग भी सामने आता है। मेरे लेखे यह अत्यन्त अनुचित मार्ग है और कम-से-कम मैं उसे कभी स्वीकार नहीं कर पाया।"[24] मुक्तिबोध के इस आर्थिक आधार का सन्दर्भ मुझे यहीं पर पुश्किन की तरफ ले जाता है। पुश्किन ने 1 जून, 1835 को एक चिट्ठी में लिखा—"अभी तक मैं अपने लेखन से होनेवाली आय से गुजारा करता रहा हूँ। जबकि मेरी निश्चित आय वही है, जो महामहिम जार मुझे वेतन के रूप में देते हैं। मैं जीविका के लिए, लिखने को हास्यास्पद नहीं मानता। लेकिन स्वतन्त्रता का आदी होने के कारण महज रुपयों के लिए लिखना भी, मेरे लिये, सम्भव नहीं।"[25] हालाँकि पुश्किन के जीवन के उतार-चढ़ाव अपने समय और परिस्थिति के कारण अलग रहे हैं, लेकिन आर्थिक आधारों पर पुश्किन को शेष जीवन में काफ़ी परेशानी झेलनी पड़ी थी जिसके लिए उन्होंने अपना घर तक गिरवी रख दिया था। मुक्तिबोध आर्थिक धरातल पर अपने अस्तित्व-संघर्ष को कविता के संघर्ष से जोड़ देते हैं। वे जीवन और परिवेश की विषमता, आम लोगों की दुःस्थिति और 'दारुण सत्य' को अपना 'सत्य' मान लेते हैं। इसलिए मुक्तिबोध की कविता, 'सघन बिम्ब-मालिकाओं में अधिकाधिक प्रकट' होती है और मुक्तिबोध की 'आत्म-संवेदन समाज के व्यापकतर छोर को छूने' लगती है। जाहिर है इस कारण मुक्तिबोध की कविता लम्बी-से-लम्बी होती चली जाती है। मुक्तिबोध को अपनी इन लम्बी कविताओं से प्यार है, यह प्यार नेरुदा की तरह का भी प्यार है, जब कविता पर नेरुदा विचार करते हैं, "कविता के सबसे क़रीब जो चीज़ लगती है वह है पाव-रोटी या मिट्टी का बर्तन, या प्यार से नक्काशी किया लकड़ी का एक टुकड़ा। मैं समझता हूँ कि कवि को छोड़ और किसी सर्जक या निर्माता को अपनी रची पहली वस्तु से जीवन में उतनी खुशी नहीं होती जितनी एक कवि को अपने सपनों को साकार देख होती है।"[26] तब वे कविता को लोगों के बीच में उपस्थित हो जाने की प्रक्रिया की तरफ इशारा कर रहे होते हैं। मुक्तिबोध की कविता लोगों की जुबान पर तो नहीं बल्कि उनके जीवन के संघर्षों की शिनाख्त करती हुई उपस्थित होती है। मुक्तिबोध के लिए उनकी रचना रिल्के के इस विचार की तरह है कि, "मुझे लगता है जब मैं सृजनशील होता हूँ तभी सबसे अधिक प्रामाणिक होता हूँ।"[27] मुक्तिबोध की रचना की प्रामाणिकता इसी रूप में है।

मुक्तिबोध अपने निबन्ध 'नयी कविता एवं मेरी रचना-प्रक्रिया' में भी अपने आत्म-वक्तव्य की तरह हमारे सामने अनुभव की एक संक्षिप्त लेकिन सघन इमारत खड़ी करते हैं। मुक्तिबोध इस निबन्ध में जिस रचना-प्रक्रिया की तरफ हमारा ध्यान आकर्षित करते हैं, वह दरअसल, पारम्परिक रचना-प्रक्रिया से भिन्न है। मुक्तिबोध की कविताओं की रचना-प्रक्रिया के बारे में जो हमारी समझ है, वह मुक्तिबोध के इस वक्तव्य में भिन्न

है। इस वक्तव्य को आवश्यक रूप से समझा जाना चाहिए। मुक्तिबोध दर्ज करते हैं, "मैं काफ़ी दिनों तक चिन्तन एवं संवेदनात्मक स्थिति में डूबा रहता हूँ। उदाहरण के तौर पर, गत वर्ष मेरी एक पुस्तक जब्त हो गयी। तत्काल कोई गहरी प्रतिक्रिया नहीं हुई। मुझे तुरन्त कभी कोई प्रतिक्रिया नहीं होती, और होती भी है तो काव्य रूप में नहीं। और यदि मैं उसे काव्य रूप में प्रगट करूँ तो असफल हो जाऊँगा।"[28] इसलिए मुक्तिबोध की कविता को किसी तात्कालिक प्रतिक्रिया के रूप में देखा नहीं जाना चाहिए, भले ही उसमें तत्कालीन समय की किसी घटना का दृश्य आया हो, बल्कि मुक्तिबोध की कविता गहन चिन्तन की डूब से निकलती है। इसलिए मुक्तिबोध की कविता लोकोन्मुखी होते हुए भी पाब्लो नेरुदा की कविता की तरह लोगों से बात नहीं करती है। पाब्लो नेरुदा अपनी कविता के बारे में कहते हैं, "...लोग, मेरी कविता जिनकी तलवारें और रूमाल बनना चाहती है जिससे कि दुःख के सागर में पसीना पोंछने के लिए कुछ मिल जाये और रोटी के संघर्ष में एक हथियार मिल जाये।"[29] मुक्तिबोध की कविता 'रोटी के संघर्ष में एक हथियार' की तरह दिखलायी नहीं देती बल्कि एक व्यक्ति की अपनी पहचान और उस पहचान को ठीक-ठीक तरह से अभिव्यक्त कर देने की मन्शा से जुड़ा हुआ है, जिसे सत्ता-संरचना का पूँजीवादी चरित्र अभिव्यक्त होने नहीं दे रहा है। मुक्तिबोध का आत्म-संघर्ष अपनी कविता से भी होता है, "जब तक यह विश्वास नहीं हो जाता कि जो कुछ मुझे कहना था वह कविता में कह सका हूँ, तब तक शान्ति नहीं मिलती।"[30] कविता में मुक्तिबोध की शान्ति की खोज भी दरअसल, कविता की अपनी खोज है। कविता भी अपने 'होने' को ठीक-ठीक 'होने' के अर्थ में खोजती है। कविता की अपनी इस खोज को हम रसूल हमजातोव के इस कथन से समझना चाहते हैं, जिसे वह अपनी विश्व प्रसिद्ध किताब 'मेरा दागिस्तान' में कविता के बारे में विचार करते हुए कहते हैं, "कविता, क्या तुम नहीं जानती कि मैं कभी तुमसे अलग नहीं हो सकता? क्या मैं अपने अन्तर में जन्म लेनेवाली सभी खुशियों, सभी आँसुओं से अलग हो सकता हूँ। बातों...तुम उस लड़की जैसी हो, जिसका तब जन्म हुआ, जब सभी लड़के की राह देख रहे थे। तुम उस लड़की के समान हो, जो पैदा होकर खुद ही अपने बारे में यह कहे-मैं जानती हूँ कि आप लोग मेरा इन्तजार नहीं कर रहे थे और फ़िलहाल आपमें से कोई भी मुझे प्यार नहीं करता। पर कोई बात नहीं, मुझे जरा बड़ी होने और खिलने दो, चोटियाँ गूँथने और गीत गाने दो। तब देखेंगे कि क्या इस दुनिया में कोई ऐसा आदमी है, जो मुझे प्यार न करने की हिम्मत करेगा।"[31] मुक्तिबोध की कविता हमजातोव के कथन की तरह रही है क्योंकि मुक्तिबोध की कविताओं को बड़े पैमाने पर पहचान तब नहीं मिली जब, कविता जन्म ले रही थी या कि जब मुक्तिबोध जीवित थे। मुक्तिबोध की मृत्यु के बाद उनकी कविता न केवल पहचानी गयी बल्कि उनकी कविता से प्यार भी किया जाने लगा।

हम जानते हैं, मुक्तिबोध कविता और कहानी-लेखन के साथ कई आलोचनात्मक ग्रन्थ भी लिखे हैं। अपनी आलोचक दृष्टि को मुक्तिबोध अपनी कविता की रचना-प्रक्रिया के लिए कभी-कभी बाधा के रूप में देखते हैं। मुक्तिबोध खुद कहते हैं, "...मेरी स्थिति बहुत दुविधाजनक है, क्योंकि मैं कवि के साथ-ही-साथ आलोचक भी हूँ और जो कवि आलोचक भी होता है उसकी ऐसी-की-तैसी हो जाती है।"[32] दरअसल एक लेखक जब दो या उससे अधिक भूमिका निभाने लगता है तो वह अपनी एक रचना में 'होते' हुए दूसरी रचना से संवाद करता रहता है। यह संवाद बहुस्तरी स्तर पर होता है। रचते हुए लेखक अपनी रचना में कभी निखालिस लेखक होता है और कभी संवाद करता हुआ एक वक्ता। इस प्रसंग को भिन्न सन्दर्भ में गोयथे अपनी आत्मकथा में वक्ता और लेखक की स्थिति को लेकर समझाते हैं, "वक्ता और लेखक दोनों को ही विरोधाभास बहुत पसन्द होते हैं, क्योंकि इससे उनके काम में एक अलग ही तरह का प्रभाव पैदा किया जा सकता है। इसके लिए विरोधी प्रकृतियों को या तो ढूँढ़ना पड़ता है या बनना पड़ता है। एक लेखक के लिए इससे ज़्यादा खुशी और सुकून की बात क्या हो सकती है यदि ऐसा कुछ उसे बना-बनाया तैयार मिल जाये।"[33] जाहिर है, अपने लेखन से संवाद करता हुआ लेखक जब वक्ता या आलोचक की भूमिका में होता है तब कई बार अपने लेखन के रास्ते को आसान कर देता है और कभी दुरूह। मुक्तिबोध को अपनी इस दुरूहता का भान रहा है। इसी दुरूहता के कारण मुक्तिबोध अपनी रचना को 'बिना चित्र प्रस्तुत किये' हमारे सामने नहीं ला पाते हैं। मुक्तिबोध की कविता में चित्र दरअसल अपनी एक ख़ास लय के साथ आते हैं। मुक्तिबोध की कविता में लय एक खास प्रयोजन के साथ आता है, "मैं कविता में लय को आवश्यक मानता हूँ। इससे कुछ-न-कुछ नियन्त्रण रहता है।"[34] मुक्तिबोध अपनी कविता को अपने जीवन से जोड़ते हैं, इसलिए उसमें लय के द्वारा नियन्त्रण रखे जाने का मुक्तिबोध आकांक्षी हैं। मुक्तिबोध के लिए कविता के महत्त्व को हम रसूल हमजातोव के इस कथन के समतुल्य मान सकते हैं, "मेरी कविता मेरा सृजन करती है और मैं अपनी कविता का। एक-दूसरे के बिना हम निर्जीव हैं—इतना ही नहीं, हमारा अस्तित्व ही नहीं रहता।"[35]

मुक्तिबोध ने अपने आत्म-वक्तव्य में अपनी एक कविता 'मुझे पुकारती हुई पुकार खो गयी वहीं' को अपने लिये बहुत प्रिय बताया है, जिसमें मुक्तिबोध का अपना अस्तित्व है और कविता का भी। यह कविता 'प्रतीक' के जुलाई-अगस्त 1947 के अंक में पहली बार प्रकाशित हुई थी। भारत की आज़ादी की तारीख के बीच प्रकाशित इस कविता की कुछ पंक्तियों से अपने इस लेख का अन्त करना चाहता हूँ, जो ठीक-ठीक अन्त के अर्थ में नहीं बल्कि मुक्तिबोध की कविता के आरम्भ के अर्थ में है—

"विशाल भव्य वक्ष से

बही अनन्त स्नेह की महान् कृतिमयी व्यथा
बही अशान्त प्राण से महान् मानवी कथा
किसी उजाड़ प्रान्त के
विशाल रिक्त-गर्भ गुम्बजों-घिरे
विहंग जो
अधीर पंख फड़फड़ा दिवाल पर
सहायहीन, बद्ध-देह, बद्ध-प्राण
हारकर न हारते
अरे, नवीन मार्ग पा खुला हुआ
तुरन्त उड़ गये सुनील व्योम में अधीर हो।
मुझे पुकारती हुई पुकार खो गयी वहीं
सँवारती हुई मुझे
उठी सहास प्रेरणा।
प्रभात भैरवी जगी अभी-अभी।"

सन्दर्भ सूची

1. अज्ञेय (2011, दसवाँ संस्करण), तार सप्तक; भारतीय ज्ञानपीठ, पृष्ठ 45-46.
2. नेमिचन्द्र जैन (सम्पादक), (1998); मुक्तिबोध रचनावली-पाँच; राजकमल प्रकाशन, पृष्ठ 265.
3. फेदरिको गार्सिया लोर्का (2009), लोर्का के पत्र (अनुवाद—सुशोभित सक्तावत), संवाद प्रकाशन, पृष्ठ 180.
4. पाब्लो नेरुदा (2014), मेरा जीवन मेरा समय, (अनुवाद—कर्ण सिंह चौहान), ग्रन्थशिल्पी प्रकाशन, पृष्ठ 34.
5. नेमिचन्द्र जैन (सम्पादक), (1998); मुक्तिबोध रचनावली-पाँच; राजकमल प्रकाशन, पृष्ठ 265.
6. नेमिचन्द्र जैन (सम्पादक), (1998); मुक्तिबोध रचनावली-पाँच; राजकमल प्रकाशन, पृष्ठ 266.
7. नेमिचन्द्र जैन (सम्पादक), (1998) ; मुक्तिबोध रचनावली-पाँच; राजकमल प्रकाशन, पृष्ठ 266.
8. नेमिचन्द्र जैन (सम्पादक), (1998) ; मुक्तिबोध रचनावली-पाँच; राजकमल प्रकाशन, पृष्ठ 266.
9. रैनेर मारिया रिल्के (2012), रिल्के के प्रतिनिधि पत्र (अनुवाद—राजी सेठ), साहित्य अकादमी, पृष्ठ 53.
10. नेमिचन्द्र जैन (सम्पादक), (1998); मुक्तिबोध रचनावली-पाँच; राजकमल प्रकाशन, पृष्ठ 267.

11. गोयथे, (2009), मेरी जिन्दगी के स्वप्न और सत्य; (अनुवाद—नवोदिता शर्मा), संवाद प्रकाशन, पृष्ठ 173.
12. नेमिचन्द्र जैन (सम्पादक), (1998); मुक्तिबोध रचनावली-पाँच; राजकमल प्रकाशन, पृष्ठ 268.
13. नेमिचन्द्र जैन (सम्पादक), (1998); मुक्तिबोध रचनावली-पाँच; राजकमल प्रकाशन, पृष्ठ 268.
14. नेमिचन्द्र जैन (सम्पादक), (1998); मुक्तिबोध रचनावली-पाँच; राजकमल प्रकाशन, पृष्ठ 269.
15. पाब्लो नेरुदा (2014), मेरा जीवन मेरा समय, (अनुवाद—कर्ण सिंह चौहान), ग्रन्थशिल्पी प्रकाशन, पृष्ठ 107.
16. नेमिचन्द्र जैन (सम्पादक), (1998); मुक्तिबोध रचनावली-पाँच; राजकमल प्रकाशन, पृष्ठ 269.
17. फ्रेंज फेनौन (2013), धरती के अभागे, (अनुवाद—अशोक कुमार), ग्रन्थशिल्पी प्रकाशन, पृष्ठ 180.
18. नेमिचन्द्र जैन (सम्पादक), (1998); मुक्तिबोध रचनावली-पाँच; राजकमल प्रकाशन, पृष्ठ 269-270.
19. रैनेर मारिया रिल्के (2012), रिल्के के प्रतिनिधि पत्र (अनुवाद—राजी सेठ), साहित्य अकादमी, पृष्ठ 107-108.
20. नेमिचन्द्र जैन (सम्पादक), (1998); मुक्तिबोध रचनावली-पाँच; राजकमल प्रकाशन, पृष्ठ 270.
21. टेरी इग्लटन (2006), मार्क्सवाद और साहित्यालोचन (अनुवाद—वैभव सिंह); आधार प्रकाशन, पृष्ठ 38.
22. गोयथे, (2009), मेरी जिन्दगी के स्वप्न और सत्य; (अनुवाद—नवोदिता शर्मा), संवाद प्रकाशन, पृष्ठ 85-86.
23. नेमिचन्द्र जैन (सम्पादक), (1998); मुक्तिबोध रचनावली-पाँच; राजकमल प्रकाशन, पृष्ठ 271.
24. नेमिचन्द्र जैन (सम्पादक), (1998); मुक्तिबोध रचनावली-पाँच; राजकमल प्रकाशन, पृष्ठ 271.
25. हेनरी त्रोएत (2009), पुश्किन (अनुवाद—वल्लभ सिद्धार्थ), संवाद प्रकाशन, पृष्ठ 295
26. पाब्लो नेरुदा (2014), मेरा जीवन मेरा समय, (अनुवाद—कर्ण सिंह चौहान), ग्रन्थशिल्पी प्रकाशन, पृष्ठ 63.
27. रैनेर मारिया रिल्के (2012), रिल्के के प्रतिनिधि पत्र (अनुवाद—राजी सेठ), साहित्य अकादमी, पृष्ठ 71.
28. नेमिचन्द्र जैन (सम्पादक), (1998); मुक्तिबोध रचनावली-पाँच; राजकमल प्रकाशन, पृष्ठ 272.

29. पाब्लो नेरुदा (2014), मेरा जीवन मेरा समय, (अनुवाद—कर्ण सिंह चौहान), ग्रन्थशिल्पी प्रकाशन, पृष्ठ 157.
30. नेमिचन्द्र जैन (सम्पादक), (1998); मुक्तिबोध रचनावली-पाँच; राजकमल प्रकाशन, पृष्ठ 272.
31. रसूल हमजातोव (2007), मेरा दागिस्तान (अनुवाद—मदनलाल मधु), राजकमल प्रकाशन, पृष्ठ 117.
32. नेमिचन्द्र जैन (सम्पादक), (1998); मुक्तिबोध रचनावली-पाँच; राजकमल प्रकाशन, पृष्ठ 273.
33. गोयथे, (2009), मेरी जिन्दगी के स्वप्न और सत्य; (अनुवाद—नवोदिता शर्मा), संवाद प्रकाशन, पृष्ठ 184.
34. नेमिचन्द्र जैन (सम्पादक), (1998); मुक्तिबोध रचनावली-पाँच; राजकमल प्रकाशन, पृष्ठ-273.
35. रसूल हमजातोव (2007), मेरा दागिस्तान (अनुवाद—मदनलाल मधु), राजकमल प्रकाशन, पृष्ठ 120.

●●●